JN192814

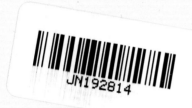

後藤昭雄 監修

中原香苗・米田真理子 編

天野山金剛寺善本叢刊

第二期

第三巻 儀礼・音楽

勉誠出版

十種供養式　1紙

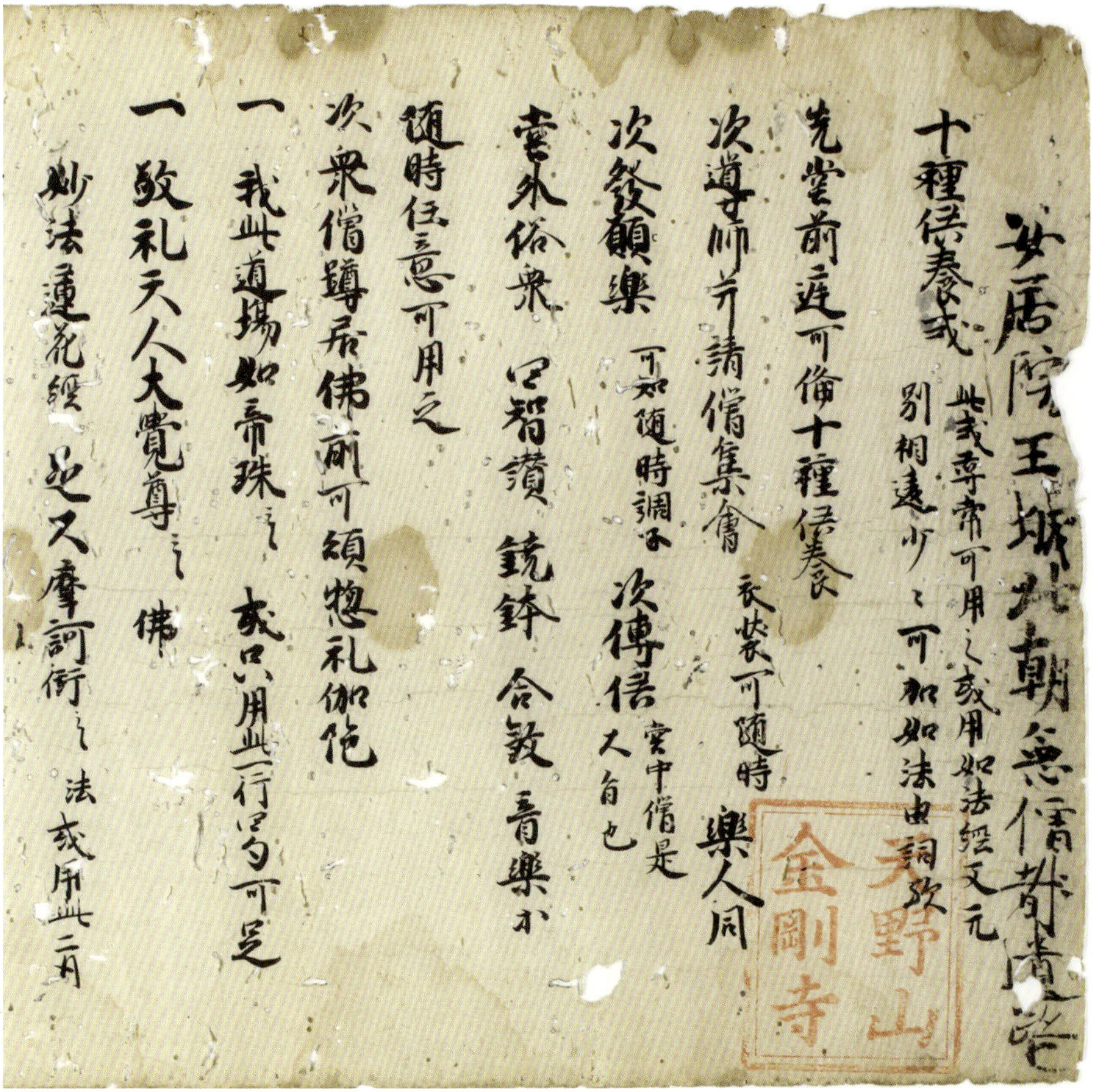
安居院王城北朝悪信背遺之
十種供養式
此式尋常可用之或用如法経文元
別相違少々可加如法由詞致
先堂前庭可備十種供養
次導師并請僧集會　衣裳可随時　樂人同
次發願樂　可如随時調子　次傳供　堂中僧是人自也
堂外俗衆　唱讃　鐃鉢　合殺　音樂等
随時任意可用之
次衆僧遶居佛前可頌惣礼伽陀
一　我此道場如帝珠云々　或只用此一行四句可足
一　敬礼天人大覚尊云々　佛
妙法蓮花經　是又摩訶衍云々　法　或用此二句
天野山金剛寺

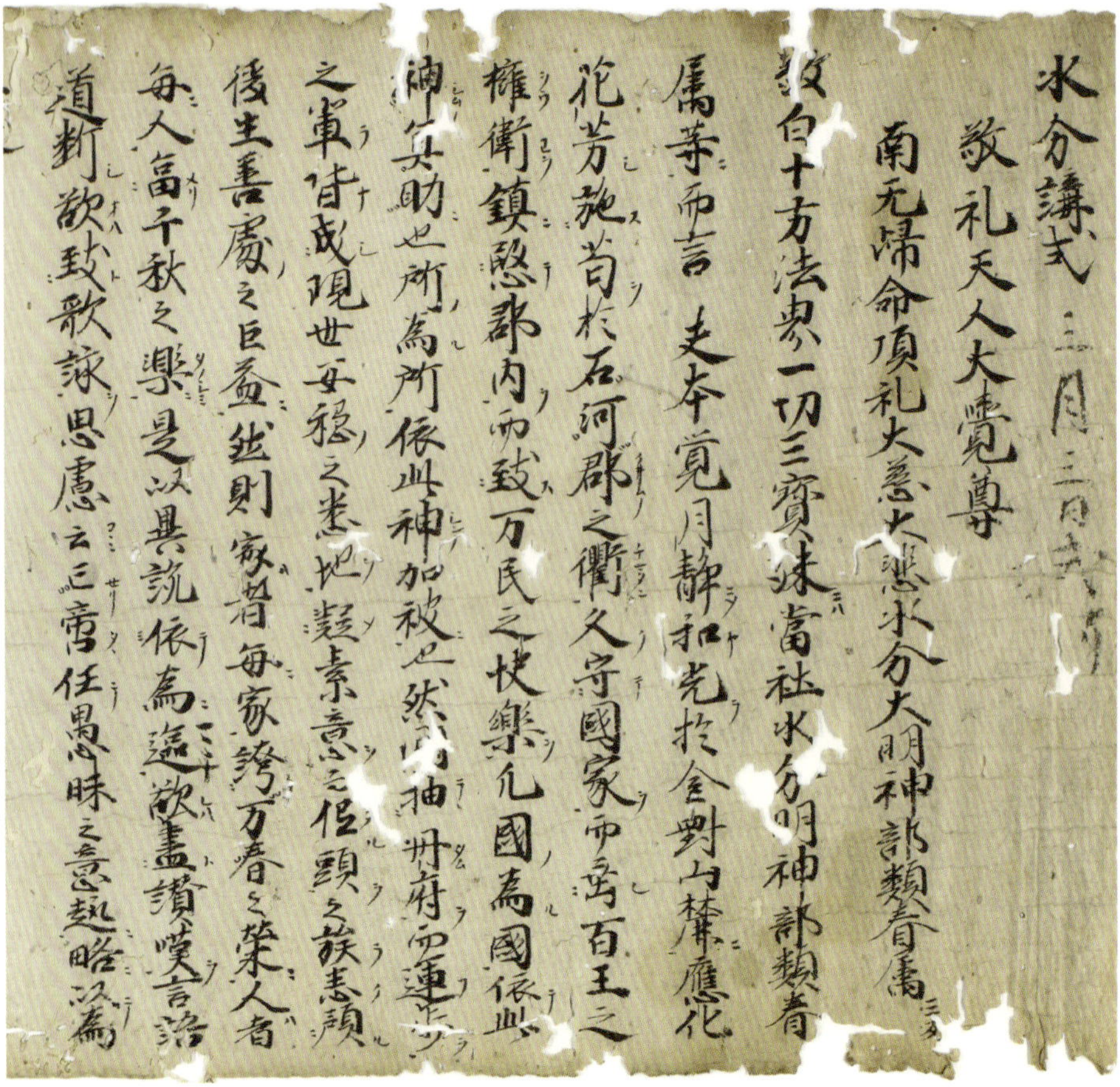
水分講式　三月三日夜行
敬礼天人大覚尊
南无帰命頂礼大慈大悲水分大明神部類眷属
敬白十方法界一切三宝殊當社水分明神部類眷
属等而言　夫本覚月静和光於金剛山麓應化
花芳施苗於石河郡之衢久守國家而爲百王之
擁衛鎮懸郡内而致万民之快楽凡國爲國依此
神冥助世所爲所依此神加被也然則抽丹府而運歩
之輩皆成現世安穏之悉地凝素意之低頭之族悉願
後生善處之巨益然則家者毎家誇万春之栄人者
毎人當千秋之楽是以異說依爲遂欲盡讃嘆言語
道斷欲致歌詠思慮亡已雷任愚昧之意趣略以爲

水分講式　1紙

龍王講式　1紙／2紙

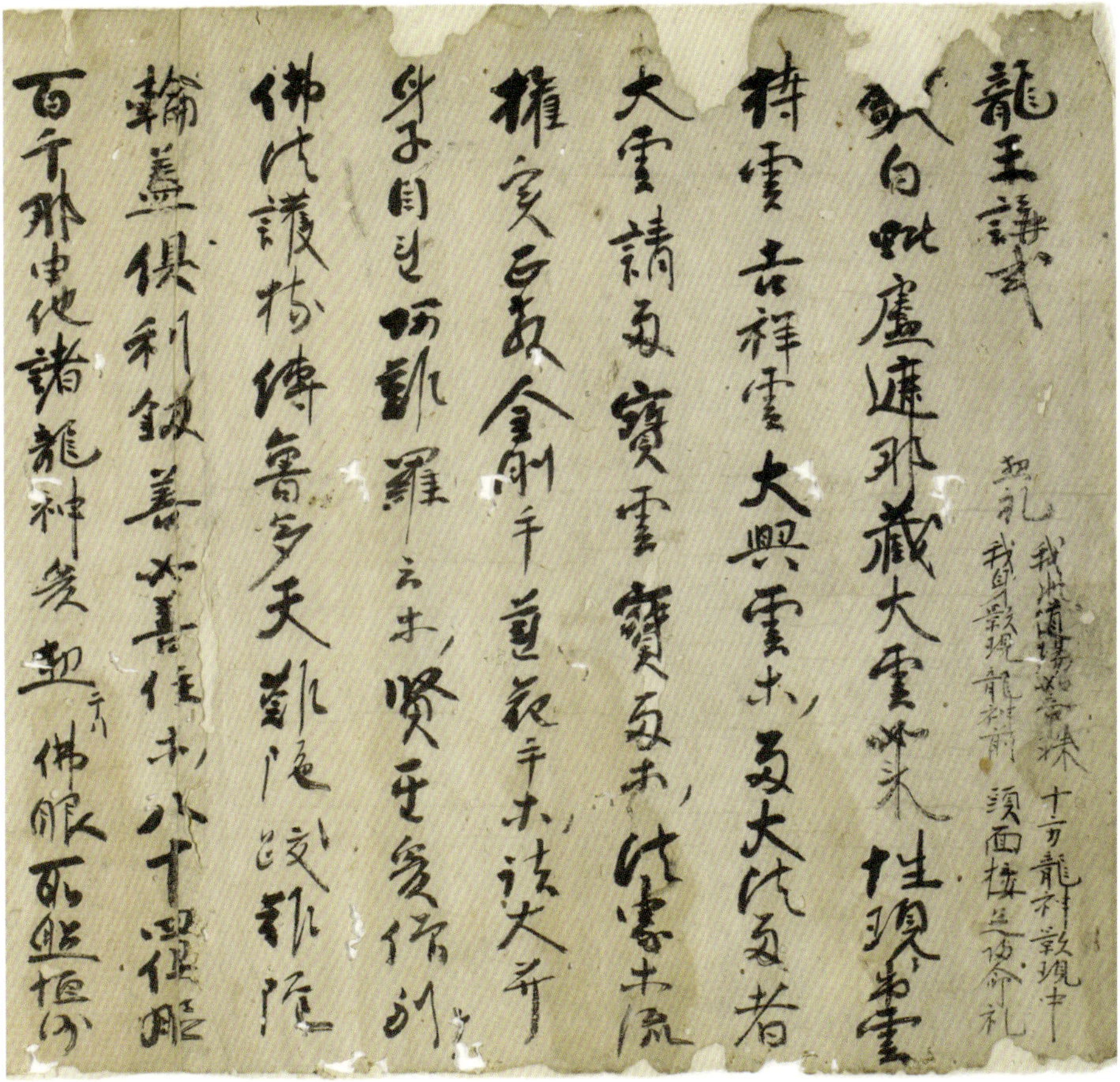
龍王講式
敬白毘盧遮那蔵大雲如来性現出雲
想礼　我此道場如帝珠　十方龍神影現中
我身影現龍神前　頭面接足帰命礼
持雲吉祥雲大興雲等及大[illegible]及若
大雲請雨宝雲宝雨等法雲等流
権実二教金剛手蓮花手等諸大菩
身子目連阿難羅云等賢聖衆僧列
仏法護持帝釈天難陀跋難陀
輪蓋倶利[illegible]善善住等八十倶胝
百千那由他諸龍神衆勧請云々　仏眼所照恒河

慶雲樂　叅礼

只拍子
八拍子物　大鞁五

チイヤリヒイラアタアロホリイタ
アナアチイヤリヒラリコウタアハ
ラタアハアナアタアロホリヒラア
タアロウリイイチヒラルラルハア
タハアナアタロウホラアトウ
リヨヲルトリヤルラルヽヽヽラホロウタ

平調

慶雲樂 登礼用之 只柏子

耳別 由利柏子

十下乙九一
由 由

下十乙十一由 下十一小凡工一九

下十乙十下十乙九凡工一

下十乙十下十九一二

下凡乙十一九工二九由

尺凡十一十下乙凡一次凡十

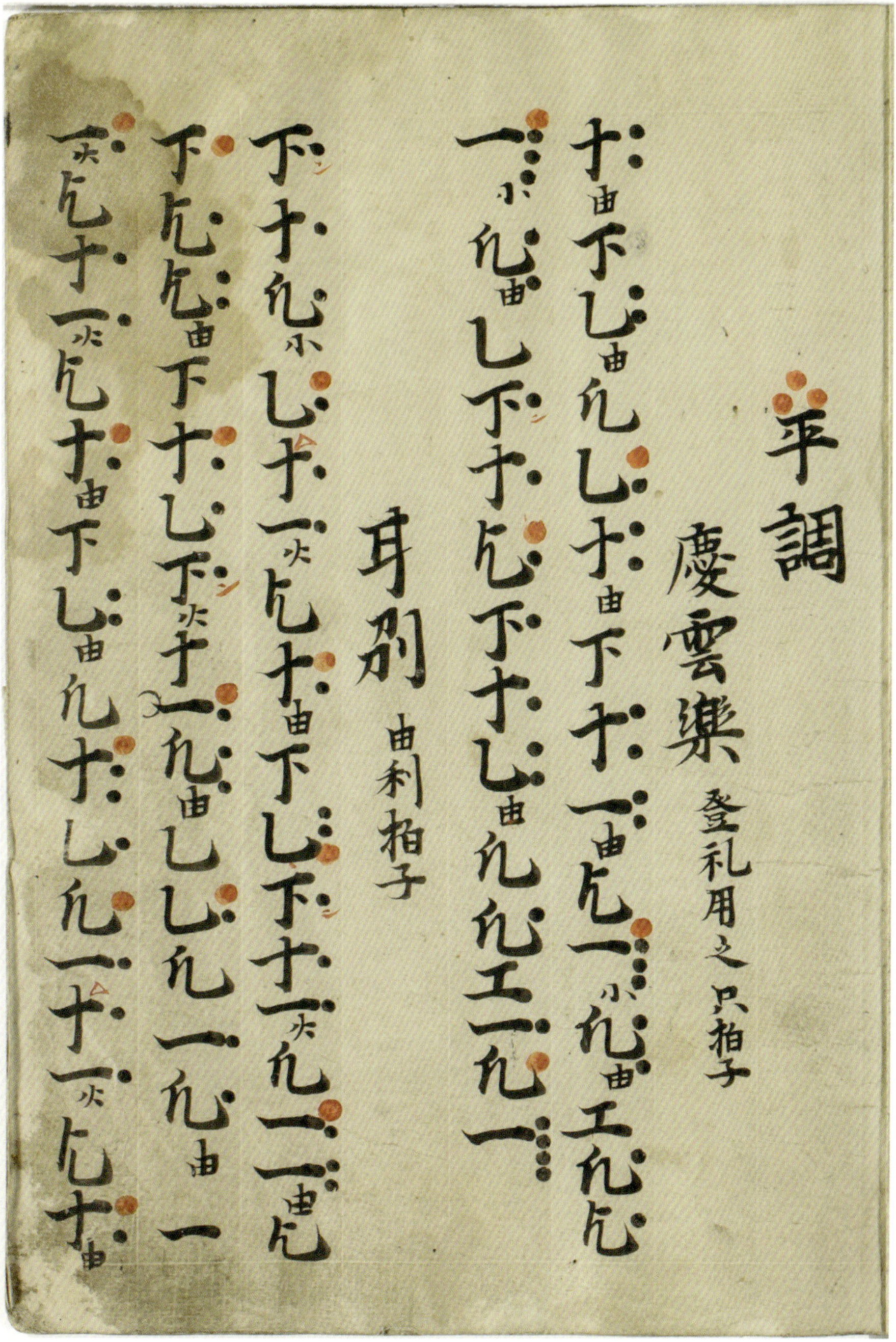

簞簫譜　三七函七一番　1オ

イニイアイニイヽ　　チイイリイラアヰメゐ

アハ口ラ

鳥之急　八拍子　讃嘆六二通用ス

メアアハリ杏チイイルラ千杏ハイラヰ

上ヲルラアアルヲラアメアヰアダアヰ

ハゐイヤ　メヰヤルヰ　ダアヰア

ハリイヤ　メヰヤルヰ　ダ人ゐ

ラアシフリ口ヰ　メアルラヰ　チイイイゐルラリイ

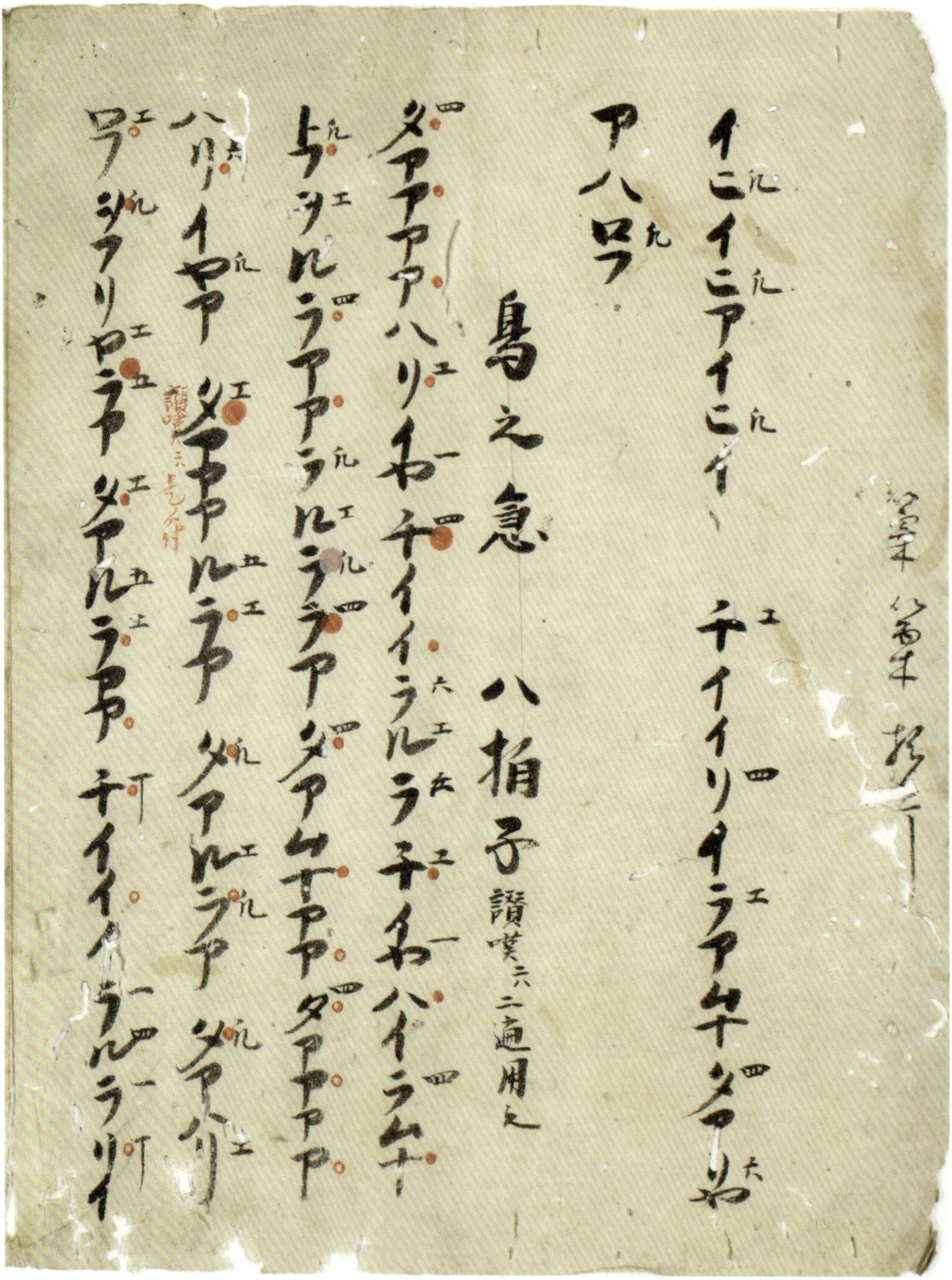

笙　銘「鈴丸」

銘部分

琵琶

巻頭言

「天野山金剛寺善本叢刊」の第二期三冊が刊行される運びとなった。昨年二月刊の第一期二冊と合わせて、予定した五冊が無事に刊行されることになる。

まず、長年に亙る聖教の調査研究および本叢刊の出版をお許しくださった先代の堀智範座主、後を継がれた堀智真座主、また便宜と援助を与えてくださった金剛寺の皆さまに心よりお礼を申し上げる。

私が金剛寺聖教に接するようになったきっかけは、大阪大学に赴任した一九八三年の暮れ、襲蔵の『本朝文粋』巻十三の鎌倉期写本を見せていただくために、お寺を訪れたことである。そうして現在に至っているのであるが、振り返ってみるに、一九九六年、当時いずれも大阪大学の大学院生であった海野圭介、滝川幸司、箕浦尚美の三氏と共に経典の整理を始めたことは一つの画期であった。それまでは年に数回、お寺の都合を伺って個別に行なっていた調査を毎月定期的に行うことができるようになったからである。もう一つは、経典の整理完了後、二〇〇七年から「金剛寺所蔵典籍の調査研究」を掲げて科学研究費補助金の給付を受け、これを本格化させたことである。大阪大学関係者を中心とする幅広い分野の諸氏の参加を得、また院生諸君の助力も得られて、調査研究は大きく進展した。

本叢刊はこうした歩みの成果である。聖教典籍の内容によって大きく「漢学」「因縁・教化」「儀礼・音楽」「要文・経釈」「重書」の五巻とした。これは金剛寺所蔵資料の多様性を示していると言ってよいだろう。たとえば雅楽資料などは、他の寺院には類例を見ない。また「重書」の巻には歴史史料も収めた。個々の典籍は『本朝文粋』や『円珍和尚伝』など周知の著作もあるが、金剛寺所蔵本が唯一の伝本であるものがむしろ多い。以て研究の進展に寄与することができれば幸いである。

出版についても科学研究費補助金の助成を得ることができた。ために二冊、三冊の同時刊行ということになったが、この難しい仕事をお引き受けいただいた勉誠出版に厚くお礼申し上げる。

これも二十数年前のことになるが、金剛寺所蔵典籍を用いた論文を小著に収載するに際して、その翻刻と写真掲載の許可を先代の御座主にお願いしたことがある。その時、御座主はこのようなことをお話しになった。金剛寺は古く天皇の行在所であったことに依って、歴史の流れのなかで、勤皇の寺であることが叫ばれ、今もなお、ともすればそうした目で見られることがある。しかしまた、当寺は経典や聖教、古文書など数多くの文化財を長年に亙って守り続けてきた。そうした寺であることを広く知ってもらいたいと思っている。

本叢刊の刊行がこのお心に添うものとなることを心から願うものである。

二〇一八年一月

後藤昭雄

第三巻　目次

巻頭言……後藤昭雄　(1)

凡　例……(8)

影　印

御即位印信口決（応永二十七年〔一四二〇〕写・永享二年〔一四三〇〕写）……三

御即位大事（室町時代中期写）

日中行事関係故実書断簡（〔釈摩訶衍論科文〕紙背）（鎌倉時代写）……一三

十種供養式（鎌倉時代後期写）……二一

水分講式（明徳二年〔一三九一〕写）……三五

龍王講式（室町時代中期写）……四七

弥勒講式（延宝五年〔一六七七〕写）……六一

涅槃講式（永正十六年〔一五一九〕写）……八三
神泉薗事（室町時代中期写）……九七
胎内五位曼荼羅（江戸時代初期写）……一〇九
諸打物譜（応永二十六年〔一四一九〕写）……一三一
琵琶秘抄（室町時代前期写）……一九七
笛譜（天正十六年〔一五八八〕写）……二二三
笛譜断簡（室町時代中期～後期写）……二八九
笛譜断簡（鎌倉時代後期写）……三一五
笛譜断簡（南北朝時代写）……三一九
笙譜・金剛寺楽次第（元禄十二年〔一六九九〕写）……三二三
打毬楽（江戸時代前期写）……三五七
篳篥譜（室町時代中期写）……三六一

翻刻

解題

凡例

一、本巻は、天野山金剛寺（大阪府河内長野市）所蔵の典籍のうち、『御即位印信口決』（応永二十七年〔一四二〇〕写）、『御即位
印信口決』（永享二年〔一四三〇〕写）、『御即位大事』（室町時代中期写）、『御即位大事』（室町時代中期写）、『〔日中行事関係
故実書断簡〕』（〔釈摩訶衍論科文〕紙背）、『十種供養式』（鎌倉時代写）、『御即位後期写』、『水分講式』（明徳二年〔一三九二〕
写）、『龍王講式』（室町時代中期写）、『弥勒講式』（延宝五年〔一六七七〕写）、『涅槃講式』（永正十六年〔一五一九〕写）、『神
泉薗事』（室町時代中期写）、『〔胎内五位曼荼羅〕』（江戸時代初期写）、『諸打物譜』（応永二十六年〔一四一九〕写）、『琵琶
秘抄』（室町時代前期写）、『〔笛譜〕』（南北朝時代写）、『〔笛譜断簡〕』（天正十六年〔一五八八〕写）、『〔笛譜断簡〕』（江戸
（鎌倉時代後期写）、『〔笙譜・金剛寺楽次第〕』（室町時代中期～後期写）、『〔笛譜断簡〕』、『〔笙譜
時代前期写）、『〔筆篥譜〕』（室町時代中期写）の二十一点の写真版を掲げた。

一、写真版には、原則として行番号を付した。冊子本の表紙見返の行番号は、（1）のごとく示した。

一、巻子本は紙継ぎごとに紙数を示し、折本は折数にしたがって「〔1オ〕」「〔1ウ〕」とし、冊子本は丁数とその表裏を「〔1
オ〕」「〔1ウ〕」のかたちで示した。

一、翻刻については、以下のようにした。

1
　『御即位印信口決』（応永二十七年〔一四二〇〕写）、『御即位印信口決』（永享二年〔一四三〇〕写）、『御即位大事』（室町
時代中期写）、『御即位大事』（室町時代中期写）、『〔日中行事関係故実書断簡〕』、『十種供養式』、『水分講式』、『龍王講
式』、『弥勒講式』、『涅槃講式』、『神泉薗事』、『〔胎内五位曼荼羅〕』、『〔琵琶秘抄〕』は全文を翻刻した。『諸打物譜』に
ついては、楽譜を除いた箇所を翻刻した。『〔笛譜〕』、『〔笛譜〕』、『〔笛譜断簡〕』三点、『〔笙譜・金剛寺楽次第〕』、『〔筆篥譜〕』は、
各資料の解題末尾に楽譜を除いた部分の翻刻を付した。『〔日中行事関係故実書断簡〕』表の『〔釈摩訶衍論科文〕』、『打
毬楽』は、翻刻を割愛した。割愛部分は、写真版を参照されたい。

2
　翻刻においては、漢字、片仮名ともに通行の字体を用いた。いわゆる抄物書きや宛字は、本来の字体に改め、漢字の
踊り字は「々」、片仮名の踊り字は「ヽ」に統一した。ただし、資料の性格上、一部底本の字体を残した場合がある。
また、必要に応じて句読点を付した。

3　漢字、片仮名の文字の大小は可能な限り区別した。長文の割書の場合は、〈 〉を付して本行に記す場合がある。

4　返り点は通行の方法で示した。講式類、『諸打物譜』に付される声点等の翻刻は割愛した。

5　見せ消ち、墨消し訂正などは、原則として訂正された文字を示した。講式類で明らかに誤写と思われる部分は、（ ）内に訂正した文字を示した。

6　本文に問題がある場合は注を付した。

7　虫損等による判読不能箇所は、□で示した。ただし、『十種供養式』については他本、『龍王講式』については『正法念処経』『孔雀経音義』『大雲輪請雨経』を参照して虫損箇所を推定し、（ ）内に示した。

8　『弥勒講式』冒頭の破損部分は、『弥勒講式』（笠置寺所蔵・奈良国立博物館保管）によって補った。補った部分は【 】に入れて示した。

9　『弥勒講式』には、加筆時期が本文の書写年次より相当下ると思われる読み仮名・送り仮名・注記等があり、これらは割愛した。

10　『龍王講式』には後筆と見られる読み仮名・送り仮名が数箇所あるが、翻刻に際してはそれらも活かした。

影印

御即位印信口決

三九函一三二—九番（応永二十七年〔一四二〇〕写）

三九函一三二—一一番（永享二年〔一四三〇〕写）

御即位大事

三三函二二一番（室町時代中期写）

三三函一八五番（室町時代中期写）

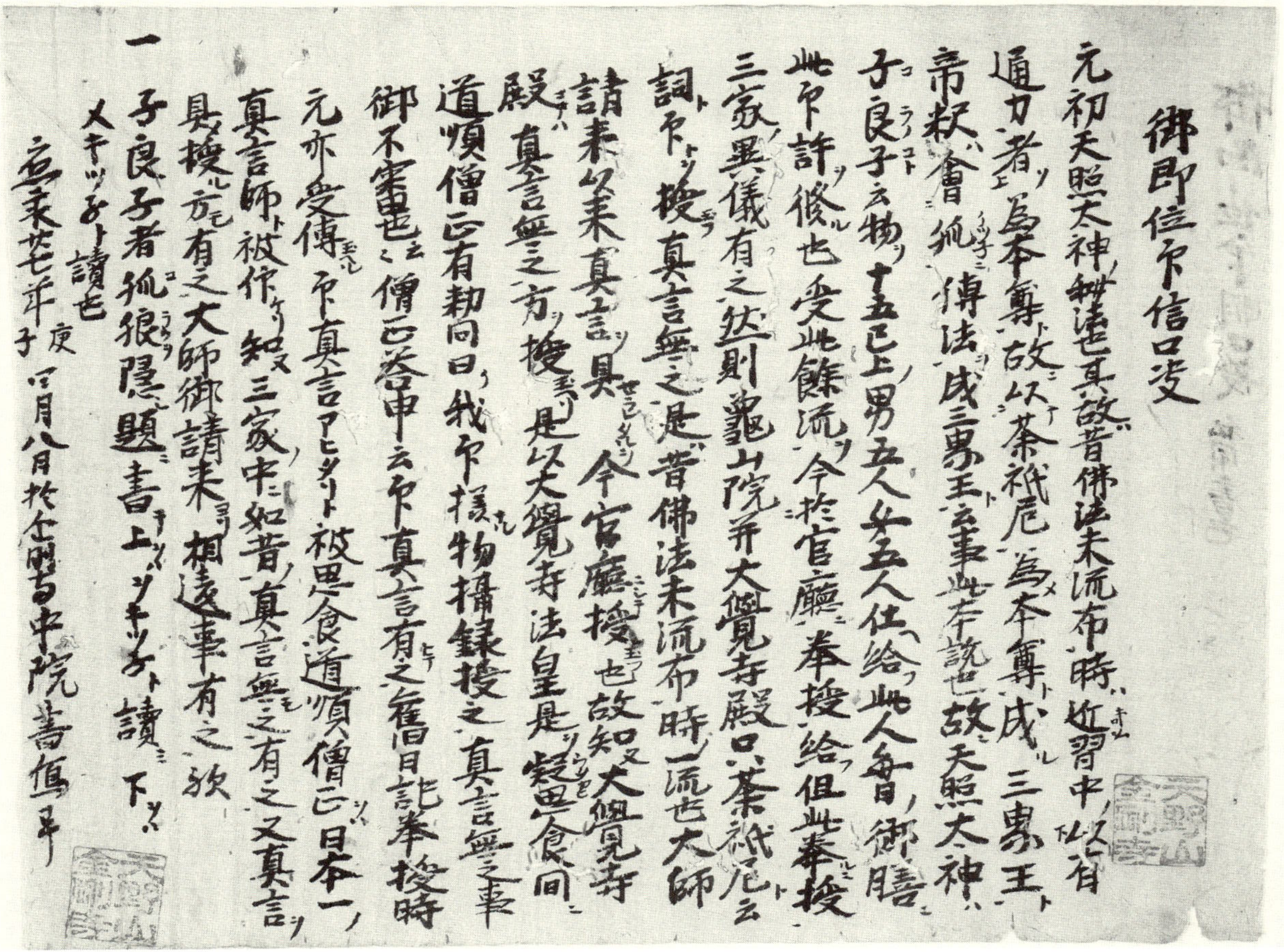

御即位印信口决
元初天照太神御誓也其故昔佛法未流布時近習中以有
通力者為本尊故以荼祇尼為本尊成三昧王
帝釈會孤傳法成三昧王云事此本説也故天照太神
子良子云物十五已上男五人女五人仕給此人毎日御膳
此印許條也受此餘流今於官廳奉授給但此奉授
三家異儀有之然則亀山院并大覚寺殿只荼祇尼云
詞印授真言無之是昔佛法未流布時一流也大師
請来以来真言具今官廳授也故知又大覚寺
殿真言無之方授是以大覚寺法皇是疑思食同
道順僧正有勅問曰我印様物摂録授之真言無之事
御不審也云云僧正答申云印真言有之旧日記奉授時
元亦受傳印真言アヒタリト被思食道順僧正日本一
真言師被作知又三家中如昔真言無之有之又真言
具授方有之大師御請来相違事有之歟
一 子良子者孤狼隠顕書上キツネト読下
又キツネト読也
應永廿七年庚子 卯月八日於金剛寺中院書寫了

御即位印信口決（三九函一三二一九番）（表）

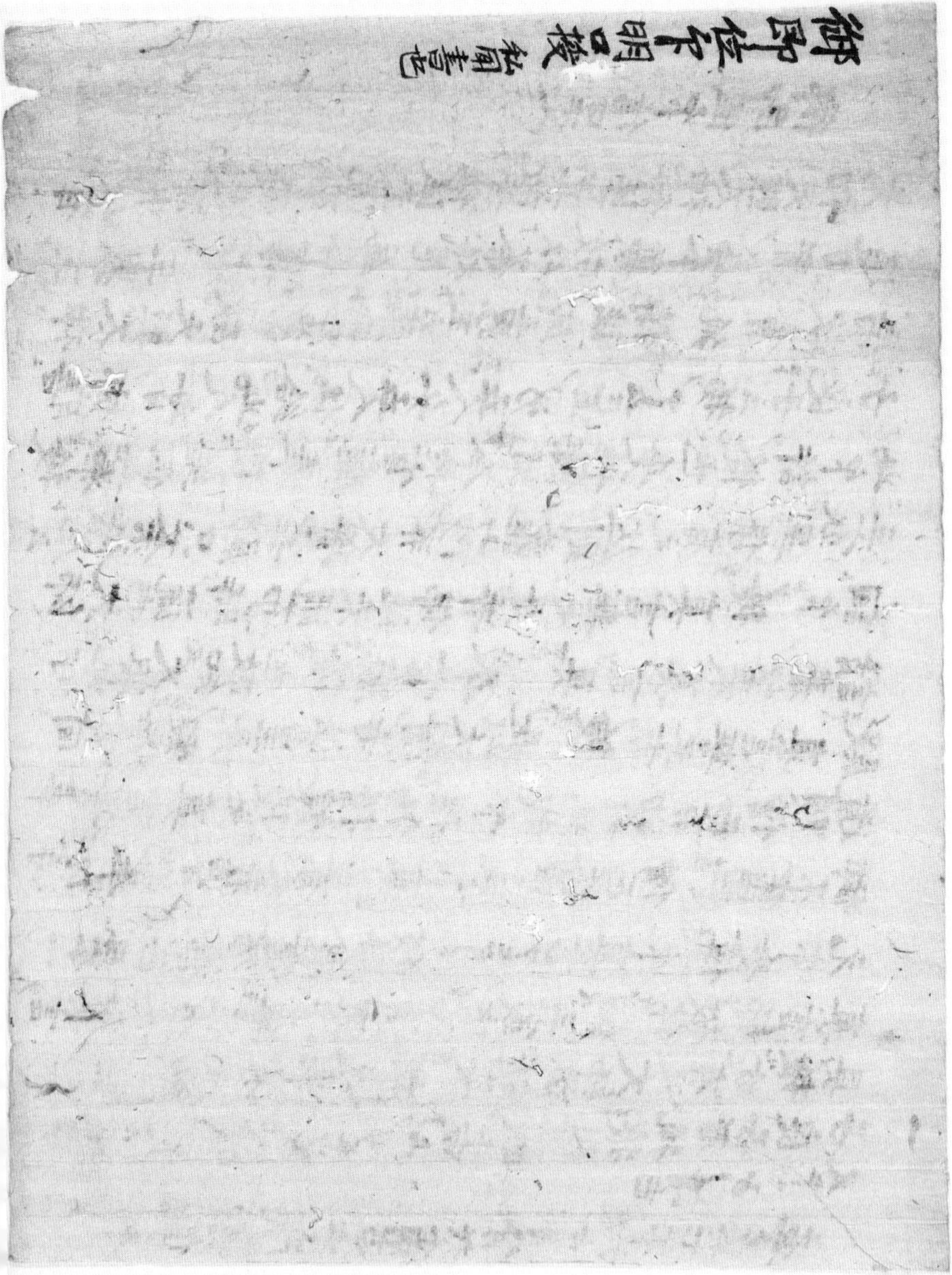
御即位印明口授

御即位印信口決（三九函一三三一―九番）（裏）

御即位印信口決

元初天照太神所授法也其故者佛法未流布時近習中以有通力者為本尊故以荼祇尼為本尊成三夷王帝釈會狐傳法成三夷王云事此本説也故天照太神ハ子良子云物十五已上男五人女五人仕給此人毎日御膳此下許[illegible]也受此餘流今於官廳奉授給但此奉授三家異儀有之並則龜山院并大覚寺殿只荼祇尼云詞斗授真言無之是者佛法未流布時一流也大師請來以來真言具今官廳授也故知又大覚寺殿真言無之言授是以大覚寺法皇是謚思食同道順儒心有勅問曰我印授物構録授之真言無之事御不審也儒心卷中云下真言有之舊日記奉授時元亦受傳下真言アヒタリト被思食道順儒心ハ日本一真言師ト被作知又三家ノ中ニ如肯真言無之有之又真言具授方有之大師御請来相違事有之

一 子良子者狐狼隠題上ハシキツ子ト讀下ハ大

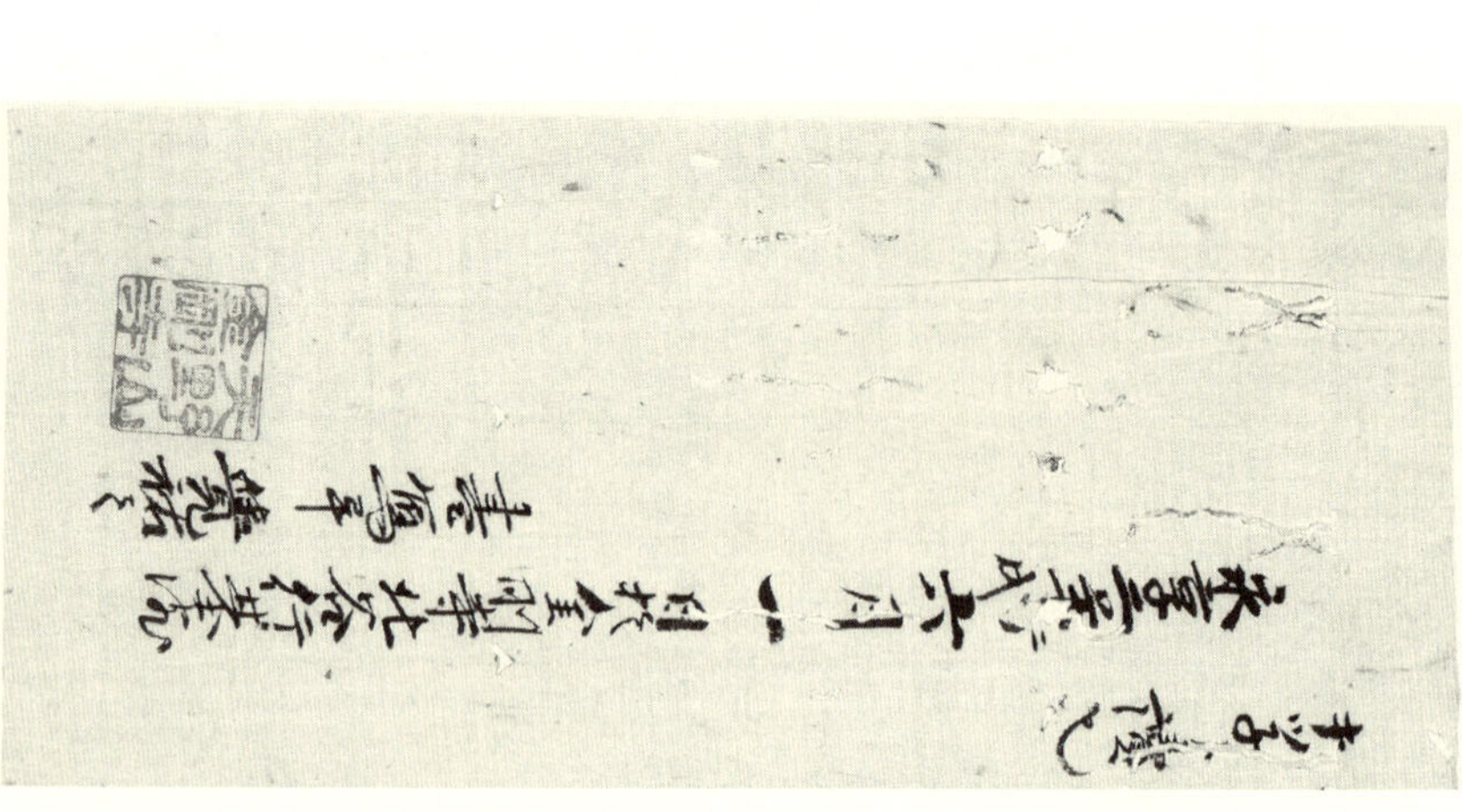

御即位印信口決（三九函一三二―一一番）（裏（部分））

御即位大事
智拳印
十方佛土中
唯有一乘法
無所不至印
觀一切法
空如實相
塔婆印　開天二頭　寶形
佛語實不虛
如醫善方便
八葉印
具一切功德
慈眼視衆生
金剛佛子覺祐

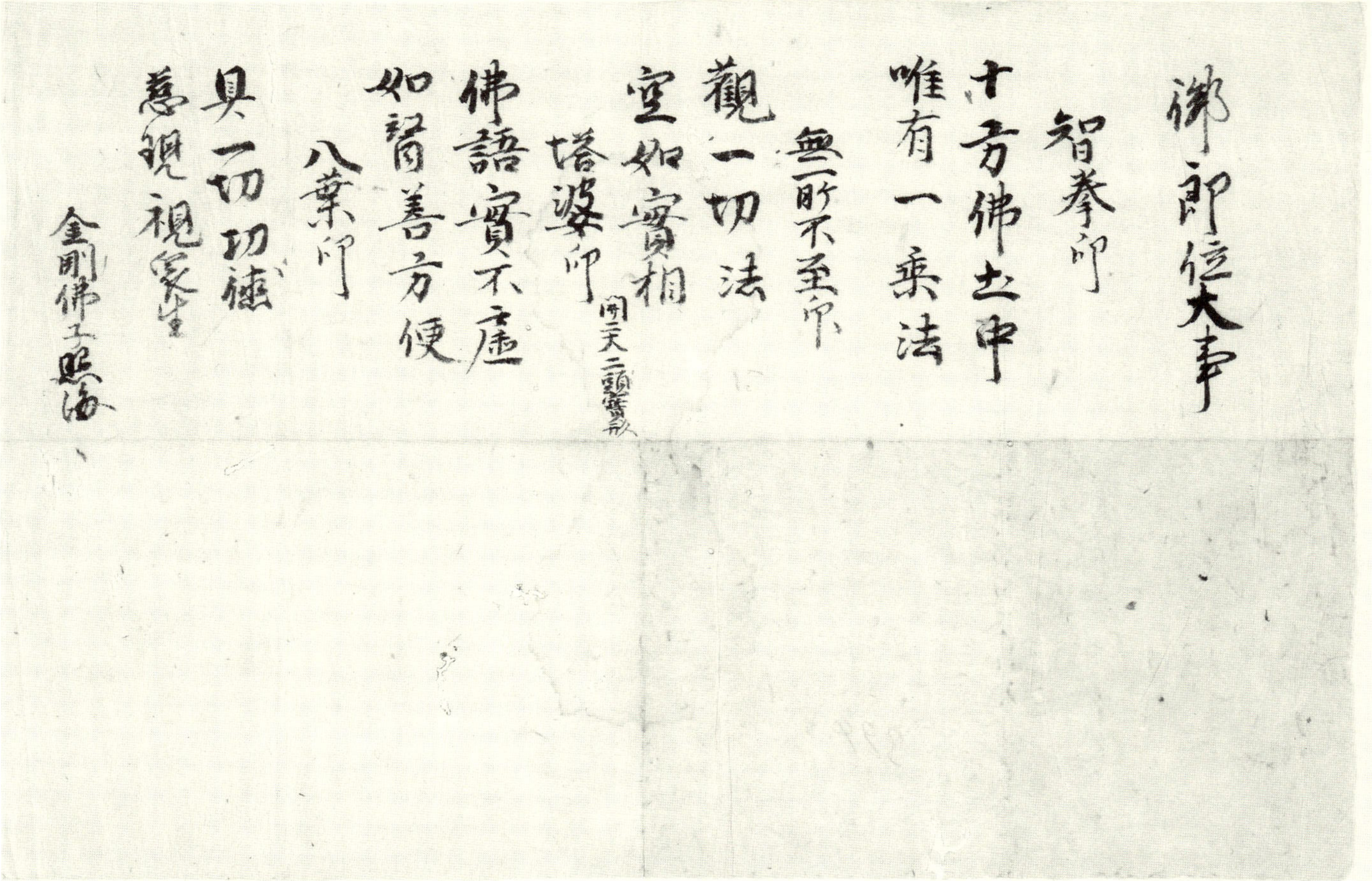
御即位大事
智拳印
十方佛土中
唯有一乗法
無所不至印
観一切法
空如實相
塔婆印　開天二頭寶形
佛語實不虚
如諸善方便
八葉印
具一切功徳
慈眼視衆生
金剛佛子照海

御即位大事（三三函一八五番）

日中行事関係故実書断簡（〈釈摩訶衍論科文〉紙背）（鎌倉時代写）

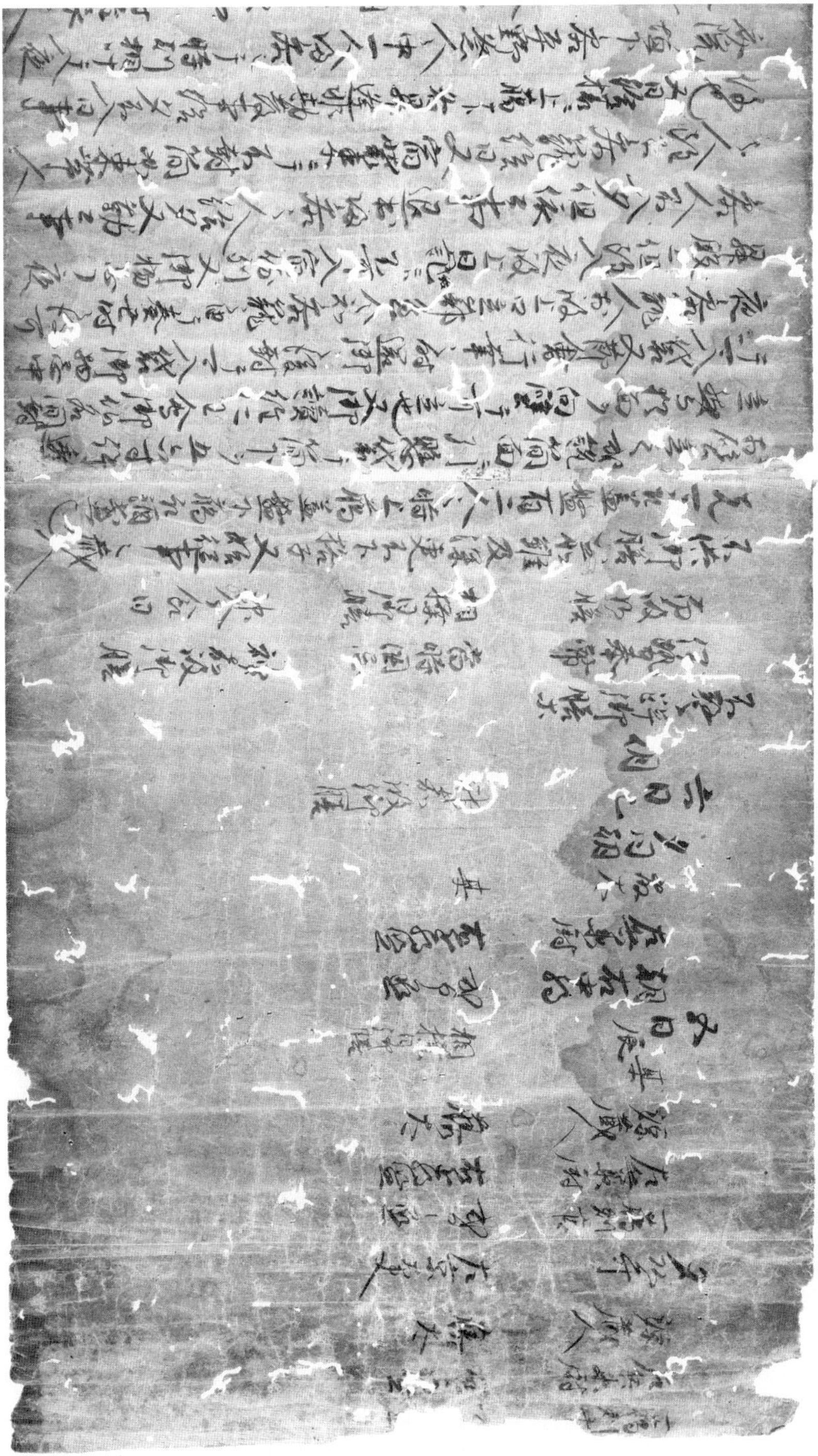

（1紙）

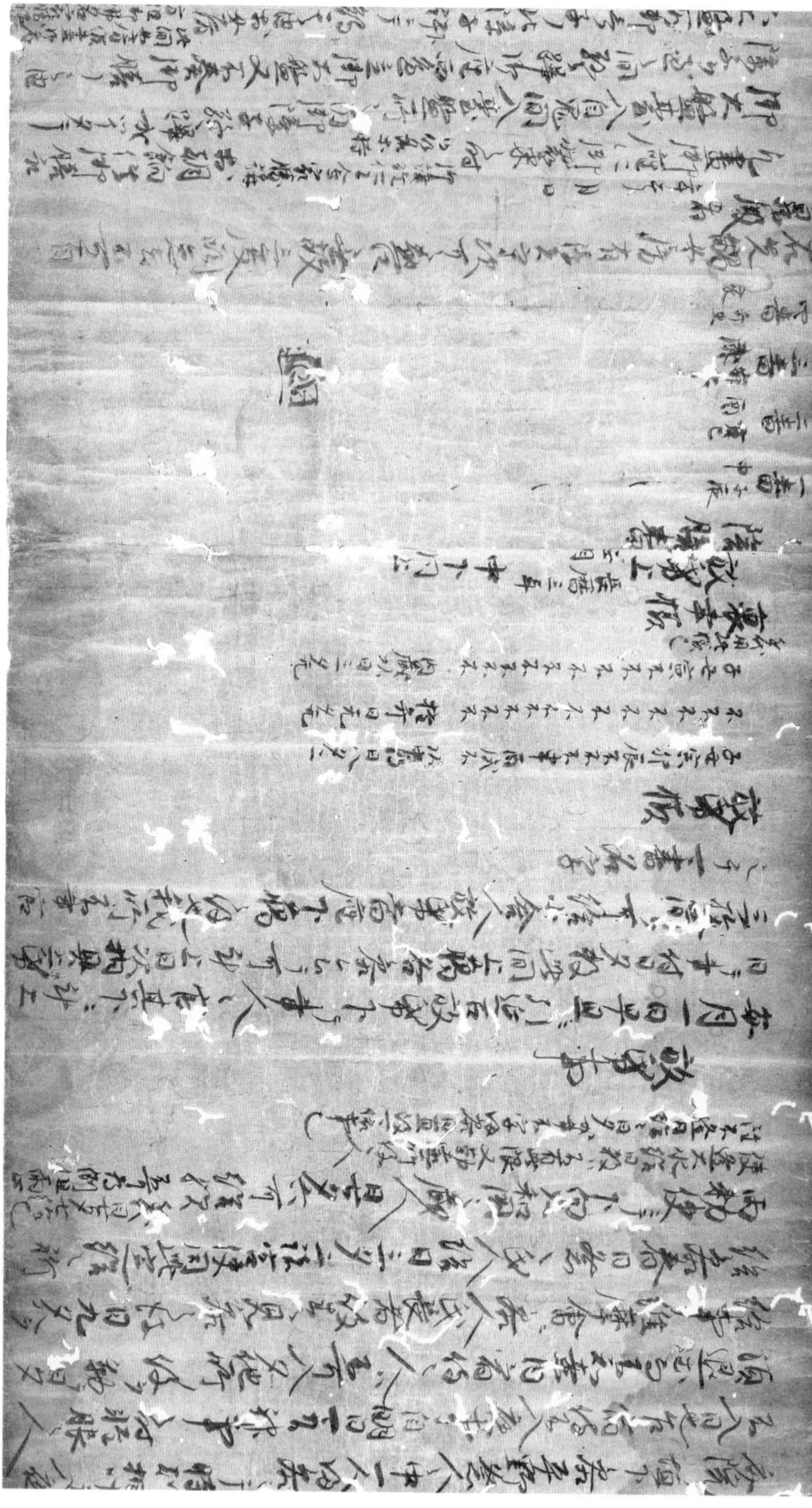

（2紙）

65 64 63 62 61 60 59 58

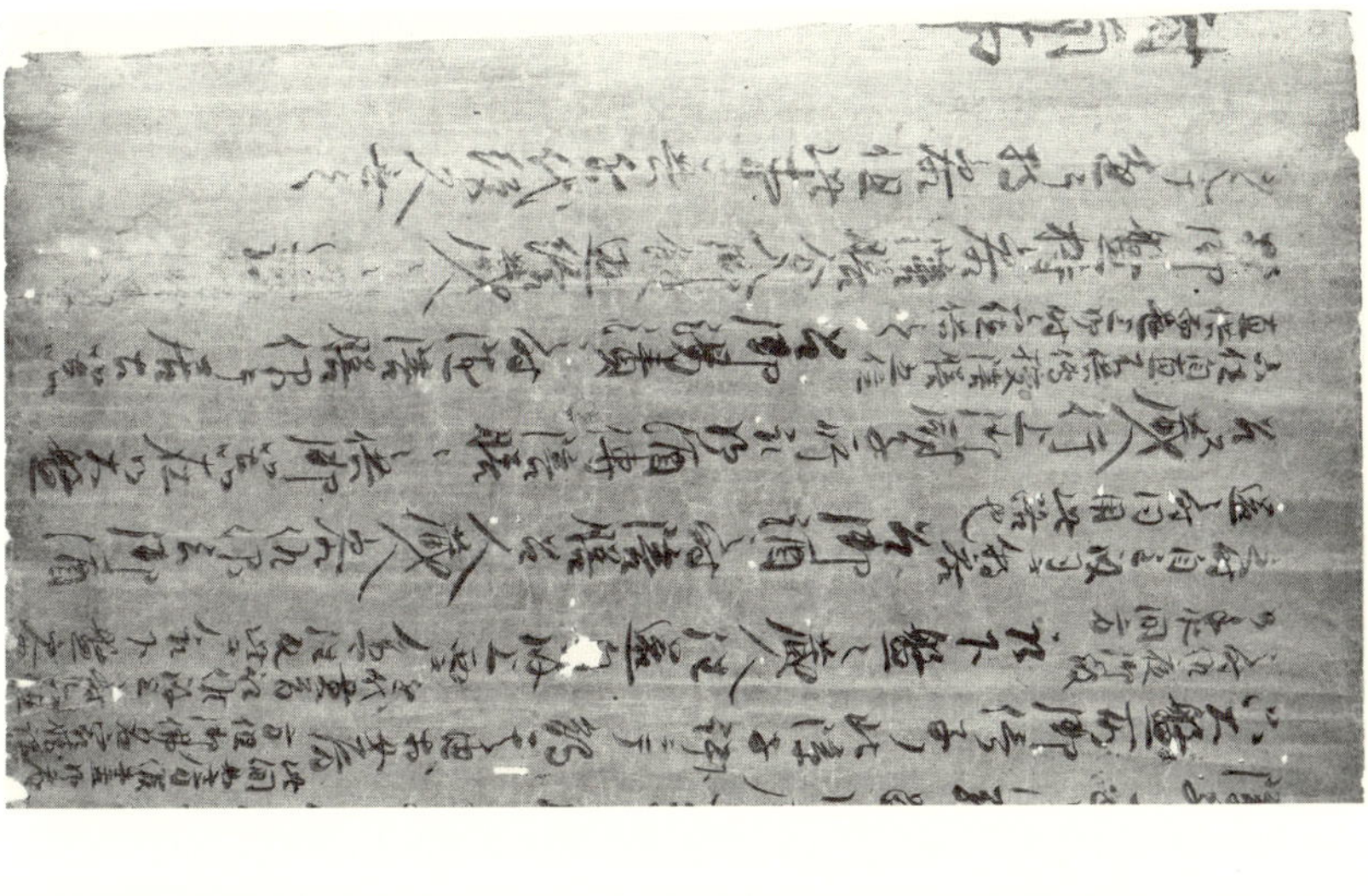

（3紙）

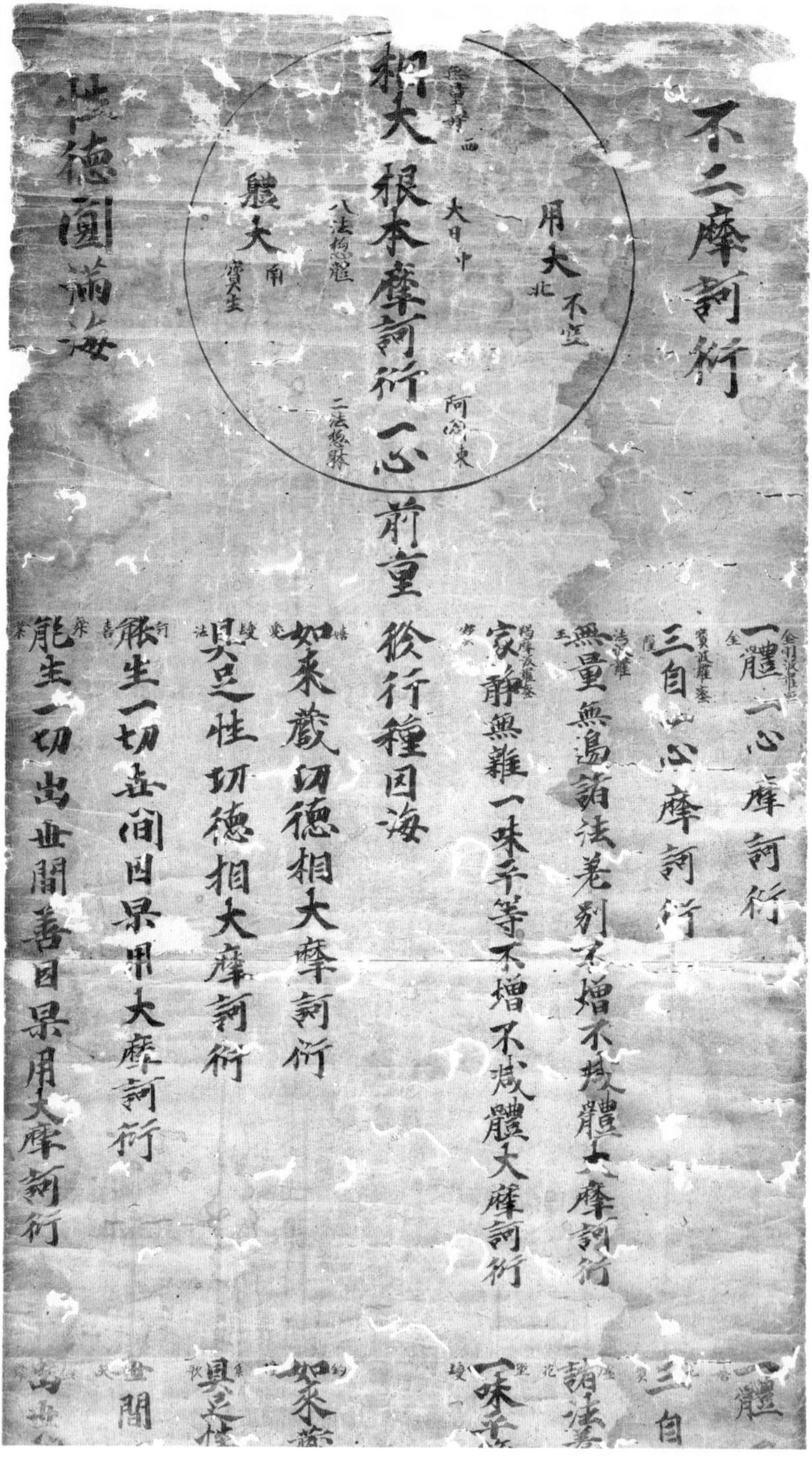
不二摩訶衍
用大　北　不空
阿閦　東
大日　中
無量寿　西
根本摩訶衍一心
釈大
八法
體大　南　寶生
二法
前重
後行種因海
性徳圓滿海
一體一心摩訶衍
三自一心摩訶衍
無量無邊諸法差別不増不減體大摩訶衍
寂静無雜一味平等不増不減體大摩訶衍
如來藏功徳相大摩訶衍
具足性功徳相大摩訶衍
能生一切世間因果用大摩訶衍
能生一切出世間善因果用大摩訶衍

（3紙）

（2紙）

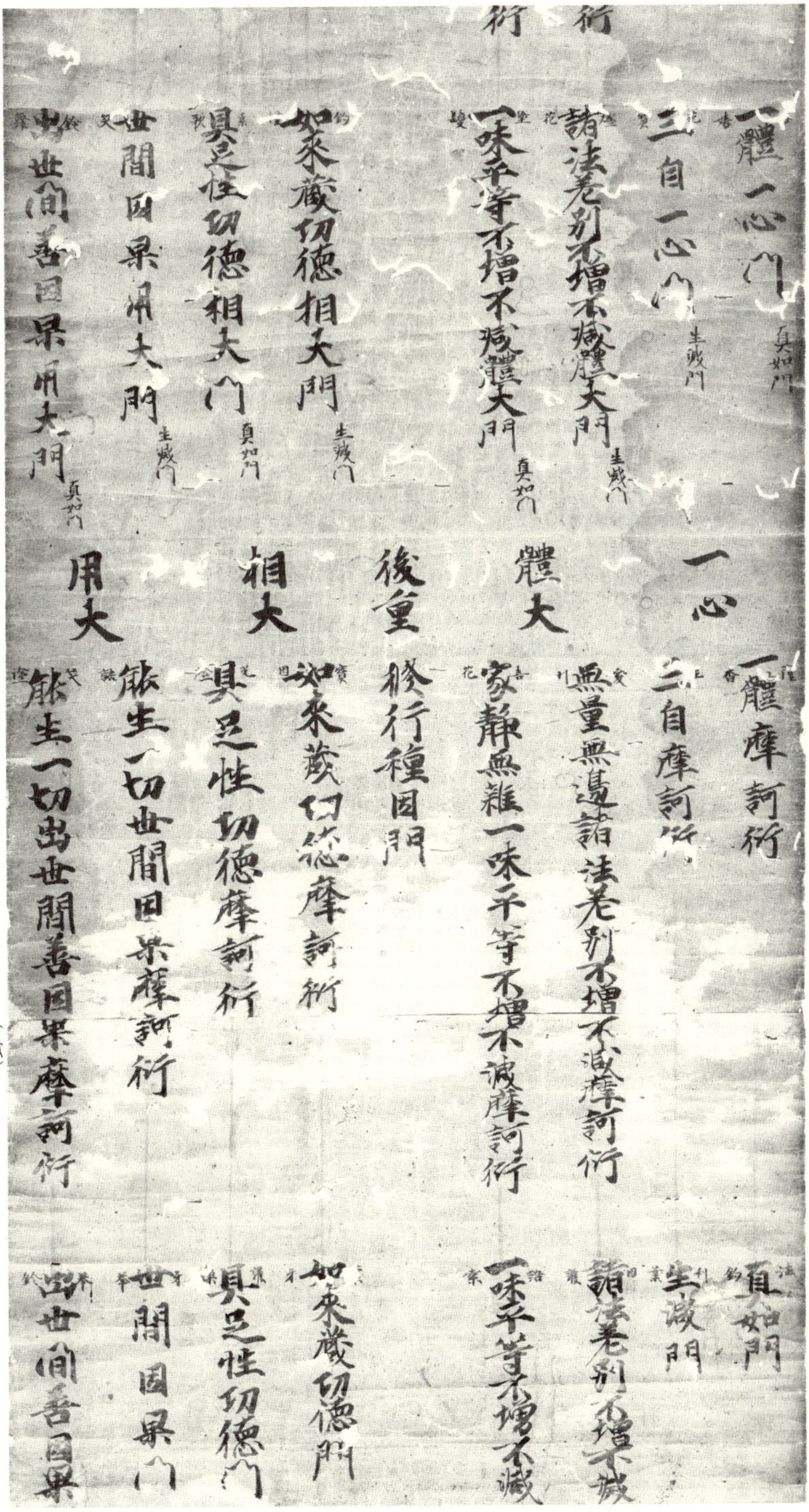
衍
衍
一體一心門　真如門
三自一心門　生滅門
諸法差別不增不減體大門　生滅門
一味平等不增不減體大門　真如門
如來藏功德相大門　生滅門
具足性功德相大門　真如門
世間因果用大門　生滅門
出世間善因果用大門　真如門

一心
體大
後重
相大
用大

一體摩訶衍
三自摩訶衍
無量無邊諸法差別不增不減摩訶衍
寂靜無雜一味平等不增不減摩訶衍
脩行種因門
如來藏功德摩訶衍
具足性功德摩訶衍
能生一切世間因果摩訶衍
能生一切出世間善因果摩訶衍

真如門
生滅門
諸法差別不增不減
一味平等不增不減
如來藏功德門
具足性功德門
世間因果門
出世間善因果

(1紙)

釈摩訶衍論科文（〔日中行事関係故実書断簡〕表）（2紙／1紙）

真如門
生滅門
諸法差別不増不減門　生滅門
一味平等不増不減門　真如門
如来蔵功徳門　生滅門
具足性功徳門　真如門
世間因果門　生滅門
出世間善因果門　真如門

釈摩訶衍論科文（〔日中行事関係故実書断簡〕表）　（1紙）

十種供養式

（鎌倉時代後期写）

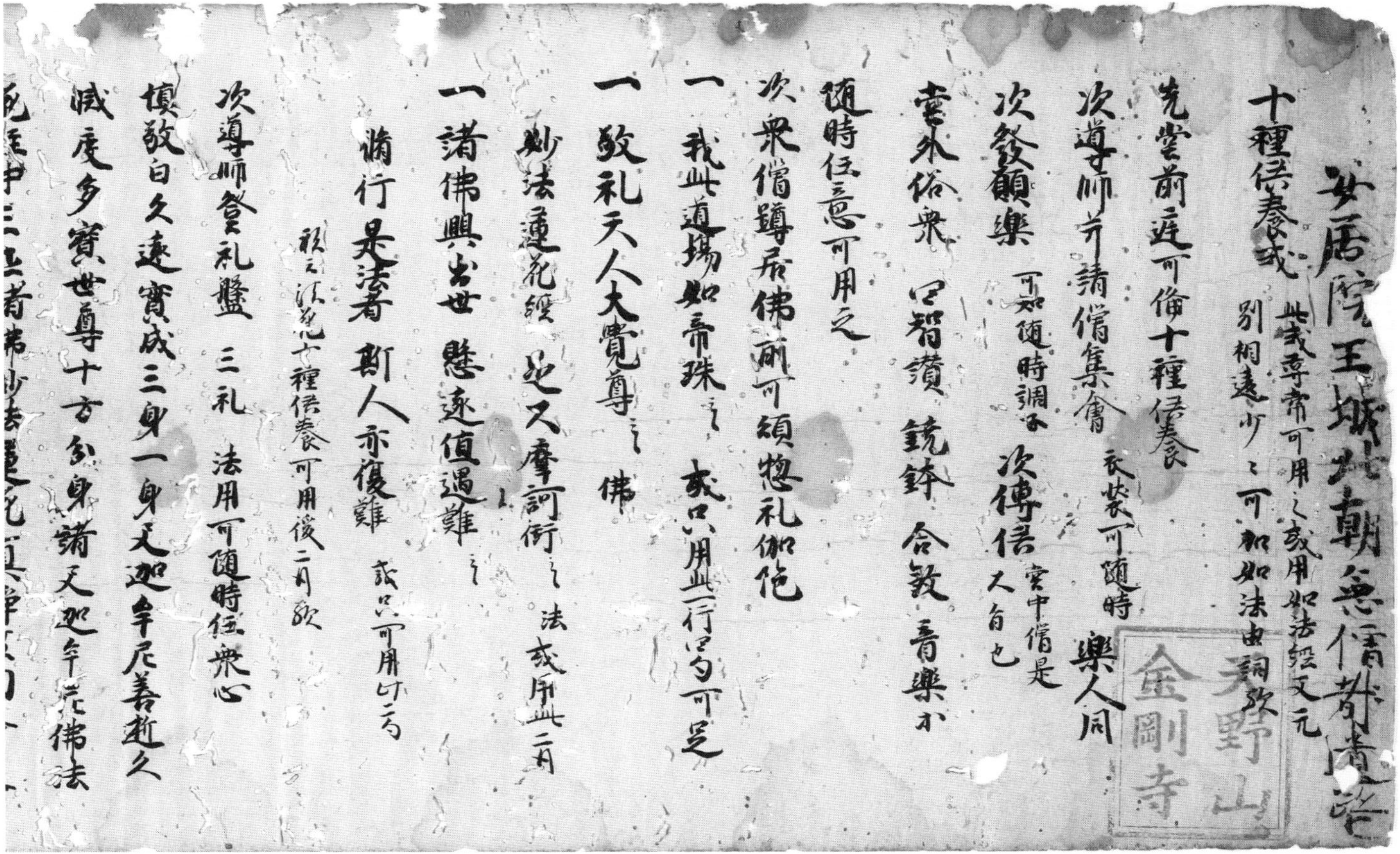
安居院王城北朝恵信付嘱遺迹
十種供養式 此式尋常可用之或用如法経文元
別相遠少々可加如法由翔致
先堂前庭可備十種供養
次導師并請僧集会 衣装可随時 楽人同
次発願楽 可如随時調子 次伝供 堂中僧是 人自也
堂外俗衆 以智讃 鐃鉢 合殺 音楽等
随時任意可用之
次衆僧遶仏前可頌惣礼伽陀
一 我此道場如帝珠云々 或只用此一行四句可足
一 致礼天人大覚尊云々 仏
妙法蓮花経 是又摩訶衍云々 法 或用此二句
一 諸仏興出世 懸遠値遇難云々
修行是法者 斯人亦復難 或只可用此二句
私云法花十種供養可用後二句歟
次導師登礼盤 三礼 法用可随時任衆心
慎敬白久遠実成三身一身尺迦牟尼善逝久
滅度多宝世尊十方分身諸尺迦牟尼仏法
[illegible]経中三出者常妙法蓮花真実[illegible]
天野山金剛寺

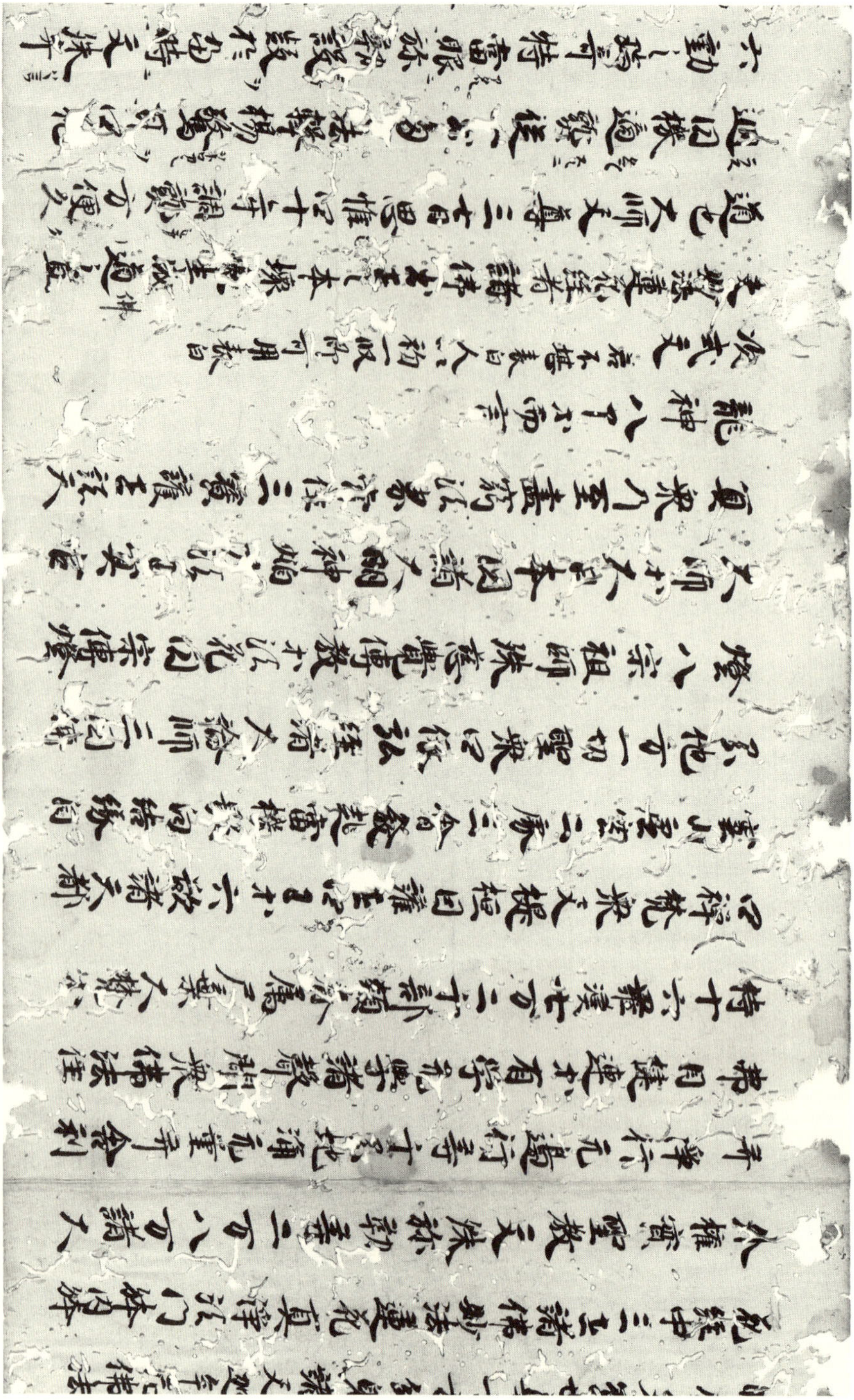

（1紙）

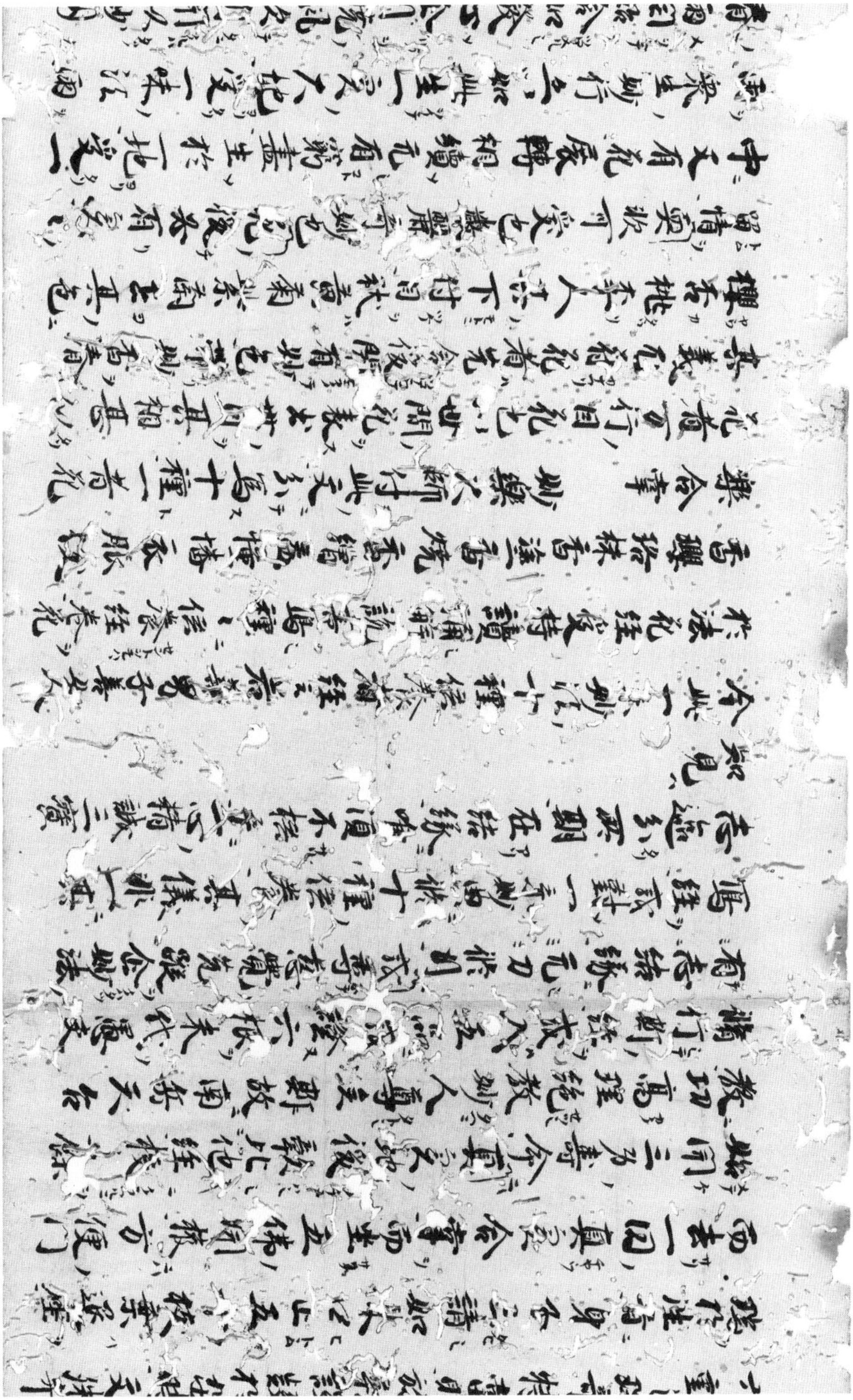
殊於淨身三請如來止五千枝葉退座
而去一因真實合掌而坐五佛同歎方便門
始開三乃壽命真實之地後歎比他經校[illegible]
教切高理絶教妙人尊矣斯故南岳天台
講行斯經式入五品證六根末代愚丈
有志結緣无力能行聊尋慈覺筆跡企妙法
寫經式對一乘妙典備十種供養其儀非一其
志遍多不周在結緣唯須不捨至心精誠三寶
知見
今此一乘妙法十種供養經云若善男子善女人
於法花經受持讀誦解説書寫種種供養經卷花
香瓔珞抹香塗香燒香繒蓋幢幡衣服伎
樂合掌　妙樂大師付此文爲十種一者花
花者万行因花也世間花表出世因其相甚
甚義花哉花着先含後開有妙色芳妙香清
櫻香桃李人[illegible]下付自秋黄菊紫蘭占其色
留情要欲可愛也蟲響奇妙也花後若有實
中又有花展轉相續无有窮盡生於一地受一
雨衆生妙行亦如此生一灵大地受一味法雨

（2紙）

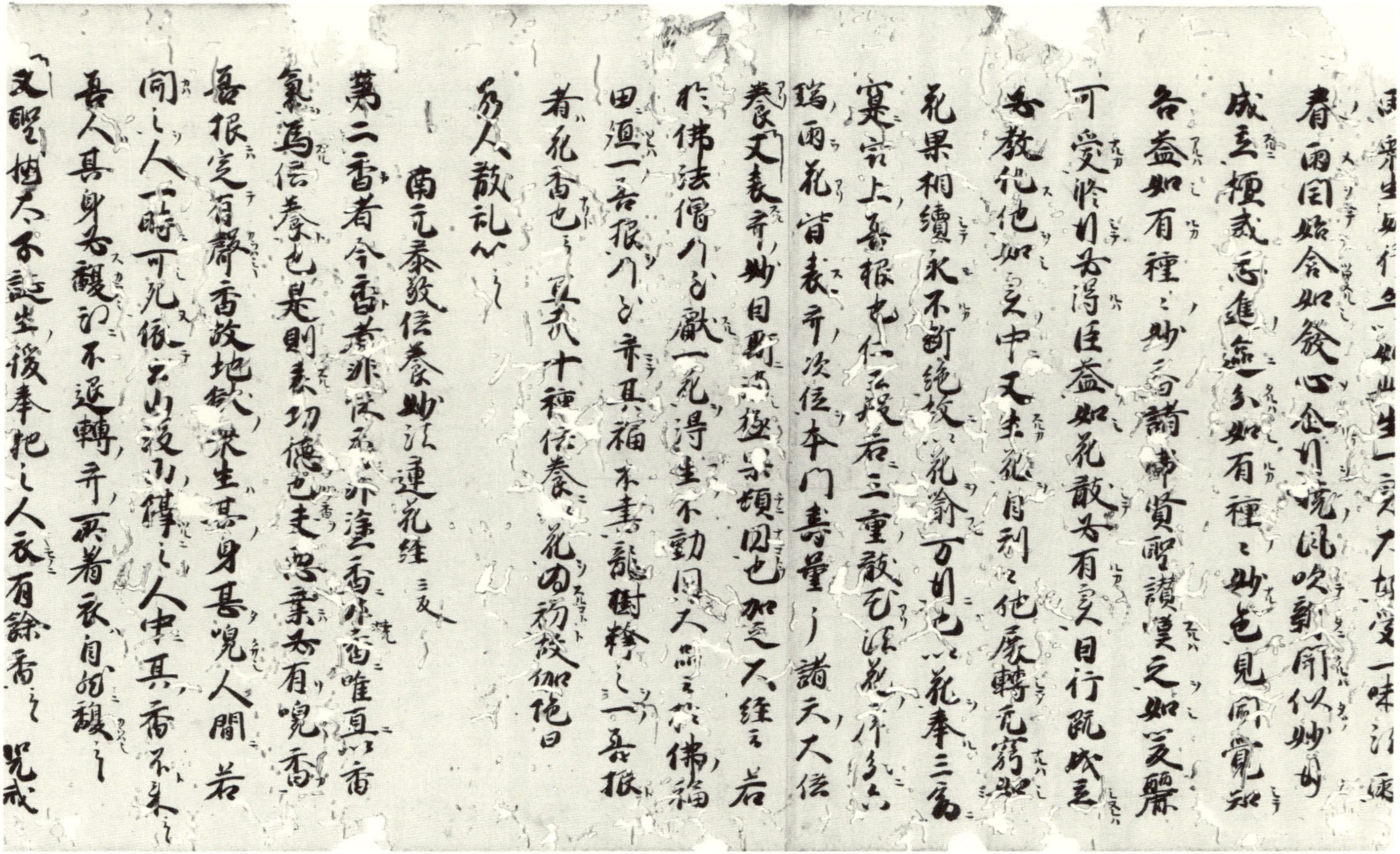

(3紙)

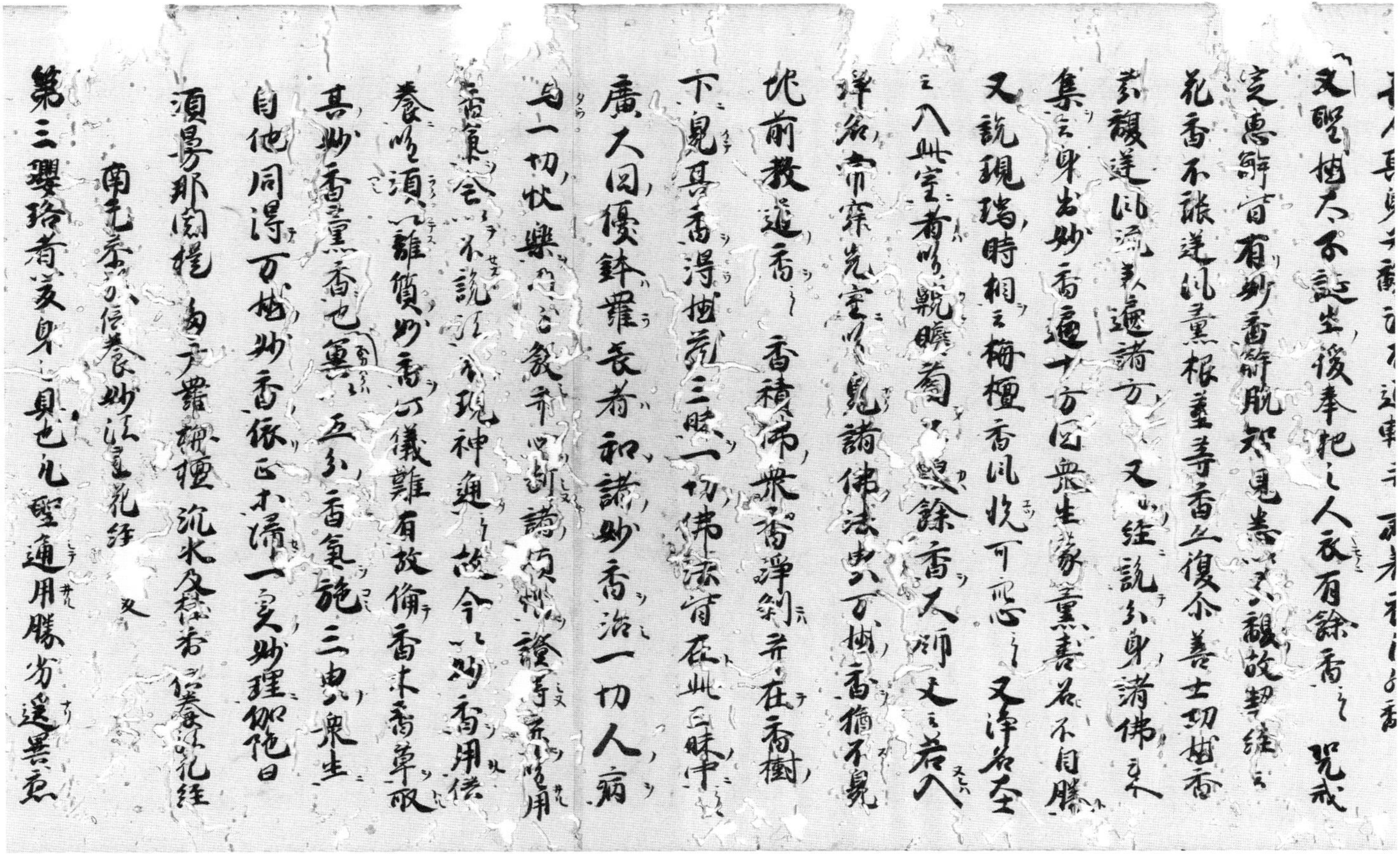

又聖樹不誕生後奉把之人衣有餘香云々　況戒
定恵解脱解脱知見等之馥故契経云
花香不能逆風薫根善等香亦復尓善士切樹香
芬馥逆風流遍諸方　又経説尓身諸佛云々
集云身出妙香遍十方国衆生聞薫者不自勝
又説瑰璐時相云梅檀香風悦可衆心云々　又浄名云
入此室者唯覩瞻蔔餘香文又云若入
浄名宗室唯見諸佛法之六百樹香猶不見
佛前散之逆香云々　香積佛衆香浄剣并在香樹
下見其香得樹花三昧一切佛法皆在此三昧中
廣大円優鉢羅衣着和諸妙香治一切人病
与一切快楽為之衆前以断諸煩悩證等覚用
香象云不説法而現神通故今以妙香用借
養唯須之離質妙香以儀雖有故備香木香草取
其妙香薫香也薫五分香気施三界衆生
自他同得万樹妙香依正不二一実妙理伽陀曰
須曼那闍提　烏于羅梅檀　沈水及樒香　供養法花経
南无奉供養妙法蓮花経　又
第三瓔珞者荘身之具也凡聖通用勝劣遂異意

（4紙）

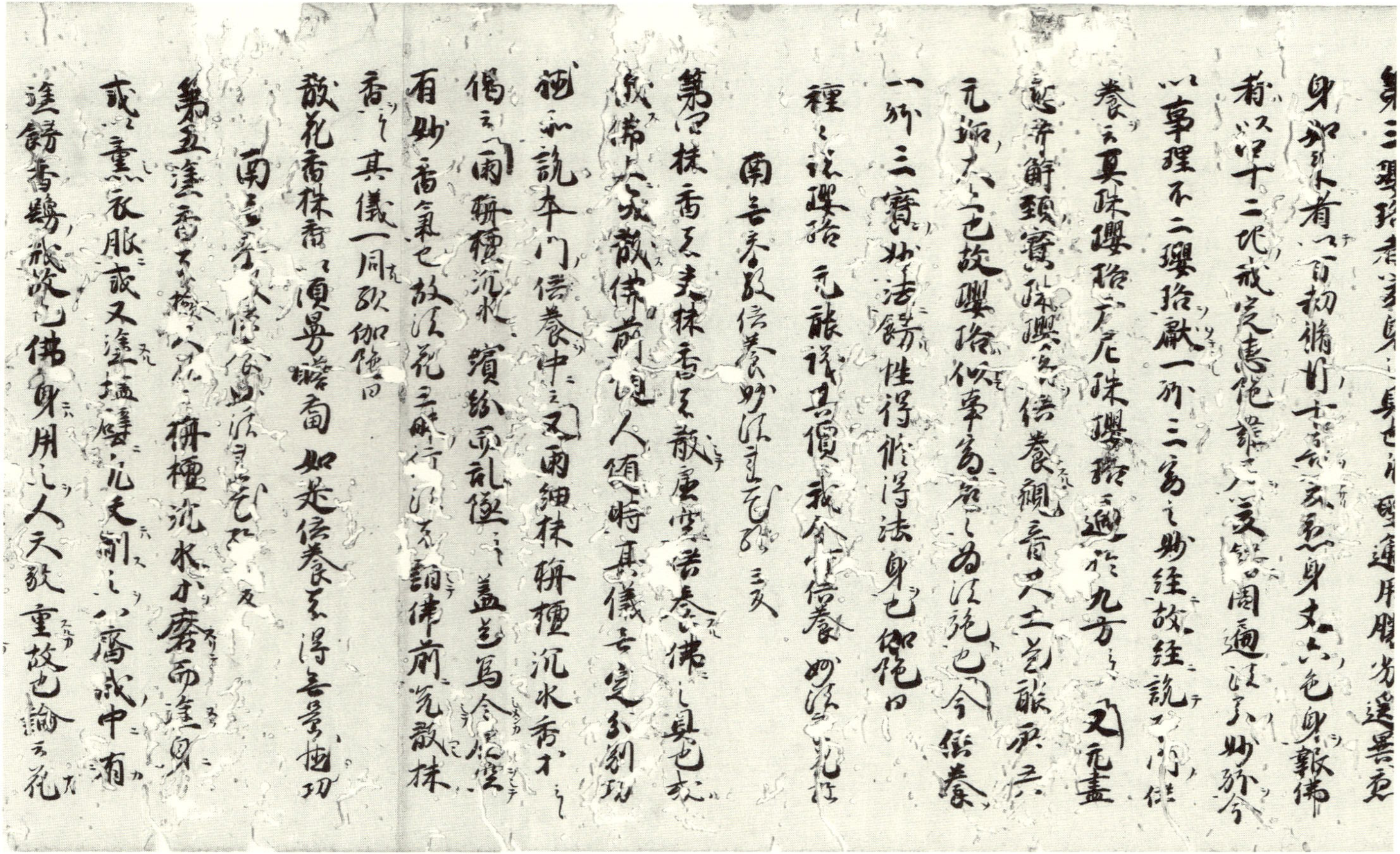

(5紙)

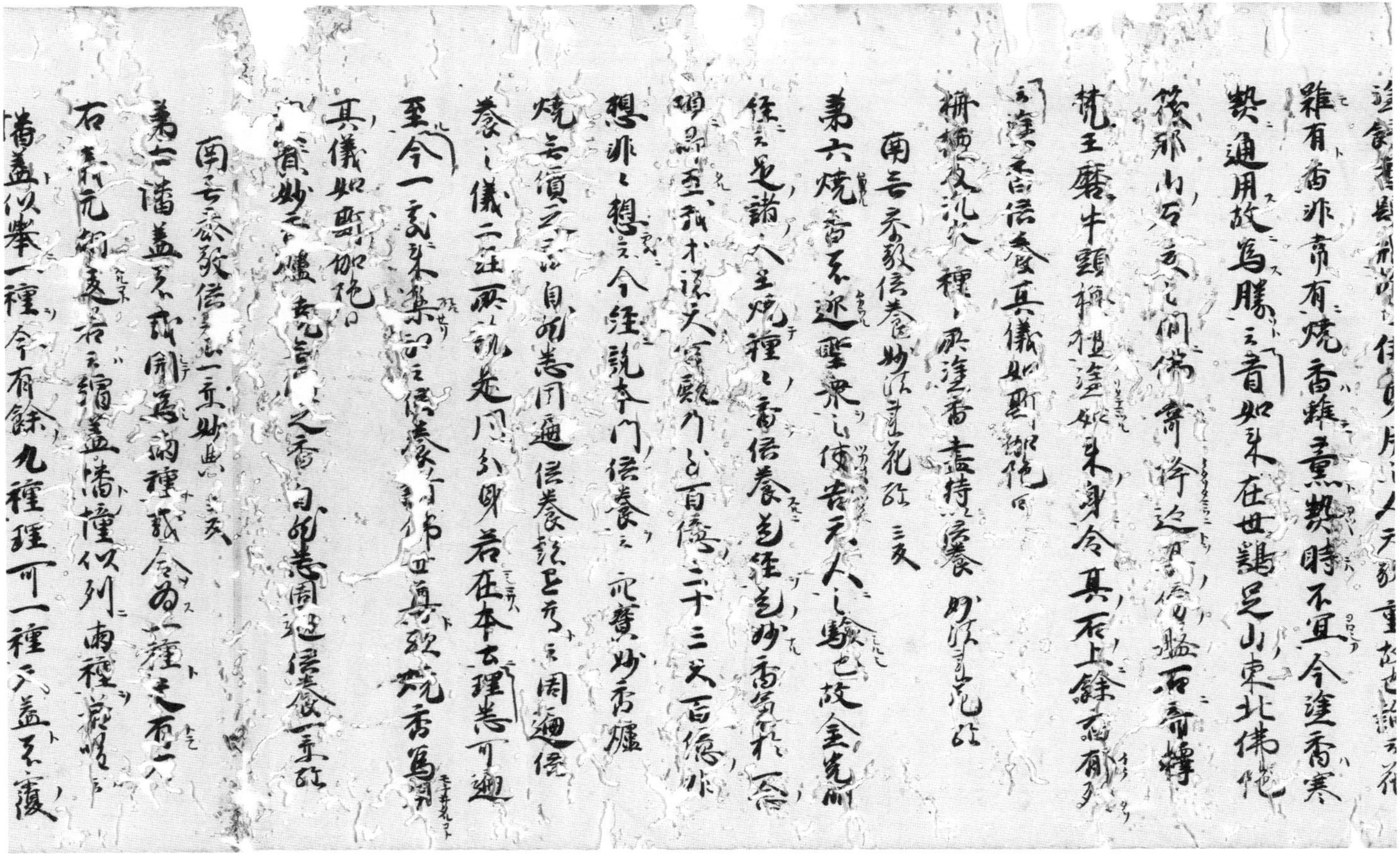
雖有香非香有焼香雖熏熱時不宜令塗香寒
熱通用故為勝云旃檀如来在世鷄足山東北佛陀
伽耶山石室之間佛奇跡迄今臨石高樓
梵王磨牛頭栴檀塗如来身今其石上餘香有多
云塗香供養其儀如斯伽陀曰
栴檀及沈水種々塗香盡持供養明須香山花故
南無恭敬供養妙須香山花故 三反
第六焼香者遠聞聖衆之使者天人之鼻也故金光明
経云是諸人王焼種々香供養是経是妙香気於一念
頃昇至我等諸天宮殿乃至百億二十三天百億非
想非々想天今経説本門供養 而實妙香爐
焼無價之香自然悉周遍供養諸已至周遍供
養之儀二種四説是門外則若在本云理悉可迴
至今一心致楽行供養十方諸仏世尊致焼香為
其儀如斯伽陀曰
願此妙香爐無辺無尽之香自然悉周遍供養一切故
南無恭敬供養一切妙香 三反
第七幡蓋者荘厳為両種哉合為一種之有二
石元御遠者之繒蓋幡幢似列両種崇嚴
幡蓋似挙一種令有餘九種理可一種天蓋不復

（6紙）

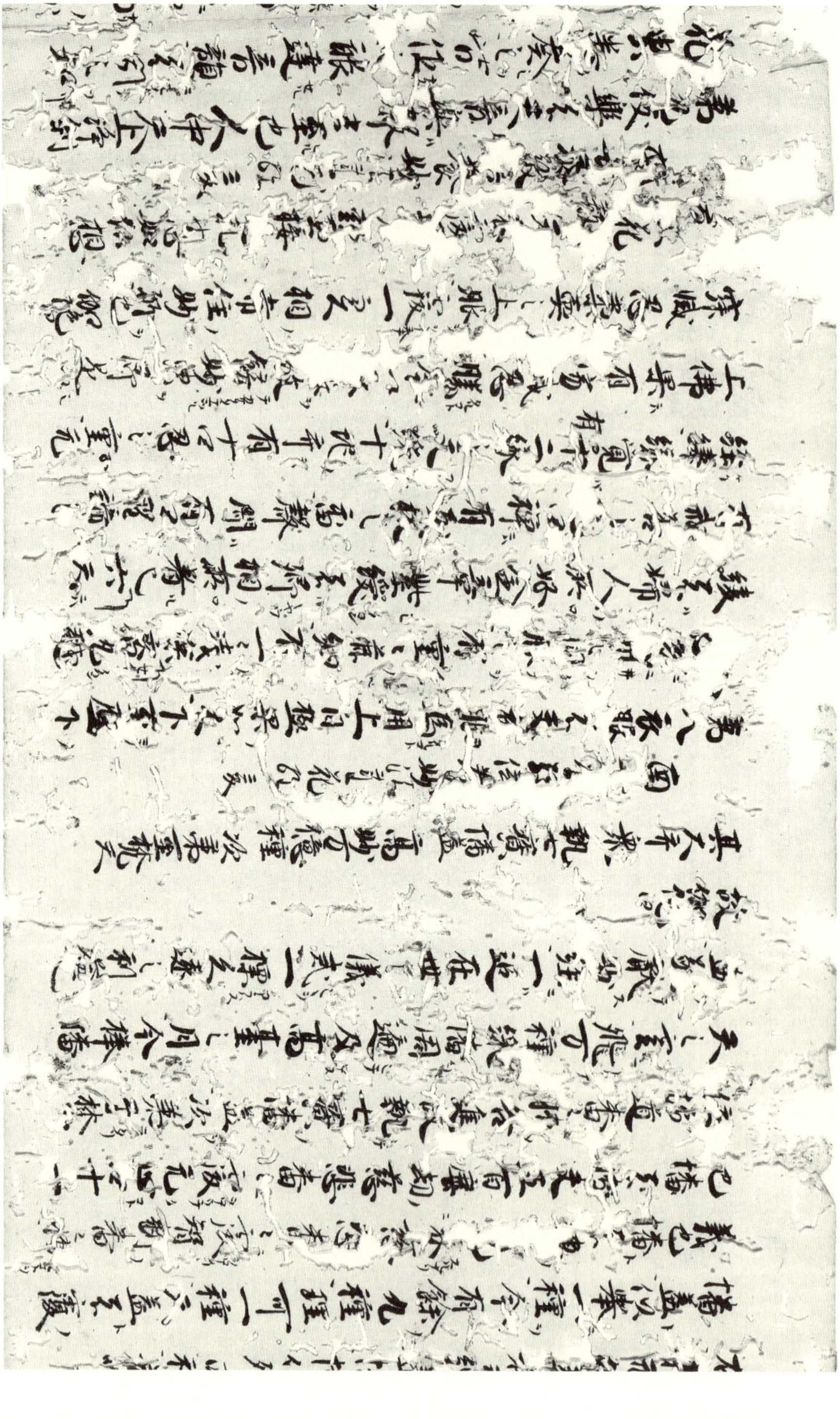

（7紙）

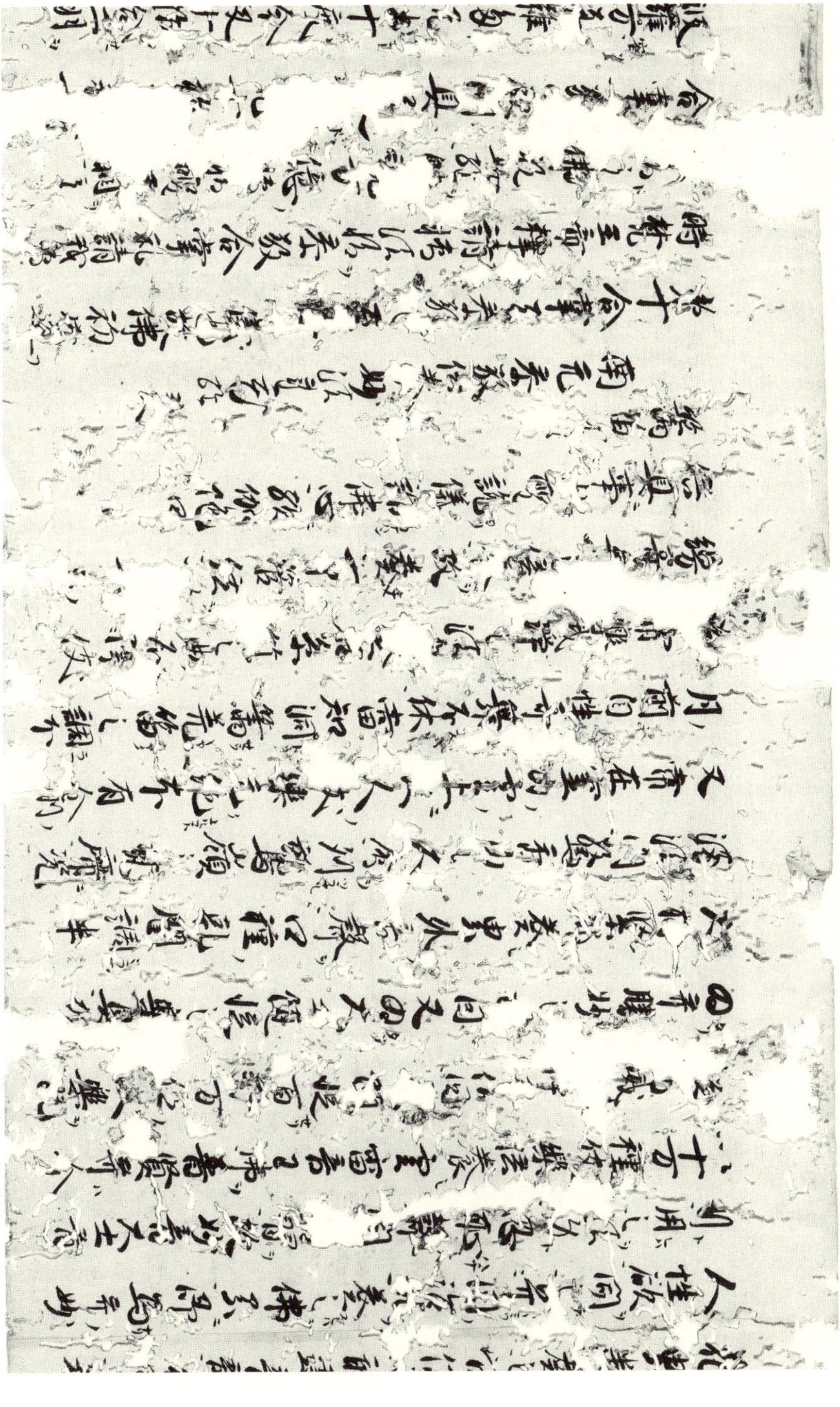

十種供養式　（8紙）

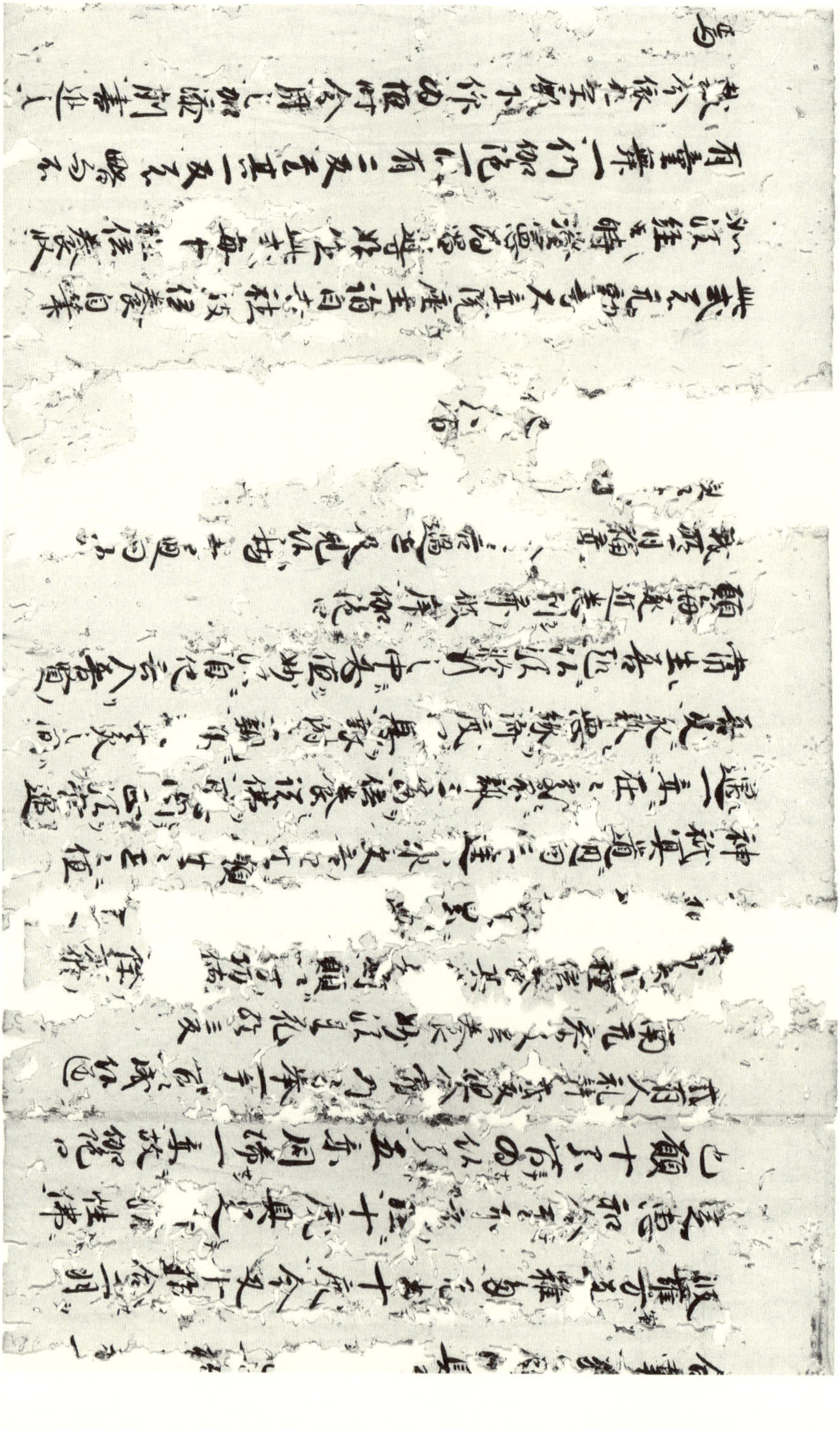

(8紙)

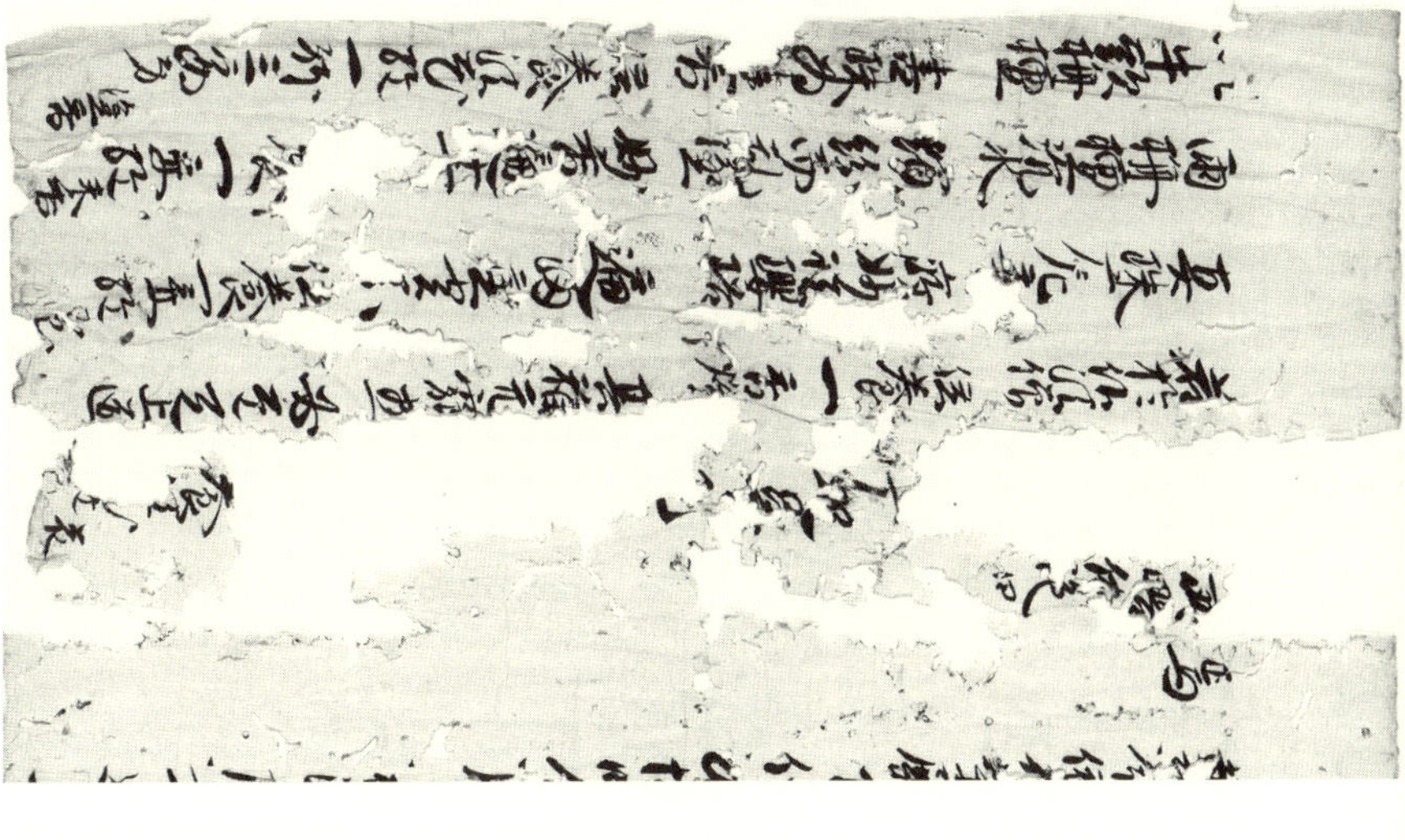

（9紙）

水分講式

（明徳二年〔一三九一〕写）

水分講式　三月三日

敬礼天人大覚尊

南无帰命頂礼大慈大悲水分大明神部類眷属

敬白十方法界一切三寶殊當社水分明神部類眷

属等而言　夫本覚月静和光於金剛山垂應化

花芳施苟於石河郡之衢久守國家而爲百王之

権衛鎮懇郡内而致万民之快楽凡國爲國依此

神冥助也所爲所依此神加被也然則抽丹府而運歩

之輩皆或現世安穏之悲地凝素意之但頭之族悉願

後生善處之巨益然則家家毎家誇万春之榮人者

毎人留千秋之樂是以異説依爲遮欲盡讃嘆言語

道断欲致歌詠思慮亡巨當任愚昧之意趣略爲

五段

第一明垂跡因縁　　第二讃住所功徳

第三述本地功徳　　第四讃勧請諸神

第五明廻向功徳

第一明垂跡因縁者夫此神有本土之日廻善巧而告信

神因依有佛法東漸之謂佛法弘東土非元示現明神之故

我敬願東隅今時倚神鷲頭峯聲讃曰誠在廣度

（1紙）

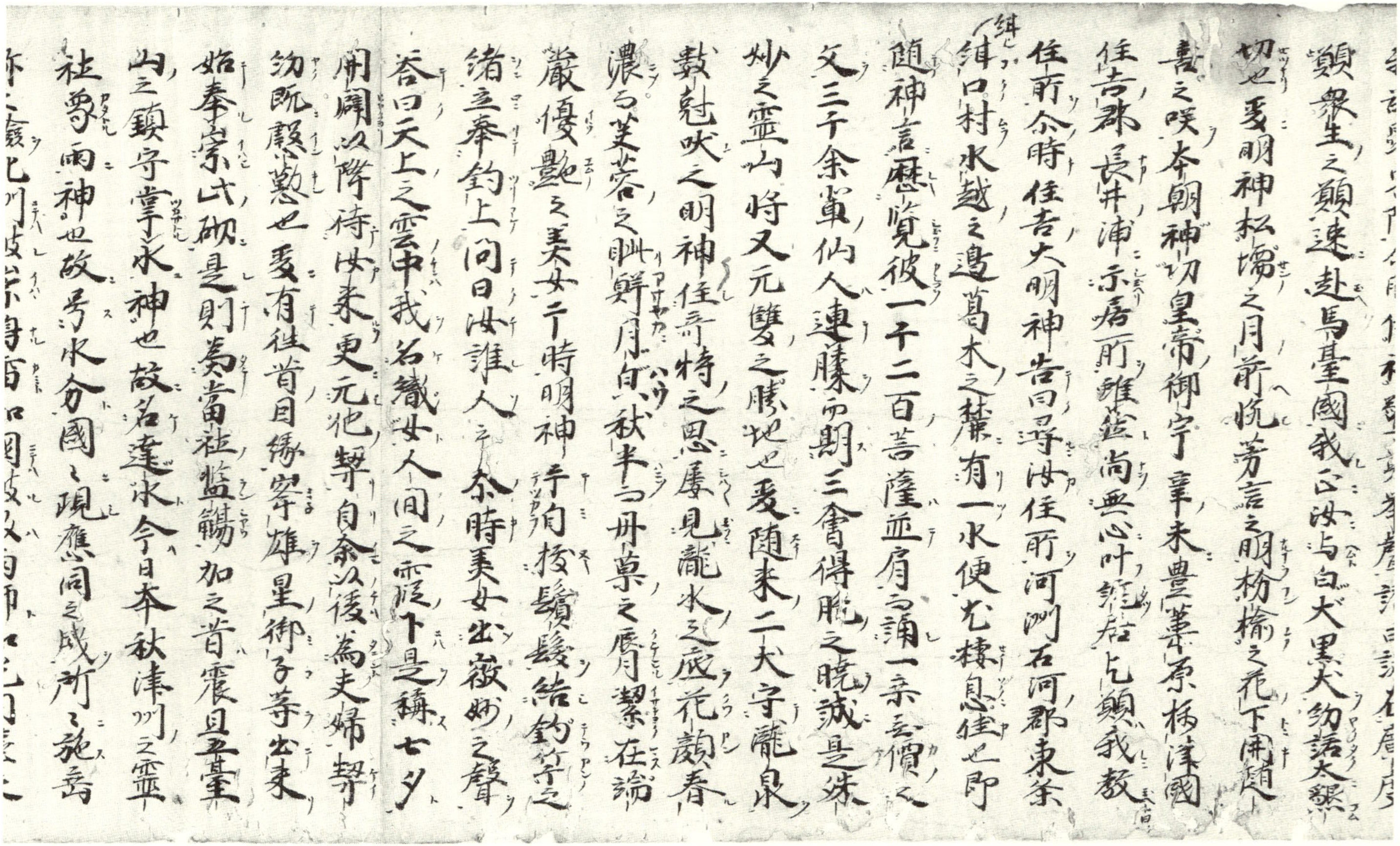
顕衆生之願速赴馬臺國我正汝与白犬黒犬物語太綴
切也爰明神松嶋之月前悦芳言之明枌楡之花下開道
壽之咲本朝神切皇帝御宇卑未豊葦原杼津國
住吉郡長井浦示居所雖然尚無心叶託宿乞願我教
任前尓時住吉大明神告曰尋汝住所河州石河郡東条
絣口村水越之邊葛木之麓有一水便尤棲息住也即
随神言歴覧彼一千二百菩薩並肩而誦一乗云僧く
文三千余輩仙人連藤而期三會得脱之暁誠是殊
妙之霊山将又元雙之勝地也爰随来二犬守瀧泉
數魁吠之明神任寄特之思屢見瀧水之底花顔春
濃而芙蓉之眦鮮月白秋半而舟草之眉月潔在端
巌優艶之美女于時明神手向授鬢髪結釣竿之
緒立奉釣上問曰汝誰人之尓時美女出微妙之聲
答曰天上之雲中我名織女人間之霞下是稱七夕
開闢以降侍汝来更元他契自今以後為夫婦契
物既慇懃也爰有往昔日縁牽雄星御子等出来
始奉崇式砌是則為當社鑑觴加之昔震旦五臺
山之鎮守掌水神也故名蓮水今日本秋津州之霊
社爾雨神也故号水分國之現應同之成所之施為

（2紙）

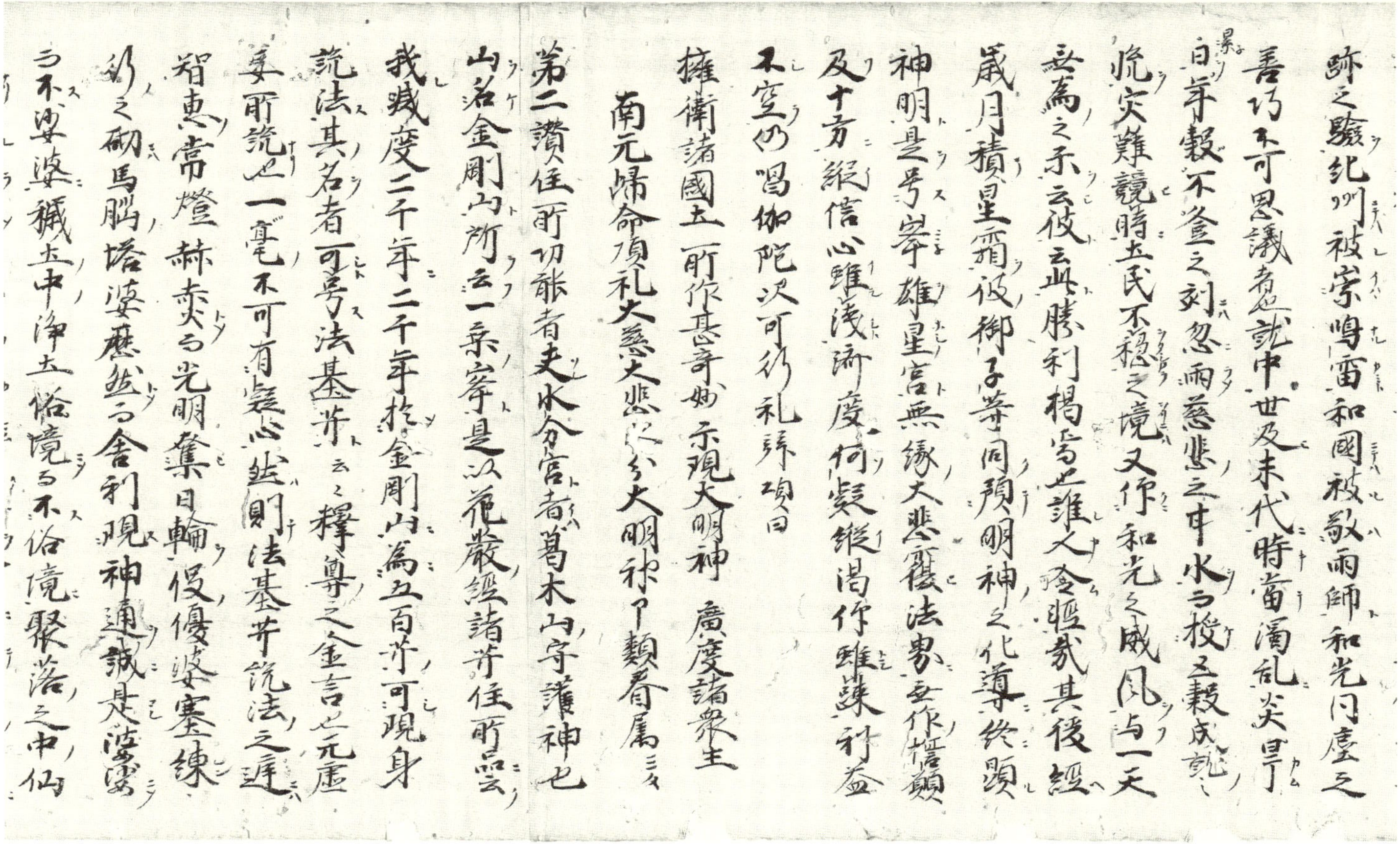
跡之験紀州被崇鳴雷和國被敬雨師和光同塵之
善巧不可思議者也就中世及末代時當濁乱炎旱
日年穀不登之刻忽雨慈悲之中水授五穀成就
既災難競時土民不穏之境又作和光之威風与一天
無為之示云彼云此勝利揭焉也誰人令疑哉其後經
歳月積星霜彼御子等同預明神之化導終顕
神明是号峯雄星宮無縁大悲覆法界並作擁護
及十方縦信心雖浅済度何疑縦渇仰雖踈利益
不空仍唱伽陀次可行礼拝 頌曰
擁衛諸國土 所作甚奇妙 示現大明神 廣度諸衆生
南无帰命頂礼大慈大悲〃〃大明神ア類眷属 三々
第二讃住所功能者夫水分宮者葛木山守護神也
山名金剛山所云一乗峯是以花厳經諸菩薩住所品云
我滅度二千年二千年於金剛山爲五百菩薩可現身
説法其名者可号法基菩薩云々釋尊之金言也元虚
妄所説也一毫不可有疑心然則法基菩薩説法之庭
智恵常燈赫奕光明奪日輪優優婆塞練
行之砌馬脳塔婆歴然舎利現神通誠是娑婆
不娑婆穢土中浄土俗境不俗境聚落之中仙

（3紙）

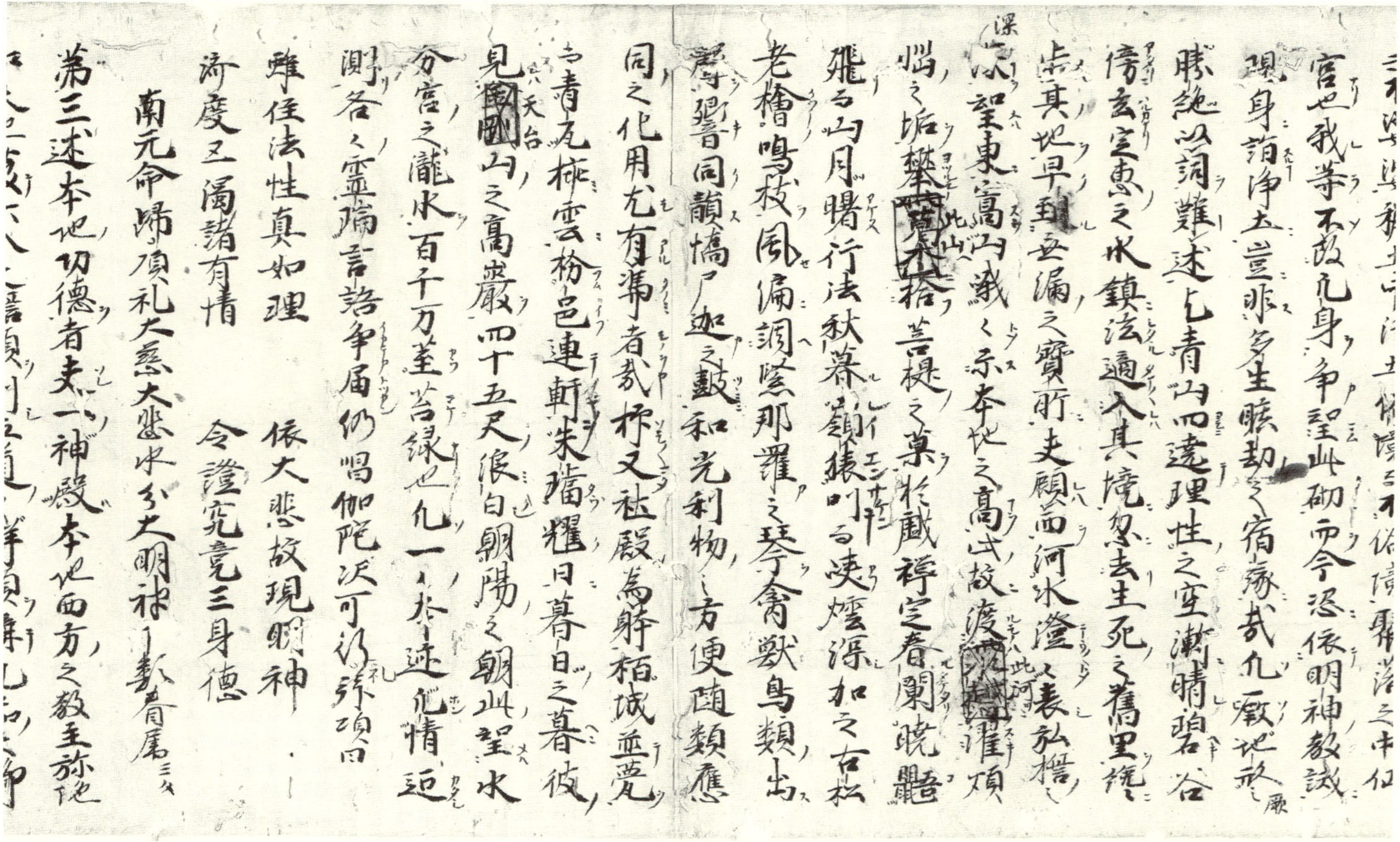

（4紙）

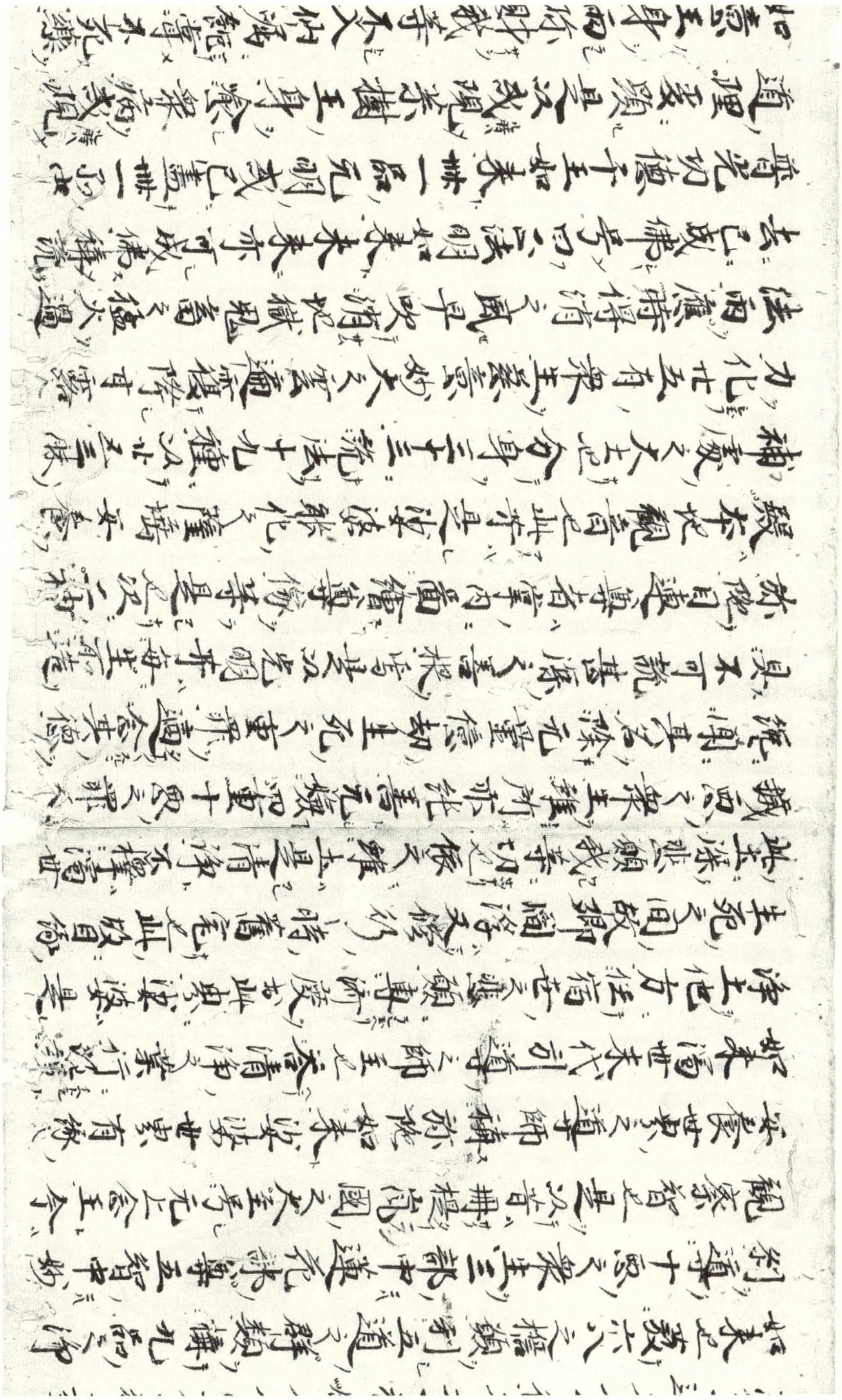
如来也爰六八之弘願利五道之群類導九品之浄
刹導十悪之衆生三部中蓮花部尊五智中妙
観察智也是以昔冊提嵐國之大王号无上念王今
安養世界之導師稱弥陀如来娑婆世界有縁
如来濁世末代引導之師主也答清浄之業行説讃
浄土他方往宿世之悲願専済度於此界娑婆是
生死之間故郷閻浮又修行之時旧宅也此故自為
此土深悲願我等切也依之雖土是清浄不擇濁世
滅悪之衆生雖所亦純善无嫌罪重十悪之罪人
纔聞其名除无量億劫生死之重罪適念其徳
具不可説甚深之善根焉是以光明普每生所照
弥陀目連尊者掌内畫繪尊像等是也次一稱
最本地観音也此等是娑婆能化之薩埵安養
補處之大士也分身三十三説法十九種以化五三昧
力化廿五有衆生慈意妙大之雲遍覆隙寸露
法雨応時得消之風早吹消地獄鬼畜之猛火過
去已成仏号正法明如来未来亦可成仏稱説
普光功徳山王如来卌一品无明或已盡卌一分中
道理愛顕是以或現菜樹王身愈衆病或現
如意王身雨珍財我等不入仍渇飢寒不死楽

(5紙)

水分講式　（5紙／6紙）

101　100　99　98　97　96

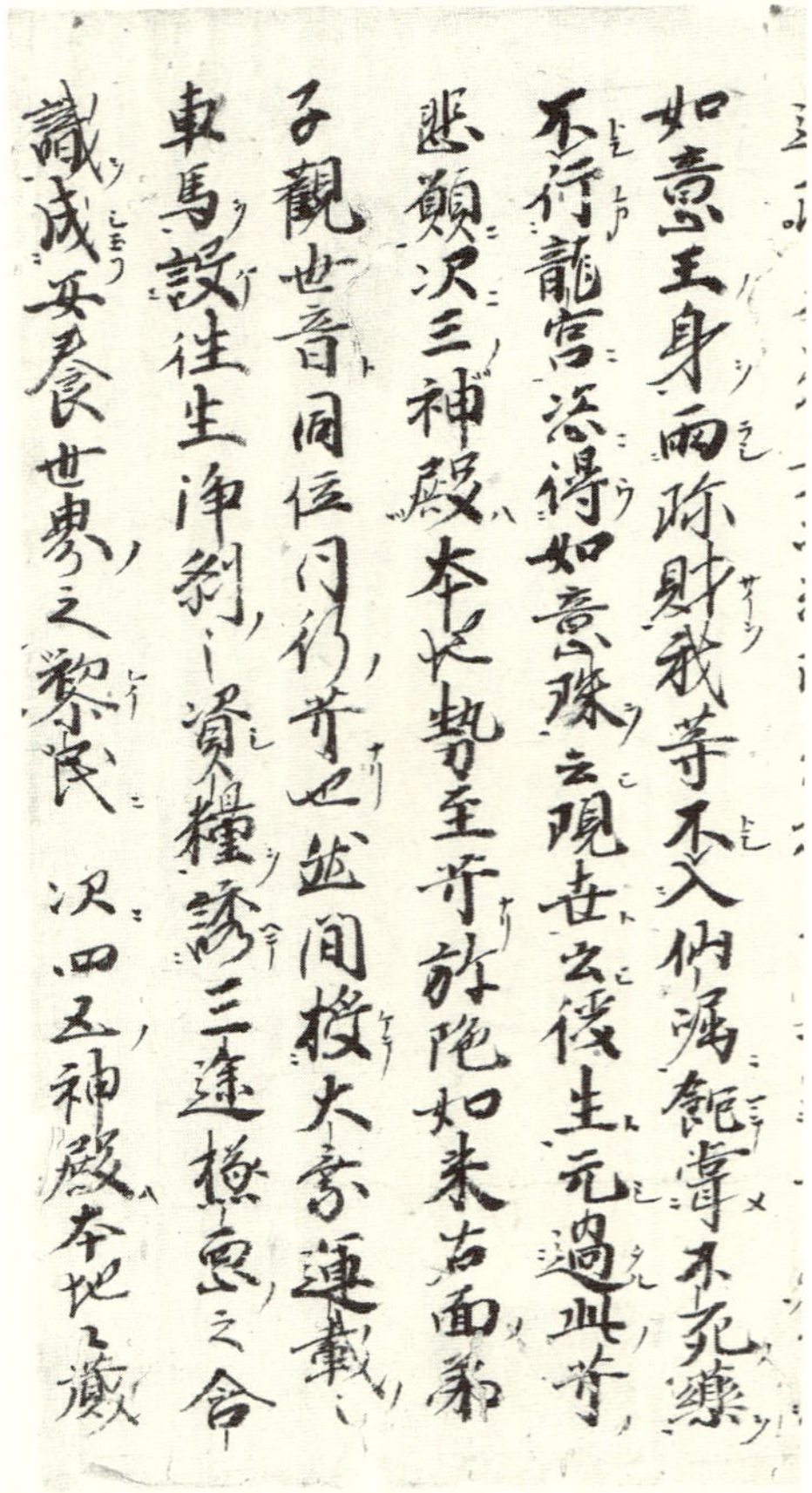

（6紙）

（以上、三三函一〇九番）

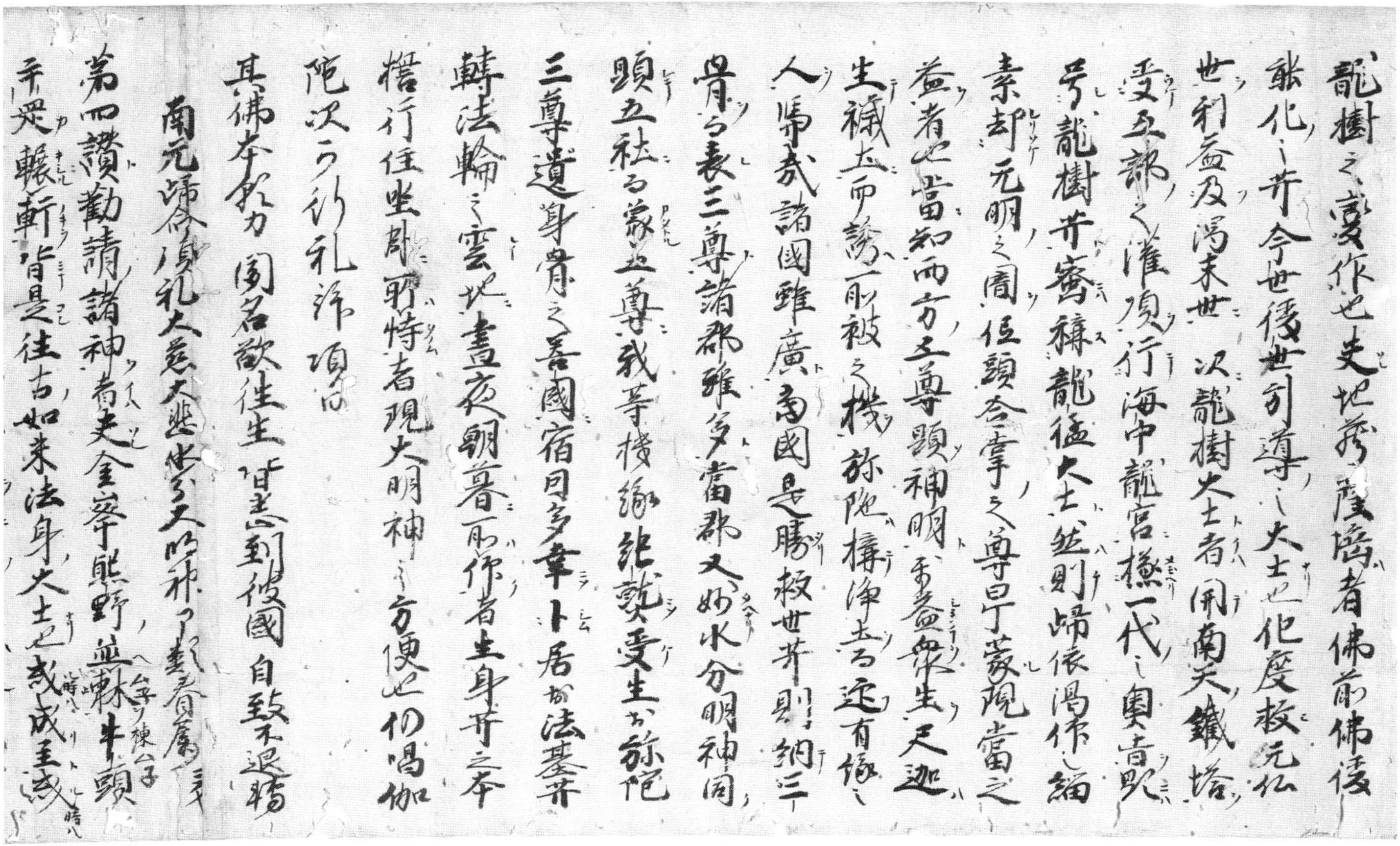

龍樹之讃作也是地菩薩者佛前佛後
能化菩薩今世後世引導之大士也化度救無仏
世利益及濁末世況龍樹大士者開南天鐵塔
受五部之灌頂行海中龍宮探一代之奥旨
号龍樹菩薩稱龍猛大士然則帰依渇仰編
素却元明之間低頭合掌之尊早可蒙現當之
益者也當知両方五尊頭神明垂益衆生足迹
生蔵太而誘一形被之機弥陀構浄土令迎有縁
人帰我諸國雖廣當國是勝救世菩薩則納三
骨而表三尊諸郡雖多當郡又妙水分明神開
頭五社而蔵五尊我等機縁純熟受生於弥陀
三尊遺身骨之善國宿同多幸卜居於法基菩
轉法輪之霊地晝夜朝暮所作者生身菩薩之本
誓行住坐臥所恃者現大明神之方便也仍唱伽
陀次可礼拝頌曰
其佛本願力　聞名欲往生　皆悉到彼國　自致不退轉
南无帰命頂礼大慈大悲水分大明神乃數眷屬
第四讃勧請諸神者夫金峯熊野並東林牛頭
并愛轅斬皆是往古如来法身大士也或成王或

(7紙)

成伴手助行化共慰迷徒次瀧明神是當瀧権
衛之神也夫海每海龍王示棲居瀧每瀧不動尊
應用金峯山号役行者金剛山頂瀧明神久守胎
金両部之峯而盍斗藪之行者遠鎮異朝
賊之軍致日域之繁昌尋本地明王之應作也提
智恵之利劔而怖生死之魔障把大悲之金繩而縛
煩惱之讎敵生々加護之間蓋無絶世々値遇之引導
無疑次剣者武義之姿也身着甲冑権破四魔
手執刀劔而静謐四海次三郎殿者多聞天之垂跡
也夫此天王受佛勅而擁護佛法読神呪而重無衆
生致崇敬之輩早成元邊之志地運初請之族願
元量之財寶次大将軍者虚空蔵菩薩之現也夫假
武将之形却外道之邪見故号大将軍作之者除
萃厄月厄之恐怖崇之人宿住方造方之犯過
次又轉明神者輪轉六趣接済群生為表示故号
又轉夫獣生死欣菩提人尤可帰敬或常呪或法
宇賀神攘守穴之難患敬而元数之珎財次白童
黒童者大唐随従二大也雖受畜獣之生頭神道而
資明神之化儀所以灌南太皇求仙道大吠一

（8紙）

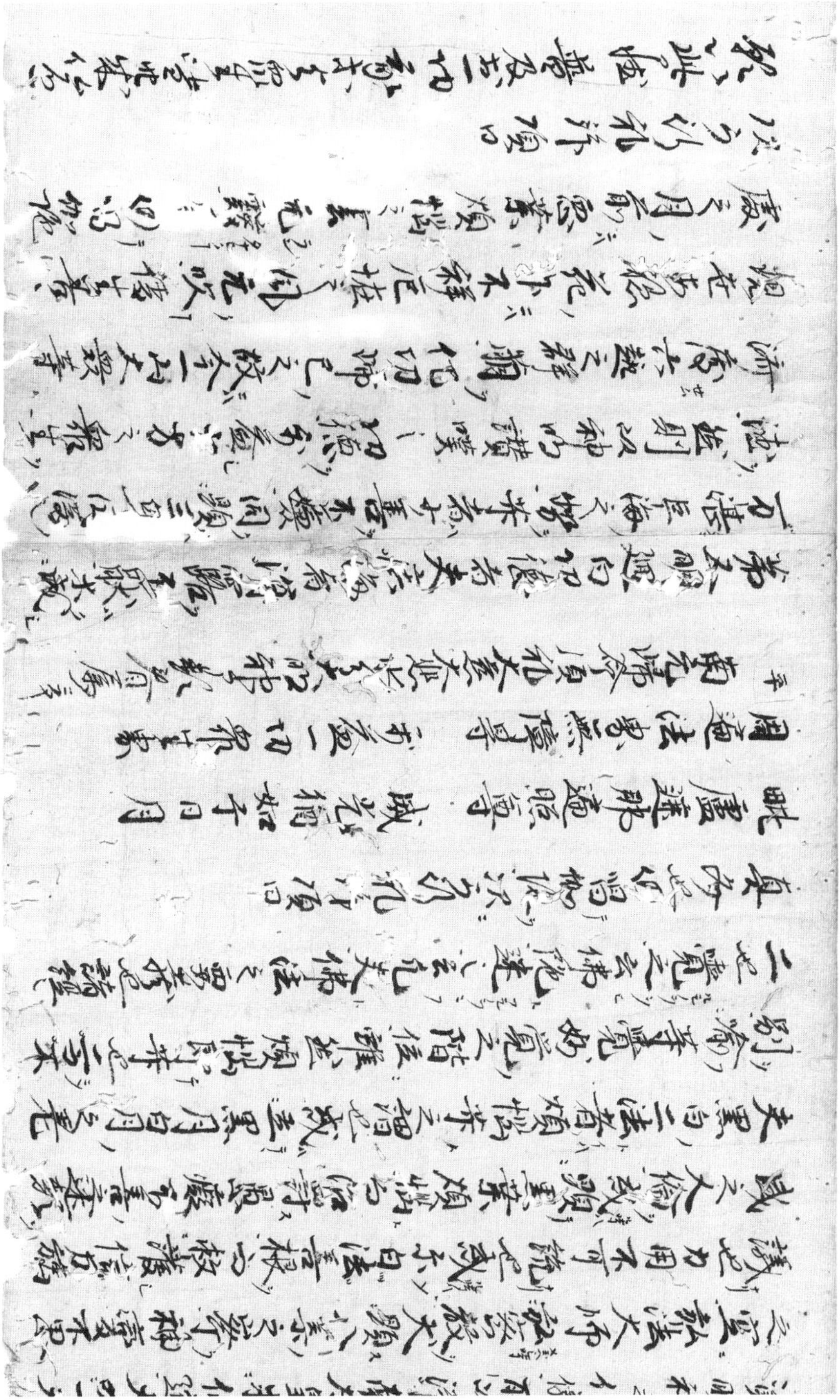

(9紙)

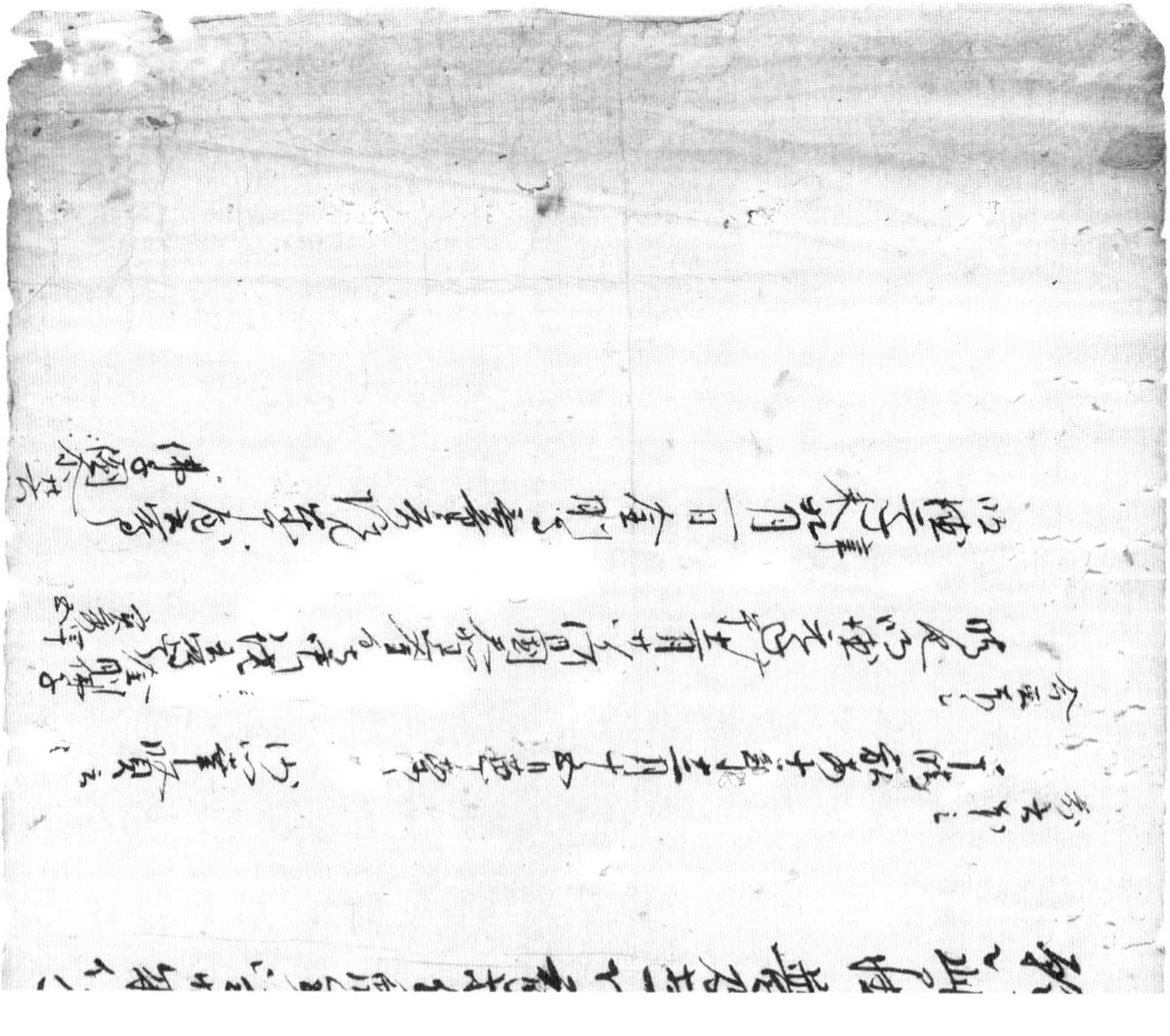

（10紙）

（以上、一九函二八番）

龍王講式

（室町時代中期写）

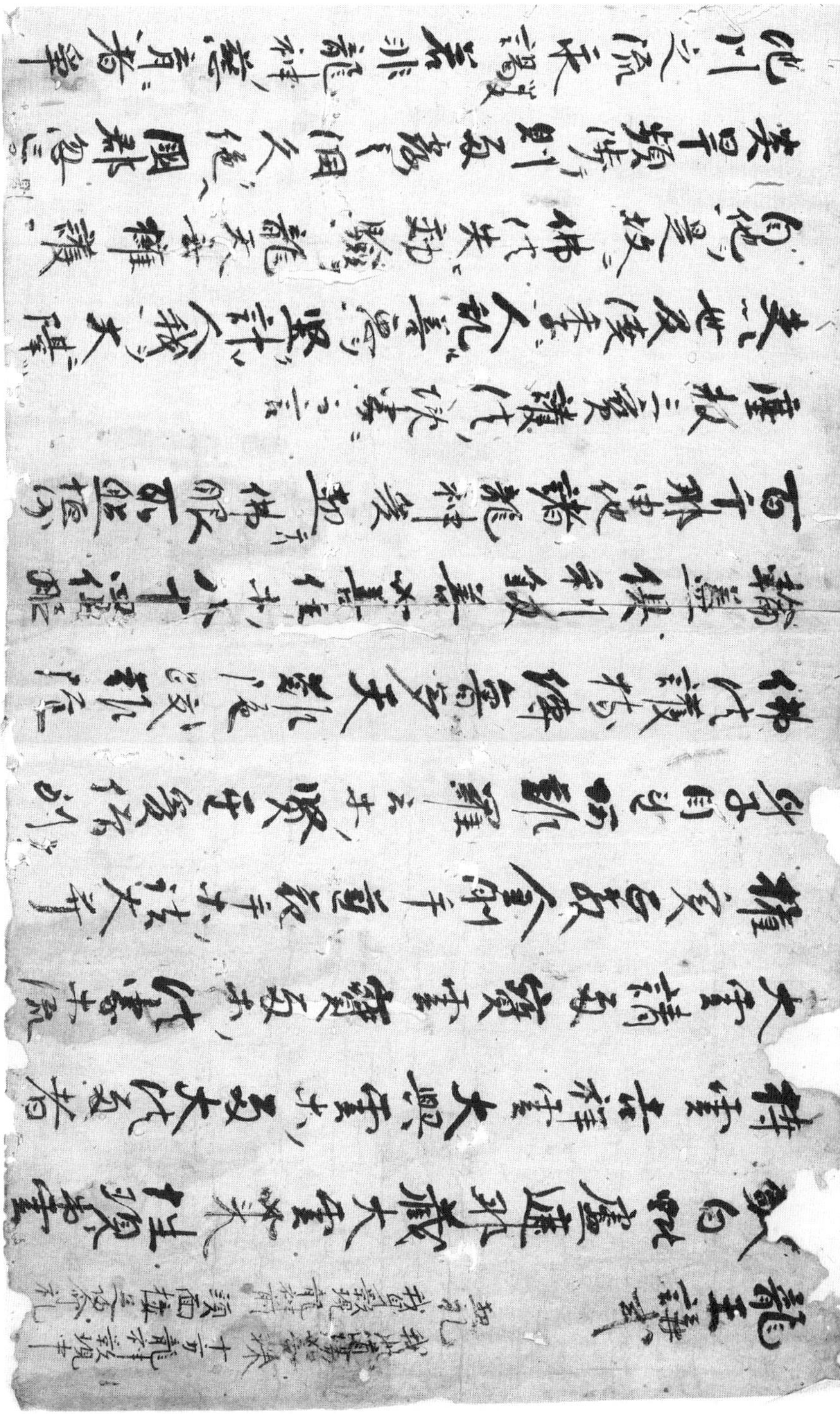

(1紙)

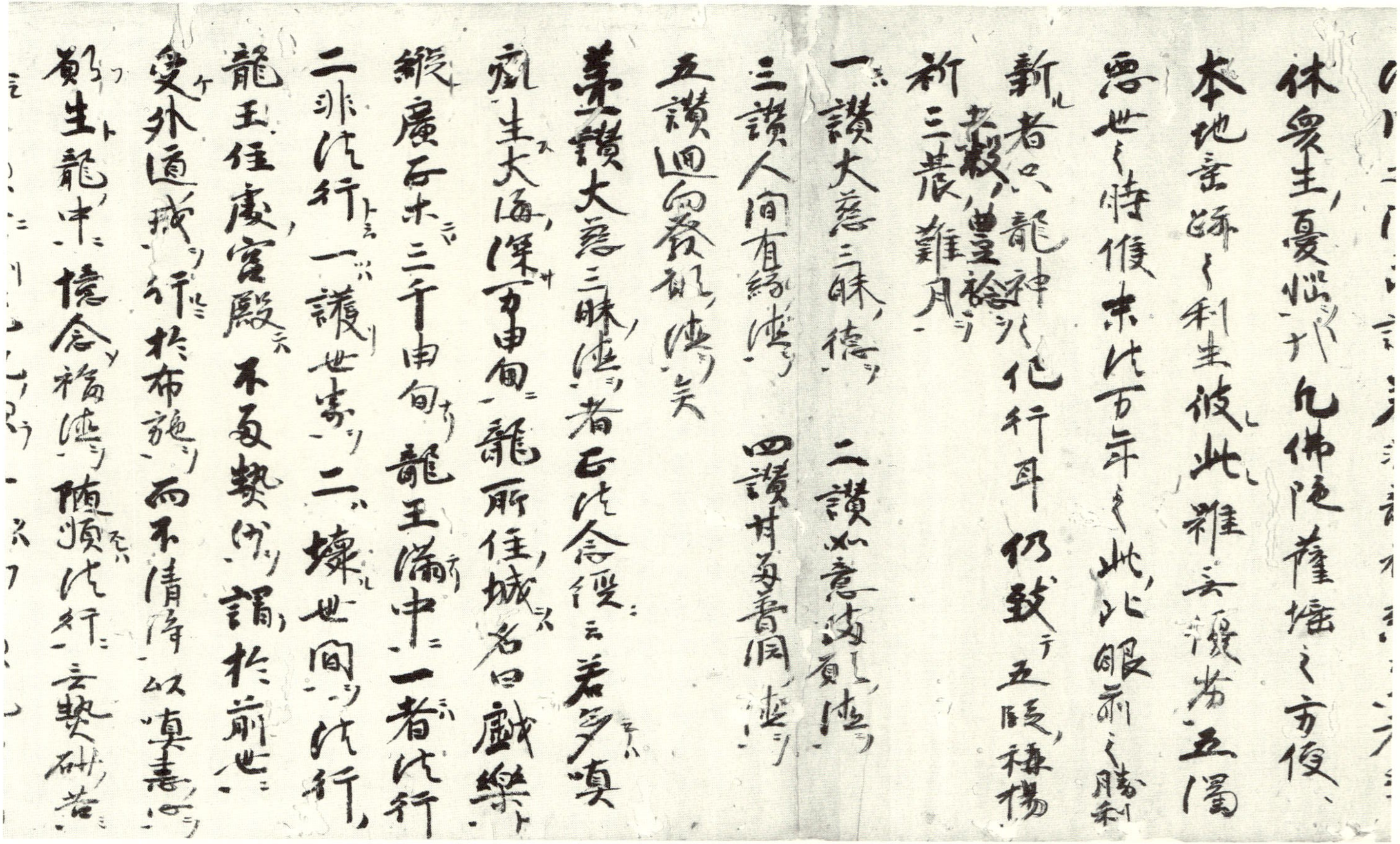

休衆生憂惱、凡佛陀薩埵之方便、
本地垂跡々利生彼此雖云殊、五濁
悪世々時候、末代万年々此比、眼前々勝利
新者只龍神化行耳、仍致五體稽揚
祈三農難月、五穀豊稔
一讃大慈三昧徳、　二讃如意珠寶徳、
三讃人間有縁徳、　四讃耕海普潤徳、
五讃廻向發願徳矣
第一讃大慈三昧徳者、正法念經云、若多嗔
癡生大海深十由旬、龍所住城名曰戲樂、
縦廣正等三千由旬、龍王滿中、一者法行
二非法行、一護世、二壊世間、法行
龍王住處宮殿不受熱砂、謂於前世
受外道戒行、於布施而不清淨以嗔恚心
生龍中、憶念稽法、隨順法行云、熱砂若

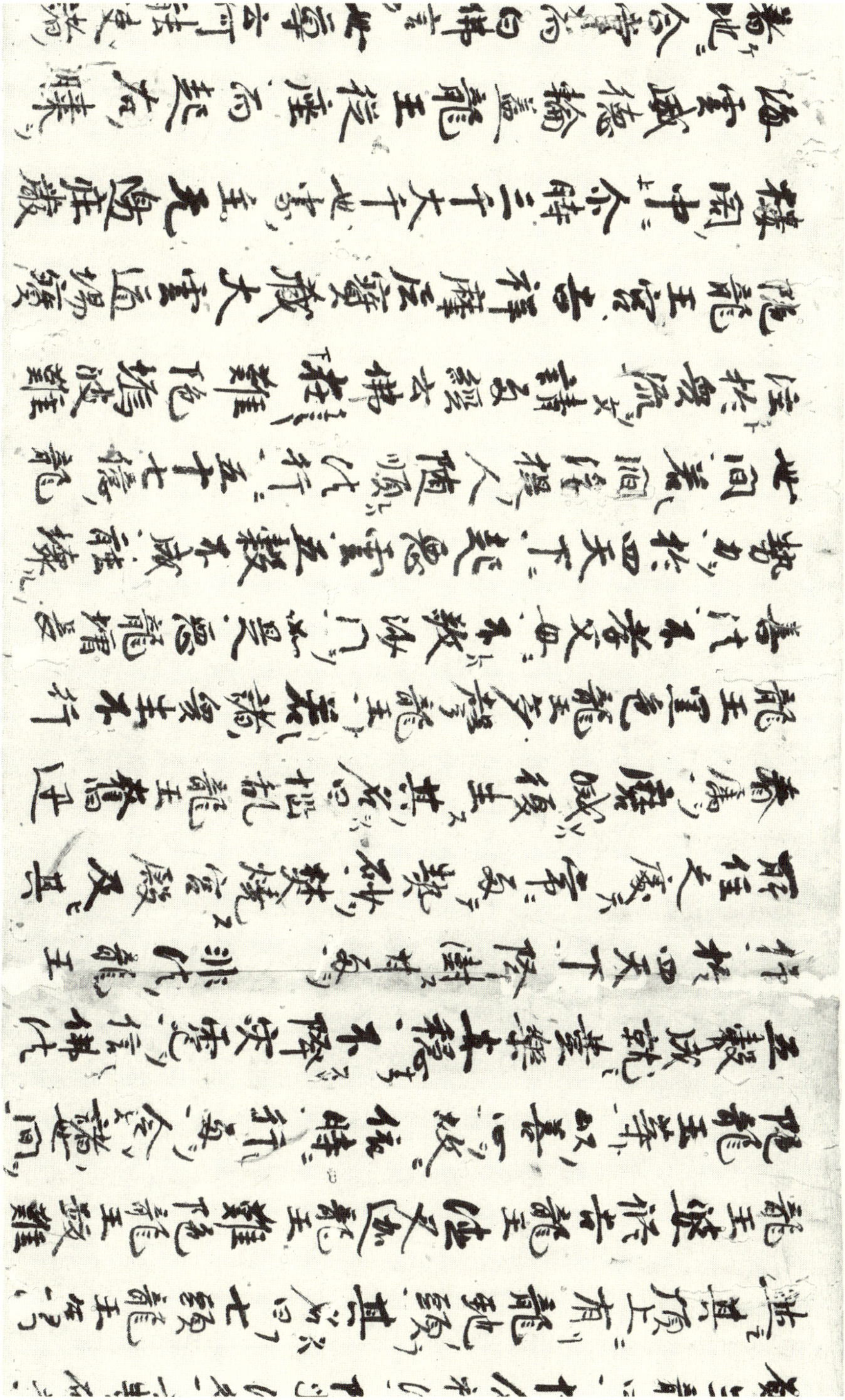
蛇其頂上有龍蛇頭其名曰七頭龍王名曰
龍王娑伽吉龍王德叉迦龍王難陀龍王跋難
陀龍王等以善心故依時行雨令諸世間
五穀成就豊樂安穏不降災雹信佛法
行於四天下降澍甘雨　非法龍王
所住之處常雨熱砂焚燒宮殿及其
眷屬磨滅復生其名曰惱亂龍王奮迅
龍王黑色龍王多聲龍王若諸衆生不行
善法不孝父母不敬沙門如是惡龍増長
勢力於四天下起惡雲五穀不成被壊
世間若[illegible]信摂人随順法行五十七億龍
注於衆流請雨經云佛在難陀塢波難
陀龍王宮吉祥摩尼寶藏大雲道場寶
樓閣中爾時三千大千世界主无邊莊嚴
海雲威德輪蓋龍王從座而起右膝
著地合掌向佛白佛言世尊云何能使諸

（3紙）

著地合掌而白佛言世尊云何能使諸
龍王等滅一切苦得受安樂得安樂已又
於此贍部州降甘雨生長一切樹木藥
林藥草苗稼皆生滋味令贍部州一切
人等悉受快樂尓時世尊即告无邊
莊嚴海雲威德輪蓋大龍王言汝成就
一法令一切諸龍除滅諸苦具足安樂
何者一法謂行大慈汝大龍王若有
天人行大慈者火不能燒刀不能害水
不能漂毒不能中內外怨敵不能侵擾
安樂睡眠安樂覺寤以自福護持其身
大福而獲威德不被他凌於人天中形貌
端嚴衆所愛敬所行之處一切无礙諸苦
滅除心得歡喜諸樂具足大慈力故命終
之後得生梵世是故龍王以慈身業以慈
語業以慈意業應當修行又孔雀經云
有諸龍王名号當說慈心稱念

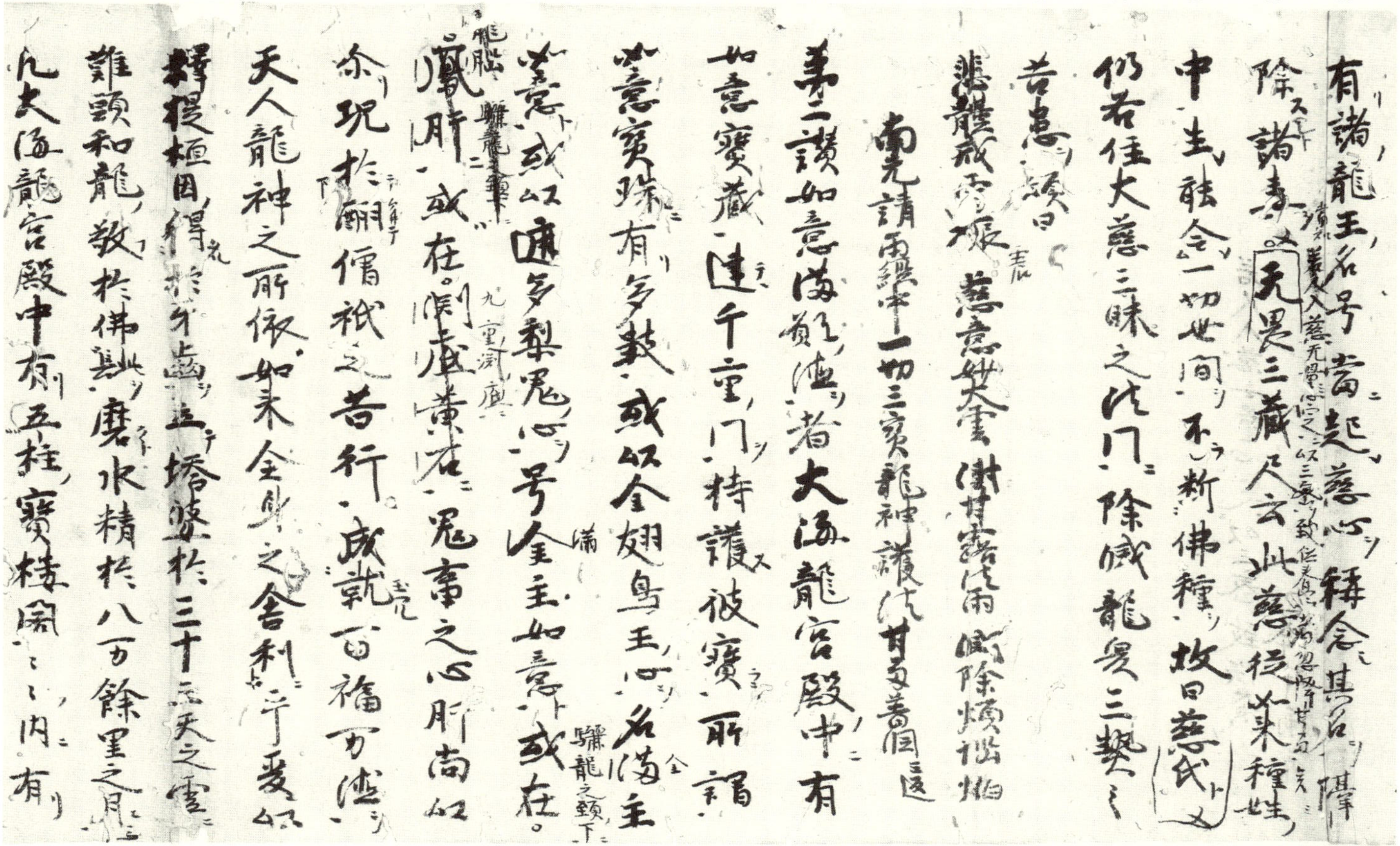

（5紙）　（6紙）

龍王講式　（5紙／6紙／7紙）

凡此伽龍宮殿中有五本寶柱隔々次有
如意寶臺。上安三及寶珠。東門難陀跋
難陀二龍、南門娑伽羅和修吉二龍、西門徳叉迦
阿那婆達多二龍、北門摩那斯優鉢羅二龍持
護之。是表八葉九尊也。又中門三頭龍、南
門五頭龍、西門七頭龍、北門九頭龍、面々而出現
合威、各守護之。于時此玉被催龍神之
威福、雨七珍寶、滿足自他之要願。是樹
五智如來也。我等宿業至拙、彼生末法五
濁之時、日棄戒偶緣、行學支門亦廢。雖然
剃鬚髮、染衣、忝列遺法釋子之座席、擎鉢
數《カツヘテ》家洛、令乞食頭陀之行、纔揚向降大
悲、始起拜同真如三寶之名字、意作真
實如意之福田、貢轉擬貪嫉妬之食華嚴
就其寶勝如來之果德、仍各發恭敬供養之心、
可讚如意滿願之頌曰
此寶及餘寶　寶山諸寶類　地中及海中　彼皆為供養
南無請來經中一切三寶龍神護法甘露普同迴

第三讃人同有縁者災禍之興畧有三種
一者時運二者天罰三者業感也是故炎旱
頻歩火日燒物農夫捨鍬植女拱手
渇鼡死山野馬倒道冥鮒呴沫龜尾裂
人盡三命草木斷種臨于斯時人云依經
法而持戒十善百官万書凝信而祈龍神
歎向飛行自在之德水月之應不空神通擁護
疾之力風雲之感是新仍一雲遍布虚雷
聲振地甘雨急下草木並生如知三草
二木本末一地之所生一雨之所潤也而則
如来出現如大雲起以大音聲普遍世界千方
衆生来至佛所是諸衆生聞是法已現世安穏
後生善處之如来之金言貴哉艸卉誠是教害
雖類之身雖障見聞龍神之歎向
者眼前境害也者乎仍若慈親愛之心可讃
有縁之徳乞頌曰
具一切功徳　慈眼視衆生　福壽海無量　是故應頂礼

(8紙)

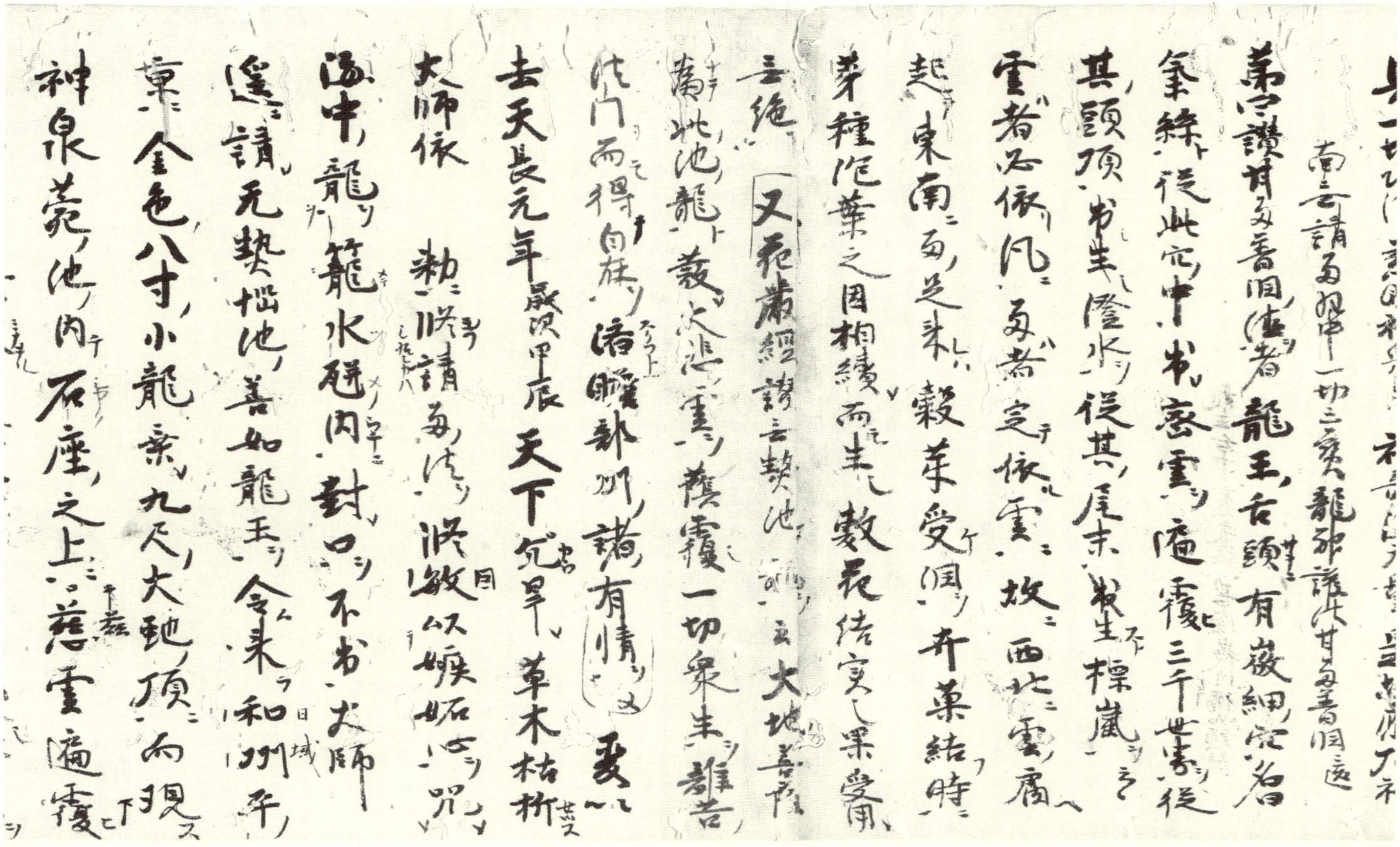
南无請召娑竭羅龍王一切三宝龍神護法甘露普潤遍
第三讃甘露普潤徳者龍王ノ舌頭ニ有微細ノ穴名
金縁ト従此穴ノ中ニ出シ密雲ヲ遍覆三千世界ヲ従
其頭頂ニ出生シ澄水ヲ従其ノ尾末ニ出生ス猛嵐ヲ
雲者必依風ニ風者定テ依ル雲ニ故ニ西北ニ雲ノ覆ヘ
起東南ニ風ノ足来ル穀菜受潤ヲ菓結時ニ
芽種花葉之因相續而生シ數花結実シ果實常
无絶又花厳經説云契池大地菩薩
為此池龍ト義大悲ノ雲ヲ蔭覆一切衆生ヲ離苦
法門而得自在ヲ済瞻部州ノ諸有情ヲ文要
去天長元年歳次甲辰天下亢旱草木枯折
大師依勅ニ咲請毎使泥鉢以嫉妬心呪
海中ノ龍ヲ籠水瓶内ニ封シ不出大師
遷請无熱悩池ノ善如龍王ヲ今来和州
東金色八寸ノ小龍乗九尺大虵ノ頂ニ而現
神泉苑池ノ内石座之上ニ慈雲遍覆

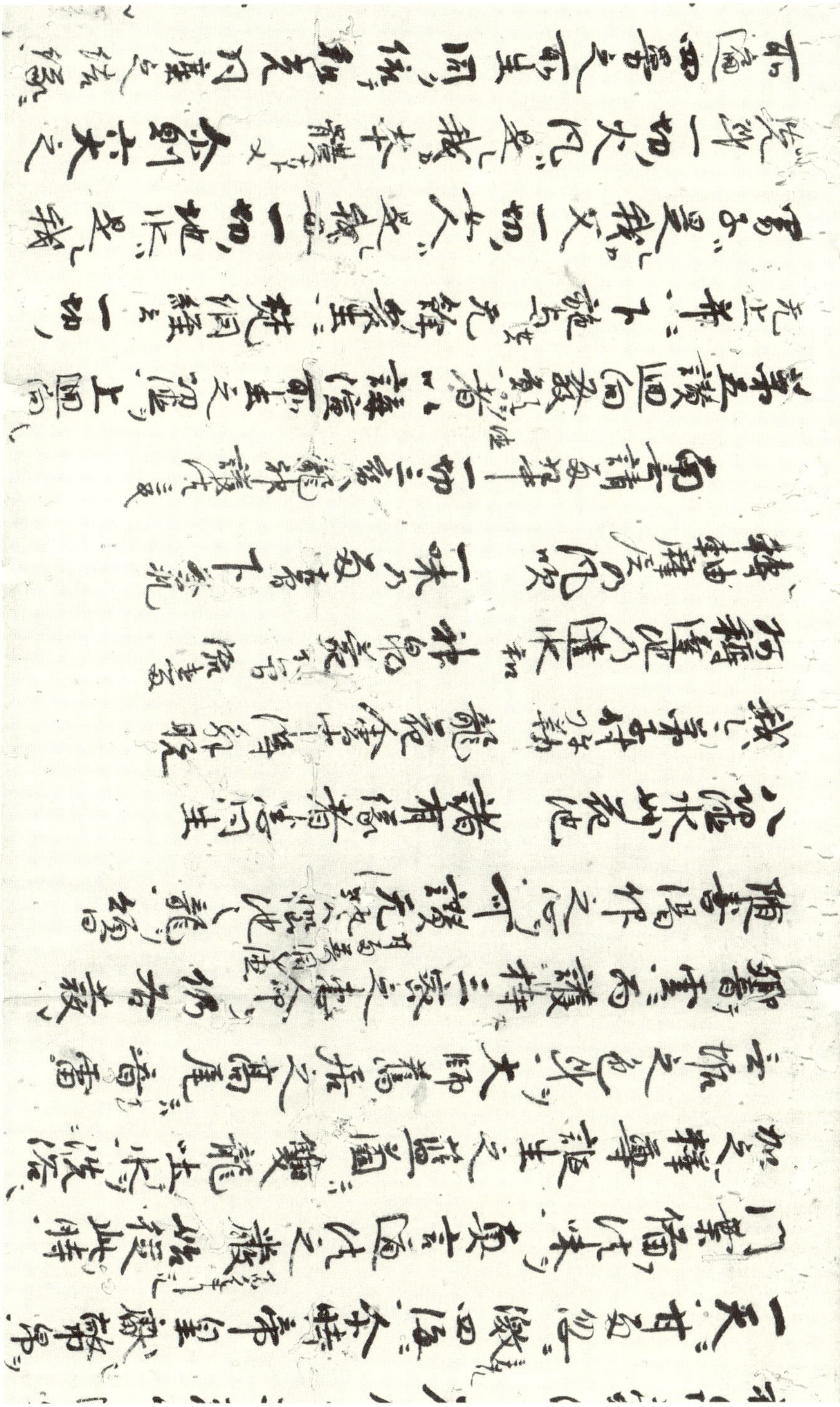
一天普及徼四海今時帝皇獻幣帛
門葉備法味真言通法之儀始從此時
加之釋尊誕生之藍薗雙龍吐水洗浴
云垢之色身大師舊居之高尾宿雷
響雲而護持三密之壽命仍各發
隨喜渇仰之心可讃无熱悩池之龍頌曰
八徳水妙花池　諸有信者皆同生
我等弟子付勤　龍花會中得解脱
阿耨達池乃遍水和　神泉苑流去
轉軸摩尼の風吹　一味乃雨喜下
南無請雨經中一切三寶龍神護法　三反
第五讃廻向發願者以講演所生之功徳上廻向
无上菩提下施与无餘衆生梵網經云一切
男子是我父一切女人是我母一切地水是我
先身一切火風是我本體金剛六大之
所遍四曼之所生同依和光同塵之結縁

(10紙)

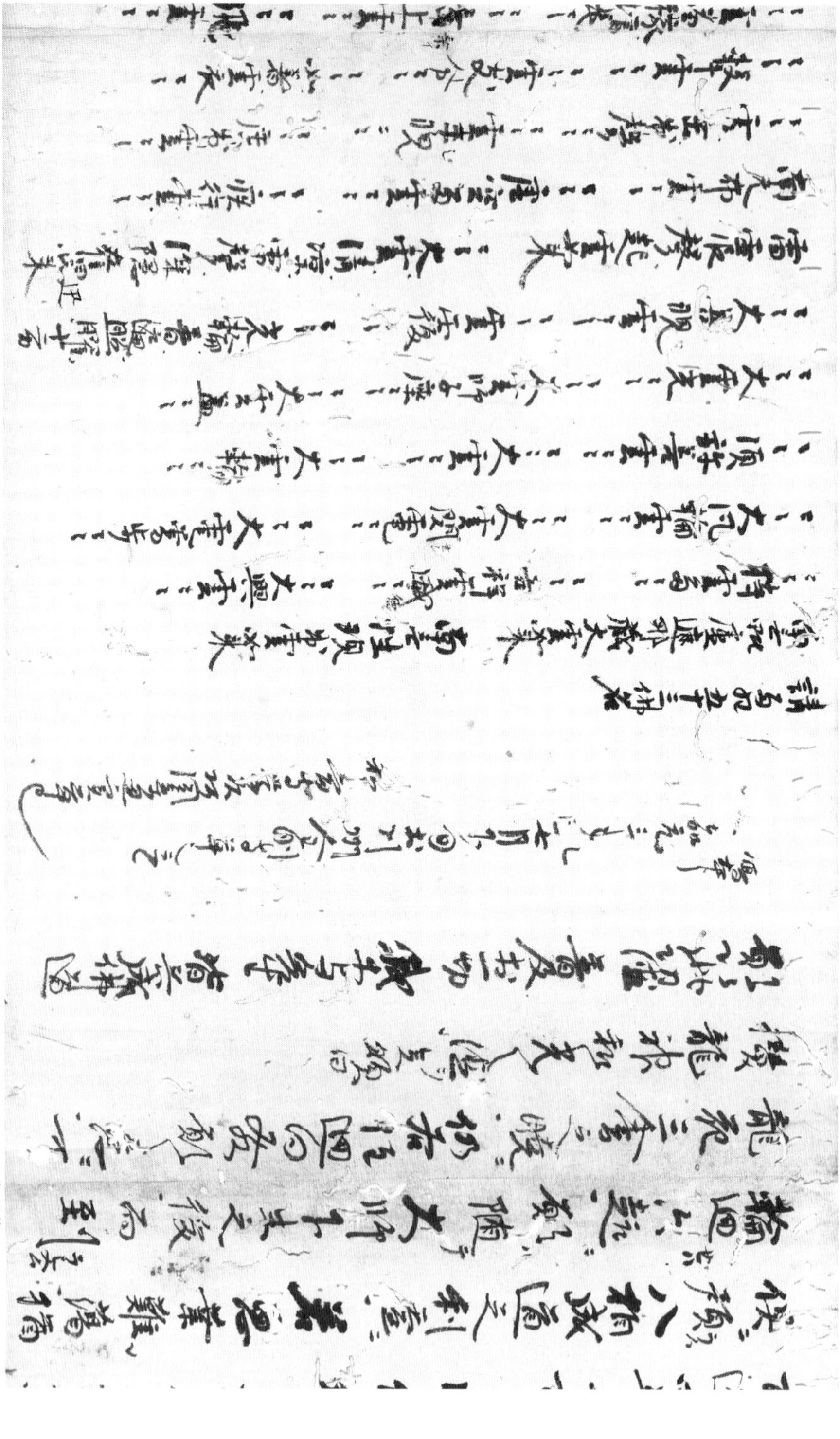

（12紙）

（11紙）

（13紙）

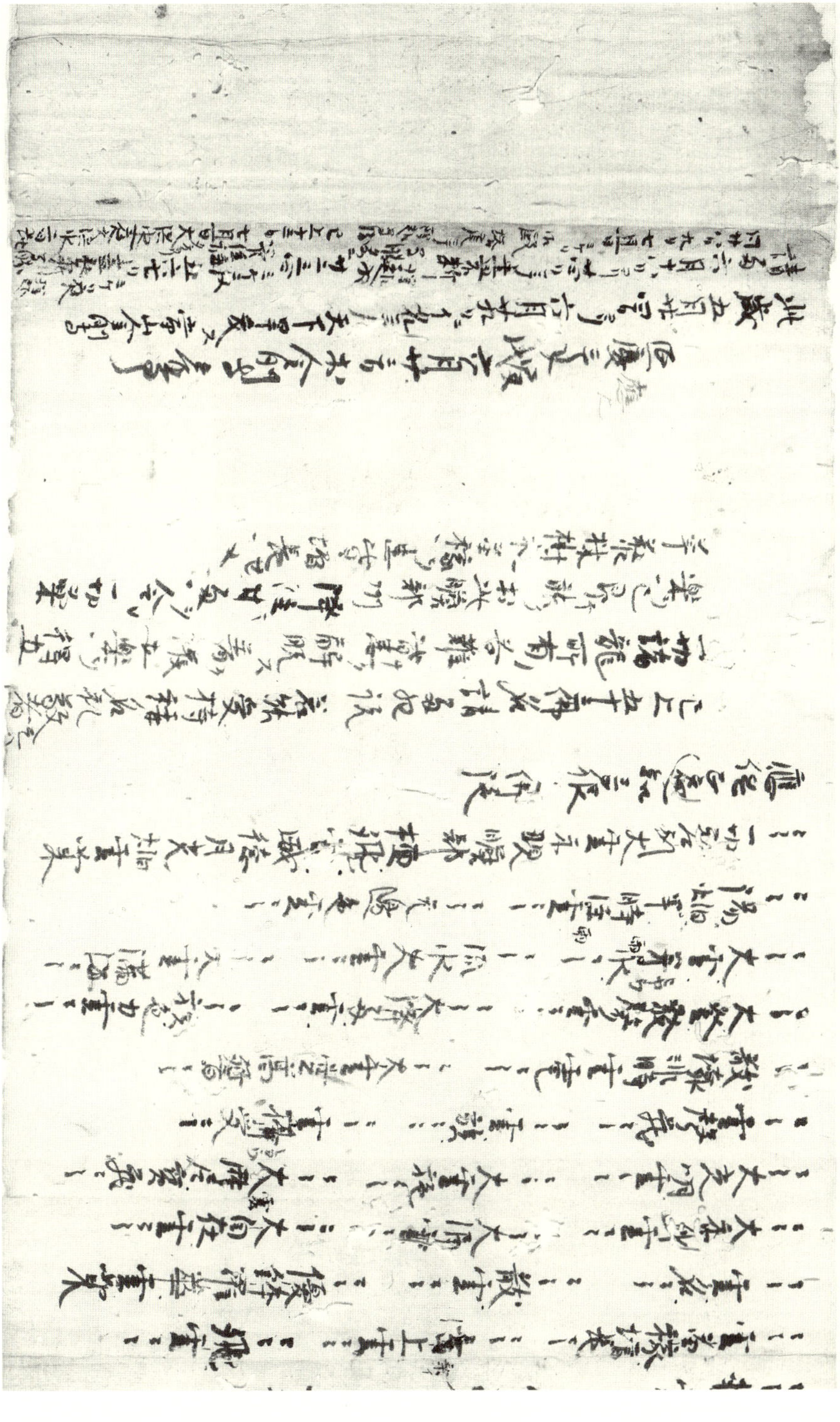

113　114　61　62　63

9紙の裏書

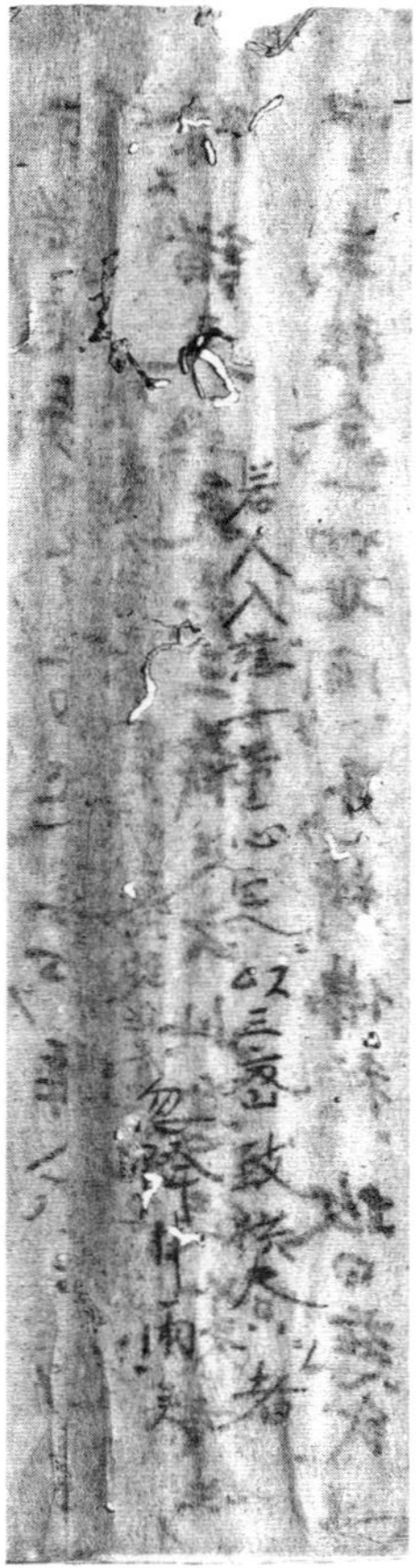

6紙の裏書

（14紙）　（13紙）

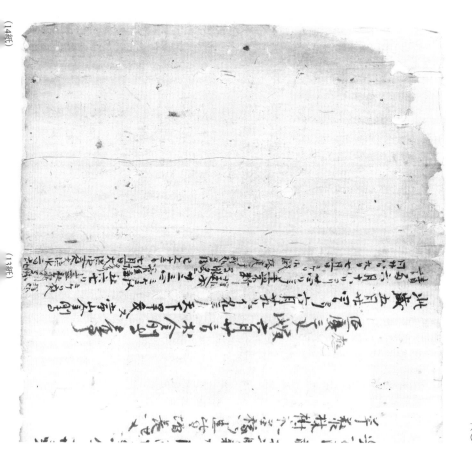

弥勒講式

（延宝五年（一六七七）写）

眼聖教地前地上
菩提薩埵有学無学賢
聖衆僧大恩教主釋迦牟
尼如来當来導師弥勒慈
尊惣佛眼所照微塵刹現
不現前一切三寶而言
三界無安久喩火宅煙
年不常幾結氷上泥迷
者不知迷受苦還為樂貪
者弥欲貪臨死猶求生凡
夫旧習厭離甚難我

（1紙）

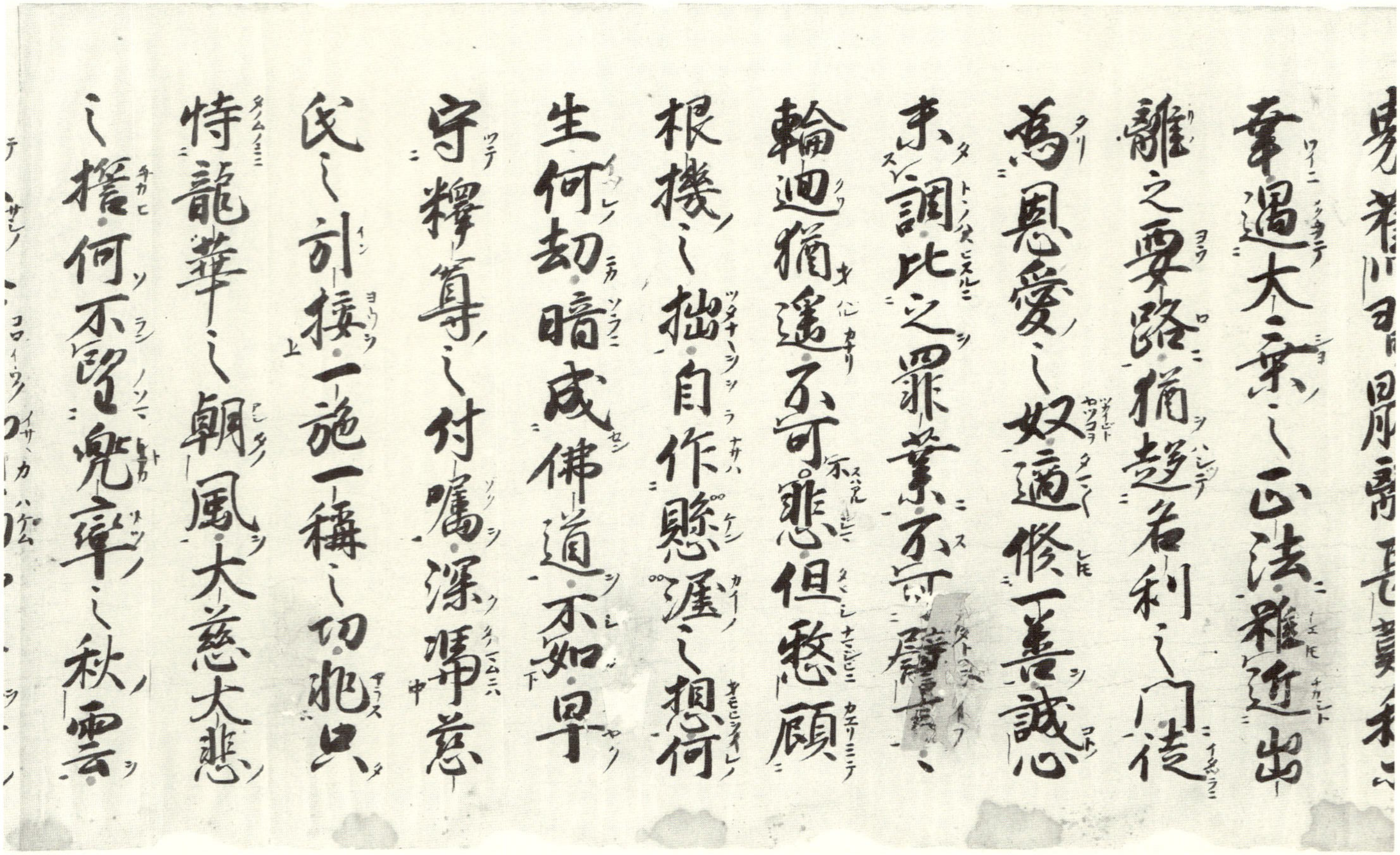
華遍太棄正法雖近出
離之要路猶趍名利之門徒
爲恩愛之奴適脩善誠心
末調比之罪業不可[illegible]譬
輪廻猶遥不可悲但愁顧
根機之拙自作懸遅之想何
生何劫暗成佛道不如早
守釋尊之付囑深帰慈
氏之引接一施一稱之切兆只
恃龍華之朝風大慈大悲
之攬何不留兜率之秋雲

（2紙）

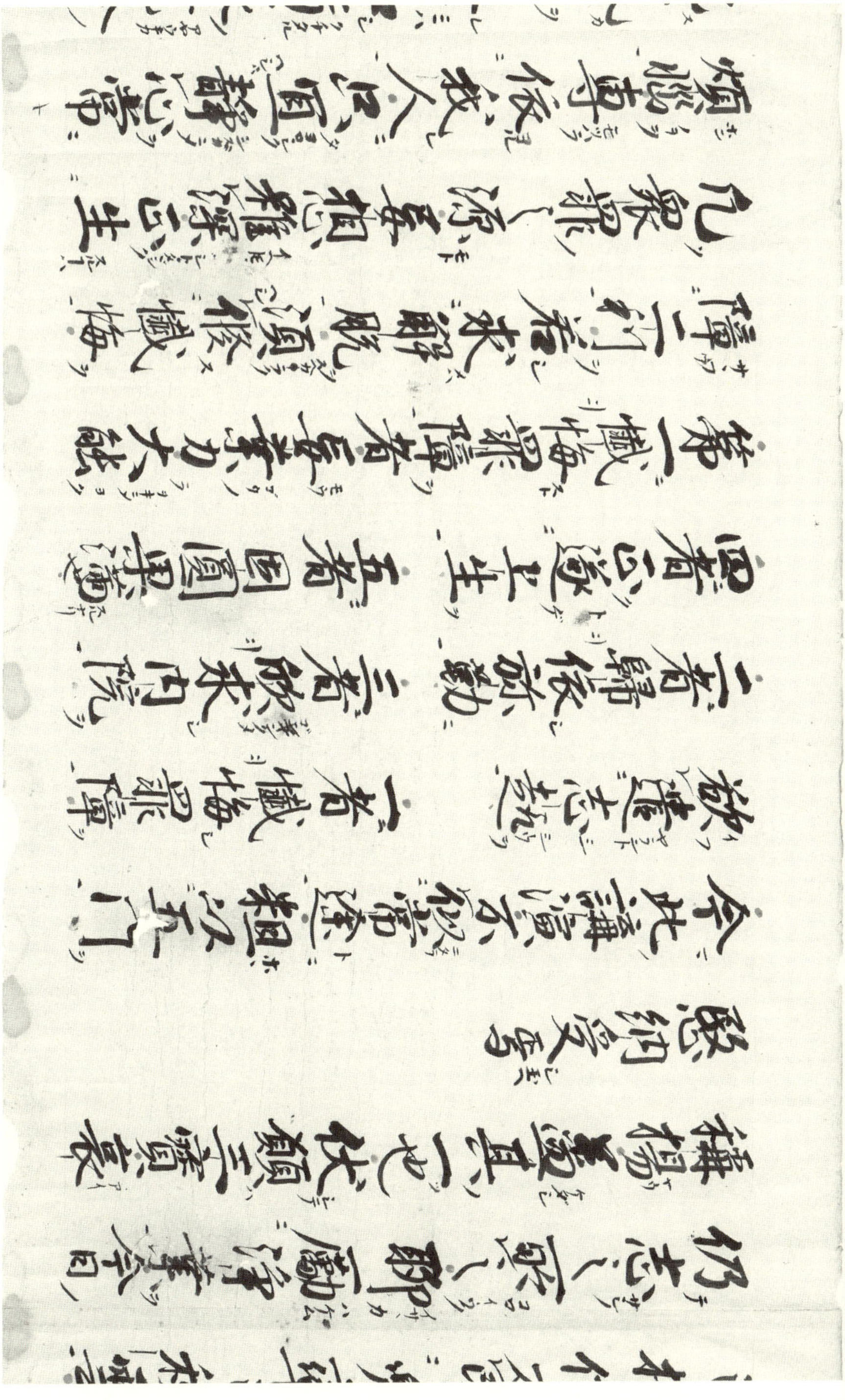
仍志ヽ所ヽ聊《イサヽカ》勵《ハゲム》淨業今日
稱揚蓋《ケダシ》其一也伏願三寶哀
愍納受
今此講演不似常途粗以五門
欲遣志趣　一者懺悔罪障
二者歸依弥勒　三者欣求内院
四者正遂《トゲ》上生　五者因圓果滿
第一懺悔罪障者妄業力大能
障二利若求解脱須《ヘシ》修懺悔
凡衆罪之源妄想心雖深正生
煩惱專《モッハラ》依我人只宜靜心常

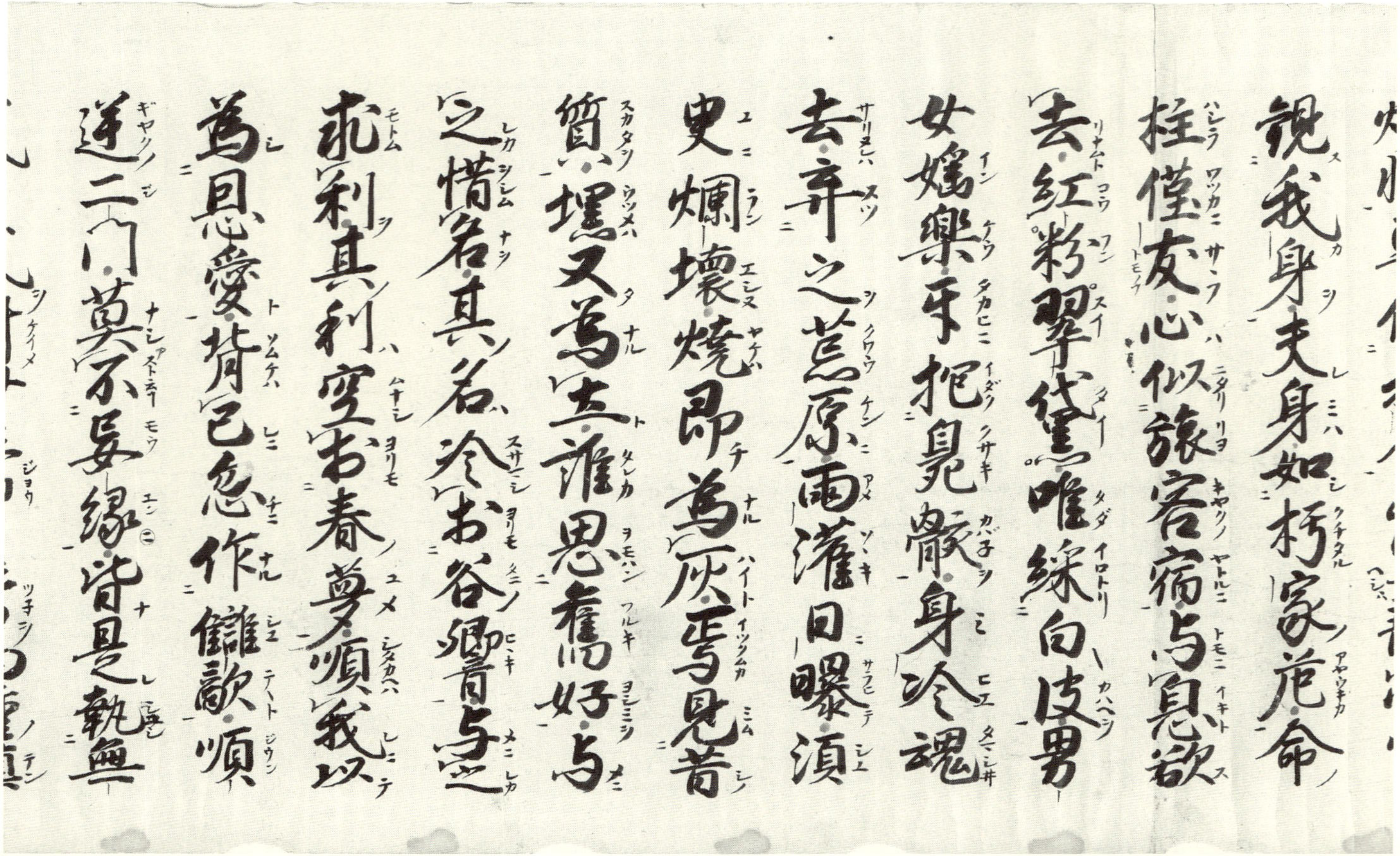
観我身夫身如朽家危命
枉僅友心似旅客宿与息欲
去紅《コウ》粉《フン》翠《スイ》黛《タイ》唯縁白皮男
女嬿樂手把見骸《カバ子》身冷魂
去弃之荒《クワウ》原《ケン》雨灌日曝須
臾爛壊燒即為灰馬見着
質壃又為土誰思舊好与
之惜名其名冷お谷響与之
求利其利空お春夢須我以
為恩愛背己急作離歎須
遂二門莫不妄縁皆是執無

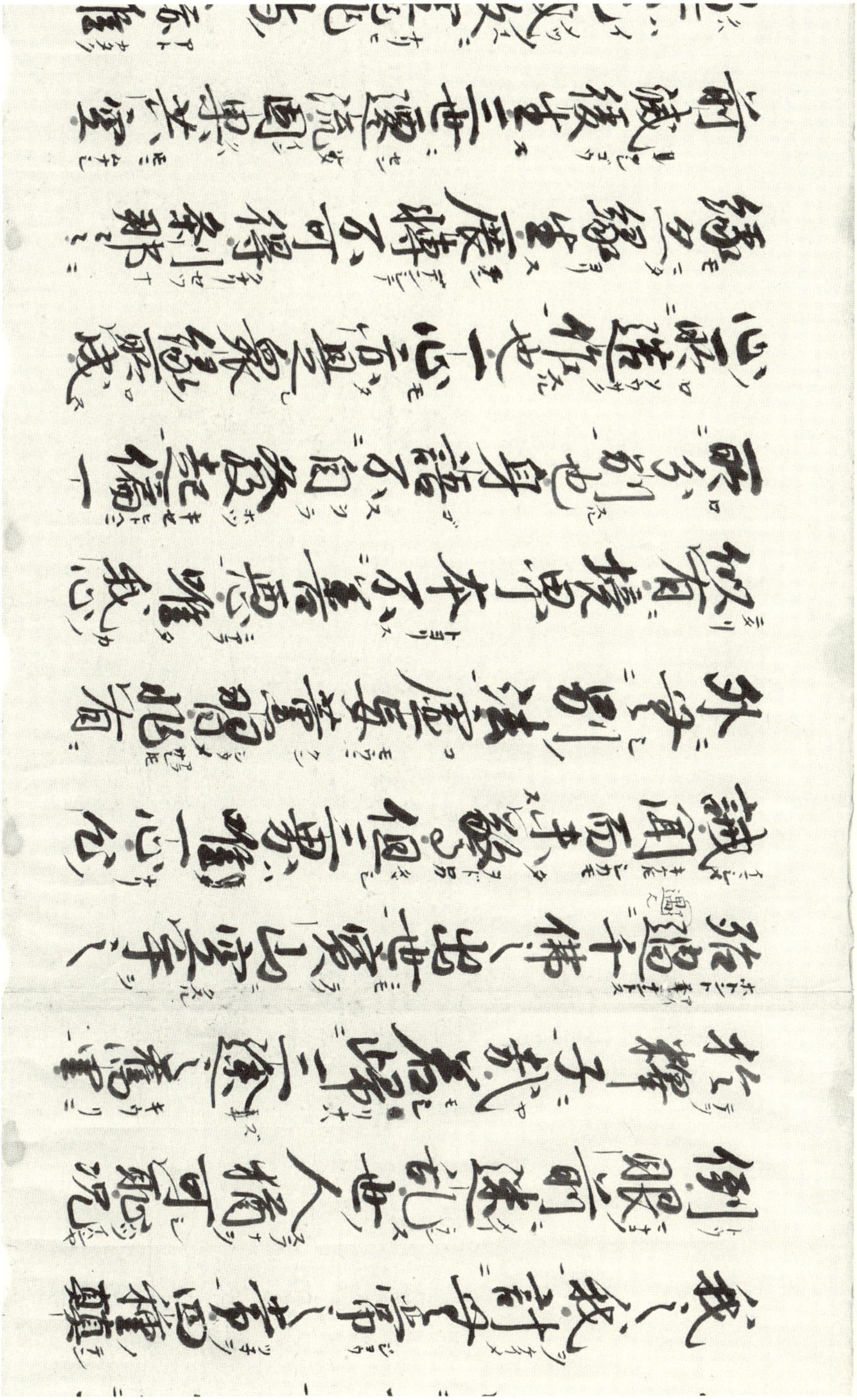
我之我計于常之常四種顛
倒眼前迷乱世人猶可恥況
於釋子哉若歸三途之舊里
殆遇千佛之出世寶山空手之
誡聞而来驚但三界唯一心
外無別法虚妄薫習所有
似有境界本不善悪唯我心
所分別也身語不自發起偏一
心所造作也一心亦因之衆縁所成
縁亦縁生展轉不可得剎那々
前滅後生三世遷流因果共空

（4紙）

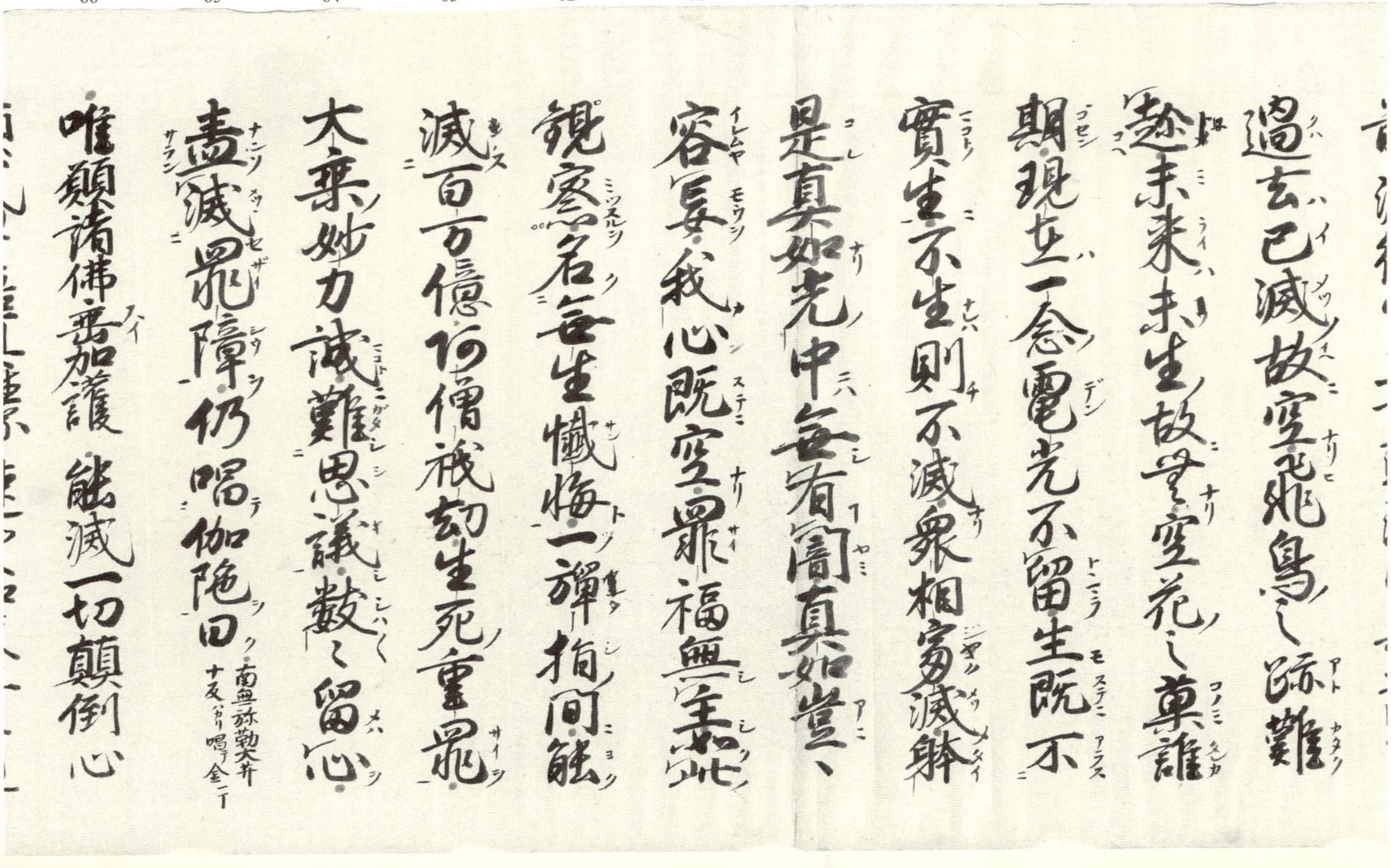
過去已滅故空飛鳥跡難
未来未生故空花菓誰
期現在一念電光不留生既不
實生不生則不滅衆相寂滅躰
是真如光中無有闇真如豈、
容妄我心既空罪福無主此
観察名無生懺悔一彈指間能
滅百万億阿僧祇劫生死重罪
大乗妙力識難思議數々留心
盡滅罪障仍唱伽陀回　南無弥勒大菩薩　十反バカリ唱テ　金一丁
唯願諸佛垂加護能滅一切顛倒心

願我早悟真性源　速証如来無上道

諸法本来空寂故　諸法寂滅以其不生故

南無当来導師弥勒如来　慚愧懺悔六根罪障　三反

第三帰依慈尊者　已懺悔罪障身心

清浄須帰依弥勒以期引接者

何大聖利物慈悲雖等衆生受

化機感異蓋多生曠劫繋

属今然也爰牟尼者一代教主

恩徳越于諸仏遺多者世尊補処

宿縁厚以大群生可仰誰勘

二仏彼三会得脱二百八十億衆生

皆是釈迦遺法結縁之人也我等

(6紙)

雖《ヿヒ》拙《ニト》何《ソ》漏《モレン》其數《カズニ》加之《シカノミナラス》大聖慈尊
者中宗高祖也従日月燈明佛
昔稱求名菩薩至釋尊出世
時爲一生補處常修唯識以爲心
要遂及如來滅後九百年降臨
闍《シャノ》講堂說五部論莊法相大乘
濫觴在之我等千朝千夕懸心
於此教一文一句開悟於其說機緣
暗催寧疑引接哉又雖中宗學
侶其望各異我等爰貳心佛眼
盡照是以祢勒自告釋詮明言

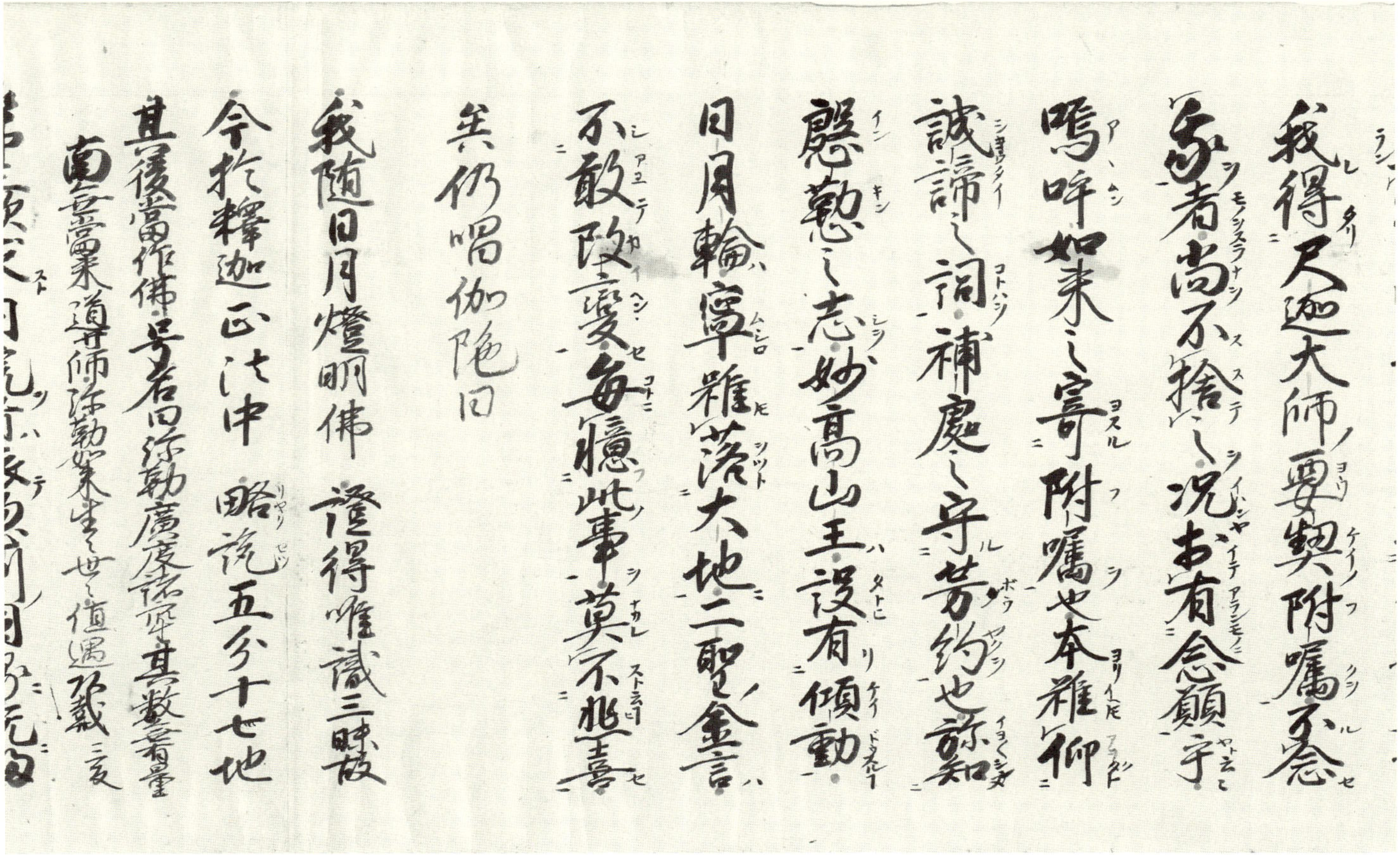
我得《タリ》尺迦大師ノ要契《ヨウケイノ》附囑《フシヨク》不《ル》忘《セ》
[illegible]者尚不《ス》捨《ステ》况《イハンヤ》於《イテ》有《アランモノニ》念願《ヤトニ》
嗚呼如来ノ寄《ヨスル》附囑也本雖《ヨリイヘトモ》仰
誠諦《シキヤウタイ》ノ詞《コトハ》補處ノ守《ル》芳約《ボウヤクシ》也弥《イヨく》知《シヌ》
慇懃ノ志妙高山王設有傾動
日月輪ハ寧《ムシロ》雖《ヒ》落大地ニ聖ノ金言ハ
不敢改變《アユテカイヘンセ》毎憶此事《コトニ》莫《ナカレ》不《ストユフ》歓喜《セ》
次仍唱伽陀曰
我随日月燈明佛　證得唯識三昧故
今於釋迦正法中　略説《リヤクセツ》五分十七地
其後當作佛号名曰弥勒廣度諸衆生其数無有量
南無當来導師弥勒如来生々世々値遇頂戴　二反

(8紙)

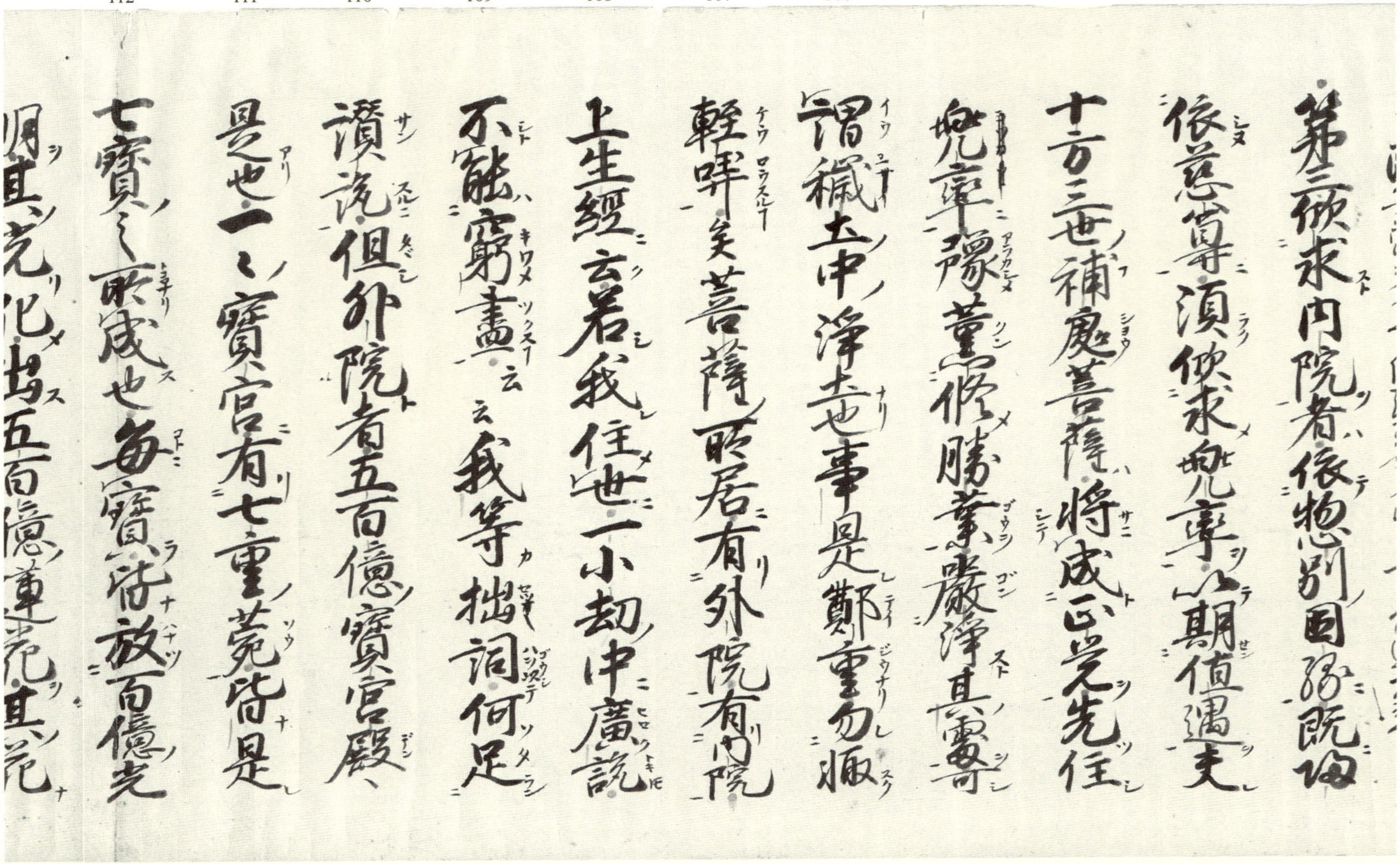
第三欣求内院者依惣別因緣既明
依慈尊須欣求兜率期値遇矣
十方三世補處菩薩將成正覺先住
兜率豫薫修勝業嚴淨其[illegible]
謂織天中淨土也事是鄭重勿[illegible]
輕哢笑菩薩所居有外院有内院
上生經云若我住世一小劫中廣説
不能窮盡云云我等拙詞何足
讃説但外院有五百億寶宮殿
是也一一寶宮有七重菀皆是
七寶一一所成也每寶皆放百億光
明其光化出五百億蓮花其花

明《シ》其《ノ》光《リ》化《メ》出《ス》五百億《ノ》蓮花其《ツ》花《ナ》
轉《メ》作《ル》五百億《ノ》行樹《ト》一切《ノ》衆色映《エイス》頗《ハ》
梨《ノ》菓《コノミニ》光明右遶《メクツテ》出《ス》大慈悲《ノ》音《コエシ》
天子天女住在《シテ》樹下《ウエキノモトニ》妙音樂《ノ》中說《ツ》
不《フ》退《タイ》轉《テン》地《チノ》法《シ》垣《ガイ》墻《ショウ》四《コモニ》廻《メクテ》高《カサ》六十二
由旬龍王鎮《トコシナヘニ》守《テ》雨《フラス》五百億寶樹《ジウシ》《テ》
風觸《フルレハ》樹唱《トナフ》甚深《ノ》法《シ》外院《ノ》一宮其相
猶尓《シカナリ》況《イカニヤ》復《マタ》於《テシヤ》一生補處《ノ》内院四十
九重《ノ》寶殿《テン》宇《ニ》一々《ノ》莊《ショ》嚴《ゴン》悉《コトゴトク》表《アラハス》
内證《ノ》道德《シ》見聞覺知併《ナカラ》為《ニタリ》善
提《ノ》勝緣臨《ノゾム》彼《カレコニ》着《ハ》忽《タチマチニ》入《リ》正定《ノ》位《ニ》到《イタル》
此《ココニ》前《ハ》於《ス》王《ス》八相尊《ニ》臣下《テハ》口《キニ》彼留《ル》賁

此《マニ》者《ハ》必《ス》住《ス》不退轉《ニ》至《テハ》千如《キニ》彼《ノ》瑠《ル》璃《リ》硨
渠《コノ》々水《ツ》涌《ワキ》上《アカテ》遊《アソヒ》梁《リヤウ》棟《トウノ》々同《ニ》華德
香音《ノ》々輩《トモカラ》從《ヨ》身《リ》出《スカ》種種《ノ》々事《シ》可思《ヨモフ》
等覺無垢《ツ》々報《ホ》應《ヲウヲ》識《ニ》是《コレ》之沉《ホム》吟《ギ》々
所《ナリ》不《ル》能《マ》欲《ヌ》、既《ステンシテ》而摩抳《ニ》寶殿《デン》々中師
子大座々上《ニ》有《リ》微《ミ》妙《ノ》寶帳餝《カサルニ》々以《ヲ》
五百億衆寶《ノ》雜花《ザツナシ》百千《ノ》梵王宮《ヨリ》
十方來《キタツテ》、梵天《ノ》鈴《スヽラ》懸《カケ》其《ノ》上《ニ》以《テ》寶《ノ》
羅《ラ》網覆其《ノ》上《ニ》彌勒大聖結《ケツ》跏《カ》趺《フ》
坐《シカヘリ》身量《リヨ》高大十六由旬《ナリ》頂上《ノ》宍《ニツ》
髻《ケハ》紺《カン》瑠《ル》璃《リノ》色《ナリ》毗《ヒ》楞《リヤウ》伽《カ》寶《ツ》以《テ》嚴《カサル》天冠
ゝ事ゝ言ゝ等ゝ至一生《イニス》ゝ中ゝ本師釋迦《モ》

化《ケ》佛菩薩住在《イニス》其《ノ》中《ニ》本師釋迦《モ》
来《キタテ》助《スケタマフ》其《ノ》化《クワ》三十二相一々帯五百億
々寶色八十随好各々出《セリ》八万四千々
光雲見《ミル》者《モノ》無厭《エニ》々粧《ヨソホヒ》金山耀《カヤ》朝《チヨ》
日大梵深遠《ヨシ》々唱《トナヘ》雷《ライ》音響《ヒヽク》秋《アキノ》塵《ソラニ》
晝《シン》夜六時演《エニ》説《ス》不退《コン》轉地法輪《シ》
諸天聽《チヨ》受《シテ》一時得道《ル》者五百億他方
菩薩《ハ》駕《カヽテ》雲集《アツマリ》上下《ノ》諸天遥《ハルカニ》頌生《ナス》
一念齋《サイ》戒《カイツ》以《テ》為上品修因《インシ》一遍稱名《シ》
以感《カン》順次往生《シ》其因甚易《ヤスク》其徳《モ》充
大悲慈尊願力者無能《ヨク》致之大聖《モ》
雖《タレカ》不次《チカハ》下凡《モ》雖《タレカ》不望是西天道《ノトク》

（11紙）

誰《タレカ》不《ザラン》欽《チカハ》下《ヲ》凡《モ》誰《タレカ》不《ラン》望《ノソマ》是以《シテ》西天道俗《ノドウゾク》
皆《ナ》修《ミ》弥勒之業《ケウシ》晨《シン》旦《タン》前代《モ》多《ノ》得《タリ》彼ノ
天之台《タイシ》一宗ノ列祖《レッソ》ハ其ノ議《コエタリ》超余《ヨニ》是以《シテ》無
著天親《シン》師子覚之三聖兄弟《ハ》結契《ヒチギリ》
戒《カイ》賢玄奘《シヨウ》慈《ジ》恩溜《ル》洲《ジウ》四代往詣《イ》継《ツク》
鍾《クヒスツ》我等《ハ》是之門人寧《ナリムシロ》忘《フスレン》先蹤《セキシ》哉《ヤ》彼ノ
弥天道安之欽《チカヒヒ》兜率也同侶之志《サシ》
笠《ミ》障《ヘタツルー》南揚曇《ドン》戒之念《セヒ》弥勒《シ》也師資ノ
之好有《リ》恩《フー》賢愚雑《ヒ》異《コトリト》古今可比伏《シヒスメ》
顛傳燈大師与《ト》慈尊共《ニ》来迎《ムカヘ》仍《テ》
唱伽陀曰《シ》
弥勒上生都率天　四十九重摩尼殿

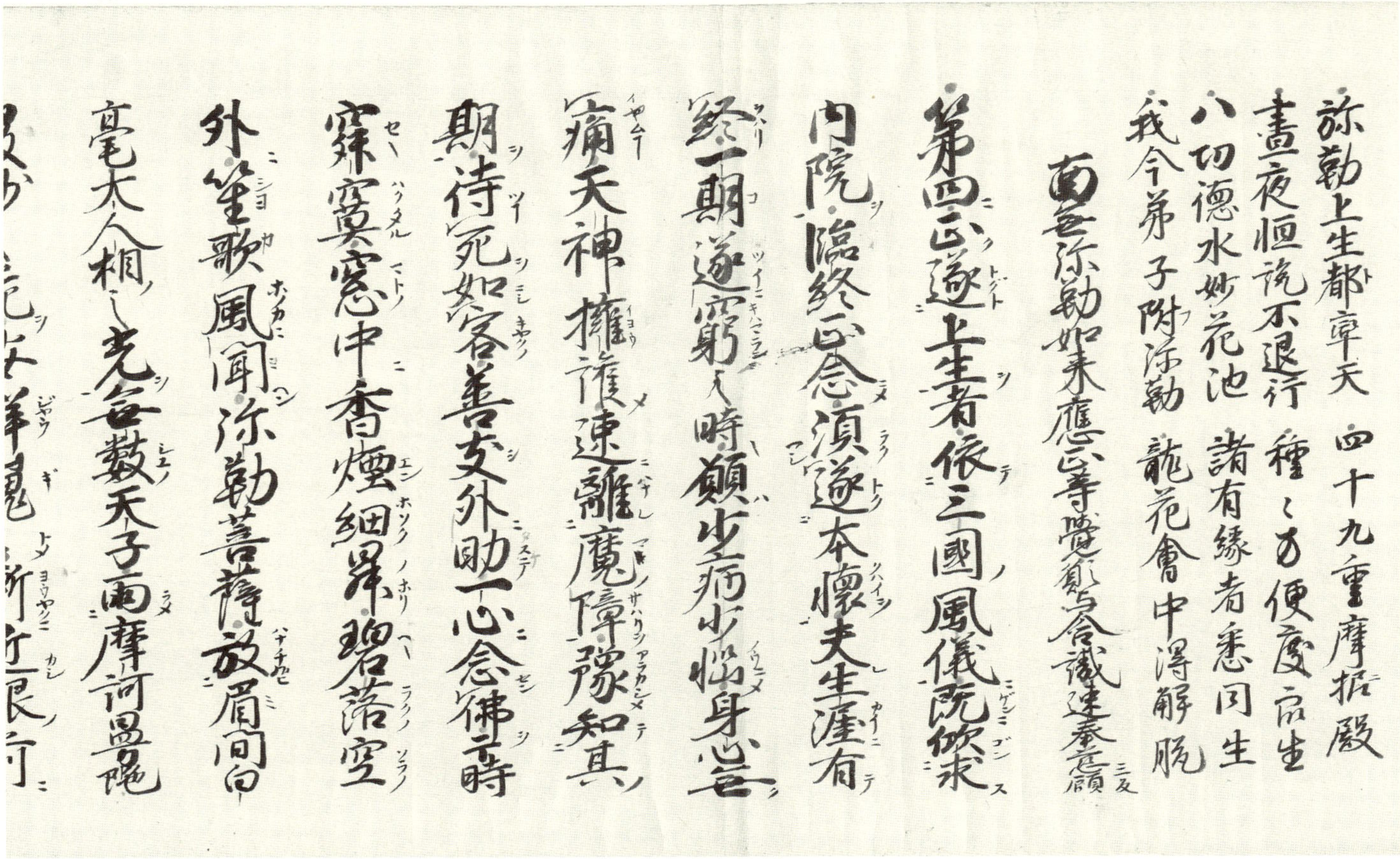
弥勒上生都率天　四十九重摩尼殿
晝夜恒説不退行　種々方便度衆生
八功德水妙花池　諸有縁者悉同生
我今弟子附弥勒　龍花會中得解脱
南無弥勒如來應正等覺願与含識速奉值遇　三反
第四正遂上生者依三國風儀既欣求
内院臨終正念須遂本懐夫生涯有
終一期遂窮之時願少病少悩身心
無痛天神擁護速離魔障豫知其
期待死如容善友外助一心念佛時
寐寞窓中香煙細昇碧落空
外筆歌風聞弥勒菩薩放眉間白
毫大人相光無數天子雨摩訶曼陀

（13紙）

巍〻花安詳《ジヤウ》巍《ギ》〻漸《ヨウヤクニ》近眼前
靈山釋迦十方諸佛虚空顕現《メエニ》
説大乘眼始見此事耳正聞其聲
隨花雨渡不堪更衣聖衆相別漸
昇《ノボリ》雲路速到逍遙園新生
寶蓮臺上其時有諸天子散花
作樂咲我而言善哉〻〻善男子
汝於閻浮提廣作福業行願不空
來生此處此所名兜率陀天今此主
名曰彌勒汝當歸依我聞其詞應
聲作禮已諦觀眉間白毫相光
即得超越九十億劫生死之罪是時
慈尊遂其前蹤爲説妙法出去豈

（14紙）

菩薩随《シタカテ》其宿縁為説妙法 妙法豈
他教乎《ナランヤ》可知唯識中道之法門也 菩薩
扶桑《フサウノ》之境《サカヒニ》憧悦《ヨロコヒ》瑜闍五分之傳来今
跪《ヒサマツヒテ》摩尼之臺《ウテナニ》親聞昼夜六時之法輪
其時歓喜 亦須想像《ヤル》矣 仍唱伽陀曰
復有衆生發信心 暫《ザン》修十善及礼誦
繫念一華一天子 亦得往生心意殿
南無弥勒如来所居内衆 願捨命已必生其中 三反
第五因円果満者 依宿世機縁既遂上
生見仏聞法 須進勝位更常
信慈尊之御前早開耳路之
妙門時 諸衆聖之宝閣各向
菩提之前途《トシ》 神通随心大悲

(15紙)

銘《メイ》肝《キモニ》或《アル》時《キハ》遊諸佛ノ國ニ泰吏《ミハリ》海會ノ大衆ニ或時ニハ廻《メクテ》六趣ノ巷ニ泣《ナリク》尋《タズ子ン》往昔ノ恩愛慈悲等下生者我共《モ》ニ下生鷄《ケイ》頭《ヅ》城ノ中誕《タン》生家ノ次第龍華樹ノ下《モトノ》降魔成道ノ儀式如歡随從一一ニ見ン得《テ》佛覺三昧聞持一代ノ正法住普賢色身濟《サイ》度《トセン》含教ノ群類《グイシ》賢劫星《シヨ》宿歷《ヘ》仕諸佛住行向地漸《ザン》次《ジ》増進遂《ツイニ》昇《ノボテ》華王ノ寶座宜《ヨロシク》受不覺ノ尊号我有《リ》佛性此事不難《カタカラ》當知皆是釋迦彌勒廣大恩德也各住随喜心…値《チ》遇…乃昌也

（16紙）

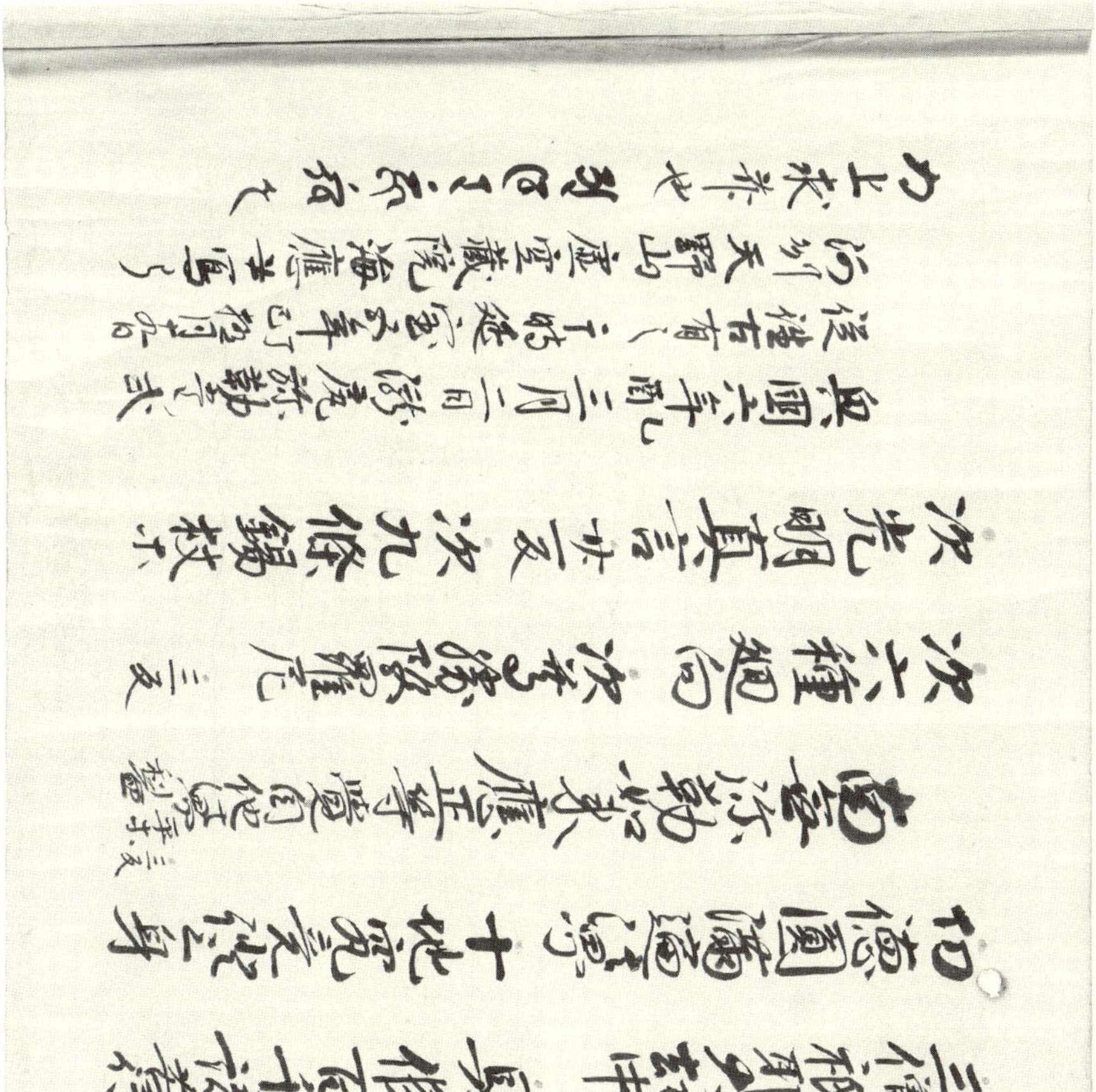
〻心〻弥結〻値《チ》遇〻縁実仍唱伽
陀曰
我等久劫修〻行　得聞弥勒大悲名
親兼操《サウ》道在明旦　乃生怯弱絶《ゼツ》望意
三僧祇耶久劫中　具修百千諸苦行
功徳圓満遍法界　十地究竟仏之身
南無弥勒如来應正等覚自他法界平等利益　三反
次六種廻向　次尊勝陀羅尼　三反
次光明真言　廿一反　次九條錫杖　ホ
興国六年乙酉三月二日　於[illegible]庵弥勒講式
従往古有之　于時延宝五年丁巳極月十五日
河州天野山虚空蔵院海應書写之
為上求菩提也　引[illegible]

（17紙）

涅槃講式

（永正十六年（一五一九）写）

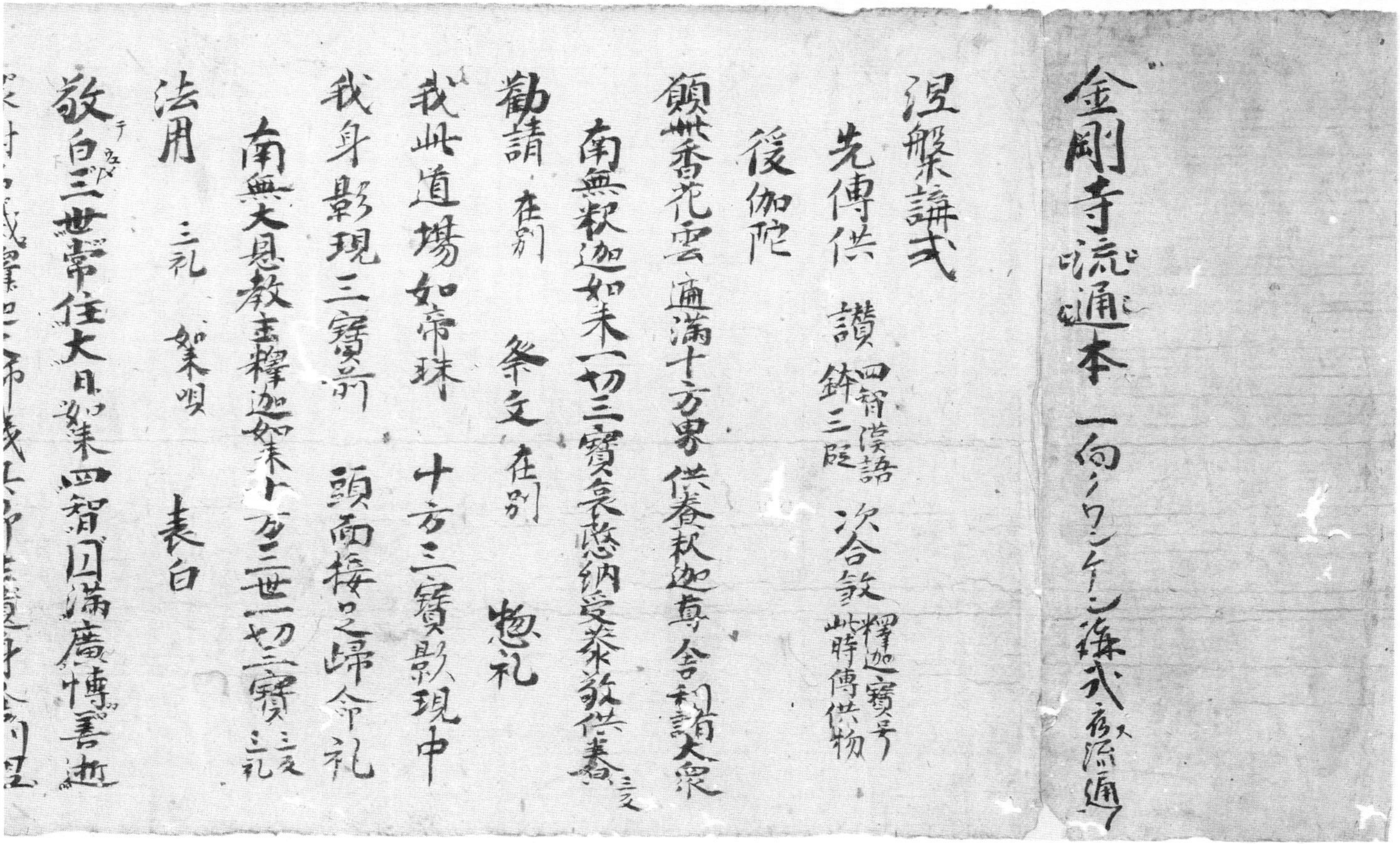
金剛寺流通本　一向ノウンケン旅式 在流通

涅槃講式
先傳供　讃 四智漢語 鈴三段　次合殺 釋迦寶号 此時傳供物
後伽陀
願共香花雲遍満十方界供養釈迦尊舎利諸大衆
南無釈迦如来一切三寶哀愍納受恭敬供養 三反
勧請 在別　祭文 在別　惣礼
我此道場如帝珠　十方三寶影現中
我身影現三寶前　頭面接足帰命礼
南無大恩教主釋迦如来十方三世一切三寶 三反 三礼
法用 三礼　如来唄　表白
敬白三世常住大日如来四智円満廣博善逝

（表紙）

涅槃講式　（表紙／1紙）

縁謝即滅釋迦大師機盡即生遺身舍利涅
槃遺教甚深妙典二藏三轉半滿正教普賢文
殊諸大薩埵迦葉阿難諸賢聖衆後世福田
十六羅漢佛法護持四大天王娑羅林中五十二
類物尸那城人天大會惣盡空法界同躰別
躰一切三寶而已我大師釋尊者五百塵點
實成之佛雲静四德之山三千世界能化之尊
月宿五濁之水乘如實之道來三有之中牽無
縁之慈遊六趣之間可思機縁殊深於穢土利
益尊在於濁世我等近三寶畜一善皆叅世尊
難思之善巧欲安養望知足又猶教主慇懃之
遺誡也諸佛之中獨号本師發心究竟莫不
彼恩嗚呼聖容且隱雖陪給仕於八十年之昔
遺法永傳猶得值遇於二千歳之後實思隱顯
利益悲喜共深依之迎雙林泥洹之日肆一座追
悲之遑方今知恩報恩之志喬等道樹枯悴之
庭一色一香之共[illegible]同[illegible]義因述之

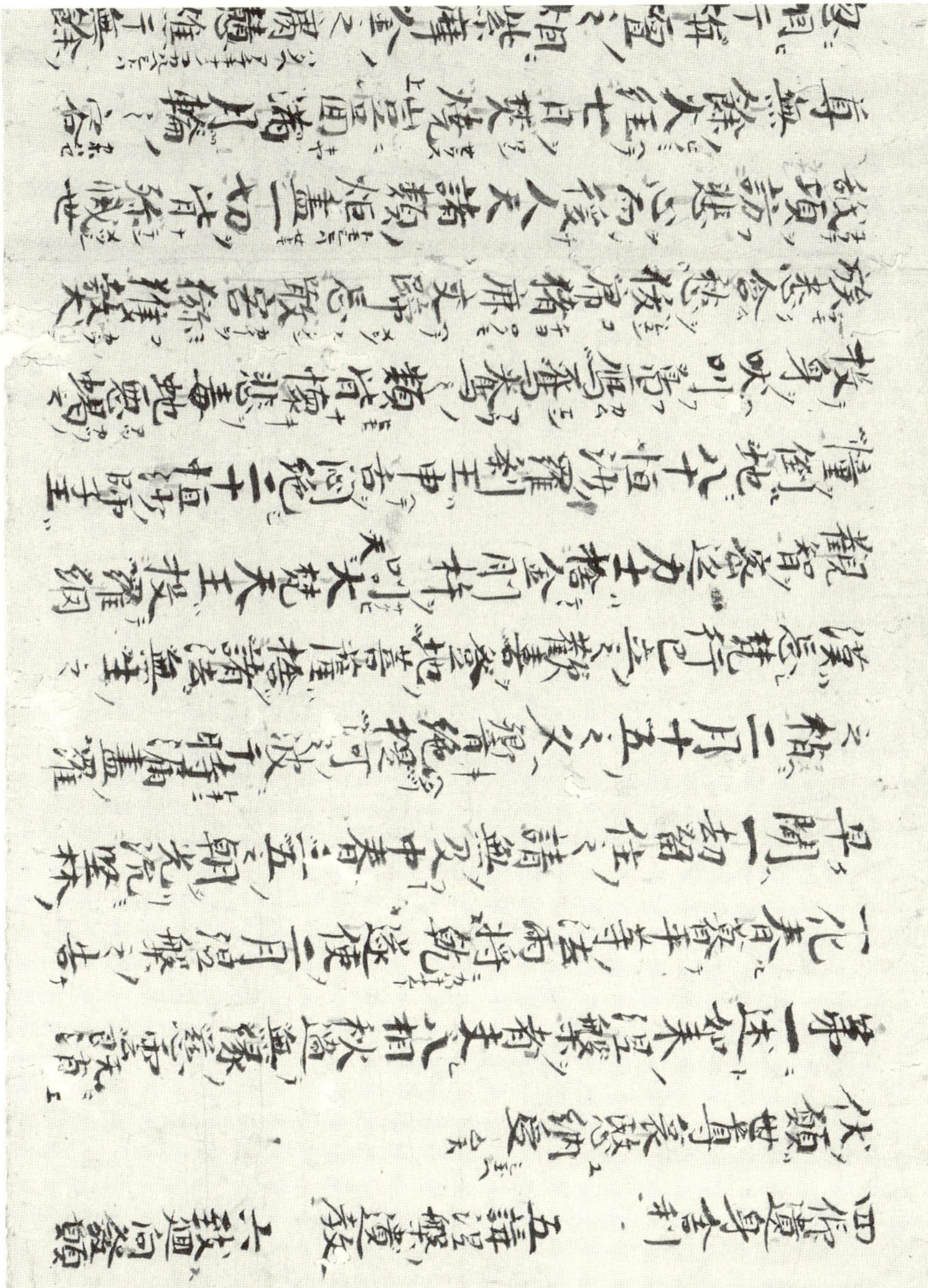

（3紙）

涅槃講式　（3紙／4紙）

忽唱于栴檀之烟紫摩金之膚　慧燋于無餘
之火　悄以尚有餘悲以忽無窮大衆悲歎
惟而可測　實以戀慕渇仰之風　頗涼於拘尸那城之
岸　憍恣耽怠之雲　速晴於雙樹林之空　仍大衆
唱伽陀可行礼拝　合殺　先樂　次伽陀
拘尸那城跋提河　在沙羅林雙樹下
頭北面西右脇臥　二月十五夜半滅
南無非滅現滅人迦如来生生世世値遇頂戴　三反
第二供十六羅漢者　夫自祇樹之息於沙羅之變
葉後　迦葉結集三蔵法門　隠形於鷄足之洞　阿
難住持十二部経　分身於恒河之岸　爰十六羅
漢者　遥出四倒之牢獄　遠離九結之纏縛　具三
明自在之力　備八解洞達之徳　尋本地極位大菩
薩　隠辭行之玉於慈悲之懐　謂垂跡付法大羅漢
獨覺滿之月於樂樹之下　駈太弟師子選于三
猴三菩提之嶋鶏小機乎庶　旋于四諦十二因縁之
苑　依之天帝捧衣除修羅之軍　貧女変錫得甘

第三、明二中有十種諸ノ莊嚴一、今日ノ世尊娑羅林ニ入テ、

從ヒ諸ノ大衆ヲ娑羅林ニ、娑羅林者有德ノ林ト云ヘリ、

爾時世尊ノ御眼ハ靑蓮華ノ如ク、御身ハ眞金色ナリ、

清淨ノ法身湛然トシテ常住ニ在ス、現ニ滅度ヲ唱フト雖モ、

佛ハ實ニ滅セズ、常住不變ナリ、然ルニ凡夫ハ佛ヲ見ル事能ハズ、

衆生ノ機縁盡キヌレバ、佛モ亦滅度ヲ現ジ給フ、

南無大聖釋迦牟尼佛、南無大聖釋迦牟尼佛

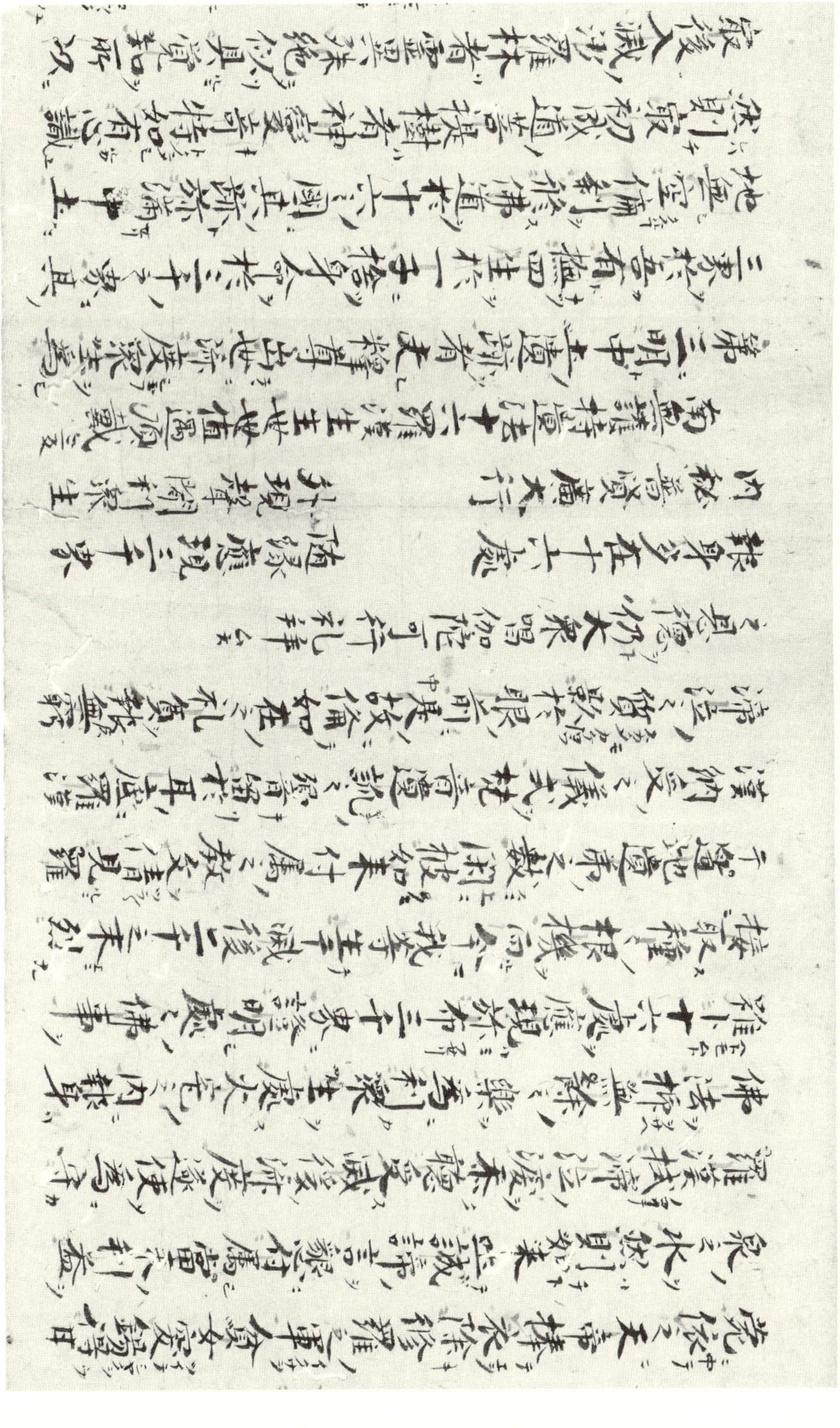

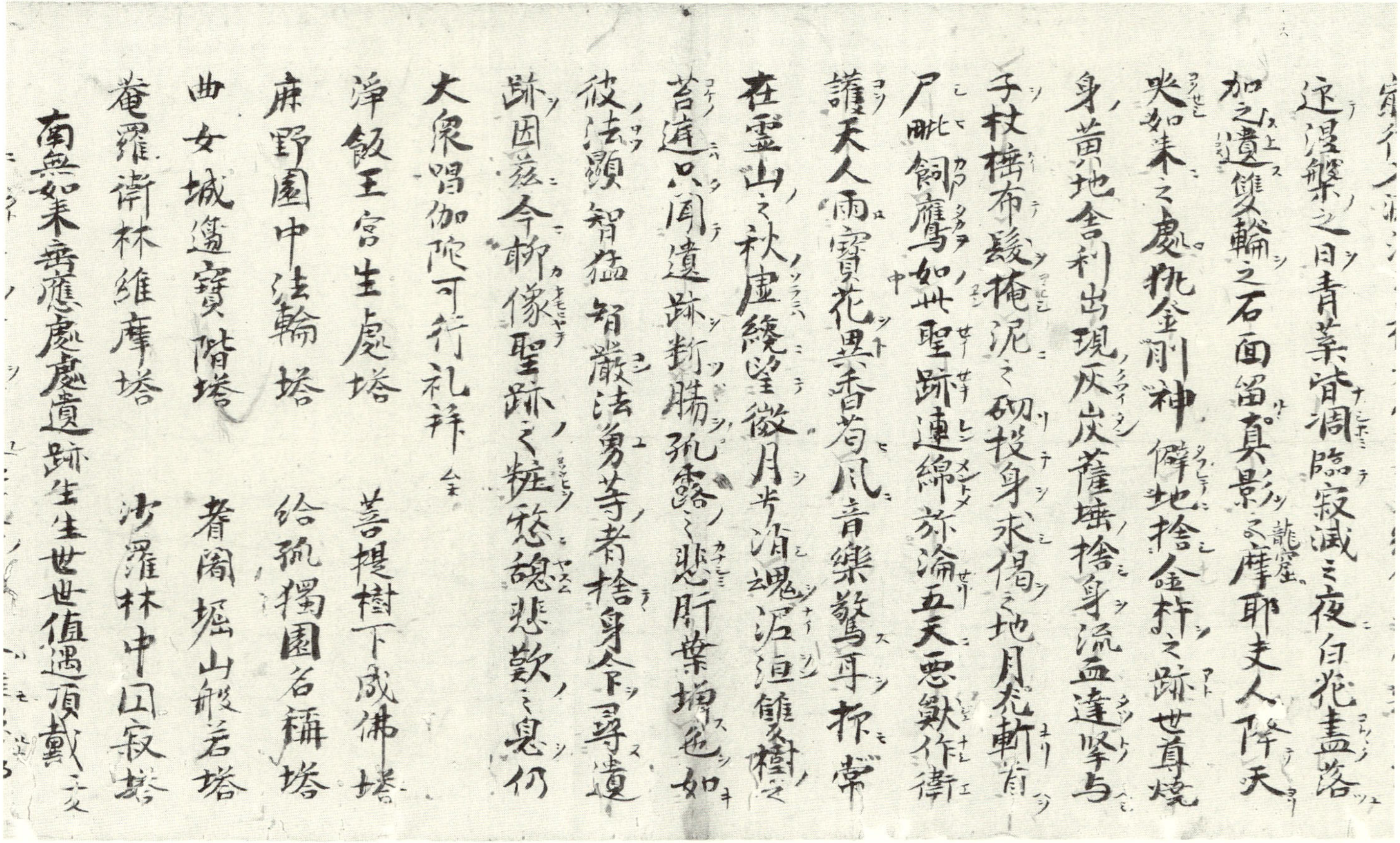
逆涅槃之日青葉皆凋臨寂滅之夜白花盡落
加之遺雙輪之石面留眞影之摩耶夫人降天
哭如来之處執金剛神辭地捨金杵之跡世尊燒
身黄地舎利出現灰炭薩埵捨身流血達堅与
子杖標布髮掩泥之砌投身求偈之地月光斬首
尸毗飼鷹如此聖跡連綿亦論五天悪獸作衛
護天人雨寶花異香若凡音樂驚耳抑常
在霊山之秋虚纔望徴月光消魂泥洹雙樹之
苔莚只閒遺跡斷腸孤露之悲所業増也如
彼法顯智猛智嚴法勇等者捨身命尋遺
跡因茲今柳像聖跡之旋愁魄悲歎之皃仍
大衆唱伽陀可行礼拝　全
淨飯王宮生處塔　菩提樹下成佛塔
麻野園中法輪塔　給孤獨園名稱塔
曲女城邊寶階塔　耆闍崛山般若塔
菴羅衛林維摩塔　沙羅林中圓寂塔
南無如来無應處處遺跡生生世世值遇頂戴

（6紙）

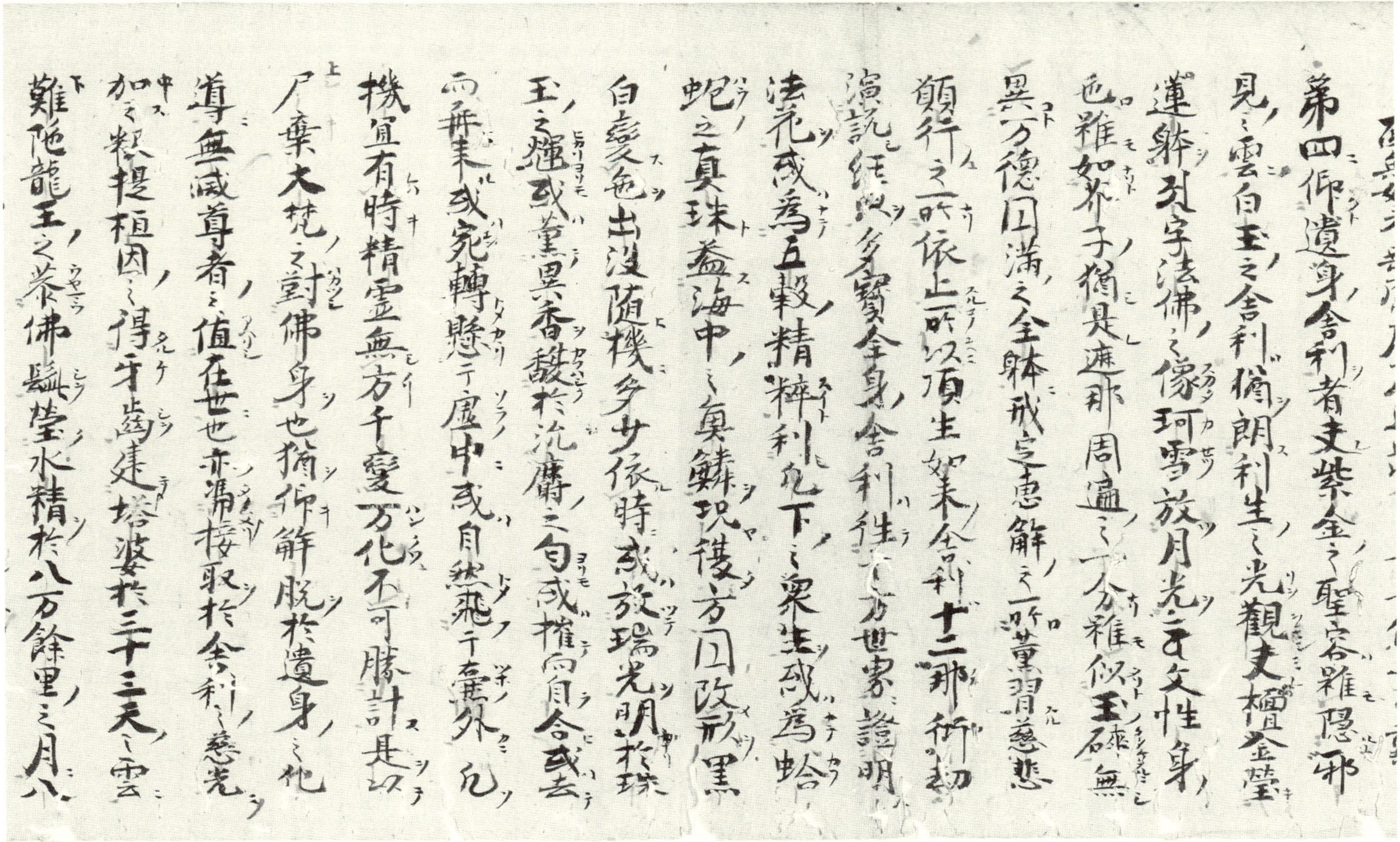
第四仰遺身舍利者、丈紫金之聖容雖隠、見之雲、白玉之舍利猶朗、利生之光、觀丈檀金瑩蓮軀、宇法佛之像、珂雪放月光、丈性身色雖如芥子、猶是遮那周遍之十方、雖似玉礫無異、万徳円満之全躰、戒定恵解脱之所薫習、慈悲願行之所依、上所以頂生如来舍利十二那術劫演説經典、多宝全身舍利往十方世界證明法花、或為五穀精粹利凡下之衆生、或為蛤蚌之真珠、益海中之魚鱗、現種々方円改形、黒白變色、出没随機、多少依時、或放瑞光明於珠玉之爐、或薫異香馥於沈麝之匂、或摧而自合、或去而再来、或宛轉懸于虚中、或自然飛于壺外、凡機宜有時、精霊無方、千變万化不可勝計、是以尸棄大梵之對佛身也、猶仰解脱於遺身之他尊、無滅尊者之値在世也、亦渇接取於舍利之慈光、加之、釈提桓因之得牙歯、建塔婆於三十三天之雲、難陀龍王之恭佛、瑩水精於八万餘里之月、八

（7紙）

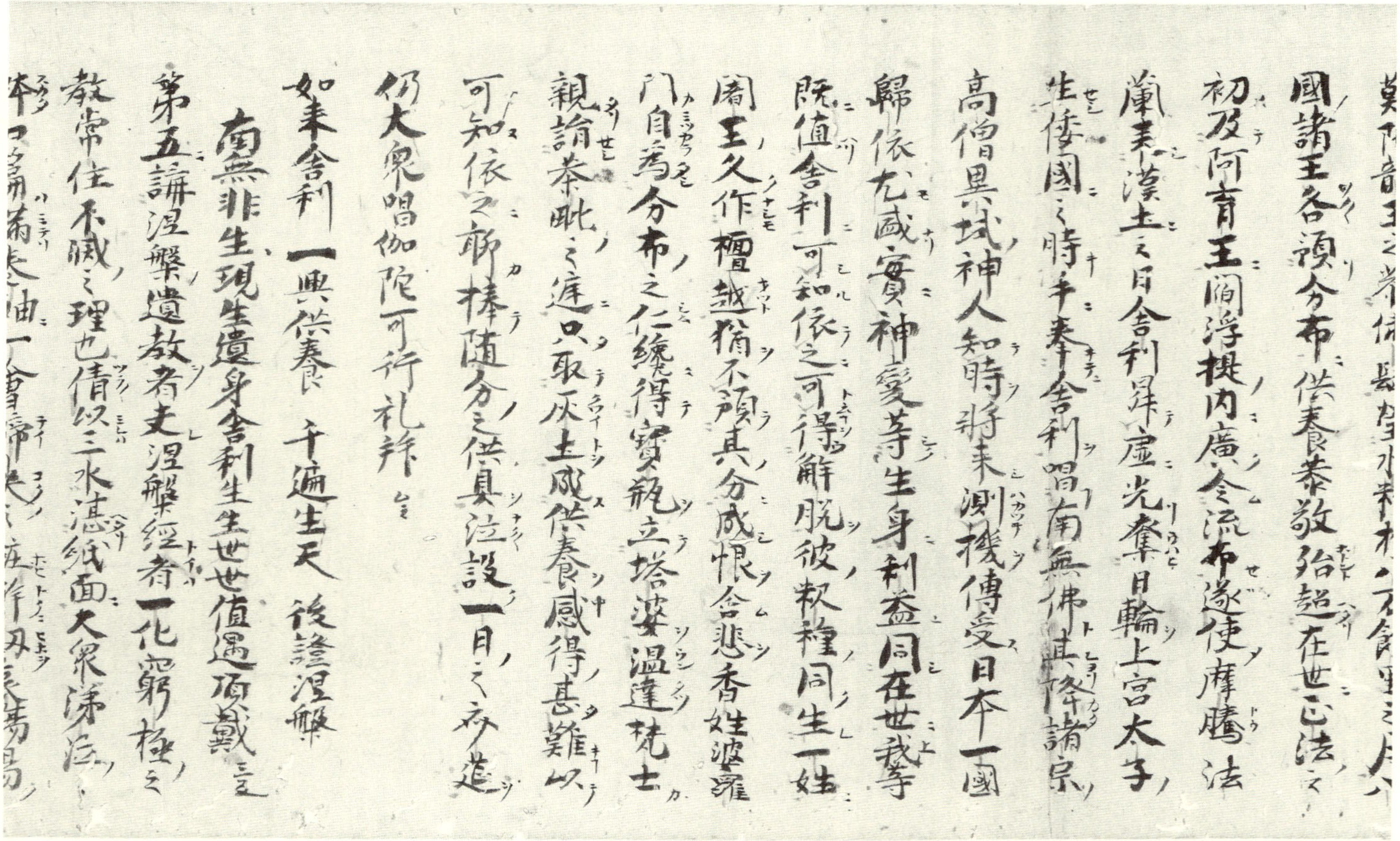

國諸王各須分布供養恭敬殆超在世正法
初及阿育王閻浮提内廣令流布遂使摩騰法
蘭來漢土之日舎利昇虚光奪日輪上宮太子
生倭國之時手奉舎利唱南無佛其降諸宗
高僧異域神人知時將來測機傳受日本一國
歸依尤盛實神變等生身利益同在世義等
既値舎利可知依之可得解脱彼釈種同生一姓
闍王久作檀越猶不預其分成恨含悲香姓婆羅
門自為分布之仁纔得寶瓶立塔婆遥達梵士
親詣荼毘之庭只取灰土成供養感得甚難以
可知依之郁棒随分之供具泣設一月之夜進
仍大衆唱伽陀可行礼拝
如來舎利一興供養　千遍生天　後證涅槃
南無非生現生遺身舎利生生世世値遇頂戴
第五讃涅槃遺教者夫涅槃經者一化窮極之
教常住不滅之理也倩以三水湛紙面大衆涕泣

（8紙）

(10紙)

(9紙)

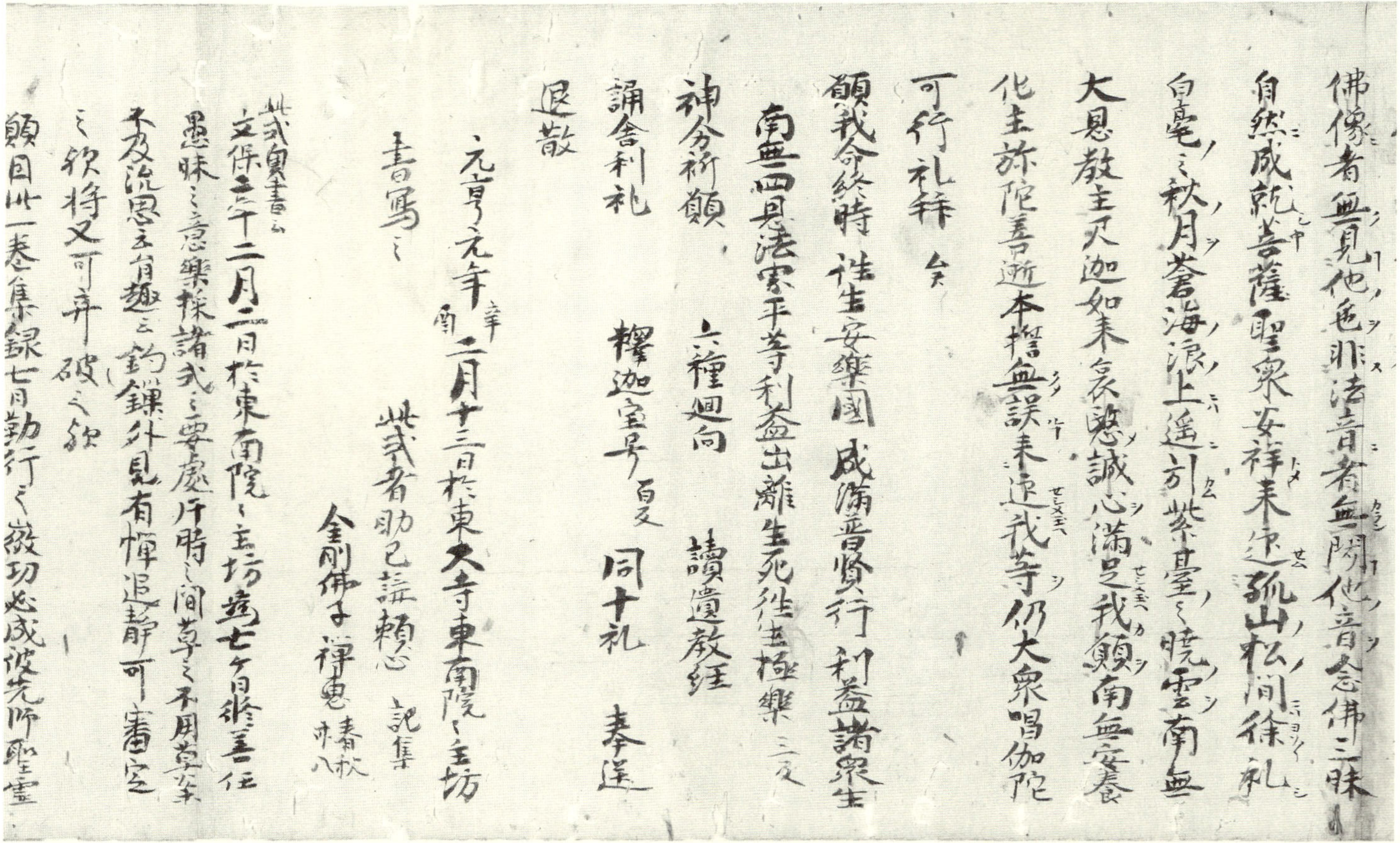
佛像者無見他色非法音者無聞他音念佛三昧
自然成就菩薩聖衆安祥来迎孤山松間徐礼
白毫之秋月蒼海浪上遥引紫臺之暁雲南無
大恩教主尺迦如来哀愍誠心満足我願南無安養
化主弥陀善逝本誓無誤来迎我等仍大衆唱伽陀
可行礼拝　合
願我命終時　往生安楽国　成満普賢行　利益諸衆生
南無四恩法界平等利益出離生死往生極楽　三反
神分祈願　六種廻向　讀遺教経
誦舎利礼　釋迦宝号　百反　同十礼　奉送
退散
元亨元年辛酉二月十三日於東大寺東南院之主坊
書写之　此式者助己証頼心記集
金剛佛子禅恵　春秋八
此式自書云
文保二年十二月二日於東南院之主坊為七ヶ日修善任
愚昧之意楽採諸式之要處片時之間草之不用草案
不及沈思之旨趣云〃鉤鏁外見有憚追静可書之
々欲将又可弁破之歟
願因此一巻集録七日勤行之竣功必成彼先師聖霊

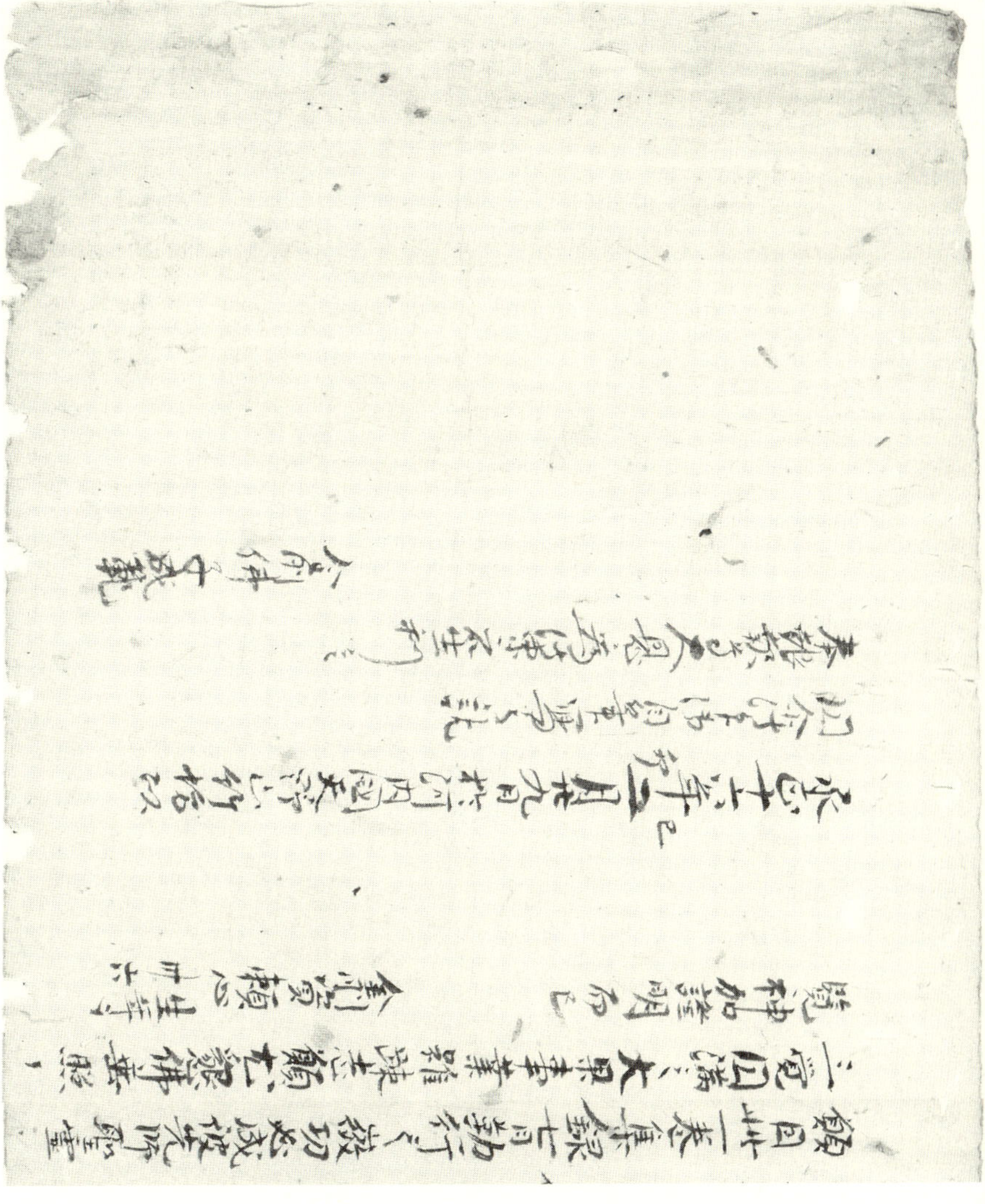
165 願因卅一巻集録七日勤行〻殺功必成彼先師聖霊
166 三覚円満〻大果事業雖疎志願亡懇佛垂照、
167 覧神加證明而已　　金剛資頼心　生年卅六
168 永正十六年己卯二月廿九日於河内国天野山行𢓜以
169 円佘法ト法自筆一写之訖
170 奉報恩大恩為法楽之生利〻
171 金剛佛子成範

（12紙）

神泉薗事

（室町時代中期写）

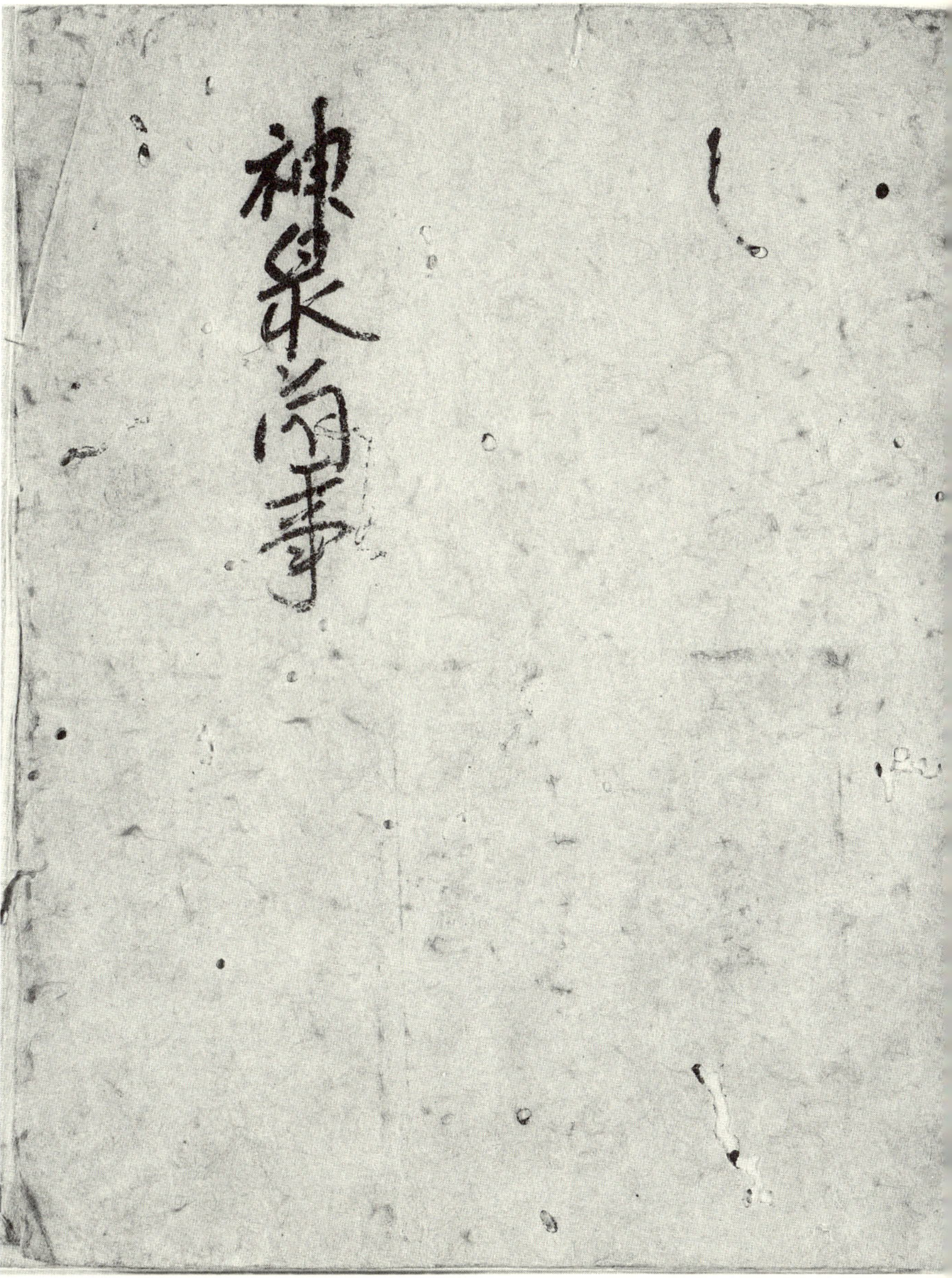

神泉薗事　（表紙）

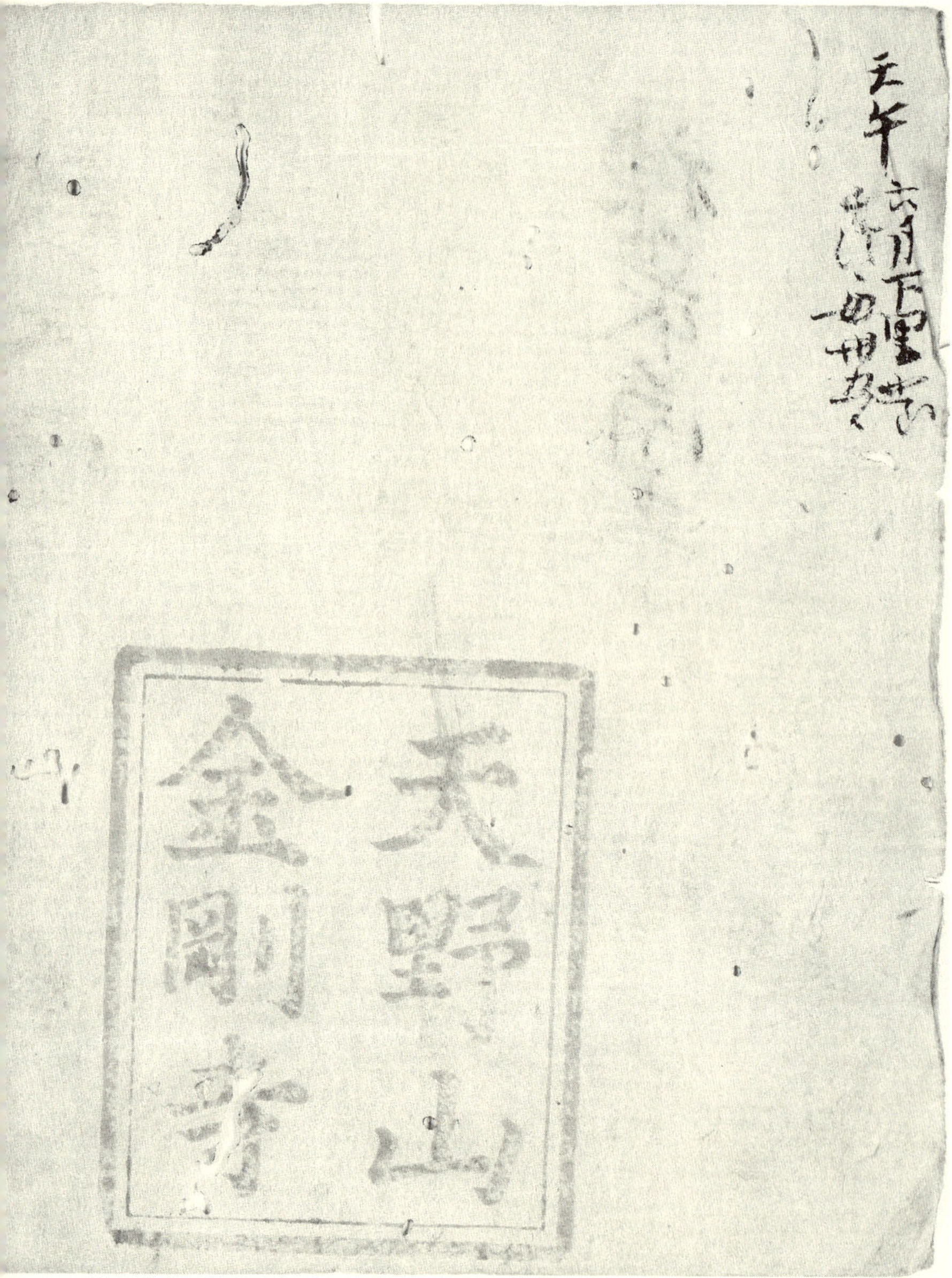

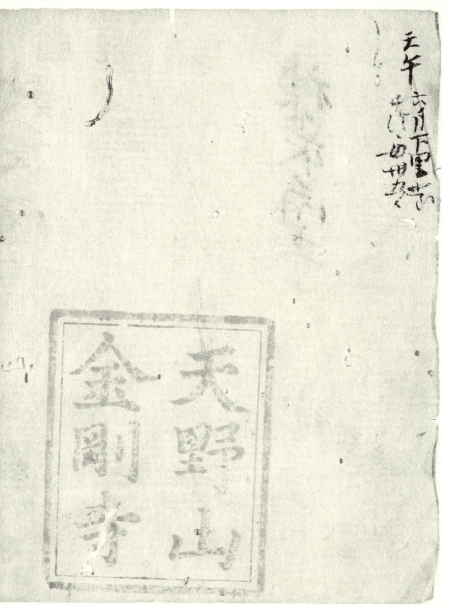

神泉薗事　（表紙見返）

（1オ）

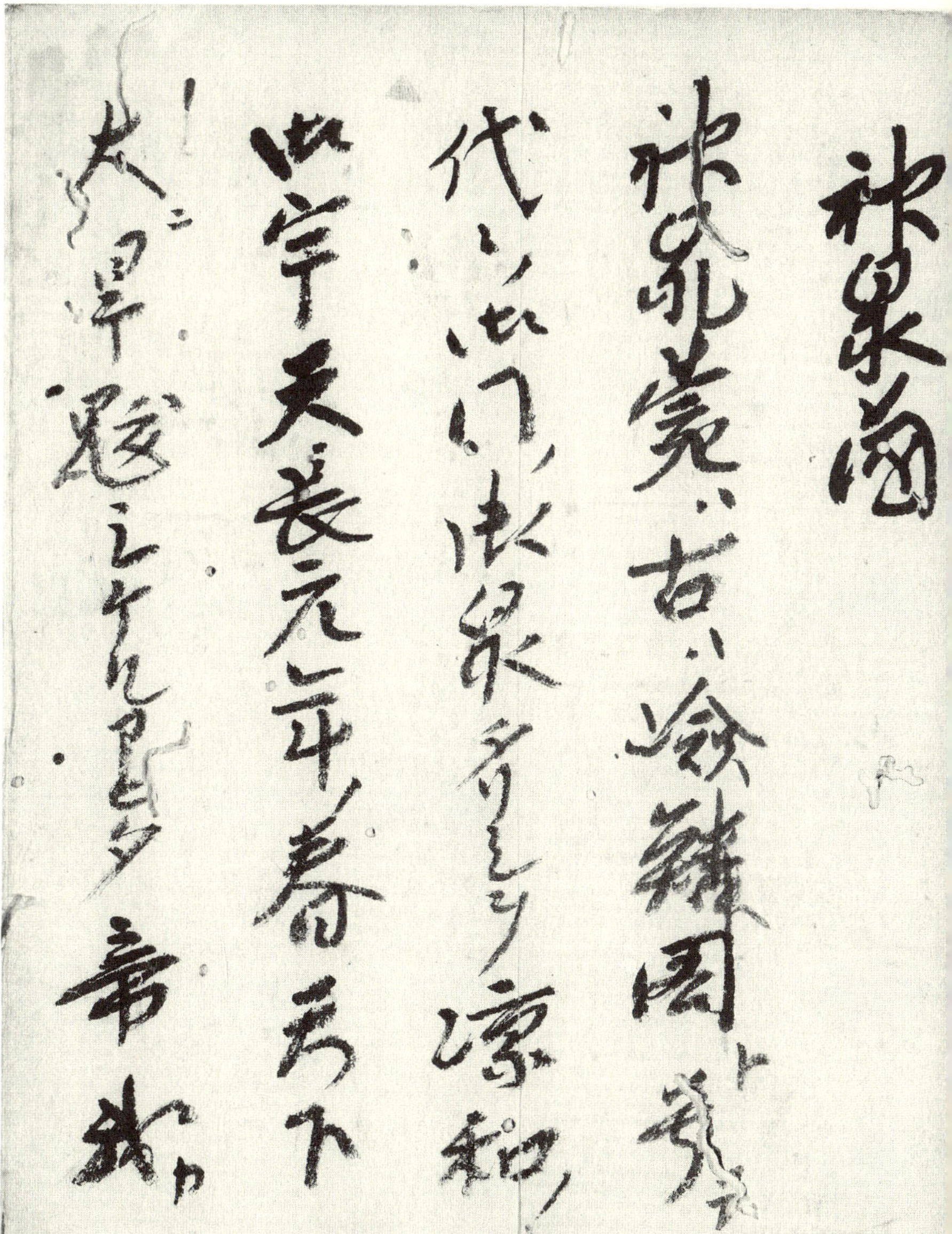
神泉薗
神泉薗ハ古ハ除雑園ト号ス
代ハ此門ハ依泉有リシヲ淳和ノ
御宇天長元年ノ春天下
大ニ旱魃シテケルアヒタ帝我カ

大僧正請雨ノ法ヲ修シケルニ大
師応勅ニ従テ之ヲ修スル時ニ其比西寺ニ
守敏僧都トテ随分ノヤコト人
ナリ其ヘアリケリ支《サヽエ》申シケル程ニ
爰祈之年廿七日比嚴令行

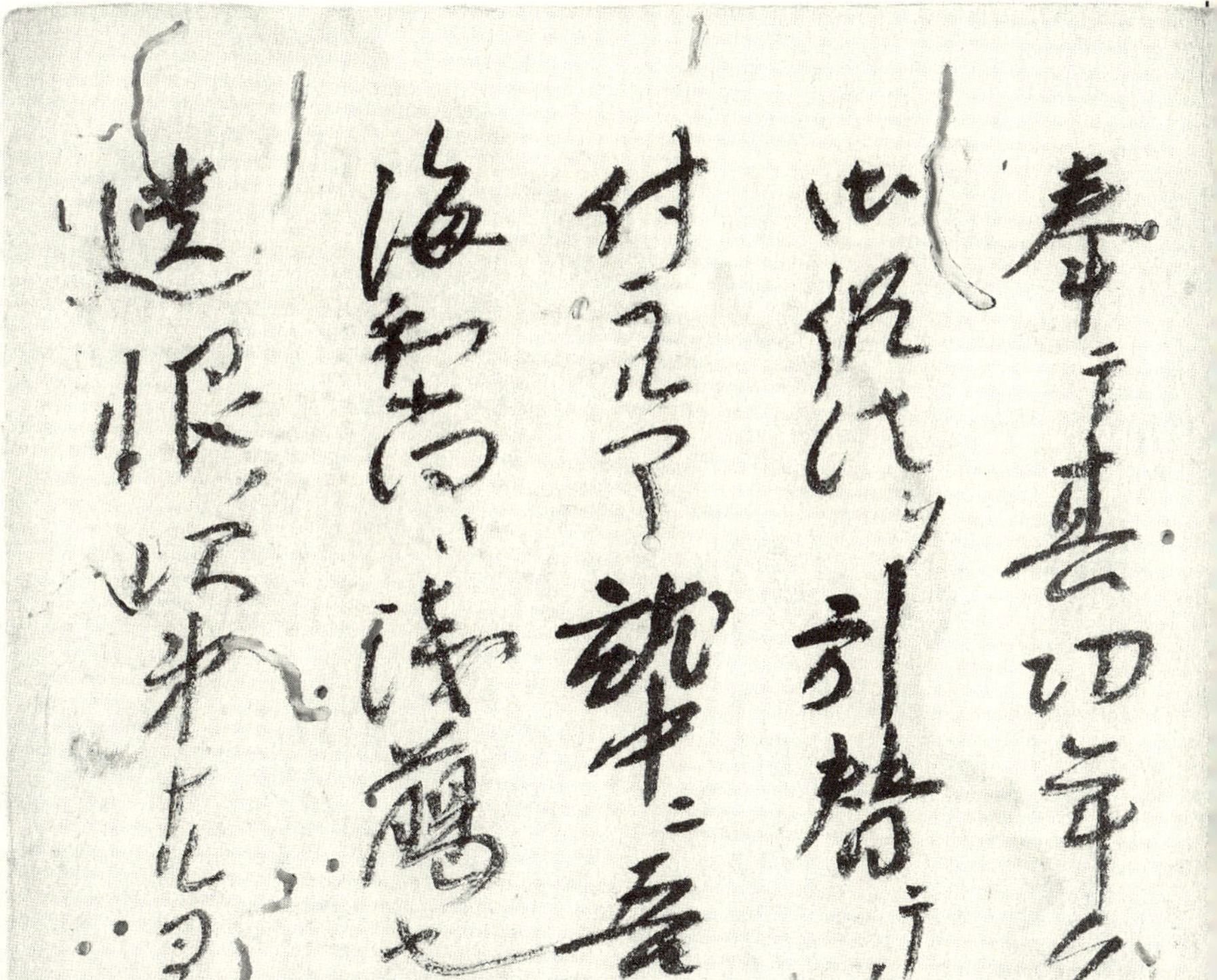

11 奉テ其切年久、仍ツ今更ニ
12 此池代ツ引替テ海和尚ニ依
13 付ラル了、就中ニ尾ハ上﨟也、彼
14 海和尚ハ浅﨟也、仍非言ハ
15 遂恨ヲ江水たちまし謝中星夕

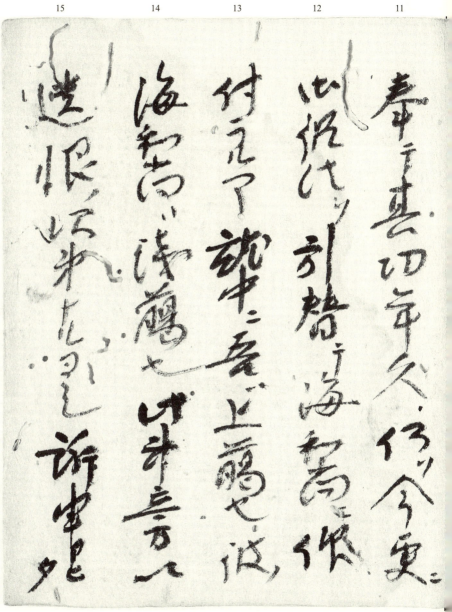

神泉薗事　（2ウ）

繪書ツ座ヲ返シテ、児敏ニ作付
児ノ處ニ妹ルツ三日トラニ雨ニ
大ニ降ルトシラトラ暁ニ至半許ニ
シテ時刻ニ及ザリケルハ可雨
書ノ畫ヲヒテ魏シ姓所ニ
作ス姪代七日シ、ルニ遂ニツラ

一〇四

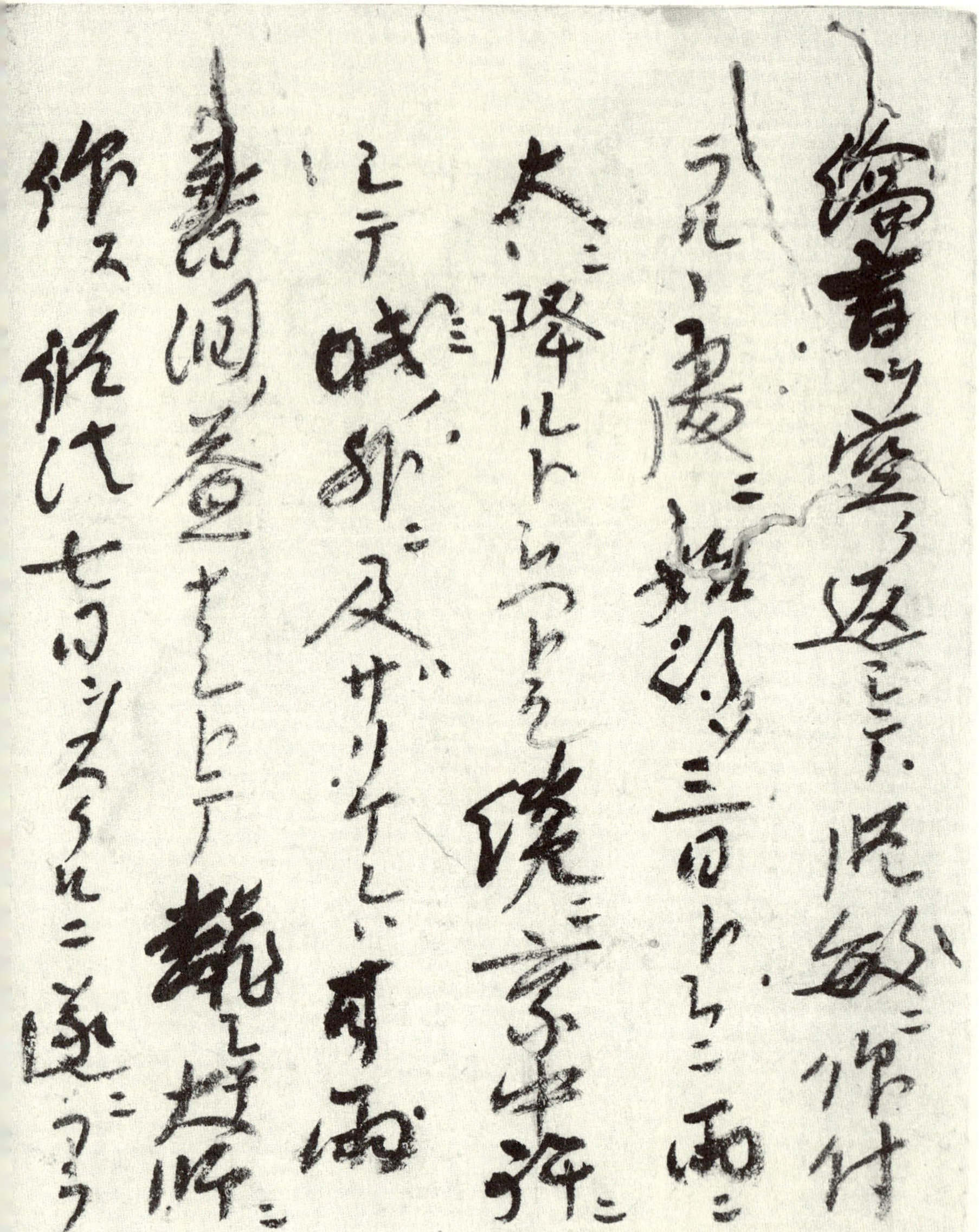

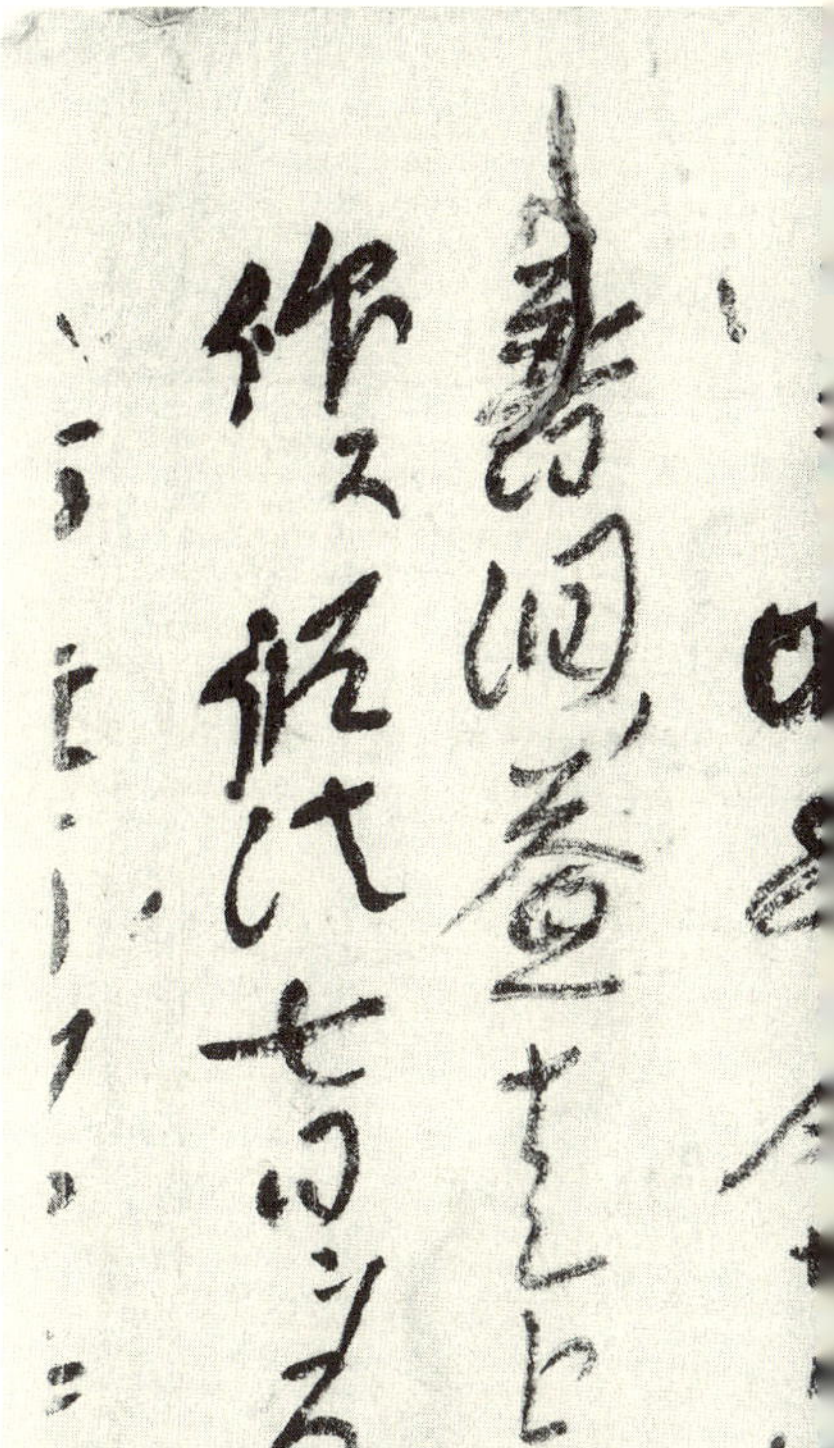

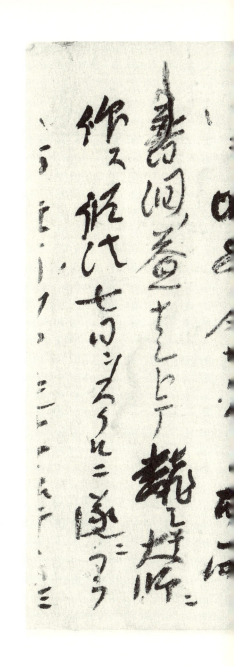

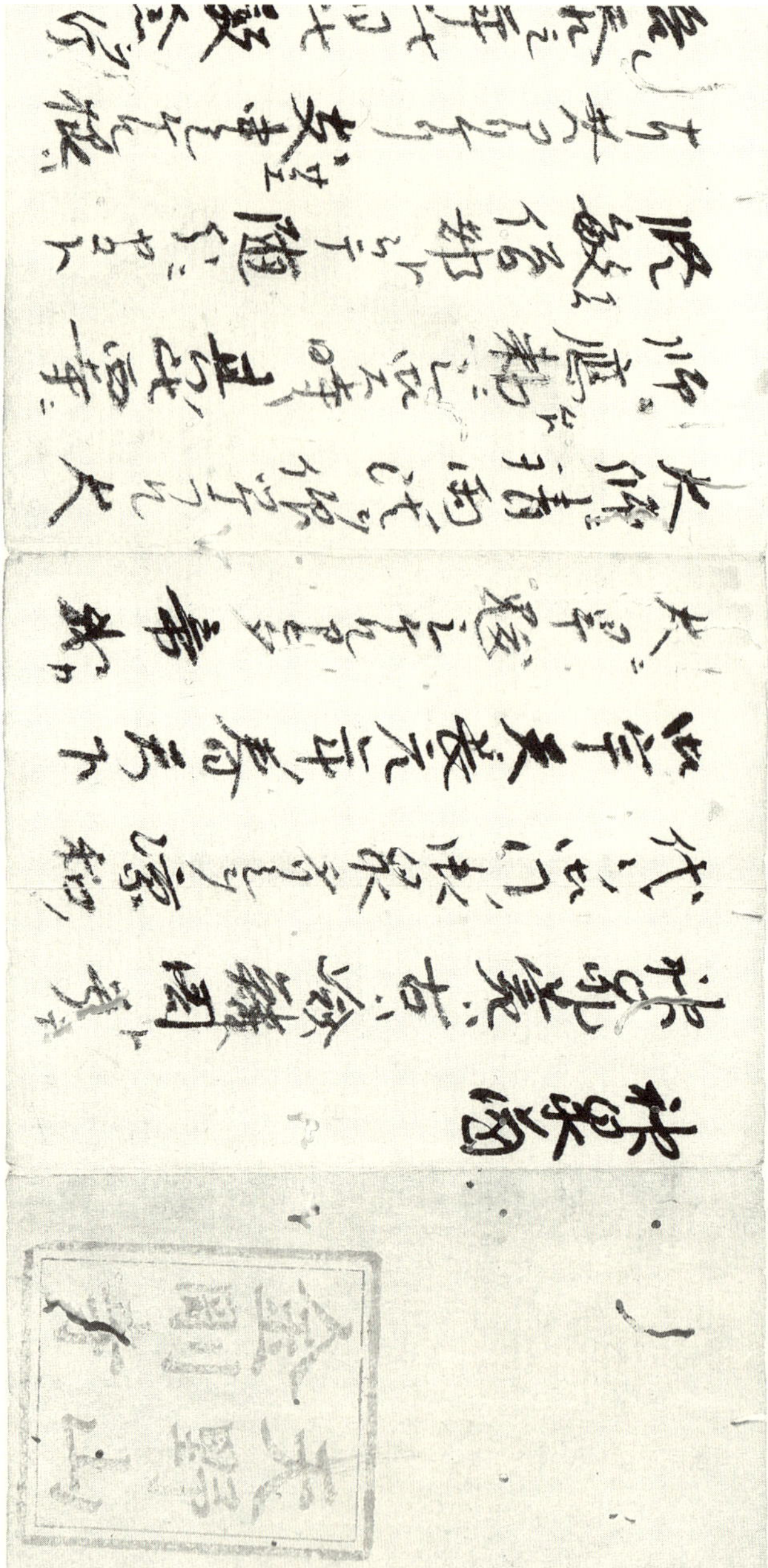

（1オ）

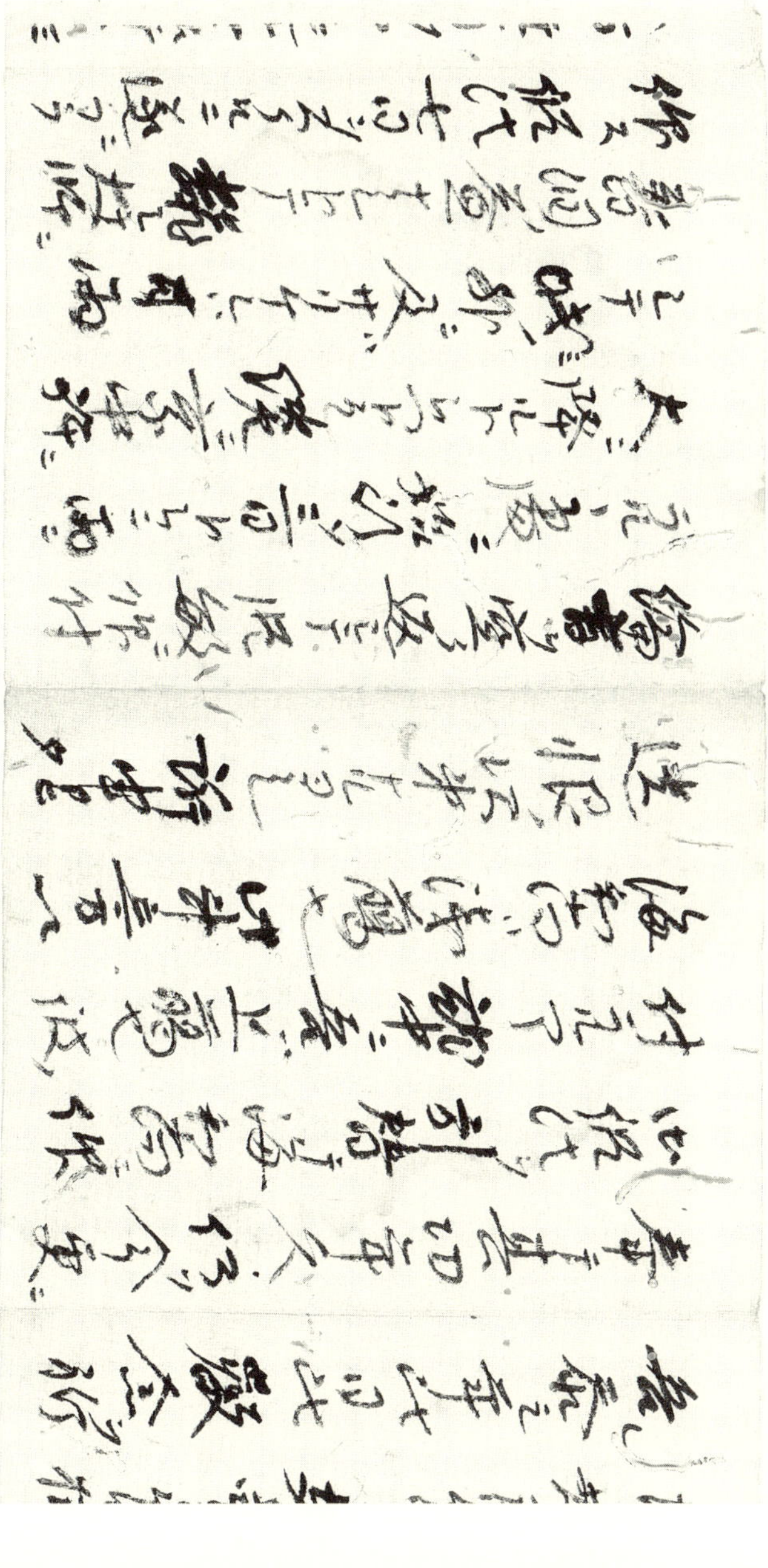

（3オ）（2ウ）

（2オ）

（1ウ）

胎内五位曼荼羅

（江戸時代初期写）

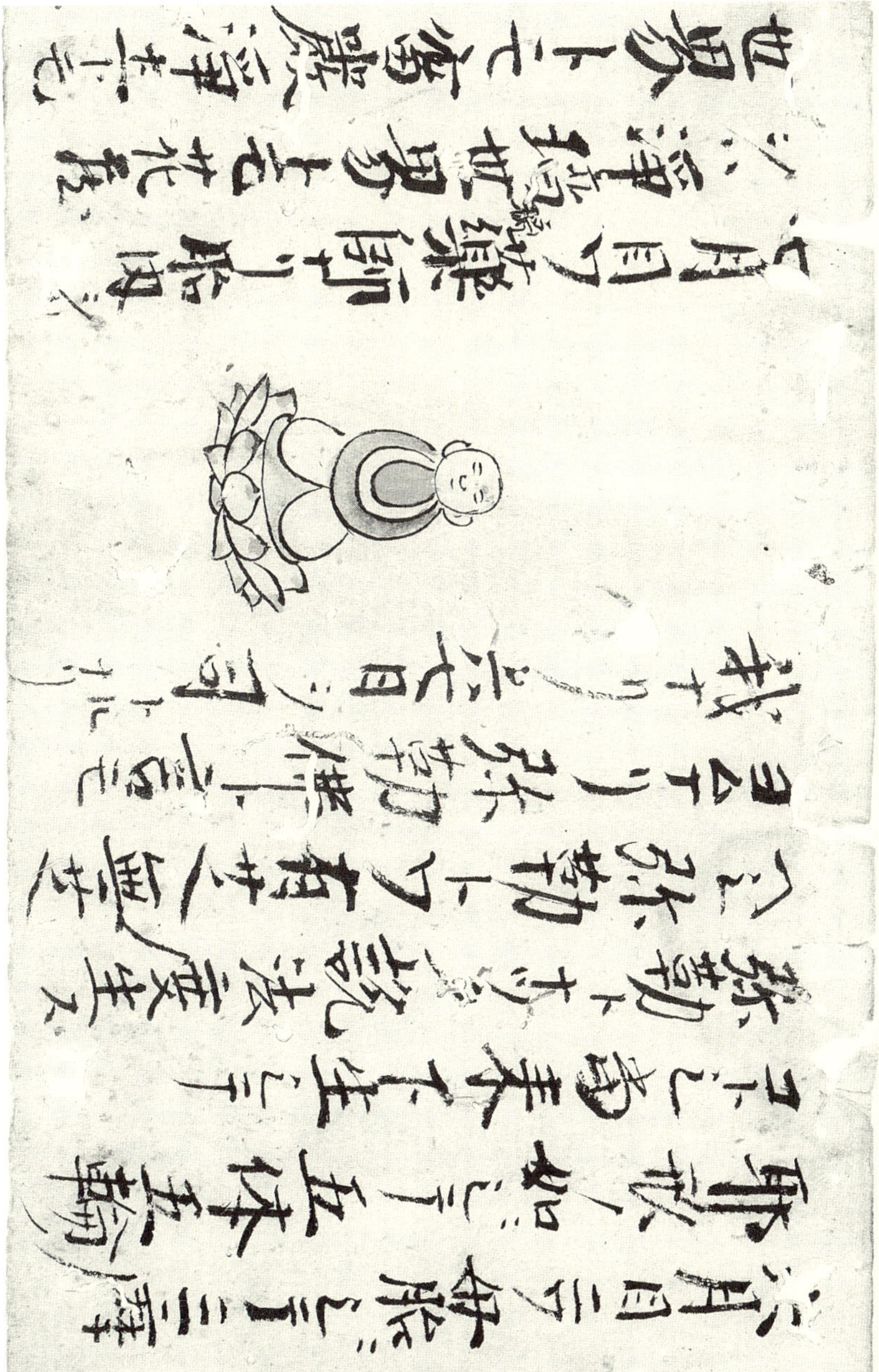

六月目ニワ母胎ニシテ三摩
耶形ノ如ニシテ五体五輪
コトシ当来下生ニシテ
弥勒トホッシ説法度生ス
ヘシ弥勒トワ有无無无
ヨムテリ弥勒仏ト言モ
我ナリ六七日ヲ司トルナリ
七月目ワ藥師ナリ胎内ニシ
テハ浄瑠璃世界ト云花蔵
世界トモ密厳浄土トモ

胎内五位曼荼羅　（1紙）

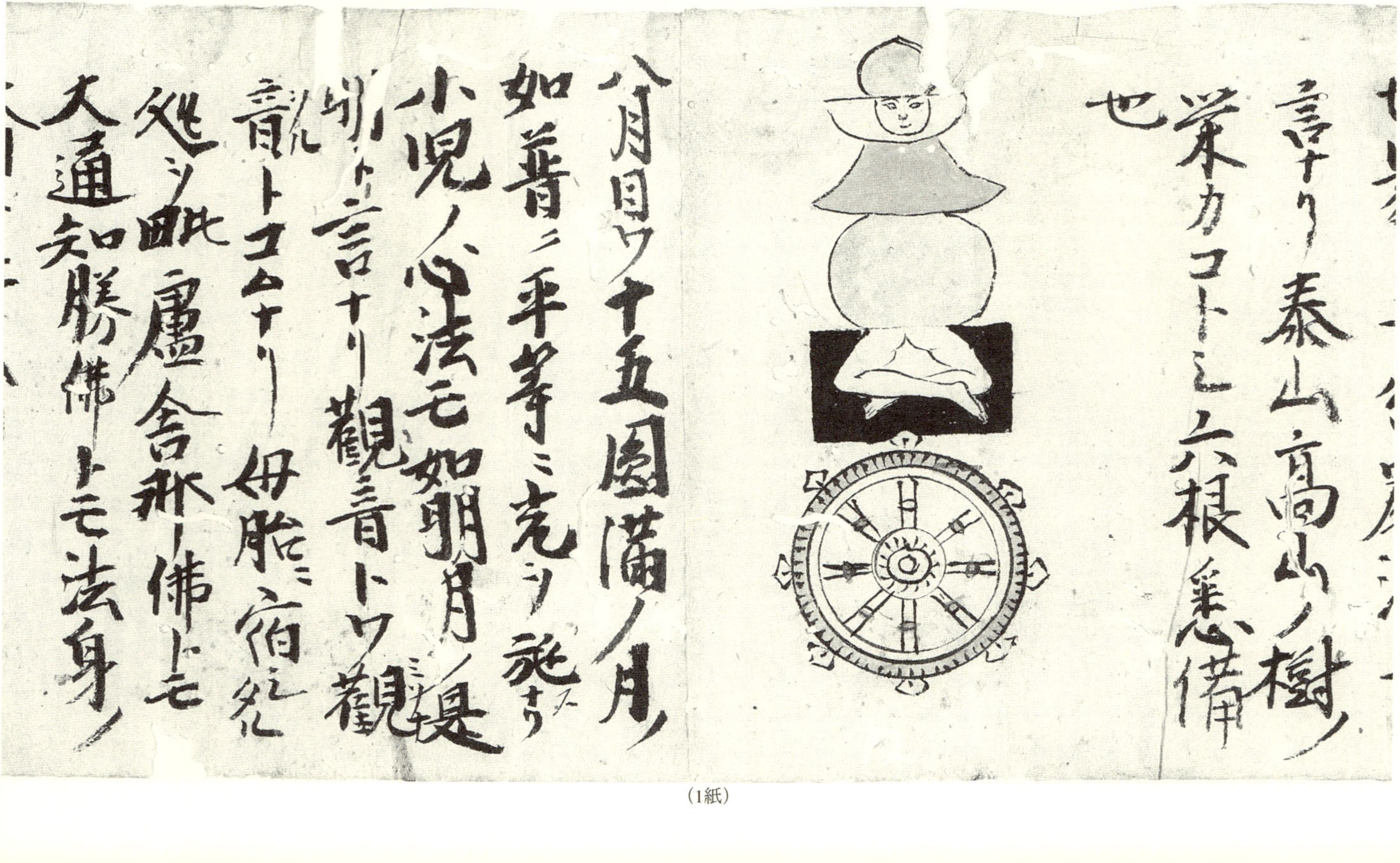
言ナリ泰山高山ノ樹ノ
業カコトシ六根悉備
也
八月目ワ十五夜圓満ノ月ノ
如菩ニ平等ニ光ヲ放ナリ
小児ノ心法モ如明月ノ提
明ナリ言ナリ観音トワ観
音トコムナリ母胎ニ宿ル
処ソ毗盧舎那ノ佛トモ
大通知勝佛トモ法身ノ

（1紙）

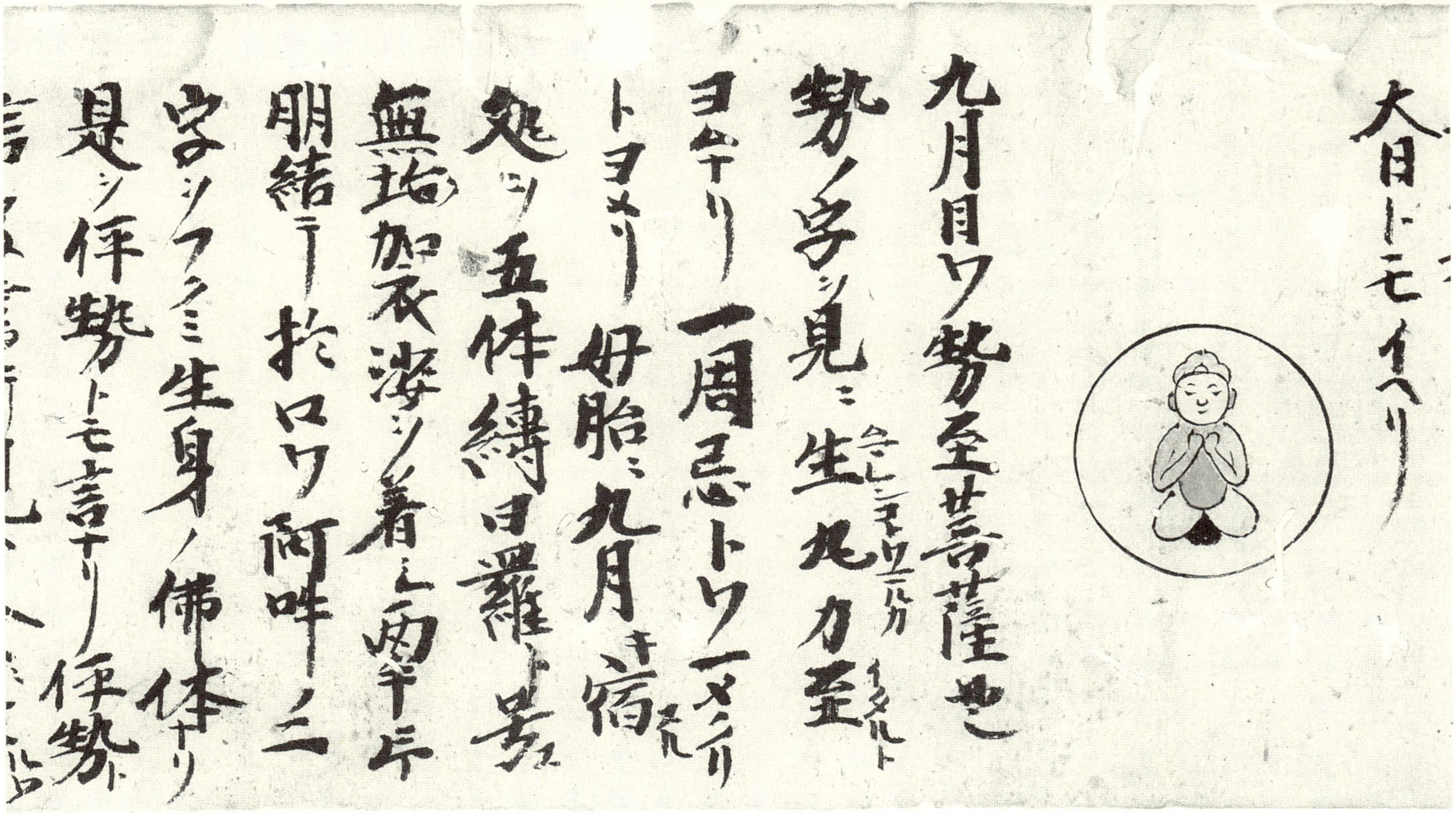
大日トモイヘリ
九月目ワ勢至菩薩也
勢ノ字ヲ見ニ生丸力至《イタルト》
ヨムナリ一周忌トワ一メクリ
トヨメリ母胎ニ九月宿スル
処ヲ五体縛日羅ト号ス
無始ヨリ加衣海ニ着シ両手ヲ
明結テ於ロワ阿吽ノ二
字ヲフクミ生身ノ仏体ナリ
是ヲ伴勢トモ言ナリ伴勢ト
言

胎内五位曼荼羅　（2紙）

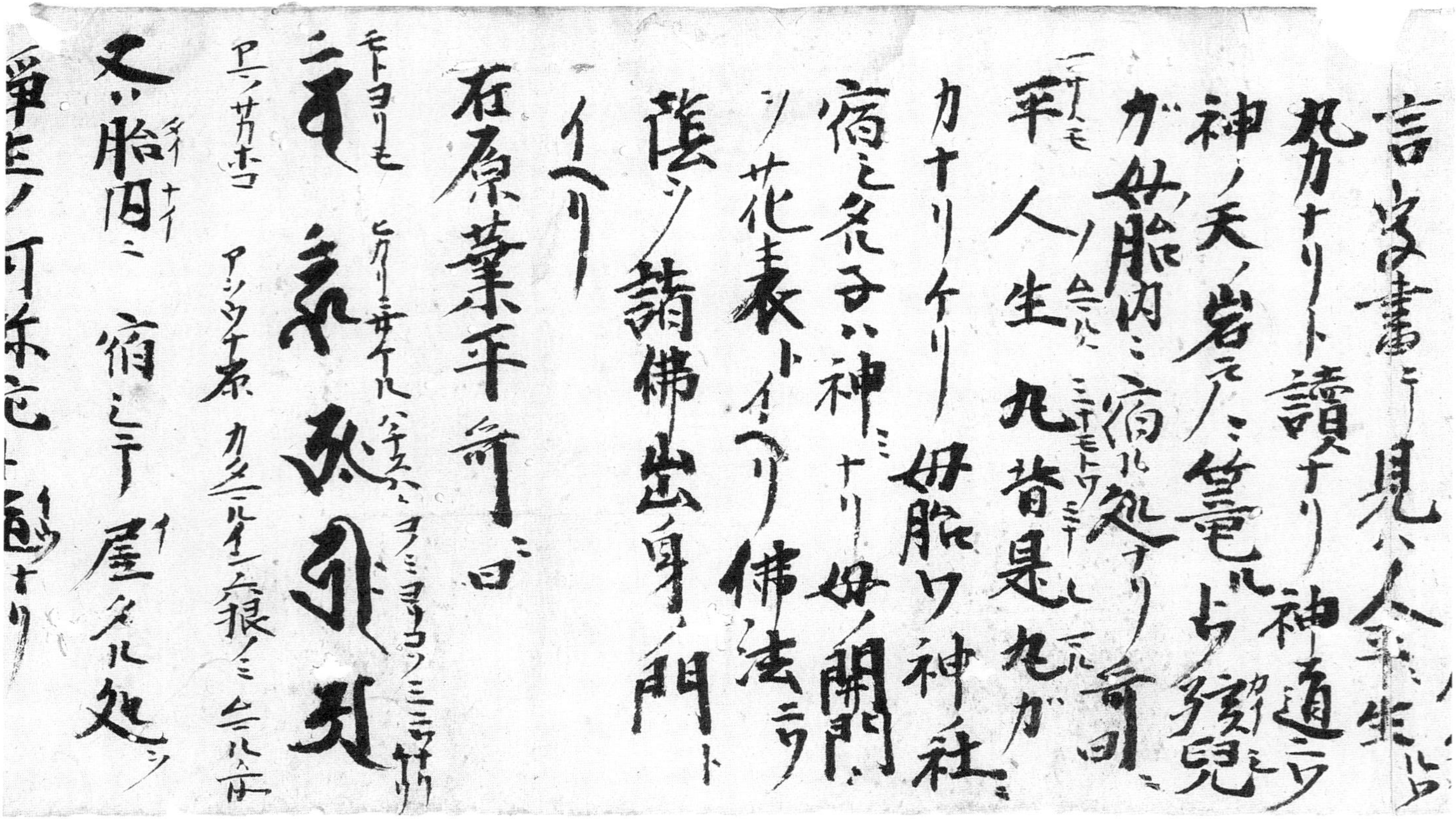
言字書ニ見ハ人金生ル
丸カナリト讀ナリ神道ニワ
神ノ天ノ岩戸ノ篭ルト覧
ガ母ノ胎内ニ宿ル処ナリ前
平人生丸皆是丸ガ
カナリケリ母胎ワ神社ニ
宿ヲ名子ハ神ナリ母ノ開門ヲ
シ花表トイヘリ佛法ニワ
薩ノ諸佛出身ノ門ト
イヘリ
在原業平曰
又胎内ニ宿シテ屋ヲ名ル処ノ

（2紙）

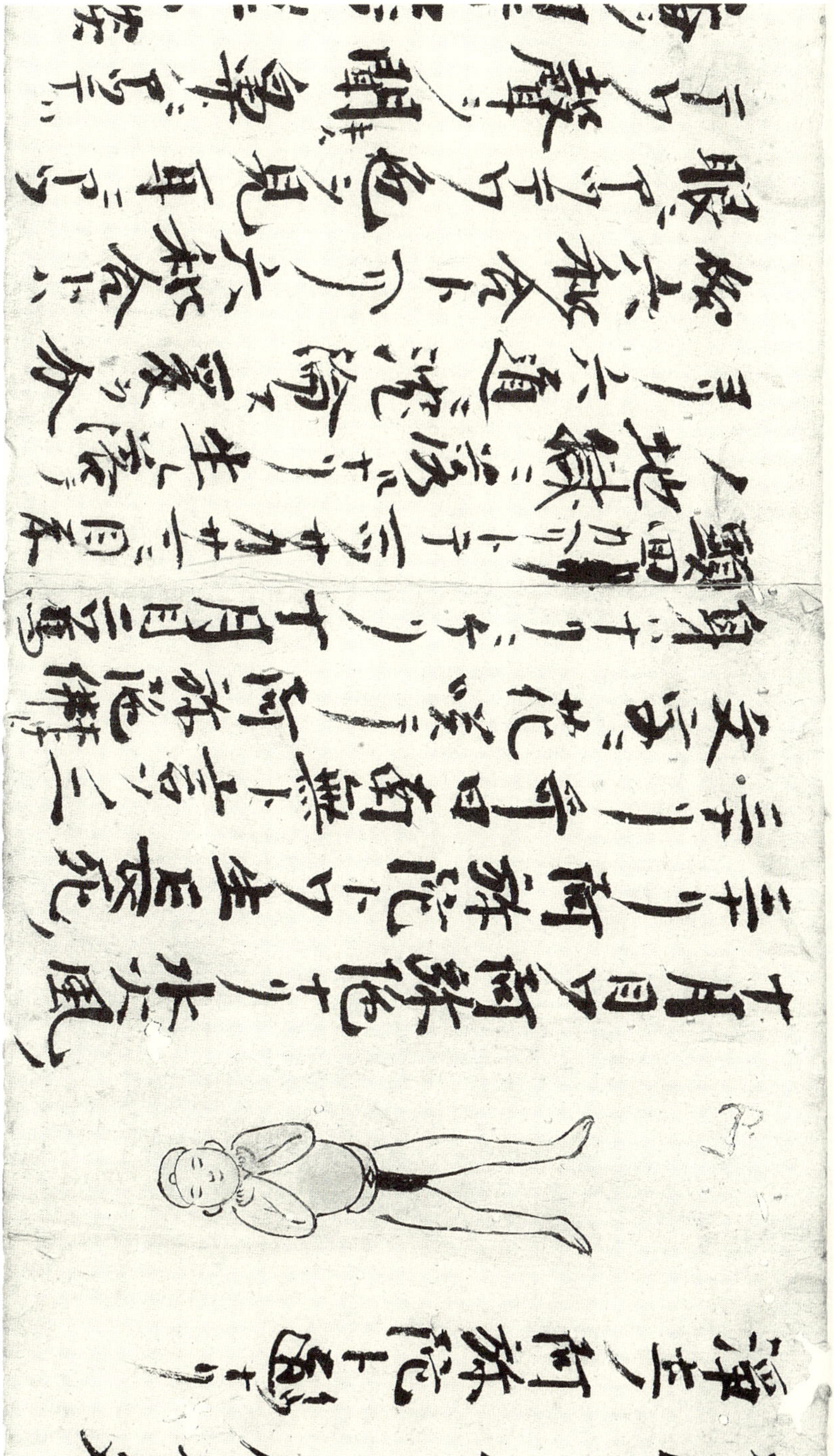

浄土ノ阿弥陀ト通ナリ
十月目ヲ阿弥陀ナリ水火風ノ
三ナリ阿弥陀トワ生長死ノ
三テリ一舟日南無ト言ツノ三
文字ニ花咲テノ阿弥陀佛
身ハナリニケリノ十月目ニ蓮
頸四カヘリトテ三ツサカサニ目末
ノ地獄ニ落ルナリノ生レ落テ
ヨリ六道ニ流淪ス愛ツ分
始六和合トヘリノ六和合トハ
眼ニアツテワ色ヲ見耳ニアツ
テワ聲ヲ聞キ鼻ニアツテハ

（3紙）

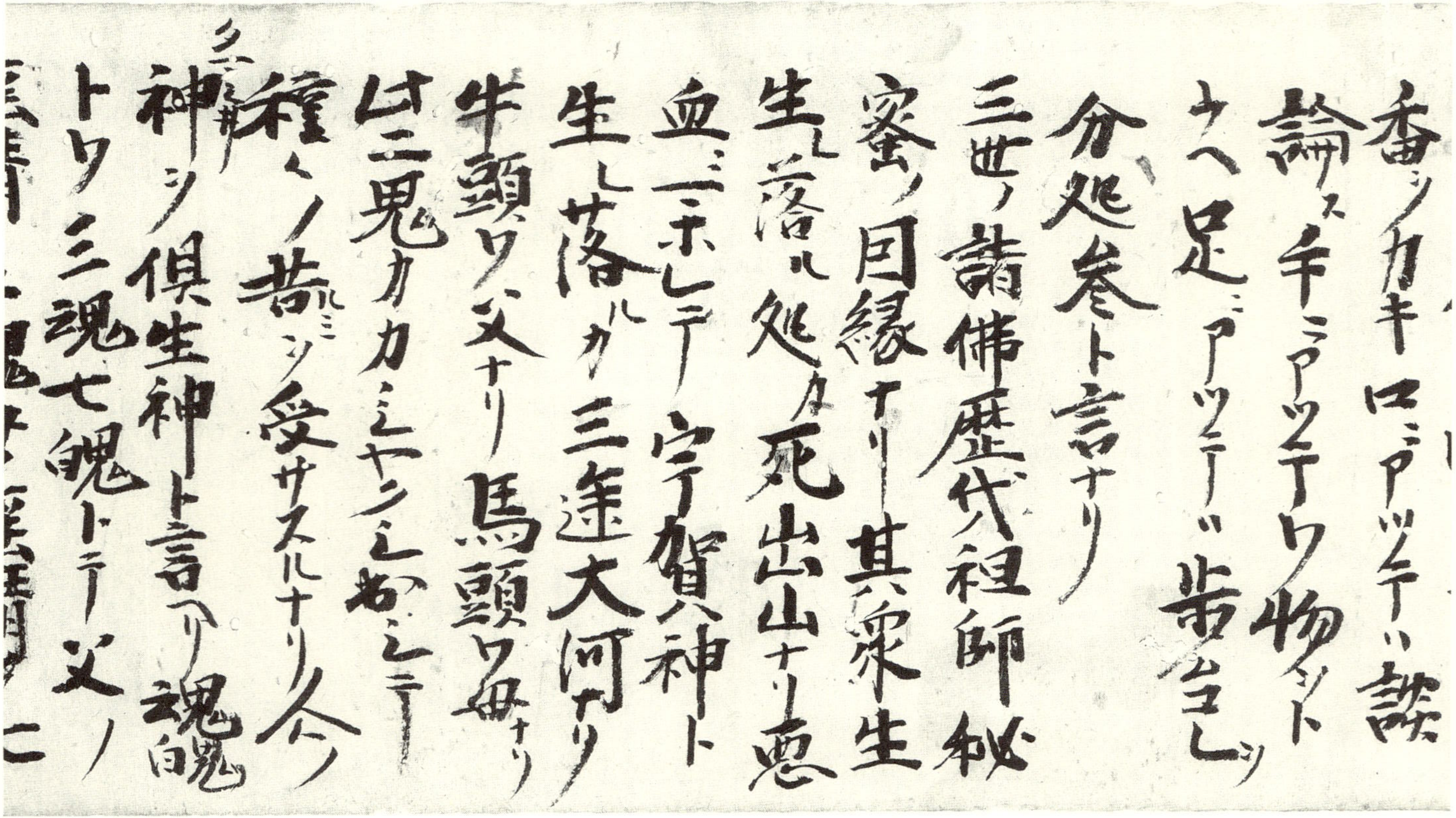

香ヲカキ口ニアツムテハ談
論ス手ニアツテワ物ヲシト
ナヘ足ニアツテハ歩ミヲシ
分娩叅ト言ナリ
三世ノ諸佛歴代ノ祖師秘
密ノ因縁ナリ其衆生
生レ落ル娩ノ死出山ナリ悪
血ニホレテ宇賀神ト
生レ落ルカ三途大河ナリ
牛頭ワ父ナリ馬頭ワ母ナリ
付三鬼カカミヤシミ苦シミニテ
種々ノ苦シミヲ受サスルナリ人ノ
神ツ倶生神ト言ヘリ魂魄
トワ三魂七魄トテ父ノ

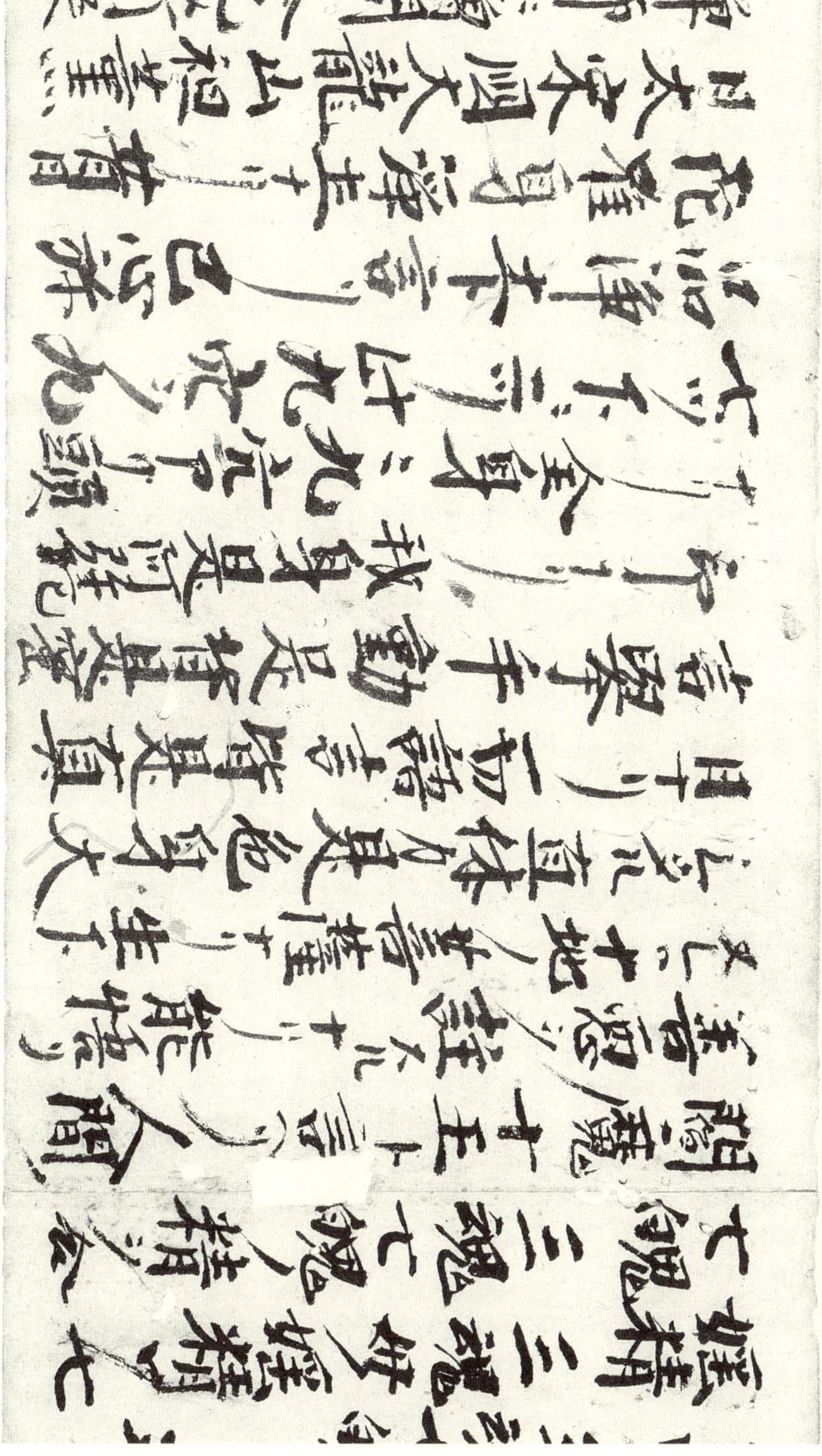

（4紙）

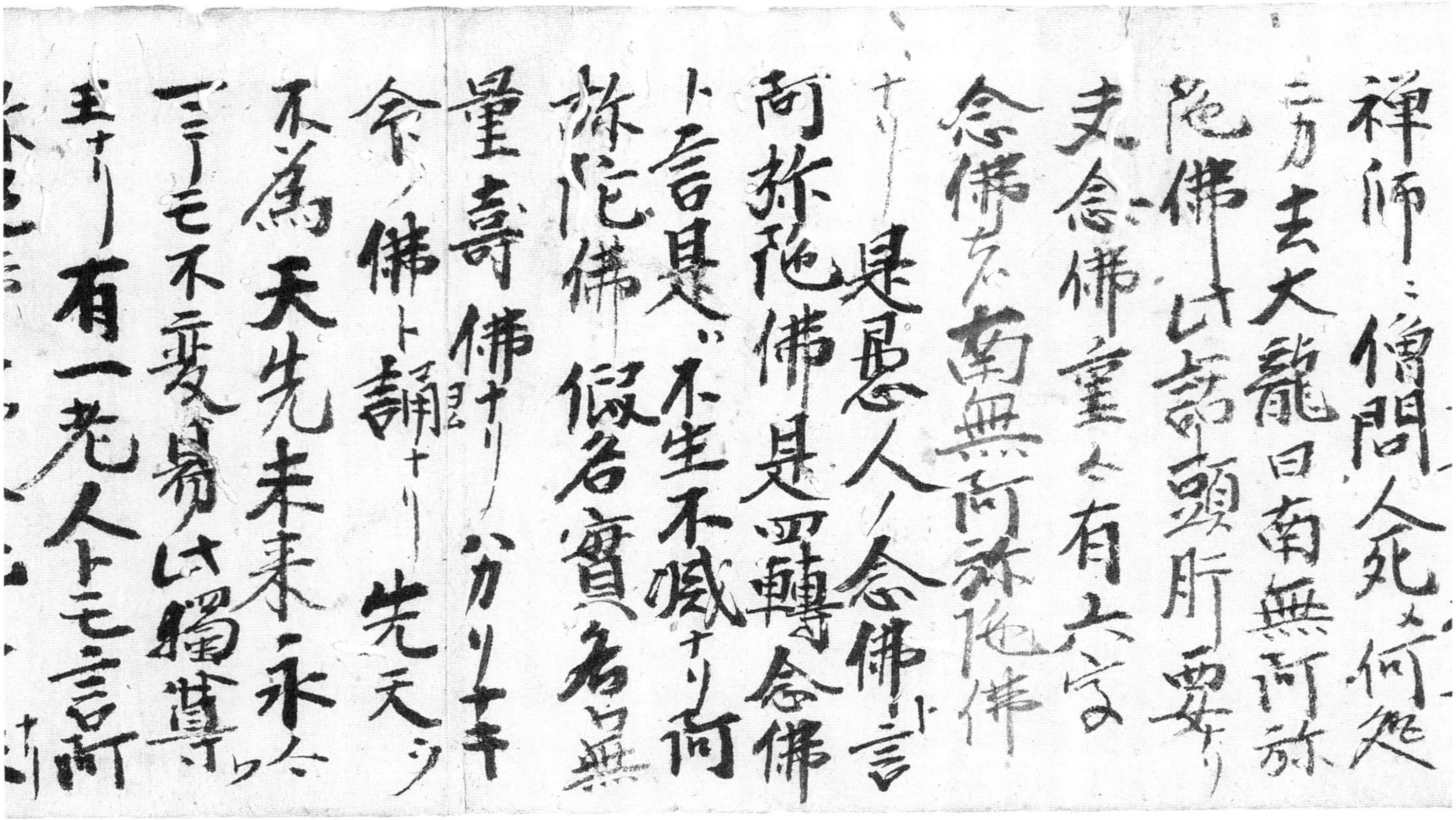

84 禪師ニ僧問人死〆何処
85 ニカ去大龍曰南無阿弥
86 陀佛ハ話頭所要ナリ
87 夫念佛重ゝ有六字
88 念佛ナレ南無阿弥陀佛
89 ナリ是愚人ノ念佛ト言
90 阿弥陀佛是四轉合佛
91 ト言是ハ不生不滅ナリ向
92 弥陀佛假名實名無
93 量壽佛ナリハカリナキ
94 命ノ佛ト譯スナリ先天ヲ
95 不為天先未来永ク
96 言モ不変易ハ獨尊ヲ
97 主ナリ有一老人トモ言所

（5紙）

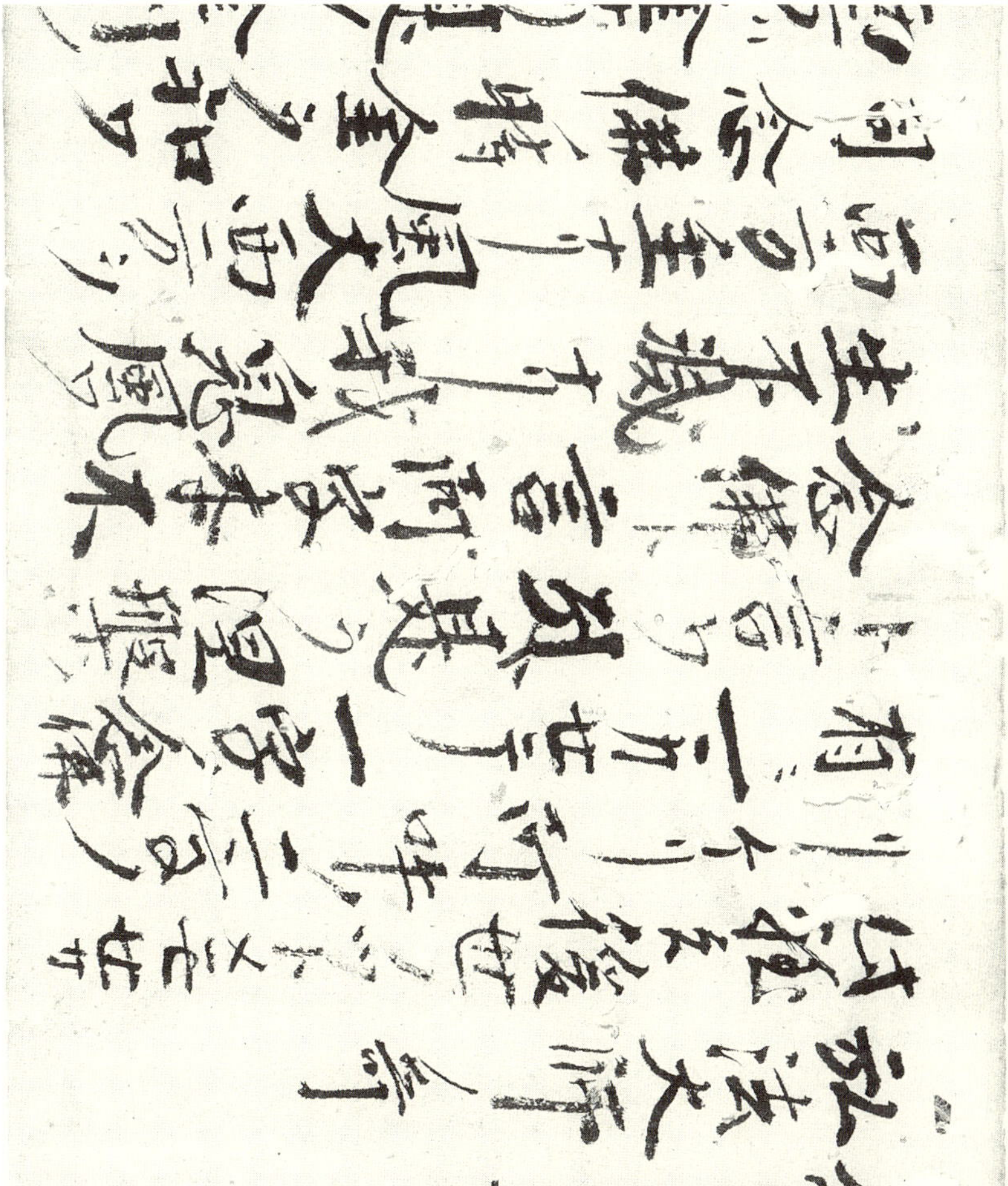

胎内五位曼荼羅　（6紙）

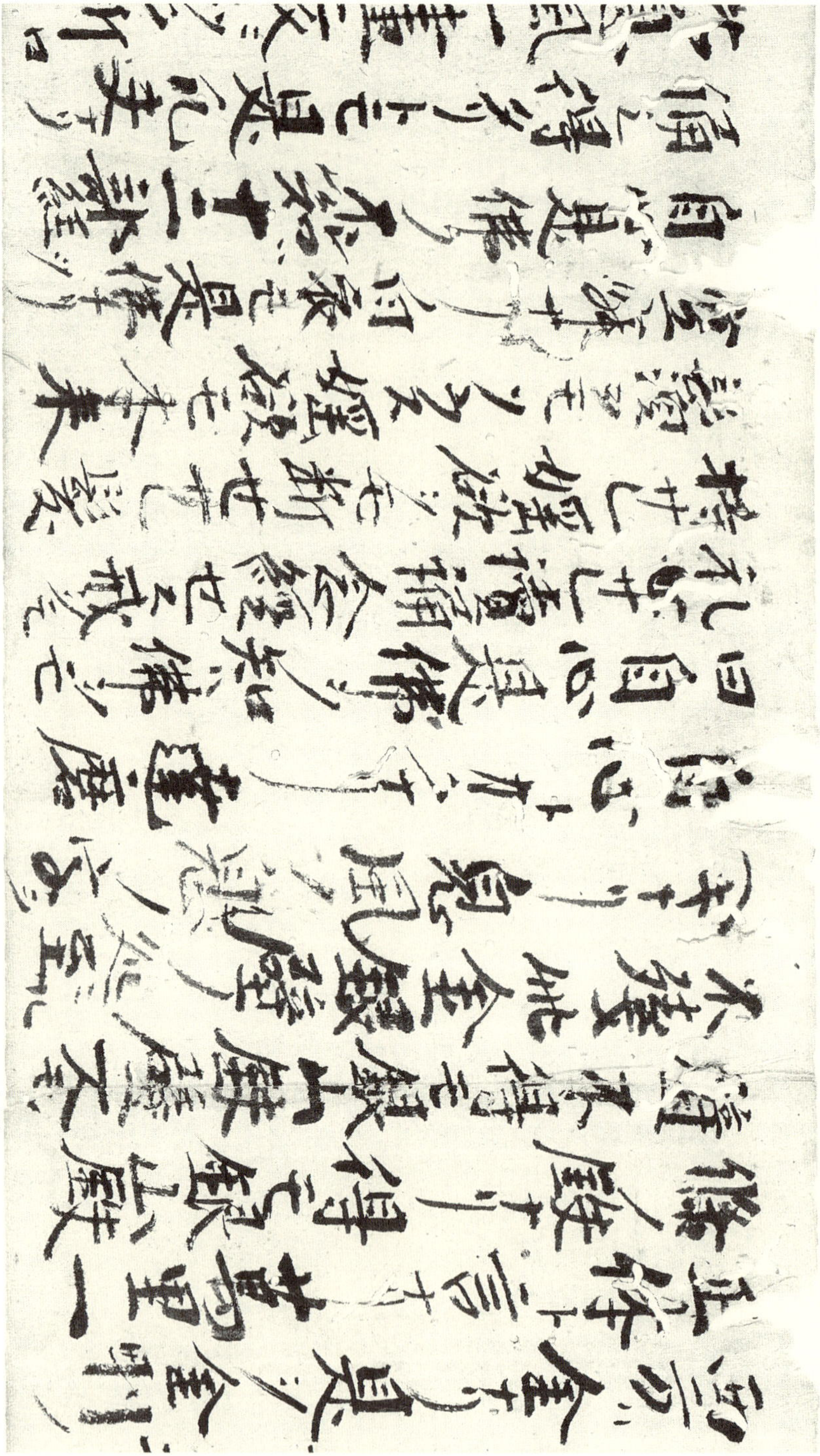
西方ハ金ナリ是ノ金ヲ刑ノ
五行ト言ナリ萬里一
條ノ鐵ナリ得モ銀山鐵
壁不得モ銀山鐵壁ニテモ
不殘此金銀壁ノ處至ル
（キナリ鬼風ノ鬼ノ字ニ
往心トカンナリ達磨
曰自心是佛ノ知ハ佛ノモ
礼セサレ讀誦念經セス戒ヲモ
持セシ婬欲ヲモ斷セサレ髮
髭ヲモソラス婬欲モ本来
空寂ナリ自衣モ是佛ナリ
自心是佛ノ不知ハ十二部經ヲ
須ニ得タリトモ是凡夫ナリ

（6紙）

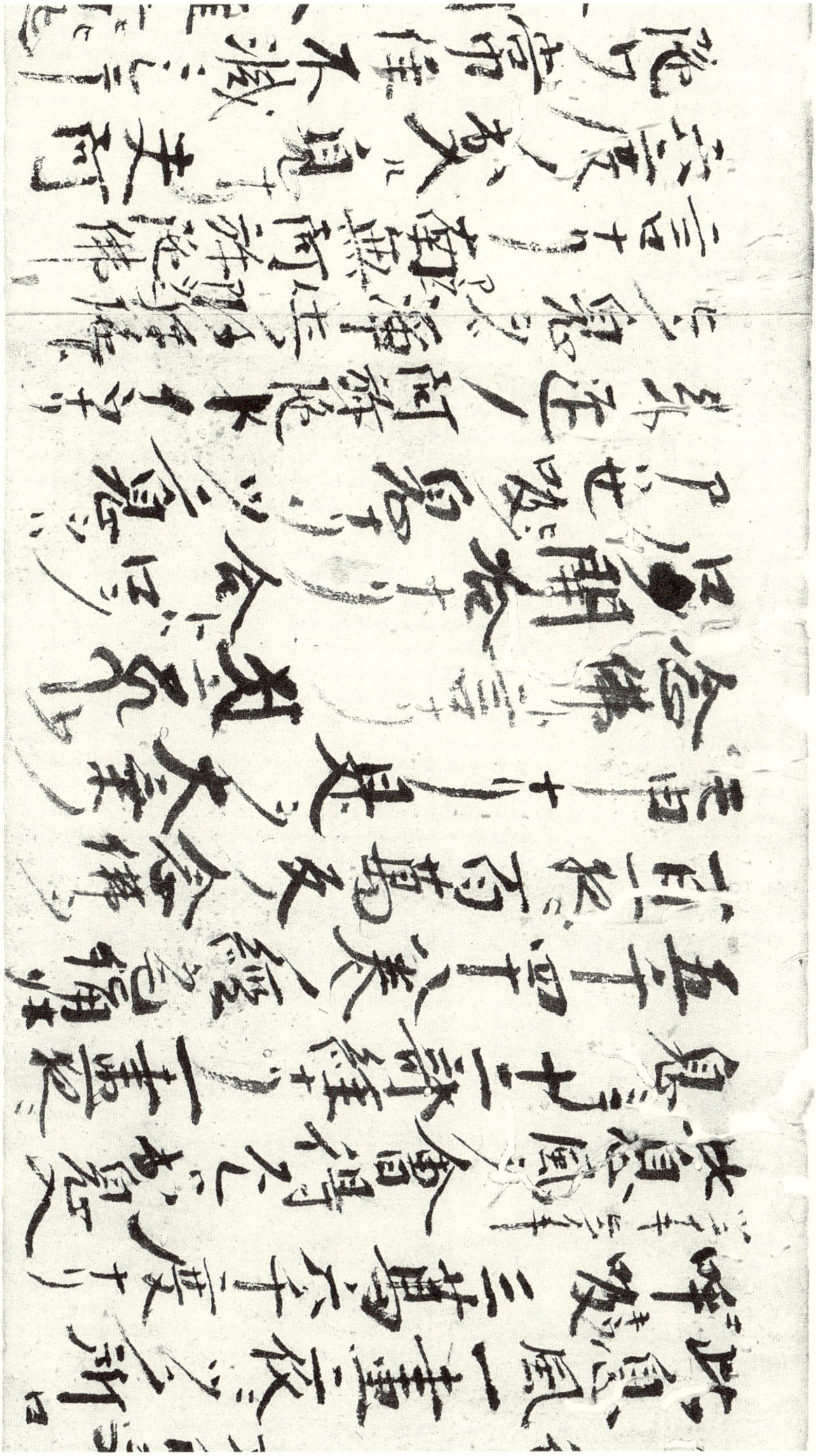

(7紙)

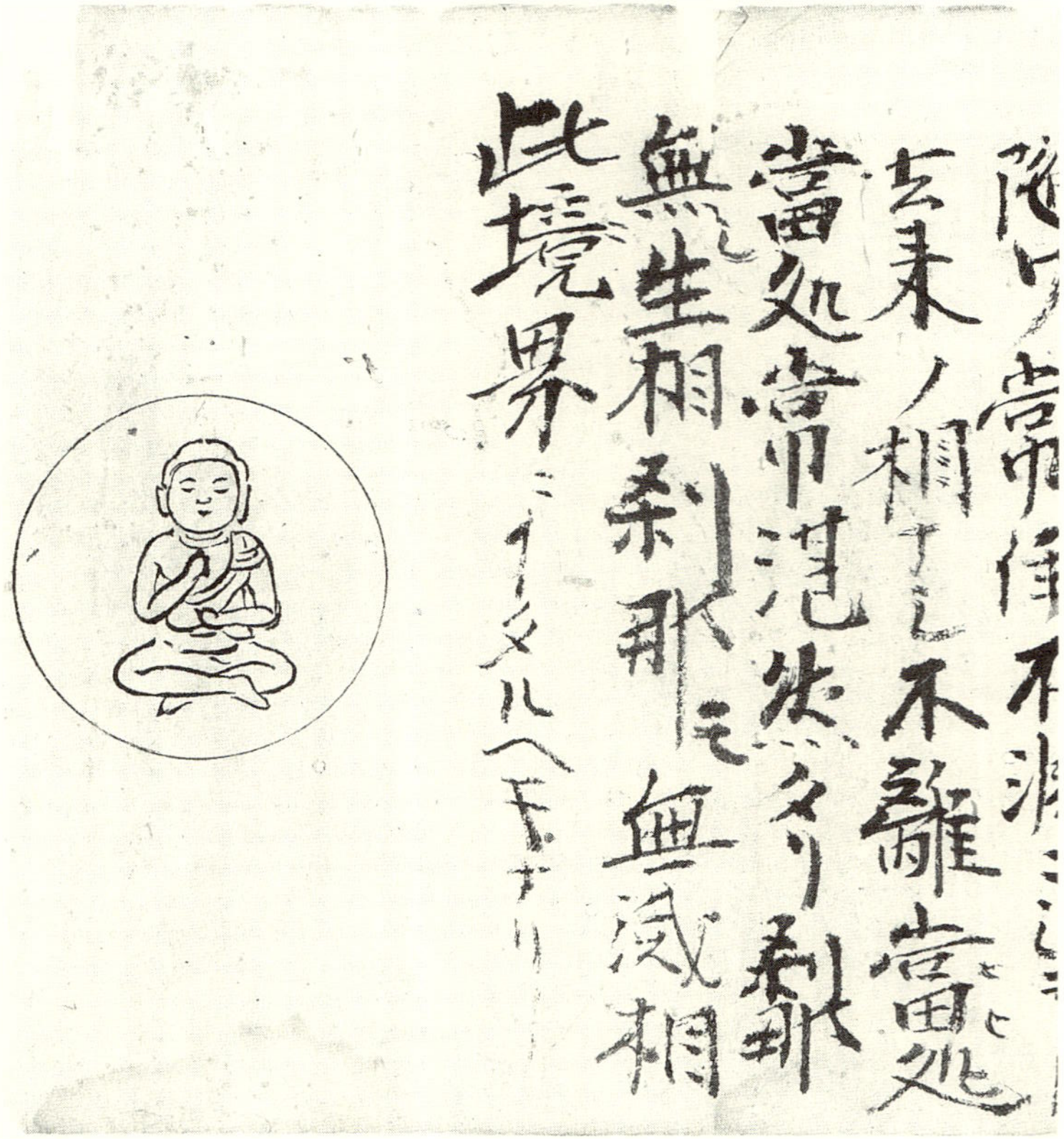

随ヒ常住不滅ニシテ
141 去来ノ相ナシ不離當處
142 當處常ニ湛然タリ刹那
143 無生相刹那モ無滅相
144 此境界ニイタルヘキナリ

（8紙）

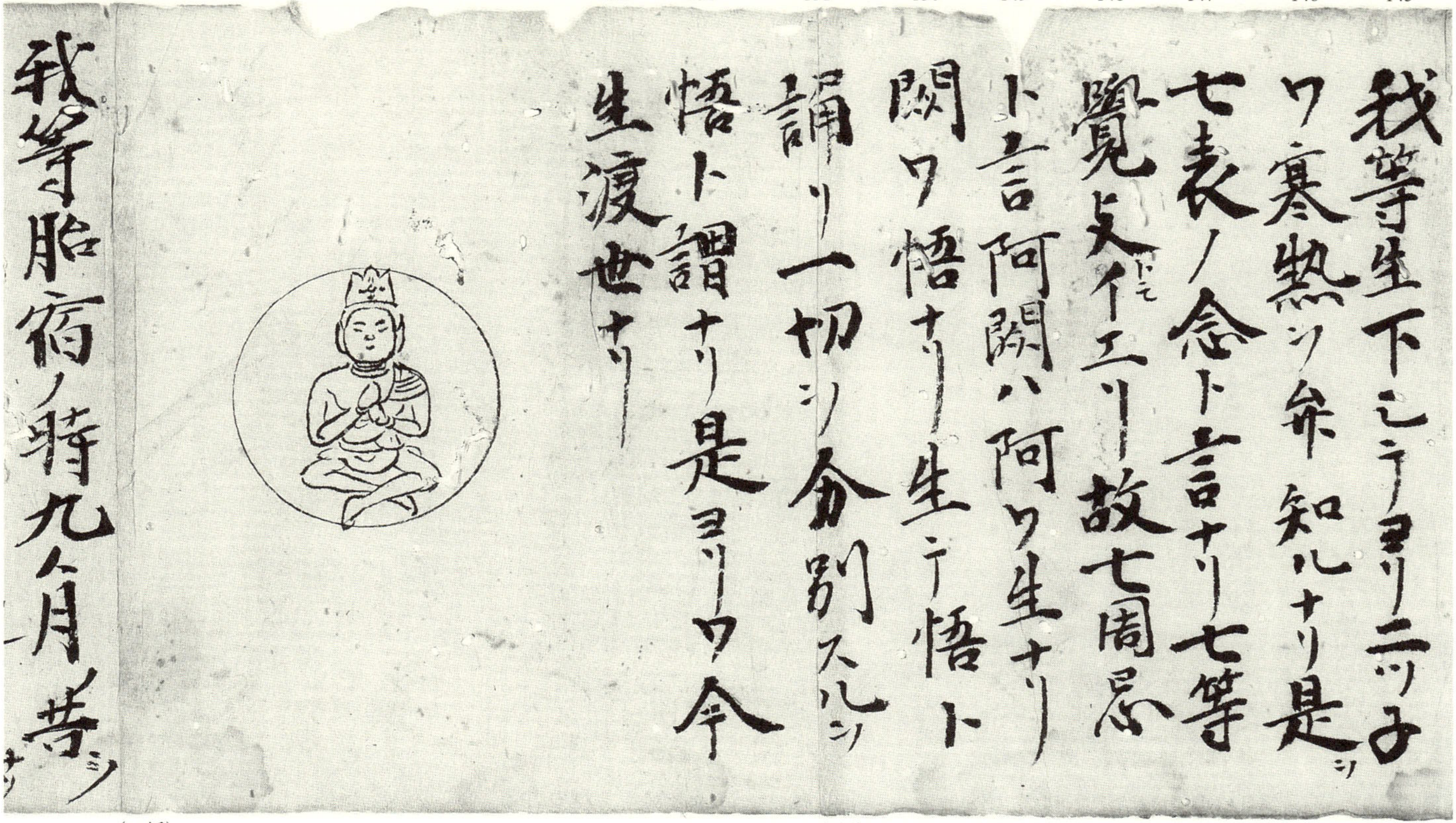

我等生下ニテヨリ二ツ子
ワ寒熱ヲ辨知ルナリ是ヲ
七表ノ念ト言ナリ七等
覺支イエリ故七周忌
ト言阿閦ハ阿ワ生ナリ
閦ワ悟ナリ生テ悟ト
誦リ一切ヲ分別スルヲ
悟ト謂ナリ是ヨリワ今
生渡世ナリ

我等胎宿ノ時九ヶ月苦シ

（10紙）　（9紙）

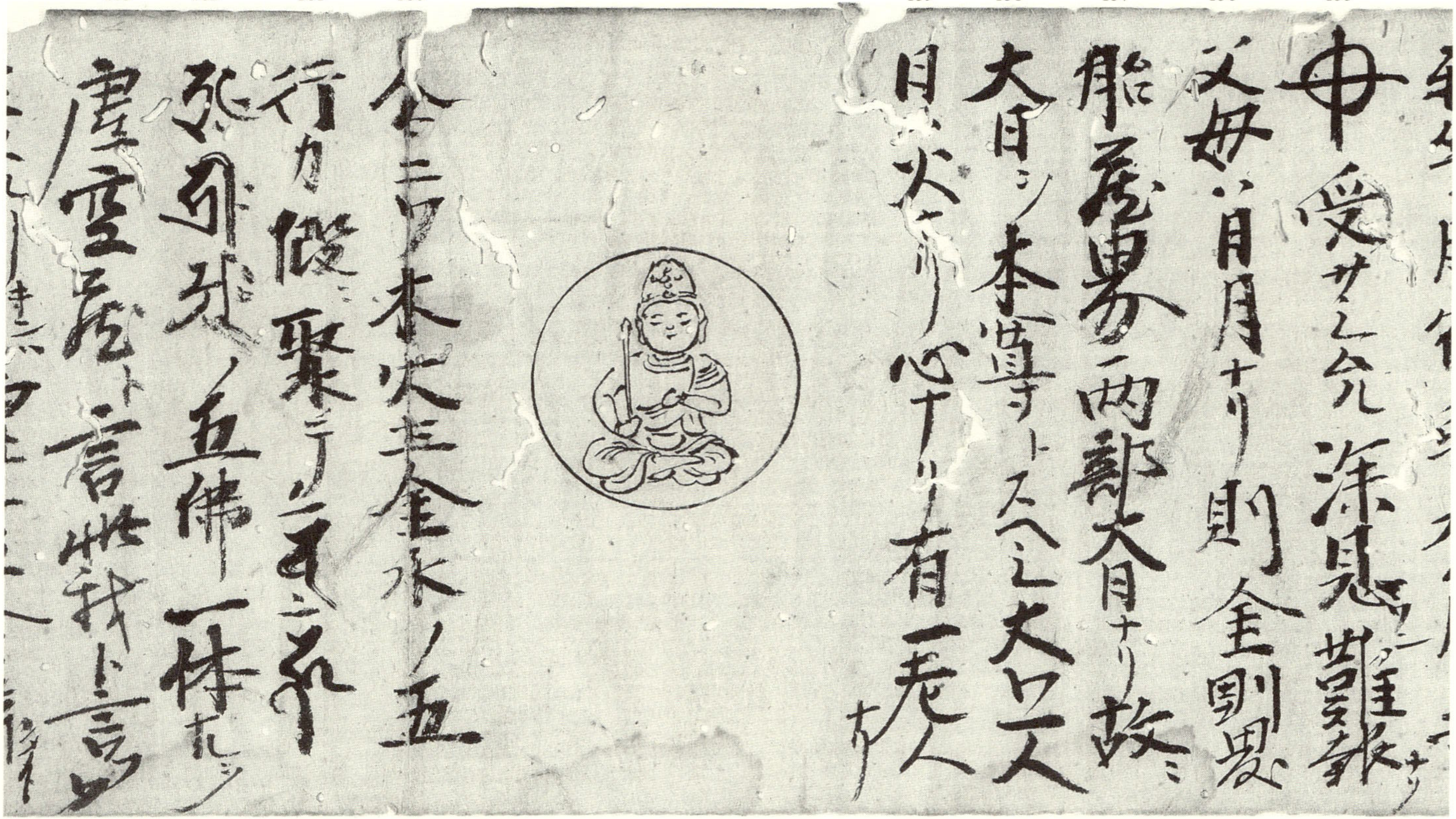

155 中受サム穴深恩難報ナリ
156 父母ハ日月ナリ則金剛界
157 胎蔵界両部大日ナリ故ニ
158 大日ヲ本尊トスヘシ大ワ人
159 月火ナリ心ナリ有一危人
160 今ニテ木火土金水ノ五
161 行カ假ニ聚テ生ル
162 我身ノ五佛一体ナレハ
163 虚空蔵ト言性我ト言

（11紙）

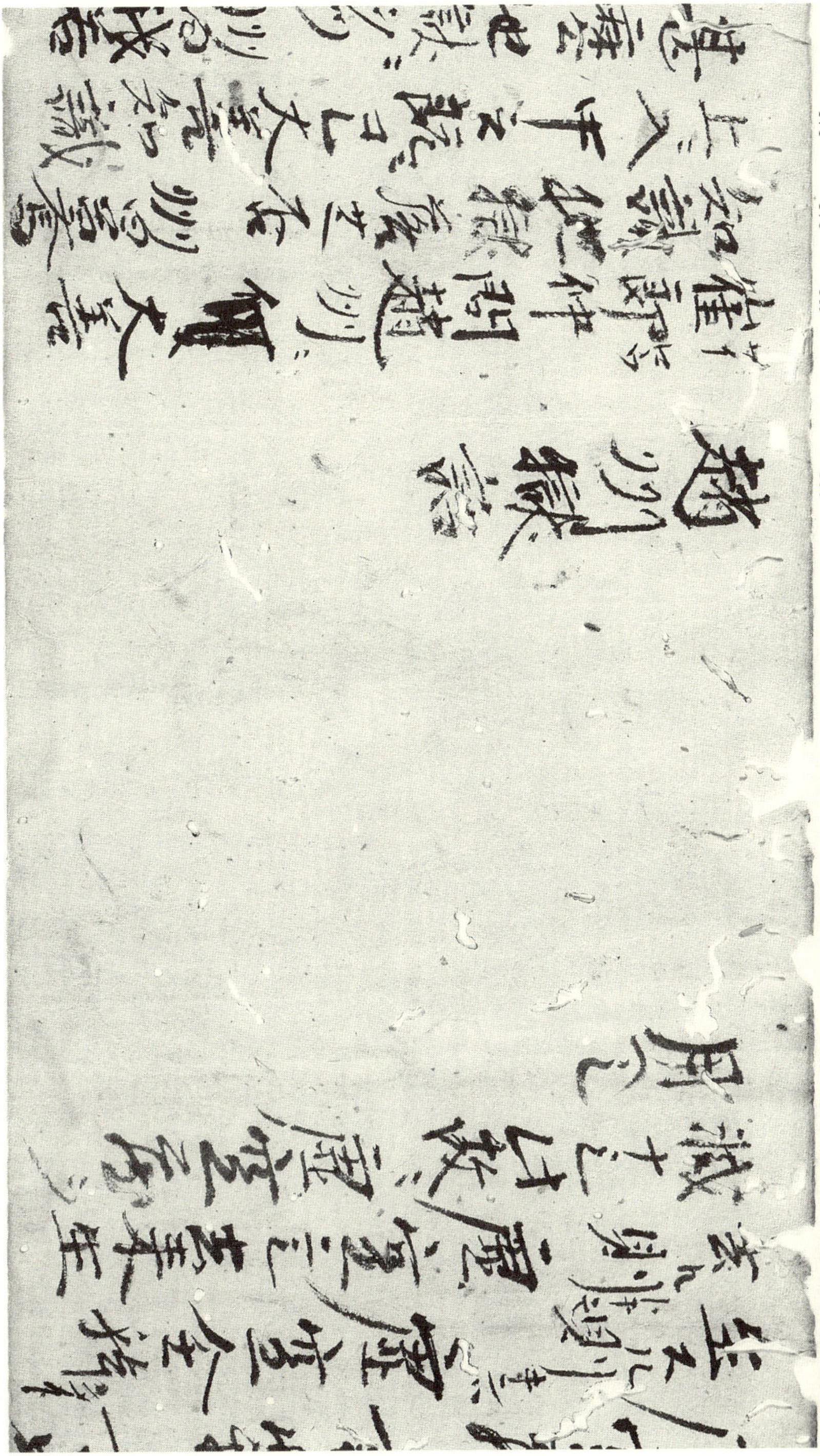

胎内五位曼荼羅　（12紙）

172 173 174 175 176 177 178 179 180 181 182 183 184 185 186

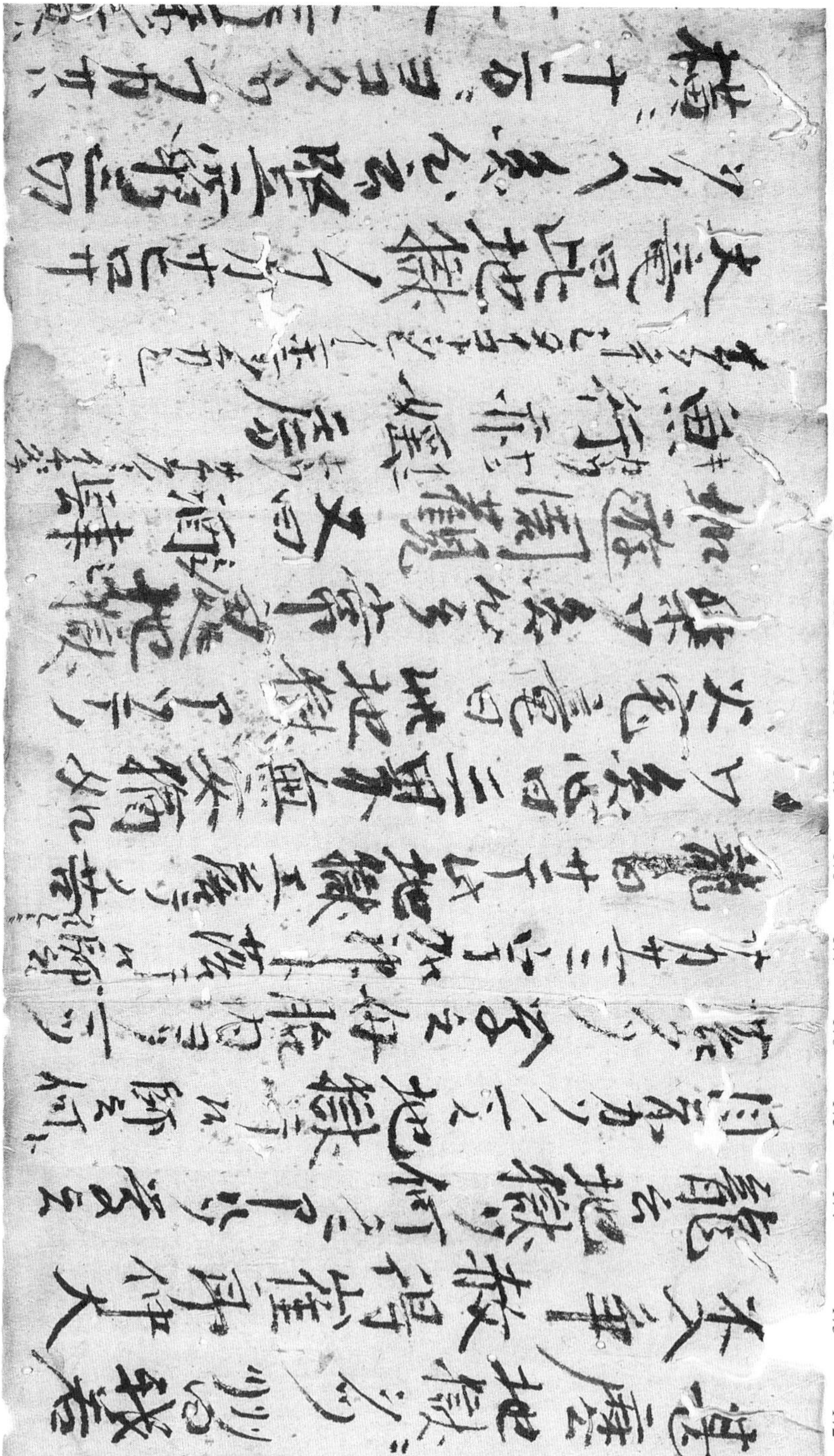

（12紙）

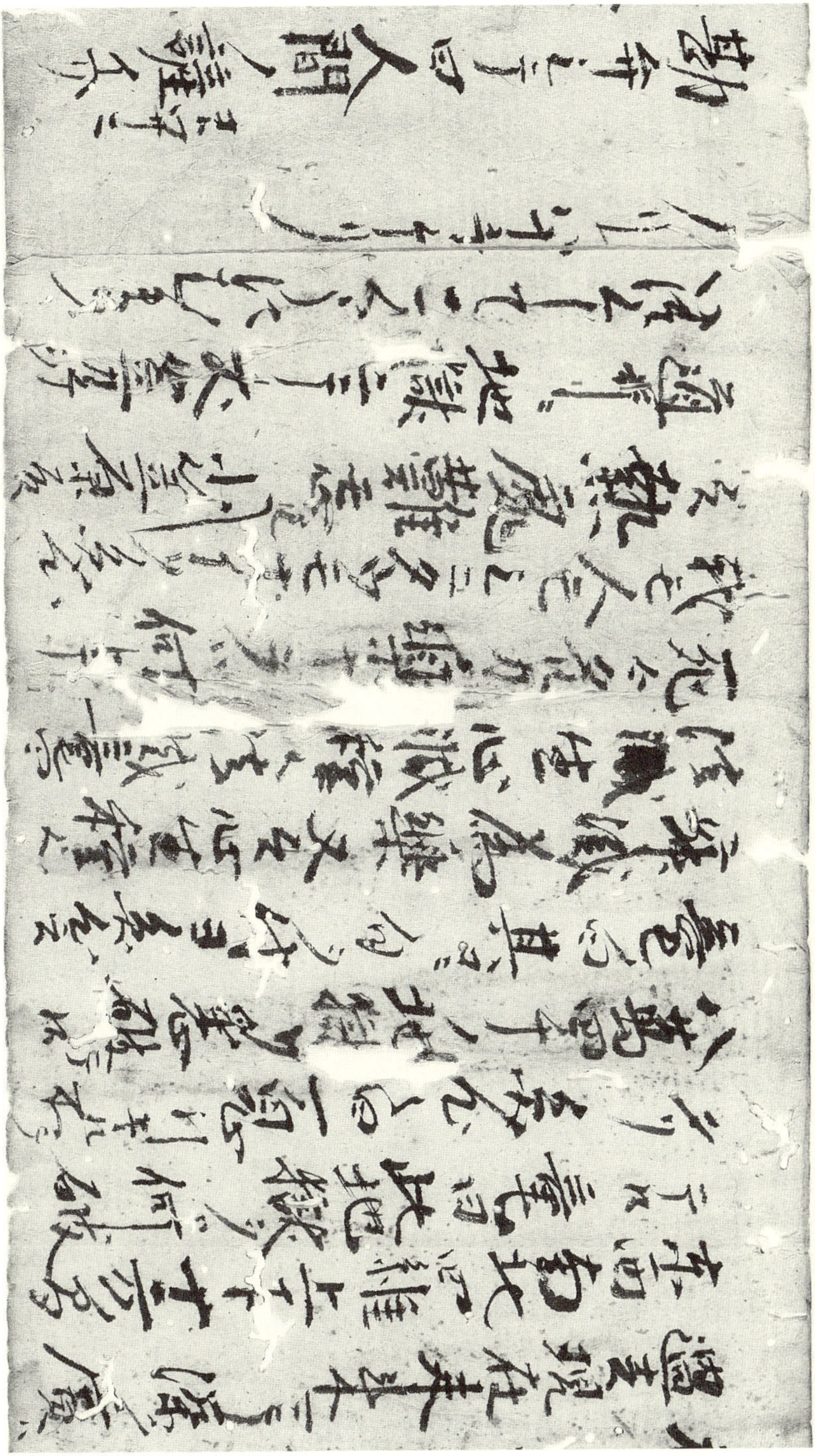

(13紙)

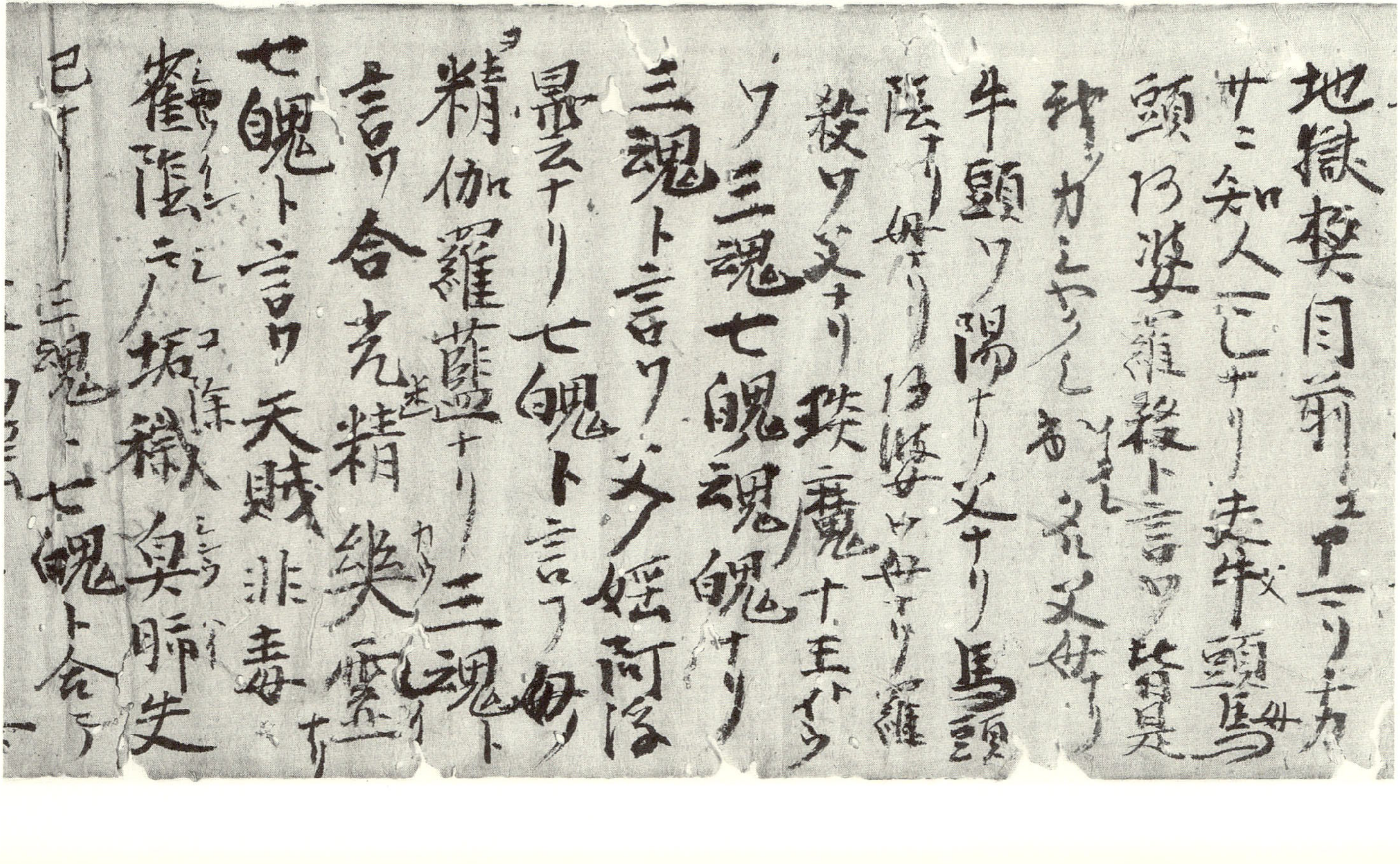

202 地獄奨目前ニアリ夫

203 サミ知人ニ已ナリ去牛頭馬

204 頭阿婆羅殺ト言ヲ皆是

205 我カミヤシ者父母ナリ

206 牛頭ヲ陽ナリ父ナリ馬頭

207 陰ナリ母ナリ阿婆ヲ母ナリ羅

208 殺ヲ父ナリ跋魔十王ト云ウ

209 ヲ三魂七魄魂魄ナリ

210 三魂ト言ヲ父ヲ婬阿陀

211 晶玄ナリ七魄ト言フ母ノ

212 精伽羅藍ナリ三魂ト

213 言ヲ合光精絶楽雲ナリ

214 七魄ト言ヲ天賊非毒

215 雚陀之ノ垢穢臭肺史

216 已ナリ三魂ト七魄ト合テ

（14紙）

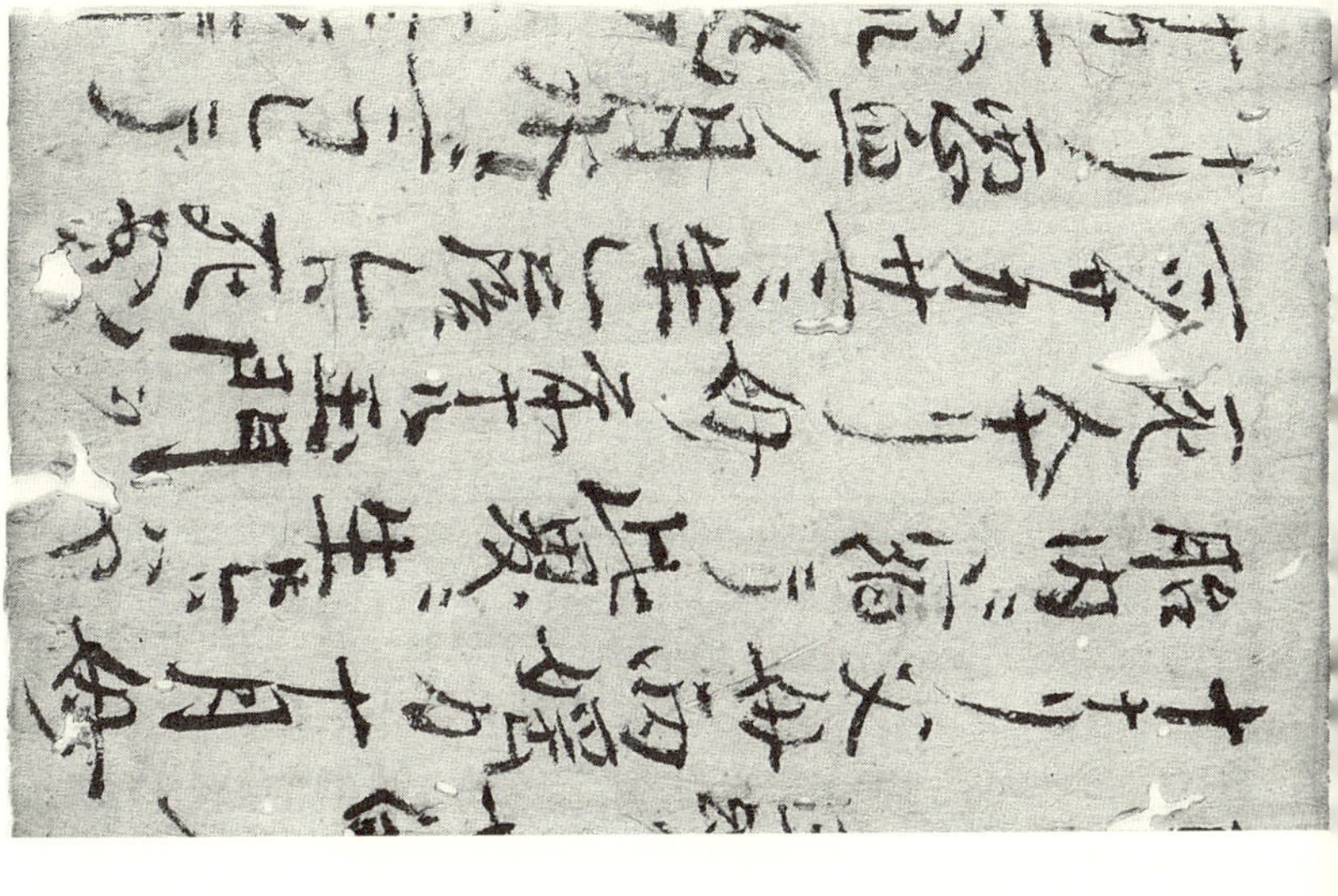

諸打物譜

（応永二十六年（一四一九）写）

諸打物譜

長

（10）　（9）　（8）　（7）　（6）　（5）　（4）　（3）　（2）　（1）

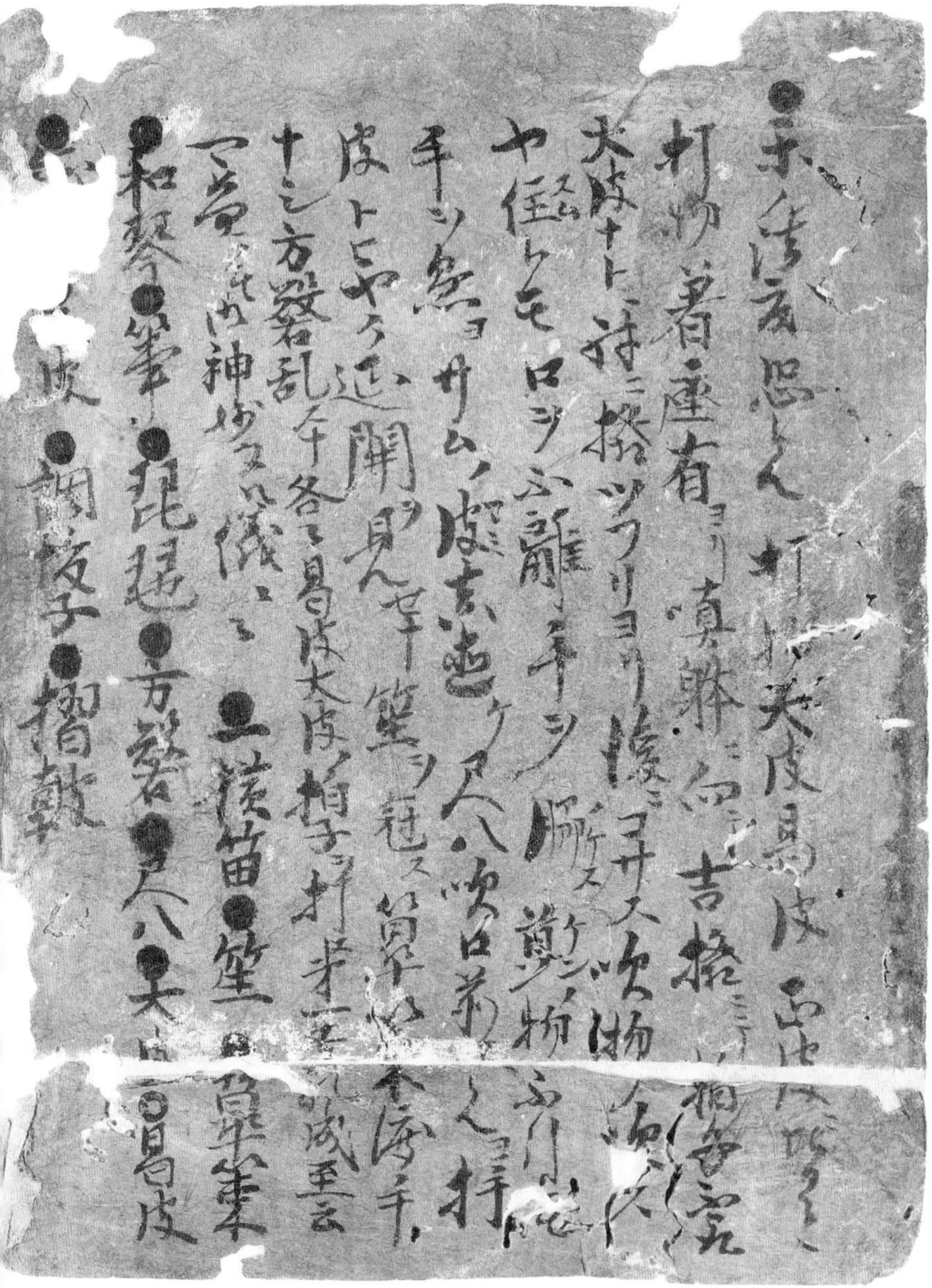

1　2　3　4　5　6

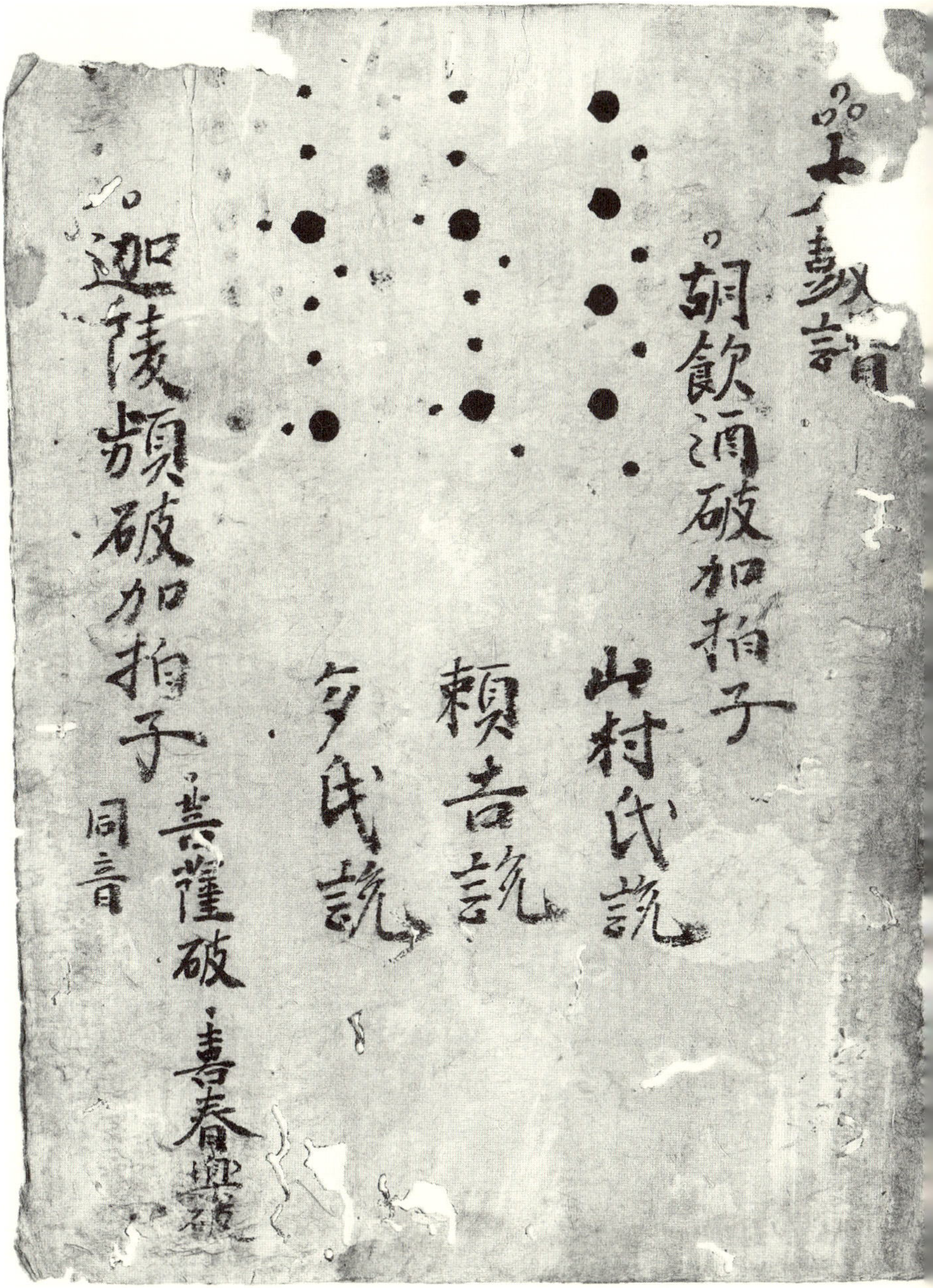

三ノ鼓譜
胡飲酒破加拍子
山村氏説
頼吉説
多氏説
菩薩破
喜春楽破
迦陵頻破加拍子
同音

13　12　11　10　9　8　7

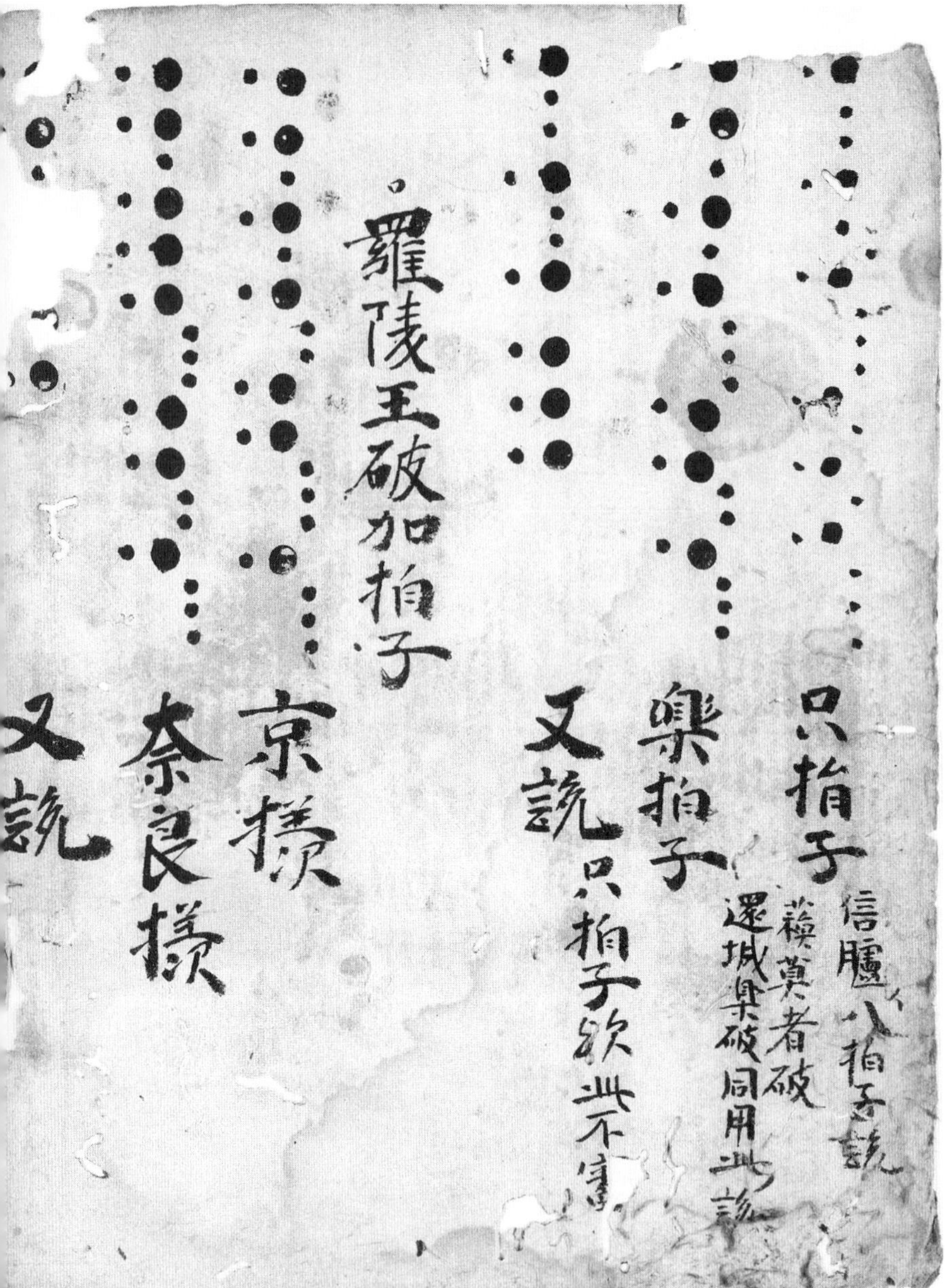

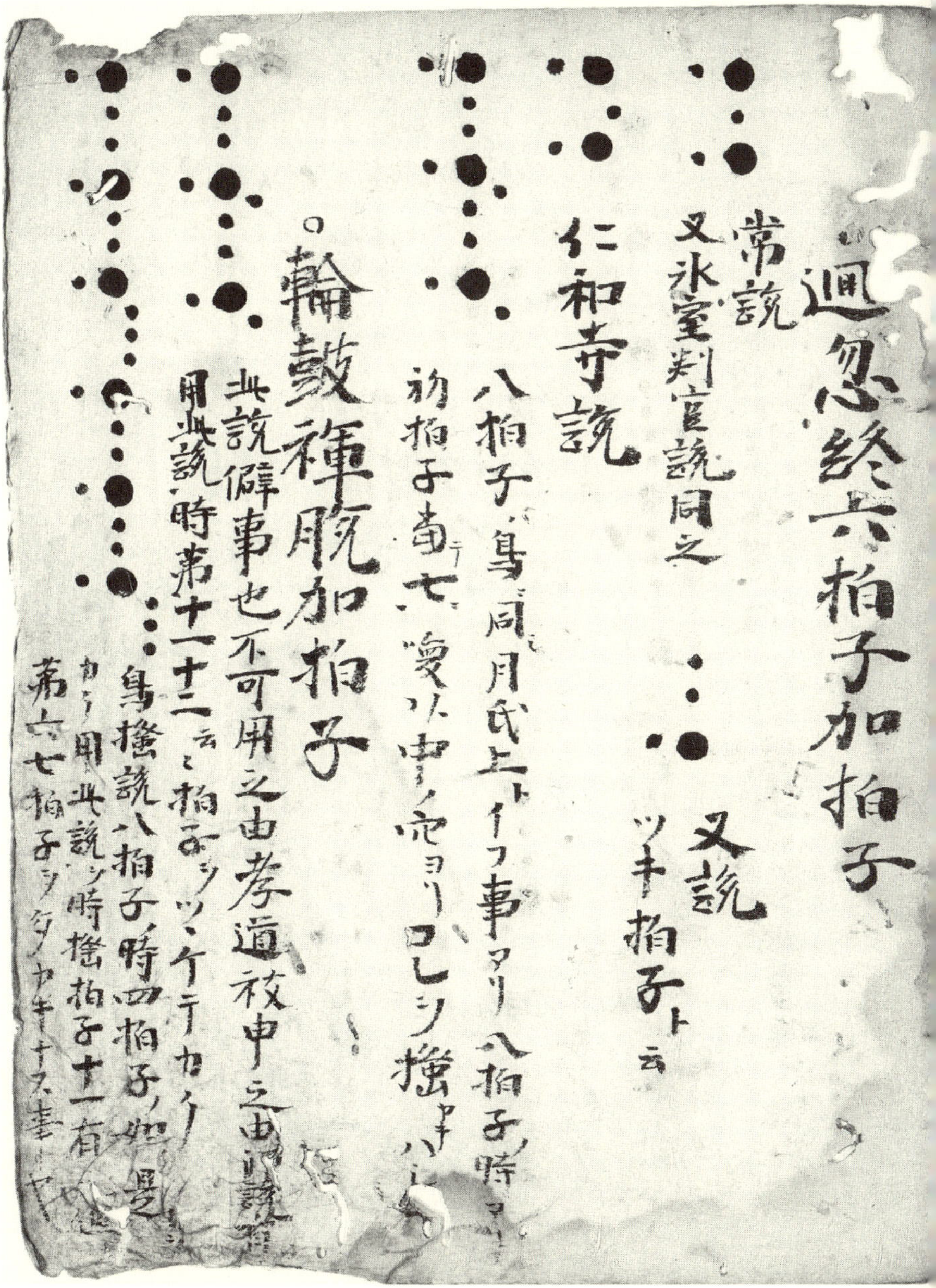

諸打物譜　（2オ）

遍忽終六拍子加拍子

常説

又氷室判官説同之

又説

ツキ拍子ト云

仁和寺説

八拍子ハ鳥同月氏上ト一フ事アリ八拍子ノ時

初拍子ヲ寺七二愛ハ中ノ宮ヨリロシ搖ナハ

輪鼓禅腕加拍子

此説僻事也不可用之由孝道校申之由説也

用此説ノ時第十三云二拍子ヲツ、ケテカノ

鳥搖説ハ八拍子ノ時四拍子ノ如是

カ用此説ノ時搖拍子ヲ十二而

第六七拍子ヲタノ、キキス毒ヤ

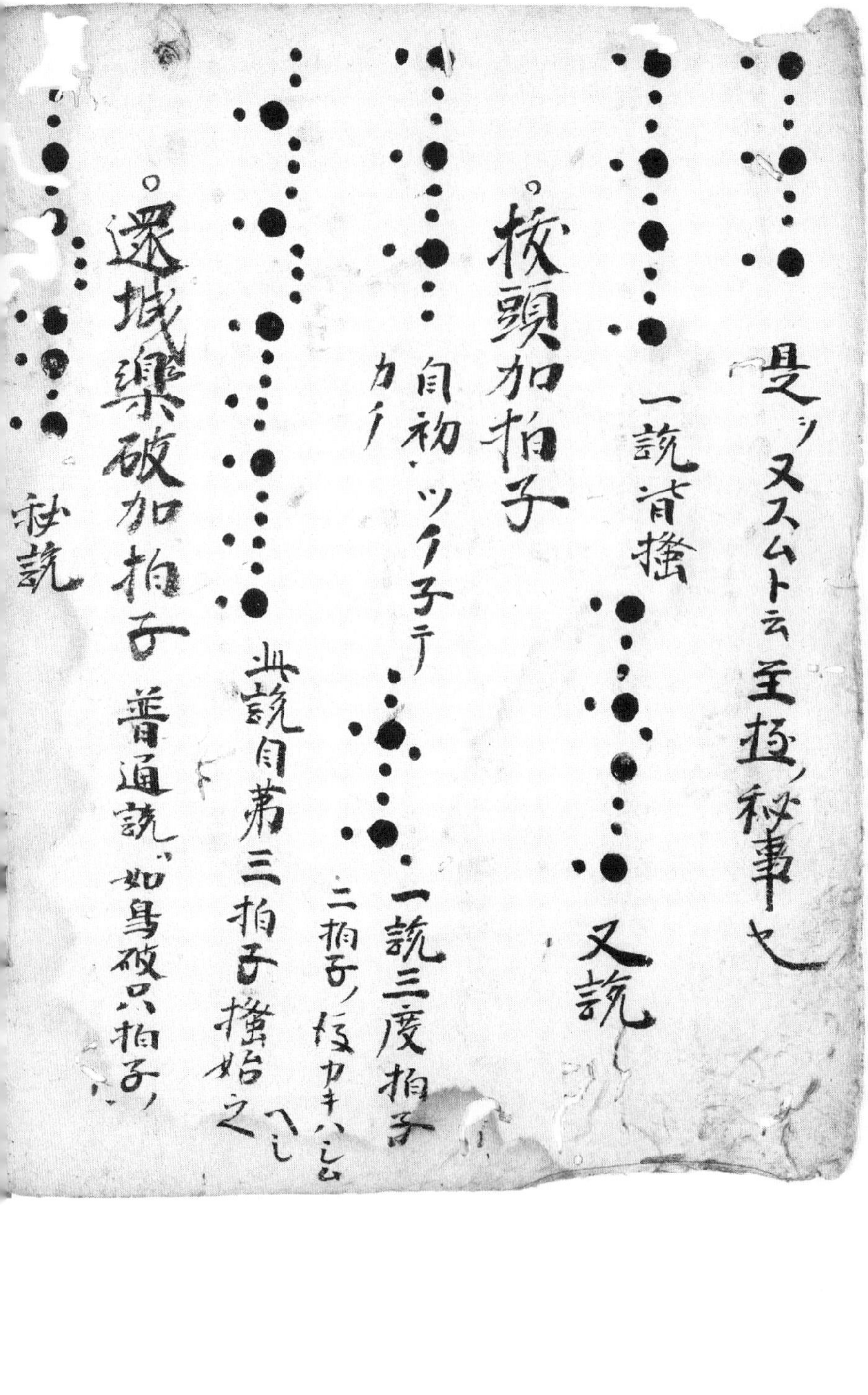
是シヌスムト云至極ノ秘事也
一說背撥
又說
○拔頭加拍子
自初〻ツノ子テ
カノ
一說三度拍子
二拍子ノ後カキハ乚ム
無說自第三拍子撥始之
ヘし
○還城樂破加拍子
普通說ハ如鳥破只拍子ノ
秘說

蘇莫者序

次第ニヨハク早《ハヤク》ウツ

ヘシ　又拍子ノ末ヨリ

前立　笛ノ一句吹テヤカテカク搖アリ

鉦鼓ハ大鼓ノ定ニ打ヘシ掻《カク》間ヌハ　[illegible]メテ巌音

ナルヘシ　大鼓ノ桴《ツホニ》高ク打ヘシ

乱聲

又説

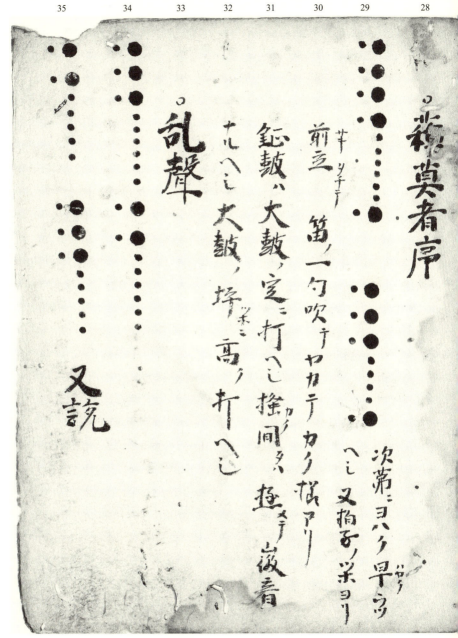

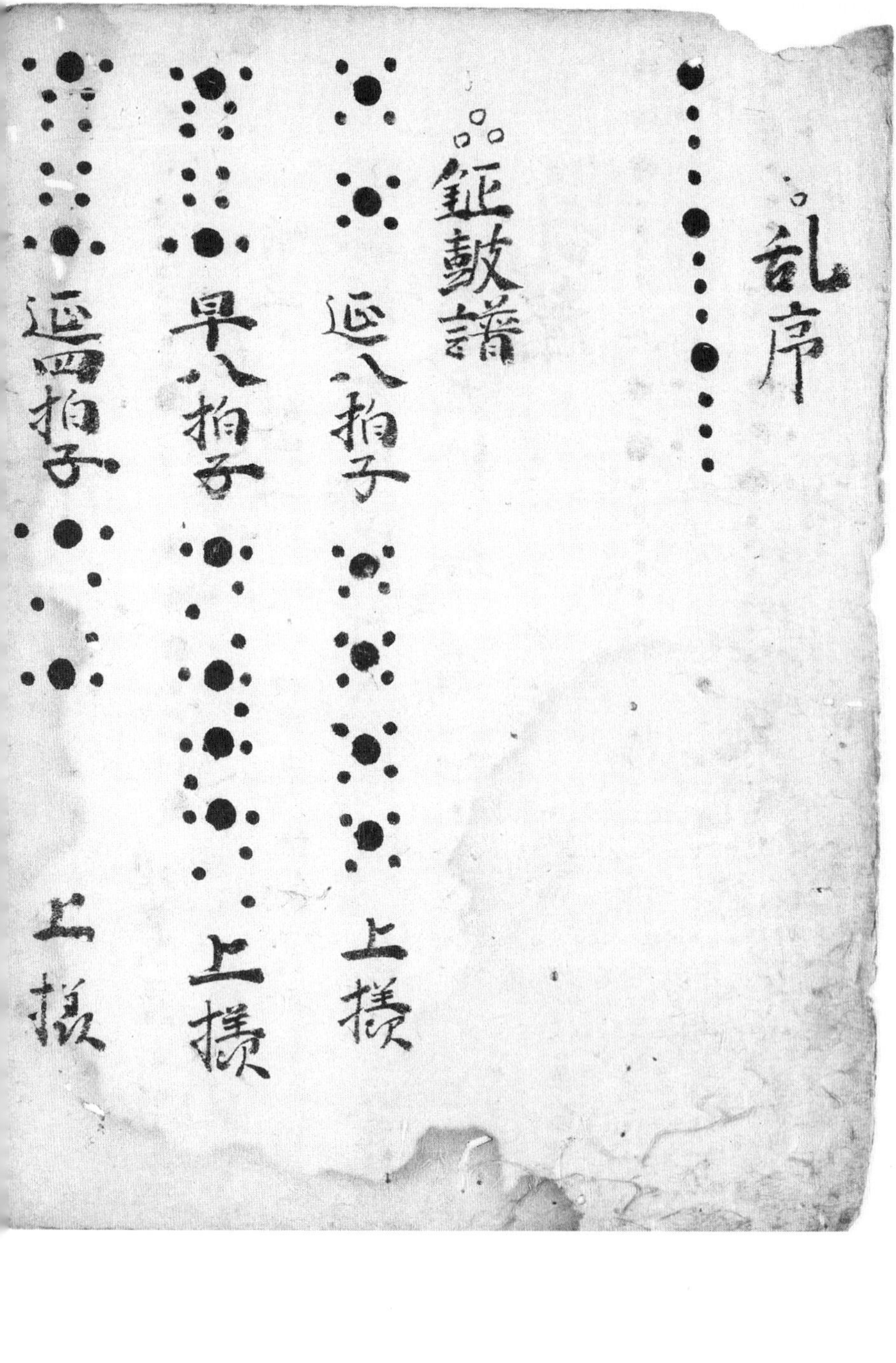
乱序
鉦鼓譜
延八拍子
上様
早八拍子
上様
延四拍子
上様

42 曡拍子　上搔

43 乱序　囀

44 安摩

45 鞨鞁譜　左近将監狛行高云鞨鞁ハ二十九ニ二八始　カラスト云々

46 ロ八聲

47 阿《ア》礼《レイ》鼓《こやう》　調子　塩《エン》短《タン》聲《セイ》　序　遊声　又号塩聲

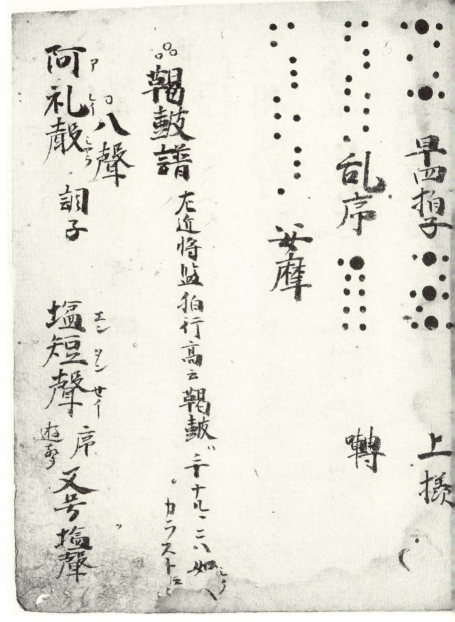

48 大揭《カツ》聲 延八拍子 蹹聲 中八拍子

49 沙《シヤ》聲 早八拍子 織《シヨツ》錦《キン》聲 六拍子

50 泉郎聲 延四拍子 又号泉郎 小揭聲 早四拍子

51 羯鼓打次第 先撥シ右ノ手ニ取テ左ノ手ニモとるへし

52 次音取 ●来 ●正 ●正 ●正 ●正大正 ● 来 来来 来 来
又説 ●来 ●来 ●正 ●正 ●正 ●来 ●正 来 来 来 来

53 諸調子ニハ 笛之第三句ヨリ打はじむ

諸席ハ笛之第二勾ヨリ打ハシム

中裸

遊聲之羯皷ハ席ニ同

延八拍子

火八拍子

過邊海青樂

同曲又説

平臺樂末打之

青海波

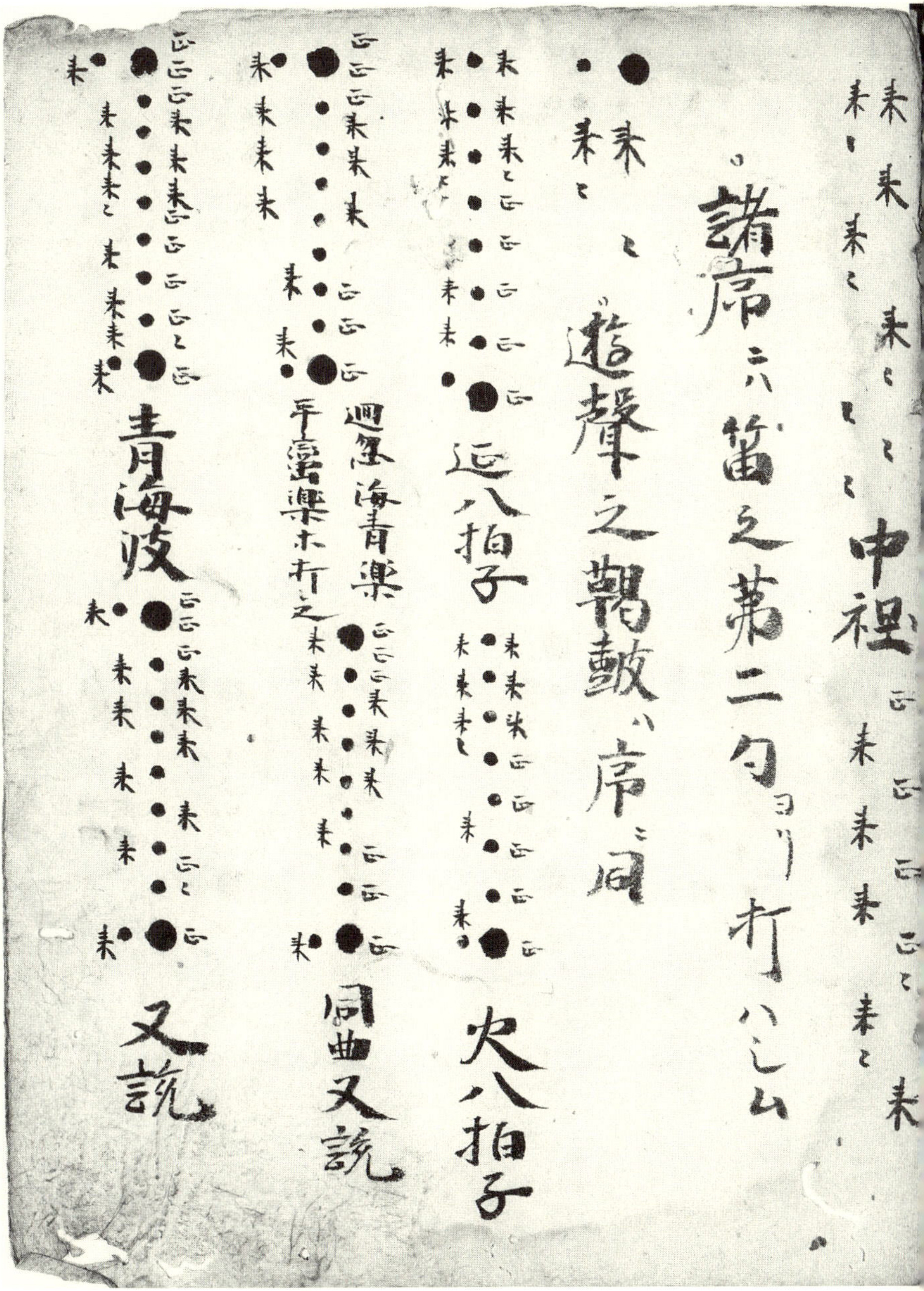

60　61　62　63　64　65

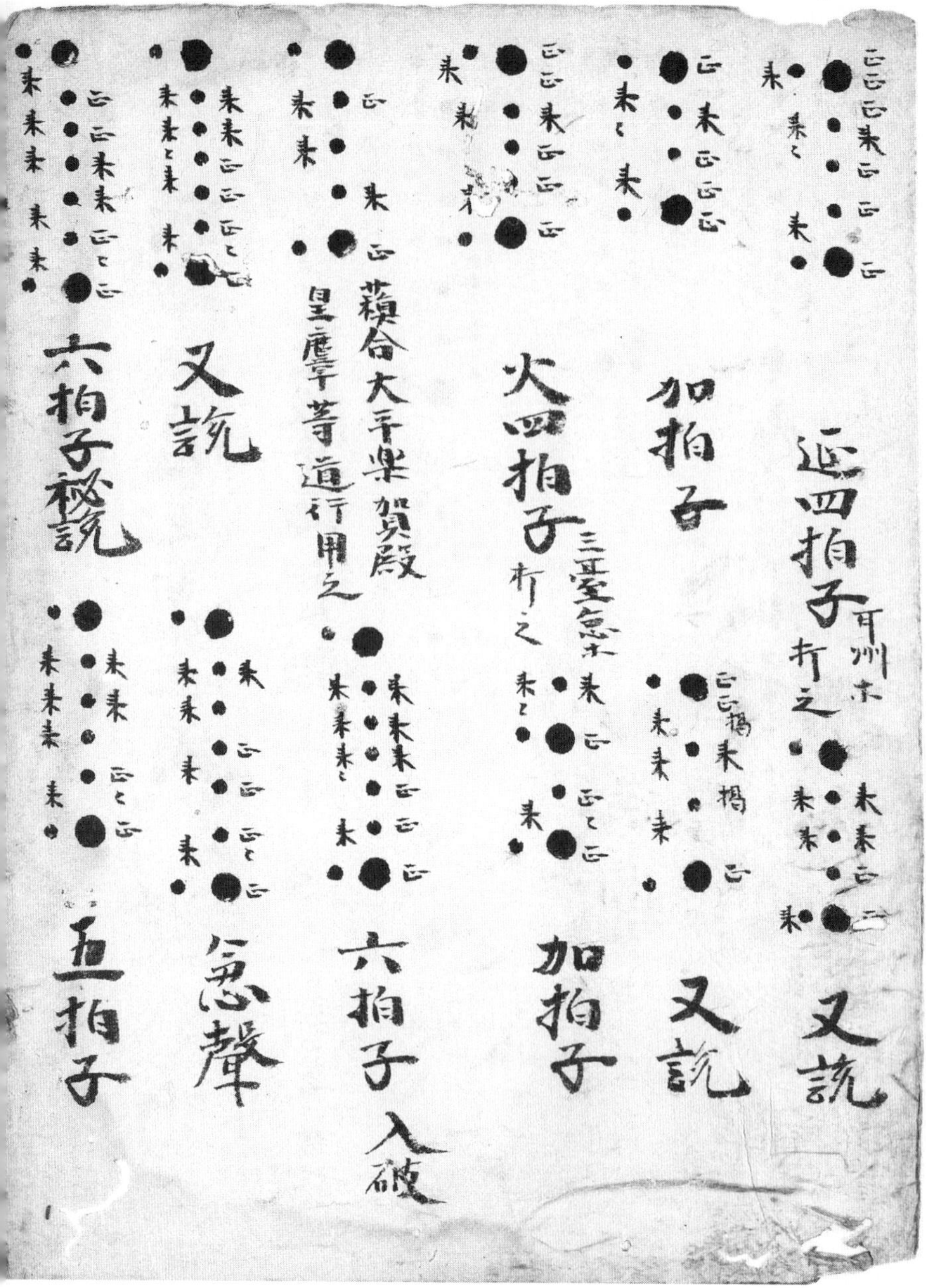

66　67　68　69　70　71　72

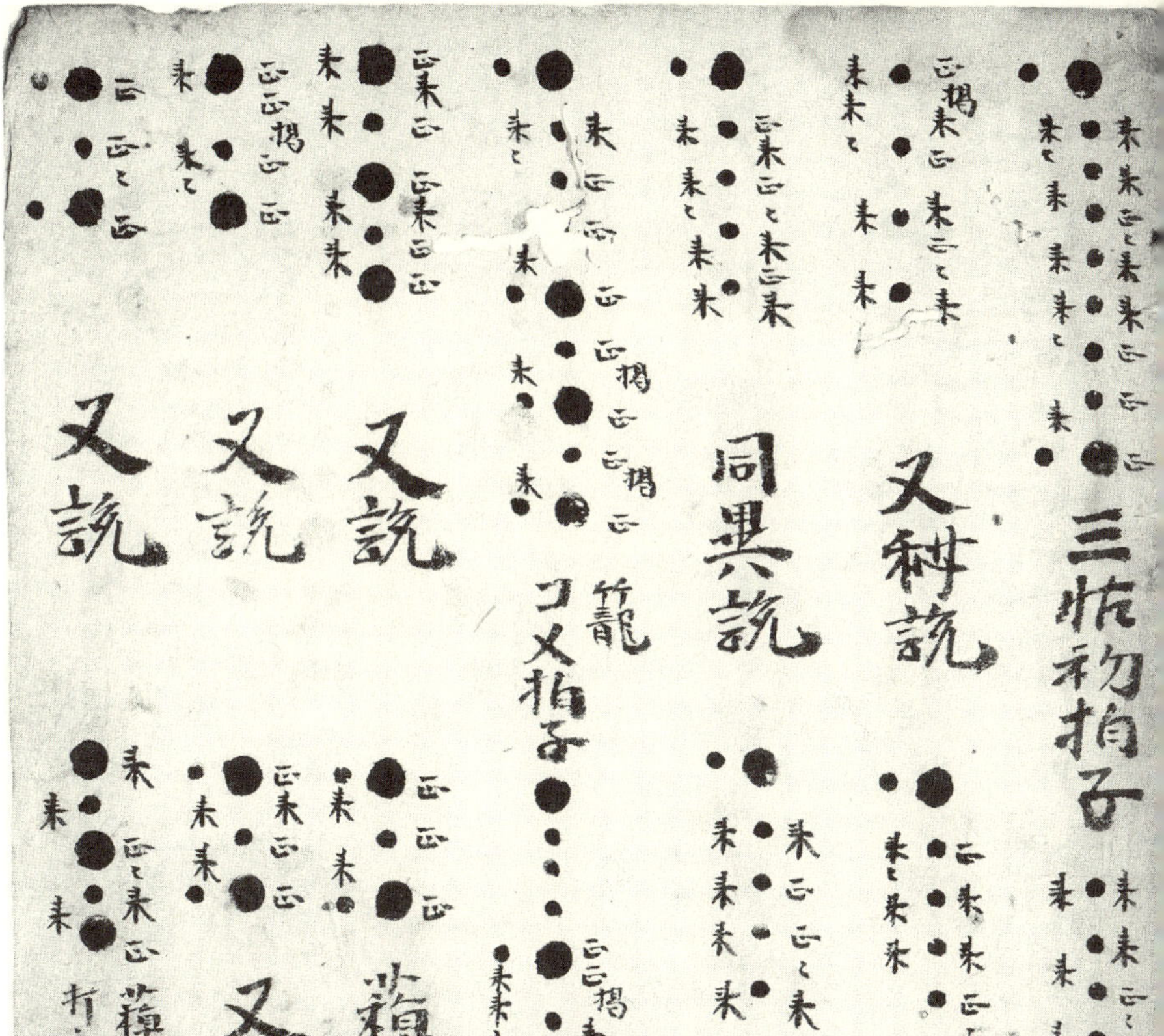

73 三臺急勝皇麞 傾坏楽 賀殿 大曲用之 口傳云
此説雖不見日記 氷室判官好行之仍下用正説之

74 只拍子 八拍子
只拍子 四拍子

75 秘説

76 夕由 中口 丁六由 丁口 中正 由正 夕 中正 〻 五常楽詠初度

77 夕由 中口 六 由未 丁口 中正 由正 夕口 中〻口 同末二度

78 五 夕 上口 動 中正 リ 上正 五口 中正 夕上リ 五 同末三度

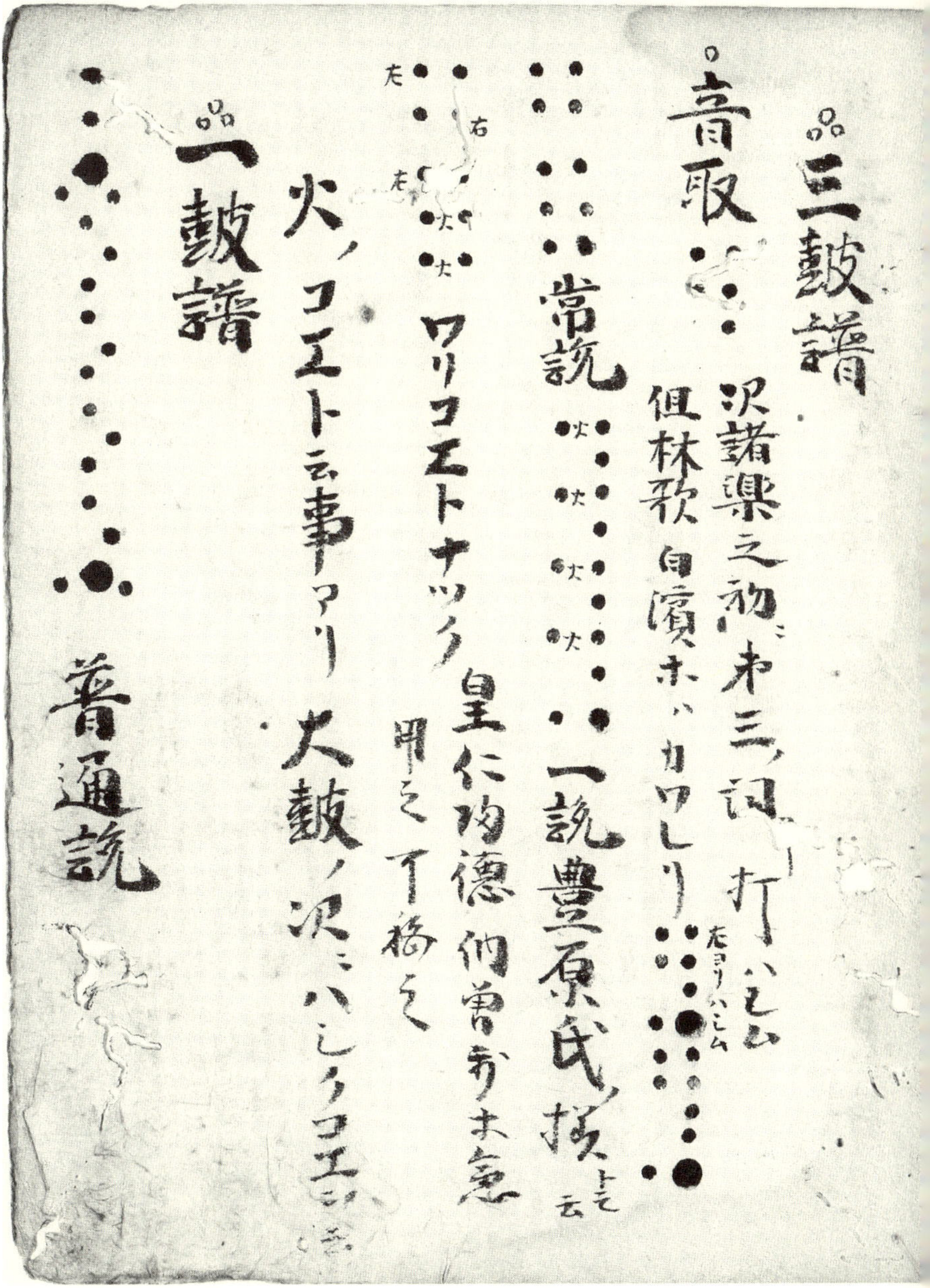
79 品 三鼓譜
80 音取 沢諸楽之初ニ第三ノ間ニ打ハヒム 左ヨリハヒム
但林歌白濱ホハカワシリ
81 常説 一説豊原氏採ト云
82 右 左 ワリコエトナツク
皇仁功徳納曽利未急
用之 丁摘之
83 火ノコエト云事アリ 大鼓ノ沢ニハシクコエト云
84 品 一鼓譜
85 普通説

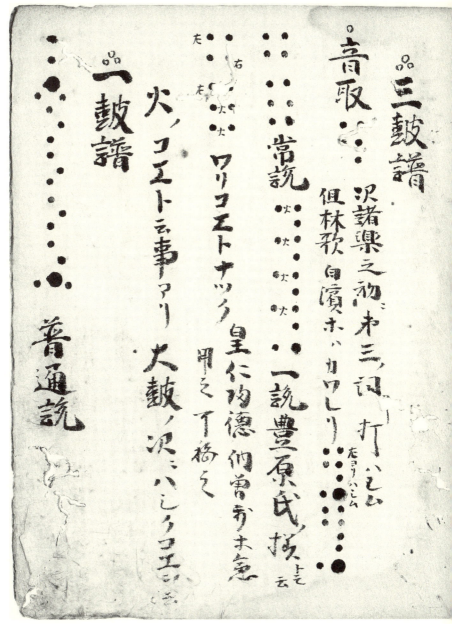

●・・・・・・・・・●　又説　●・・・・・・・・●　秘説

新手之一鼓ヲ打《ウタン》時ハ大鼓ヲカクヘシ又諸手

般手ニテ有《アラム》時ハ一鼓ヲウチテ大鼓ヲカクヘシ此説

在永室判官近真説

右件打物本説之所及所存之蔵位長隆

奉傳之子孫一流之外全不可捐棄之状

如件

正應二年八月日　右近大夫将監又朝

又忠　右判

右件打物他人相傳事師君雖有其誡
依專一右近将監藤原任房同子息
氏房於兩人審以令相傳之畢努々不可
披露人之状如件
正應四年十月廿四日　散位長隆　右判
文保二年戊午六月三日於河州金剛寺依任叡
菊薗除理亮本之写了　[illegible]禅恵　右判

102 掲鼓譜云　卅八聲

103 阿礼聲　調子　遊声　序　阿礼延声

104 堰聲　皇帝　五六拍　團乱旋颯踏

春鶯囀急声

105 沙聲　團乱旋二三拍　春鶯囀颯踏　万秋楽破

106 泉楽聲　蘇合香道行シハ　出立ト云秘之　同破

107 大掲聲　蘇合序始二拍子　阿礼延三四拍　初十拍子

延十拍子　沙声　万秋楽　六拍

小掲聲　模会書意
織錦聲　皇帝入破二三四帖　團乱旋入破　急ゟ
春鶯囀入破
搐聲　模会　五帖　初十拍子　後十拍子此ゟ
已上八聲　皷主　三主驛磨譜　并雅楽掌譜一巻
雅楽允小子述盃譜
一巻　已上三読
模合ニ三ノ破高ナタアリ第一ノ十タハ自序ノ或楽拍子ニ
変又第二ハ後楽拍子ノ移序ノ変又第三ハ自破移ル
急変又末也叶ノ一旬トシ思心ッ立也サテ下挫之
龍ニ下移ノ吹也悪《アシクノ》移ノ吹ハ極メテ芸能なり

是ノ故ニ腹高トハ云也
又太鞁合ニハ諸楽ノ種ヲ具ス一トシテ不缺也ト云ニ拠者
此来ハ序ニハ六拍子楽拍子八拍子四拍子七拍子
五拍子六拍子三拍子壹拍子諸曲ノ拍一曲ニ皆具
十二拍子鶏鼓打　存略須可打之
初六七五三説　十二十八十八廿四十二十六十六十六廿八
序初二拍子ハ序吹也　成楽拍子ハ三説
五丁之一　自是成楽時ハ六拍子百丈　七拍子百ナリ
中之一　自是成楽時ハ五拍子百也　但南氏帝説ニハ六拍子百

次ハ十二 八拍子 四拍子百 次十八 八拍子六拍子 四拍子百 次十八 八拍子六拍子 四拍子百

次廿四 八拍子八拍子 八拍子百 次十二 八拍子 四拍子百 次十六 八拍子八拍子百一説 八拍子四拍子四拍子百 又説 四拍子八拍子四拍子百

次十六 八拍子 八拍子百 次十六 八拍子 八拍子百 一説 六拍子四拍子六拍子百 又説同前

次十八 八拍子六拍子 四拍子百 已上十二拍子

次ハ一拍子ハ序吹也 但有打説有不打説 非拍子之員也

口傳云可打鞨鼓事

調子遊声序ハ同程ニ可打之 但調子遊声ニハ

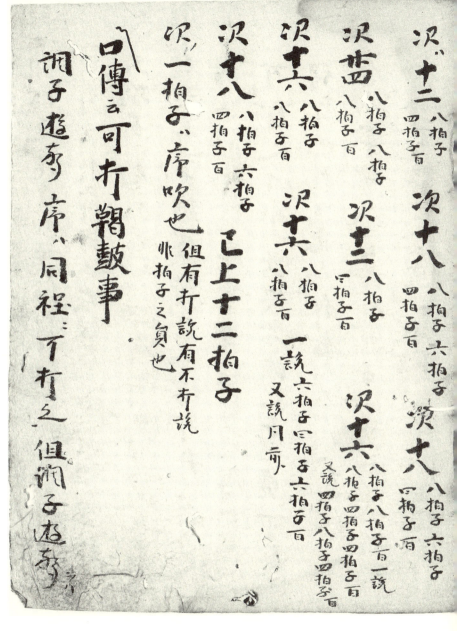

雖何返不可有短声打、但吹終廉只一度
可打之、於序者每大鼓壹ニ可有短声打
又塩声シ阿礼声ヨリモ早可打之、是又不可有
短声打、大鼓無許ニ只一撥不打云々、又
諸楽ノ始ゝ終ノ序吹ハ皆塩声也、得其意
可打之、付所ノ楽共者随拍子之員、可意
得打也、搦ゝノ事ヲ打事ハ今作出タル事也
全躰本説、只南庭何拍子ノ楽ト知テ八拍子
六拍子ナラハ来ノ撥ヲ三ツ下《オロス》　七拍子亜拍子ヲハ

二ツ下ス四拍子ニハ一ツ下ストスルニテ打是尤本説也
但返スル四拍子ニハ二下ス説ニアリ是秘説トスルナリ
襆合ノ三帖ノ鞨鼓ハ若常《イツモ》ノ乙誨明還揭鼓ノ
達者ニテノ始テ打若スル事也件説ハ捋キテノ
鞨鼓ニ長シキハ必三帖ニモカキルニシ何楽ニモ
可被打事也
又諸楽ノ帖ニ終ニアル二序吹ニハ二序トイワテ有別若ニ
又一説ニ十二拍子之時ノ鞨鼓ニハ八拍子ニ打テ
後ハ筋ノ如ク未ツ下オロシテ打テ七是ハ打但

人ノ知《シリテ》打説ナリ 又カキアゲ カキサゲ
カキ一二口ハスナトニ事ハ 羯鼓打時ノ詞也
羯鼓ノ遅速ニシタカヒテ。カキ上《アゲ》捲《カキ》下《サゲ》サゲヨトニ事
也 搓一二口ハストハ カキ一二口ハシテノ 臨《リン》説シ
面白《ヲモシロ》 打トニ心也 何ノ樂ニモ 此ノ手ハ 有ル
ヘキナリ カキテ口ハストニ手ハ サセル本説
ナシ 拍子タニモ タカワスハ 何様ニモ 打ヘキ也
羯鼓打様 秘譜 ○來 イ本礼 ●勢 イ本主 ●裡ノ
電イ 制イ 詞イ 正イ

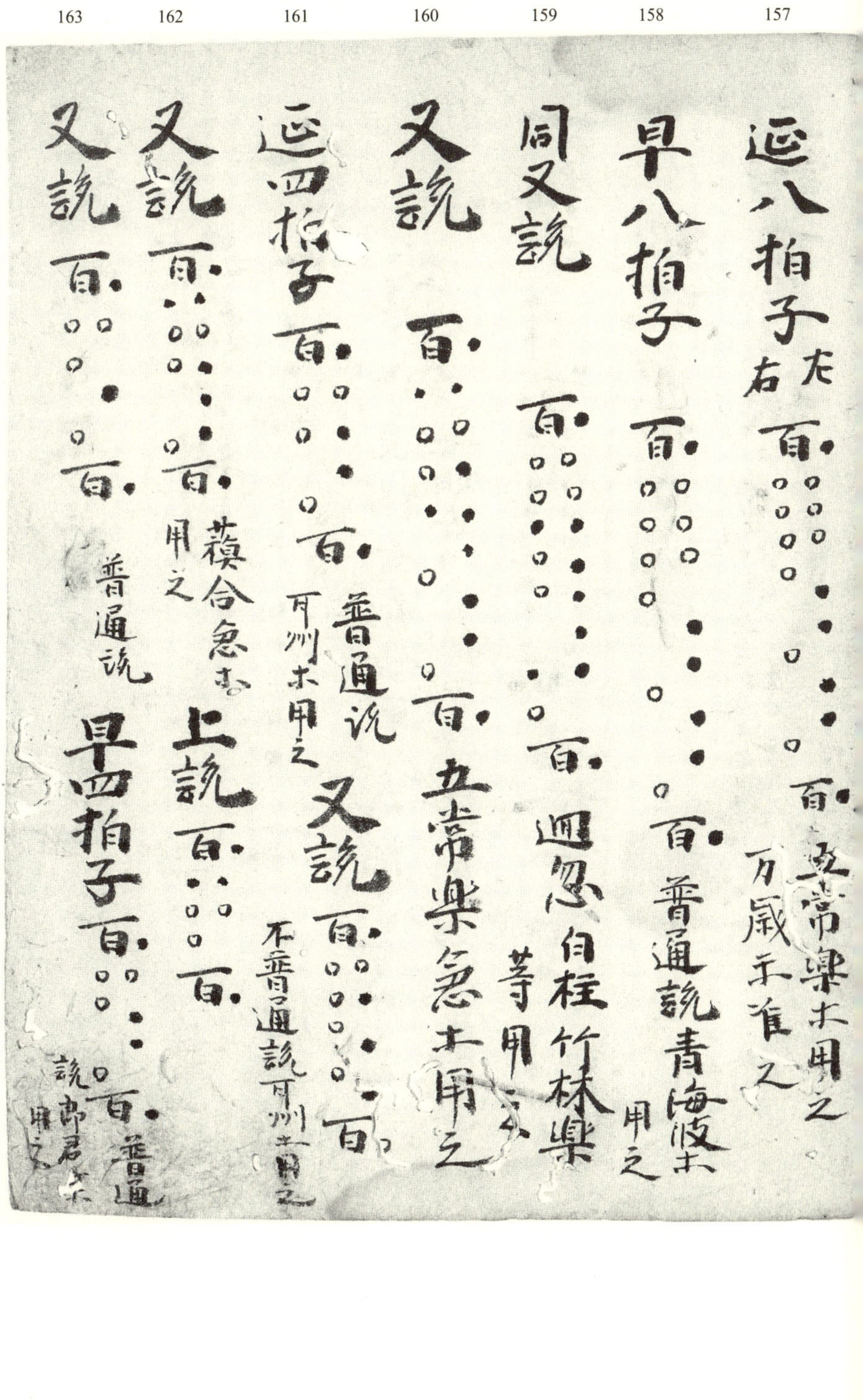
157
158
159
160
161
162
163
廻八拍子 左 右 百 百
五常楽末用之
万歳楽准之
早八拍子 百 百
普通説青海波末用之
同又説 百 百
廻忽 白柱 竹林楽 等用之
又説 百 百
五常楽急末用之
廻四拍子 百 百
普通説
甘州末用之
又説 百 百
不普通説甘州末用之
又説 百 百
蘇合急末
用之
上説 百 百
又説 百 百
普通説
早四拍子 百 百
普通
説郎君子用之

171 170 169 168 167 166 165 164

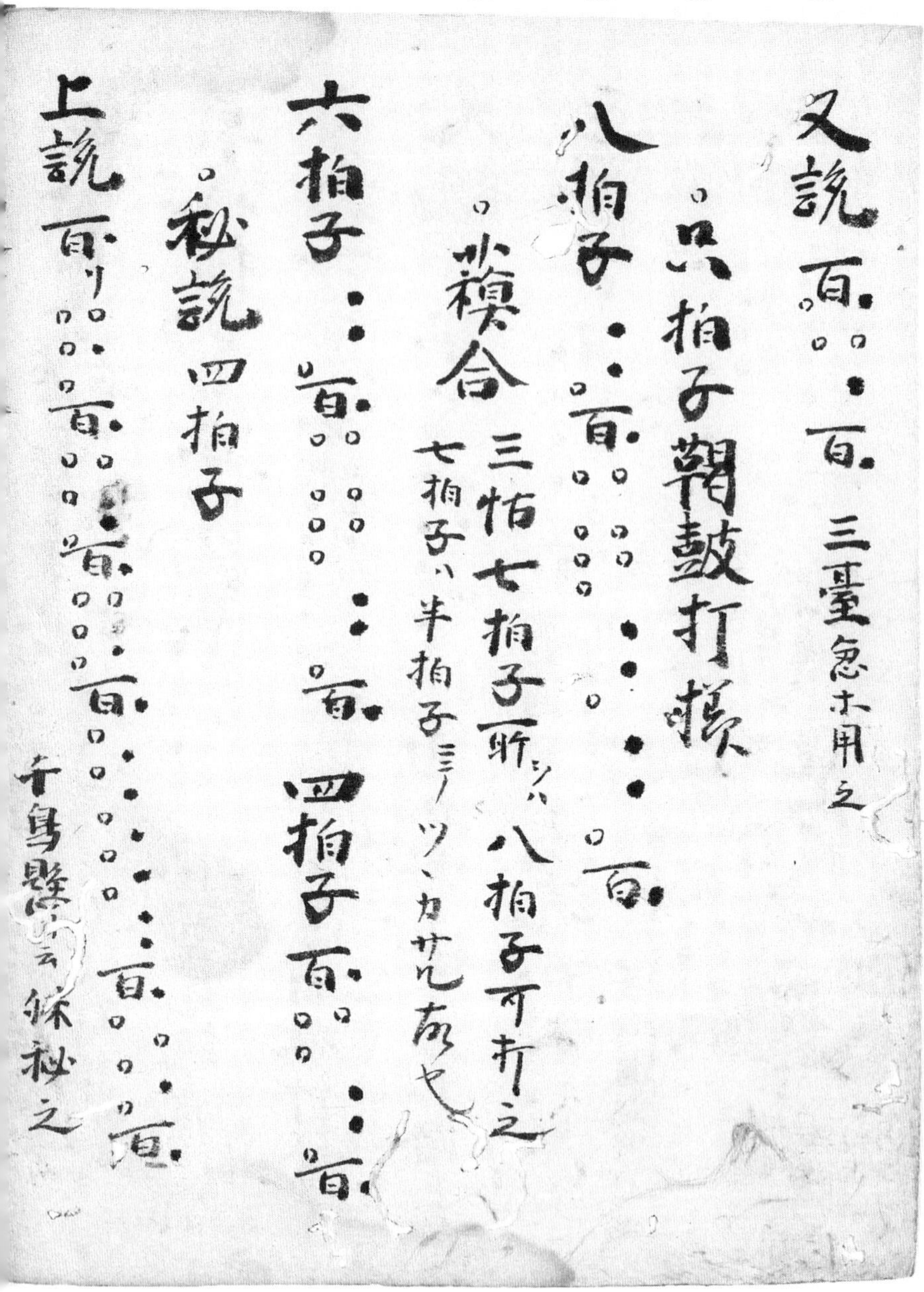

輙ノ不二打之　希ニ打之
又読　百リ○○○・○百・○○○○・○百・○○○○・○百・　不斷ニ是許ノ打ハ　行千鳥云秘事也
常ニ不レ打之
嘉禎二年三月廿八日以　三条驛曆説授渡戸部
政季既畢是秘中之秘也努々不可及披露
者也　可
沙弥上蓮　在判
抑以件八聲記録授進住吉式部大夫殿
既畢倩奉見事躰云心操云器量尤堪

童道仍一切存知之事也就八聲云打替
鬧鼓云楽拍子只拍子之打様在之漏事
所傳進也然者獨佗上蓮之意趣不下令
零落願給者也穴賢々々
文永十一年甲戌八月廿六日　沙弥成道　俗名政季　在判
件八声記録并打様口傳授渡右近将監
藤原経房畢佗上蓮成道等之意趣
輙不可有披露者也耳

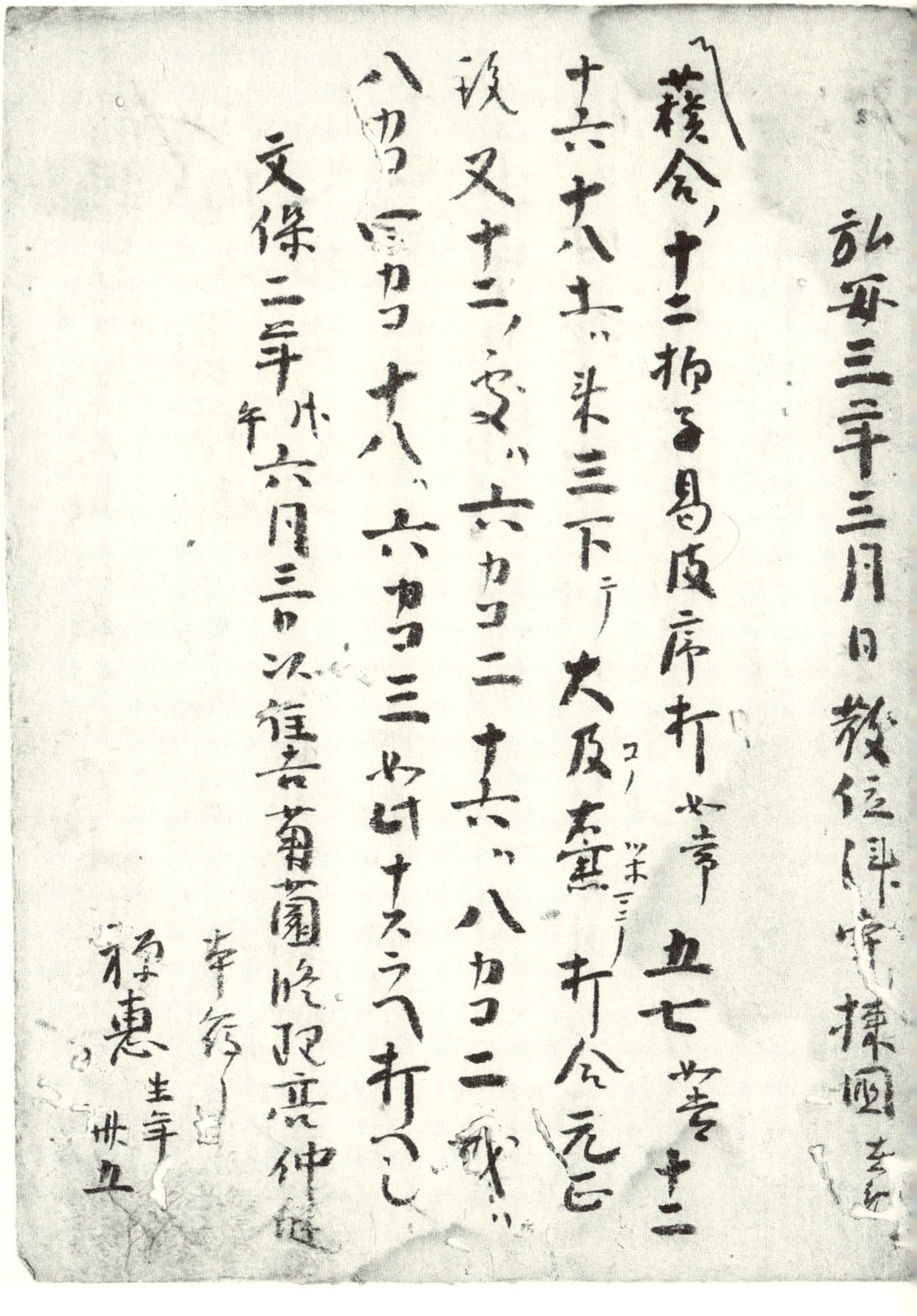

弘安三年三月日　散位伴守棟國　書之
蘓合ノ十二拍子昌歌序打　廿帖　五七　廿壱　十二
十六十八十六ハ米三下テ大及《コノ》素無《ツ末三ノ》打合元臼
段又十二ノ變ハ六カコ二十六ハ八カコ二成ハ
八カコ一通カコ十八ハ六カコ三如此ナスラヘ打へし
文保二年戊午六月三日以住吉菊薗院殿真仲證
幸舒
穆惠　生年卅五

品 鶏婁口傳 并大鼓鉦鼓打口傳 頼葵傳也
一只拍子ノ楽ノ鶏婁ハ行様《カタ》二ツ《ハナチニテ》二ツ打也是壱
揺也先壱ハ拍子之是皮ノ揺ニ刻《セイ》乱《ランシ》打ナ
ラ二ツ《ノフツノ》二ツ打《チ》分《ニノ》只拍子ニ打并ハ僻説也即
南山ノ千目ノ眺竹門論ニ而胡ノ伶人舞人家請
孫之時舞近房付揺ッ打了是皮ハ二流也
行高流明暹流也付近房ハ行高之末也是皮ノ
家 暹也付并ッ笛吹春月房ニ尋申ハ付高
右揺事也振ク壱ニ在テ打并也ト云々但近房ハ

211　210　209　208　207　206　205　204

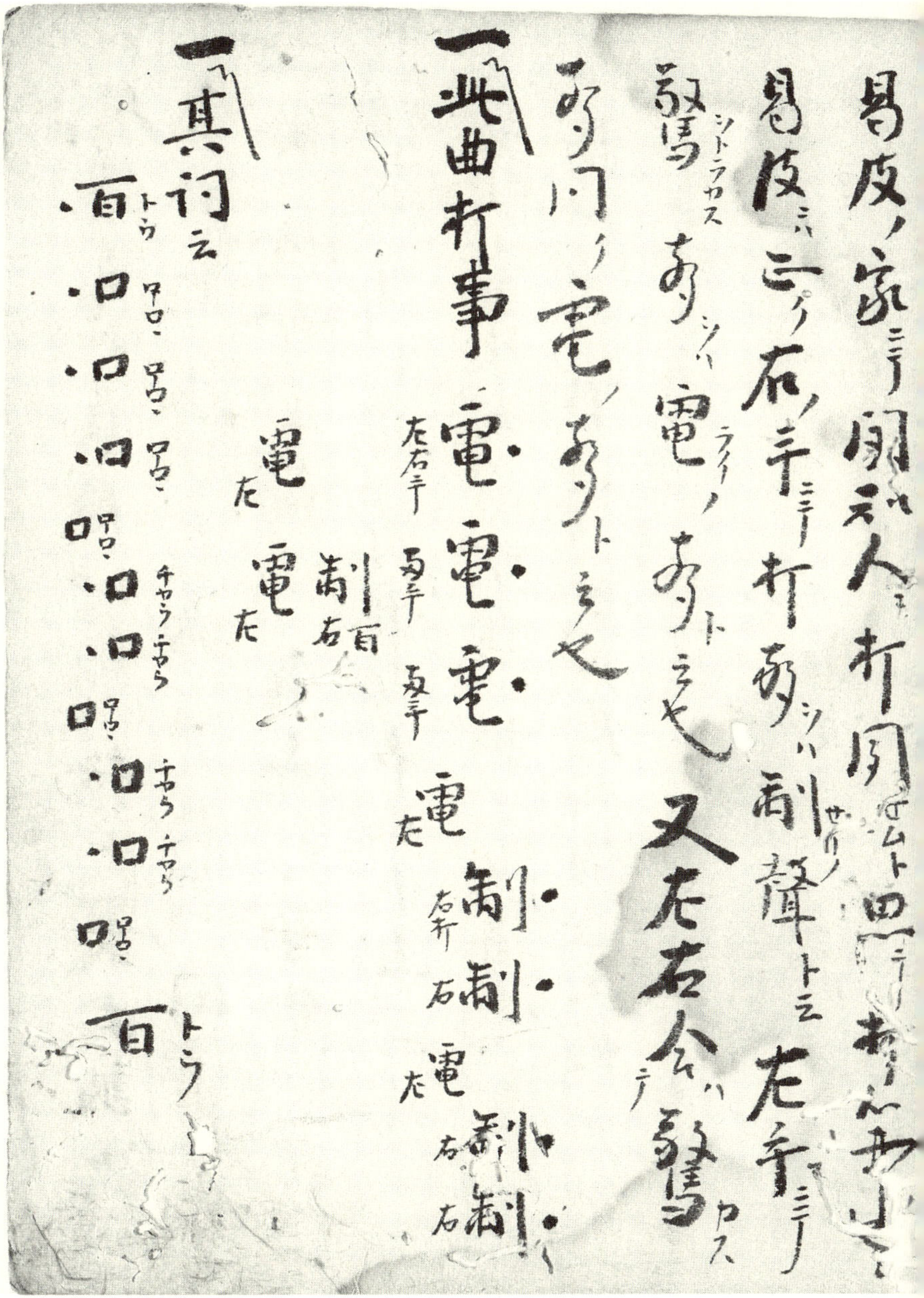
昌皮ノ家ニテ開スル人ニ打同《セムト》四ニテ
昌皮ニハ三ノ石ノ手ニテ打《シハ》制聲《セリノ》ト云 左手ニテ
驚《シトラカス》打《シハ》電《ライノ》打ト云也 又左右合ハ驚《カス》テ
打門ノ電ノ打ト云也
一此曲打事
電・左右手 電・両手 電・両手 電 左 制・右手 制・右 電 左 制・右 制・右
電 左 電 左 制 右 百
一其詞云
・百《トウ》
・口《ヲロ》
・口《ヲロ》
・口《ヲロ》
口《ヲロ》
・口《チヤラ》
・口《チヤラ》
口《ヲロ》
・口《チヤラ》
・口《チヤラ》
口《ヲロ》
百《トウ》

212 一百手ニハ不打昌皮ニシ一鼓ッ掻《カン》ヤ又大鼓上《シン》ル

213 時ハ大鼓ッシテ掻ヤ鉦鼓ウテ如大鼓ノ間掻様ニ打

214 一鼓ッ掻并ハ子細アリ謂ノ下云フ尋并ヤ云ヽ

215 一勧盃打ト云并アリ弟六弟九弟三云ヽ又説ニ云

216 弟六弟三弟九云ヽ一所謂一鼓六拍子之打大鼓

217 一拍子次正皮アリ又一皮九拍子之打ニ大鼓

218 一拍子次正皮アリ又一皮三拍子打大皮一拍子

219 次正皮打ヤ

220 弟六ニカヒテ大皮シウツス

弟九
○ミ○ミ○ミ○ミ○ミ○ミ○ミ○ミ○ミ○ミ皮也ミ
妾ア轉吋之三皮ハ大皮打テ打ニ四ツヒロウ也ミミミ
陵王時之三皮ハ大皮打テ打ニ三ツヒロウ也ミミミ
廿庶婁打并ハ妾ア之お吋打也入吋又庶也
採桑老お入之吋ハ盤渉調ミ子ウ吹庶婁打也
妾ア陵王之時之吋又庶婁ヲ打也笛ハ不吹也
一ノ大鼓ノ上ルニハ新楽右手八拍子一ニ拍子之楽ニ
随ヒテ様ミノ子細アリ能ミ不分別一もんツ新
手ニハ八拍子之楽ニハ三度拍子ニ不可上

230 四拍子ノ楽ニハ一拍子ニ上ルヤ又四拍子ノ[illegible]楽ニ
231 三度拍子上楽トモアリ能々可分別
232 一曲楽大皮シテ上事ハ以ニ拍子楽拍子ニ節奏
233 アリハ拍子二拍子之首ニ搓合《アワスル》ヤ是ツ楽
234 拍子之大皮上ル振ハ一鼓五拍子之間ニ大皮七シ
235 搓沢《カナテ》ニ一皮二拍子又大皮二拍子又一皮三拍
236 子又大皮一拍子又一皮三拍子ヤ　已上十六拍子之間シ
カ一曲トヤ是返打ヤ
付中ナルハ一皮拍子ヤ
一皮拍子五之間ニ大皮七シテヤ
237 ◎ 口日 口口 口日 口日 口口 口日・・口日 口日・・・口日・・ 是シ返ス打ヤ
是ハ妻拍子ヤ
八拍子
八拍子

一、沢ハ拍子之大皮上ニ掋ハえ十二立拍子之同

大皮七ッ撻ニテ、一皮三、沢大皮ニ、一皮一、大皮一、

一皮一、大皮二、一皮又三拍子ニ上十六拍子ヲ同ヲ為一画ヤ

゜田゜田゜田゜田ニニ
゜田ニニ
゜田、゜田、
゜田、ニニ

一、神楽大皮上ニ斗三度拍子トニニハ八拍子之楽野

゜田、゜田、゜田ニニ
百
八拍子ヲ為一画トヤ返打ヤ

一、同拍子楽ノ中ニ大皮ヲ三度拍子ニ、上ニ楽等在之同

大皮ノ壺ニ妻指ッ加打、上ニ二ノ大皮ニ行ヲ

打ヤ、妻指ッ不打

田、点、田、ットゝウ
田、点、ニ上同返打ヤ

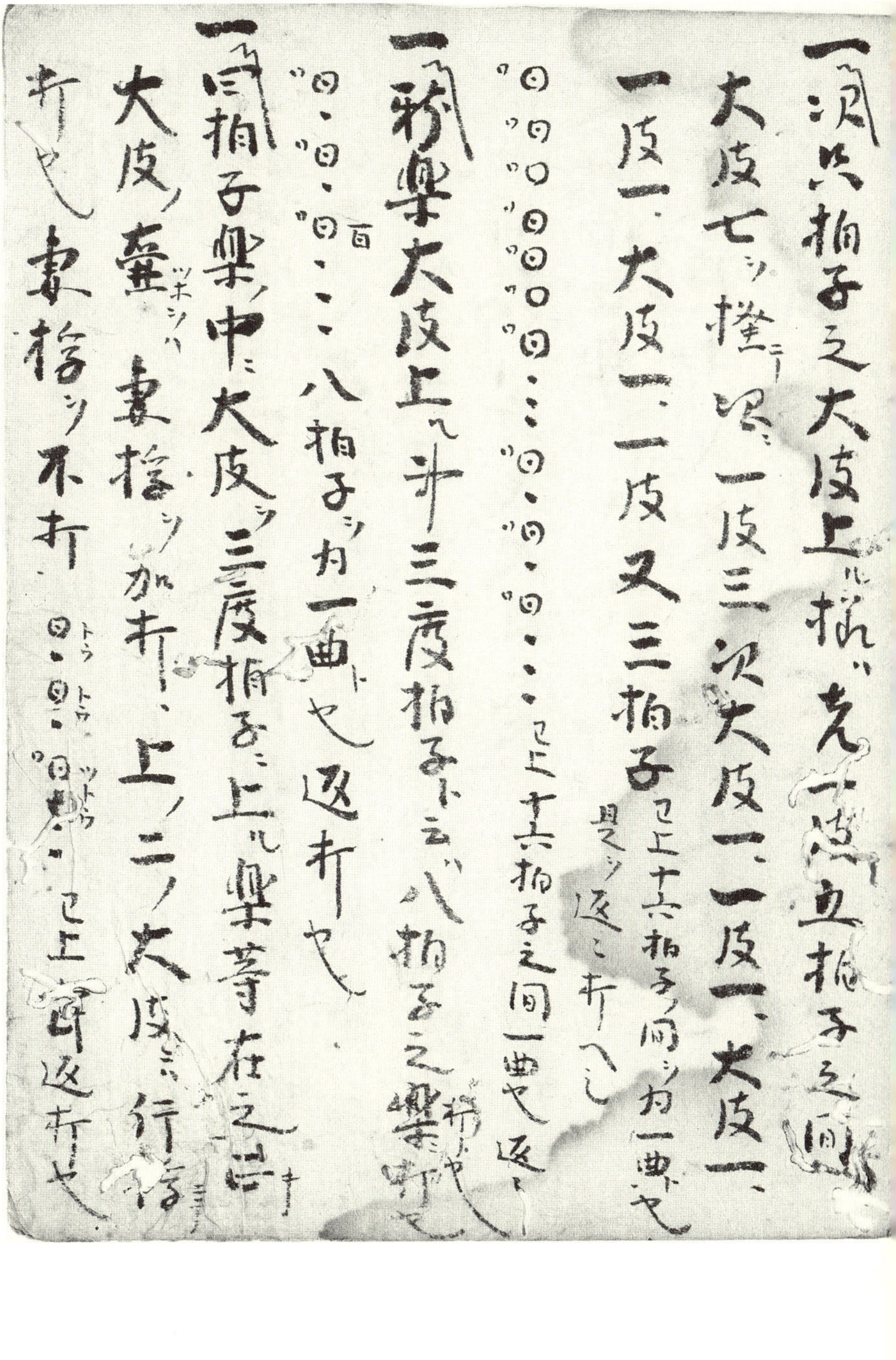

又冝拍子ノ楽ハ多分ハ一拍子ニ下シ上ニ一所謂ハ大皮一
曷《カツ》皮一捐吏折ヤ
正皮折中　八拍子楽ニハ大皮拍子之一所打ニ正
皮シハ折ヤ大皮ツ上テ打之同ク大皮ノ麁シ正打ハ
折ヤ但早ハ拍子ニハ大皮上テ打ニハ葛《カツ》皮拍子ニ
同ク行拵テ折ヤ大皮ノ麁ニハ更拵クミノ折ヤ
又冝《延》拍子楽ニハ・●・・●・・●・・・百　中ノ図キハカコ拍子ヤ
如此正皮ハ折ヤ　又左楽同之　大皮上テノハ
●ロロ ロロ ロロ百　如此早ク折ヤ　右楽ハ大皮ノ如ク撞《ロウ》拍ニ

云皮ツヽミ打也大皮ノ鼙ニ打也
一古樂之拍子ヲ上ルニハ大皮ヲ撻也陵新ニ古弄之序
師仙云是ハ秘事也能々可秘蔵
之大皮撻斗ハ蘇莫者序陵王甚ニ序之
打ハ撻斗ハ不知也寸土ノ曲ニ大皮撻斗ハ
ツトラクト以弟ニヨワクノミケクノ大皮ノ鼙ニテ撻《ヤチ》
下《クダレニテ》大皮ノ拍子ツ二ノ大皮ノ鼙ニツヨクツ下ニ也
又陵王古弄ト採桑老ノ序之時ニハ三度拍子ニ
陵之又同胡飲酒破ノ序之時ハ三度拍子ニ
打之家之説也但行揩ニ不打之説ト云ゝ

一雞婁　古来春来ノ三序鳥ノ序胡飲序ニハ
大鼓ヲ撥井未用之
一只拍子ニ楽ヲスヘシ時ハ是ヲ主タツノ延ハ所ハ拍子ニ
不聞ニ吹也所謂ハ春鶯囀鳥向楽六是ヲ延
所ハ只拍子ニハ四是延テ吹也管絃者ハ用此説也
楽人太ハ此ナルニ策ヲタキ仍雅用之禅拘ニ打
此ヲ不用之同拍子ニ陵王納蘇利是ヲイタス
但打拍子可有時ハ又大鼓此其子細ヲ
存テ左右遠乱打ツ打スヘシ拍子トヤ
一鞨拍子ヲ撥スヘシ手之アリ楽拍子ヲ撥スヘシ手之アリ

所謂ハ蘇莫者ノ破、陽鼓拝晩ハ早拍子ヲ
可極也　蘇合ノ三帖ノ七拍子ノ一所ッ八拍子ニ
是ハ説ハ即只拍子之説也　又同帖ノ只拍子
并ニ破急ノ只拍子ニ揚弁也
又甘州ノ只拍子家揚弁也
一武楽同拍子ニ大皮ヲ掻《カイテ》不乙弄アリ　亭ニ不乗
之、信臚ニハ舞時ハ必八拍子ニ大皮ノ上ルヤ
皆信遊ヒノ一所ニハ同拍子ヲ上説アリ全ノ楽ニヨシ
○○○○百：：○百・八拍子之間ヲ打一曲ト返テ打ト

是ハ只拍子之振也　又桜ハ上ト云説アリ　又同
拍子之百手ノ三度拍子ツ上ル多ク在之可謂
竹林王　何研子未詳也
一　甘州ヲ舞之時三度拍子ニ上ル事アリ即
東寺ノ一ノ長者定豪僧正西都下向之時
於東大寺八幡社ニ八講ヲ勤仕ス其次テニ又
興福寺金堂供養ニテ有リ童舞其儀式如
帝王参ニ　叙複同年三月十一日也　其次ノ日
大衆而還ニヨテ　又同シ舞アリ初日ハ大法

釼ノ作式ニテ舞ト同果。龍乱《カサ子ヲ》惣《ソウ》束也。後日ハ
皆布衣也。太鼓是ヲ《シテ》ニテ十丈間伶人又
興ニ入ル。猿代アリ。左ノ一者《イチハ》定近、皆度同ジ
二者近真大皮打之、然者可削ヲ三度
拍子ニ上ノ近真又蔭余ノ急ヲ三度拍子打（三度拍子ト云是ハ拍子ニ取成シテ打也）
アリ。コミ拍子之所々遠乱々并存之歟
子細アリ。不移声ニハ不用之
一、同舎之付。青海波垣代児三人沙笙ニハ
同撰竺又彼垣代ニハ男侍ノ有官者

全人之支了　平等院一切経供養〻殿
下ハ右方之時、侍従〻支并ノアリ
一新撰鞨鼓譜　八撥
阿礼声　諸序吹并〻調子等之時打之
延八拍子打　礼回打百打及礼回礼礼回礼礼回礼ゝゝゝ回打回打礼回打回打礼百打　塩声
早八拍子打　礼回打百打及礼回礼ゝ回ゝゝ回ゝゝ回打回ゝ礼回ゝ回ゝ礼百ゝ打　砂声
六拍子打　礼回打百打及礼回礼ゝ回ゝゝ回ゝゝ回打回打礼百打　織錦声
早八拍子上打　礼回打百打及礼回回礼礼回回打礼回打回打回打礼百打　来邑声

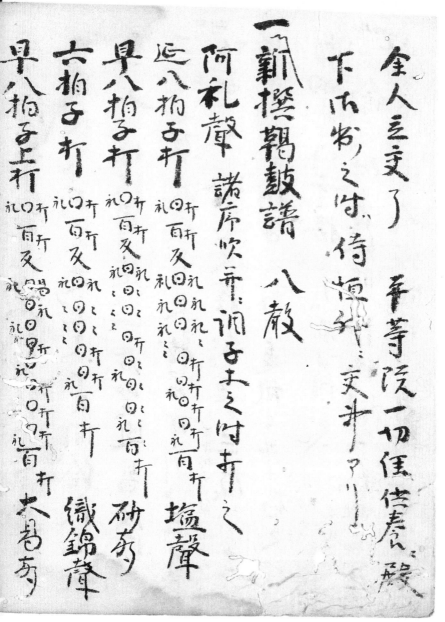

310 返拍子打　口百及口口百打　泉郎東之

311 耳州拍子加時　口百及口口口口百　小曷哥

312 早拍子打　口百及口口口口百打　踏聲　但蒔会急不用　加拍子時甲音用

313 一鼓打譜

314 早八拍子打　口・口・口・口百口口

315 返拍子打　百口口口●●火　但ネ返時是不用

316 早拍子　百ー口口●●大　但王早時是不用之

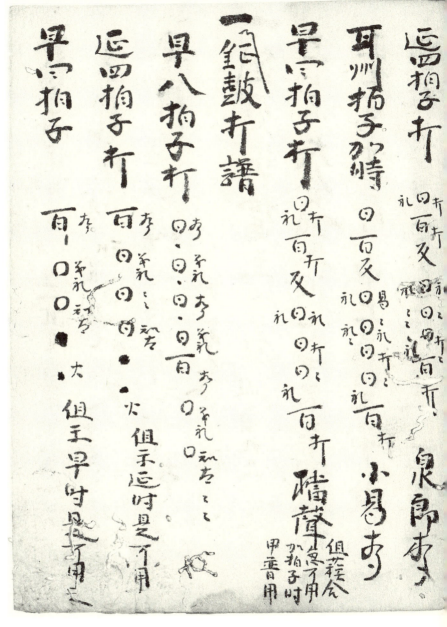

加拍子吋　百声口乎礼　三度拍子之急加拍子吋　百声口礼打

陵王乱序　口太礼罹口太礼　又口声太礼口太礼

安摩　口太礼罹口　轄合打　声リリ声リリ太

太声罹リ声

一望面家秘曲三次第　但南九品

上々楽大食調入調　上中楽平調入調

上下楽甚序　中上楽皇帝　中々楽

團乱旋　中下楽一万秋楽　下上楽

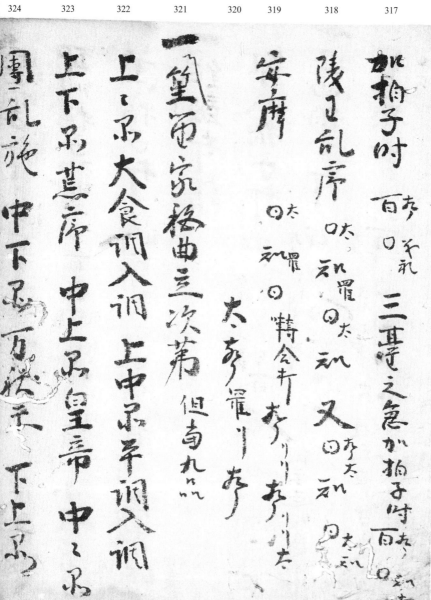

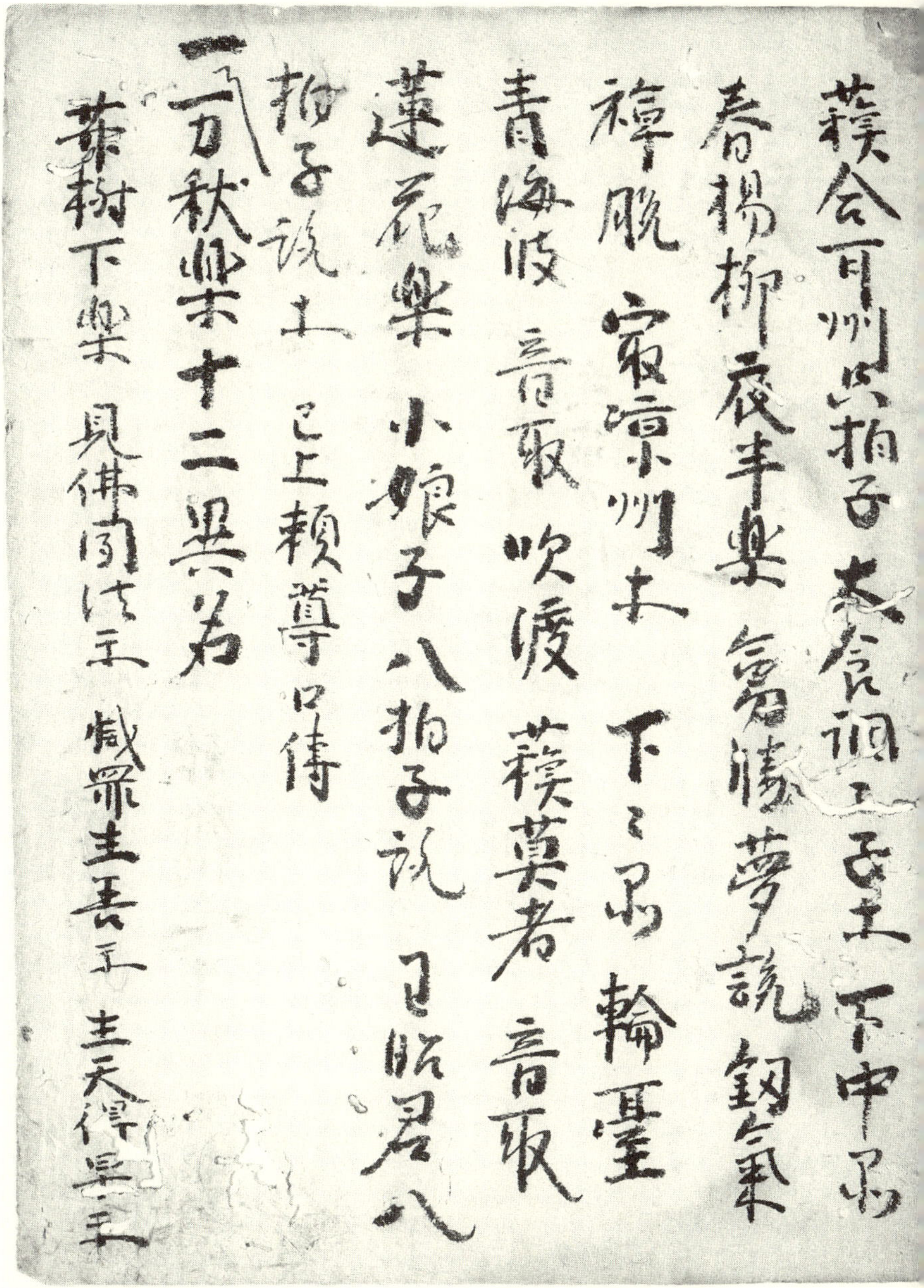

325 蘇合可州只拍子　太食調王子上　下中吊
326 春楊柳　夜半楽　鳥勝　夢説　釣氣
327 裩脱　宴涼州　末　下〻吊　輪臺
328 青海波　音取　吹渡　蘇莫者　音取
329 蓮花楽　小娘子　八拍子説　王昭君　八
330 拍子説　上　〻上頼尊口傳
331 一弌万秋楽　十二異右
332 菩樹下楽　見佛聞法王　懺罪主善王　主天得果王

慈氏一尊天　慈尊豊徳天　真如妙理天
妙法知《和イ》解天　諸佛歓喜天　神祇納受天　聖衆遊戯天
諸天影向天
又説　大和万秋楽　金性万秋天　慈尊万秋天　曼陀ヽヽヽ
玄歌ヽヽヽ　元老ヽヽヽ　唱歌ヽヽヽ　神仙ヽヽヽ　仙歌ヽヽヽ
見佛聞法天　慈愛万億天　菩樹下天　成説之下
九箇異説者　慈愛万秋天　仙家万秋天　金剛ヽヽヽ
大和万秋天　往歌万秋天　神仙ヽヽヽ　唱万才ヽヽヽ　曼陀
ヽヽヽ　元老ヽヽヽ

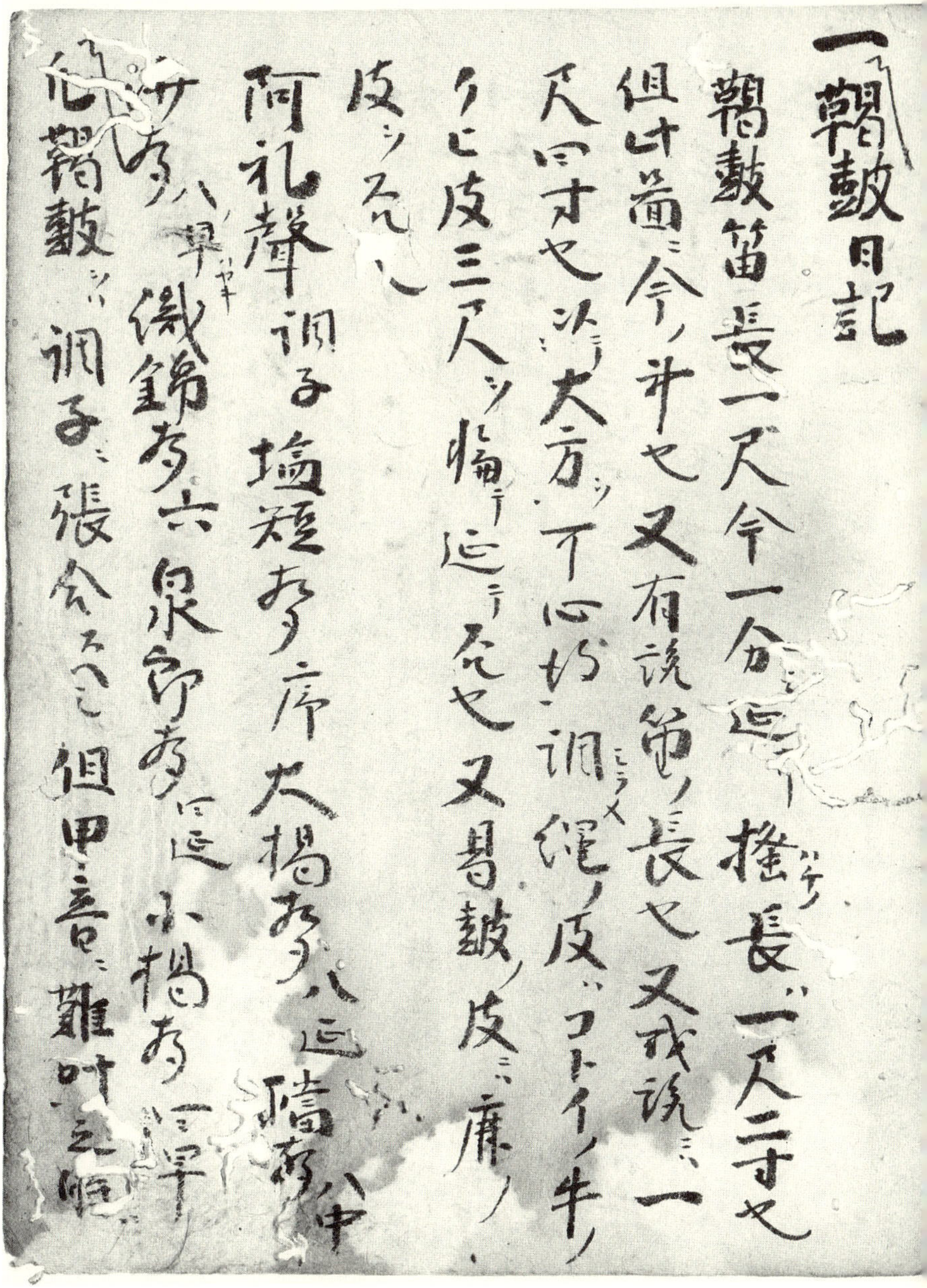

一鞨鼓日記
鞨鼓笛長一尺令一分ニ近ヲ 撥《ハチノ》長ハ一尺二寸也
但廿箇ニ令ノ并也 又有説節ノ長也 又或説ニハ一
尺二寸也 次ニ大方ツ下心切ニ調縄《ヒラメ》ノ皮ハコトイノ牛ノ
クヒ皮三ア人ツノ偏テ近テ尼也 又割鼓ノ皮ニハ鹿ノ
皮シヌル
阿礼聲調子 壱越ノ序 大揚ノ八近 瑲ノ八中
サ々ノ八ノ早《ハヤキ》 織錦ノ六 泉郎ノ二近 小揚ノ一早
凡鞨鼓シハ調子ニ張合スヘシ 但甲音ニ難叶之時

七音ニモ不調《メ》合《ス》之一説ニハ中ニモ不下、但《音ヲ》調《ス》
次右取抱《ハテツ》、張之笙調子吹テ同ニ張合調子ノ
音ニハ奏吹若笛調子《ッ》之前ニ不打音取モ
来　●せリ　●せ　●せ　●せヽ　●せ　御隨ノ付拍ニ用、付音取鶏皮シ不慮ニ
来ヽ　来　゛来　但終ノ段ノ過句ノ御隨ニ用之、絶ノ　三字付也
調子之鞨鼓自笛ノ第三之句打、諸来甲ヒ鐃
急之音不受口傳、至《テ》還付要加請来調拍
留、序者自笛ノ第三《ニノ本》句始打之、但執不取
存、練習之仁尤實人者尤發人
也莫被抱切今不亡

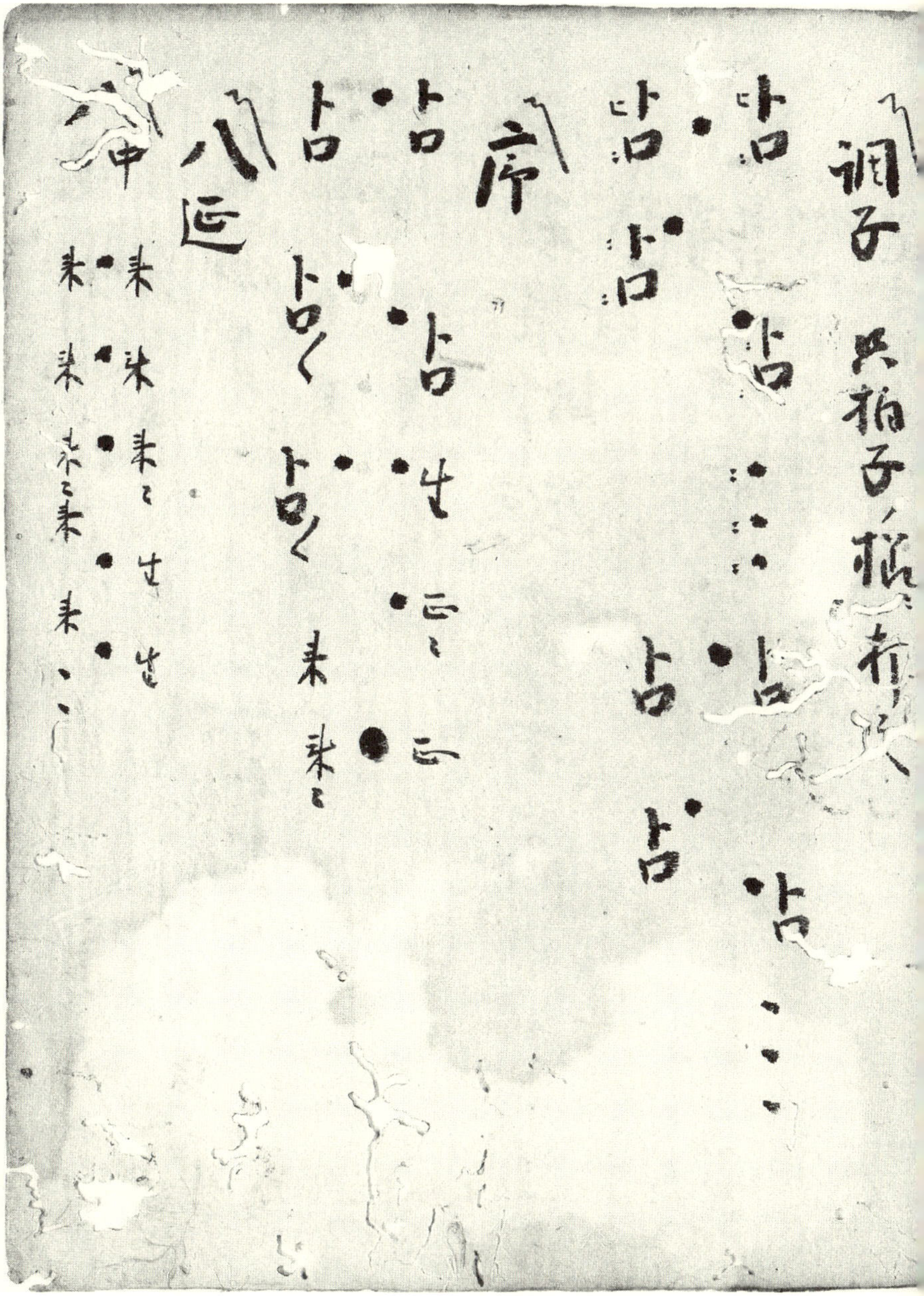
調子
序
中

八急 来・来 来・来 也・来 ・来 ・也 ・

同延四甲

六 来・来 来・来 来・来々 ・云 ・請 来

七 来・来 来・来々 ・云 ・云 来・・

金石糸竹匏土革木 謂之八音

匏

笙 礼記云女媧《クワ》造笙簧又人名云 笙者生也象物貫地而生又笙箄也 呉都賦曰姚《テウ》 笙象笙箄

趙方同録云竹封蕭匏内笙云々 蕭云長一尺

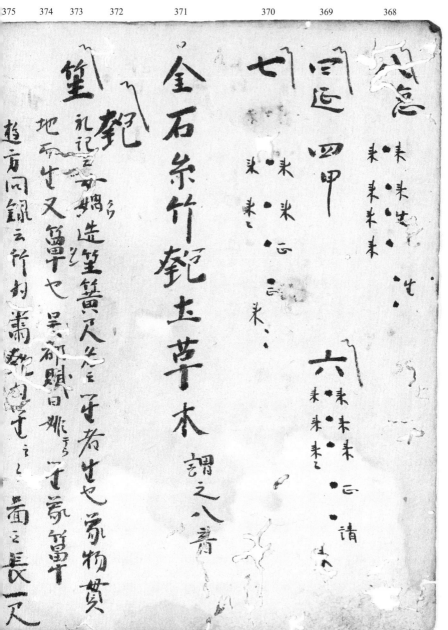

八寸圍七丈十九竹管[illegible]ニ豈候 汲瓢《ヒサコ》切之

〃朴《ト》卜《ロク》着於宋朝絶了仍除其竹

了又ヒ世《ヤ》着於本朝絶了《ア》雖不及去

竹不立右《ツ》

望寶物

大《オ》蚵《キ》[illegible]《サ》繪《ヱ》 小《コ》胡《キ》象《サ》繪《ヱ》 雲和 唐山 治 法[illegible]寺

不《チ》不《カヘ》替《シ》 歌ニ不替 本主唐人 不替千千石 小笙 秋夜 突《ミセ》丸

[illegible]皮 照宣公栲冠付目情《セイ》和天王給之

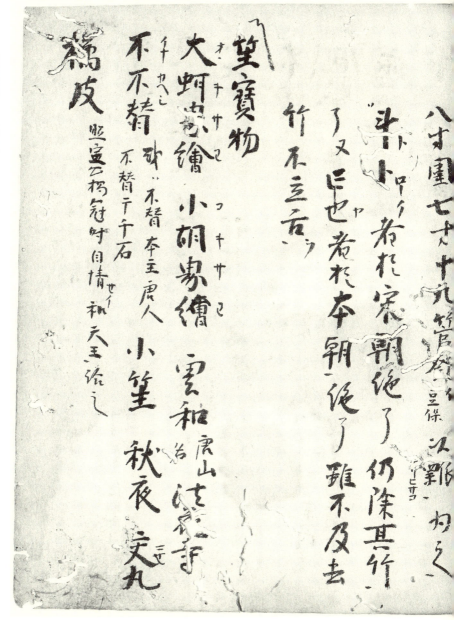

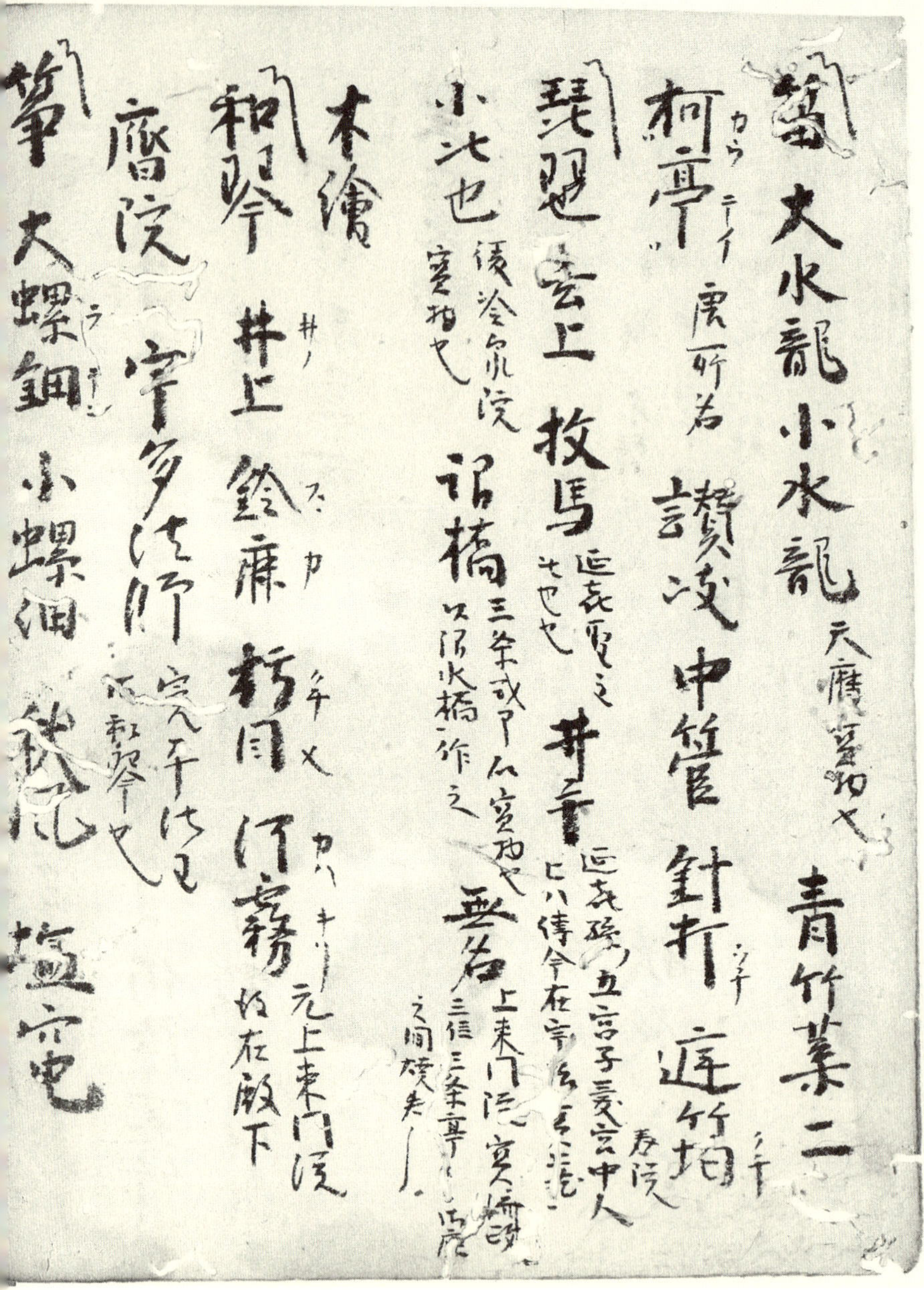
笛 大水龍 小水龍 天暦御物也 青竹 葉二
柯亭《カラテイ》 唐ノ所名 讃岐 中管 釘打 庭竹柏 寿院
琵琶 玄上 牧馬 延長御物也 井手 延長孫ノ五宮子三位宣中人 七八傳今在宇治宝蔵
小比也 後冷泉院御物也 渭橋 三条式部卿宮御物也 以渭水橋作之 無名 上東門院御物 三位三条亭ニ而 之間焼失了
木繪
和琴 井上《ヰノ》 鈴鹿《スカ》 朽目《クチメ》 河霧《カハキリ》 元上東門院 今在殿下
斎院 宇多法師 寛平法皇御和琴也
箏 大螺鈿《ラテン》 小螺鈿 秋風 塩竈

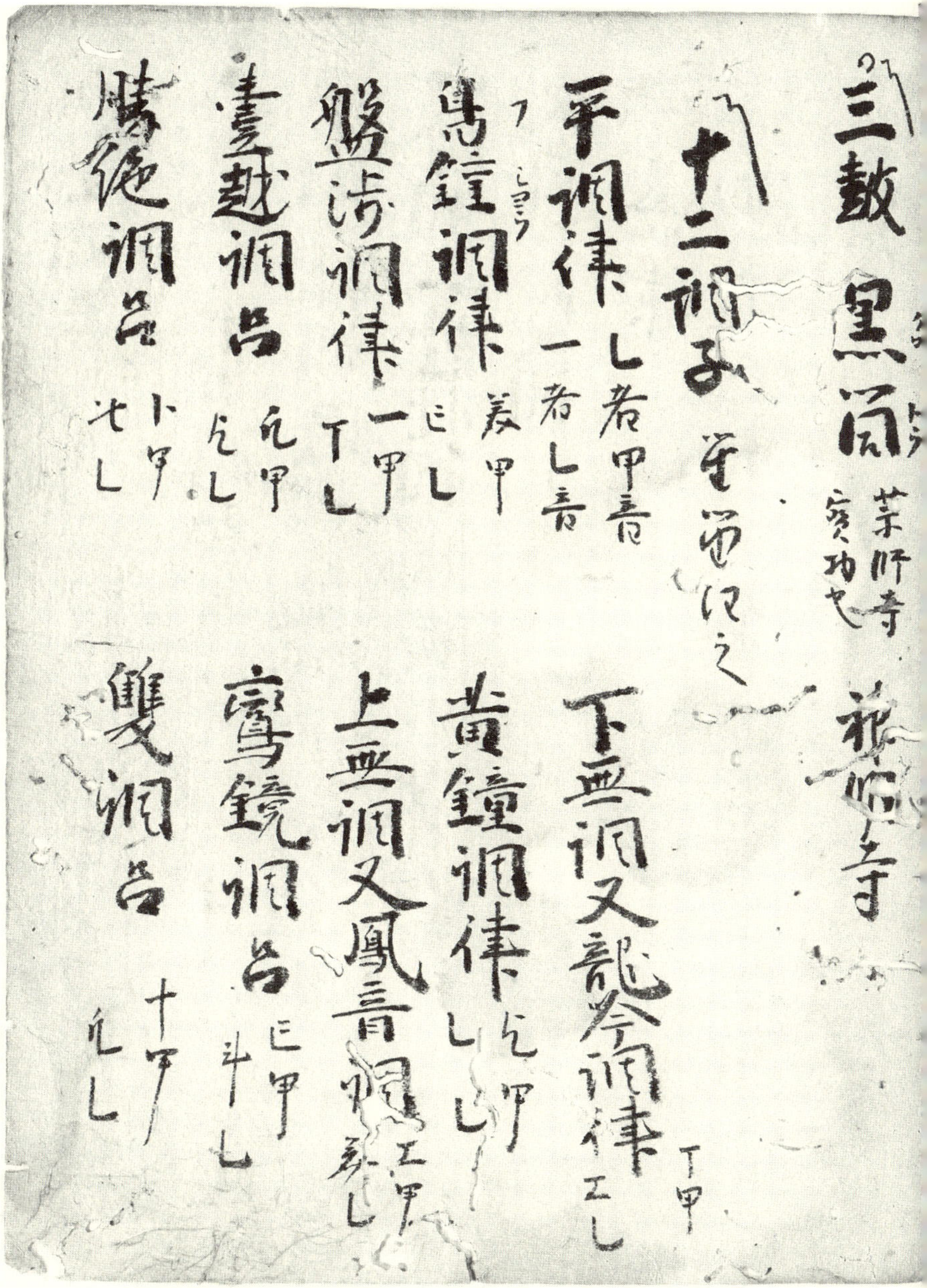
392 三鼓　黒筒　茱萸寺 寅功也　新羅寺
393 十二調子　管絃用之　丁甲
394 平調律　乚若甲音 一若乚音　下無調又龍吟調律　工乚
395 鳧《フ》鐘《シヨウ》調律　羨甲 巳乚　黄鐘調律　乞甲 乚乚
396 盤渉調律　一甲 丁乚　上無調又鳳音調　工甲 彡乚
397 壹越調呂　乞甲 乞乚　鸞鏡調呂　巳甲 斗乚
398 勝絶調呂　卜甲 亡乚　雙調呂　十甲 乞乚

斷金調呂　弘甲　ト乚　神仙調呂　七卩　十乚
○今世十二調子
平調　性調　道調　盤渉調　黄鐘調　已上律
一越調　一越性調　沙陀〻　大食調　乞食調
水調　雙調
○六律
平調　道〻　性〻　盤〻〻　黄〻〻　角〻
六呂
一越調　沙陀〻　雙〻　水〻　大食〻　乞食

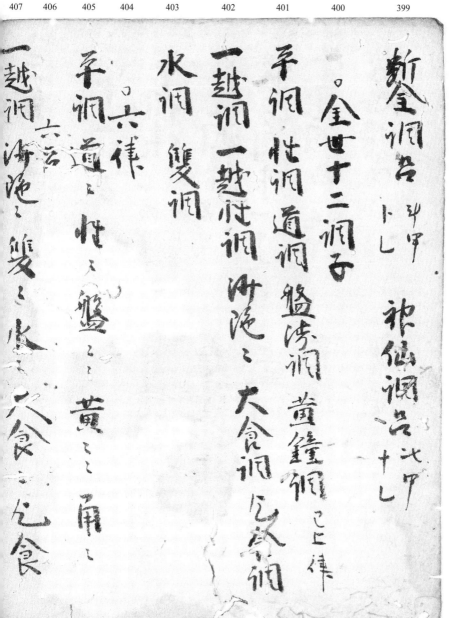

一順次往生楽次第　可調平調
慶雲楽　拍子六　大国王也　大国ノ代々会中之時奏此楽大国ニ
飲尾食尾ト云ニ云　有尾取用ス人食シ　又悩ス人シ楽同
此楽音曲シ　使尾非去　七十年以此楽世人礼我朝ニ慶雲
年中作之　極以甚害也　慶雲年中ニ自大国来以号安
尾王ト我朝以為慶雲ト問日記新王之舞ノ拍子十
又説終帖打三度拍子
旅施保五ノ介乃ノ知加七ノ多乃ノ毛之聚奈ノ比五ノ太乃ノ　次想礼
次導師着座　次唄散花　梵音　錫杖　次如前不調平調
是則化用之間調子之音存女許遠乱礼也　次讀式文
伽陀次音楽　想夫恋　拍子十急　次表白　想夫恋

記云昔震旦ニ有一女人号云比女奉文学有畳勝譜列妓女相具令他妻其時彼土以琴弾之奉夫門邊ヲ聞之捨他妻還本妻ニ所ニ号想夫恋トヤ

皇麞平者記云大國楽也音世々ノ所作也国王治識位之時奏ス此曲ハ二三四五六七帖大國之皇帝開元之時絶了

第一帖　伊勢海沢音楽　万歳楽　沢催馬楽　准青柳音

万歳楽者記云我朝王也用明天皇所識位之王也天皇所作ニ之賢王ノ時鳳凰来囀ず也　伴鳥音奏賢王万歳ト囀也

第二帖　信濃　准伊勢海音

信濃者記云大國代者清舎日出リ陣之内ニ奏時王ニ死去以時王音曲ヲ知之ヿ時王七反手音ニ有リ舎元《エノウツノ》音ニ我陣即勝テ敵陣即破ル若無ハ此音ハ我陣即テ破テ敵陣

即勝ツ我朝日本国之上宮太子破守屋死陳ツ之時
奏此曲ツ有テ金毛ノ音ノ宮守屋之ハシノ題佛法之威験ヲ
本是明国楽也八ヤ哆羅拍子トモ云相子也以拍子ノ廿ニテ早也
第三段　太平楽破　流水音
記云太平楽大国楽也お技太ニ号武佳云ト内宴処ツ
依此舞楽ヲ
第四段　三臺急　何力
三臺者記云大国楽也三月しめ蘭国帝之儲君娃女三仁三之
臺ニ依ノ此ノ舞楽ヲ始會ツ処ノ号也
第五段　景以楽
景以楽トモ云　記云大国法佛賦之時作ツ六十六ノ二テノ景衣佛之
何力若　羅儀式次錦景衣花歌次鐵甲景衣次瓦若景衣之

大国ニハ百年ニ一度金沙国ニ大鵄数千万来テ害損人ヲ也
其時養由曲ヲ技鵄皆死ト云し
第六帖　可洲　達井
可洲者記之国名也技国海ニ布リ竹ヲ為可竹ト笛竹也件竹之
根ニ毒虵多ク満テ一切井乾不得飲ハ即死ス至ルニ養由曲ヲ
其舟ニ来為技毒虵不害人ヲ也金翅鳥鳴為也依此揃ヲ
不発害ヲ也
第七帖　許君子　更礼
老君子者記之我朝天皇之隠君子所不作也所為君
子ト隠君空ハ老ハ太子也技所作所以為等ト了
第八帖　廻忽　飛鳥井
廻忽者記之昔大国大一大臣号ヲ貴養成《セイ》技ニ有之同

大忠連ト忽ニ受病シ死儀往ニ一百ケ日シ抜匠云也昔工
基ノ島辺ニ作一乄来シ次習令シ弾之之也七返ニ之時抜死骨
息せり廻基之シ仍名廻忽ト

第九段　五常之破　道口

五常之者說之大国要也　礼儀ニ作之時来音曲次仁和礼之名
信シ　羽宴ト号五常楽ト　同說ニ序拍子八吹二反　次詠
三度詠同吹三度破拍子十六不吹六反　急拍子八下
随之舞所来有舞詠本是三段有六句而流道作不用
略說之序吹早打欲吹破之時舞人詠之數
併音ヲ感次楽人聊奏夕中ツ六丁中ツ夕ツ中ミツ十六
次舞人有詠如前　次楽人奏手如前　次舞人有詠之

報恩志欲申次主人聊奏之五上ロ中五上ロ五こロ
上由リリ五ロ下六ロ五下こロリ　次舞人有詠之
鄭禱寶摩亭傔賀　弘仁天歡五聖ハ次主人奏之吹破六反
廻向後
蘇合急　但不渡平調　次略初分廿初後
次六種廻向
文永二年甲午十二月十五日　延暦寺沙門真源記之
於東院石塔懐陽葉巻業集之了
一輪鼓褌脱者記之大国王也然四武諍来時奏此音曲シ叙也
依之流譜ニハ三拍子説也非三拍子者非輪鼓褌脱ニ号春
太ニ八多《ヤタ》羅《ラ》拍子カタラ拍子ト云共拍子ノサキ早也
平調拍子ハ挠しハ他事也

一大鼓口傳　無祕傳但大ノ手ニハ不加拍子也
又諸手ノ拍子ハ歴ニ不打早ス手ノ後ニ打之
是ヲ迄ト号拍子トス也　柔《ヤワラカニ》打也
又新手之船手ノ時ハ左手ニ准テ大鼓ヲ搉ヘシ　又百秋
手ノ破手ノ新手之一鼓ヲ用時ハ搉ヘキ也　又道
新戎童手ラ之吹テ舞ノ入時ハ舞人向王屋ニ
之時加拍子是常説也
又乱声ノ大鼓ノ初ニ裏桉三打　桉《ハチ》以林哥ナリ
又乱声ニハ打切《キリテ》打改也　但二度ニテ不乞
又乱序ハ◯○○○◯○○○　陵王還城楽ノ大鼓ハ

487 聊カ替《カヘ》テ打也　陽ハ如上注還城楽乱序ハ
488 ○○○○○○○○○○云々我同様打之也云々　又譜ノ小楽ノ一拍
489 子ニ上シ下《オリ》天ハ罷出音声ノ時ハ三度拍子ニ
490 上へし
491 凡太鼓ノ打法必笛吹ニ初拍子ニアツヘキ也
492 仍未又へし　設《メズイ》本ヨリ存知シタル之如テ有吋
493 併也　太法今夫ノ付并度《ヒニテ》所ノ打様譜
494 遠夫ノ使《セハキ》所ノ打様て賛ハル　又太鼓ニ強《ツヨク》
495 弱《ヨハク》雄《カチ》アツヘキ取実未能ニ存知スヘキ也
496 不メハ向太鼓ニ書ノ乱し注ニ所詮師伝ラ能ニ

497 習授ヌニ造次ニ千九（十七）

498 十二拍子ノ大鼓ノ三説

499 鐘ハ五常之急　水隆ッ古鳥并樸去ノ返先ニ有

500 萱序　四方八方九決　已上實返口傳　是秀経　浄土院口授

501 于時文保二年戊午八月十五日於河州天野金剛寺無量壽院書

502 六字了　禪恵　春秋三十五

503 應永廿六年八月廿六日　於天野大門坊之写了

504 長余　三十一才

諸打物譜　（裏表紙）

琵琶秘抄

（室町時代前期写）

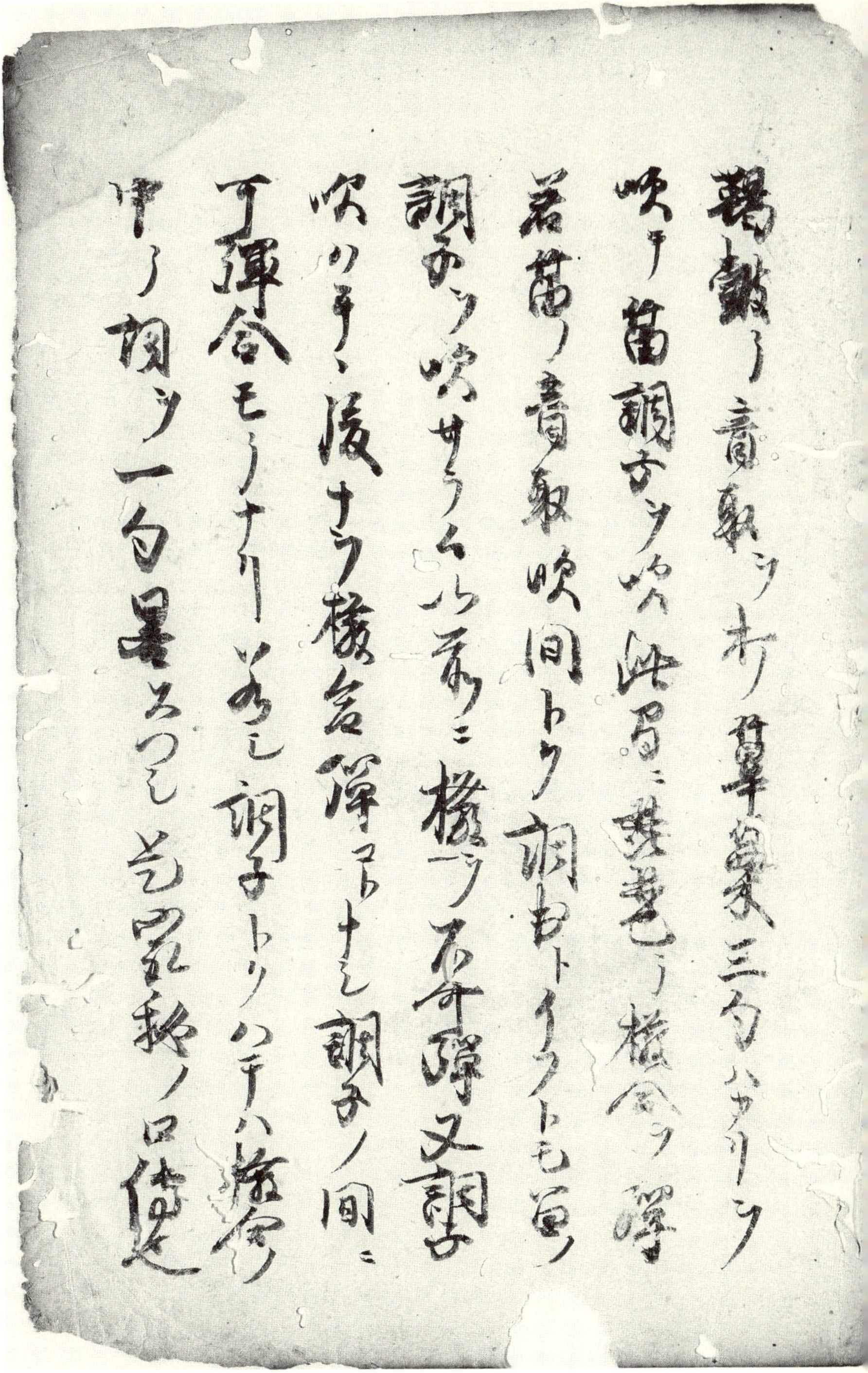

琵琶ノ音取ヲ本ノ笛草案三句ハカリヲ
吹テ笛調子ヲ吹ス此旨ニ琵琶ノ撥合ノ彈
若笛ノ音取吹間トヲ調子トイフトモ面ノ
調子ヲ吹サラムハ琴ニ撥ヲ不合彈又調子
吹ツテノ後ナラ撥合彈コトナレ調子ノ間ニ
可彈合モノナリ然レ調子トヽノテハ撥合ノ
伴ノ調ヲ一句畢スヘシ已上秘ノ口傳

近代篳篥モ笛モ音取終テヤカテ調子ヲ
ツヽケテ吹事無詮礼ナリ故実ニハシカスト
太コワリ又江巴ヲ可調事イクタヒ乱テ撥
面ノ中ヲ腰ノ中心ニアテヽ下ツスコヽロノ分ハ
手我身ト撥トノアヒヲイサヽカスカシテ
袖ノ中ニ落華ソノツクノプニヲ入テ腹ヲ枕ニ
又中ナル手モ雑ヲ異音ニ食道キノセキノヤヽミノ

ここノヒチノ調ノツキナリ調ハ合モアトモ安ノ
子細アリ中キツクモカタモ皆口伝ノウケテ
孫習ラツシ吉ミ調合テ後ハ七撥入レテ撥ツ
手引法已ウイタリ習将ミノ子細アリ文様ヲ
一ニアラス琵ツノ文テ琵ツノヒク事テ天西柱ノ
家説同シカラス是ニ付テ是ツシルサハ浮
騰計ス皆由緒子細アリト書キ事ナハ人ニ

佛ヲ稱アルつりや

一　絃付事

笛吹ハ、口テ後太鼓ノ初拍子ノ後付ルナリ

琵琶ハ如ス初拍子ニ付ク去モ初拍子早クアル名

樂ナムトツハ第二ノ拍子ヨリ付ルホモアリ

已奏名也。打物ナキ時ハ琵琶ソ一ヘチテ付レ七

停ハ二三句モサカル字ノ事ナリ大樂ノ

時ハ何レモ一度ニ正スル替絃ナムトニハ尤モ調
止テル次ニ調鼓トスル鉦鼓ニ付ルナリ次笙トスル
次笛吹已箏篳篥ハ後ニ弾ルナリトスル也
楽ノ後ニトヽラス楽ノ初ニ吹モ弾モカナキ也
拍数返モセムト思ハム楽ノ終ニ又是ヲ付ク但シ
久シキ時ハツカラス枝ヲ費スルコト是ハ属也
但シ弾モ人ニヨリ時ニモヨルヘシ多ハ箏ニ一

ヨハくしき人ナムドノ可附コノ末不可記之
又イツキ名ノ事モ如案キテ楽トノ終リハヤナト
満座思名附カヤウノ事ハ故実ナキ人モ
ヨクく可存知ス如此ナル物ヲ隠ス事愚人ニ家之
一　奏楽歴事
調子ナニトモ未ナシ大法会ニ乱声ヨリ末
始テ僧衆行道ス法用ノ登楽ナムトニハ法し

付ルナモ入調トモ云ヘリ秘ノ調ノ也大楽ナ
ムトニハ調子ヲ吹コト有リ此調ヲ入ト云トモ撥合ノ
不可引撥ノニテモ道ノニテモ二八ガ二吹カセン時
撥合ヲ引カケツレハアシキ名ナリ篳篥ノ音取ノ
待テ絃ヲ調ル最絃ノ程ニ叙テノ事ナリ無下ニハ
音取ニ付ケテ楽ヲ吹ニ依テ更テ調ムルナリ
但シ調子ニテ切ル葉ニハ笛ノ後調ヲ撥合ニテ

別譜ニ載リタル量定シテノ撥曲

一　譜ノ有ル處コトニ作法カハルナリ。ヒカリト

云トモ委シクシルサス

一　琵琶ニリム読ナムトス事ユメ〳〵有ルヘカラス

筆ニハ少ヽ見ル所モアルヘシ其モコソシキ筆

事ニハアラスヨク〳〵口傳ヲウクヘシ但伶人ウチ

乱シテ或ハ比巴ヨリ引鶯ヨリ付筆ヨリ引テモ

ツトヘハ琵琶ニツツサハ兵ノ甲冑ヲヨロヒテ
敵キノ陣ニ臨ムカコトシ　シロクカヤウニウケ
絃ハトモコトカニハ覚ハ色、手ニハ大撥ヲ存
引ワケノカキワヽケノセヽク子細アル物ナリ
譜ナムトニ手引ツヽキ物ニアラス習ヒ受ケテ後ニ
必ス千反引ツヘシトカヤ

一　琵琶ノ我朝ニ渡セリケル事

仁明天皇ノ御宇承和第二ノ年美作守
藤原貞敏ヲ遣唐使トシテ琶ヲ習ヒニツカ
ハサレケル其サキニモ閑ニ楽十二三ガ人ア
リケレドモ譜モナク曲モナシタヾ形ノ如クス
アヤツリナリ貞敏ハ刑部卿従三位継彦ノ
第六ノ子也清陽天性ヲノ菓テヨリノ音楽ニノ
ケル琴ヲノ弾シ箏ヲモ学ノ友ニツカワシケルナリ

大唐ニ琵琶ノハカセ廉承武ト云人アリ開元
寺ト云所ノ内ニ竟枝館ヲシテ又テスニ任タリ
勅使コヽニ暑子到リテ廉承武ニ謁ス勅宣ニ及ハ
ス此ニ比巴ヲ授ク又砂金三百両承武ニアタフ
承武云ケレハ汝《ナ》ヲテノコトク貴スナハチ相傳ト
云テ調二三授ク ヤヽタシナミテ終ヒニ数曲ノ
学フニ骨アリ一ノ手ツ閲ナノ本ツサトシ承武

アヤシミテ汝カ師誰人ソモトヨリ妙ナル業ヲ
学ヒタリヤトヽヒケレハ貞敏云我ハ是独行
上代ノ家ノ風又更ニ他ノ師ナシト答フ廉云我
一人ノ女メアリタテマツラムト云答云一言モヒソ承ル
女ニノ手全カアリテ弾ミト云テ即アヒテムケル彼
女メハ琴ノコトナレトモヨノヒキケレハ世アニメ習テ
ムケリ啄木・盤渉ヲ三調ハ石上流泉ノ秘調也サテ

明クル年ノ春トモ竿ナシトキテ古ヘノ人倣ニムト
久別レノ涙ヲ枕ヲウルヲシモナヲコレ人ノ恋歎ス
衣裳ヤナレミニタフヘス紫藤紫檀ノ琵琶各一
面ヲ与ヘラレシノ玄上牧馬モトヤノ良緑路ノ
後勅アリテ神泉苑ニハシメテ嵯峨ノ帝夢
原ノ兵乱ヲ避テ世ヲ枝ケサセラル文清和ノ御
門儲ケノ君ニツカレナシ学フ其曲トモヲ傳ヘサセラレ

世治ノ文角宮ニ授ケ奉ツル三代ノ御門ニ仕ヘテ
貞観六年ニウセ給ヒ又廉六十一巳上周末ニ
見タリ又横笛ノ調子ツ今ノ琵琶ニ合ハセ給ヒ
事モ此人ノシワザトカヤ
一　妙音院殿ノ作ニハ地色ハ極メテ大ワヒニ桐楊ヲ
ヒカムト心ニカクツモサタミモ異ツハ自然ニ妙ツモ
事ナリ撥ハ大鼓ツスハエチ折カケし又小石ヲ

以テアキラカナル障子ヲ寄樹ニ因テシ[illegible]
別ニ云、太絃ノ音ハ村雨ノコトシ。小絃ノ音ハサヽ
メコトニタトヘタルニ又玉ノ盤ニ大珠小珠ヲウチ
散《チラ》スカ如シ。又銀瓶子ニ水精ヲナケ入ニ鐵ヲツキ
イタスト云ヘリ。サレハヨクヽキラメキテ大ナル
ヘキ物ニヤ。我ソラシカニ此文ヲ読ミシカトモ何ト思[illegible]
オナカリキ。此道ニ入テモソ思フニ此色ヲ[illegible]

附心タヽ此樂ハカリトソ覚ヘケルトカヤナリ
申サレケルナリ此曲ヲハ構ヘテ〳〵シツハヤカニ
ヘキナリ毛遍ニコソ〳〵入ナハヤウツモし
蘇合ノ破ヨリ急ニ移ル所輪臺ヨリ青海波ニナル所
右ニハ納蘇利ノ破ヨリ急ニ移ル所是ホトタヨクノ
存知スヘシ大方ハ此儀ニ依テ定名楽ニシテシツ文字ヤ
紫ツノ庭ルキスマニ随カヒ様ニ依ルヘケレトモ色ホト八

カキリアル事ニテアリ、息アリ旋ニテ口傳キヽ
ワカスト申サレケリ

一　柱付ル事

是ハ細工ノイロハ又事ナリ　絃カケ柱ツクル時ハ
ムネト別人ノスル事ナリ　黄鐘調ニテ付ハ先ハ四柱ヲ
付テ甲レニ調ヘラレテヨソノ同音ニ合ス　次一柱ヲ
付ル事レハヲナラシテ同音ニ合ス　二三ノ柱ヲ多ニ

中ハカリヲ、ソトシテ付ルナリ、甲柱ト腹ノ上
アハヒヲ分ハカリ、但シ音ノ様ニ依ルヘシ、頸ハ
ソリシテ多ク、此巴ハ以外ニ頸ノ手ナラムナリ、
王等ハ諸ノ限リニ非ス、又柱ニモソケツルナカヤ
ツクル事、口傳ニアリ、又木ノ目ソムクル方面
桂表流用ニヤラス、皆相傳タヘシ

琵琶袋ノ調ニ四ノ様アリ
第一ニハ文武ハ蝦夷ノ調度袋ノ様ニ名ツ長サ一
丈ニタチテヲモテシテヌフナリ又イリタテ五尺ニ畳レ
唐ヌル錦ノハタハリナリ又イツハリテウスヒラ

組《クミ》ヲシテヌイタニツミニハスリミノ長サ一丈二尺ニ
一方カツヲナミリノミ五月ヘシモマツ之ナリ緒二千
付つにし上ノ絃ハ大緒フトクつくし長三尺人鶏おいキノ程ニ
付ル緒ハスコシホソクカクつくし長二尺人東角ハ唐陵ニ早
球ハ黄頭ハ青ク本ハ紫ナリ面ノ文ニ沱かうし此木ハ
式ナリ一説ナリ法ハ色ニタカハス洞様ニ同シヤウ之也
落帯ノフクヲミノ人カハカ此也ノ様ハ此ネテ

スル說アリ此ハ脂儀絃ニ当リ好ミテ用ルトカヤ
但シソテタル時三大ノワロキ也
一說琵琶ニスコシモタカヘスタチヲハセテ頸ヲモ
佃ノ半手ヲ傳手ハ一トツモナヤカテウチツヽカキウニ
タチテ將夜ノヒ甲ノ様ニヒホリ入テ四ノ方ニ許
半手ノモトニ二許付ル様アリソレハツモリノミスル様
琵琶皆絲ニ付テモ时ハ高方ニヒホリハスコシ常ニ付ソ

144 モチ井ラルヽ本ナリ

145 一説コノ畧スル絃ノ時ニタチテ比巴ノアツサニ

146 カハツノタチヽ調事アリ

今流ハ今出川殿ヨリ出来タルトカヤ昔ノ説ニ非ス
此事別子細ナシ
琵琶ノ緒ニ入ル様ハ緒ノワナヲ菊ニムケテ入テ緒ヲ
内ノ方ニユフナリ緒ノ様ニヨルヘシ
本ニ云
此抄深秘也改令秘蔵雖有子細所令記録
也更ニ不可及他見

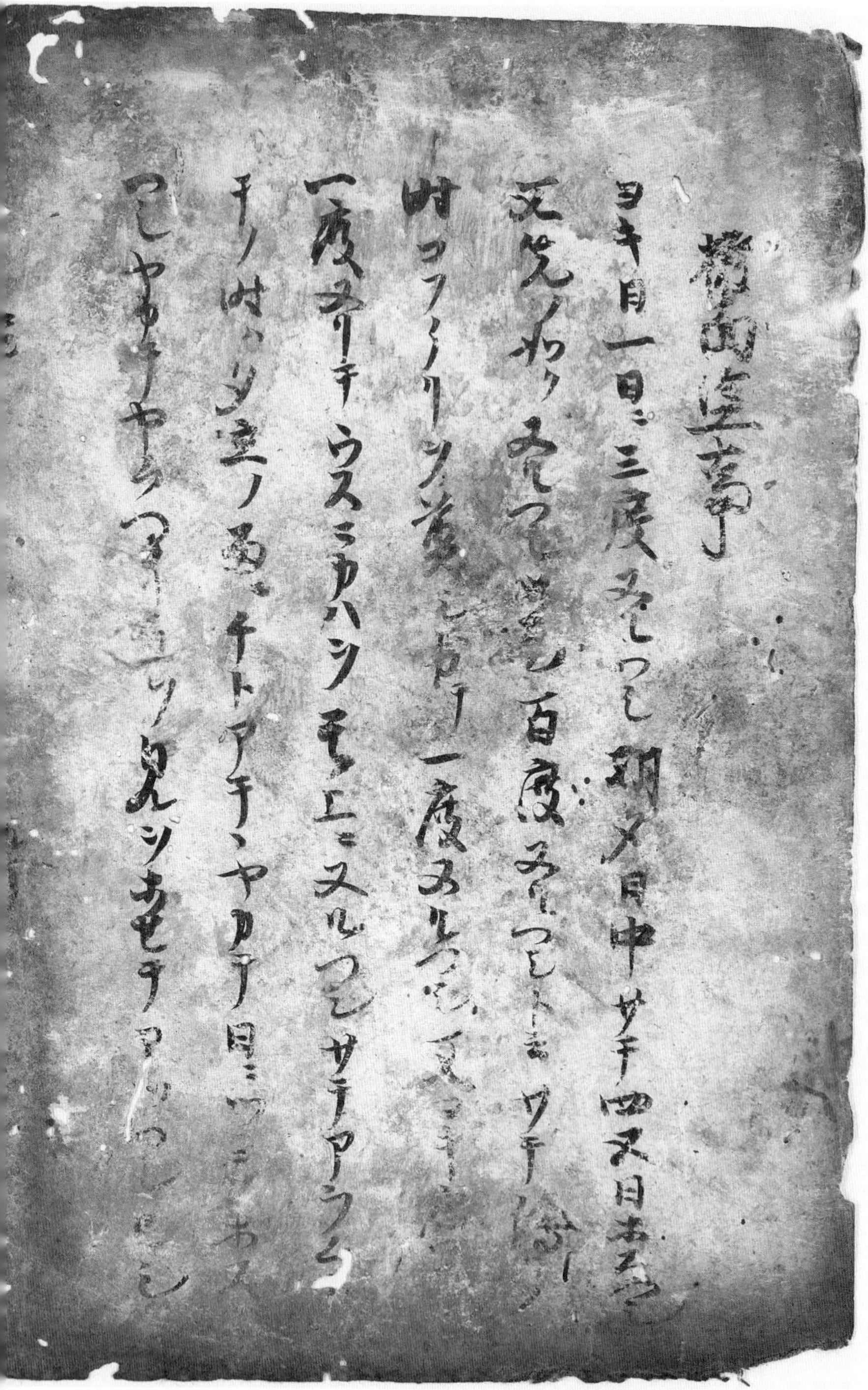

撥面塗事
ヨキ日一日ニ三度ヌリツヽ朝メ日中サテ四又日暮ニ[illegible]
又先ノ如クヌリツヽ[illegible]百度ヌリツヽ[illegible]サテ[illegible]
時コフミノリンノ[illegible]ニカテ一一度ヌリツヽ又[illegible]
一度ヌリテウスニカハシテ上ニヌリツヽサテアラフ[illegible]
手ノ時ハリ[illegible]ノ為ニ千トアチヽヤカテ日ニ[illegible]
ツヽヤカナルヤウツヽ[illegible]ツノ見ルシカセテ[illegible]

笛譜

（天正十六年〔一五八八〕写）

7　6　5　4　3　2　1

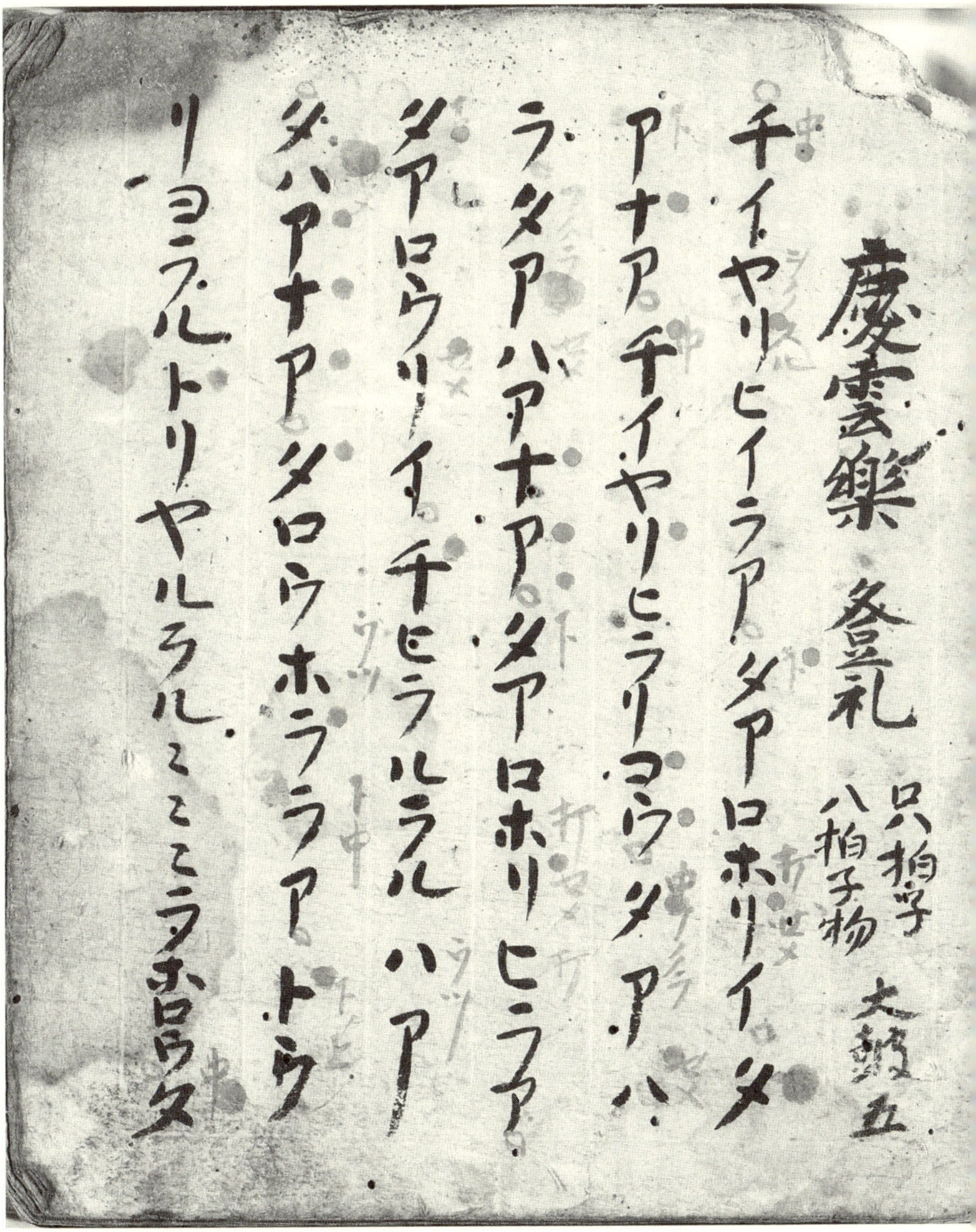
慶雲楽　登礼
只拍子
八拍子物
太鼓五
チイヤリヒイラア　タアロホリイタ
アナア　チイヤリヒラリコウタア　ハ
ラタア　ハア　ナア　タア　ロホリ　ヒラア
タアロウリイ　チヒラルラル　ハア
タハアナア　タロウ　ホラア　トウ
リヨラルトリヤルラルヽヽヽラホロウタ

アナアリヤラアツリリラリコラタ
ロホリイーチイリラアタロウチイー
リラアナアヽツリーラアラタアタア
甘州　勝楽　四拍子物二キ八十四　間拍子大鼓
ラアリコウタアヽロホウタアナアヾ
トリヤアハラアリコラチラルラルトリヤ
ルラルラルラルラリヤラハイーラタアア

（2オ）

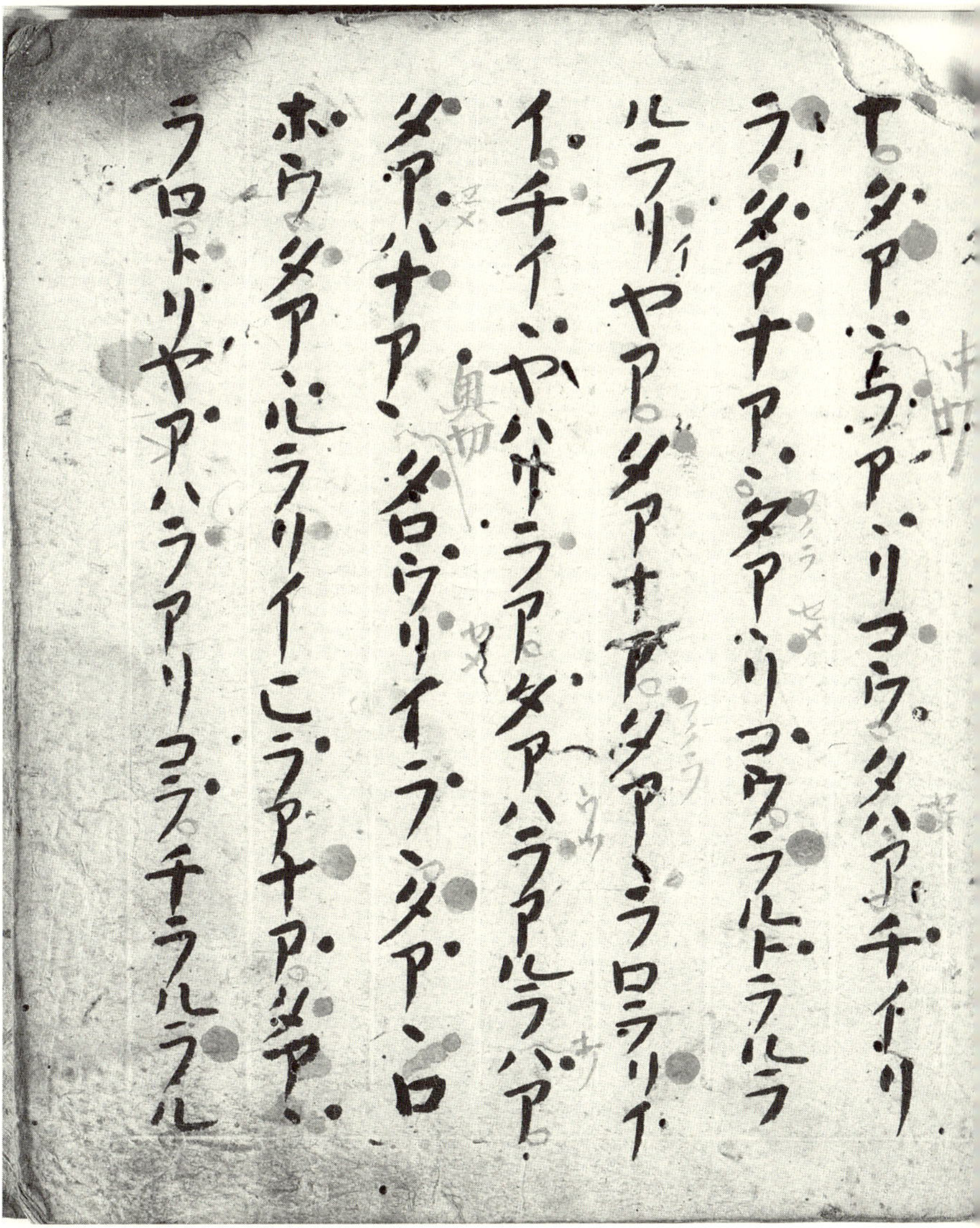

ヒタアラアリコウタハアチイリ
ラタアナアタアリコウラルトラルラ
ルラリヤアタアナアタアラロラリイ
イチイヤハサラアタアハラアルラハア
タアハナアタロウリイラタアロ
ホウタアルラリイこラアナアタア
ラロトリヤアハラアリコラチラルラル

ドリヤラルスルラルリヤラハイラタア、
ロホウタアアラロラリイ、チイ、ヤハリ
ラア、タロホリイヒラア、トリヤア、ハラ
アリコラチラルラルトリヤラルラルラルラ
リヤラハイラタアオタア、

五常楽　八拍子物　太鼓四

チイヤハロウヒロリコウタアホアヒロ

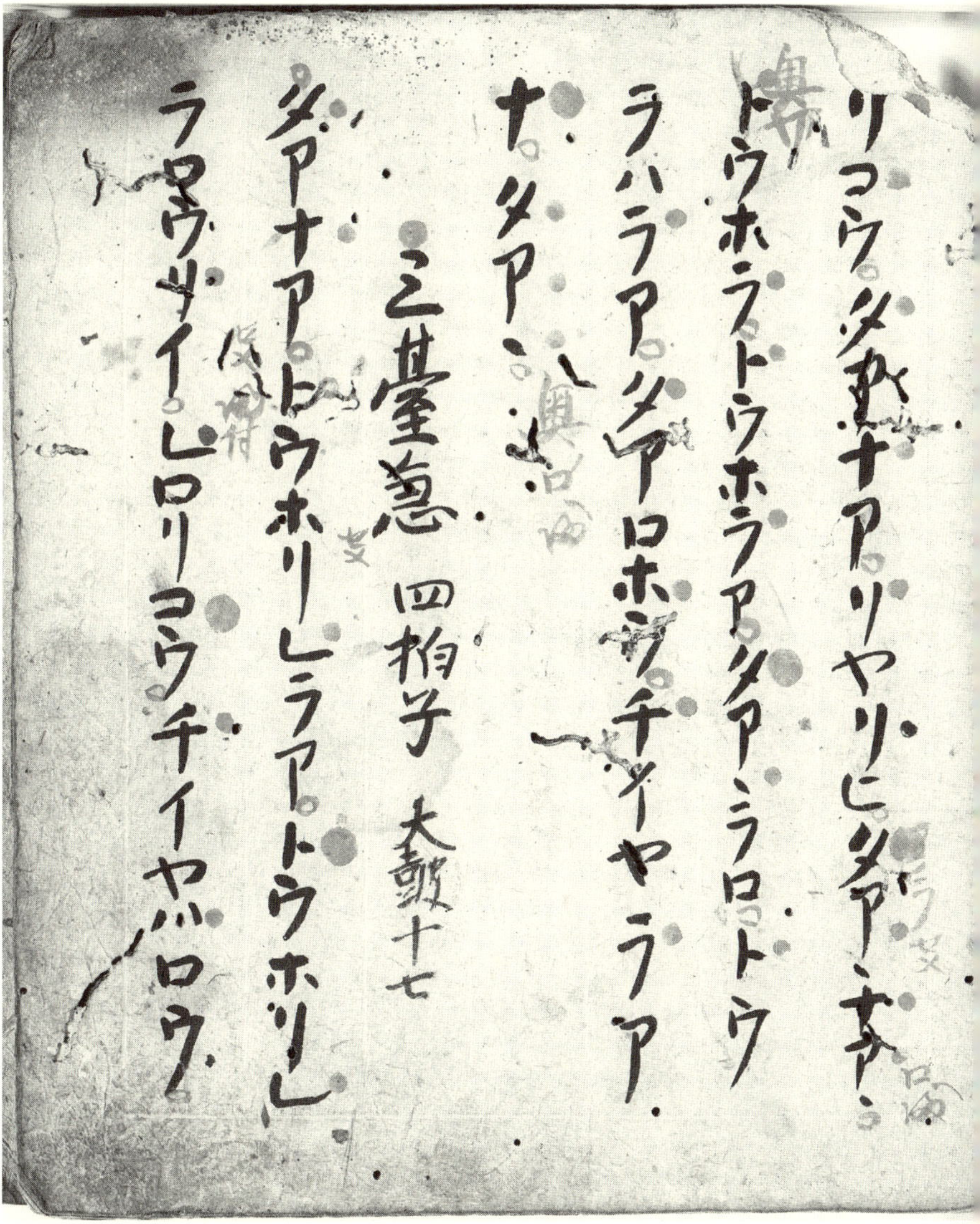

リコウタホナアリヤリヒタアヽナアヽ
トウホラトウホラアタアヽラロトウ
ラハラアタアロホラチイヤラア
ナタアヽ
三臺急　四拍子　大皷十七
タアナアトウホリレラアトウホリレ
ラロウサイレロリコウチイヤハロウ

レロリコウタアリイータアナア、チイ
ヤラハラアチイリチイヤハロウレロ
リコウチイヤハロウレロリコウタア
リイタアホア、タロウホラトウホラア。
タロウホラホア、タア、ハロウタアナアリ
イヤリヒタアナアチイロイラタア
ロホウチイサラナア、タアラロレロウ

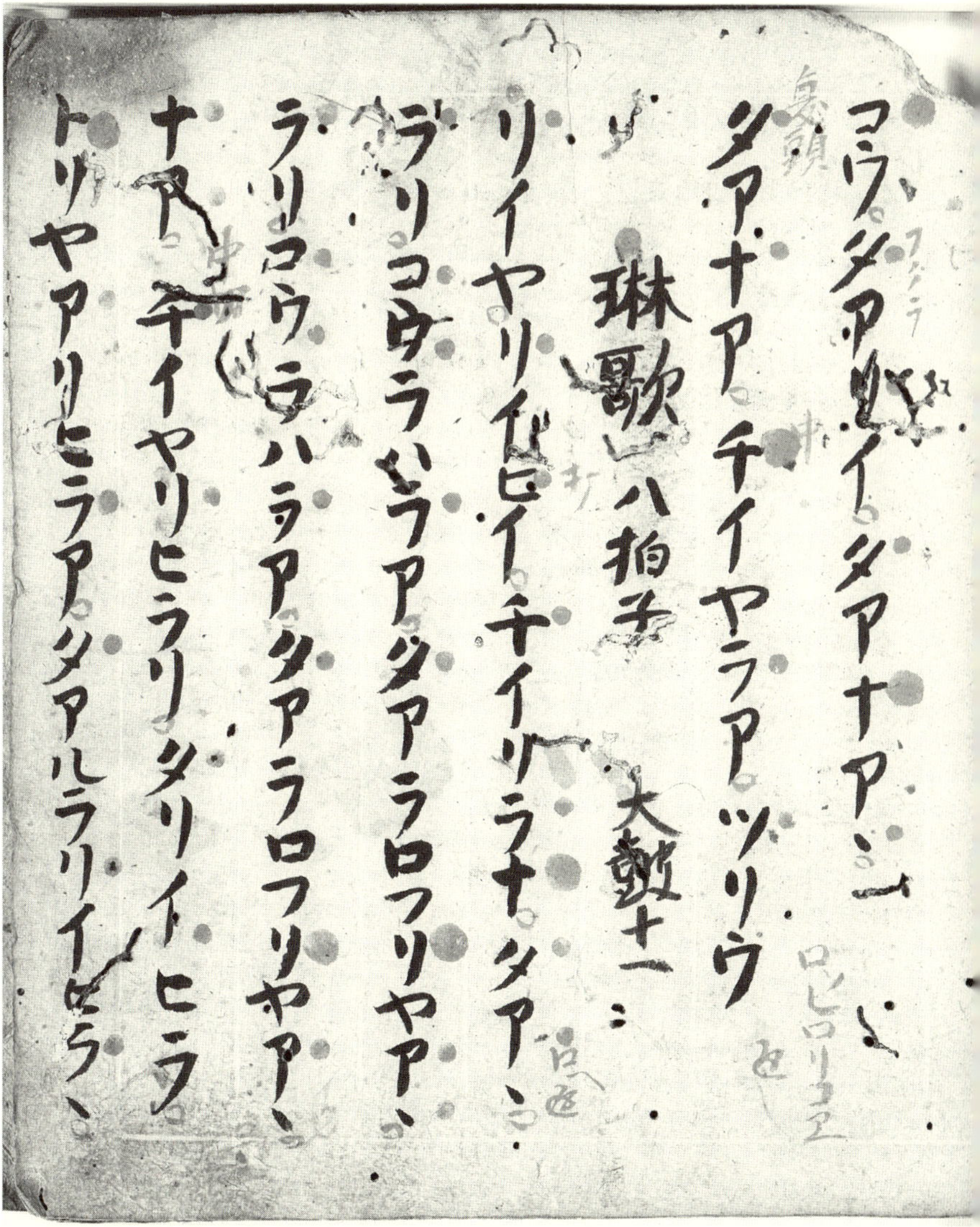
コヲタアルイタアナアナア〻ー
タアナアチイヤラアツリウ
琳歌　八拍子　大鼓十一
リイヤリイビヒイチイリラナタア〻
ラリコヲラハラアタアラロフリヤア
ラリコウラハラアタアラロフリヤア
ナアチイヤリヒラリタリイヒラ
トリヤアリヒラアタアルラリイヒラ

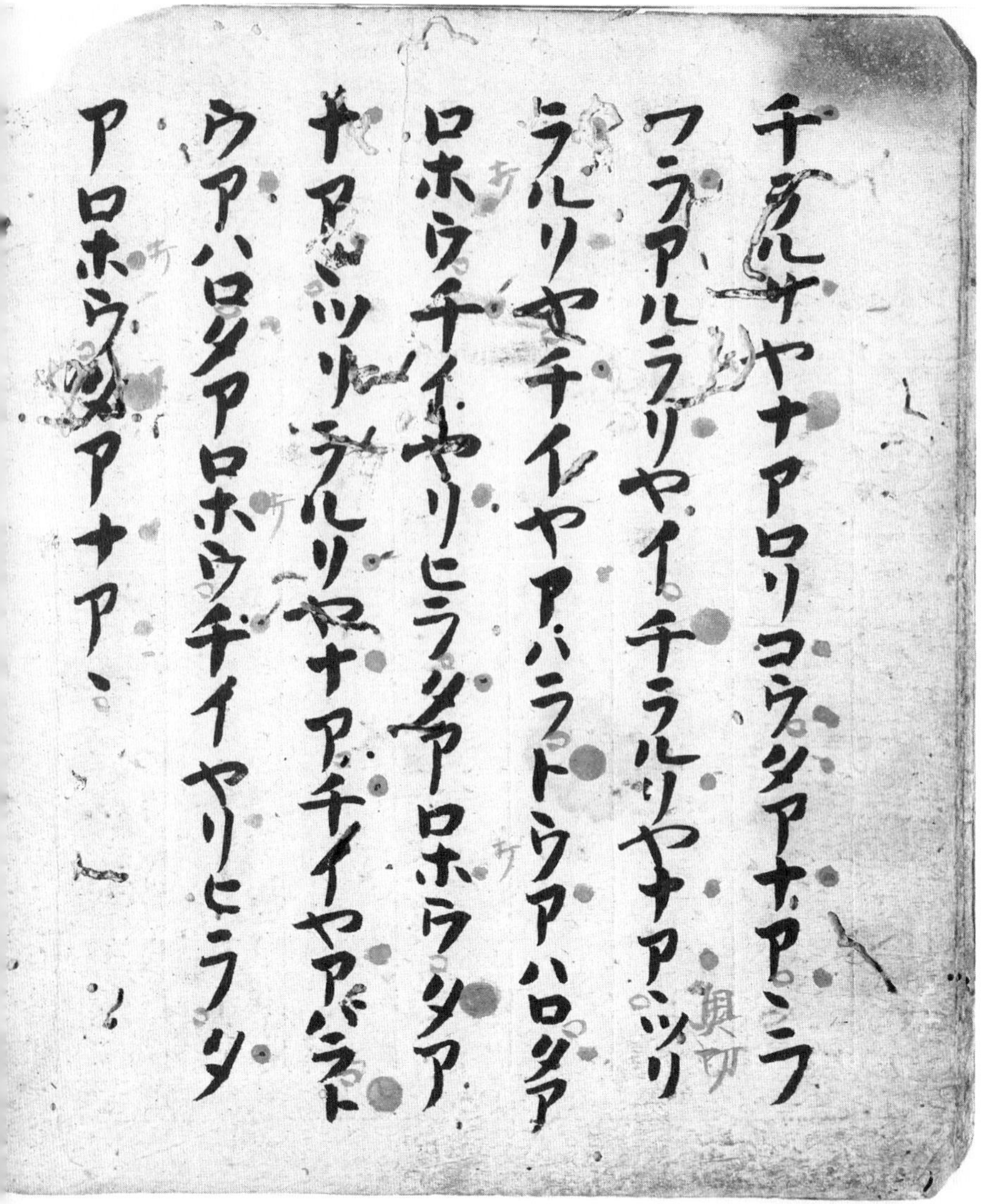
チラルナヤナアロリコウタアナアミラ
ワラアルラリヤイチラルリヤナアハツリ
ラルリヤチイヤアハラトウアハロタア
ロホウチイヤリヒラタアロホウタア
ナアロツリラルリヤナアチイヤアバラト
ウアハロタアロホウヂイヤリヒラツ
アロホウタアナア、

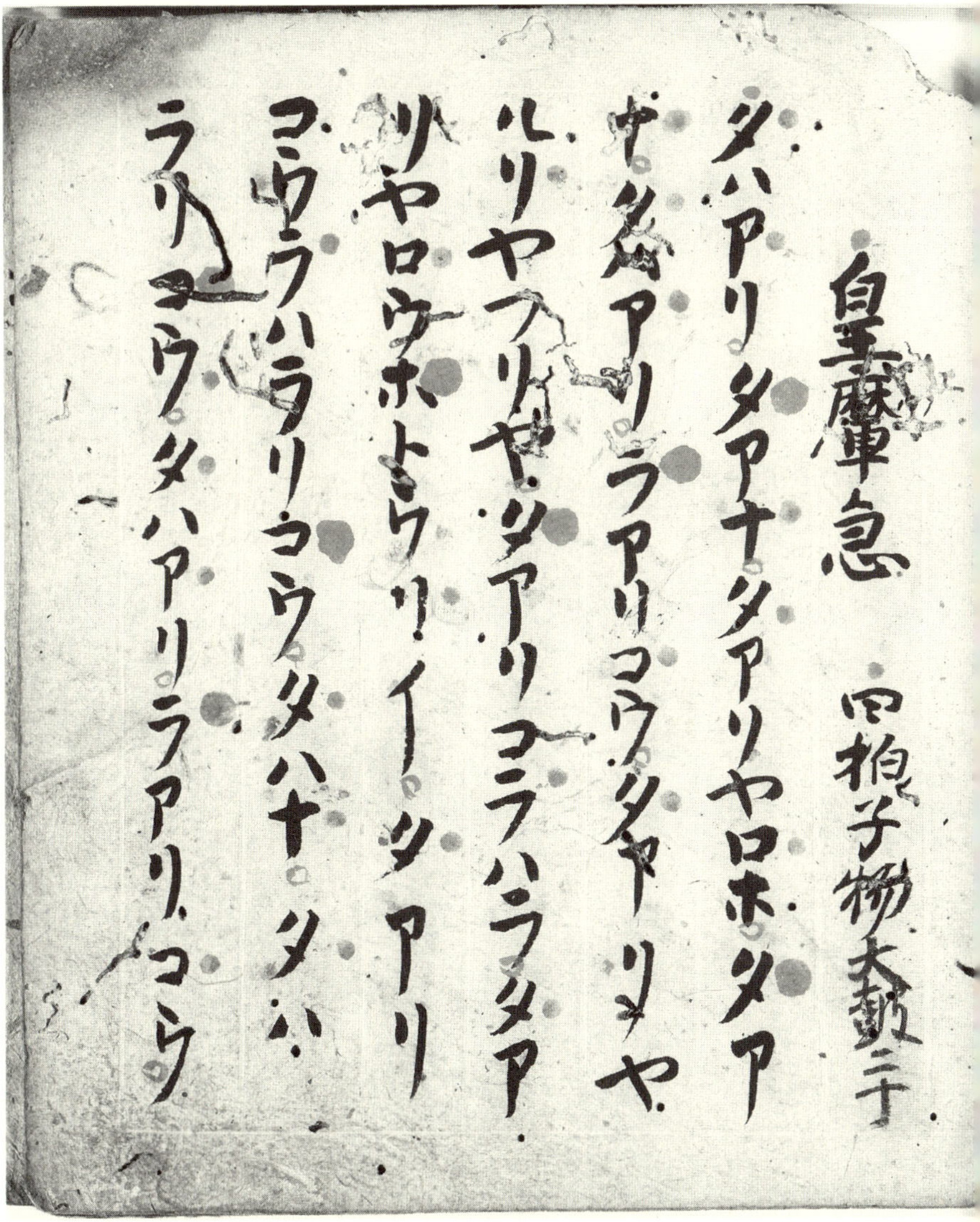

皇麞急　四拍子揚太鼓二十
タハアリタアナタアリヤロホタア
ナタアリラアリコウタアリメヤ
ルリヤフリヤタアリコラハラタア
リヤロウホトウリイータアリ
コウラウハラリコウタハナタハ
ラリコウタハアリラアリコウ

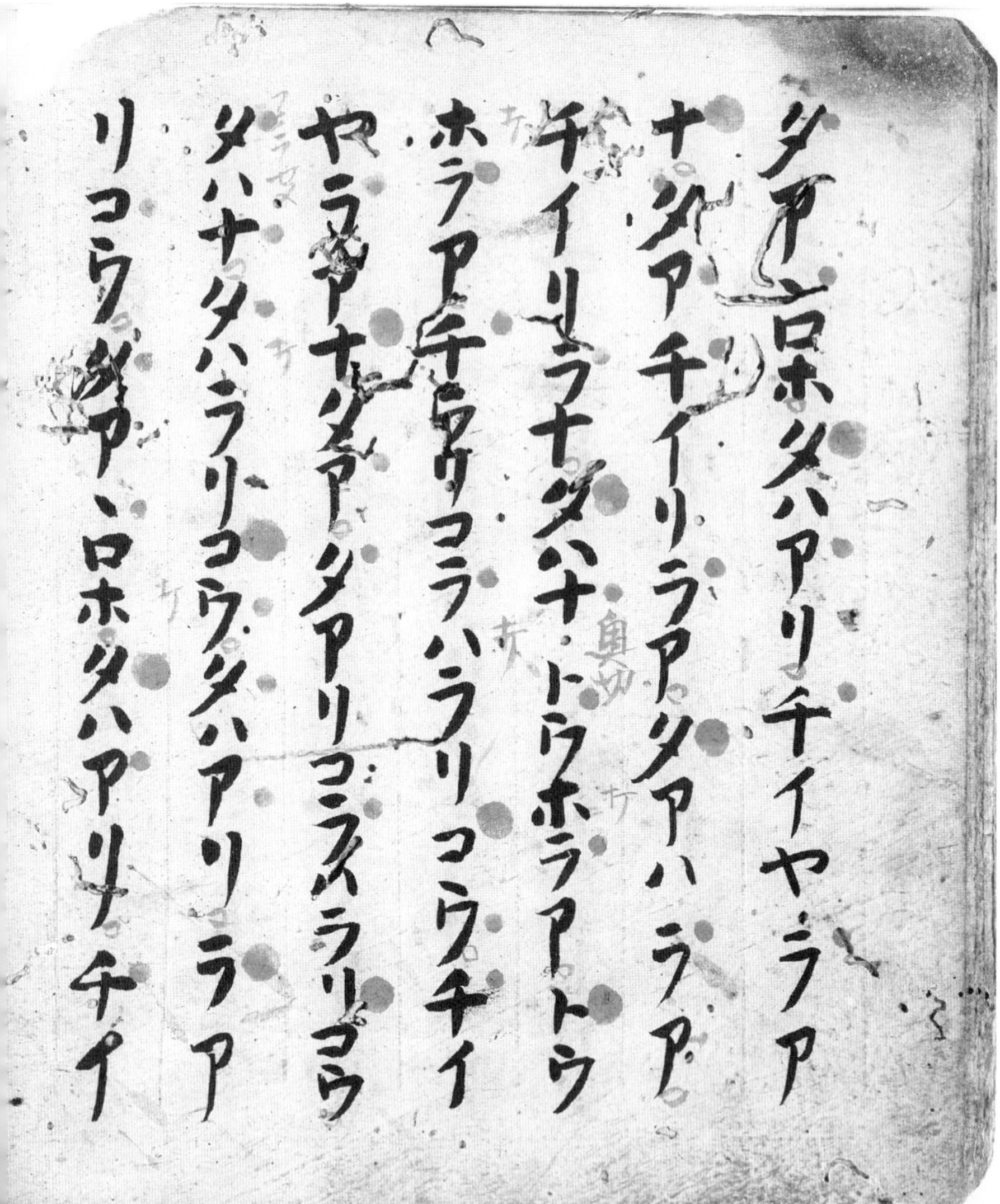

65 タア丶ロホタハアリチイヤ・ラア
66 ナタアチイリラアタアハラア
67 チイリラナタハナ・トウホラアトウ
68 ホラアチラサコラハラリコウチイ
69 ヤラタアナタアタアリコラスハラリコウ
70 タハナタハラリコウタハアリラア
71 リコウタア丶ロホタハアリナチイ

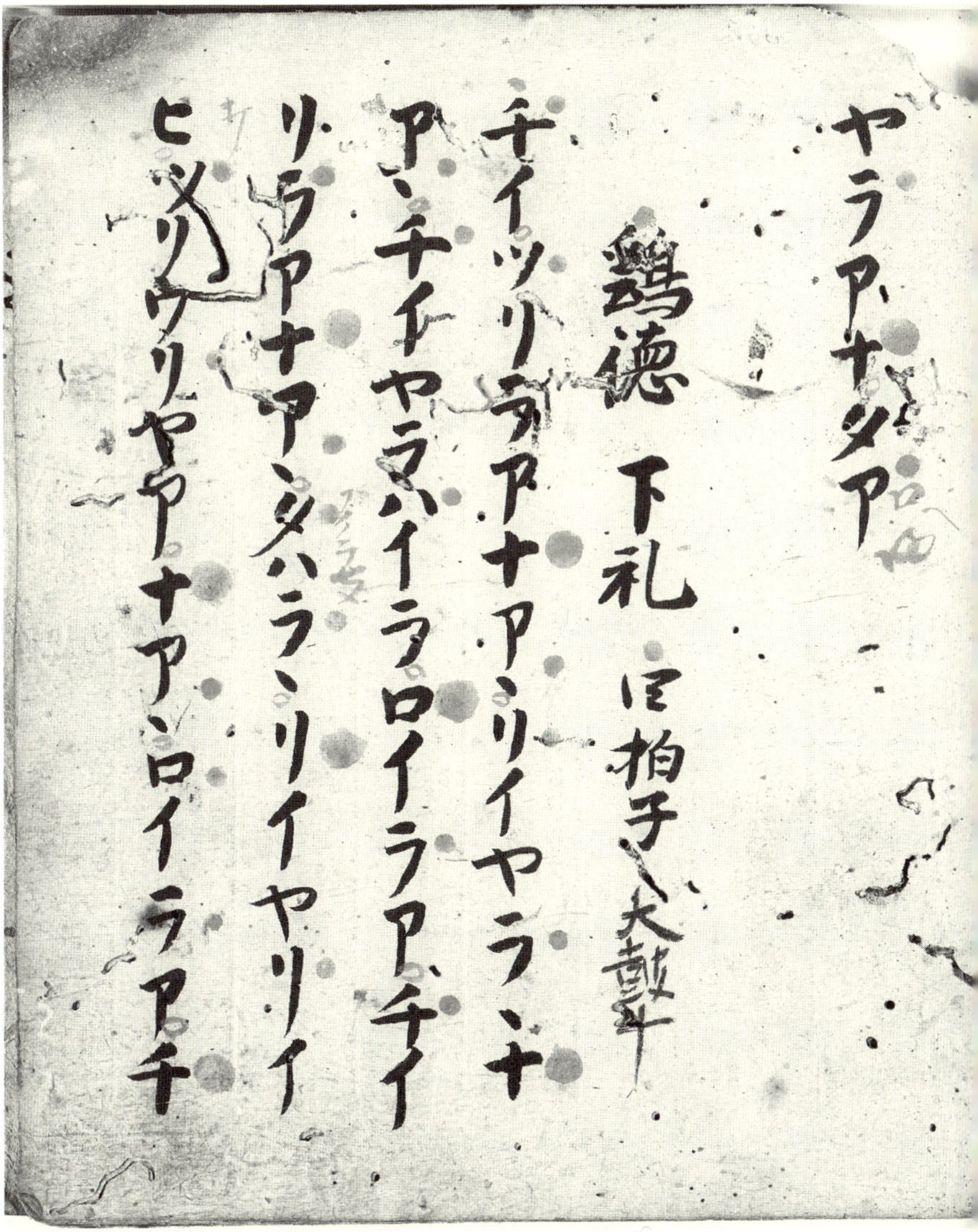

ヤラアナタア
鶏徳　下礼　只拍子　太鼓
チイツリラアナアミリイヤラヽナ
アヽチイヤラハイラロイラアヽチイ
リラアナアンタハラヽリイヤリイ
ヒツリウリヤアナアヽロイラアチ

78 イリフア〻ロウラルラトトウラハ

79 ラアトウホリイレラアチイヤラ

80 ヲ十ア

81 盤渉調子

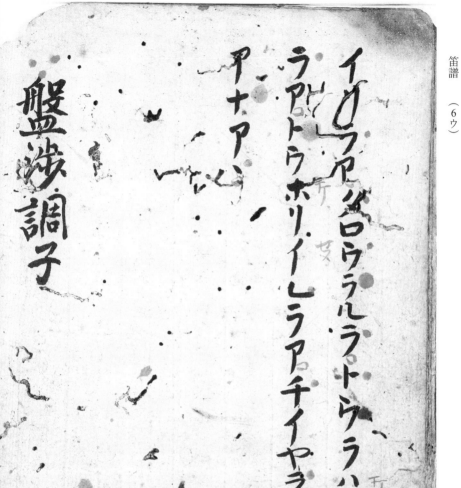

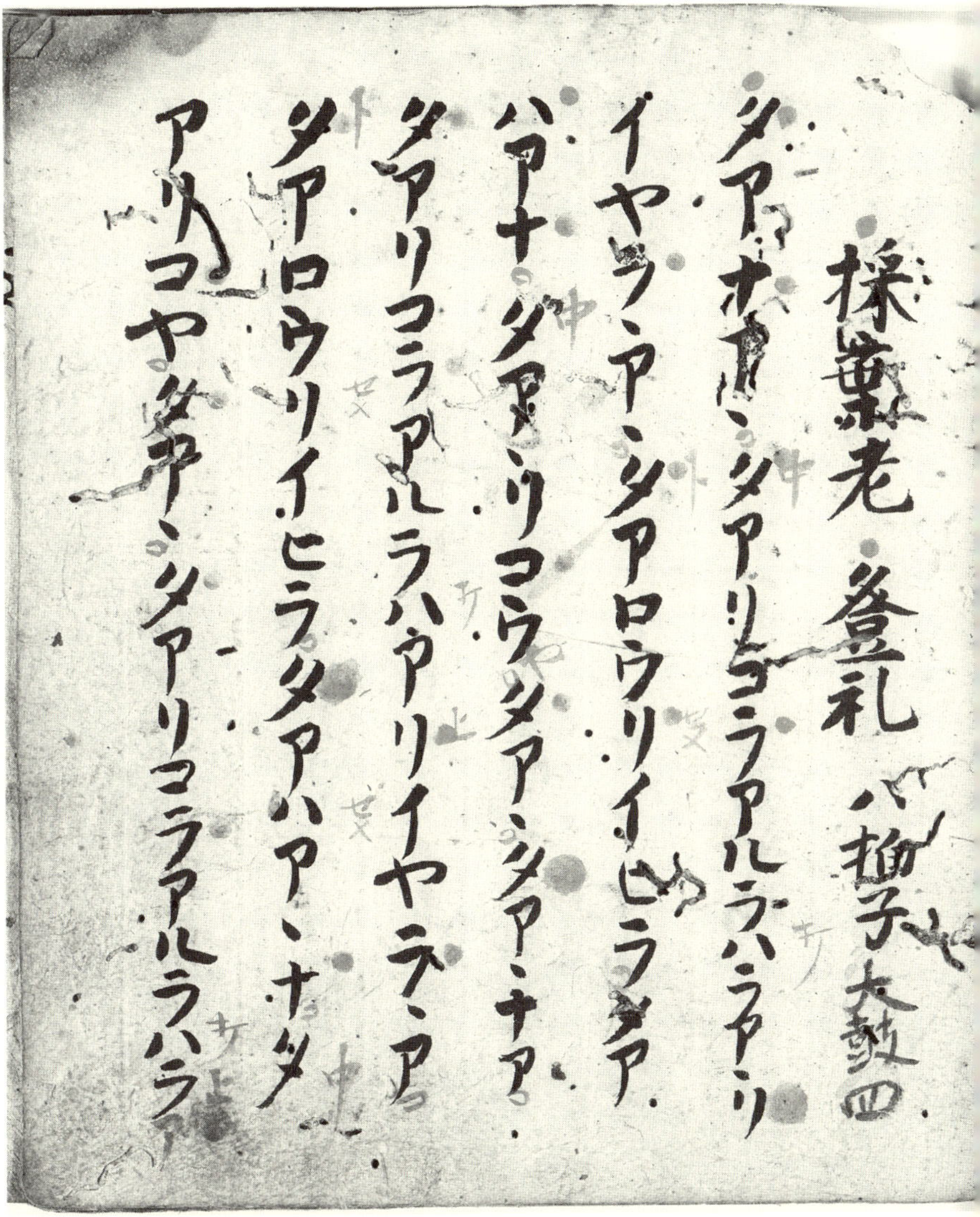
採桑老　登礼　八拍子太鼓四
タアオホヽ、タアリコラアルラハラアリ
イヤラ、ア、タアロウリイヒラタア
ハアナタア、リコウタア、タア、ナア
タアリコラアルラハアリイヤラ、ア
タアロウリイヒラタアハア、ナタ
アリコヤタア、タアリコラアルラハラ

白柱 脇樂　八拍子 大鼓九
チイツリラアルラリイヤハイロウタア
ナアタハアロウリイヤリヒイチイ
サラアナアヒリイヤリヒチイツリ
ラアルラリヤハイロウダアナアメ
ハアチリコタナアリコウヤラアチイ
ヒラアナヤシメハアロウホラアリコウ

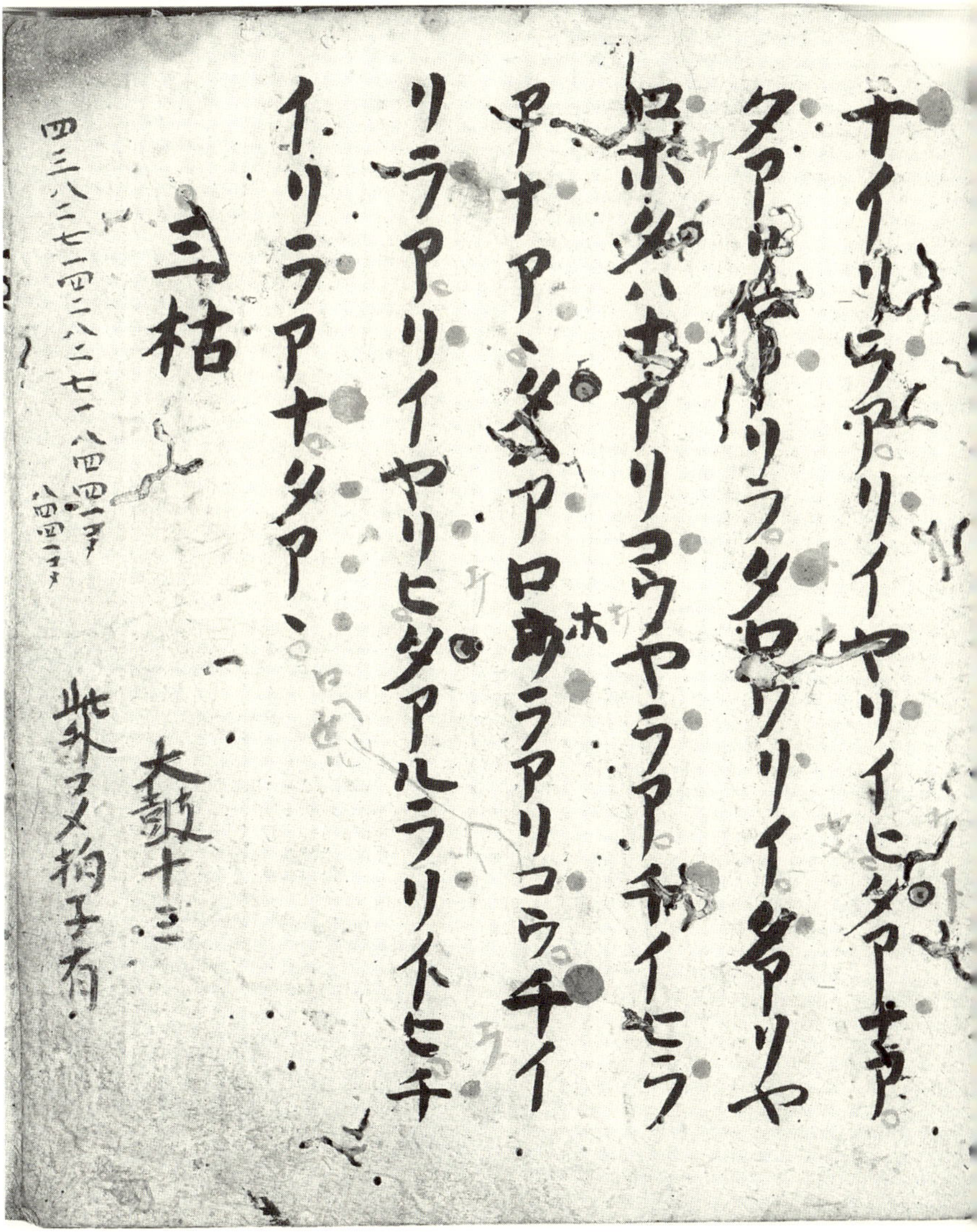

ナイリルラアリイヤリイヒ〆アーホア
タアーヒヤリラタロワリイ〆アリヤ
ロホ〆ハホアリコウヤラアチイヒラ
アナア、〆アロホラアリコウチイ
リラアリイヤリヒ〆アルラリイヒチ
イリラアナタア、
三枯
太鼓十三
四三八二七二四二八二七一八四四一ヲ
八四四一ヲ
紫ヌメ鞆子有

タアハチイリチイリ、イヤハロウタアハチ
イザチイリ、ヤ《ア》ハロウチイリラア、ナ
アリイヤリヒラアルラアタアルヘラリ
チヤハイラチ、ナアタロウリイヒラタ
アハチアリチヤリイヒイタアルラルチア
フリヤアタアリコラアルラルミミヒラハチ
チイリラチタアリコウヤタア、ルラ

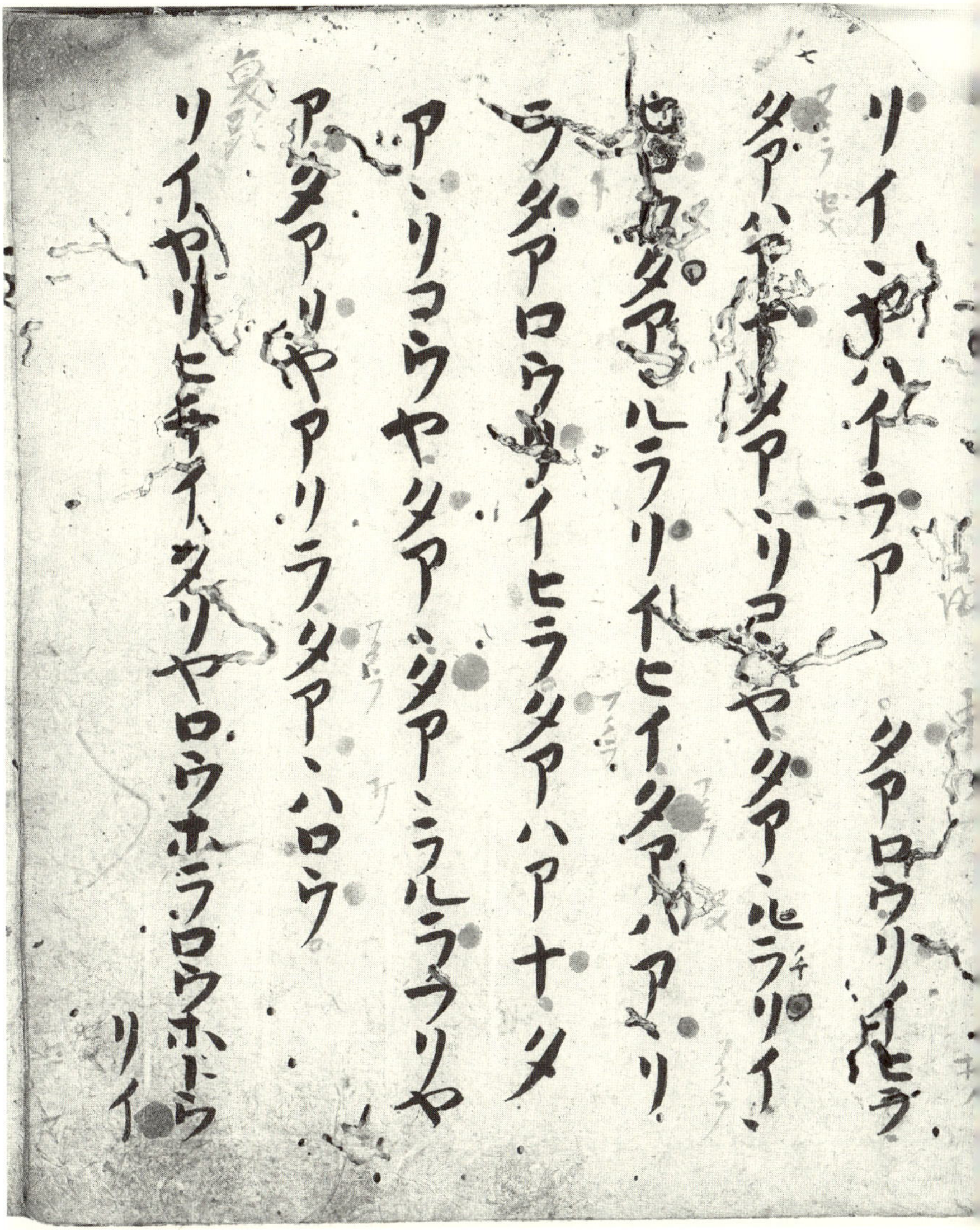

111 リイヤハイラア　タアロウリイヒラ

112 タアハアナタアリコヤタアルラリイ

113 ヒロタタアルラリイヒイタアハアリ

114 ラタアロウリイヒラタアハアナタ

115 アリコウヤタアタアラルラリヤ

116 アタアリヤアリラタアハロウ

117 リイヤリヒキイヌリヤロウホラロウホトウ　リイ

貞切

リイヤリイヒチイタアリヤロウタアヽリヤ

ルラアフルヤアタアヽリコラルラハアタ上

アハアリラタアハアナタアヽリコウ

ヤタアヽリイヽヤリイヒイチイタア

ルヤロウタアヽナアヽタアロウリヽラヽ

タアロウリイヽチイラアリコラアル

ラハアタアハアリラタアロウリイ

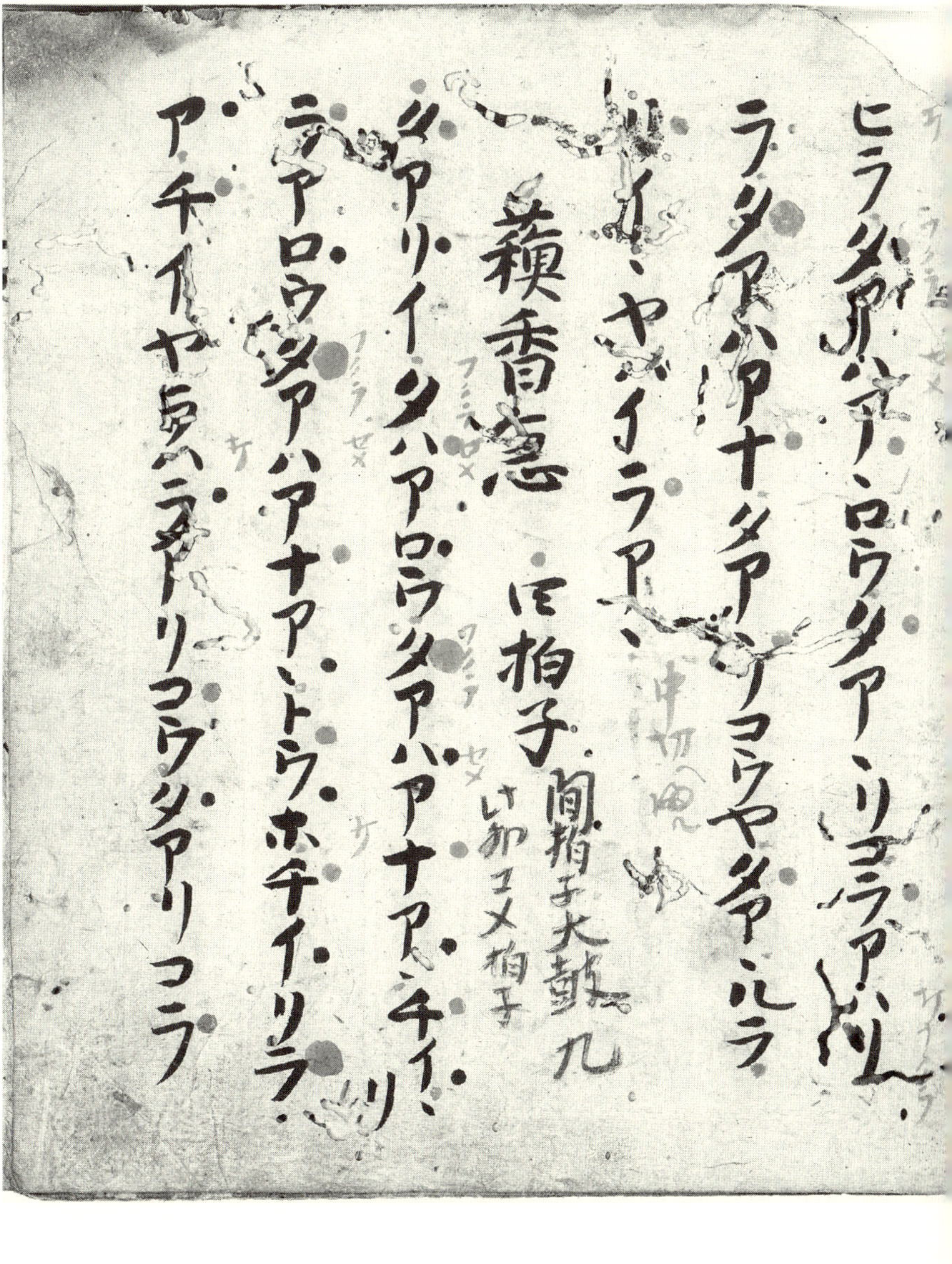

ヒラタアハアロウタアリコラアハリ
ラタアハアナタアリコウヤタアルラ
リイヤイラア
蘇香急　[illegible]拍子　間拍子大鼓九
けい加コメ拍子
タアリイタハアロウタアハアナアチイリ
ニアロウタアハアナアトウホチイリラ
アチイヤタハラアトリコウタアリコラ

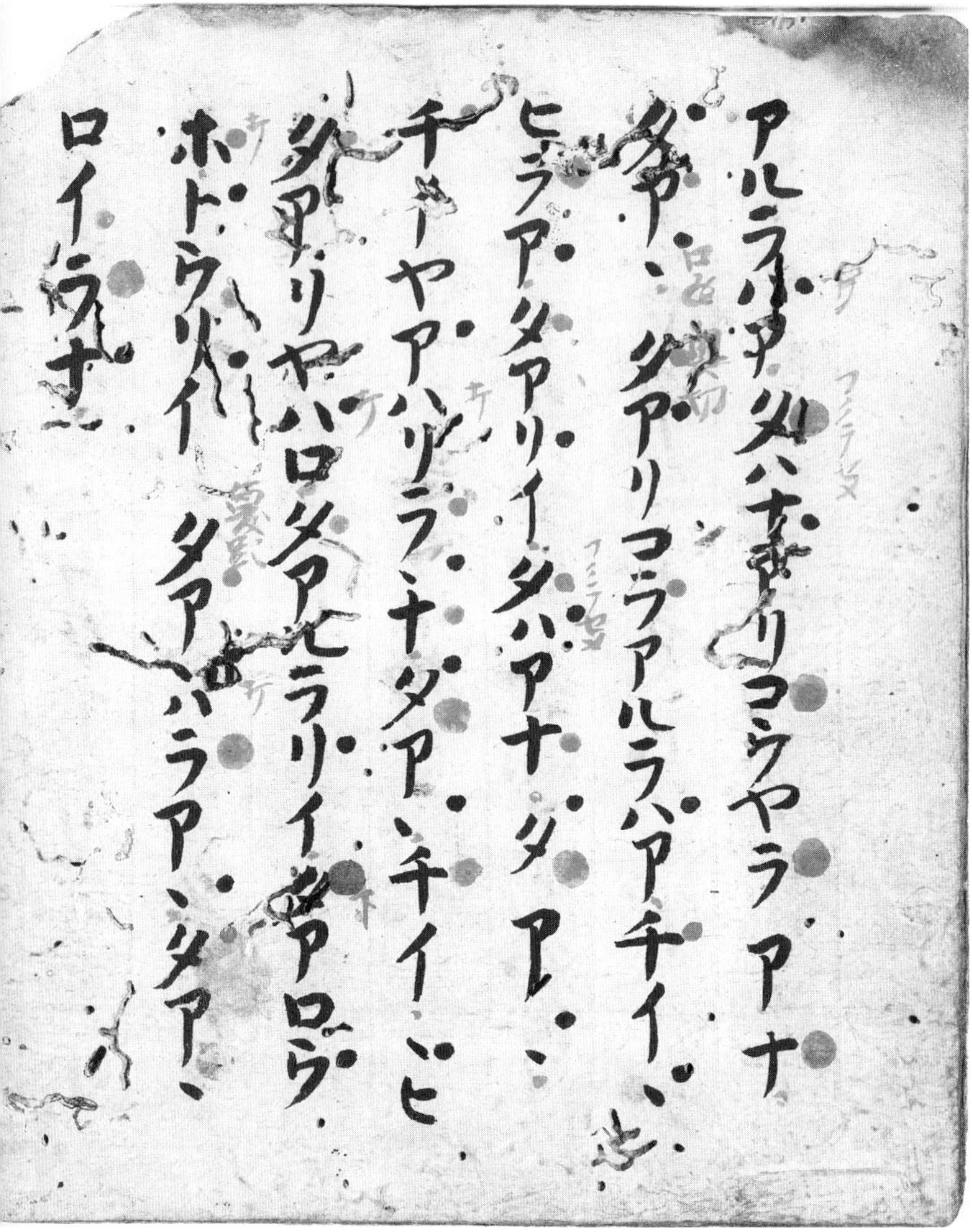
アルラハア・タハオアリコウヤラアナ
タア・ヽタアリコラアルラハアチイヽ
ヒラアタアリイタハアナタアヽ
チヤアハリラヽナタアヽチイヽヒ
タアリヤハロタアヒラリイタアロウ
ホトウリイ　タアハラアヽタアヽ
ロイラナ

139 越殿楽　四拍子　太鼓六

140 チイヒイラアルチイヤナトウホチ

141 イリラア　タアリヤロヒタアルラ

142 リチロイトウヒタアラリラアヽ

143 タアナアリイヤラヽタリヤリイトヤラ

144 チイヤラアナアヽ

145 青海破　八拍子　太鼓十二

146 チインヒリタハホロウタハナタハア

147 リアイヤリイヒタアヽリイヤリイ

148 ヒトヲリイリイヤリイヤリイヒタア

149 ナタアナアアチリタルラタア、

150 ルラリラタルヽリラルラアタ

151 リコラルラハタロウリイヒラトウ

152 レフリヤアタハアナタアタアリア

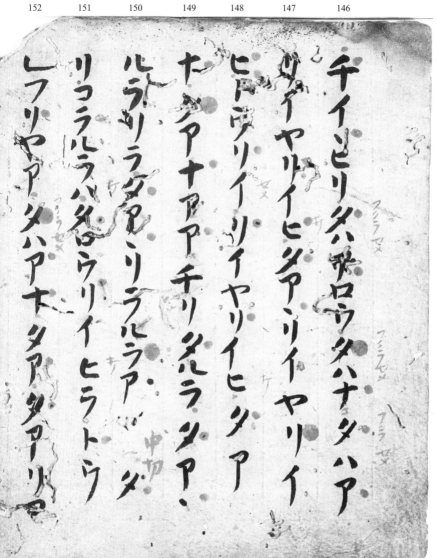

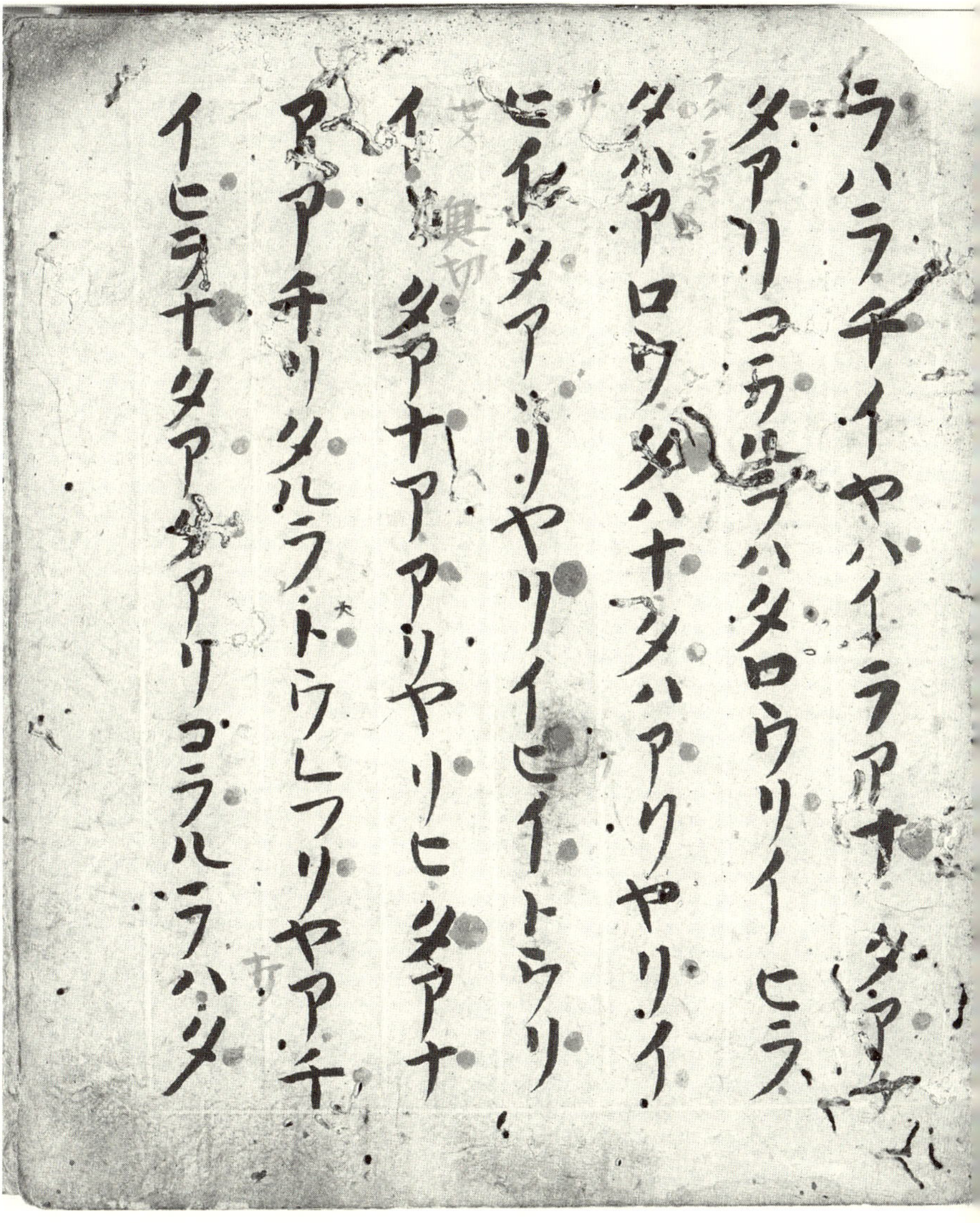
ラハラチイヤハイラアナタアナ
タアリコラウラフハタロウリイヒラ
タハアロウタハナタハアリヤリイ
ヒイタアリヤリイヒイトウリ
イタアナアアリヤリヒタアナ
アアチリタルラトウレフリヤアチ
イヒラナタアタアリゴラルラハタ

ロウリイヒラタハアロウタハナリ
ロウリイトヒラ・タハアロウ・チリラ
アナタアタア
千秋樂　下礼　八拍子　太鼓八
タアルチイヤアナアチイヒラアナア
タアナアチイヒラアチイヤハイラ
アナア、タアハナア、タアナヲリタ

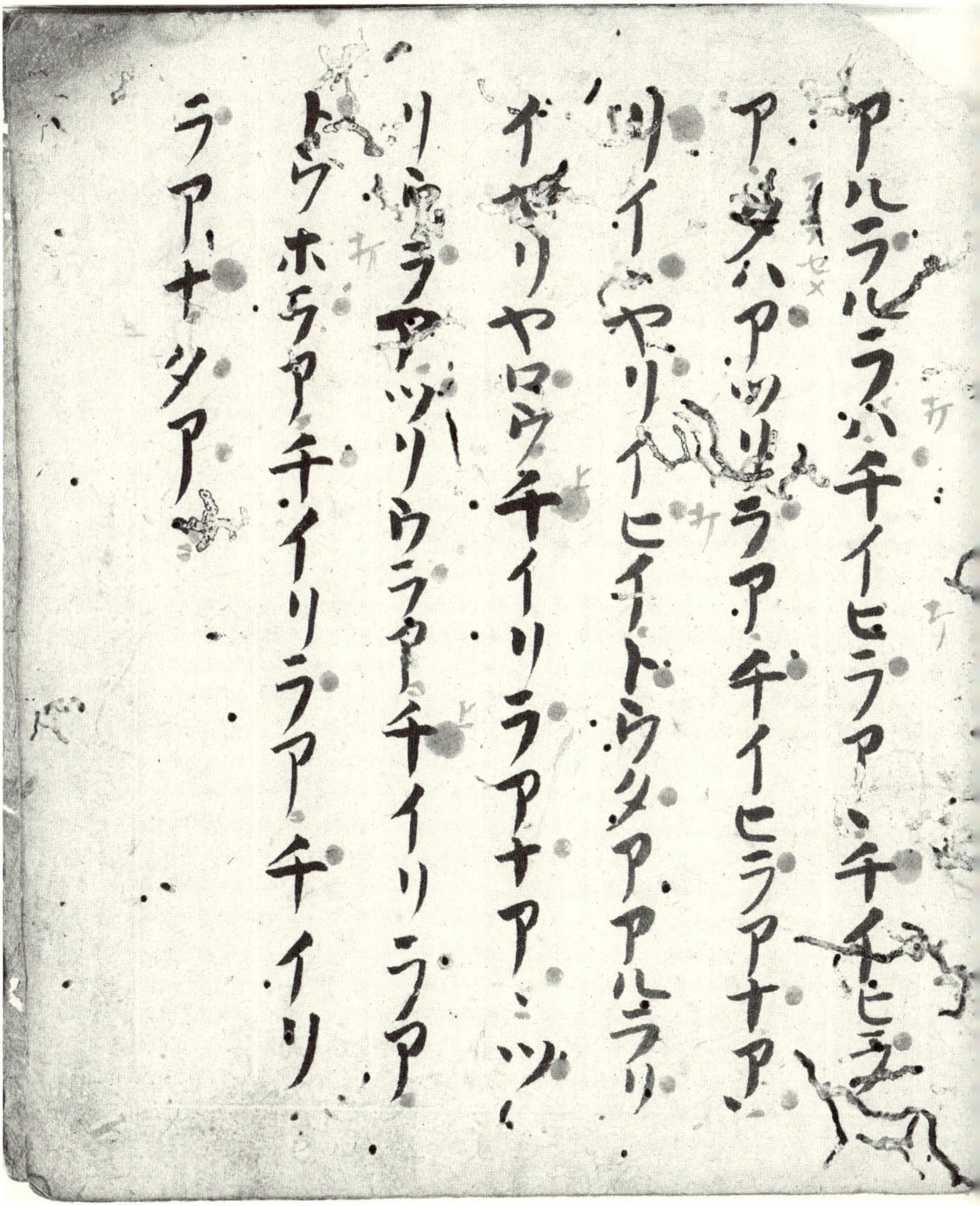
アルラルラハチイヒラア、チイヒラ
アタハアツリラアチイヒラアナア、
リイヤリイヒイトウタアアルラリ
オヤリヤロウチイリラアナア、ツ、
リラアツリウラアチイリラア
トウホラアチイリラアチイリ
ラアナタア

黄鐘調子

发宮楽　登礼　大鼓出
タアヽナアヽンアリホラアルララアヽ
タアナアヽタアロウリイヒラアル
ジイアヽトウリヨリヤルトウリヤル
ラルラルラルラホロウチイヤラアヽ
チイヤハイラアナアヽタアフリヨ
リヤルトウチルラルラルラホロウタ

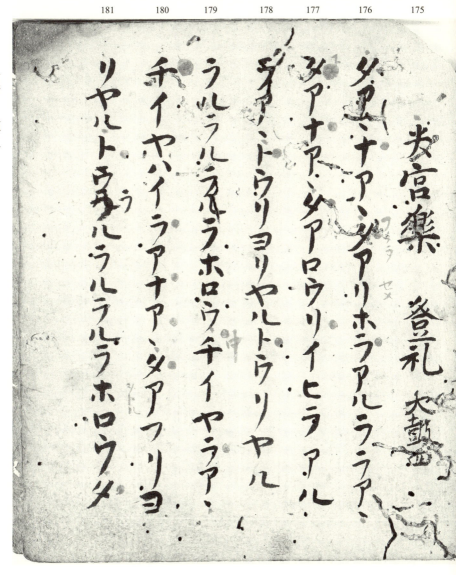

アヽナアヽチイヤハアラアヽタアリイ
ホラアルラアトウリヨラルトリヤル
ラルラルラルラホロウチイヤラ
アヽチイヤハイラアナアヽ
海青樂　脇樂　八拍子太コ十
トウアルラらアナチイヤラハイラタ
アナチイヤリラアリイラルラア

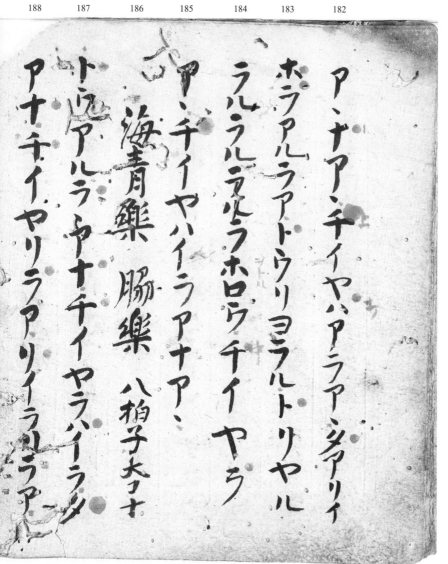

189 トウホリイヒラアナタア、シアナ
190 アンタアラルラルラルラリヤアタア
191 ナアチイヤハラア、タアラアルラルラル
192 ラリヤアタアナア、チイリヤトウ
193 アルラ、ウア、チイ、ヤア、トウアルラリ
194 イヤナタアリイヤラロイタアア
195 フリヤタアリイヤラロイタハアリ

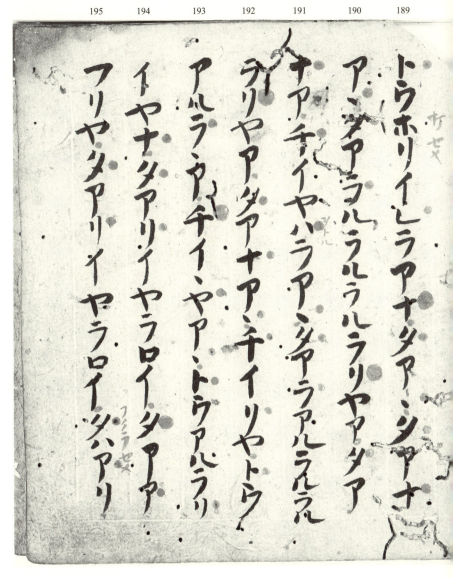

チイヤアリタアナリイヤラチイヤ
ラアチウリ〻〻〻リヤラリチイー
ヤハラアサタアヽトウアルラリイヤ
サタアリイヤラロイタアヽフリヤタ
アリイヤラフロイタハアリチイヤヽラ
アサタア
蘇香急　四拍子　太鼓八

203 タアリイタハアロウタアハアナア
204 タアヽラロイラアロウタアハアナ
205 アヽトウラロウイタアヽラロイラ
206 アヽチイヤロウラトウラリラア
207 リコウタアハナアリコウラリラア
208 ナタアヽ　トウラリラアリコウ
209 トウラリラアヽシアリイタアハアナ

ダアヽチイヤアハリラアナダアヽト
ウラリラアダラロイーラアルラリイ
タリイヒトウ　タアヽハラアタアロイ
ラアナ
鳥急　八拍子ロノ拍子十六ハケニヲフキ拍子
大鼓ハ八
三十二拍讃嘆ハ六拍メヲフキ拍子付ヽ
タアーハレイーラタアヽフロイーツリラヤ
リコウトラアルラアアーラロイーラアヽ

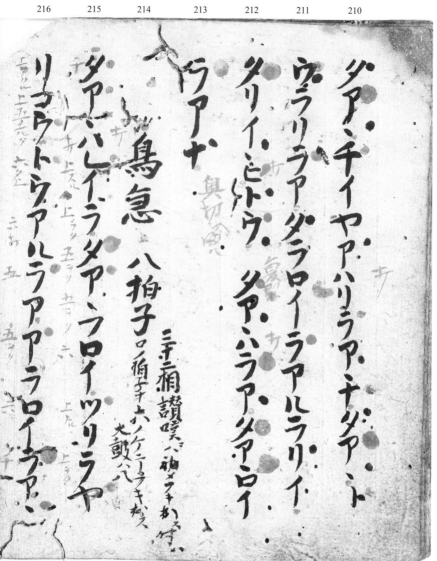

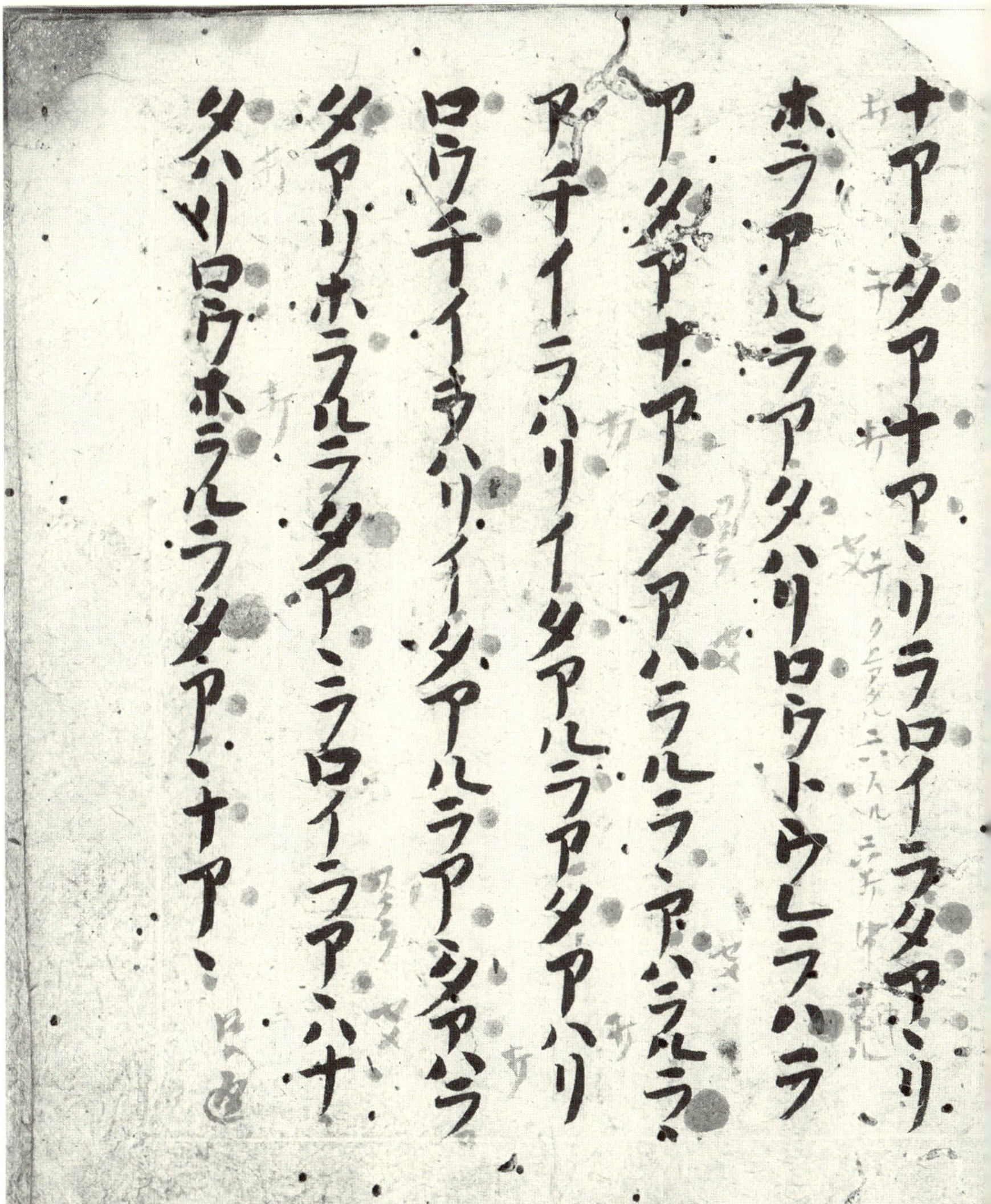
217 ナア、タアナア、リラロイラタア、リ
218 ホラアルラアタハリロウトウレラハラ
219 アタアナア、タアハラルラ、アハラルラ、
220 アチイラハリイタアルラアタアハリ
221 ロウチイラハリイータアルラア、シタアハラ
222 タアリホラルラタア、ラロイラア、ハナ
223 タハリロウホラルラタア、ナア、

打毬樂　八拍子　大鼓十二

チイヤハアラナア、チラルラアルラルラ

ルラアハリヤタアリホラアルラタアナ

リイヤラチイヤラアタア、フリヤ

タアリヤラロイチイリイヤタア、リ

ラルラタアナリイヤラチイヤラアトウ

アルララ、チイヤハラナタア、タアハロ

231 ウレタアリヤハラアチイリイヤチイラ、
232 リラアタアヽリラルラタアリホラルラ
233 タアナアトウアルララヽチイヤハアラ
234 ナアヽチラルラアルラルヽヽヽラハリヤタ
235 アリロウレタアリヤラロイチイヤ
236 ハラナタアヽチイヤハアラナヽチ
237 ラルラアルラルラルラハリヤタアリホラル

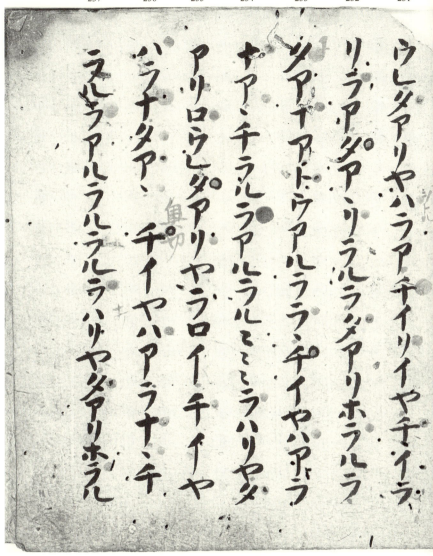

238 ラタアナリイヤラチイヤラアメアヽ

239 ナアヽトウアルララヽナアヽフリヤラア

240 ルラルラルラアハリヤメアリロウヒメ

241 アリヤラロイチイヤハラナタアヽ

242 拾翠楽　四拍子　太鼓十

243 トウラアラロイラアヽトウアルララヽ

244 ナアヽチラアルリイヤチイヤハラア

チイヤラアナアトウホラタハアリ
チイヤハラアナアナア、タアラルラタア
リイヤロイチイヤハラアナアアタア
ラルラタアリイヤロイチイヤハラア
ナア、
千秋樂　八拍子　大コ
タアハリイヤアナアトウラリラアナア

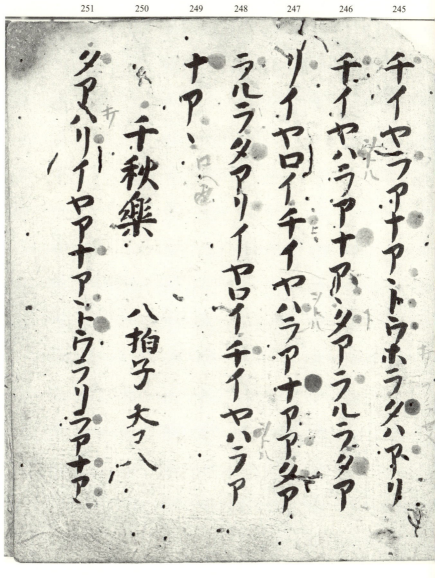

252 タアナアトウラリラアアチイヤハイラア

253 ナアヽメアハアナアヽメアヽナアヽメアロイ

254 ラナトウラリラアロウイラア チイ

255 リラアトウラリラアナアトウラハリ

256 イヤリイトウメアルラリイヤリヤロウツメ

257 アリヤロイラチアトウラアメアラロイ ラ

258 アロイニアアドウラハラアロイラアツリヤ

260　261

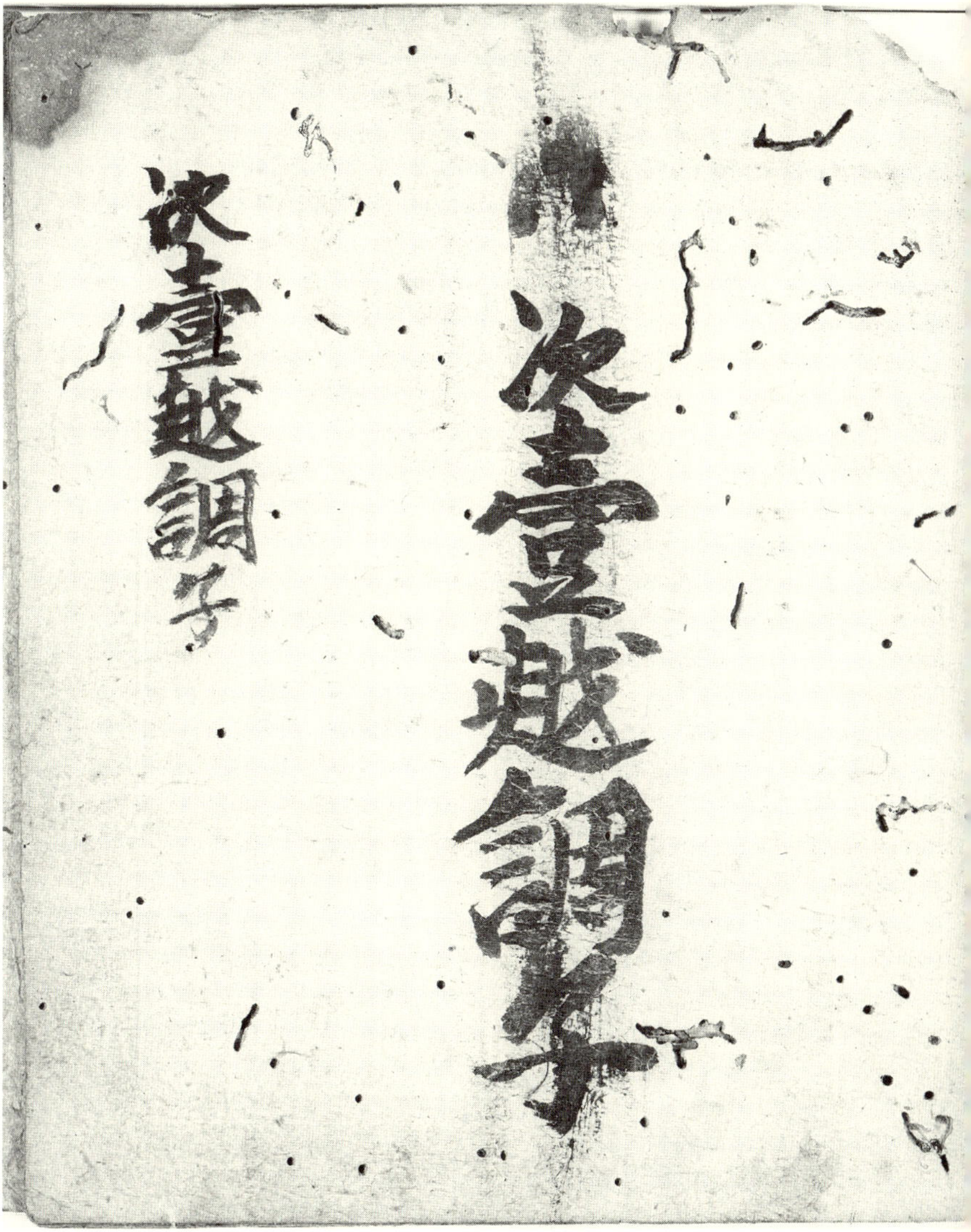
次壹越調子

次壹越調子

262 傳直秘傳太鼓同年

263 壹越調子

廻环樂　登礼　太鼓四、

ムアヽヰアヽトウリヨラルトラルラルラ

ルラホロウタアナアヽリイヤラアヰ

イヤラアヽタアチアヽチイヤリウ

リトウ〻〻〻リイヒリイ　チラアルリ

イヤアヽトウリヨラルトラルラルラルラ

ホロウチラルラアルラル〻〻　ラアリ

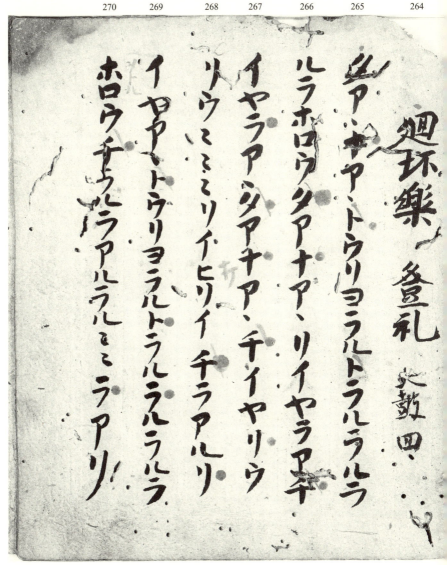

271 イヤラハイラア、タアハラア、タアロウ

272 ホラアラアチラルラアルラルヽヽラアリ

273 イヤラハイチラア、トウリヨラアルラルラ

274 ルラルラ、ア、タアリイ

275 十天樂　脇樂　八拍子壱ヘ

276 タア、アヽタアリイタアリヤアハ

277 ラア、チイヤアルラリイチウリウ

278 リウミミリヤアータリヤリヤミミミリイ

279 チイヤ[illegible]アヽハラアチラロホラアルラ

280 ラミミラアタアヽリヤハラアウリラ

281 ロホラアルリヤアナタアヽチイウ

282 リウリタミミリヤアタリヤリヤミミ

283 リイチイヤアヽハラアタアヽリヤララ

284 ルミミラアータアリヤアバラアヽタア

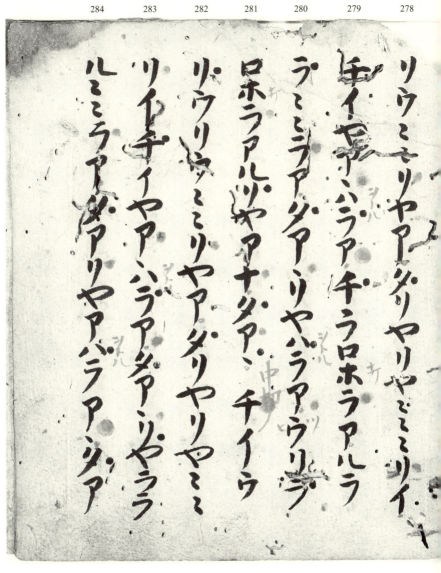

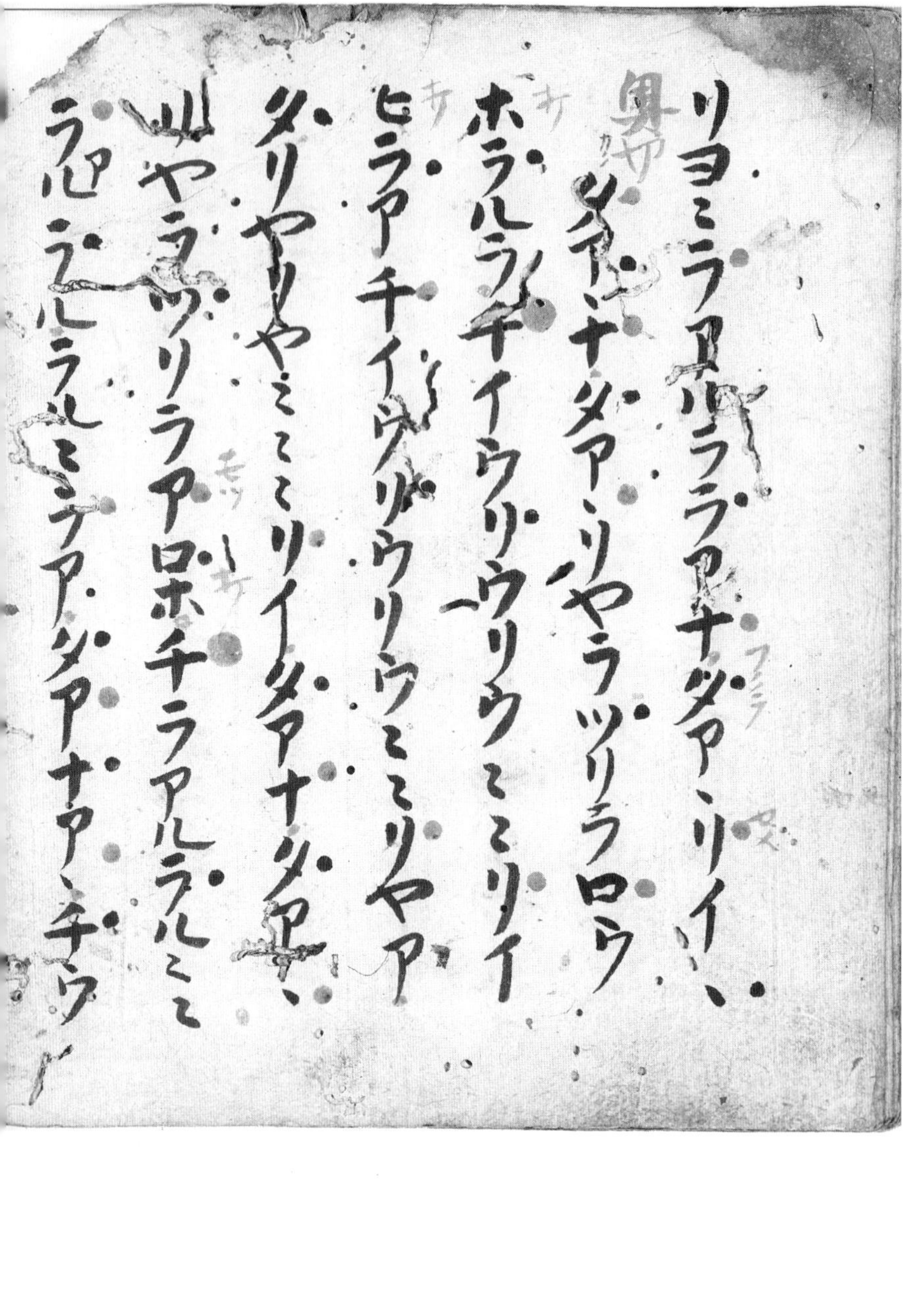
リヨミラアルララアナタアヽリイヽ
男切
タアヽナタアヽリヤラツリラロウ
ホラルラチイウリウリウヽヽリイ
ヒラアチイウリウリウヽヽリヤア
タリヤリヤヽヽヽリイタアナタアヽ
ヤラツリラアロホチラアルラルヽヽ
ラルラルヽヽアタアナアヽチウ

リウリウヽヽリヤタリヤリヤヽヽリイ
チイヤアハラアドウアルラアハラ
アドウリヨラアルラルヽヽラアム
アリヤラルラルヽラアリタアリヤアハ
ラアタアリヨヽラアルラアナタア
アリイ
胡飲酒　西拍子　大コ十

チイタアサヤロウリイ、チイハラ

アオア、チイヤラハイラトリヤルラ

ルミラルフリイヤハアリラアルラ

アルラリヤタアナア、チイ、ラルラ

チイセラアルラトウレフリヤア、

タア、ロホタリヤア、トウリヨリイ

フルラサイ、タアナアトウアルラ

ロウレタアツヤハラアナリイ
鳥急　八拍子　大鼓八
タアヽハラルリイヤタアヽラルラチイ
ヤアリコウチラアルリヤヤタアヽ
ラルラタアヽナアヽタアナアヽリイ
ヤラハイラタアヽハラアルラアタ
ハリロウトラルラタアヽリイヽチ

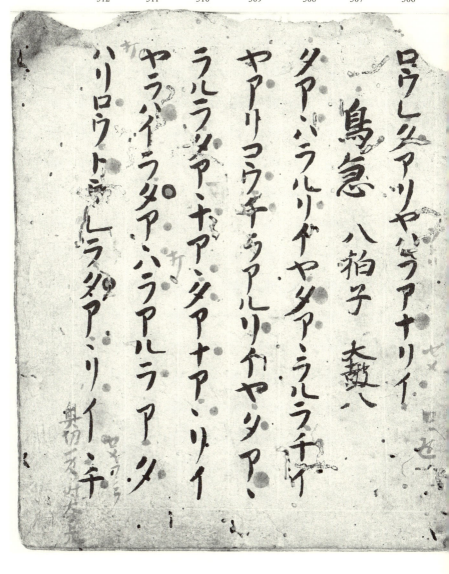

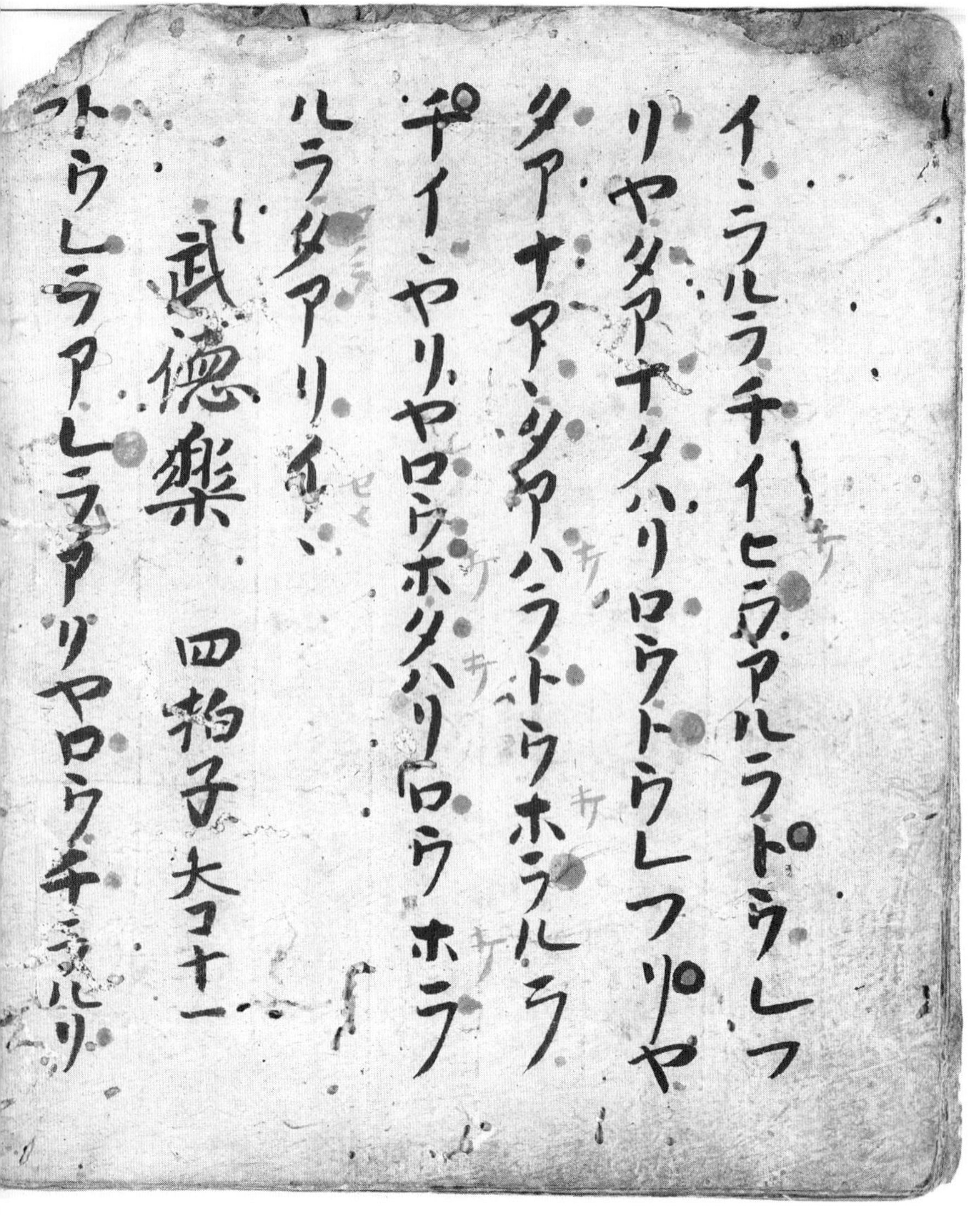

313 イラルラチイヒラアルラト゚ウレフ

314 リヤタアナタハリロウトウレフリ゚ヤ

315 タアナア、タアハラトウホラルラ

316 チ゚イ、ヤリ、ヤロウホタハリロウホラ

317 ルラタアリイ、

318 武徳楽　四拍子　大コ十一

319 フトウレラアレラアリヤロウチラルリ

320 イヤナア、チイ、ヒリラアリ五ヲ

321 チラルリイヤナアタアナアタアル

322 ラリイチイヤラアナア、ドラウリヨ

323 リイヤタアリヤハラアタアルラリイ

324 ヒイ、タアナアタアルラリイチ

325 イ、ヤラアナア、ドウリヨリイヤタ

326 アリヤハラアタアルラリイヒイ、

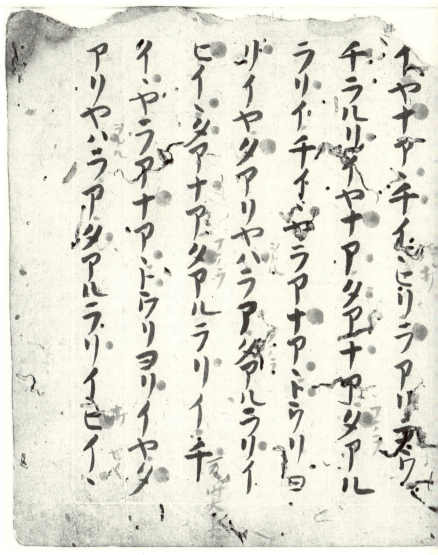

羅陵王破　八拍子　大コ十二
チヤハリイヤリチヤアナチイリタ
ハリタアナタアハラルリヤハラタハル
リヤリヤラリチイラウリウリヒ千
ヒタルラリラルヒチヤハリイヤラ
リチヤアオチイリ火ハリタアリヤ
ラトリヤルラハルフチヤリヤ[illegible]ラフリ

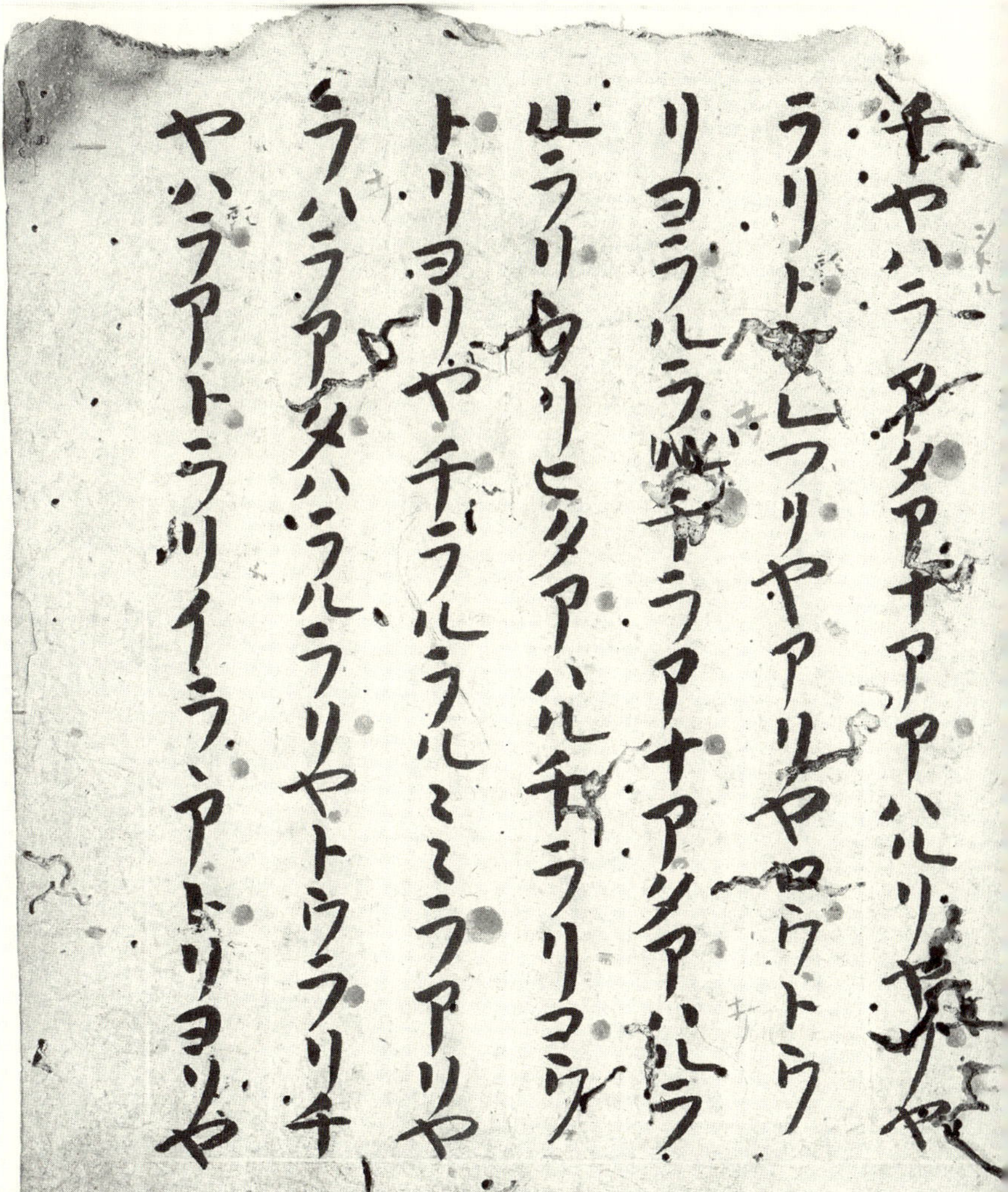
[illegible]ヤハラアメアナアアハルリヤ[illegible]ヤ
ラリトムフリヤアリヤロウトウ
リヨラルラ[illegible]ラアナアアメアハルラ
山ラリタリヒメアハルチラリコウ
トリヨリヤチラルラルミミラアリヤ
ラハラアメハラルラリヤトウラリチ
ヤハラアトラリイラアトリヨリヤ

ララルラハチヤラロウトウラリチヤ
ハラアルララアリチヤハラナタリイ
タアバラルリヤリラアルラルミミラ
アリヤラヌハラアラルラロウホリヤツ
アリヤリヤ[illegible]ルラチラハラアツリ
ウリヤチラアリコウトリタラルラ
ハチラアヽナタアチヤアリ[illegible]ト

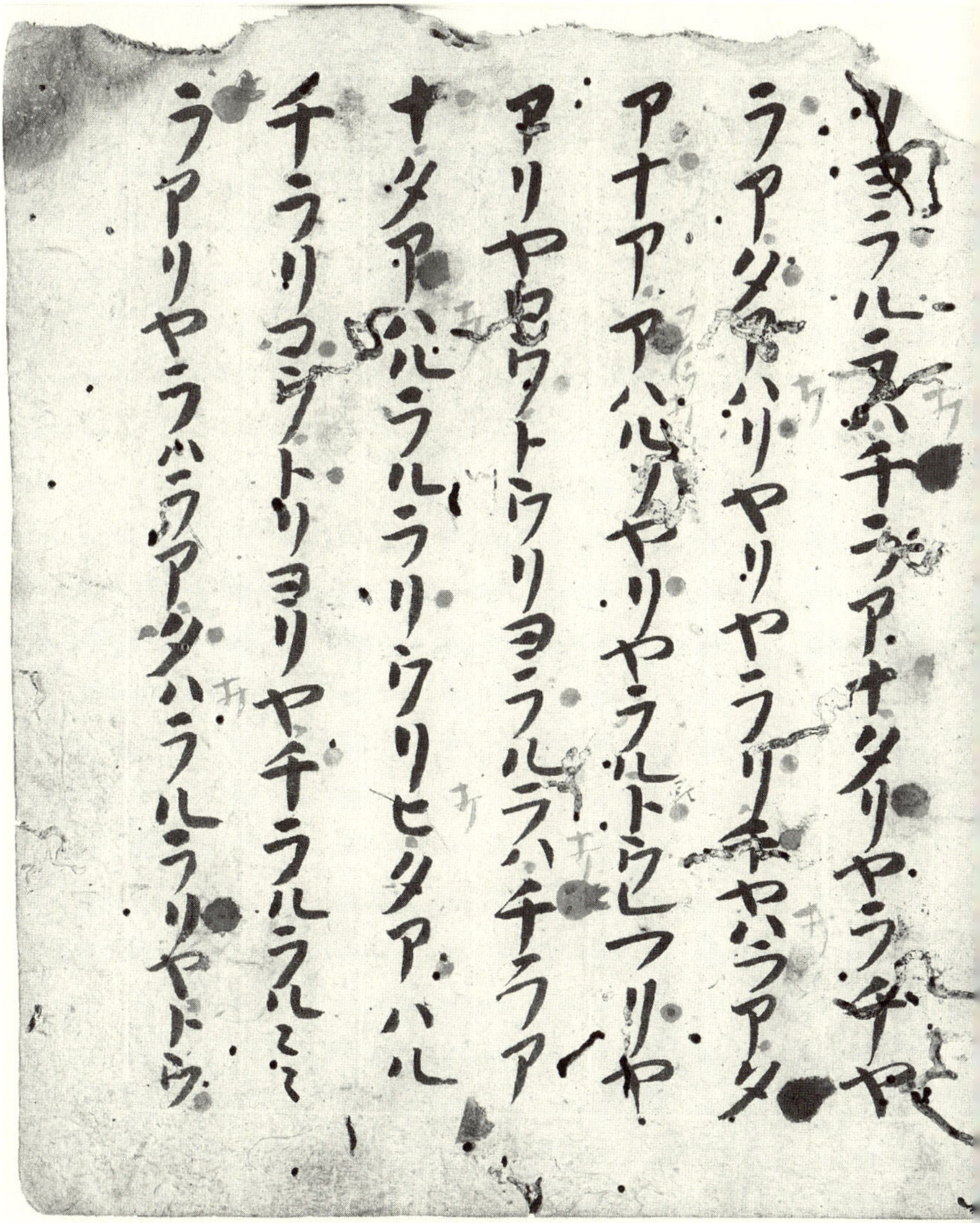

348 リヨラルラヌハチラアオタリヤラチヤ

349 ラアタアハリヤリヤラリチヤハラアタ

350 アナアアハルノヤリヤラルトウヒフリヤ

351 アリヤヒワトウリヨラルラハチラア

352 ナタアハルラルラリウリヒタアハル

353 チラリコシトリヨリヤチラルラルこて

354 ラアリヤラハラワアタハラルラリヤトウ

355 ラリチヤハラアトラリラヽアトリヨ

356 リヤララルラハチヤラロウトララ

357 リチヤハラアルララアリチヤハラナ

358 タリイヽチヤハリウリヒ

359 酒胡子 下 礼 四拍子 大鼓十

360 ツリウリイロイラアルラフサイタア

361 リチイヤハラアホヽトラウリヨツヤタア

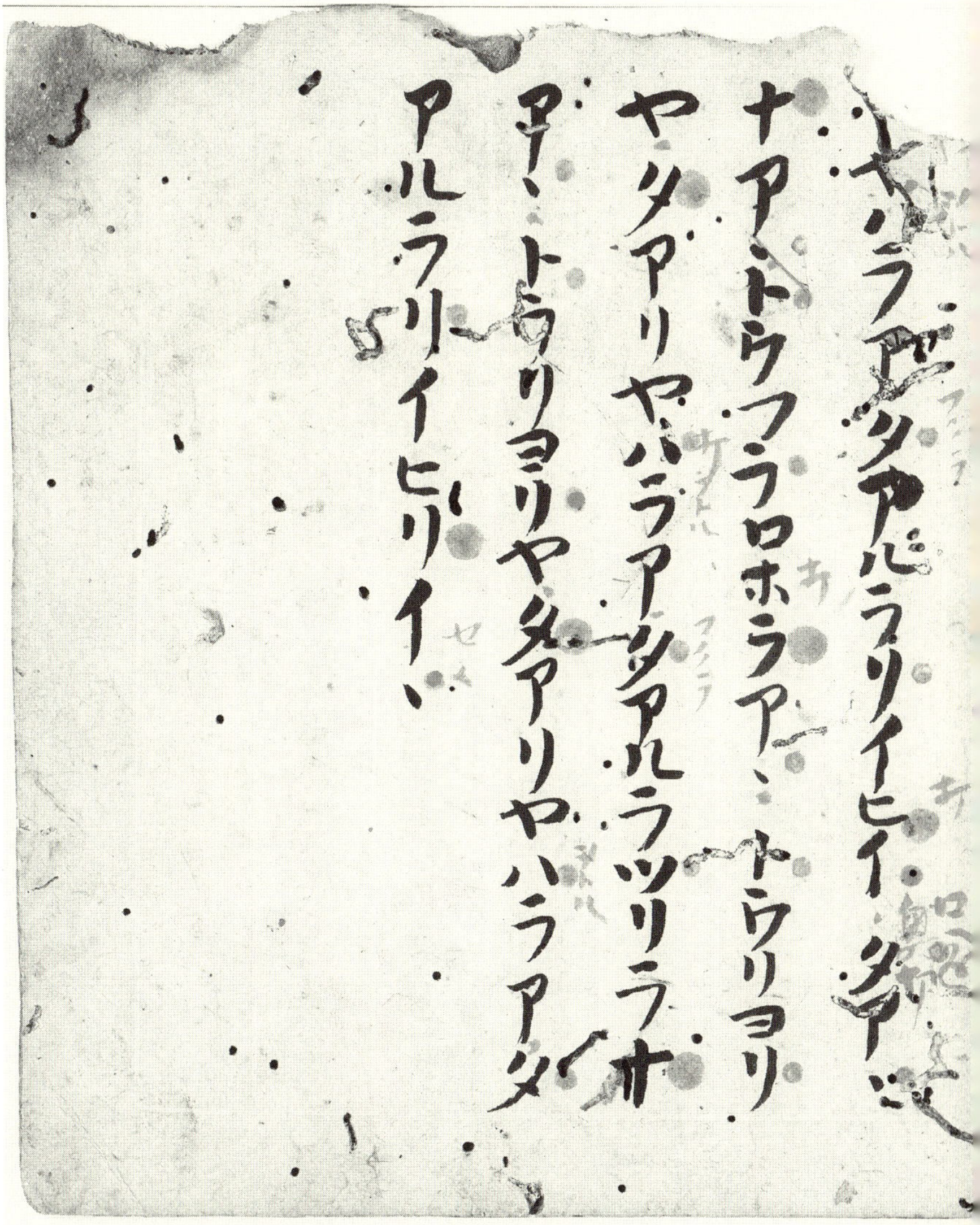
362 ヤソラヲタアルラリイヒイ、タア
363 ナアトウフラフロホラア、トウリヨリ
364 ヤタアリヤハラアタアルラツリラホ
365 ヲ、トラリヨリヤタアリヤハラアタ
366 アルラリイヒリイ、

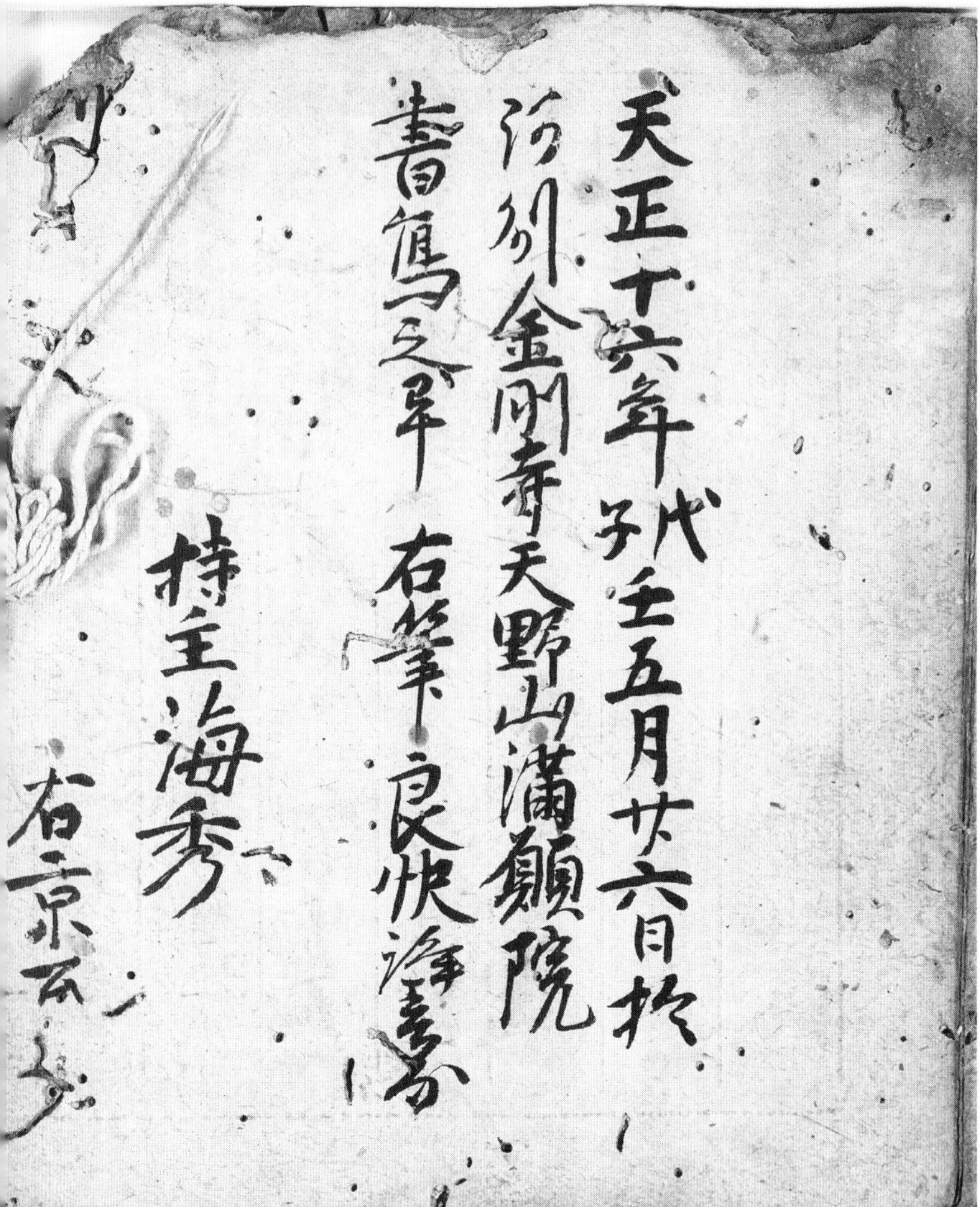

367 天正十六年戊子壬五月廿六日於

368 河州金剛寺天野山満願院

369 書写之畢　右筆良快海寿

370 持主海秀

371 右二京云々

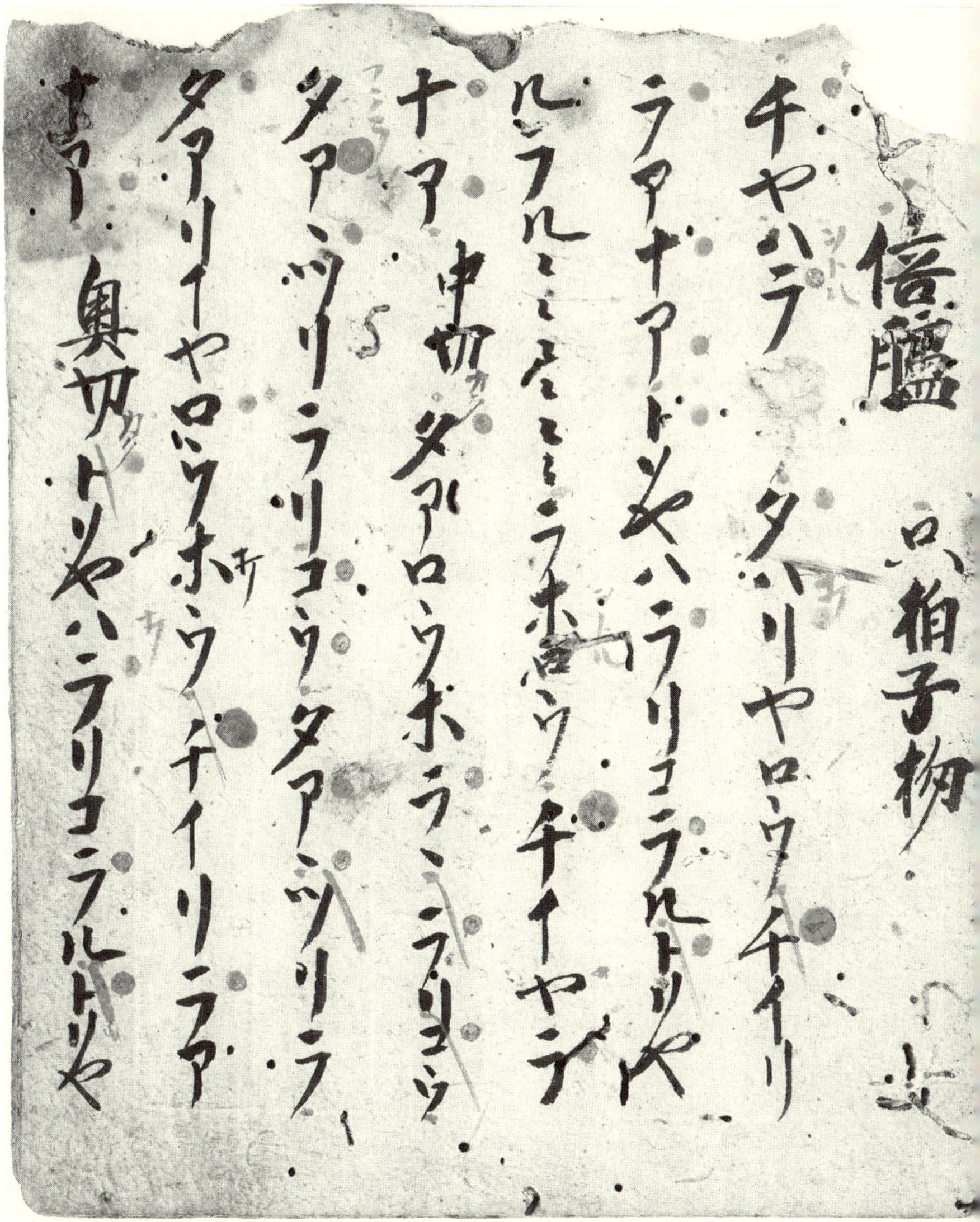
倍臚　口、拍子物。
チヤハラ　タハリヤロウチイリ
ラアナナアドンヤハラリコラルトリヤ
ルフルゝゝラゝゝゝラフホロウチイヤンテ
ナア中切タアロウホラゝラリコウ
タアゝツリラリコウタアゝツリラ
タアリイヤロウホウチイリラア
ナアー奥切トンヤハラリコラルトリヤ

384　383　382　381　380

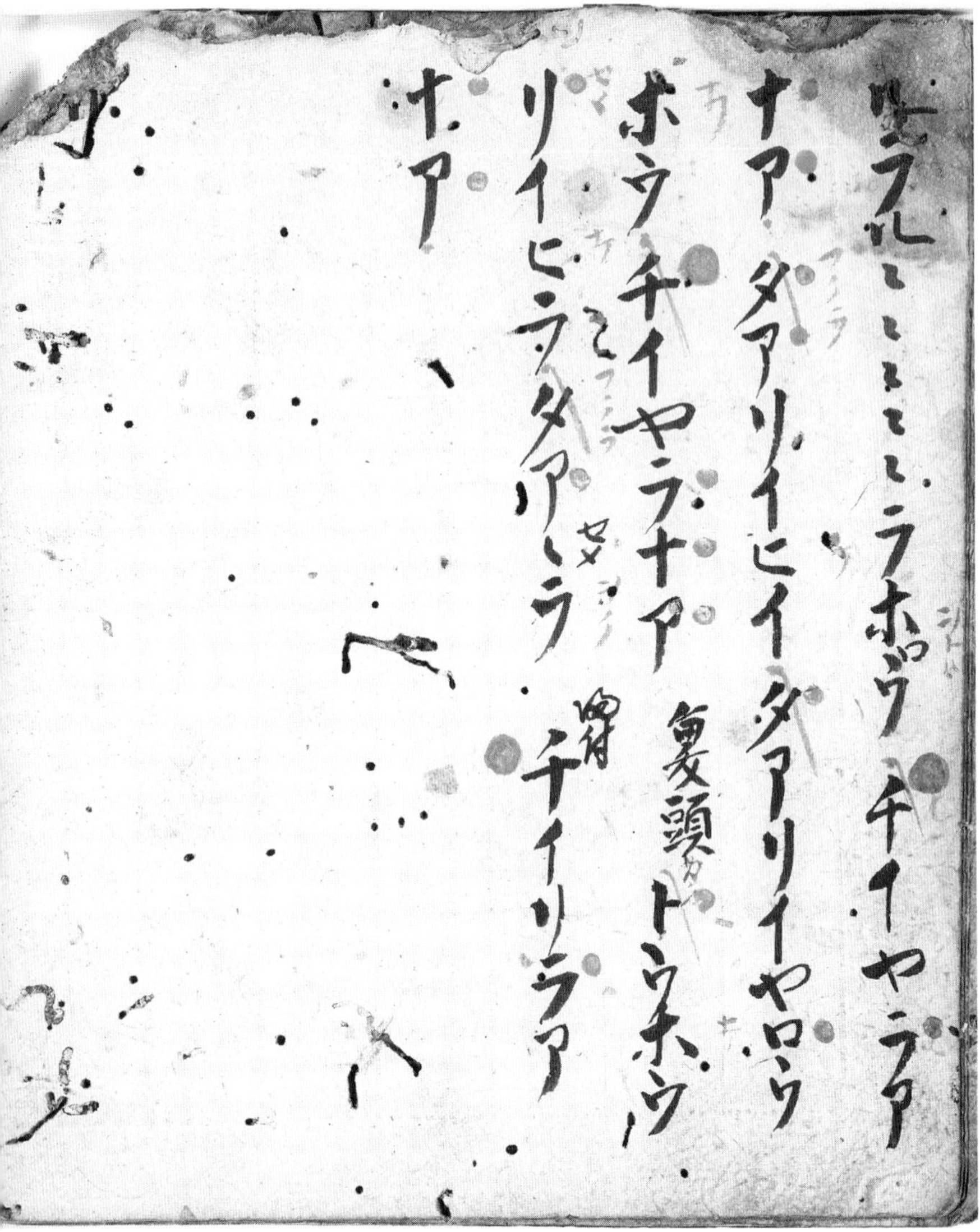

385 平調付物

386 タアロイラア　タアロイラロイラ

387 ルラハリヤルラ　チラリヤロウ　トタ

388 リヨラ　チラロイラア

389 盤渉付物

390 タアロホラハリヤ　タアロイラ

391 タアロイ・ラロイラルラハリヤアルラ

392 チラリヤロウトウリヨラチラロホラタア

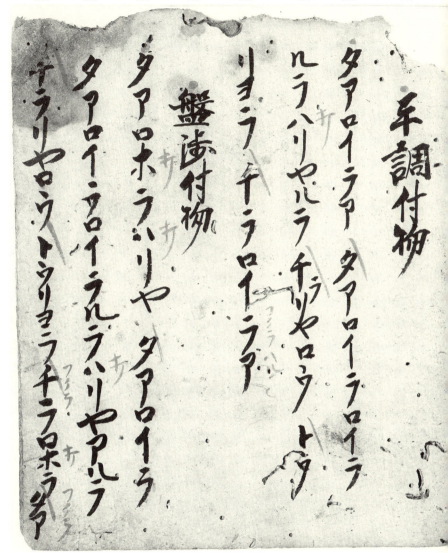

黄鐘調付物

タアロホラハリや、タアロイララア

タアロイラロイラアルラハリやアル

ラチラリやロウ　トウレラアルラ

ラタア、

壹越調付物

タアロイラア　タアロイラロイ

ルアルラハリやアルラチラリやロ

ウリヨラ　チラルラ　ロイラ[illegible]

平調子トリ

トウリヨ　トウリヨ　リヤハラロイラ

タア　ハア

盤渉調子トリ

タア　タアハア　チイヒイラ

チラロホリラ　タアリヤ　タア

黄鐘調子トリ

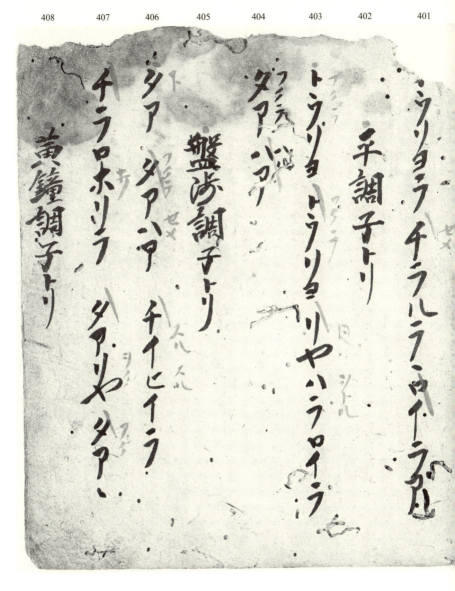

409 タアリヤア　タアリラハラ

410 タアリヤ　タアヽ

411 壹越調子トリ

412 チイラ　タアハリ　チイ

413 狛王海秀

414 右居作之御見合ニ有之　海専　止

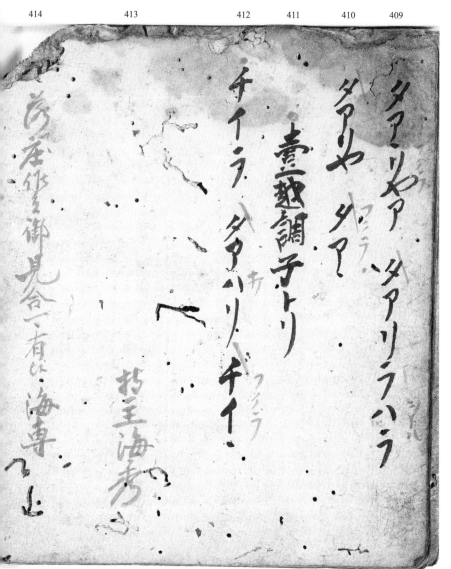

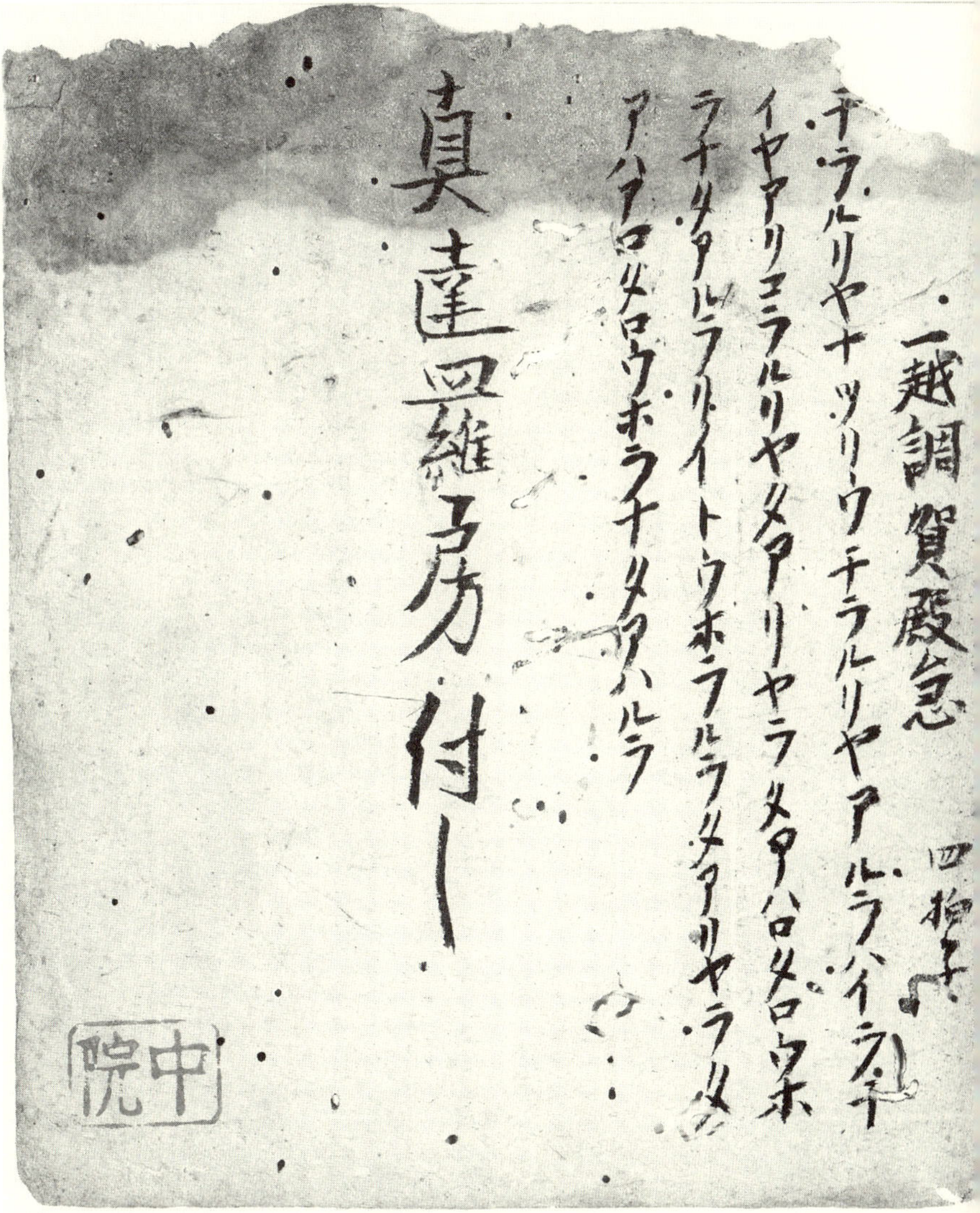
一越調賀殿急　四拍子
チラルリヤナツリヽウチラルリヤアルラハイラチ
イヤアリヨラルリヤタアリヤラタアハロタロウホ
ラナタアルラルリイトウホラルラタアリヤラタ
アハアロタロウホラチタアハルラ
真達羅五房付し
中院

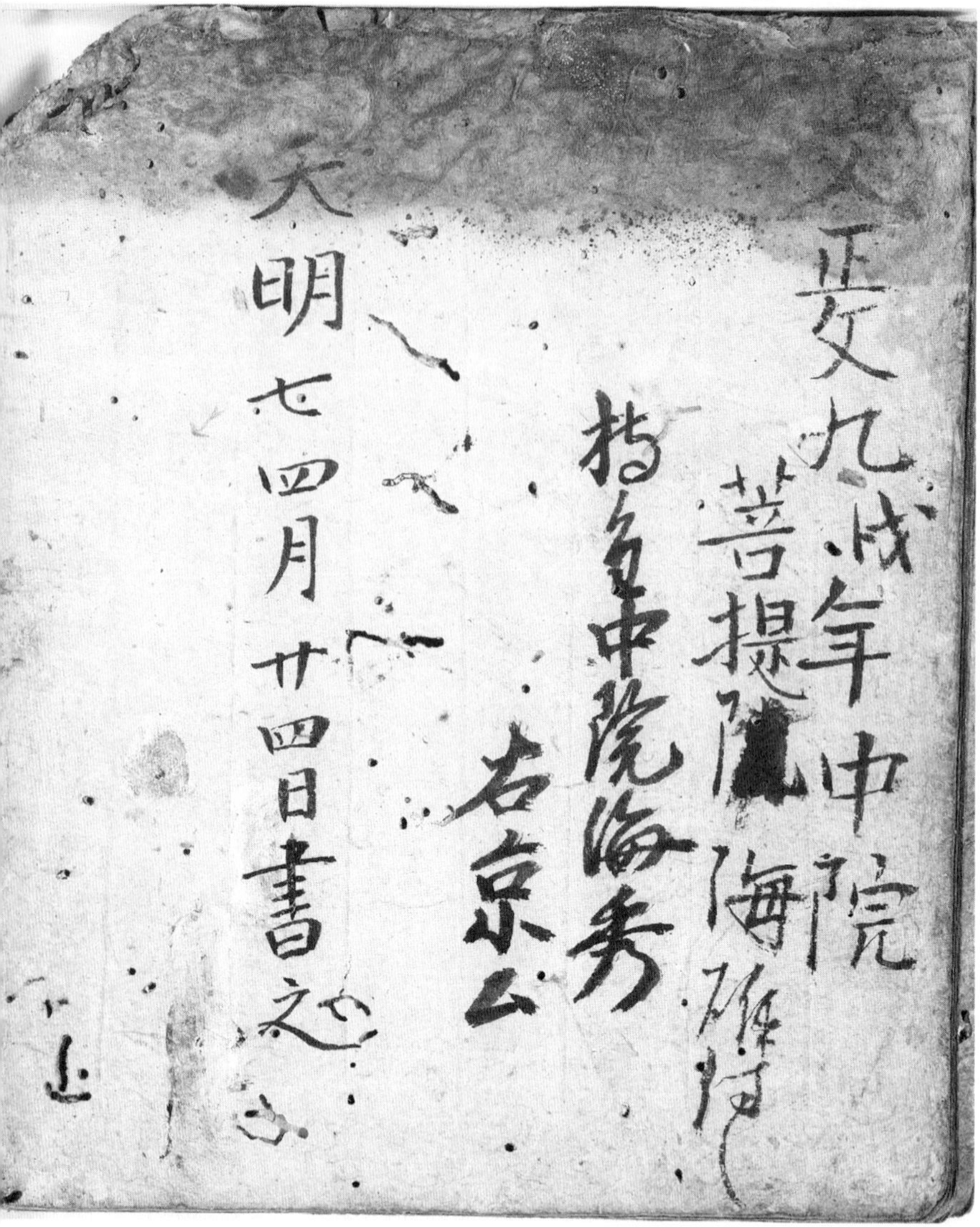
421 正文九戌年中院
422 菩提院海隆阿
423 持主中院海秀
424 右京公
425 天明七四月廿四日書之

笛譜断簡

（室町時代中期〜後期写）

3　2　1

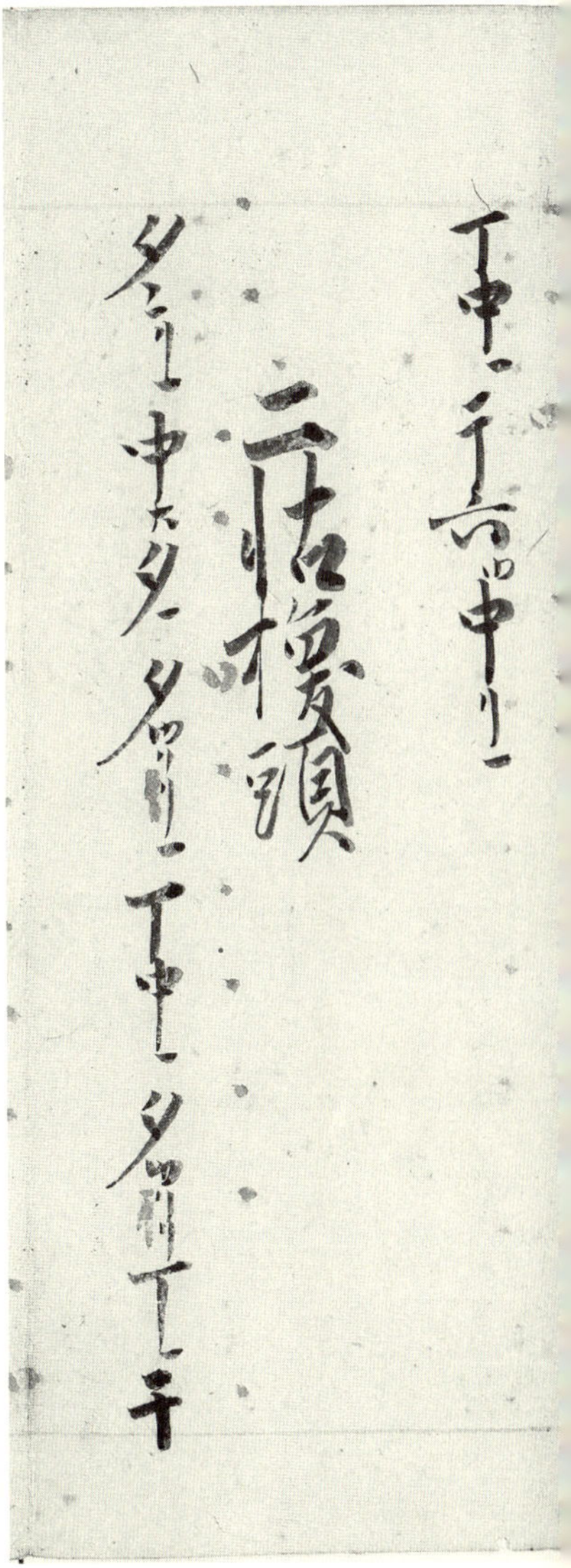

笛譜断簡（室町時代中期〜後期写）（表　1オ）

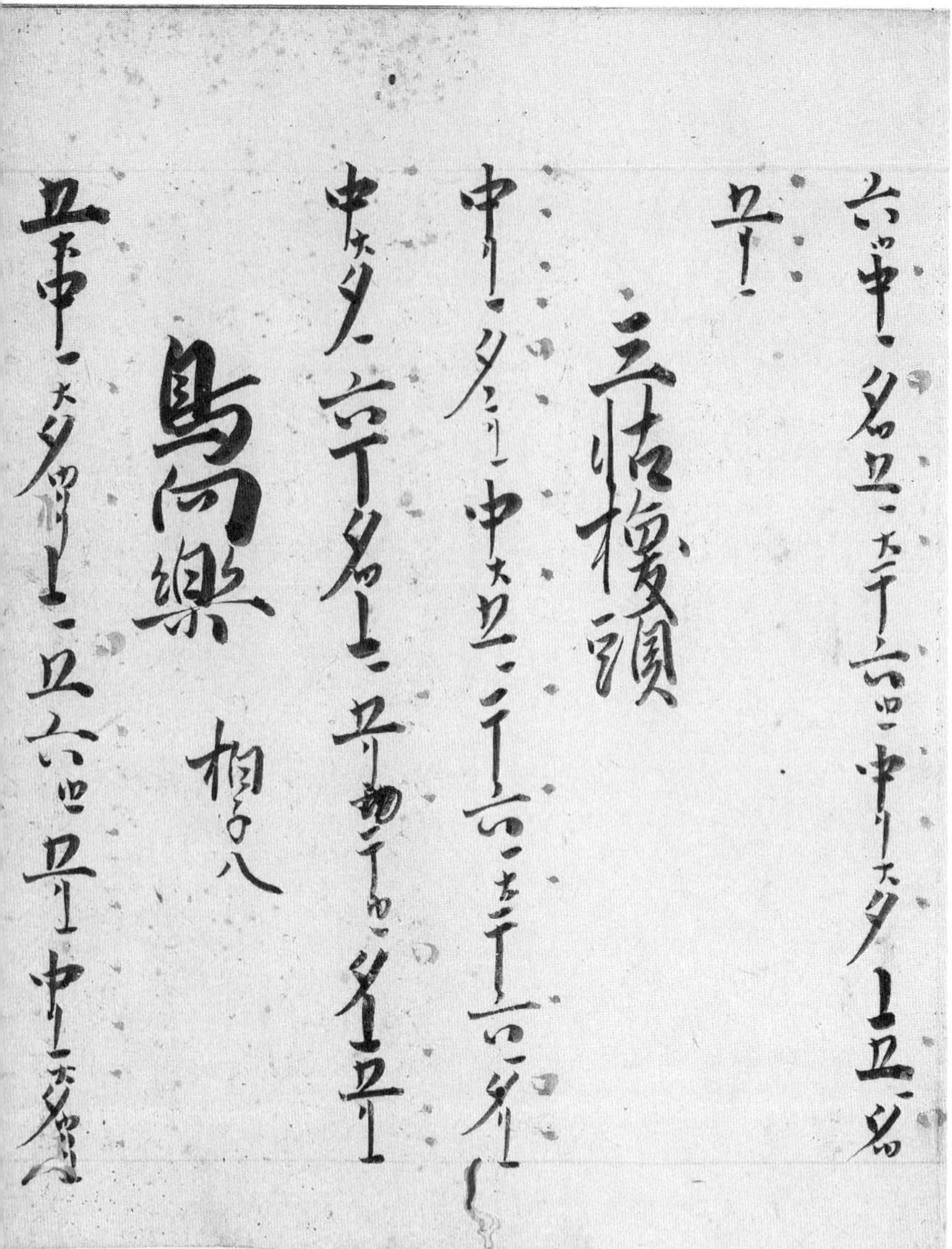

笛譜断簡（室町時代中期～後期写）（表　1ウ）

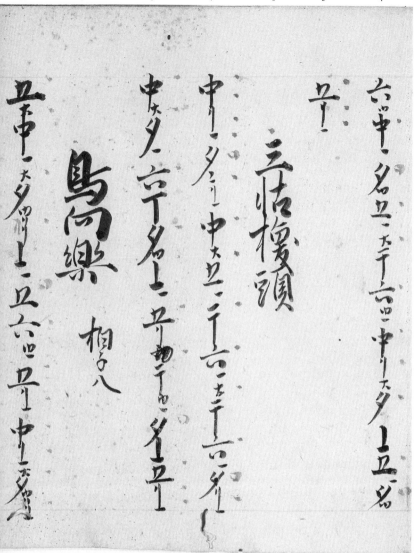

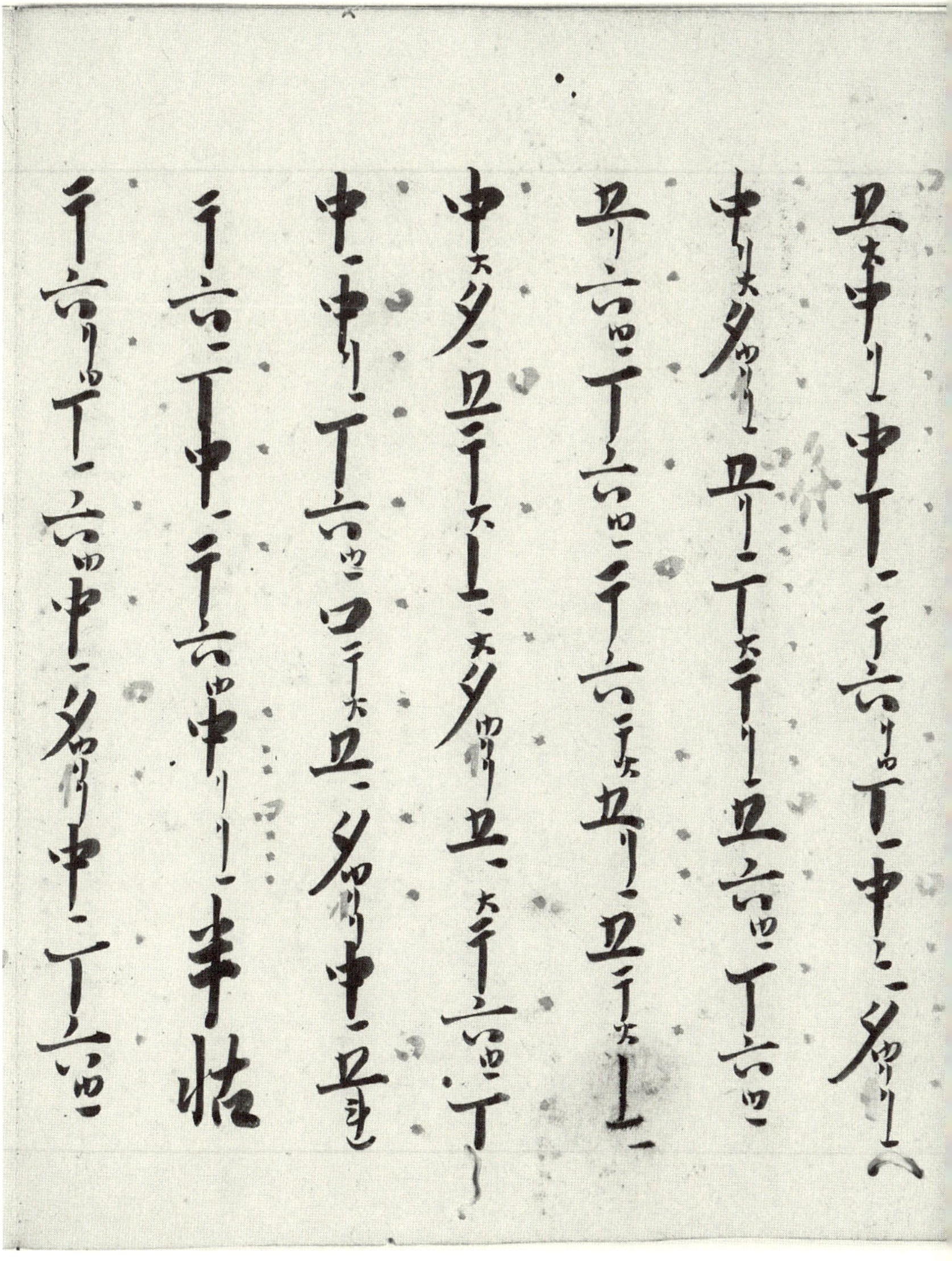

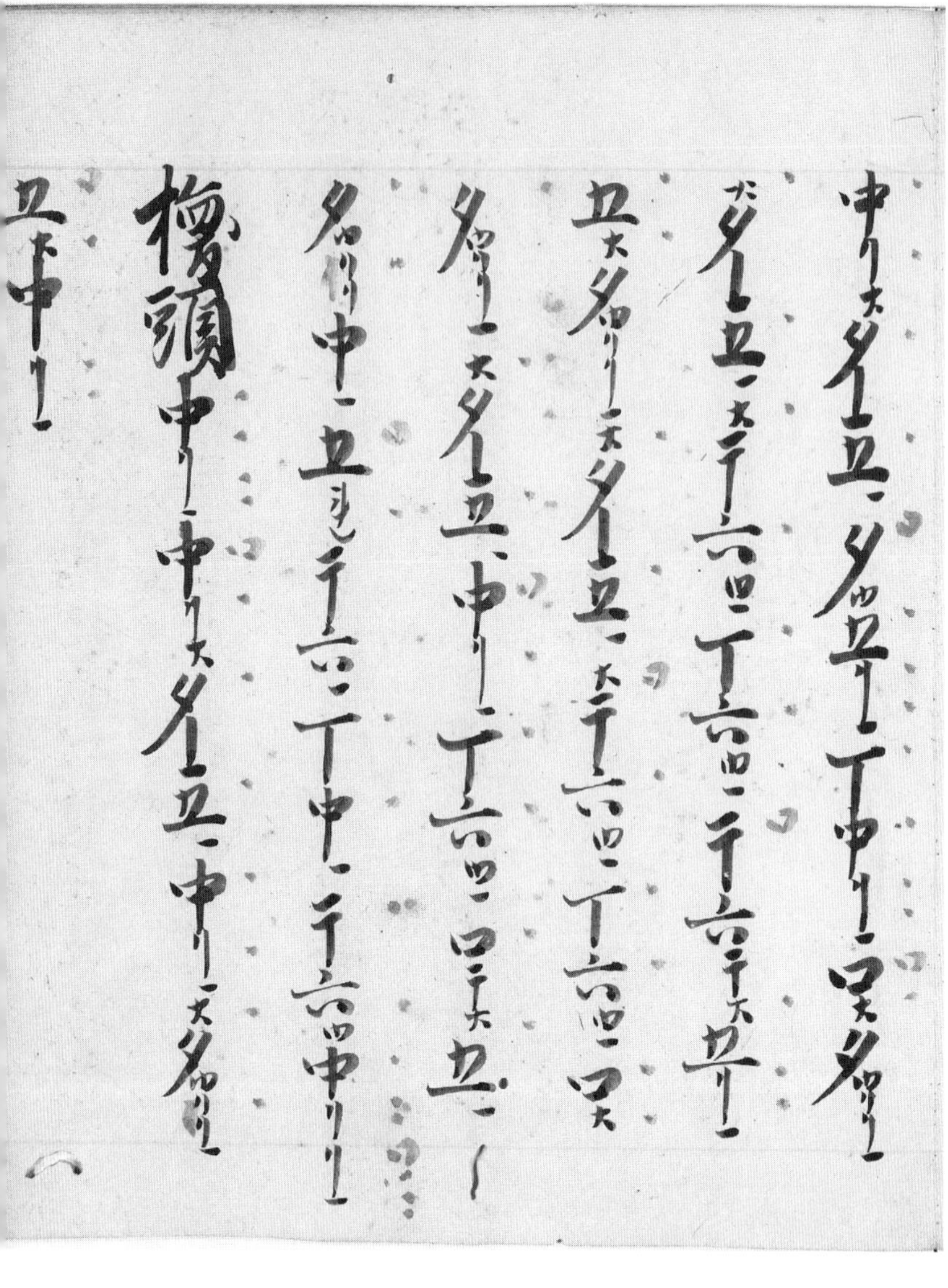
撥頭

27　26　25

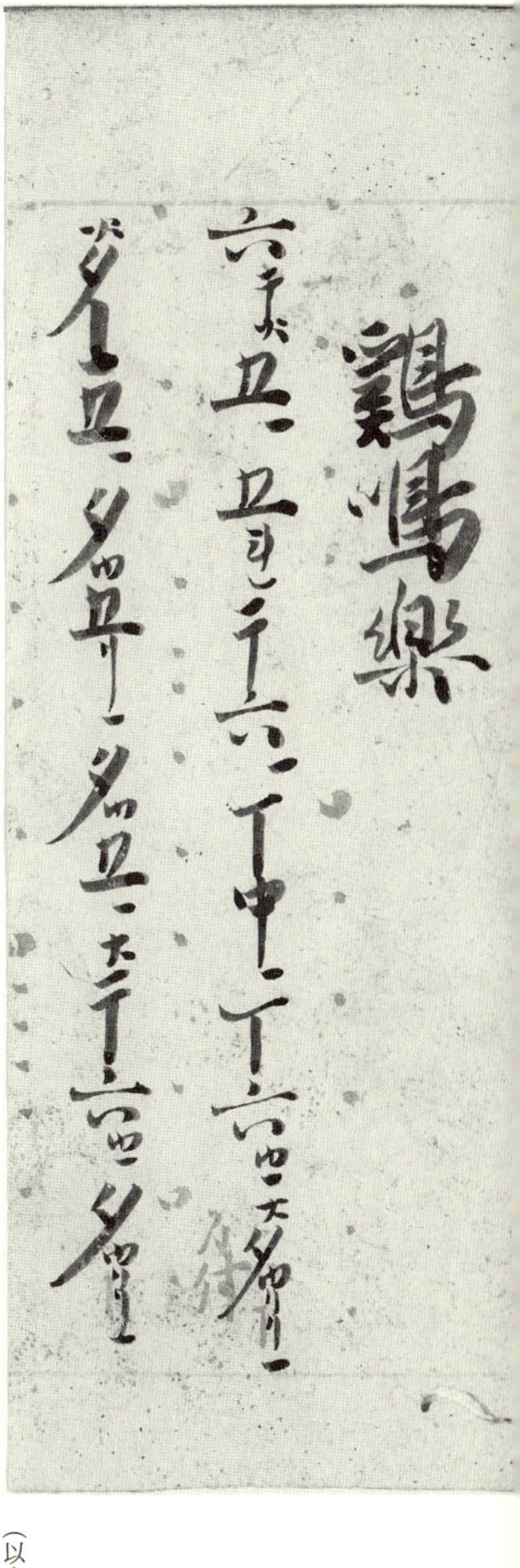

31　30　29　28

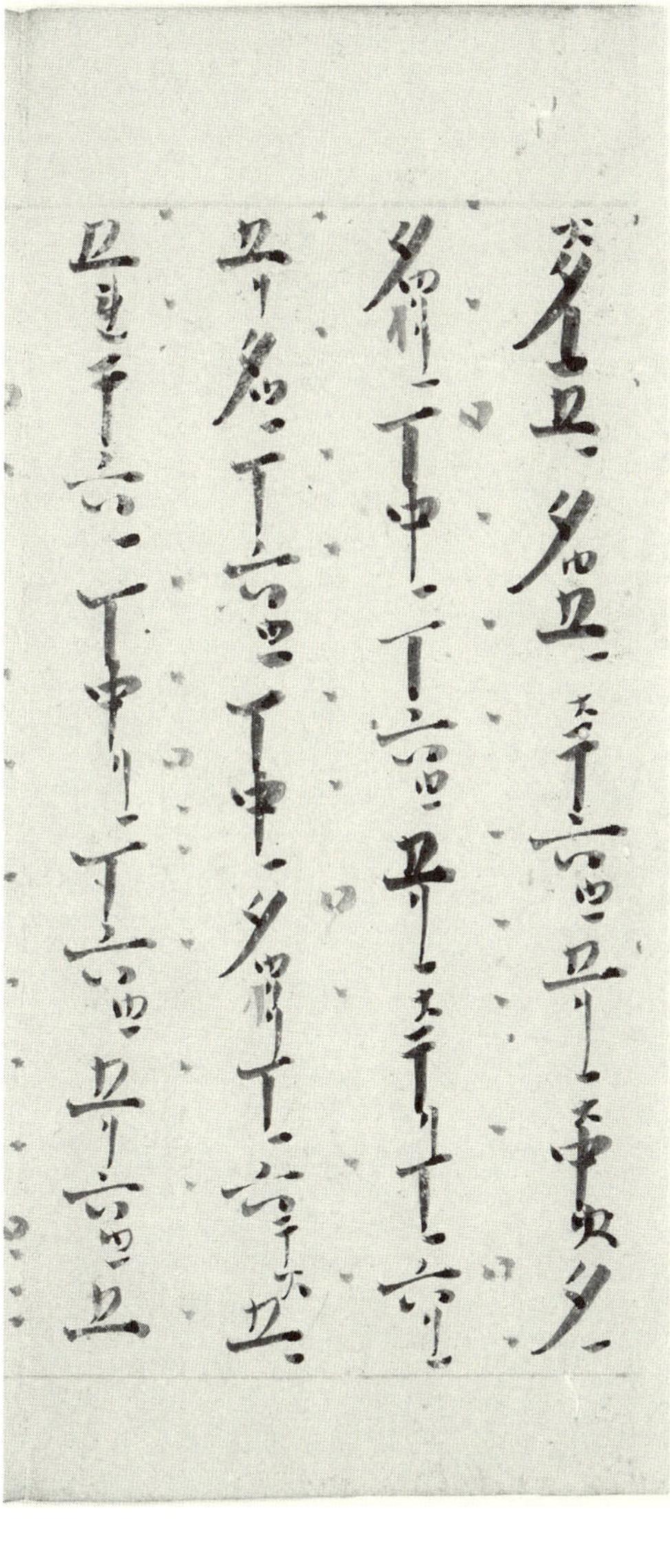

（以上、三三函二三二番表）

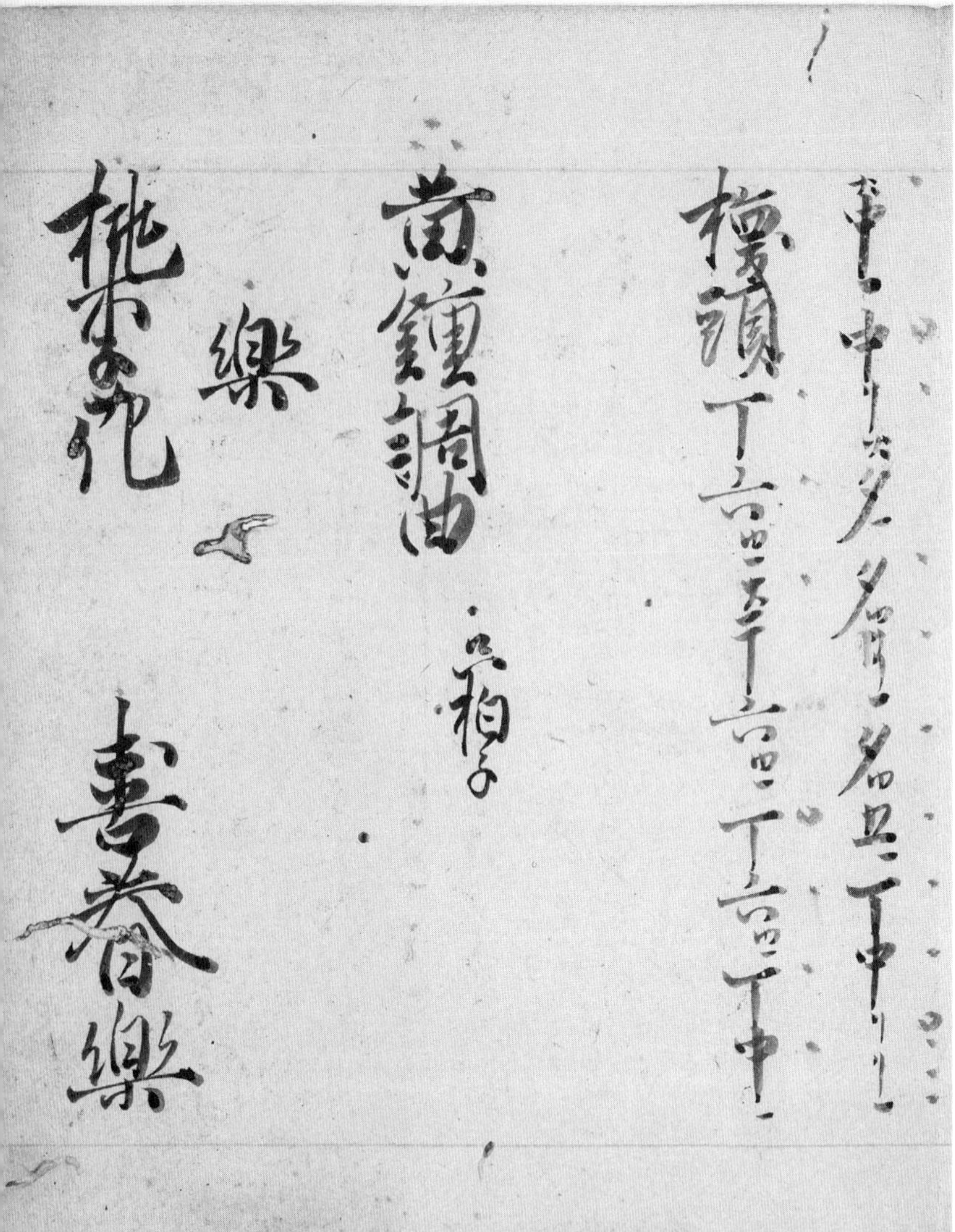
黄鐘調曲
拍子
樂
桃李花
喜春樂

42　41　40　39　38　37

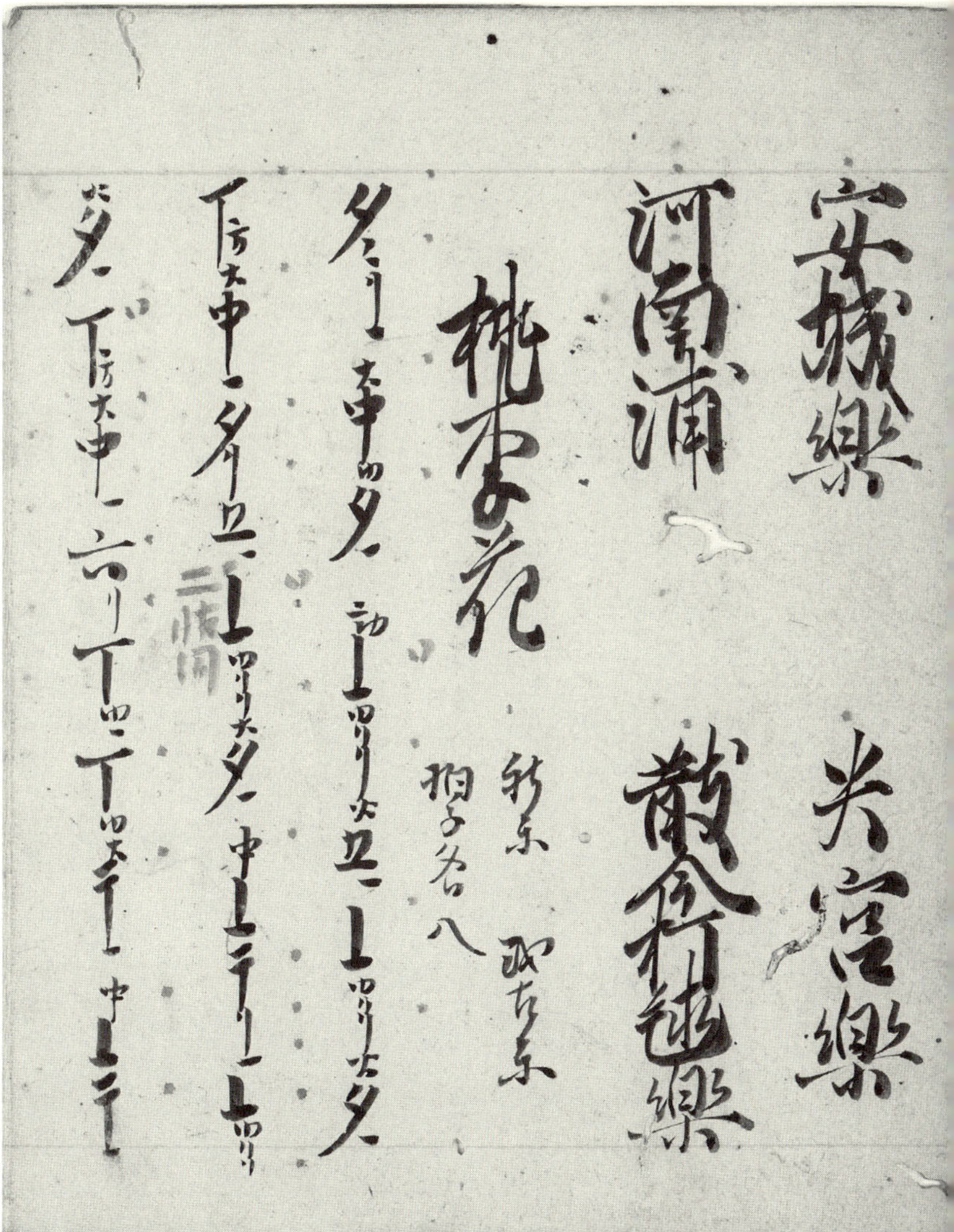

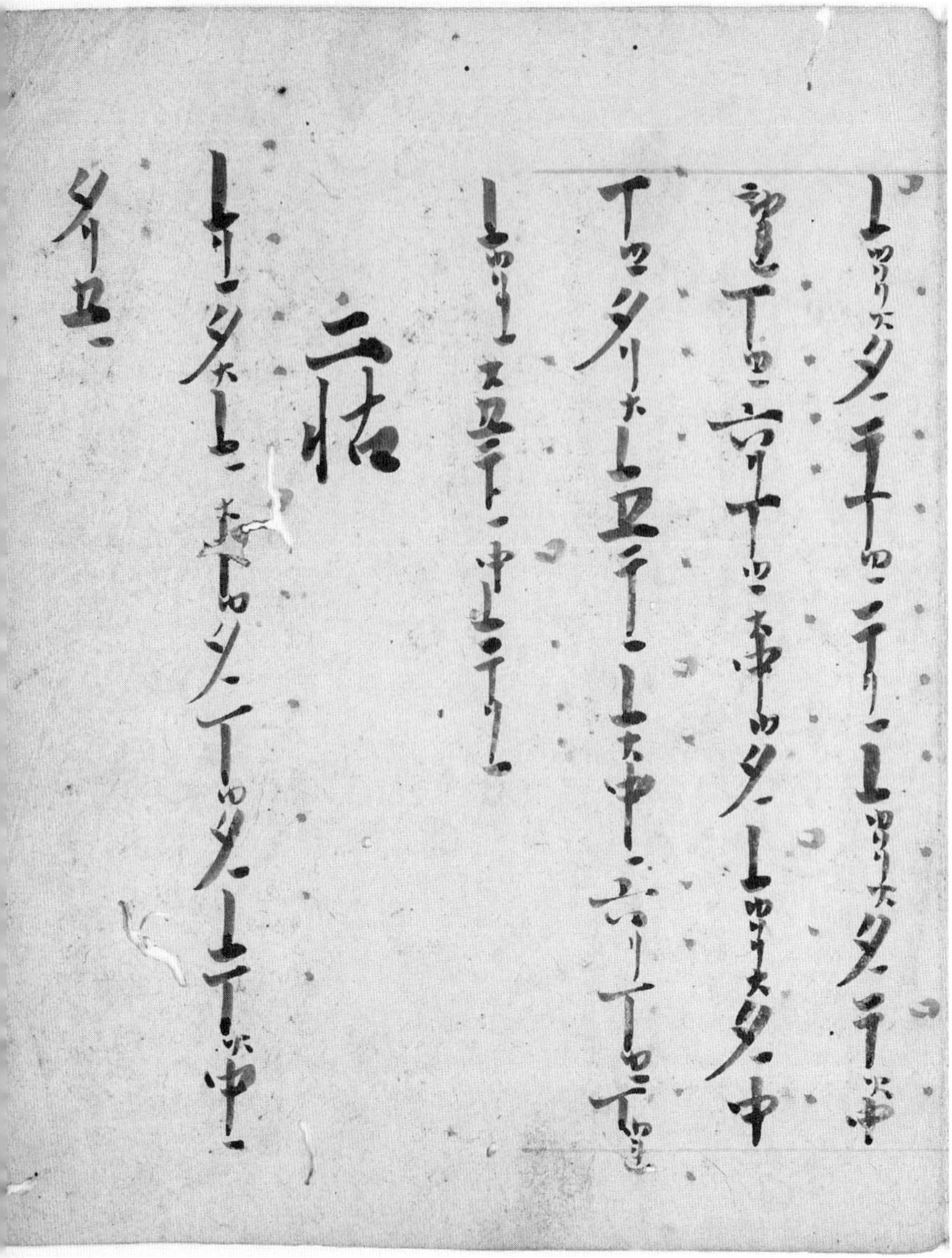

6　5　4　3　2　1

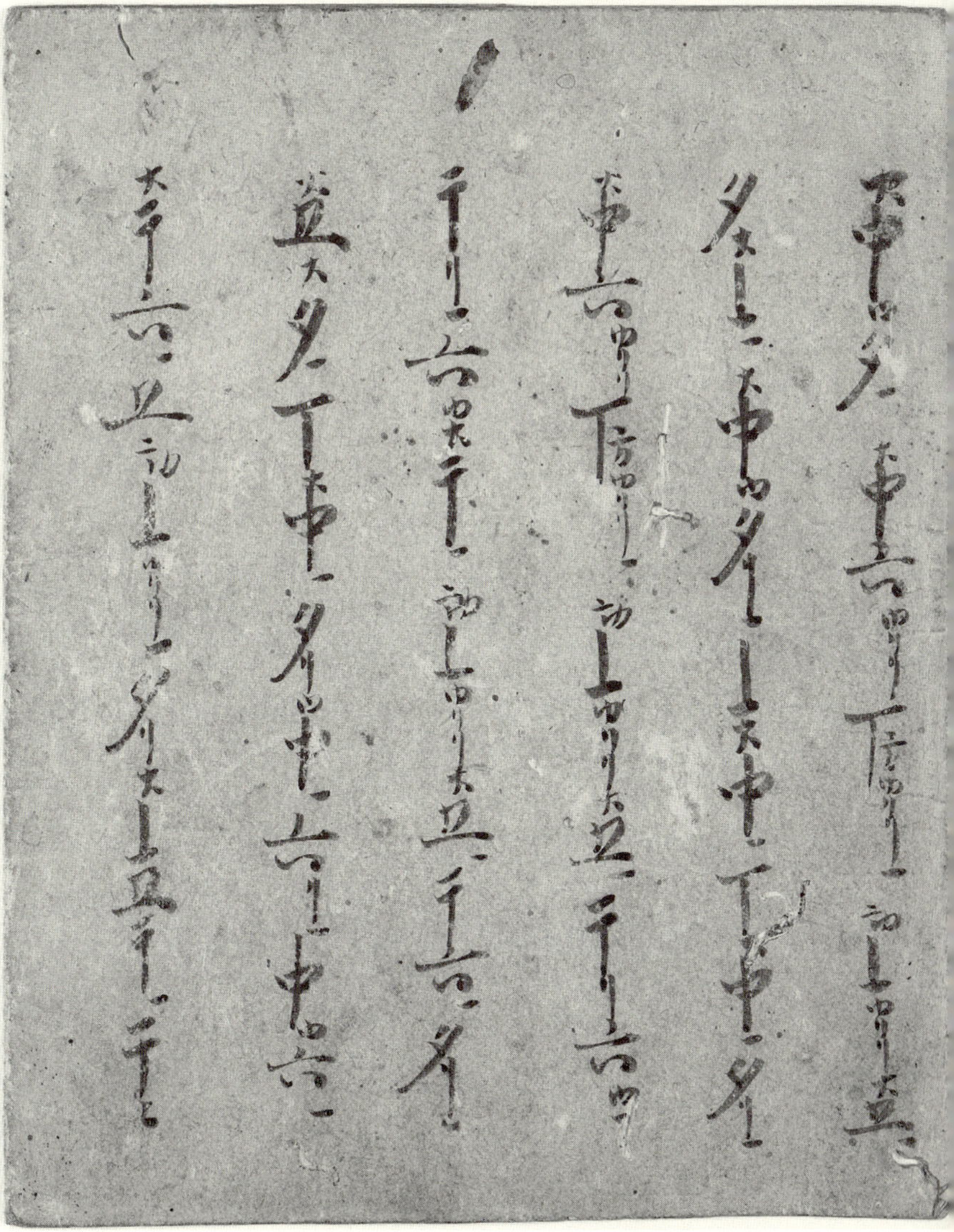

笛譜断簡（室町時代中期～後期写）　（裏　1オ）

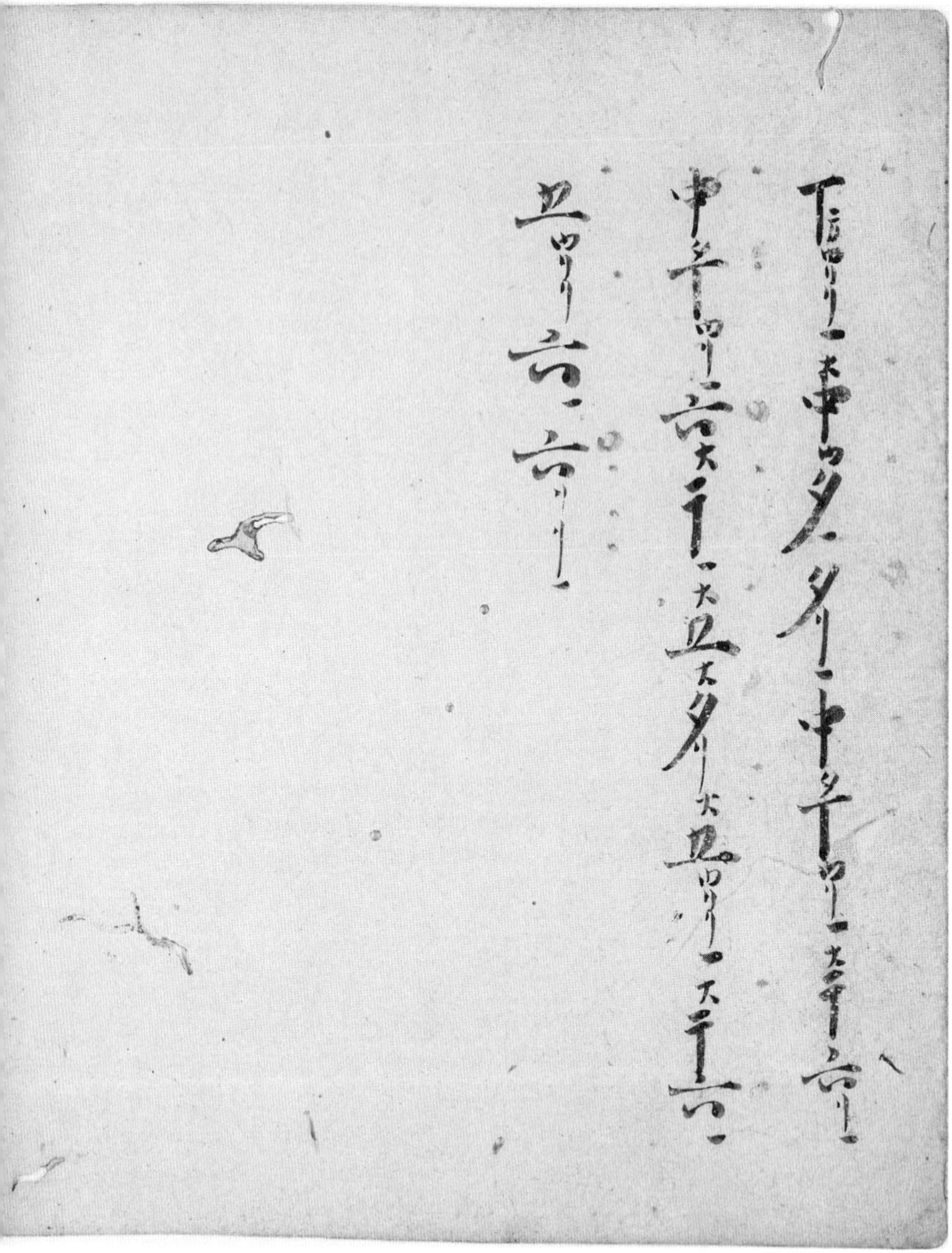

笛譜断簡（室町時代中期～後期写）　（裏　2オ）

笛譜断簡（室町時代中期～後期写）（裏　2ウ）

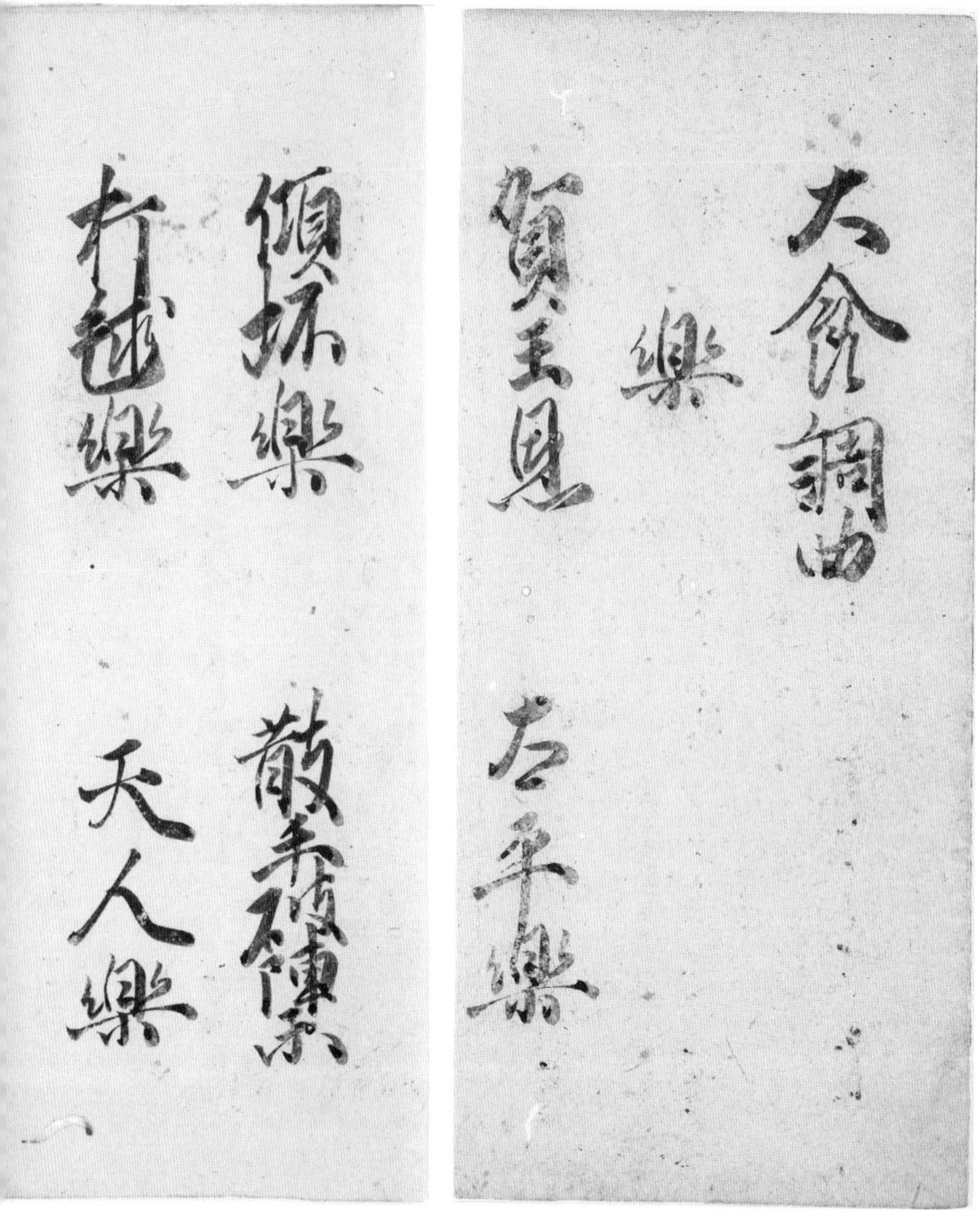
10 大食調
11 楽
12 賀王恩　太平楽
13 傾盃楽　散手破陣楽
14 打毬楽　天人楽

（以上、一〇函八三番裏）

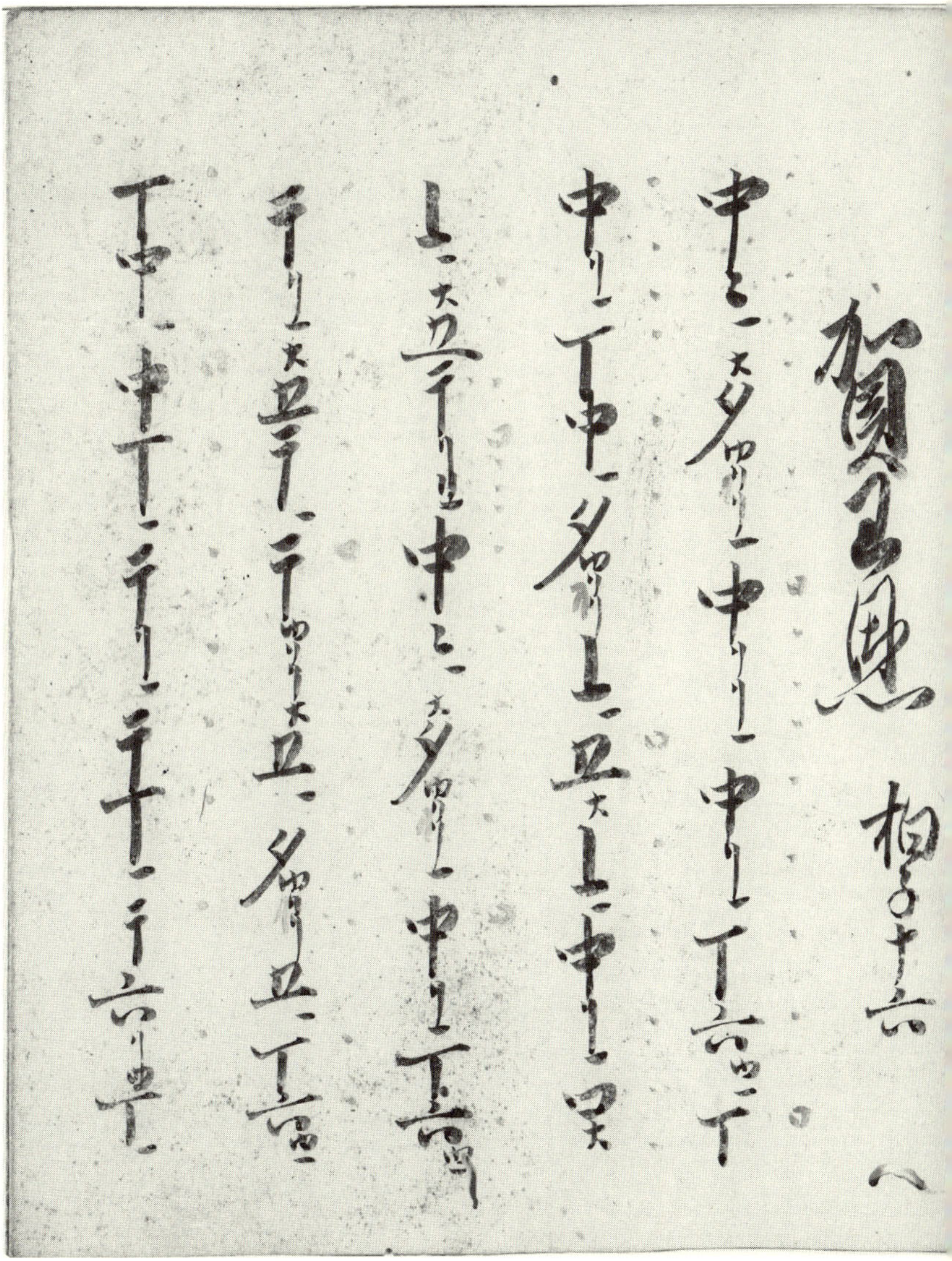

笛譜断簡（室町時代中期～後期写）　（裏　3オ）

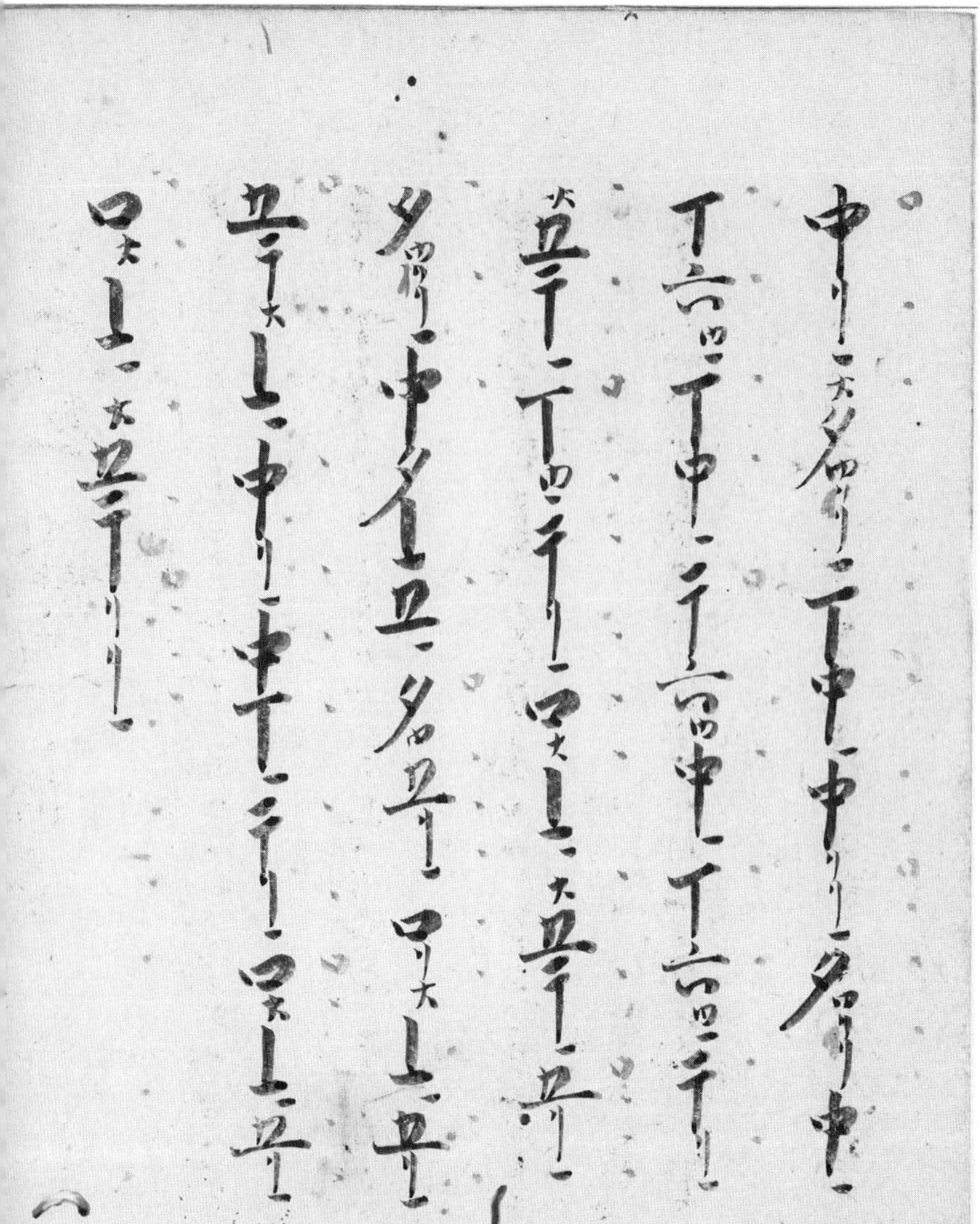

27 28 29 30 31 32

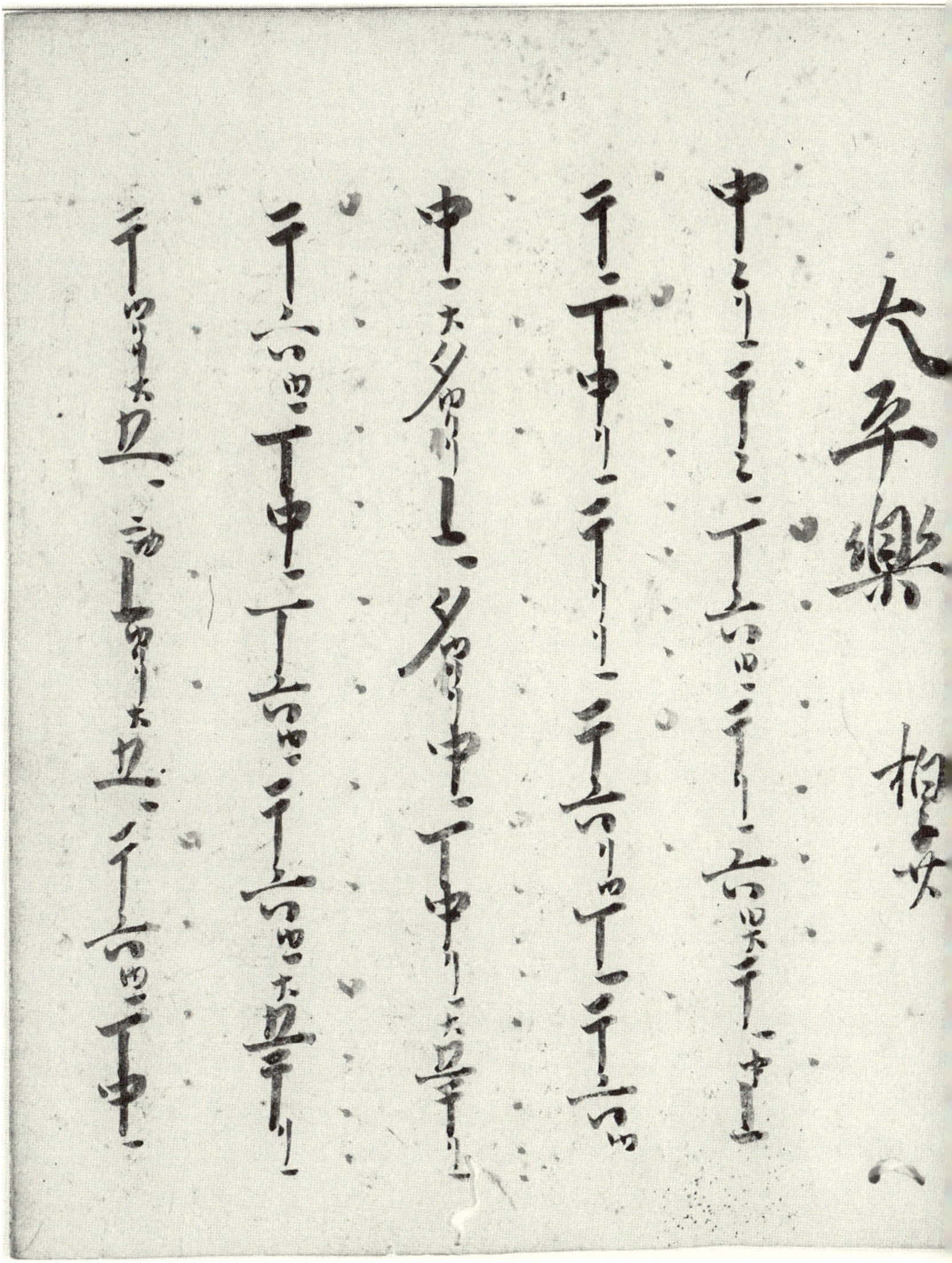

笛譜断簡（室町時代中期～後期写）（裏　4オ）

（裏　4ウ）

35　34　33

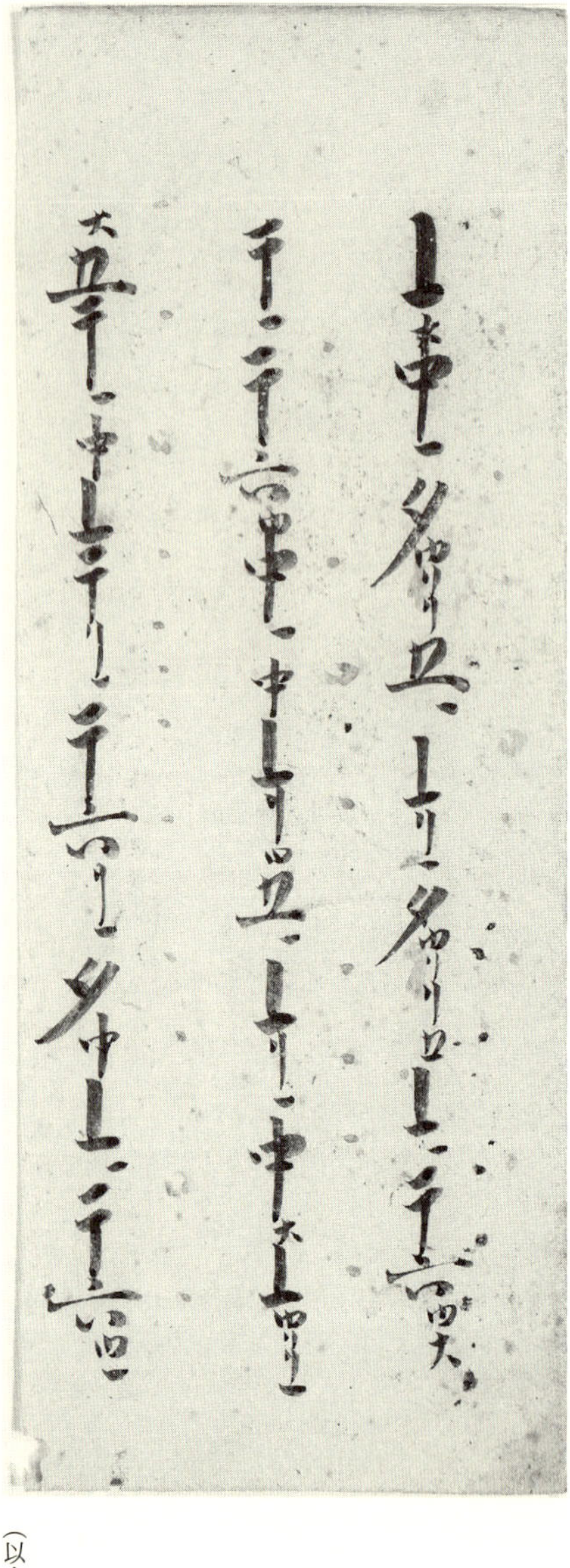

（以上、三三函二三三二番裏）

1 2 3 4 5 6

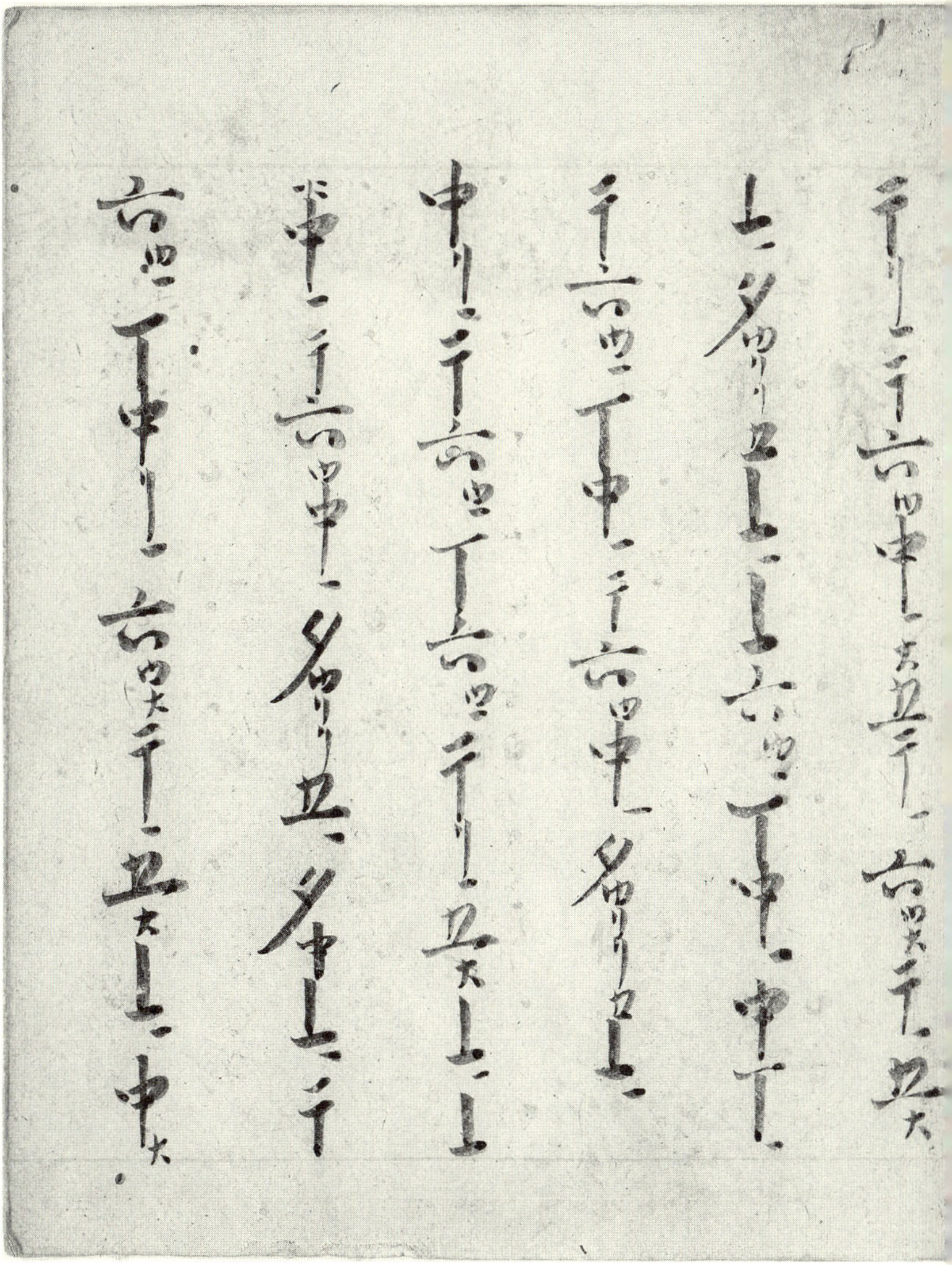

笛譜断簡（室町時代中期〜後期写）（表 1オ）

7 8 9 10 11 12

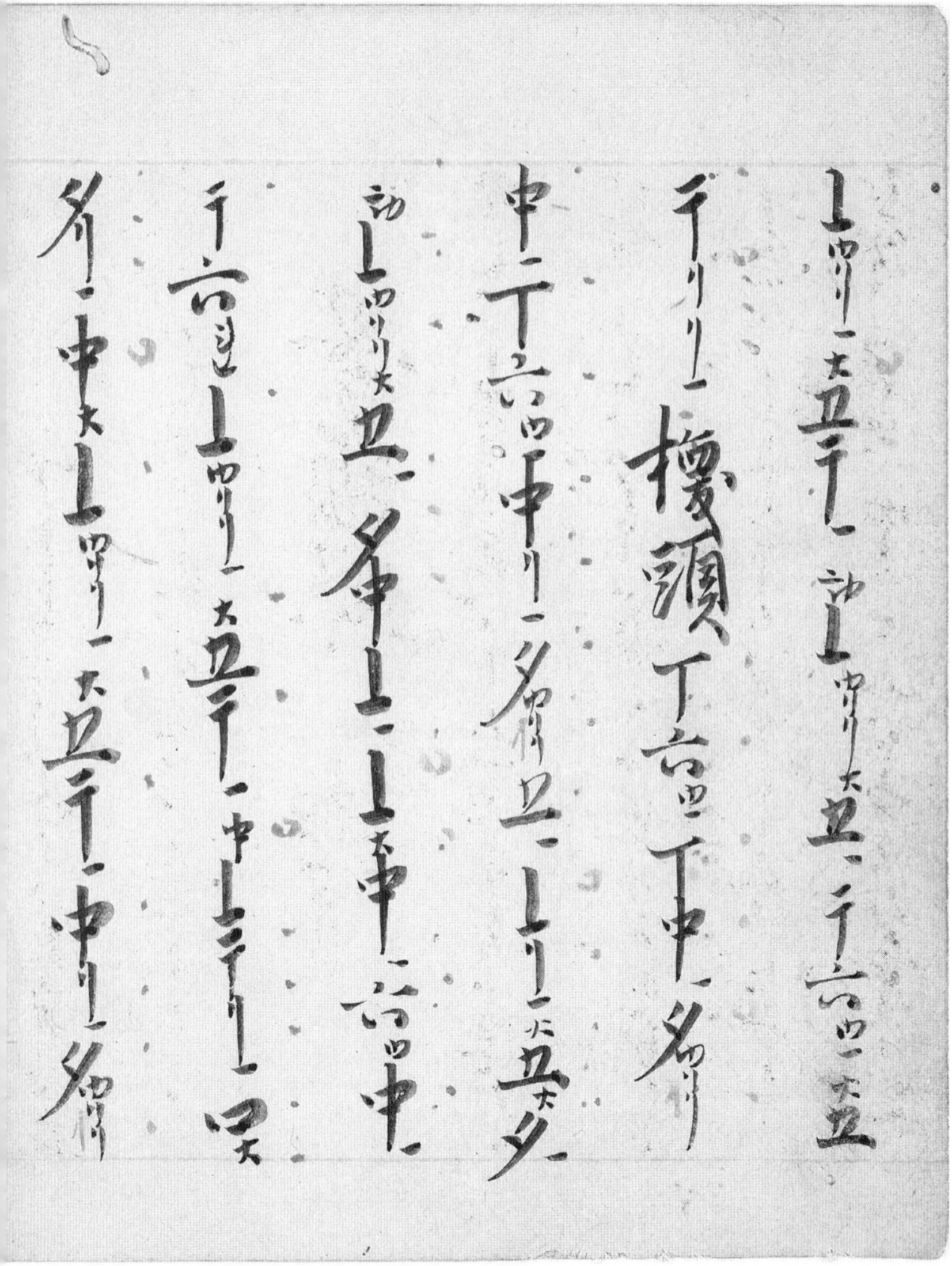

19　18　17　16　15　14　13

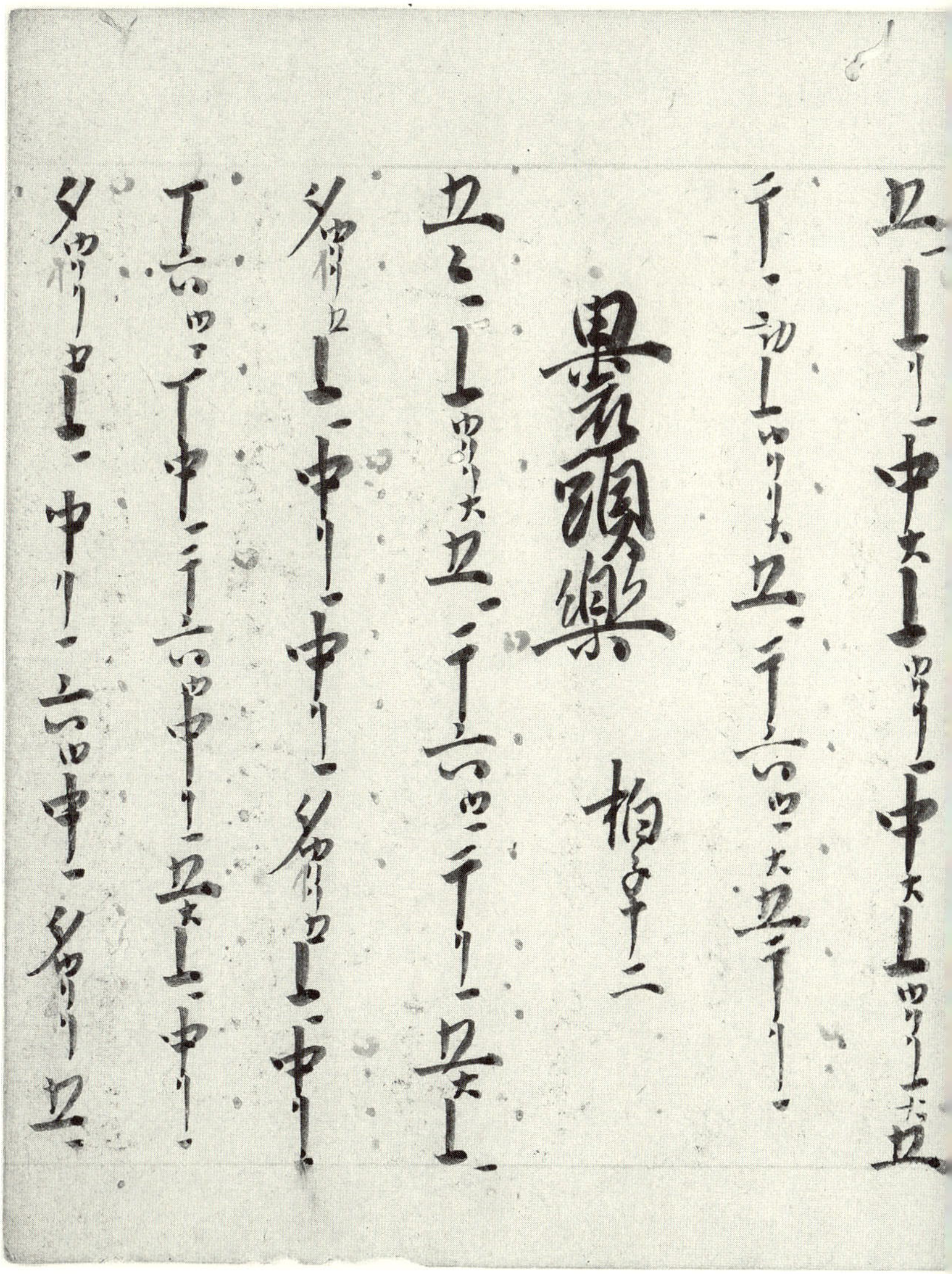

笛譜断簡（室町時代中期～後期写）（表　2オ）

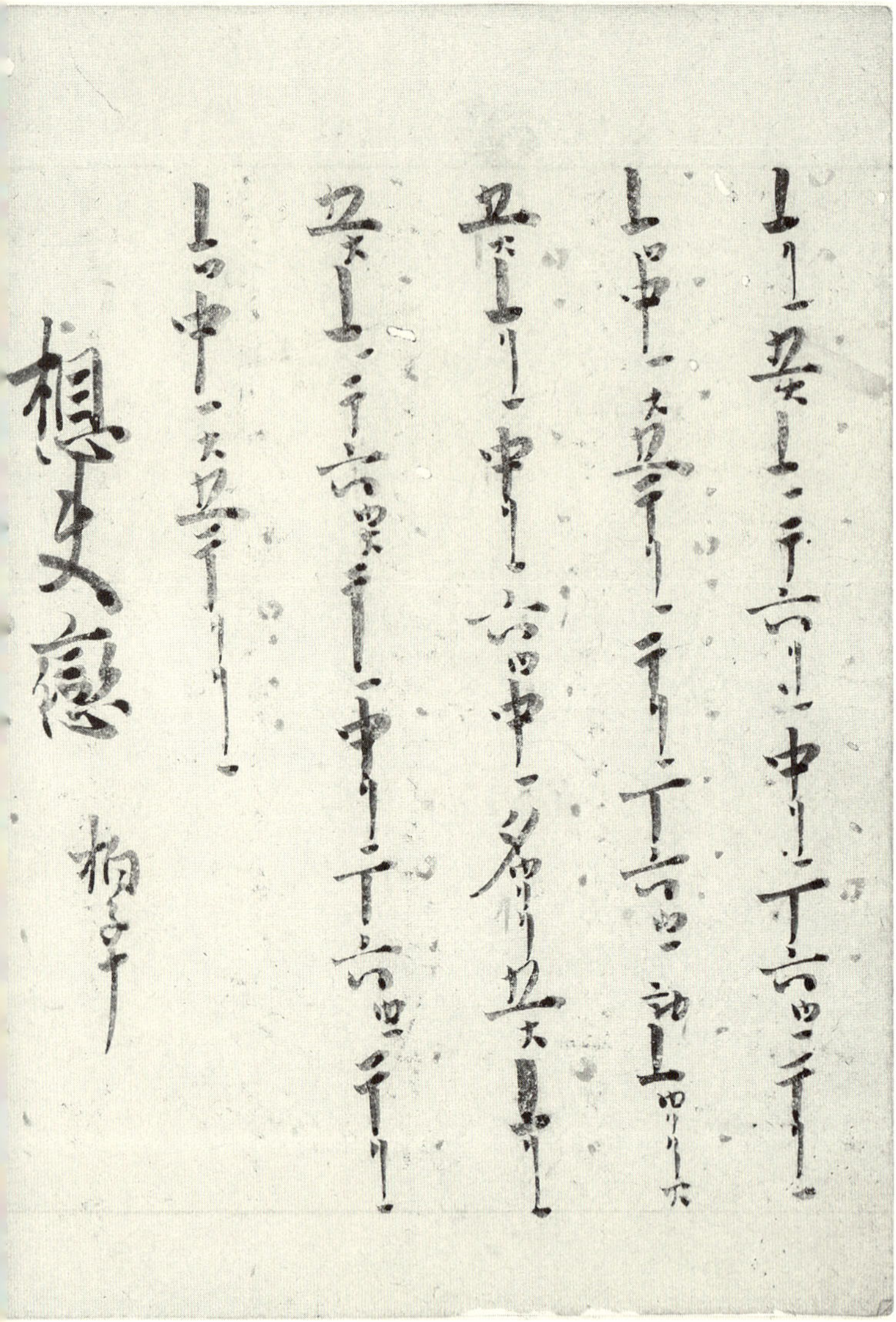
想夫戀

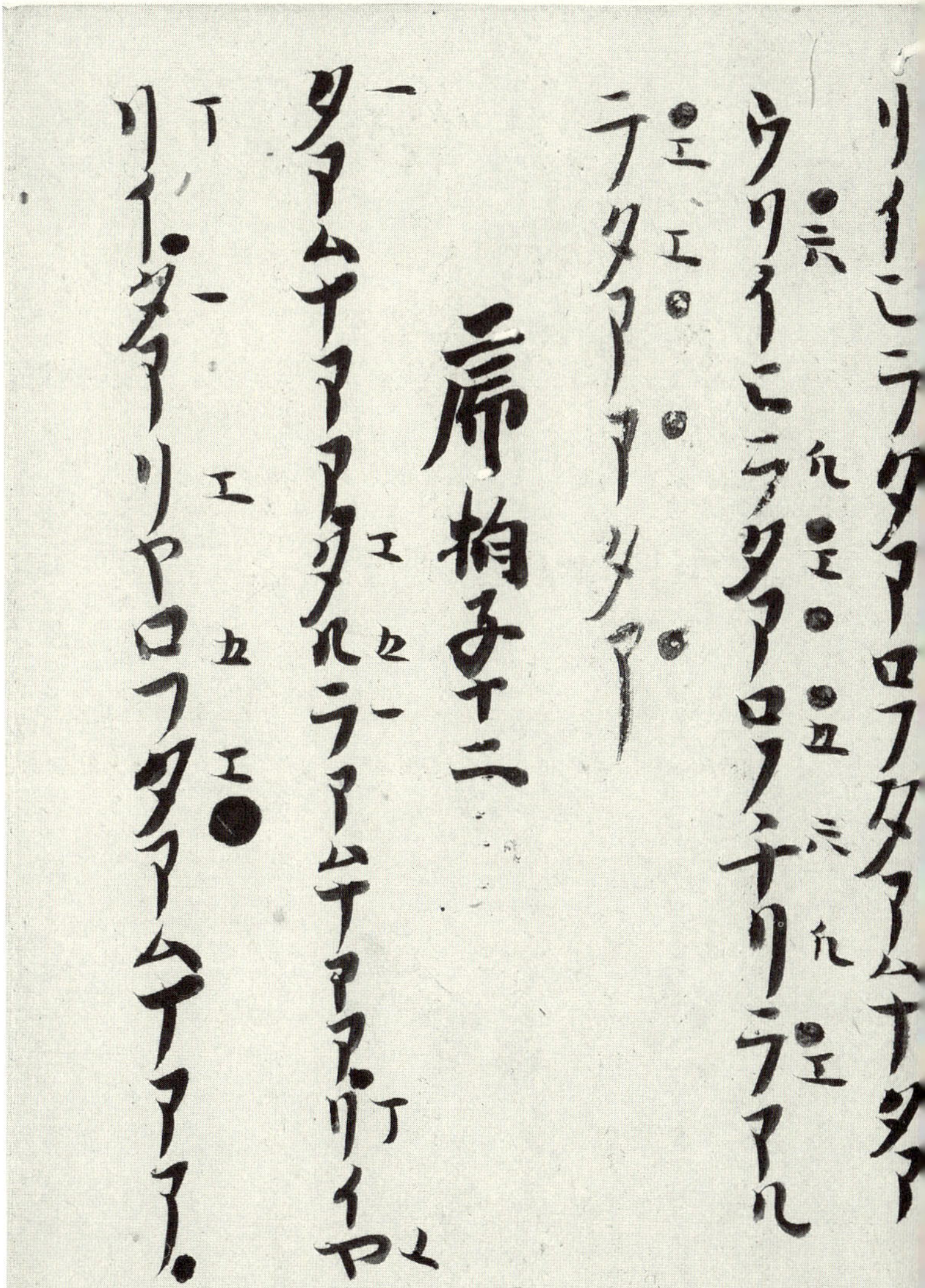
リイこラタアロフタアムナタア
ウワイこラタアロフチリラアル
ラタアーアータアー
扇拍子十二
タアムナヲアタアルラアムナヲアリイヤ
リイータアーリヤロフタアムナアア

笛譜断簡（室町時代中期～後期写）　（裏　1オ）

7 8 9 10 11 12

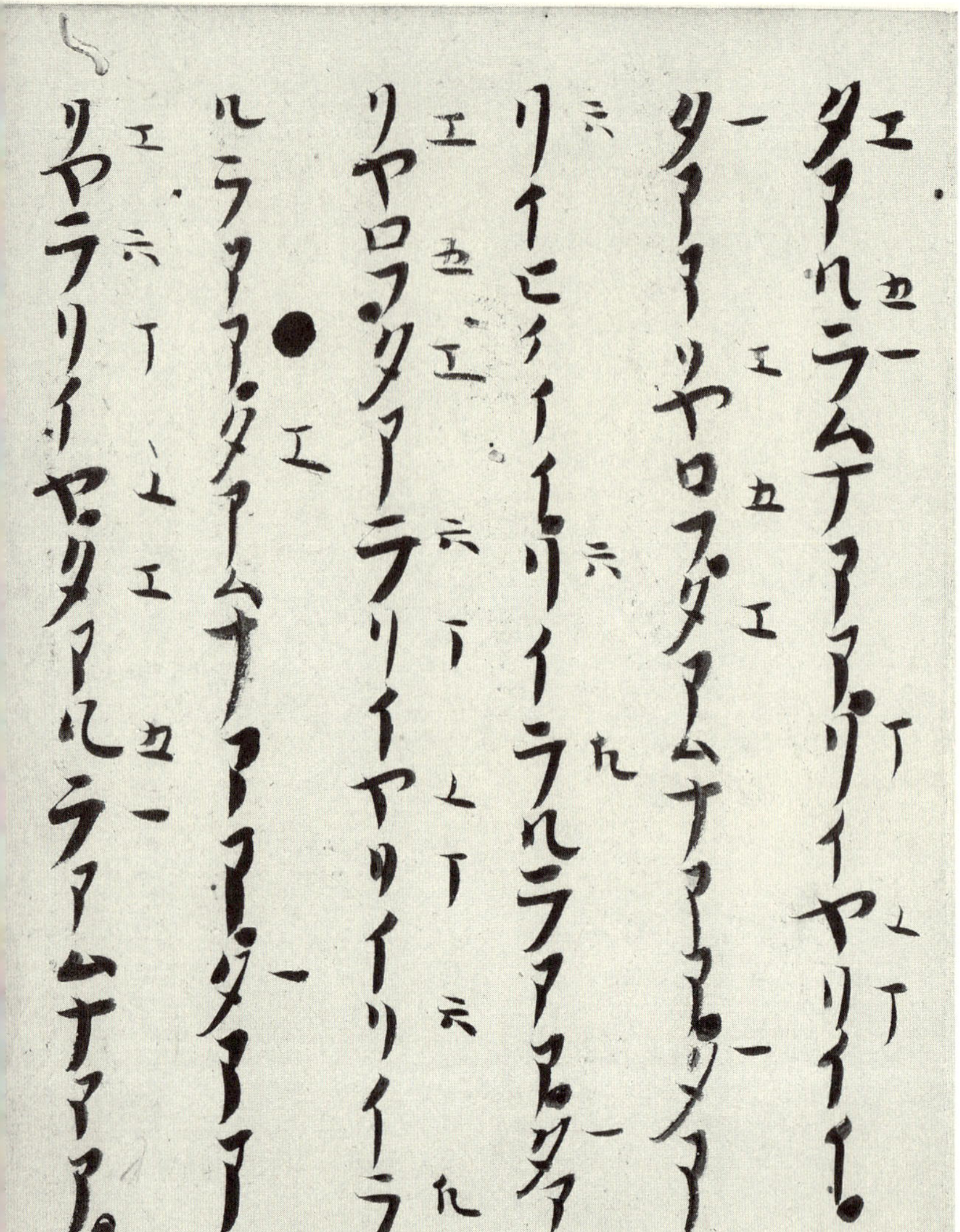

笛譜断簡（室町時代中期～後期写）　（裏　1ウ）

13 14 15 16 17 18

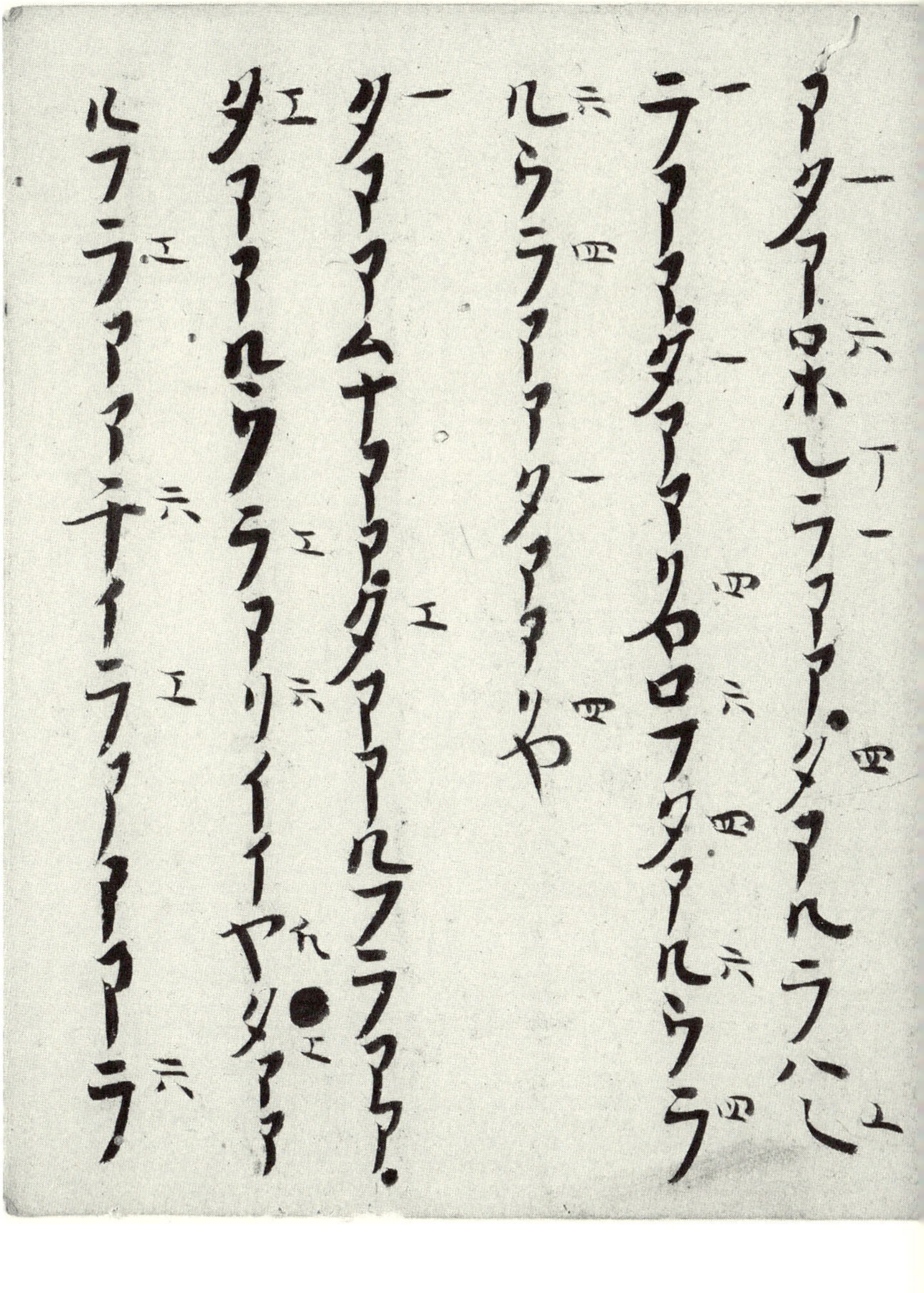

笛譜断簡（室町時代中期～後期写）　（裏　2オ）

19 20 21 22 23 24

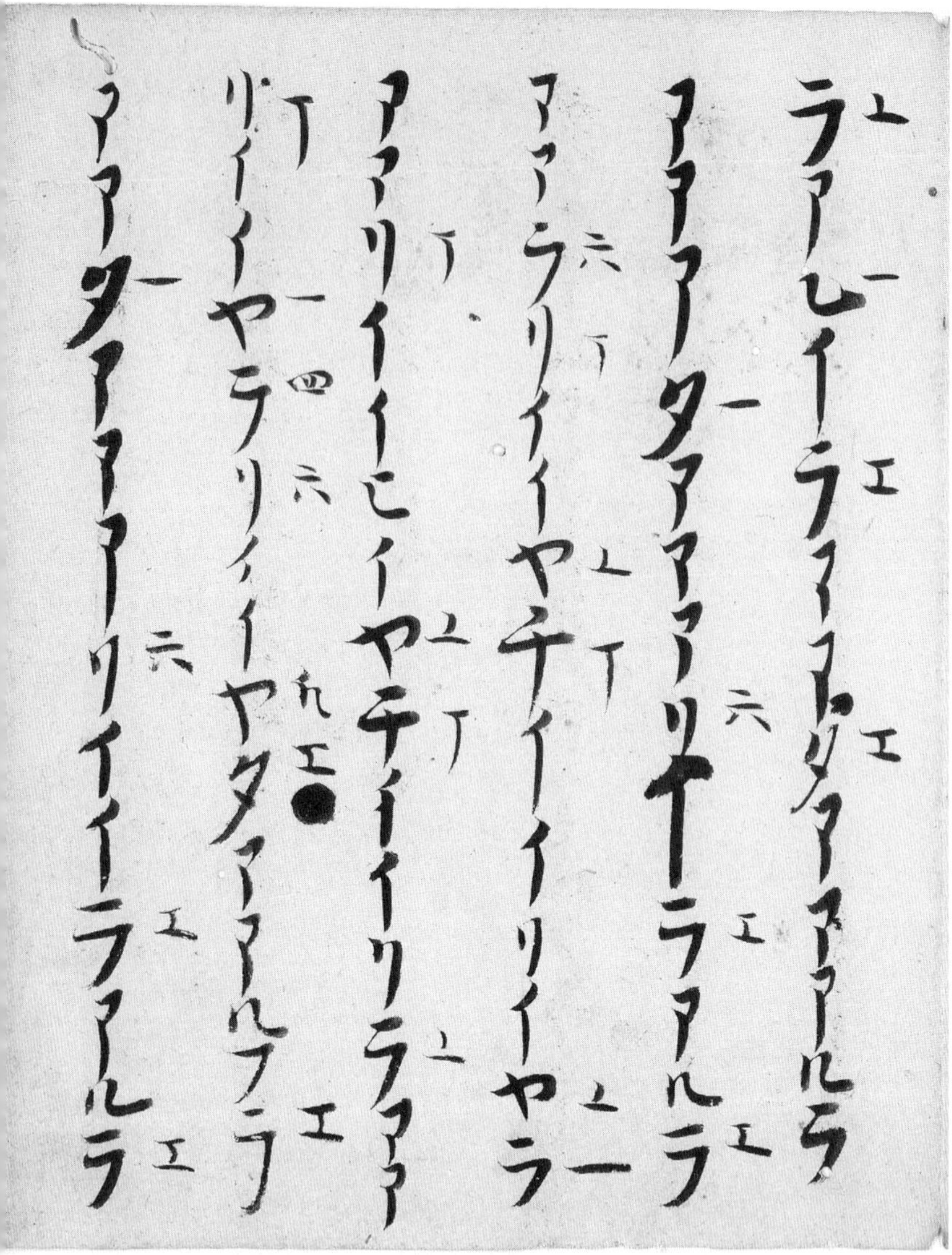

笛譜断簡

（鎌倉時代後期写）

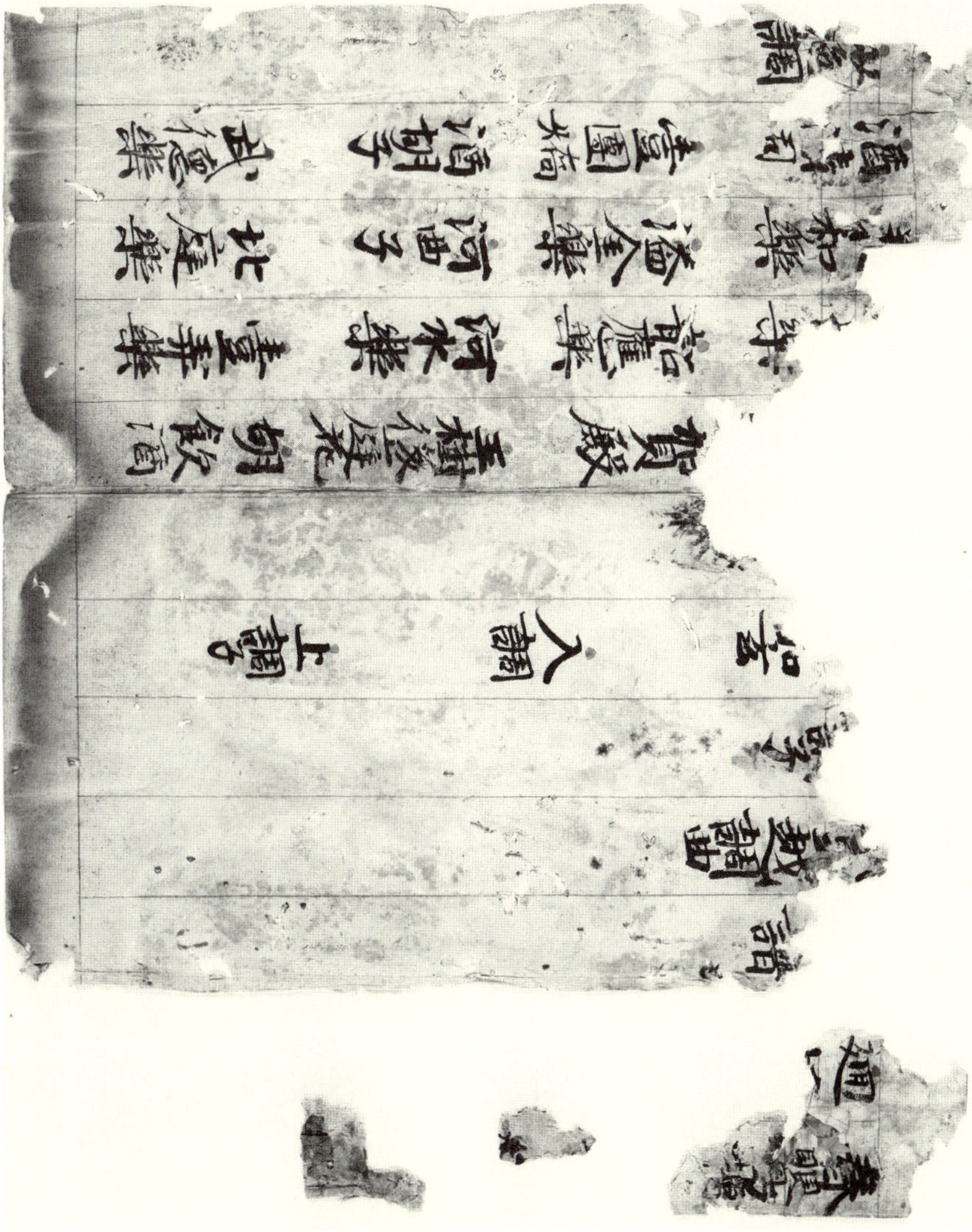

笛譜断簡（鎌倉時代後期写）（表）

笛譜断簡（鎌倉時代後期写）　（裏）

笛譜断簡

（南北朝時代写）

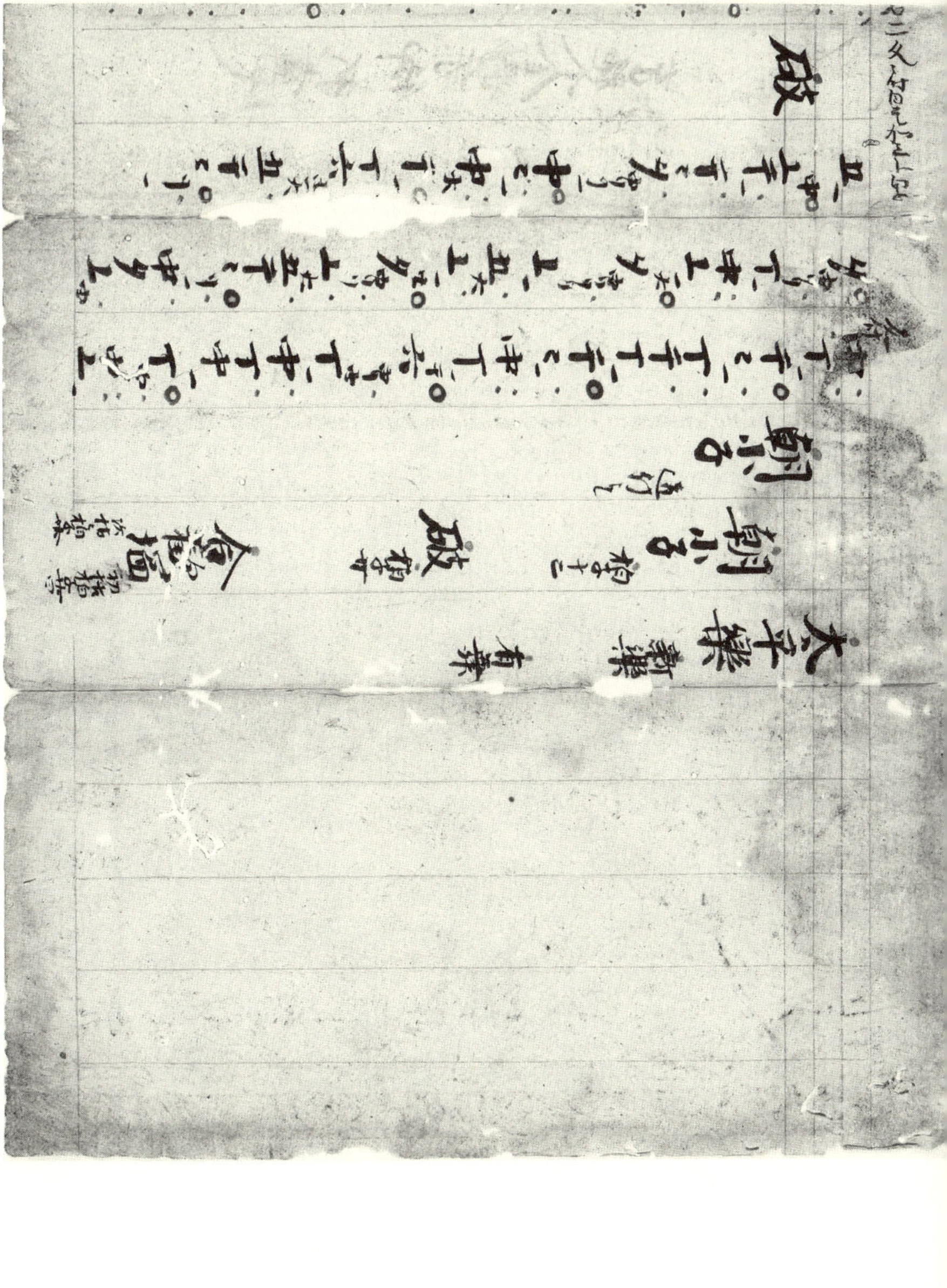
太平楽
朝小子
破

笙譜・金剛寺楽次第

（元禄十二年〔一六九九〕写）

笙譜・金剛寺楽次第　（表紙）

笙譜・金剛寺楽次第　（表紙見返）

平調

慶雲楽　登礼用之　只拍子

十由下乙由凢乙十由下十一由乞一小凢由工凢乞

一小凢由乙下十乞下十乙由凢凢工一凢一

甘州　由利拍子

下十凢小乙十一火乞十由下乙下十一火凢一一由乞

下乞乞由下十乙下火十一凢由乙乙凢一凢由一

一火乞十一火乞十由下乙由凢十乙凢一十一火乞十由

下乙

五常樂　八拍子物

十下十乙下十乙工乞一　二反

乞乙乞一一凢十一乙乞十火下乙　二反

三臺急

乙乞乙乞乙反付乞下十一十下十一乞乙十一乞一

十下十一十下十一乞乙乞工乞乙乞火工一

凢十一工乞乙乞十火下乙乞乞火工一十下十一

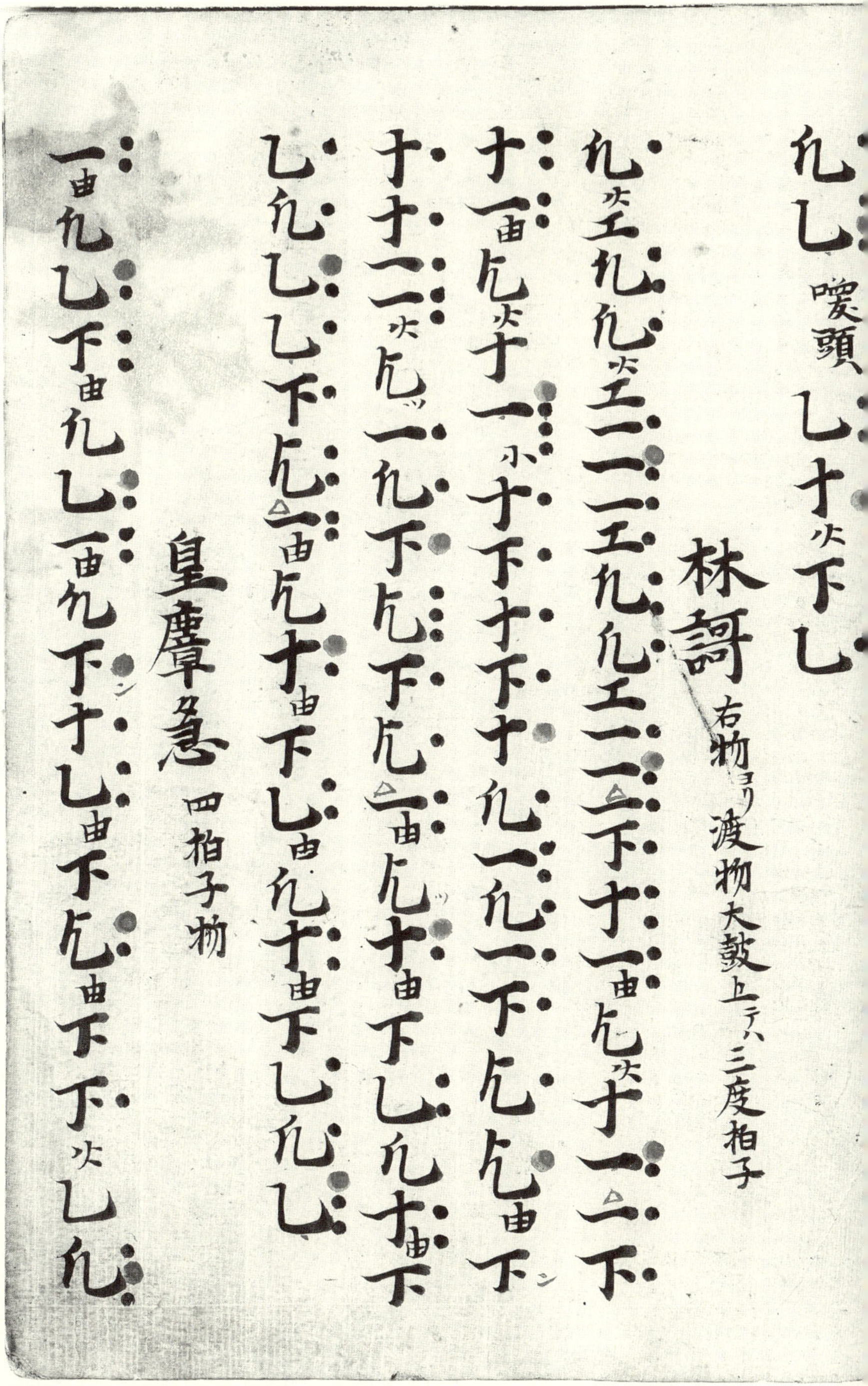
嚔頭
林謌
右物ヨリ渡物大鼓上テハ三度拍子
皇麞急
四拍子物

鷄德　四拍子物　用下礼

陪臚　只拍子古樂　大㦮悔五反目　初切終手吹樂

小初切

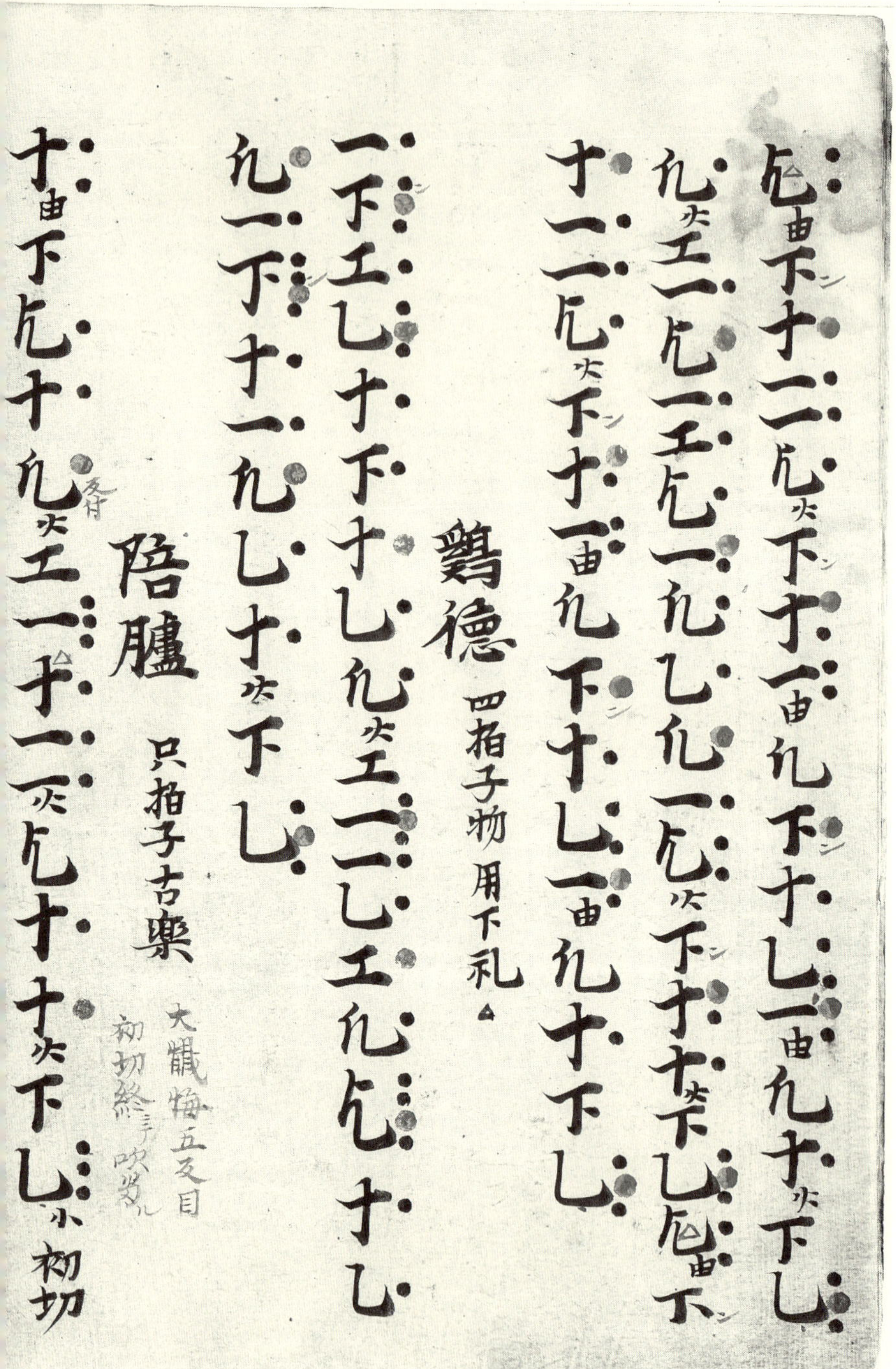

33 凢由乙下十一由下十一由十火下乙由凢凢工火一小　中切

34 十一一火凢十十火下乙小一由凢乙凢十下乙小　奥切

35 五常楽破　八拍子物　由利拍子

36 一乙工凢乙凢由乙凢由工一凢由一凢由工一由凢一一由凢

37 一凢火工一小　小乞時　下十一由下十下十由下乙由凢乙十由

38 下乙由凢凢小十火下下小乙乙小下十一由下十凢由工

39 一由凢一由凢火工一十由一凢由下千下十由下乙由凢乙十由

40 下乙由凢凢小十下下小乙乙小

盤渉

採桑老　只拍子用登礼

白柱　新楽拍子九或十秘説

一乙工乙九工一行美下下美九

工乙九由工一行美下九由工一小

九下九九下一由工乙九工一一工九下

由九工一行美下九下一由一九美一九九工下

乙由工九下乙九一行美下九下一由美一九九工

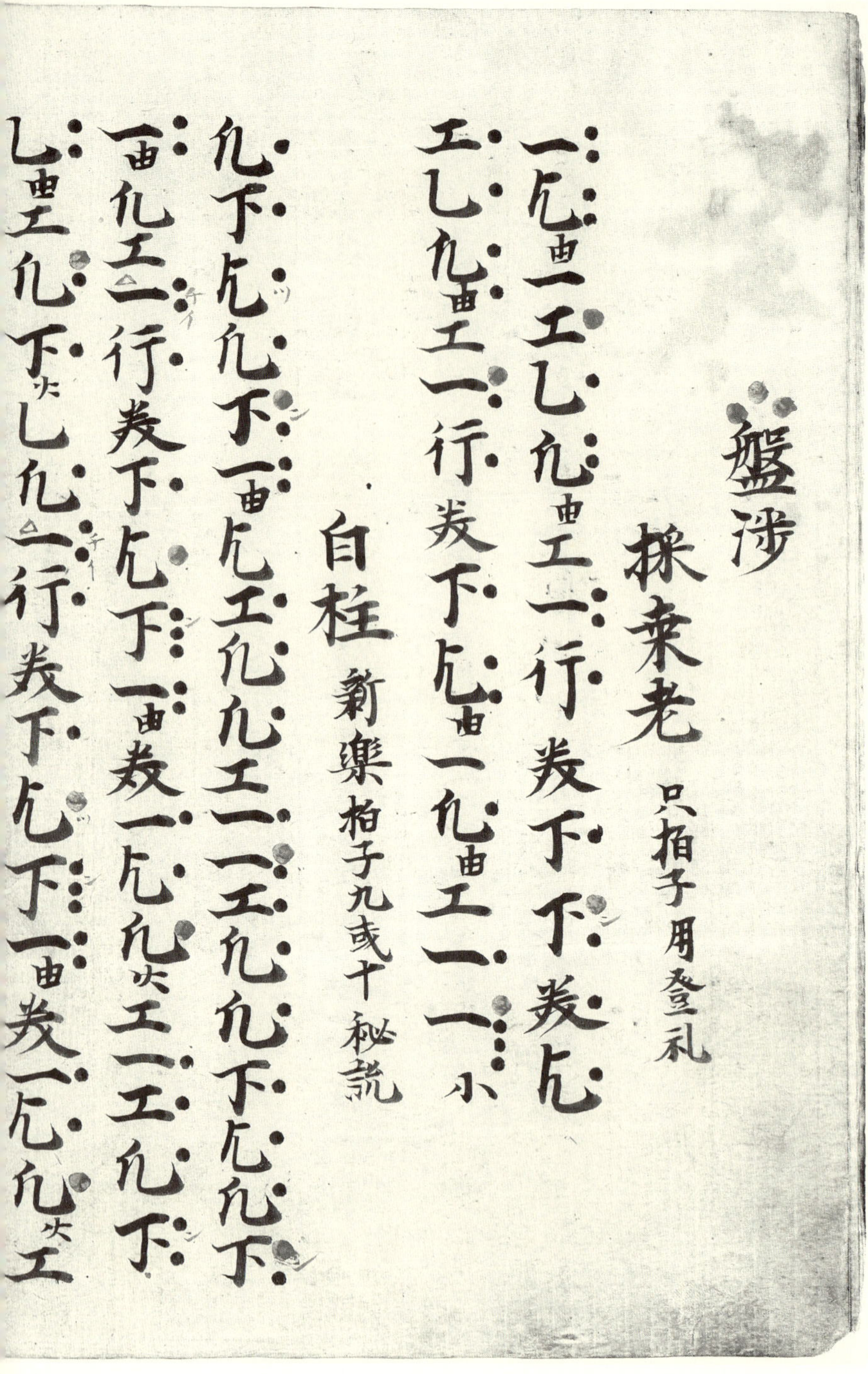

三条　柏子𠮟六由利柏子

一工一凢ㇰ凢下由凢工一

凢工一凢ㇰ工一凢工一行美下ㇰ凢

凢工工一乙工一ㇰ凢工一凢工一ㇰ美下ㇰ

下凢由工一凢乙下下美凢工一行美下ㇰ

下乙工一由凢乙工一凢工一ㇰ美凢

下凢由工一凢乙下美凢凢工一行美下

凢下半凢工一行美下乙由凢工一凢工一由工

一行美下乙由下乙由凢工一由凢凢工凢下ㇰ乙ッ凢

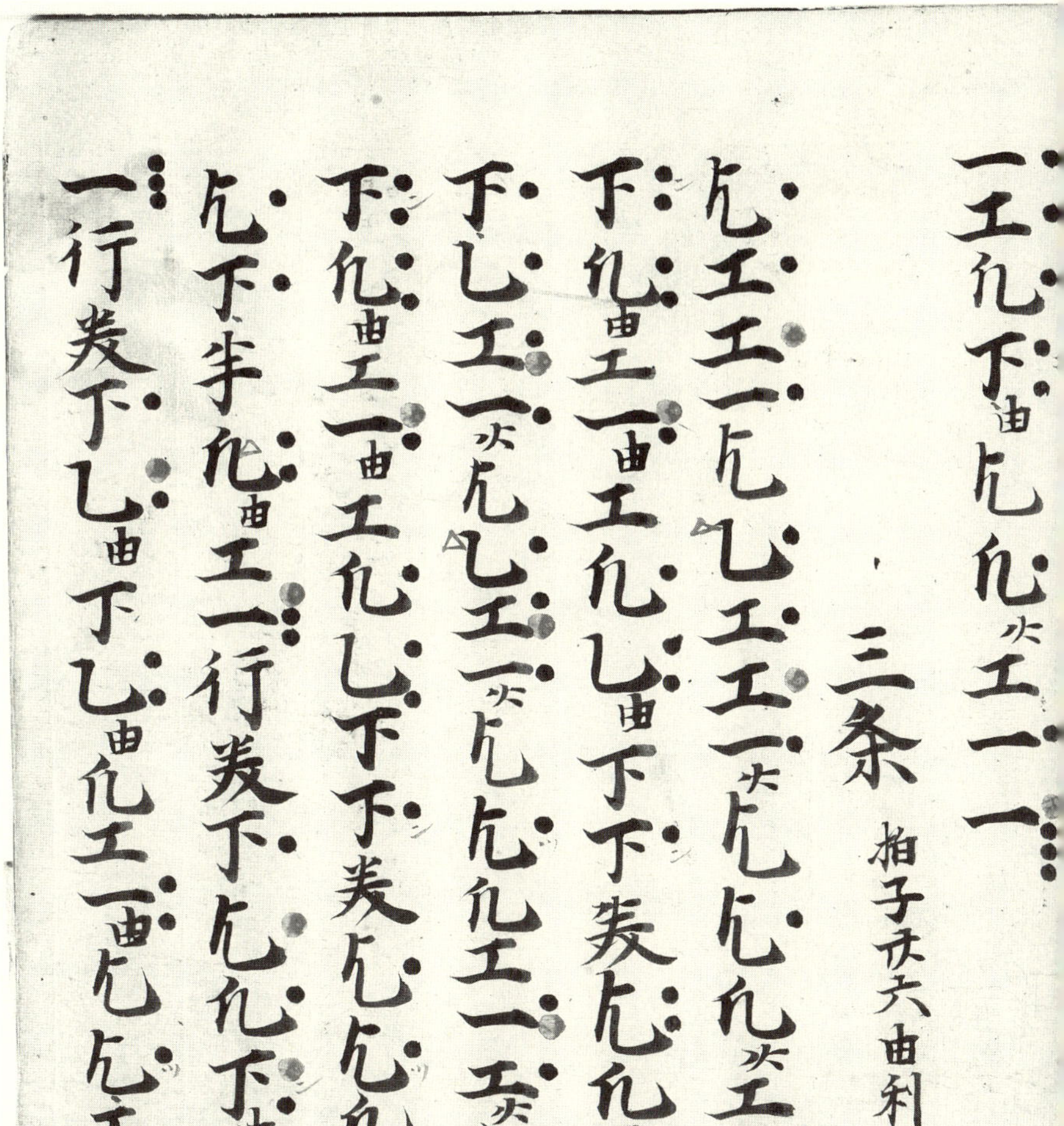

64 63 62 61 60 59 58 57

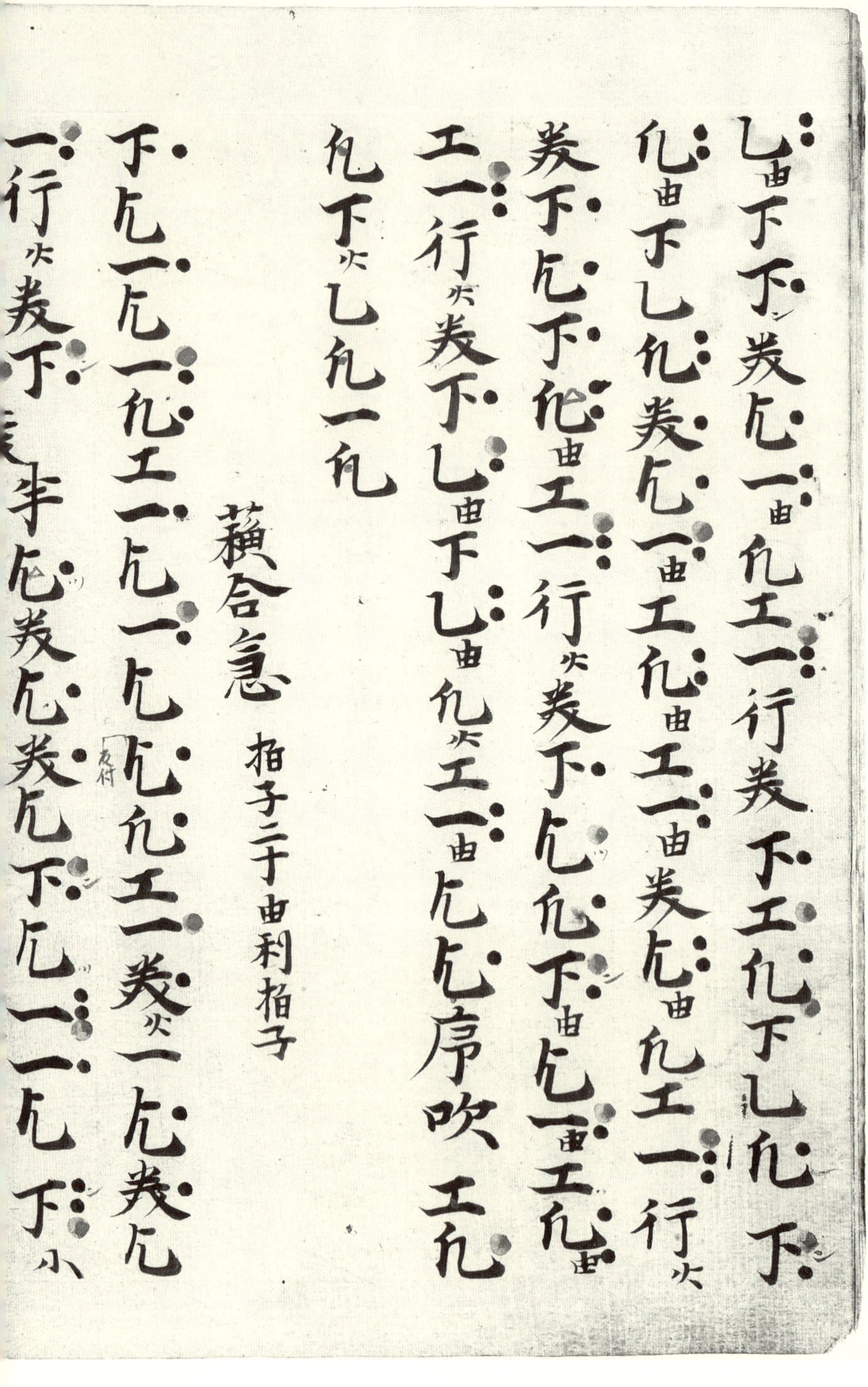

美乞下火乙凢一凢小乞一下火乙凢乙乞美乞
美乞下乞一一乞下小美乞下火乙凢一凢　小リ
嗄頭凢工一乞一凢工一乞一

越殿楽　拍子十二新楽

乞下一乞凢火工一二反下乙火凢下乞凢下乙火凢一二反
一凢火工乙下火十十火下乙二反乞下一乞凢火工一二反
下火乙火凢下乞凢下火乙凢一二反

青海波　拍子十二新楽　退出

仡由工一由乞一一由工凢乙由工凢工凢下下下下仡火工

一由工乙由工凢乞由一凢由工凢下一小乞由一乞下小

半美乞仡由工一由乞一一由工凢乙由工凢乙乙火工凢

乙乙凢火工一凢下乞下小、美乞凢由工一由乞一凢由

工一由乞乞仡工一一小

千秋樂　八拍子　下礼用之

下一乞下下乞下乞下一下乙行美下乞下一

下乞下半凢由工仡凢下下火乙凢凢火工一凢下

凢一凢火工一乞一凢火工一凢一一

五条　拍子廿三

乞下凢火工一乞下凢火工一乞下凢火工一乞下小凢由

工一由凢工一由美一由乞美乞一行火美下小乞下凢火

工一乞下凢火工一乞下凢火工一乞下小凢由工一由

凢工一由美一由乞美乞一行火美下乞下半拈仏由

工一行火美下乞凢下由乞一由工凢由工一行美

下乙由下乙由凢火工一由乞乞工凢由下乙凢乙由下

89 下火美乞一由凢工一行美下工也凢下乙凢下

90 凢由下乙凢美乞一由工凢由工一由美乞由凢工一行火

91 美下乞下也由工一行火美下乞凢扂吹下由乞

92 乞一凢行美下行火美下美乞凢下火乙凢一凢ニリ

93 黄鐘調

94 央宮樂　只拍子登礼用之

95 乞一比乙凢比下十十火下乙十乙小

96 乙十乞一乞一比下十十火下乙十乙小

104　103　102　101　100　99　98　97

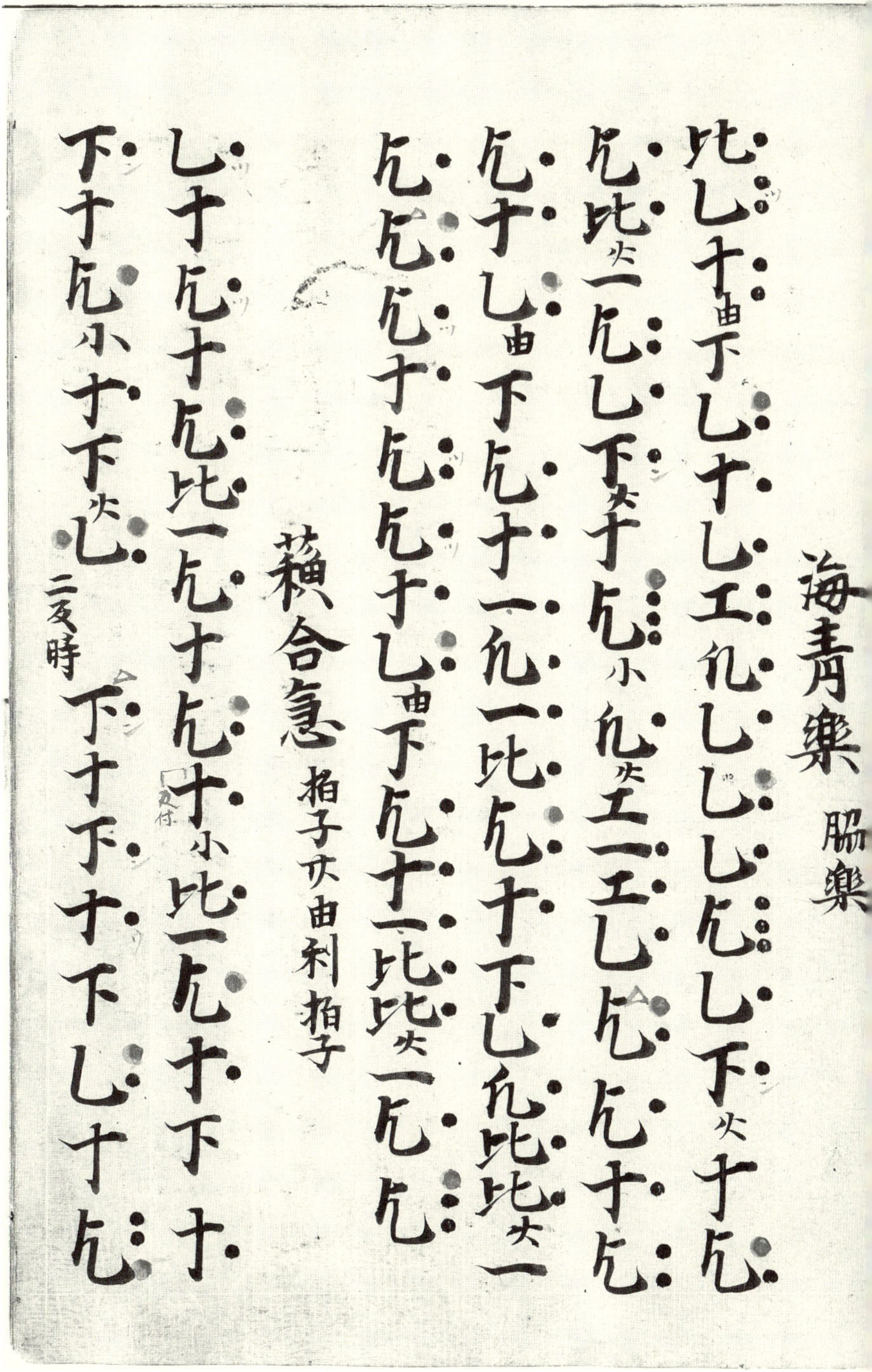

112 111 110 109 108 107 106 105

乞十乙小下十乙火凡乙乞比小十小乞乙

凡火乙凡下十下十下乙十乞乞十乙小下

十乙火凡比乞比小　嗄頭比一乞十乞二反

鳥急　三十二相讃嘆二六　二反用之

讃嘆ニ十乙より付二反吹

乙乙下乙下乙乙工乙工乙乙乙凡火工一一工工火一

乞工火一乞乞下乞下乞由一工工由一乞由一工工由一

一工乙工火一乞乙下乞

鼓金打毬楽　三十二相六反用之

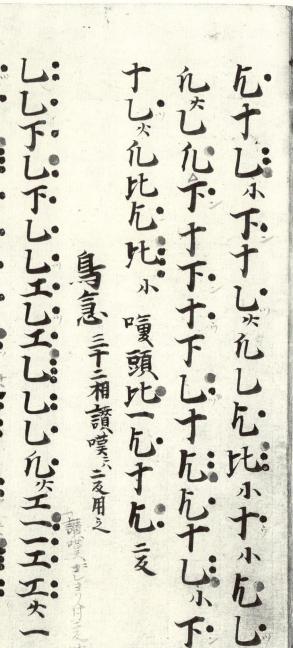

113 114 115 116 117 118 119 120

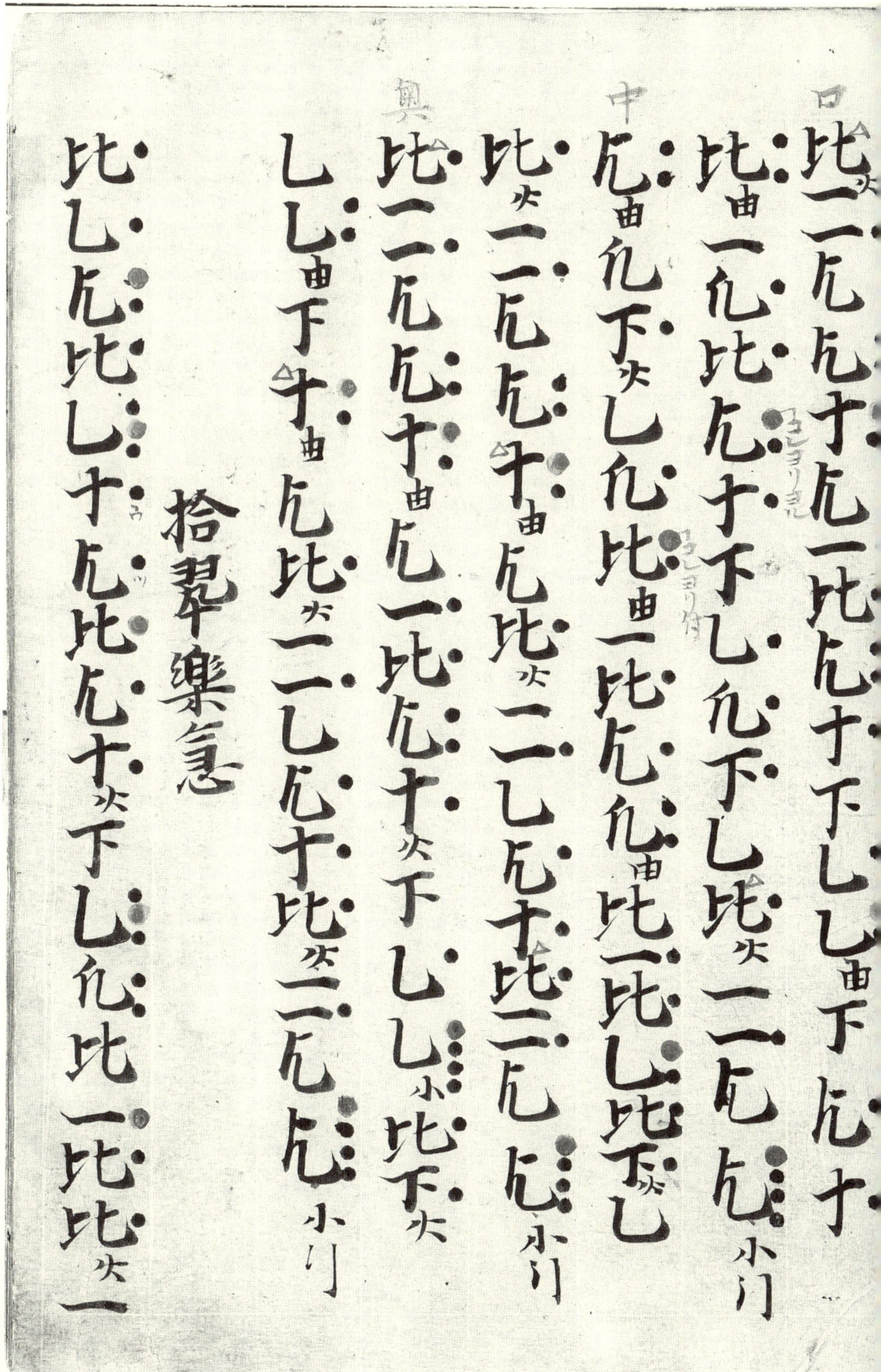

乞乙《ツ》十乞十比火一乞一十乞十比火一乞

千秋樂　下礼用之

乙乞十乙乙十乙十乙乞乙凢十火下乙十乙《ツ》

乞《ツ》乙《ツ》十乙比由一比比乙《ツ》乙《ツ》火凢比比火一乞比乙比乞

比火一乞下乞比火一乞比乞乞

壹越

廻坏樂　只拍子登礼用之

乞下《シ》十乞十火下乙《ツ》乞《ツ》一凢下乞下十

十由下乞由一凢由乙十由下乙由下乙凢凢小

十天樂　由利拍子

乞凢凢乙乙凢凢一凢凢比比比火一乞乞下火乙

下乞乞一火乞乞下火乙下乞乞小凢由比比一乞乞

下下下火乙乙凢凢下下凢凢小手乞十下乙下凢

一凢由比比乞乞十火下下乙乙下下乞乞凢凢比

比比火一乞乞比比凢凢乙乙下下乞乞下下下火

乙乙凢凢下下凢凢小

胡飲酒 四拍子物

九下次乙九九十下下一凢次九下九△凢一・一凢一

九由乙下下由乙乙下九次下乙中切乏一凢由乙正九

迎陵賓急 常三隻急去

凢一凢一凢下乙下乙九半九一凢一凢由乙下下由乙九由

下次乙九下次乙九凢下乙下凢乙下乙下

九下次乙下乙九下乙九十次下乙乙下

乙下下由乙乙下九下九次乙九小凢一凢一

武德樂

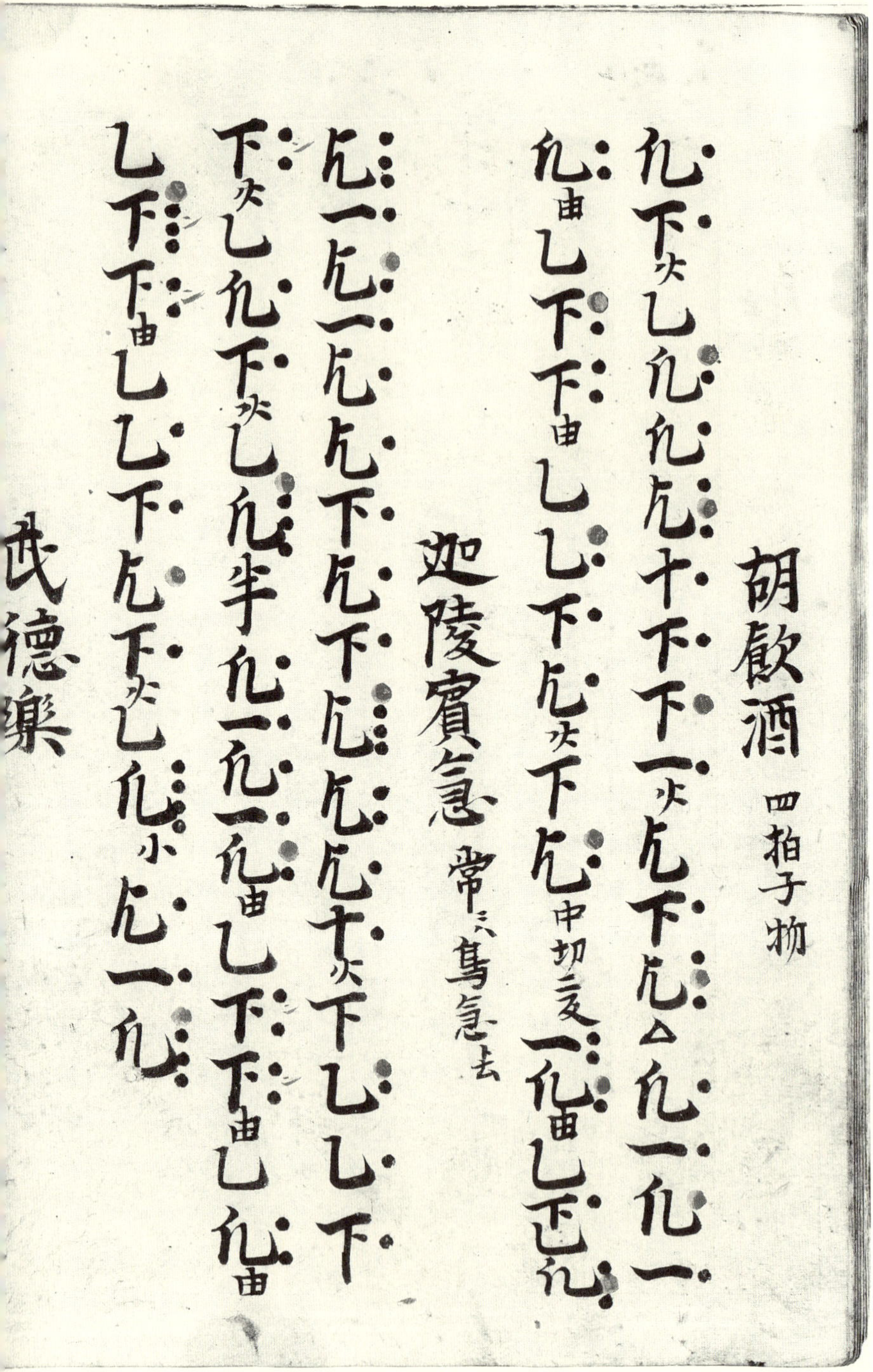

凢下下火乙凢下乞凢由工一由乞下乞△乞一凢

一下乙火下乞火下下火乙凢一凢△乞一凢一下乙火

下乞火下下火乙凢一凢

陵王破

比一比一火比乞乞一火乞乞一比凢凢火一凢比一比一火

比乞由十十一比比比火一乞乞乞火一比凢乙火凢凢

下千火乞乞火一凢乞一火乞乞下乞十由下下乙火

下下乞凢一火乞乞火一凢小乙下火乞乞下下小乙凢

160　159　158　157　156　155　154　153

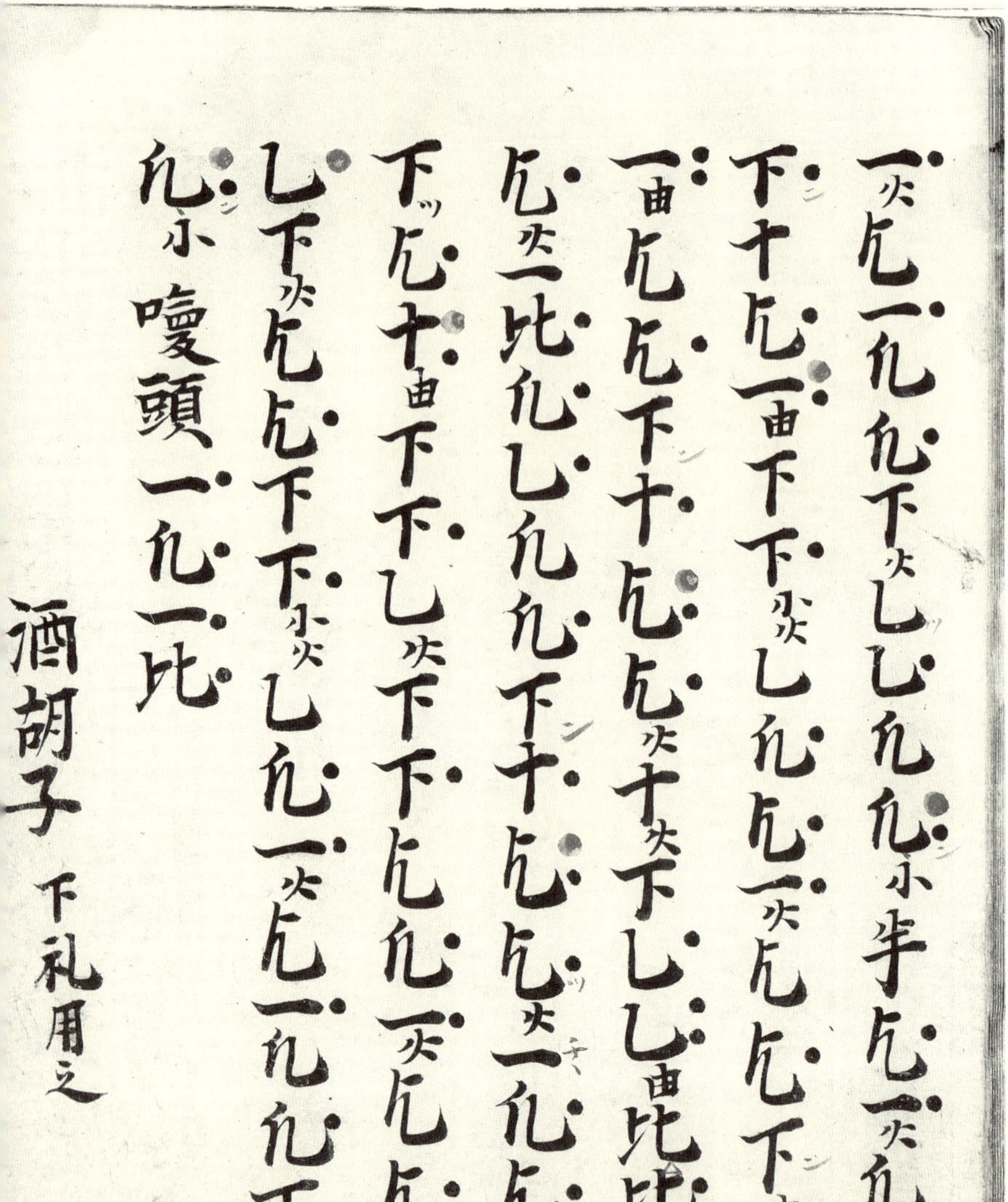

乞凢下凢一乞火一凢乙火下凢火下下火乙乞一乞二反

下乙下火乙下乙火下凢火下下火乙乞一下乙火下

凢火下下火乙乞一乞

北庭樂　八拍子物

乞凢一凢凢下十凢凢由一凢乞一下由乙下下由

凢一由凢下乙乞乞由乙下十火下乙十乙乞乙乞火

工二一小凢由一乞火工一乞乙半十由下乙由下凢凢

十乙乞由比一比比火一凢凢乙乙乞火工乙乙由下凢

169 十一比比火一凢凢一下下火乙乞乞一一乞下火乙乞

170 乞

171 賀殿急　四拍子物

172 下凢凢乞下凢凢下一由凢下凢凢由一下由乙乞

173 一一乞乜下凢由一下由乙乞一一下下火乙乞乙下火

174 乙乞美乞由乙下十比一凢乞由乙下下一凢下

175 凢下由乙乜下凢由一下由乙乞一一下下火乙乞火

176 乙下火乙乞

平調々肄　壹

一由凢凢由一一由凢凢火下凢火乙下火乙乙火工乙火

工工乙叐

盤渉調肄　黄八

下由乙乙由下下由乙小乙火工乙火一工火一一火凢一凢

凢火一叐

一

正月堂音取後夜導師ノ三カノ金ノ後

凢ニリ乙ニリ凢リ乙合サノ乙八七合凢打吹叐　セ

次散念誦數珠摺テ二笙笛音取
乙凢打乞乙四丼ノ音取ト云
金剛寺樂次第
一正月堂七日ノ間打毬樂六反吹五反目ヨリカツコ上ル
同大コ上ルカケハチ口傳アリ初一反ハノベ習アリ調韓
初夜導師ノ登礼ハ慶雲樂同下礼鶏徳樂後
夜導師登礼ハ央宮樂同下礼千秋樂次ノ日ハ
海青樂ト打カヘニ吹讃嘆ニ入初中後鳥急二

反吹牛玉加持ニテ拾翠楽二反吹中後陪臚
一同三日御社拝殿ニテ黄鐘央宮楽海青楽
蘇香急鳥急打毬楽拾翠楽千秋楽
一二月十五日盤渉採桑老白柱三条蘇香急
五条越殿楽青海破千秋楽
一三月三日拝殿ニテ黄鐘次第前ニ同
一同廿一日三宝院ニテ傳供楽ニハ十天楽吹反吹両導
師登礼廻坏楽三礼導師登礼ニ胡飲酒同

下礼北庭樂兩導師下礼鳥急退出羅陵破
一四月十六日下里明神講盤渉次第前〻同
一六月七日金堂《ミテ》弁才天講盤渉次第前〻同
一七月七日御社拜殿《ミテ》平調慶雲樂甘州五常
樂破五常樂三臺急林謌倍臚皇麞鷄德樂
一同十四日三寳院《ミテ》往生講壹越廻坏樂十天樂
加殿胡飲酒鳥急武德樂北庭樂羅陵破
酒胡子

一十二月廿五日金堂ニテケイコアリ　海青楽打毬楽

讃嘆ニハ　鳥急ニ返　陪臚

弥勤院

元禄十二年四月十日書写之畢　海琳

笙笛竹別名

千十下乙工美一八也言七行上凡乞毛比

笙合竹

十六下八上七行　下六千美上七行
乙六千八上七行　工六乙美凢七行
美六千上比七行　一六千乙凢七行
行六千八上比七　凢六千乙八七行
乞六千乙上七行　比六千八上七行
言六千下七行

本尊加持　根本印火界呪

ナウマリ　サラバタ　タギヤテイ・ビヤクサ
ラバボク　ケンビヤクサラバタ　タラマセン
ダニカ　口。シヤダケン。ギヤキギヤ
（印）サラバ。ビキチトンム　タラマタカン。シ

鈎印慈救呪

ナウマクサマンタ。バ（印）ザラフダンセンダ（印）
マカロシヤダソハタヤ。ウンタラ
タカンマン

別本依之

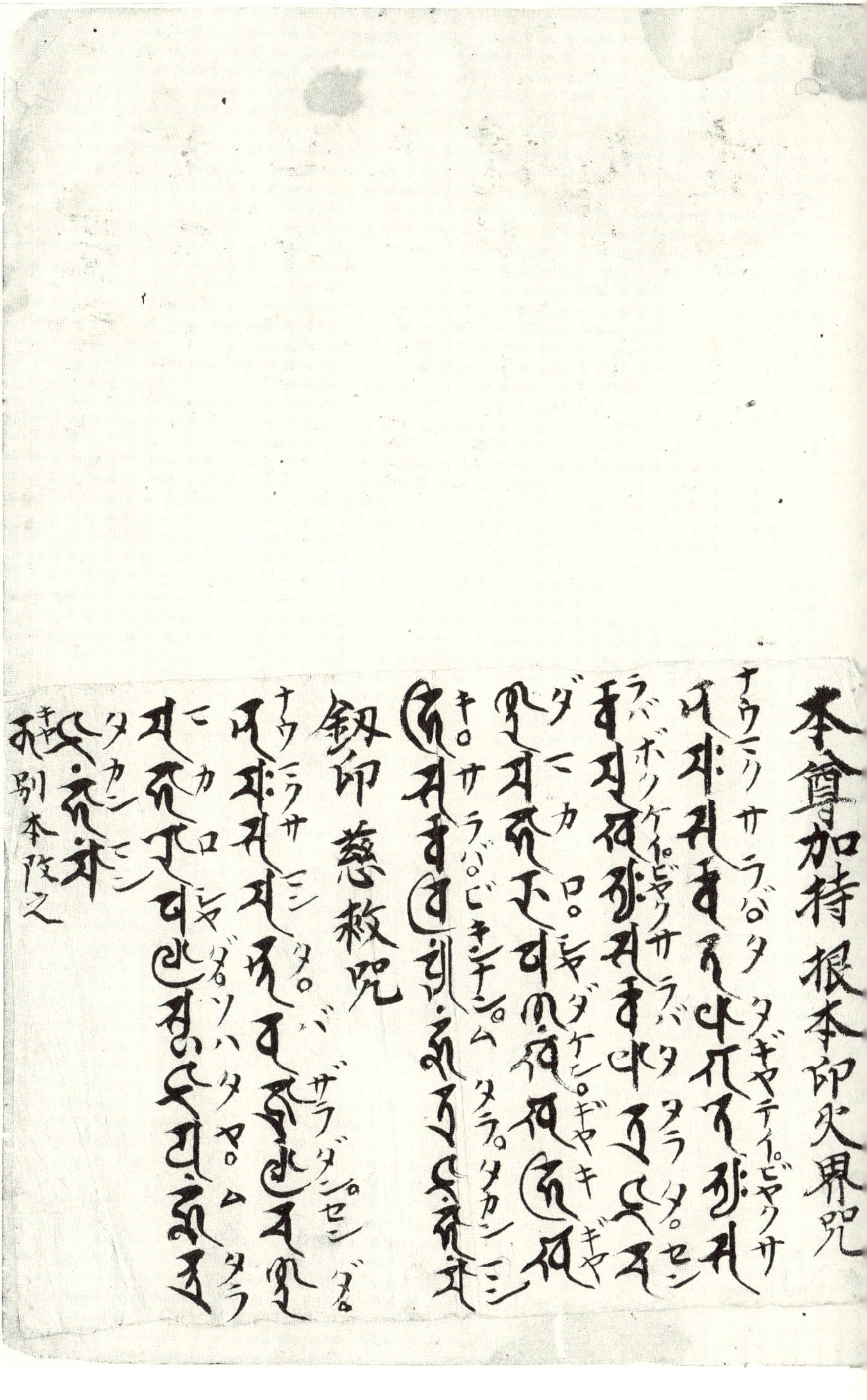

打毬楽

（江戸時代前期写）

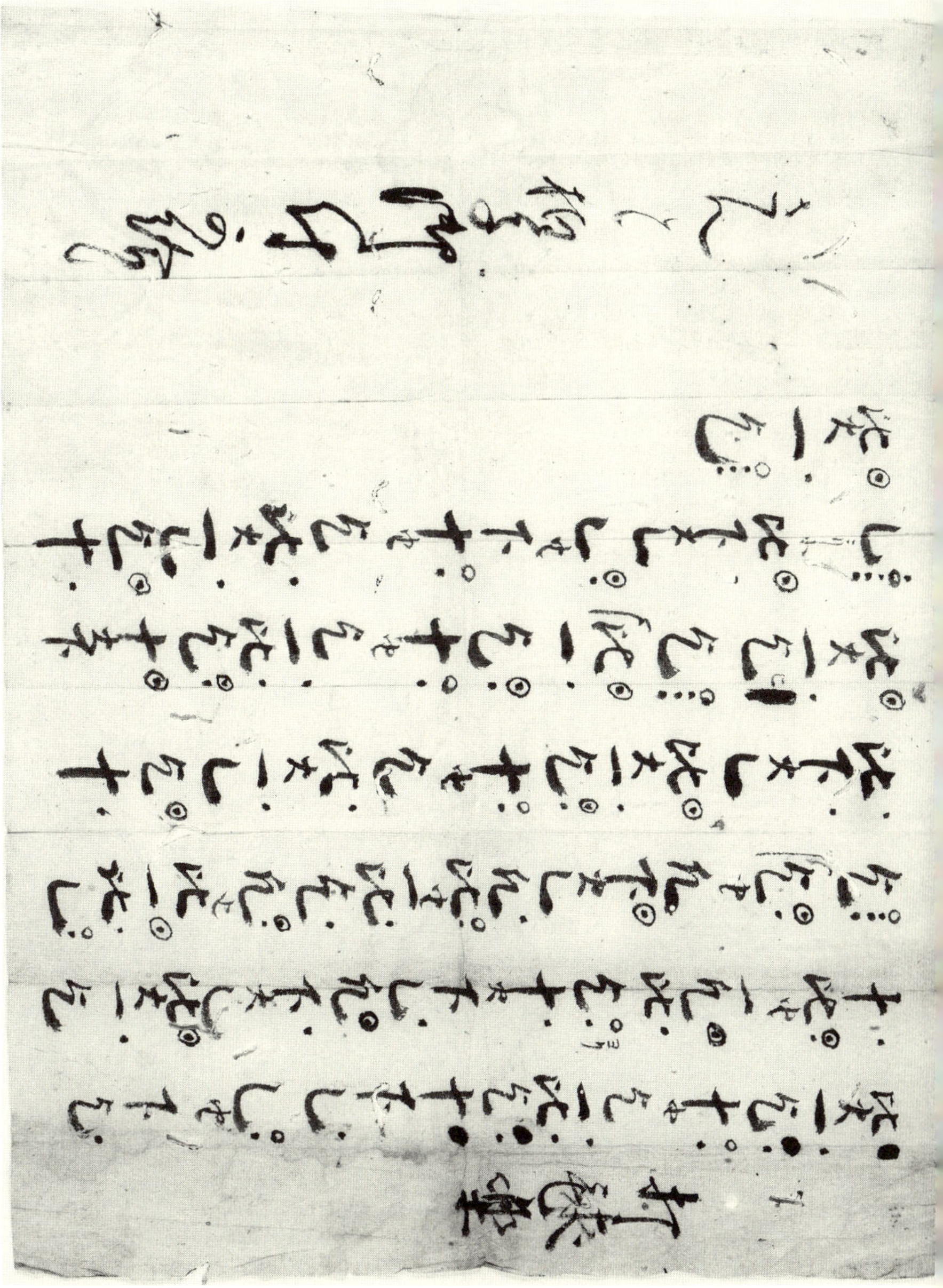

篳篥譜

（室町時代中期写）

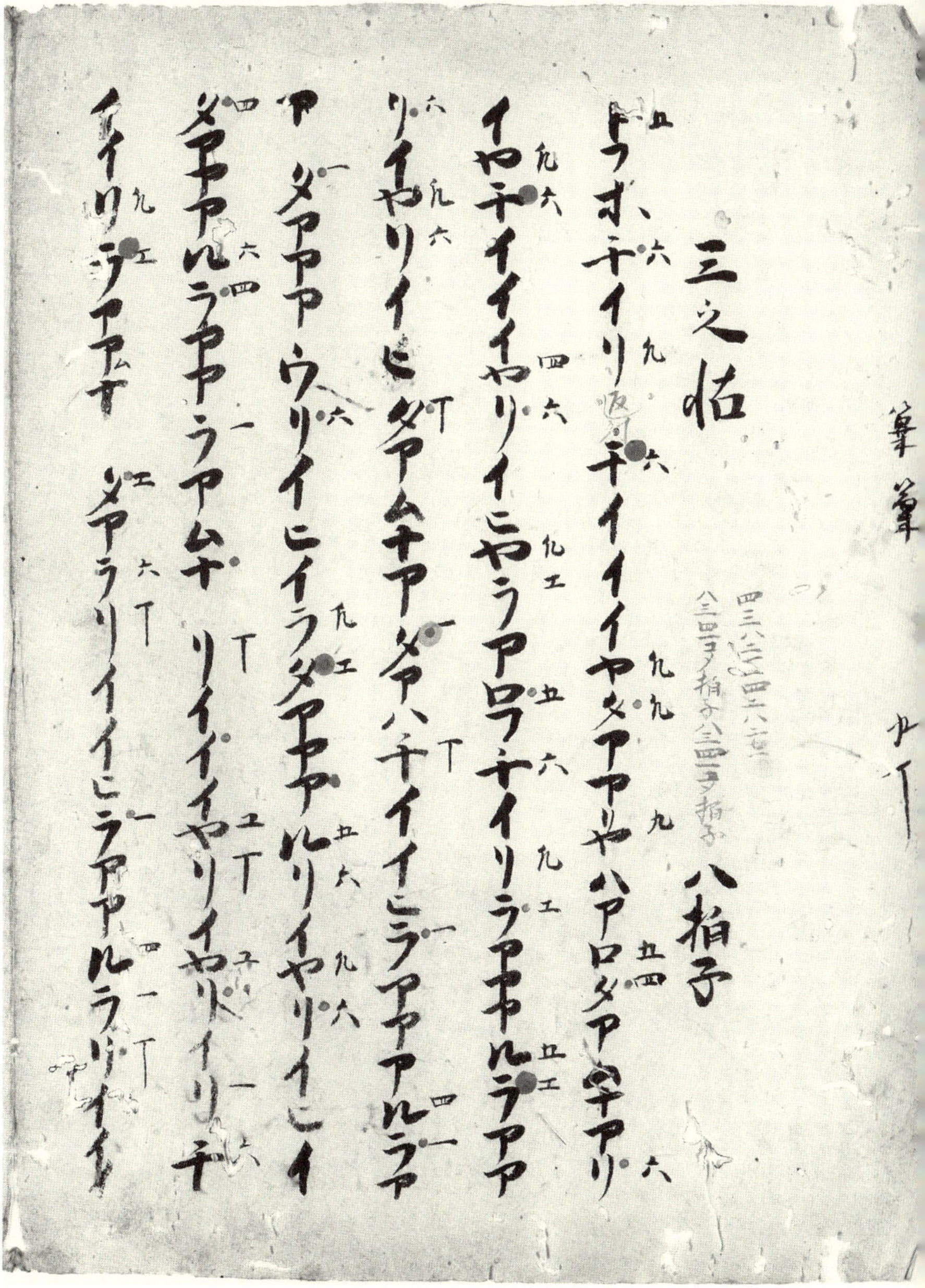

篳篥

三之怡　八拍子

篳篥譜　（一ウ）

ニラアムヂ愛頭　チイイイやリイイやヰツ初

イニクテラヂアヤルラアヂアラリイニラアアルヤ

リイイニやロヲヲヂアアラアハラルソイイやリイリニラ

アヂアアルラリイやヂアアアウリイニイラヂアア

アルラアアヂアアラリイニラアムヂヂアアアルラアラ

アムヂヂアリやアウリやヂアアアヤハ号

リやリヂイヂやロヌヌルラリヂア

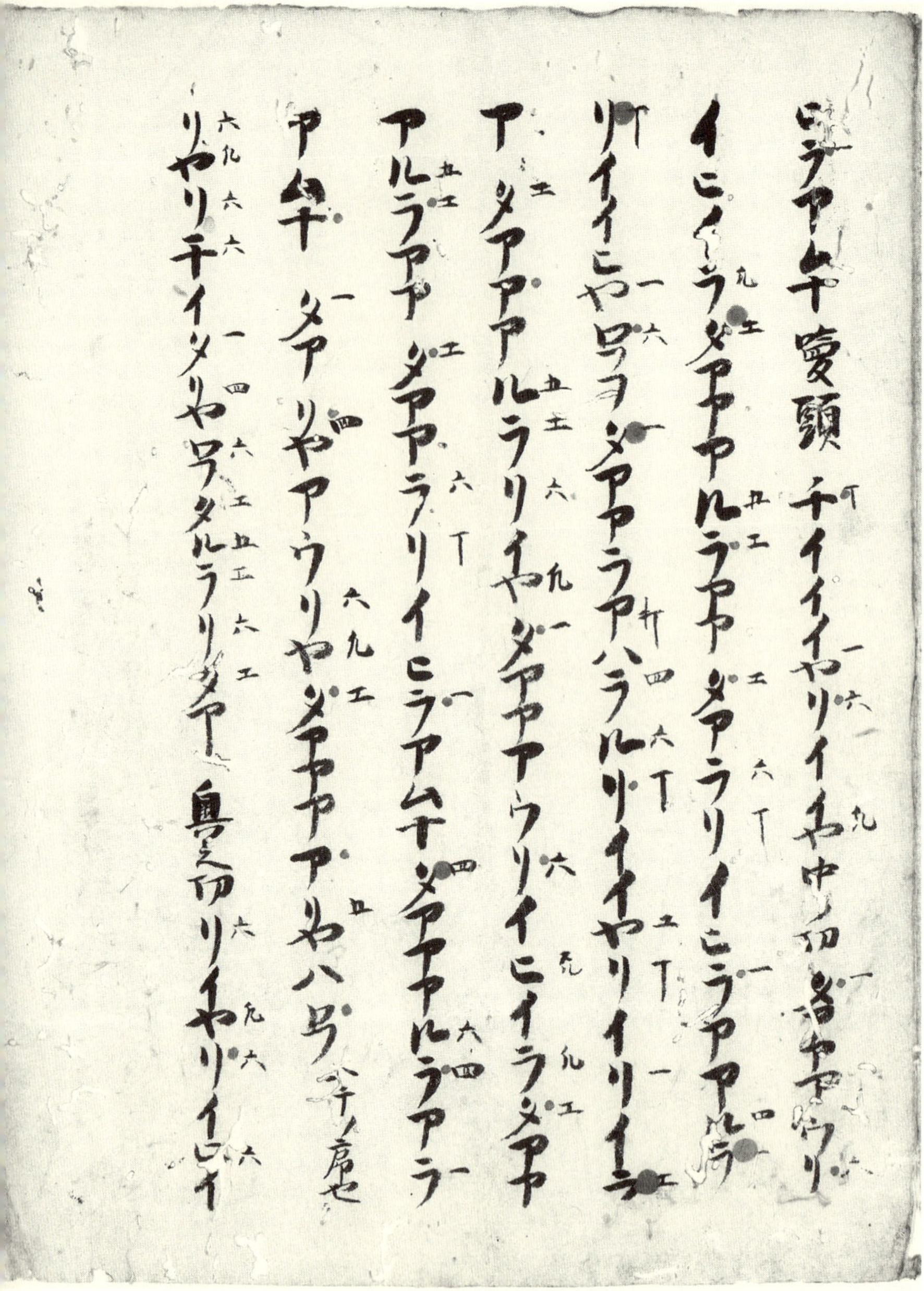

篳篥譜　（2オ）

三六五

千イイメアヤ
イヤイリラア
アラリイヒニ
ラメアアムア
ラメアリイイ
リ一テアシア
ワアアラリヤ

六一メアリヤ二ルアラアムヰリイイ　T
六一ラアメアヤ二ルアリヤメヰアルヒアアシ
アラリイヒニイムヰリイヤリイ二チイメアリヤ
六一ラメアアムアシアハラリメアリ二イメアハ
四六ラリメアリイイ二イイリイイヤリイイヤリイ
リ一テアシアアルラリヤメヰアウリイ二イテメメ
ワアアラリヤリイイイヤリイリイヤシヰヰルラ

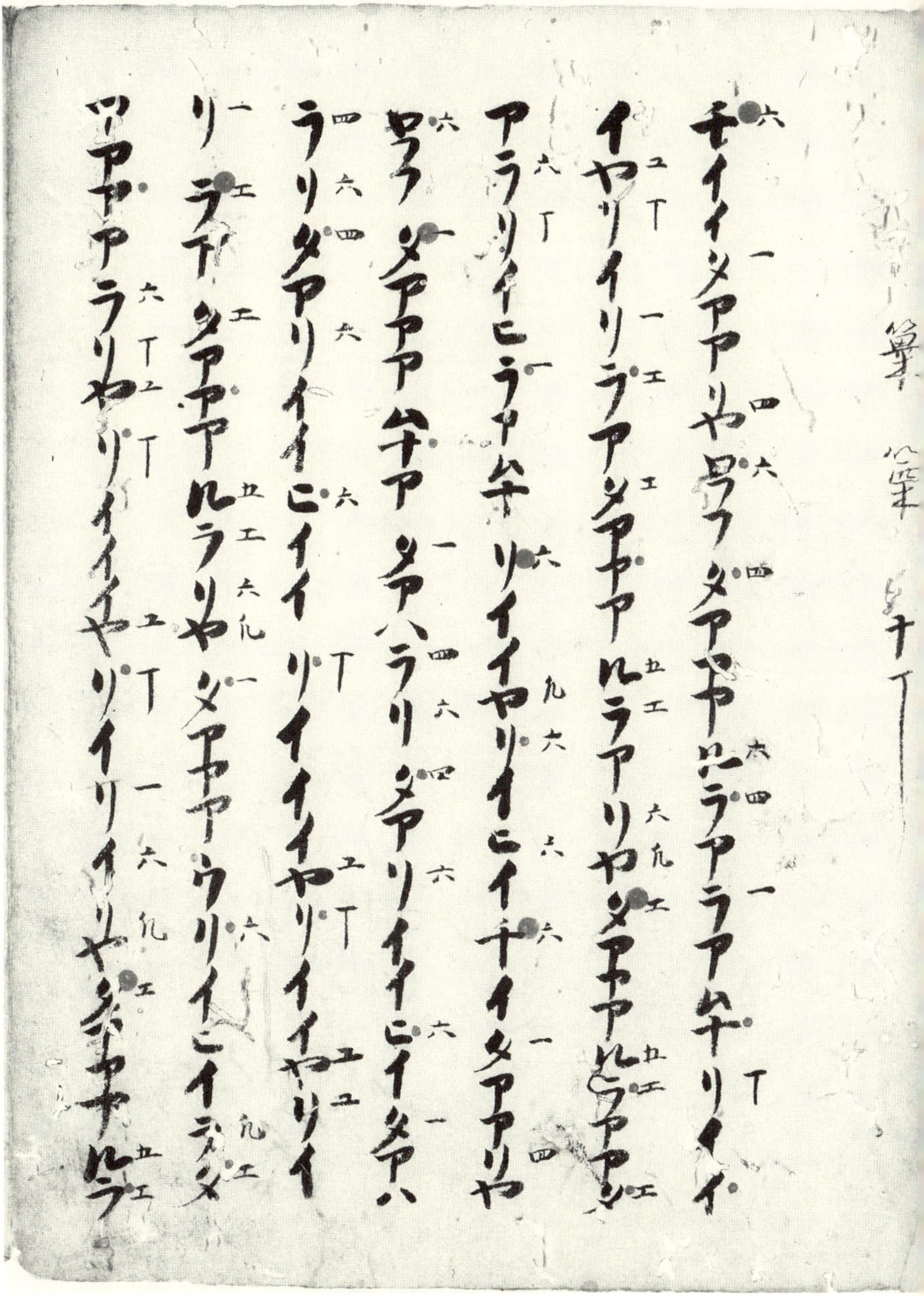

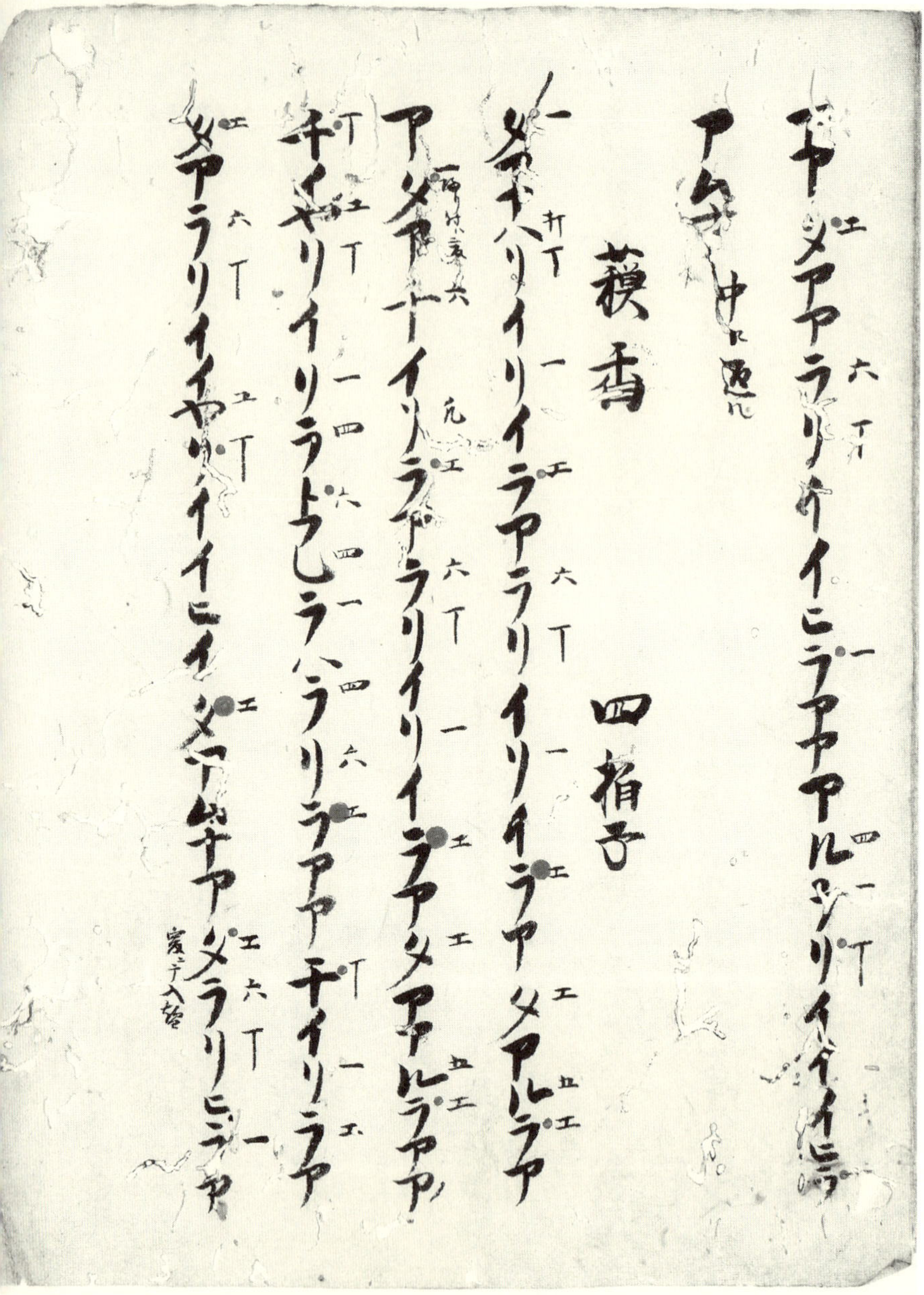

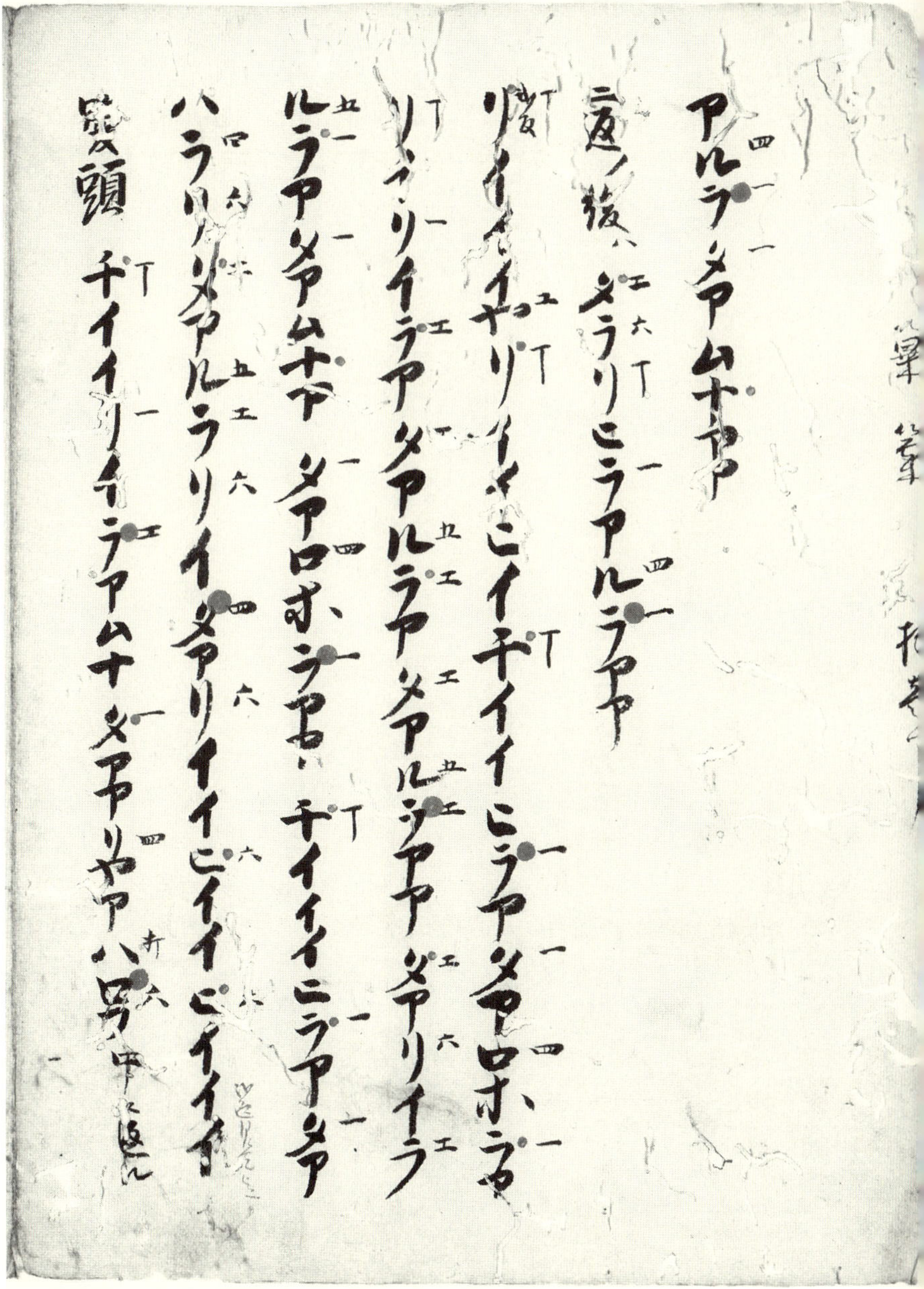

29 アルラ、タアムナアア

30 二返ノ後ハ　タラリヒラアルラアア

31 後　リイイイヤリイイヒイチイイヒラアタアロホ、ラア

32 リイ、リイラアタアルラアタアルラアア　タアリイラ

33 ルラアタアムナア　タアロホ、ラアホ、　チイイイヒラアタア

34 ハラリリタアルラリイイタアリイイイヒイイヒイイイ

35 発頭　チイイリイラアムナ　タアリヤア　ハ[illegible]

五之帖

四三四三三

テイニヤ　チイリニア　三返　チイヒニラアルラメアメ
アウリニラ　メアルラリヤ　メアルラアリヤメラリ
ニ一イヤリイヤ　メアルラメラリニヤルラ
火テ　メラリニラアルラリイニラ中ロメ
奥ニ行少尹　ダウリイミヤメアルラメラリニラアルラリニヤロフ
ザウリイミヤメアルラメラリニラアルラリニヤロフ
ヘテノ序也　メハリヤリイ一メテチメラリイヤテ十ニリラ

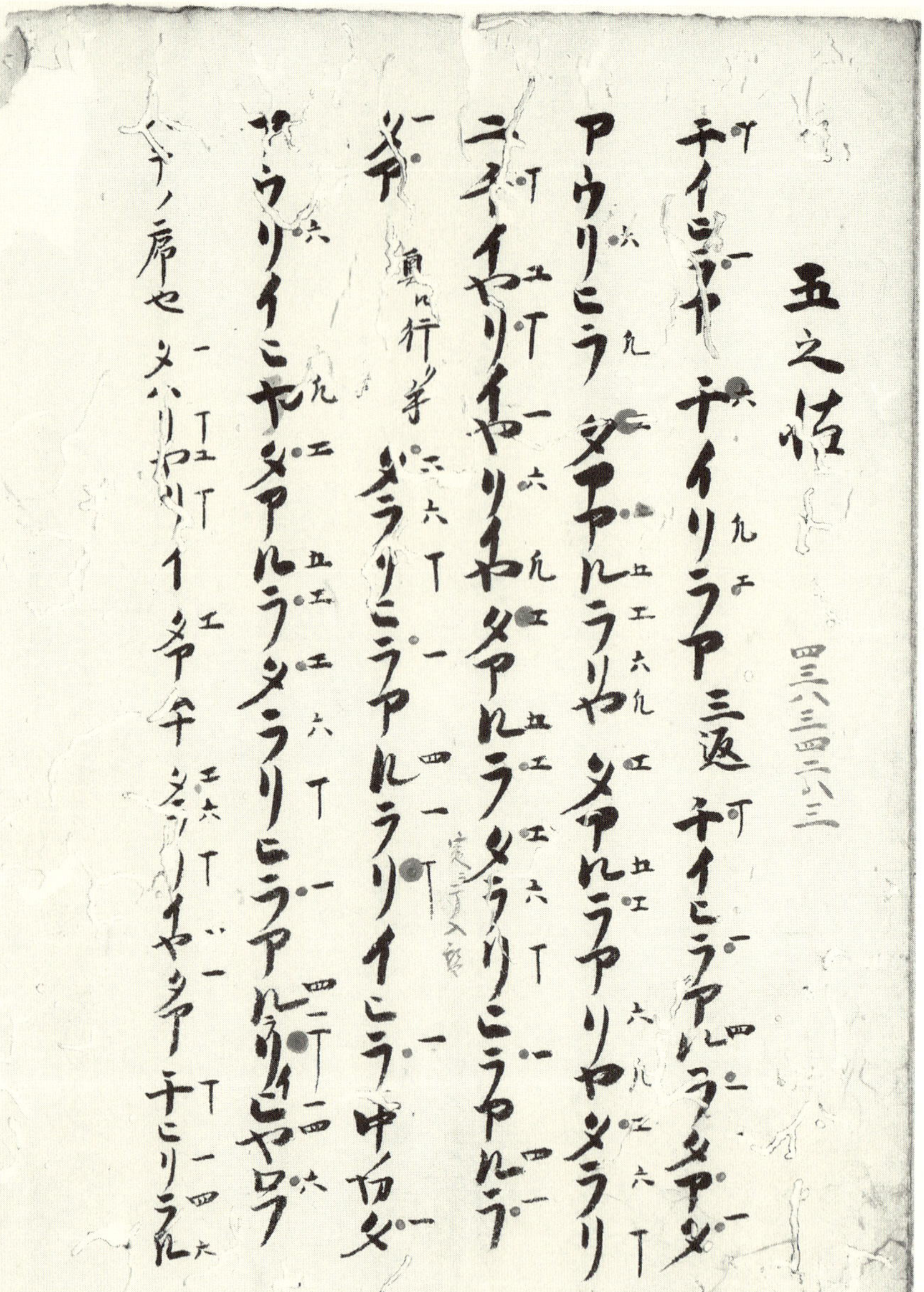

49　48　47　46　45　44　43

シハリヤリイ　十イメや呂　ラリイメア

メハハルリやリやメアルラりや　メアウリにやタ

ハフタフラリにラメアルラアラム十メハハリやタアロス

鳥カリイやリイに　十イタや呂タアルラアラム十

リヤリヤメアアルラりやメアルラメラリヒラリや

リイに十イタや呂　メアム十アフラリにラアリ

十ラリラリイに千イヤリノやリ川イや夕十

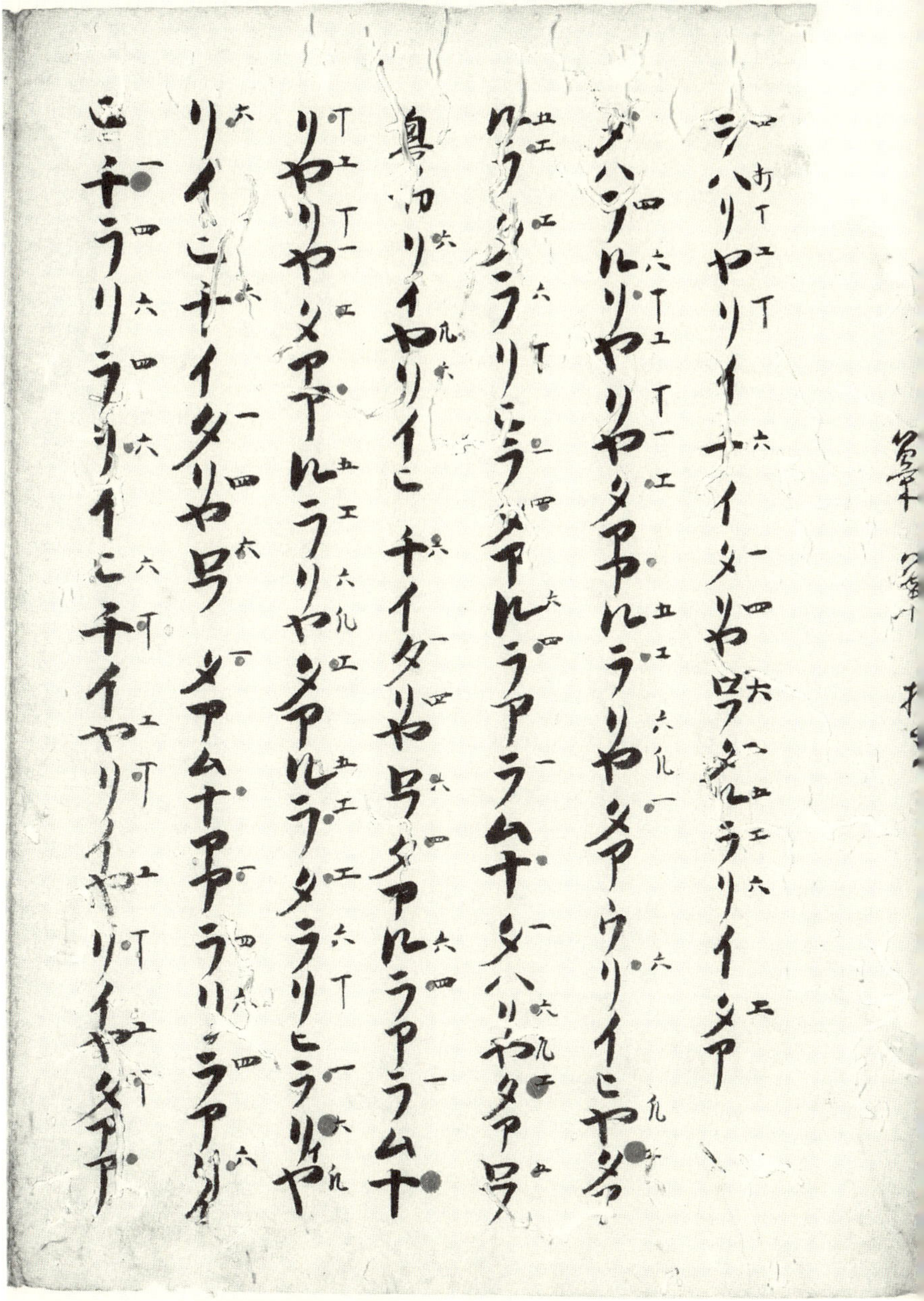

ルラリヤ　タアウリ／イニヤメラリめ二千イヤリ

ヤリイヤメアルラタラリニラアルテラリイニラ

越殿樂

四拍子

チイニラアメアムヰ　チイメヤロラリラアアシア

ダハヰルメヰルテリイトシラハラリニシアア

ヰムヰアリイラハラア　ラアリラアムヰア

千秋末

八拍子

下礼

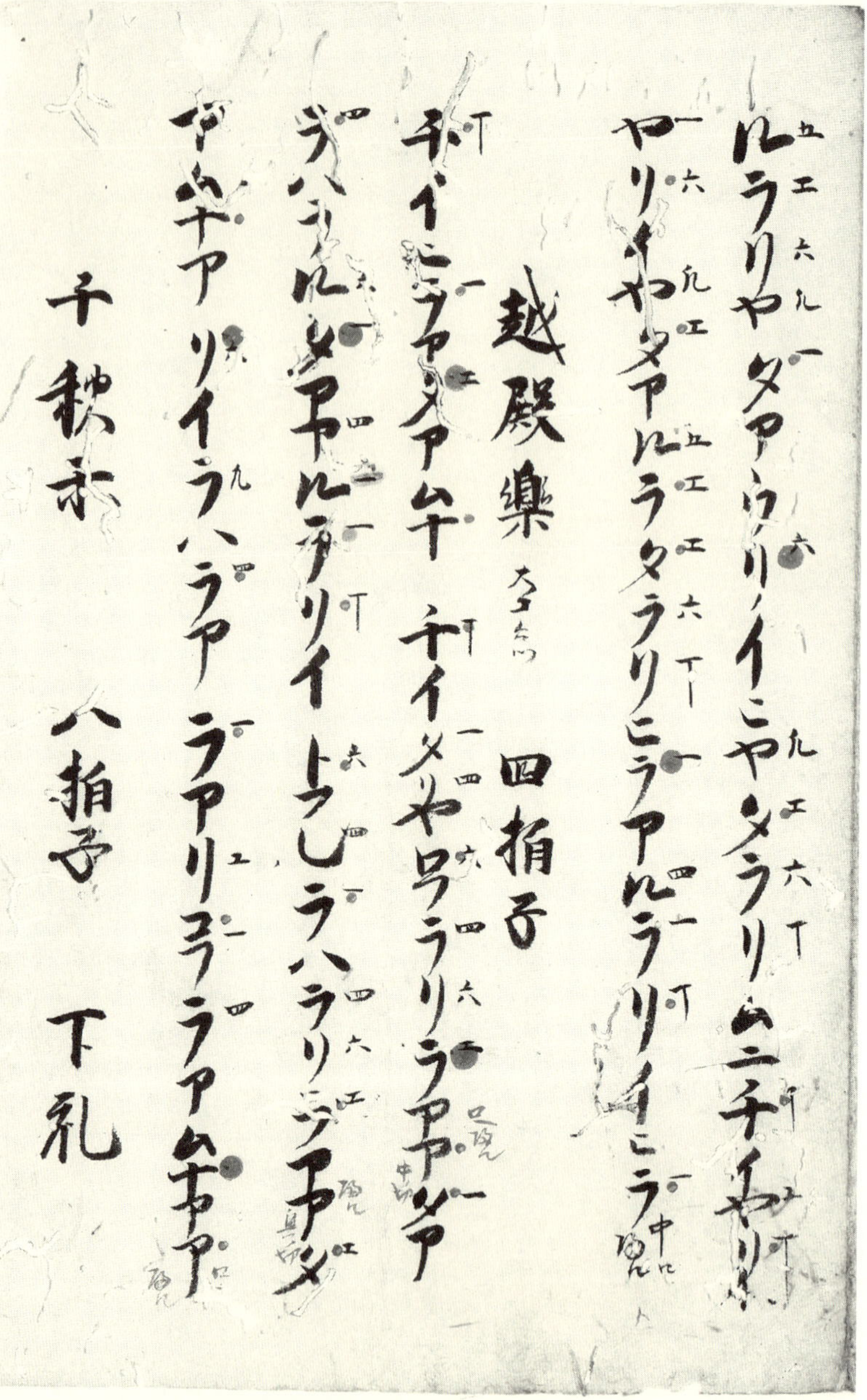

シ　ア　リ　や　イ　ニ　フ　ル　ラ　ヤ　チ　イ　ニ　ラ　ア　ル　ニ　ア　ヤ　メ

ヤ　ム　チ　ア　チ　イ　ニ　ラ　ア　ル　ニ　ラ　ア　ヤ　メ

ラ　や　メ　ア　ル　ニ　ラ　ア　ヤ　チ　イ　ニ　ラ　ア　ル　ニ　ラ　ア　ヤ　メ

ち　ア　メ　ア　ル　ニ　ラ　ア　ヤ　メ　ア　ル　ゑ　ス　チ　イ　ニ　ラ　ア　ア　チ

イ　や　メ　ア　ル　ニ　ラ　ア　チ　イ　ニ　ラ　ア　ル　ラ　ア　ヤ　中　や　り　イ

や　り　イ　ニ　フ　ル　ラ　ア　ヤ　ち　し　ラ　ア　ヤ　メ　ハ　ラ　リ　ラ　ア　ト　う

ラ　リ　ラ　ア　リ　イ　リ　ニ　イ　ラ　ア　ト　ラ　リ　ラ　ア　ダ　モ　ヤ　や

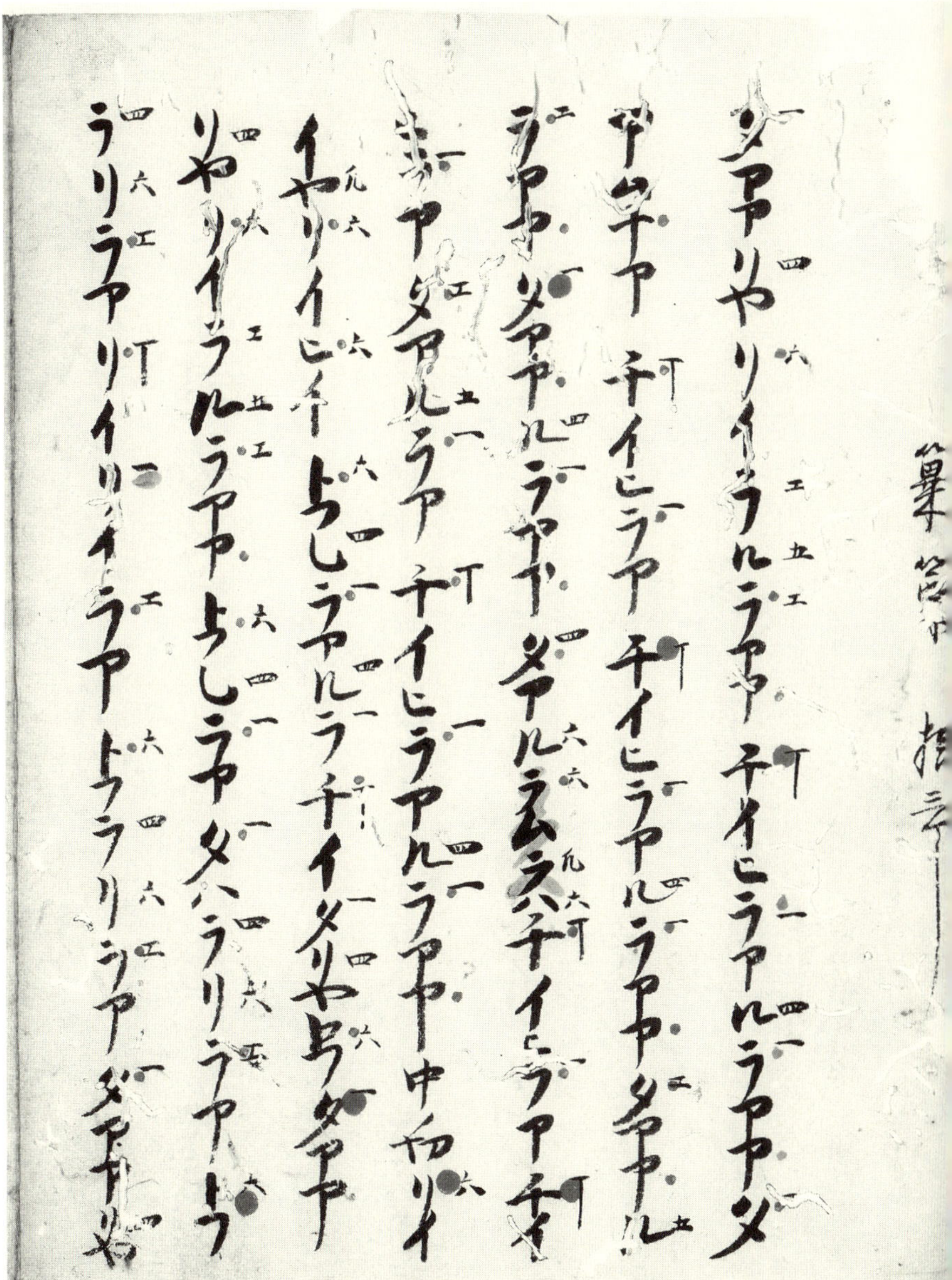

リイラルラタ゛ムナアア

清海波　　八拍子　退出

チイイニラタチ口メアム十メ几リヤリイニイ

メアリヤモリヤリイニイイ゛イリイヤリヒラメ

アム十メアム十　メアチリラルラタチ几リヤメ

ヤリやチ゛リヤリイニイ　チチリヤリヤラタ゛アウト

イニラトシヲアヤ　タ゛アルラチ゛　チチリヒラ

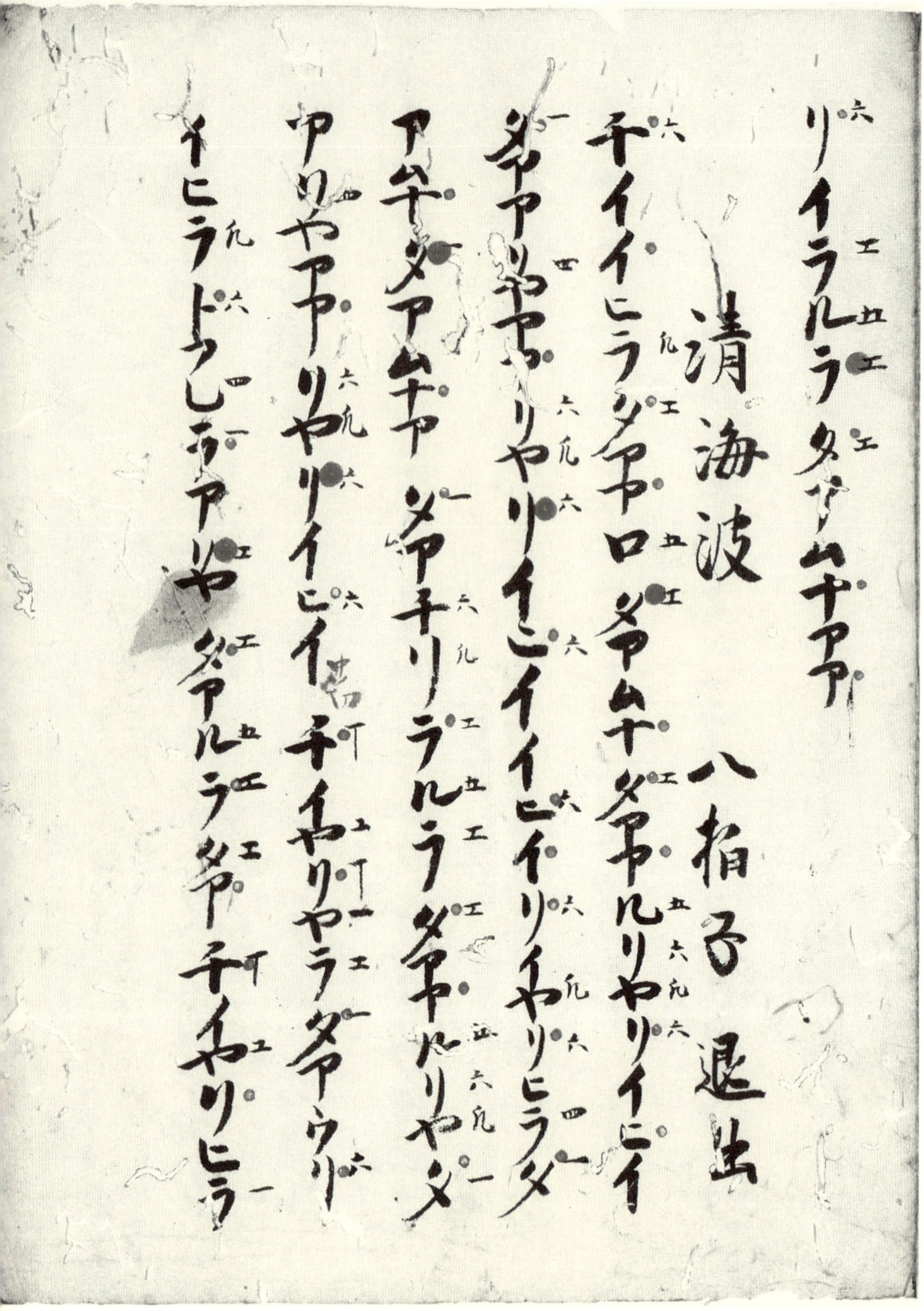

71　72　73　74　75　76　77

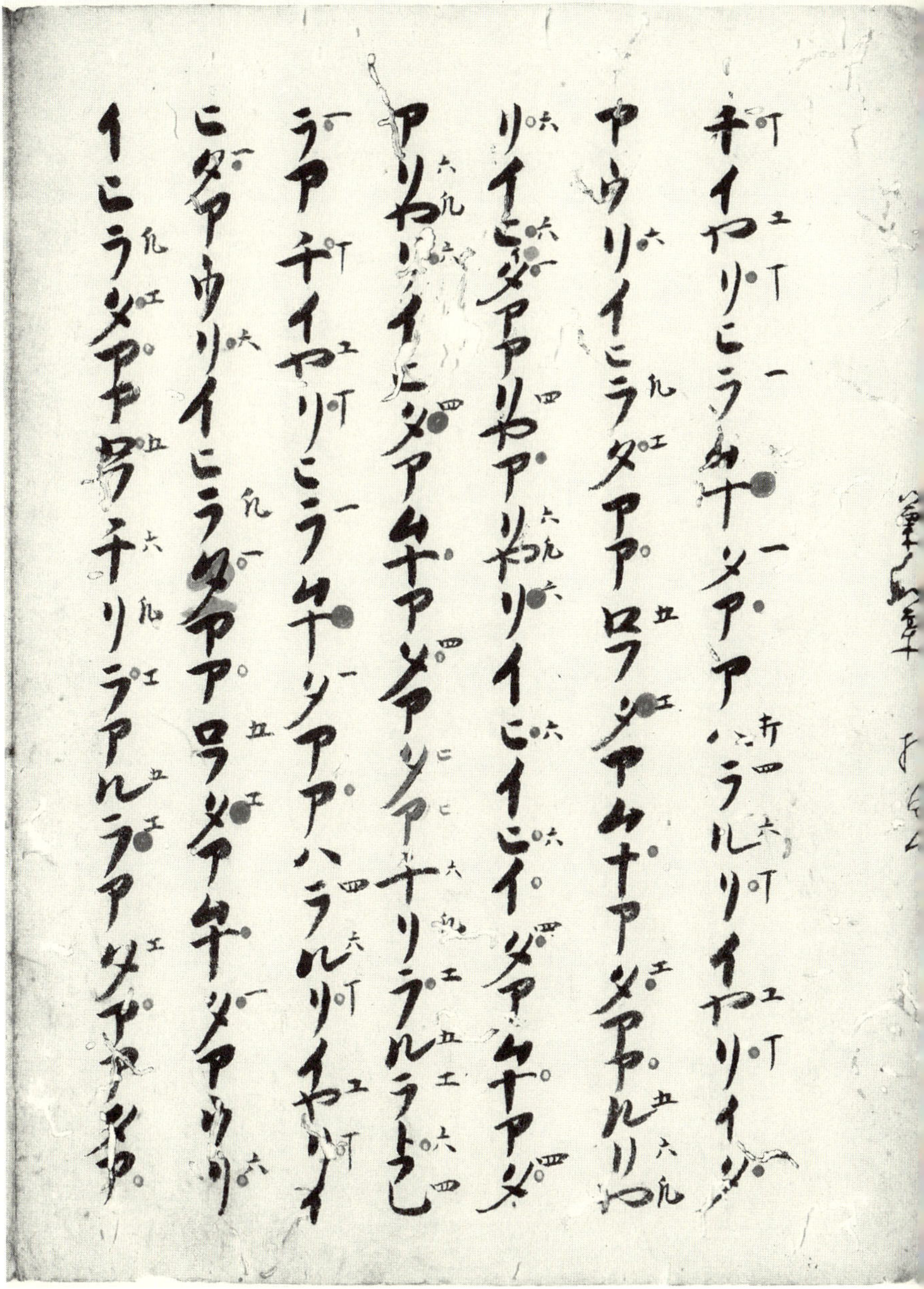

黄鐘　音取

壱調子

与ロロラアリララロララアタアリイイ

ダアタアシアルロホラアメアチイイラ

リヤリラアリロ与メアタアメアルラハリイ

タアルラシアリイラしラアシアチイラアヤ

ルラシアリイうラアシアチイラアリや

リラアリロトツリやリやアリロトうタ下タ

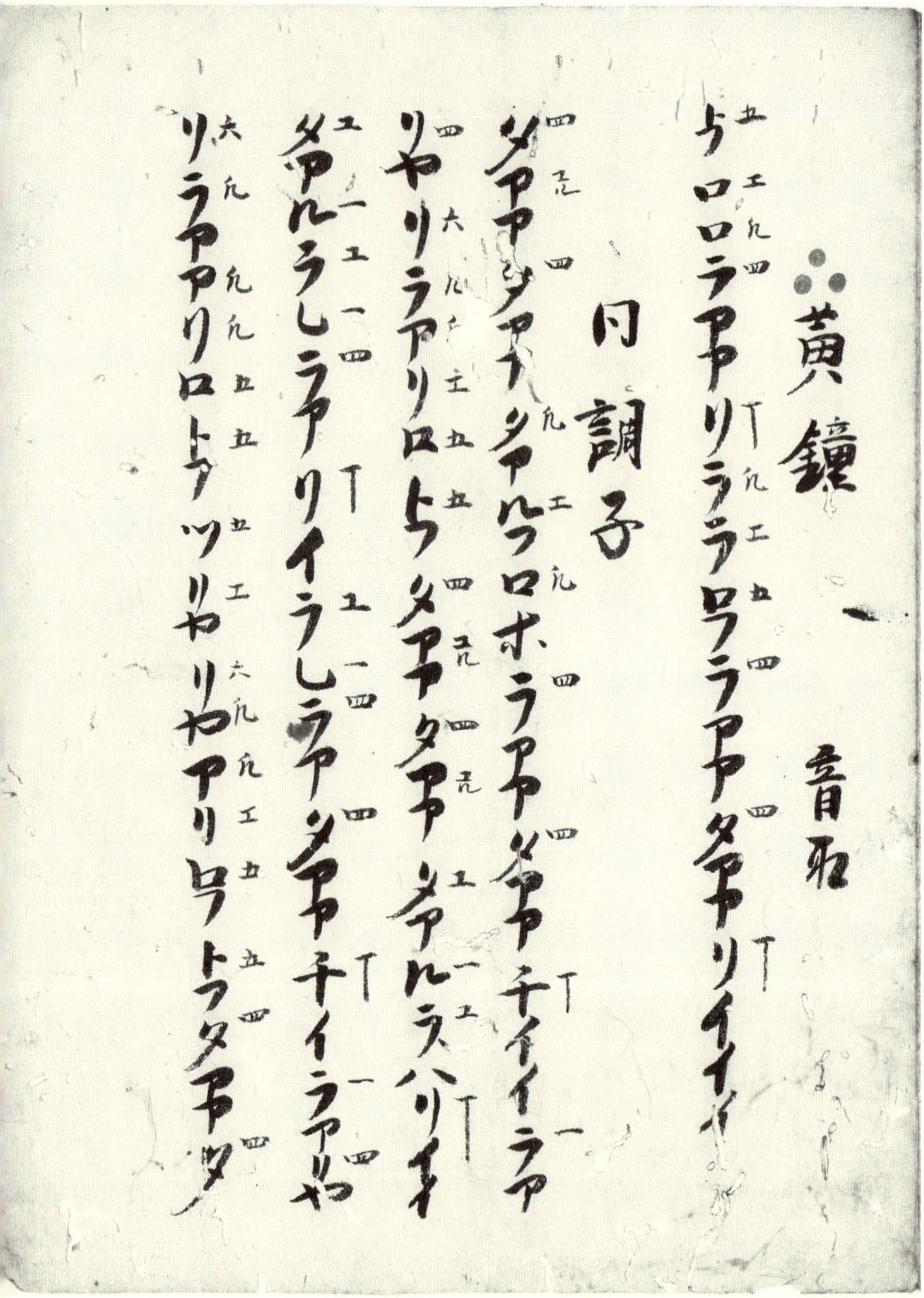

篳篥の五

アルラハリイ　タアルラしラリや　チラリやロラアりや

ロラタルラハタヂや　ダアア　チイラアトトフ

央空樂

登礼

タアムギアケ　ヒノラアルラアア　メアムヂヤヂダア

アリラルラメア　ハラルヂヱ　チイイや　ラアムヂヤヂ

アルリニラアムヂヤ　ドフニラハラルヂ　ヂヂ

アヂ　チイや　ハニラフアア　トヂホラルラヂヂダヂハ

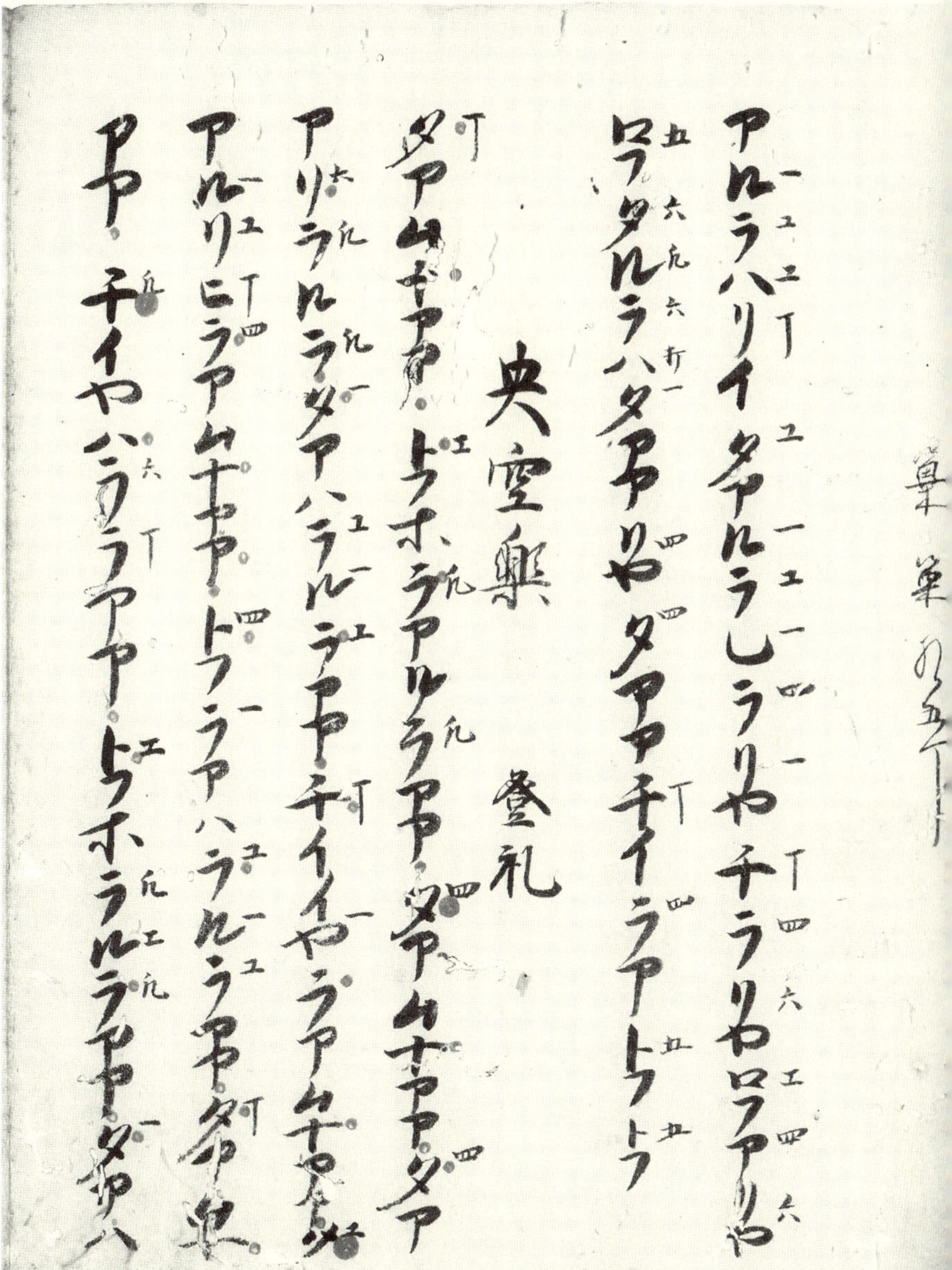

海青樂　八拍子

ラルヅア・ナイヤ・ラアムナア・タアルリニラム

ナヤ・チヤハロヲ

ドシルロラアヅム　ヾアハアラタアムナアリイラ

シラア　タアラアロホラアルラアラアムナタアム

アタアナアメタアヲラアルラリタアムナアアトル

ロアリロ゛ルロニラアメアムナアア　ラアルラクイ小

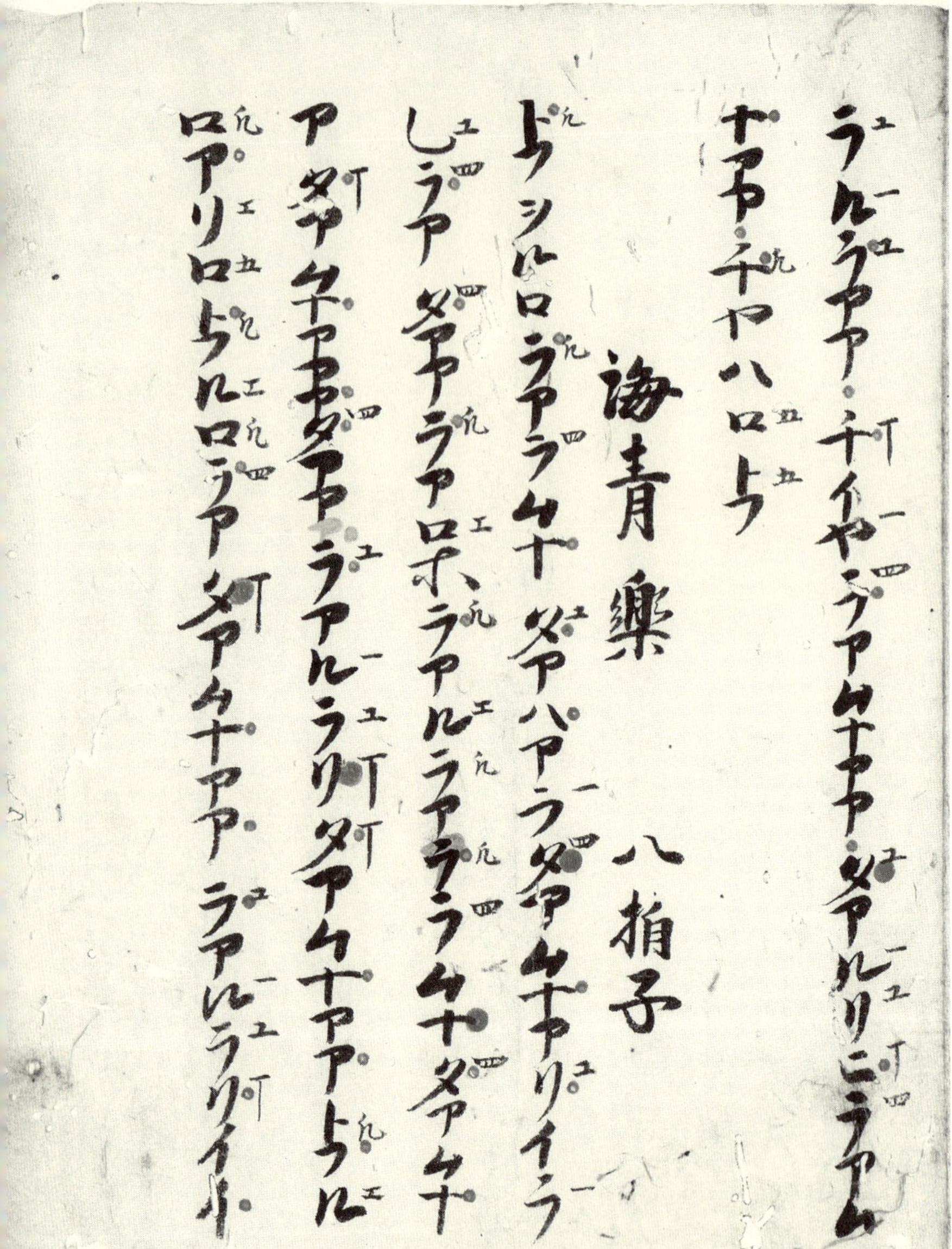

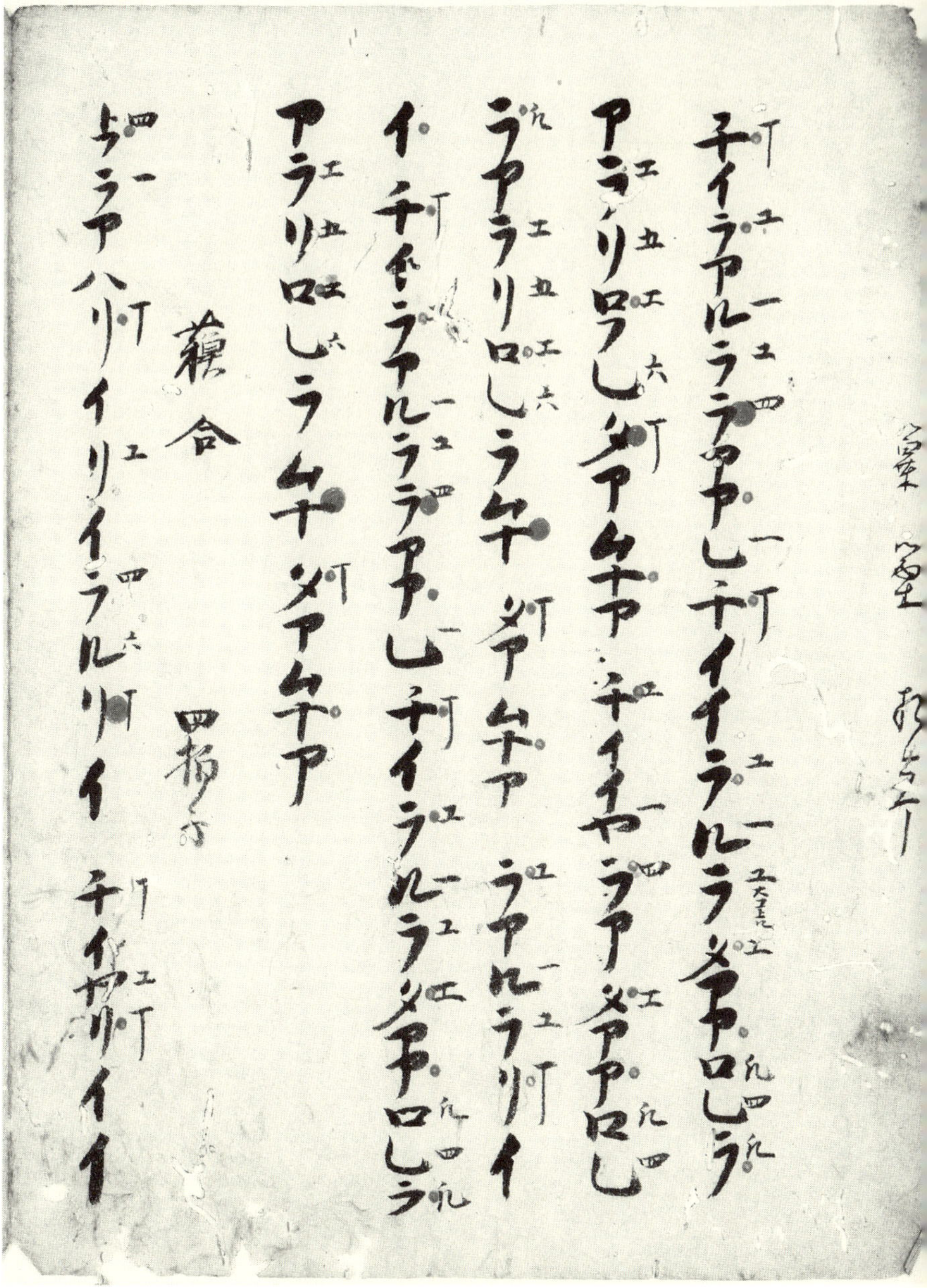

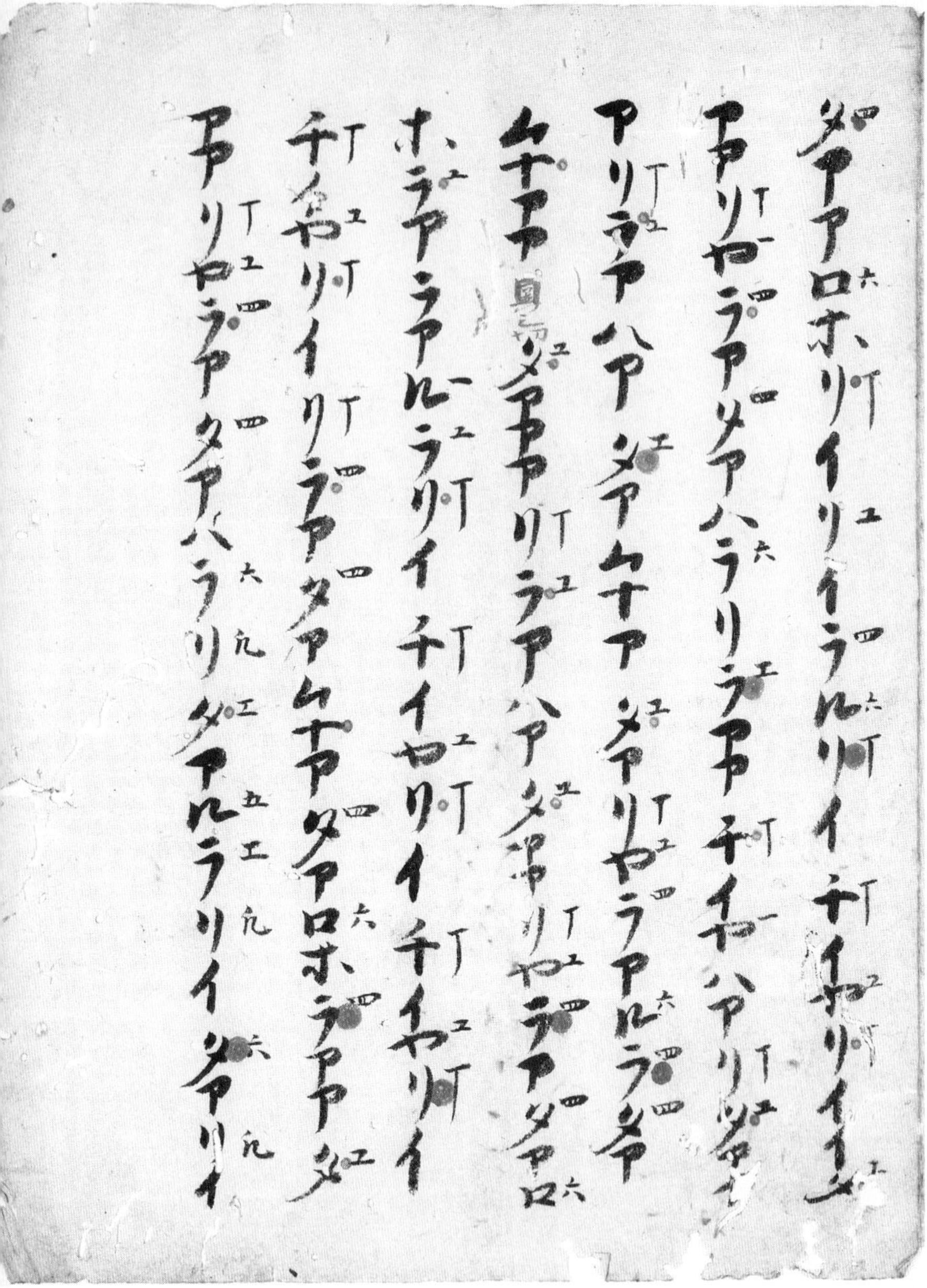

イニイニアイニイ　チイイリイラアムチメアル

アハロラ

鳥之急　八拍子　讃嘆ニ二適用之

メアアアハリ一チイイラルラチ一ハイラムチ

上ラヲルラアアラルラヲアメアムチアタアアア

ハリイヤア　メアルラア　メアルラア　メアヘリ

ロラ　ジアリロラア　メアルラア　チイイ一一ルラリイ

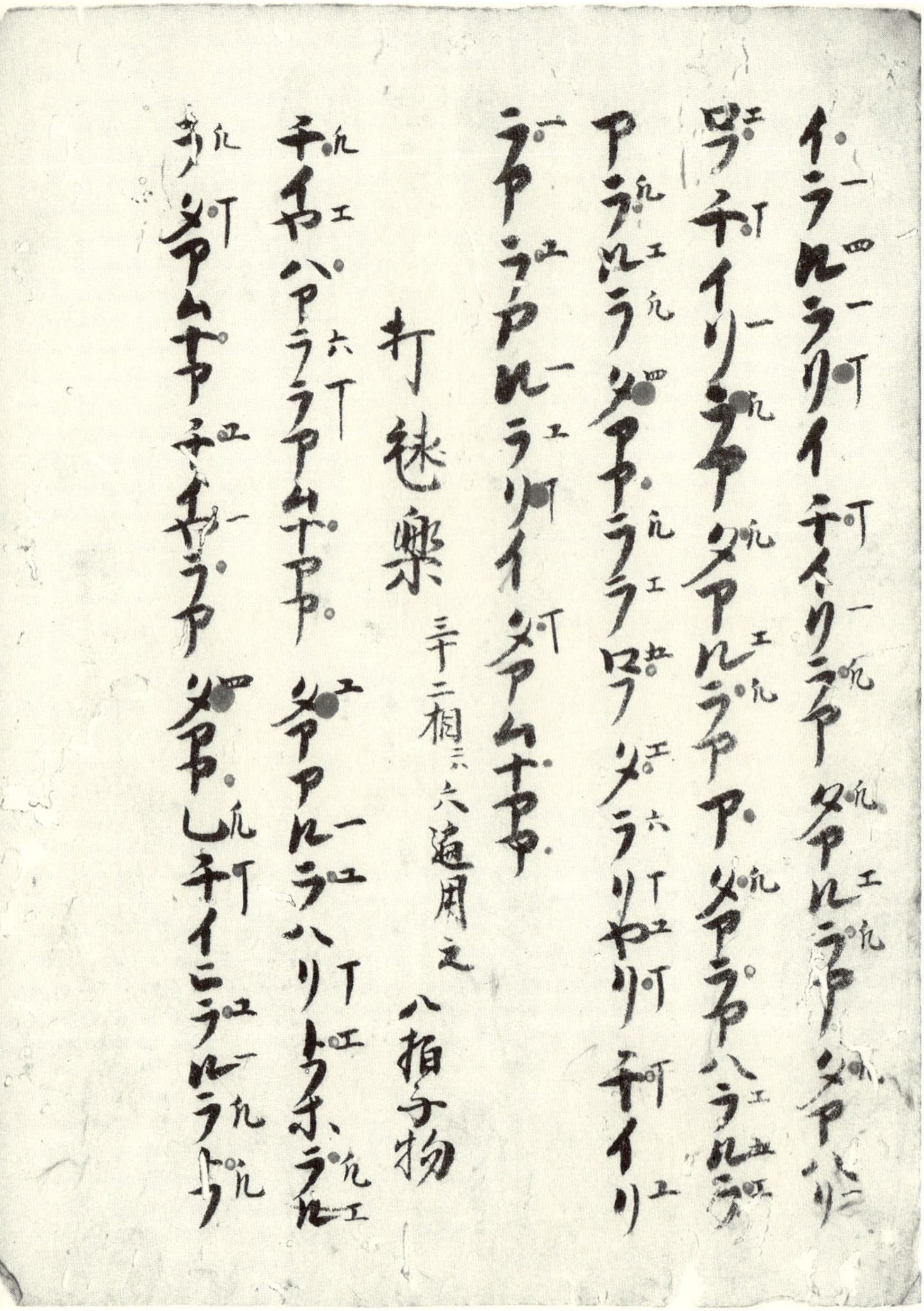

打毬楽　三十二拍二六六返用之　八拍子物

リ
チイニラルラメアム十アチイやラアトフツル

ロラアチイやハアラヲ十チ
メアラハロゑメアリやハロラリやチイイラリラ

チイニテルラトラヲホ
テアラチイやハアラヲ十テ

メアルテアハリチイ
テアラチチやハアラヲ十テ
ヤロホラチイニテルラチイやハアラヲ十テメテムテ

アテムテヤハリム
アヌ辺チイやハアラヲ十テメテルやハリム

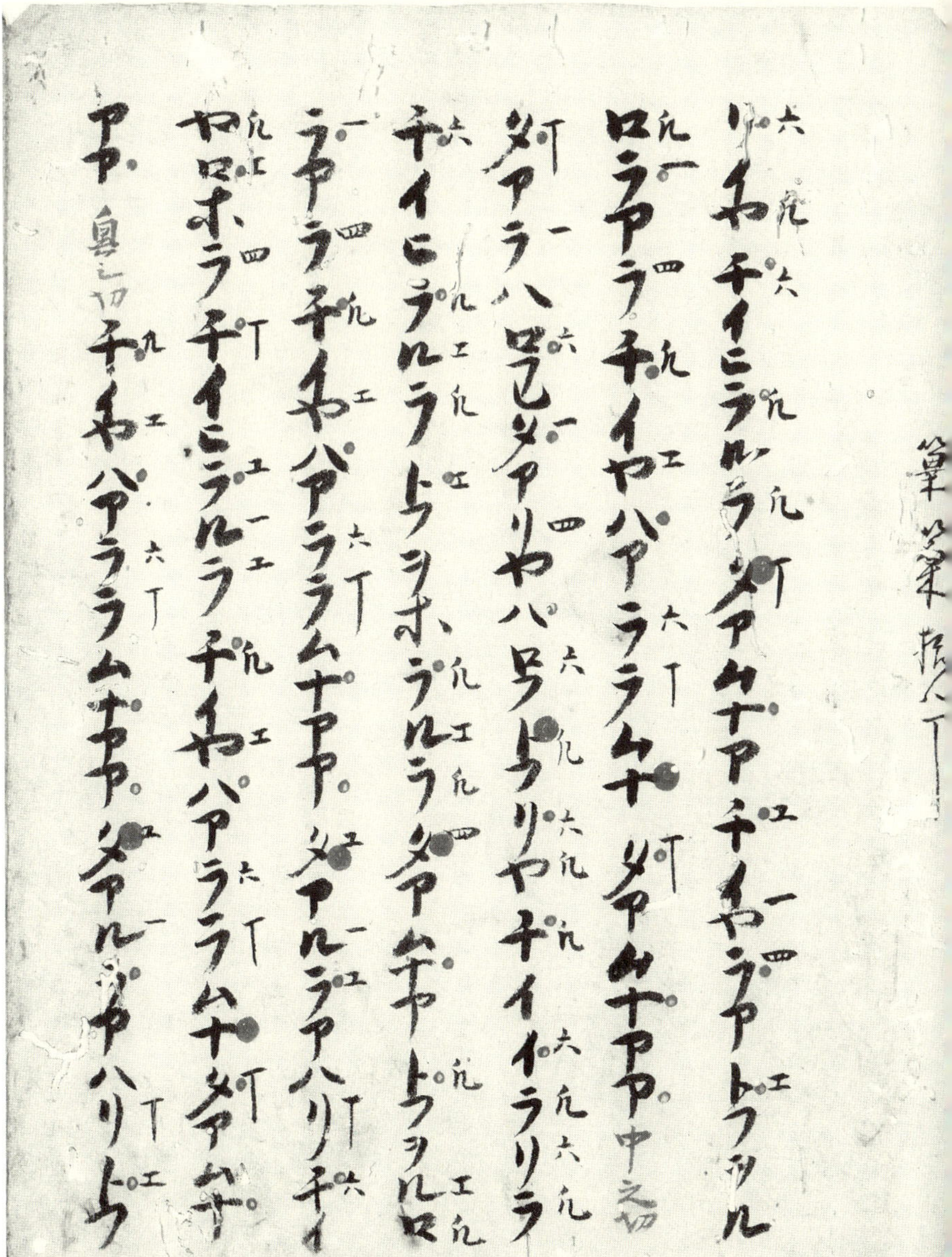

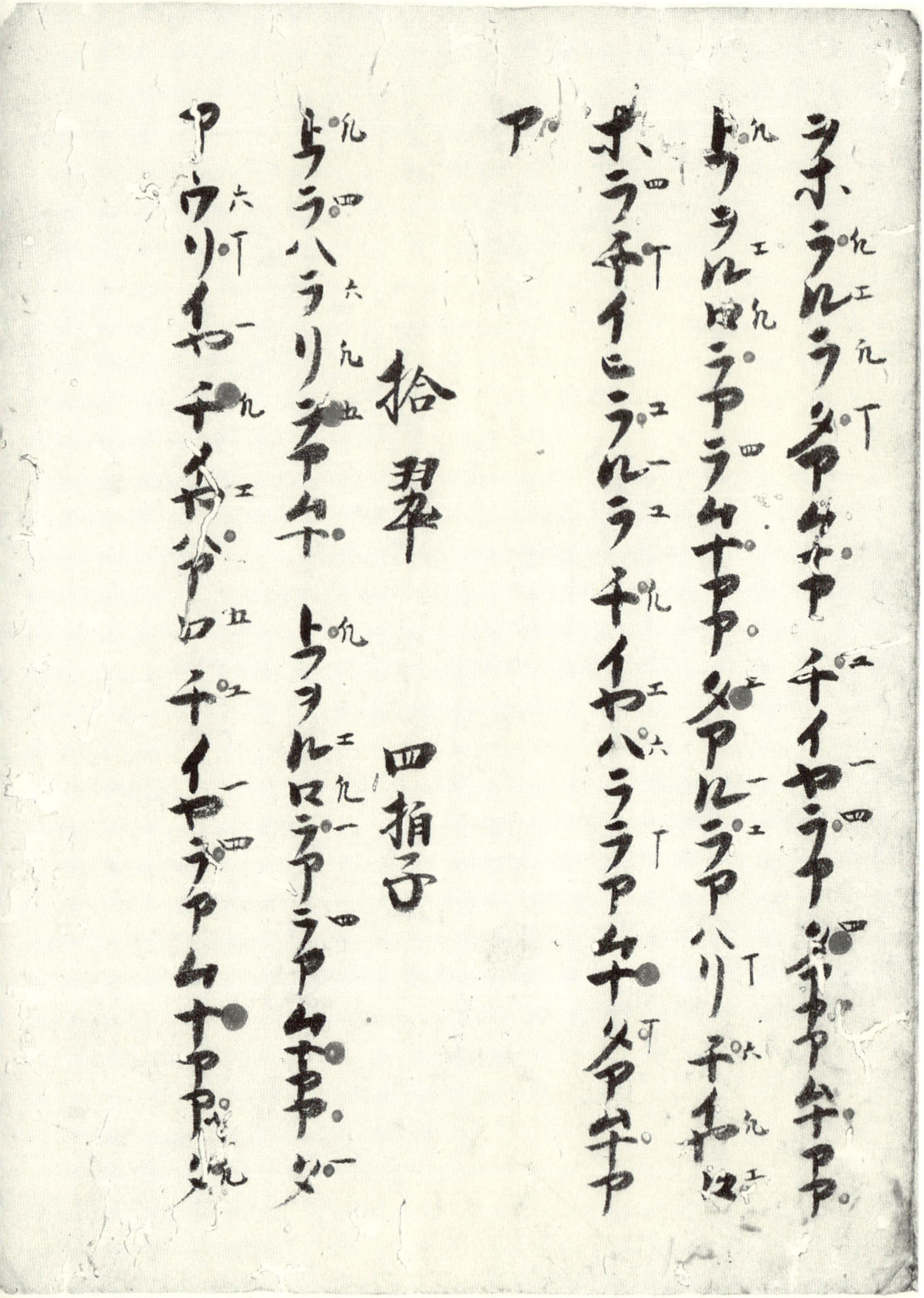
拾翠
四拍子

篳篥譜　（3オ）

呂ロメ筆し十イ ハヤラ ムナヲ メアラ アルラチイ 丁

ヲアルラチイヤ ハヤラ ラムナヲ トラレラアルラ

チイラアルラ チイヤ ハヤラ ラアムナヲ

千秋樂　八拍子　下礼

メアリヤイアルラヲ チイニラアルラヲアヲ

アムナヤ チイニラア チイニラアルラヲメヲ

ルニラア メアルラヲ メアルラムラハ チイニラ

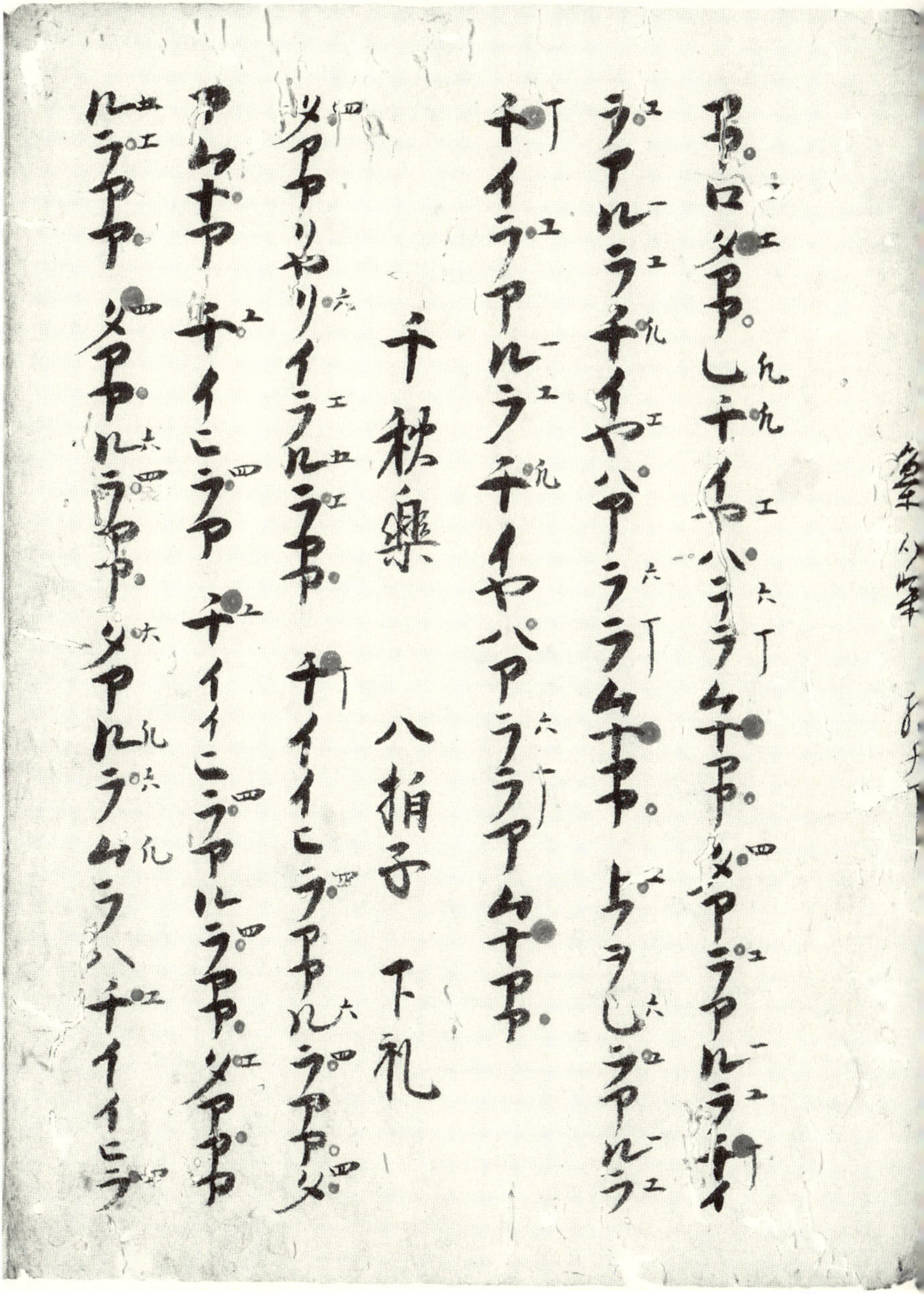

箏篥譜（3ウ）

アチイ二アメアルテ チイシテルテ
リイイヤリイイニイ トシテルテチイメ
ヤ号メアリヤイイニテルテ ちうテアメ
ハテリニテトテリテ リイリイア トテリ
テメテリヤイテルテメアムキア
壹越　調子
ちトテル チイヤオリヤアテルテ二テリイイトル

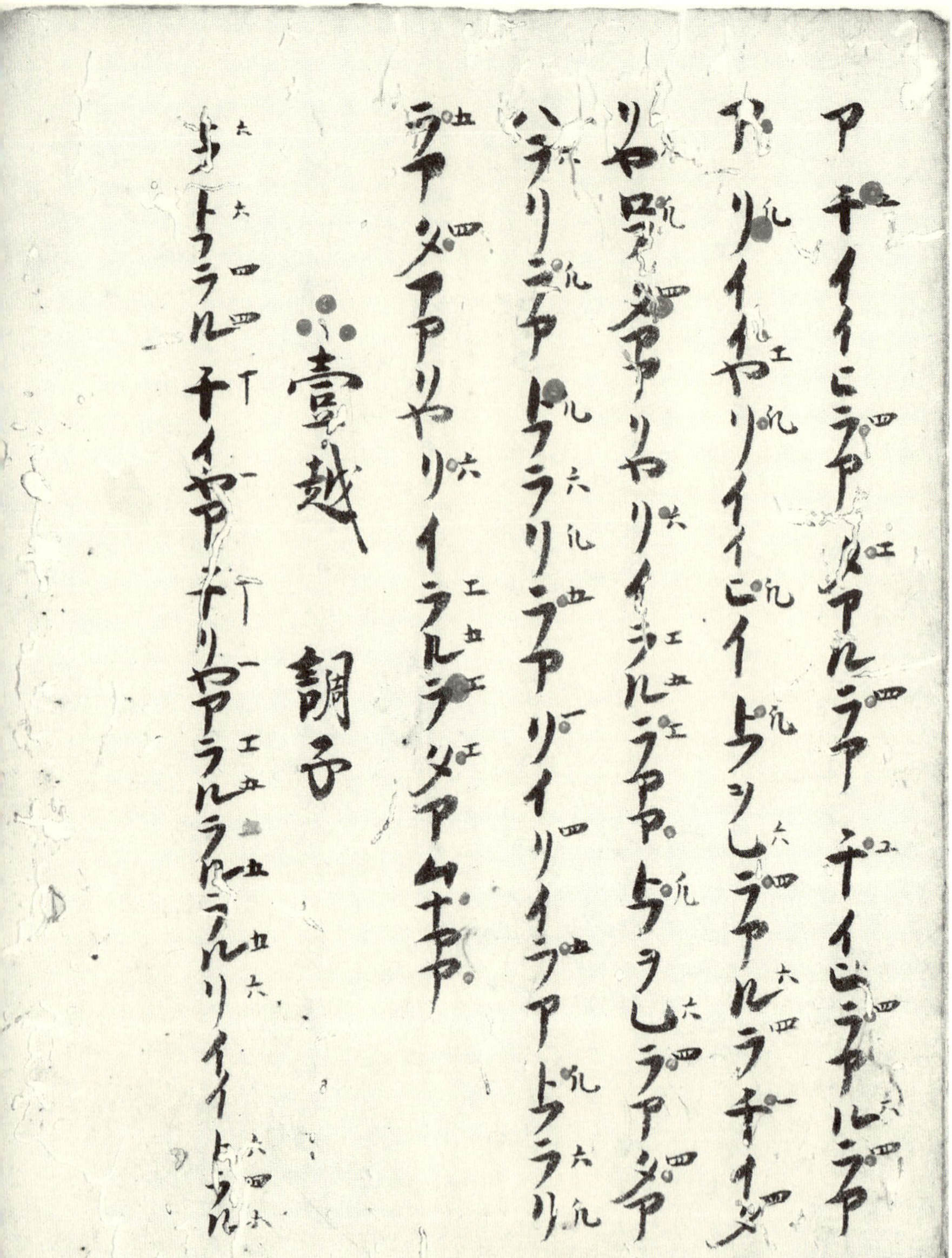

161　160　159　158　157　156　155

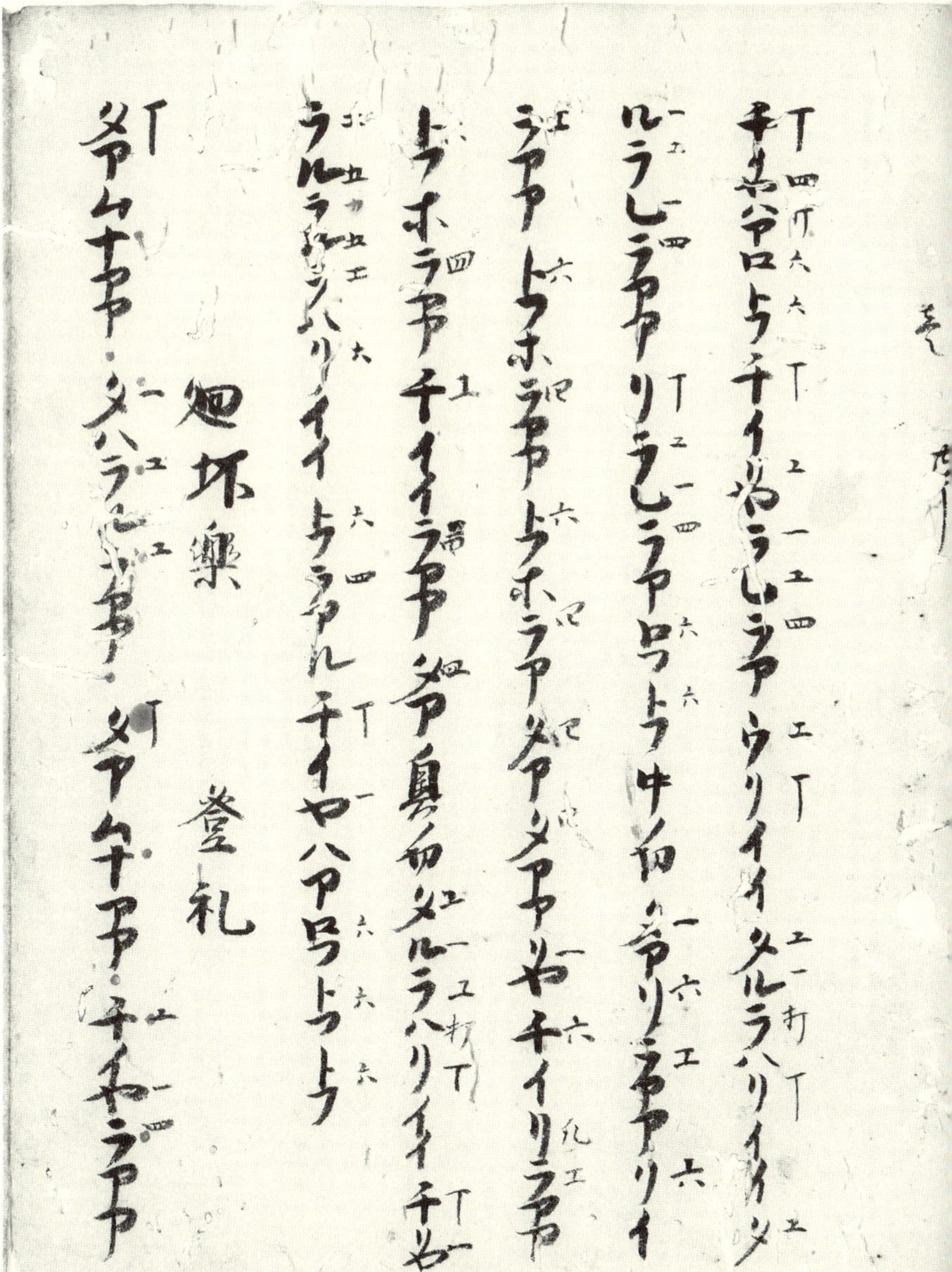

168　167　166　165　164　163　162

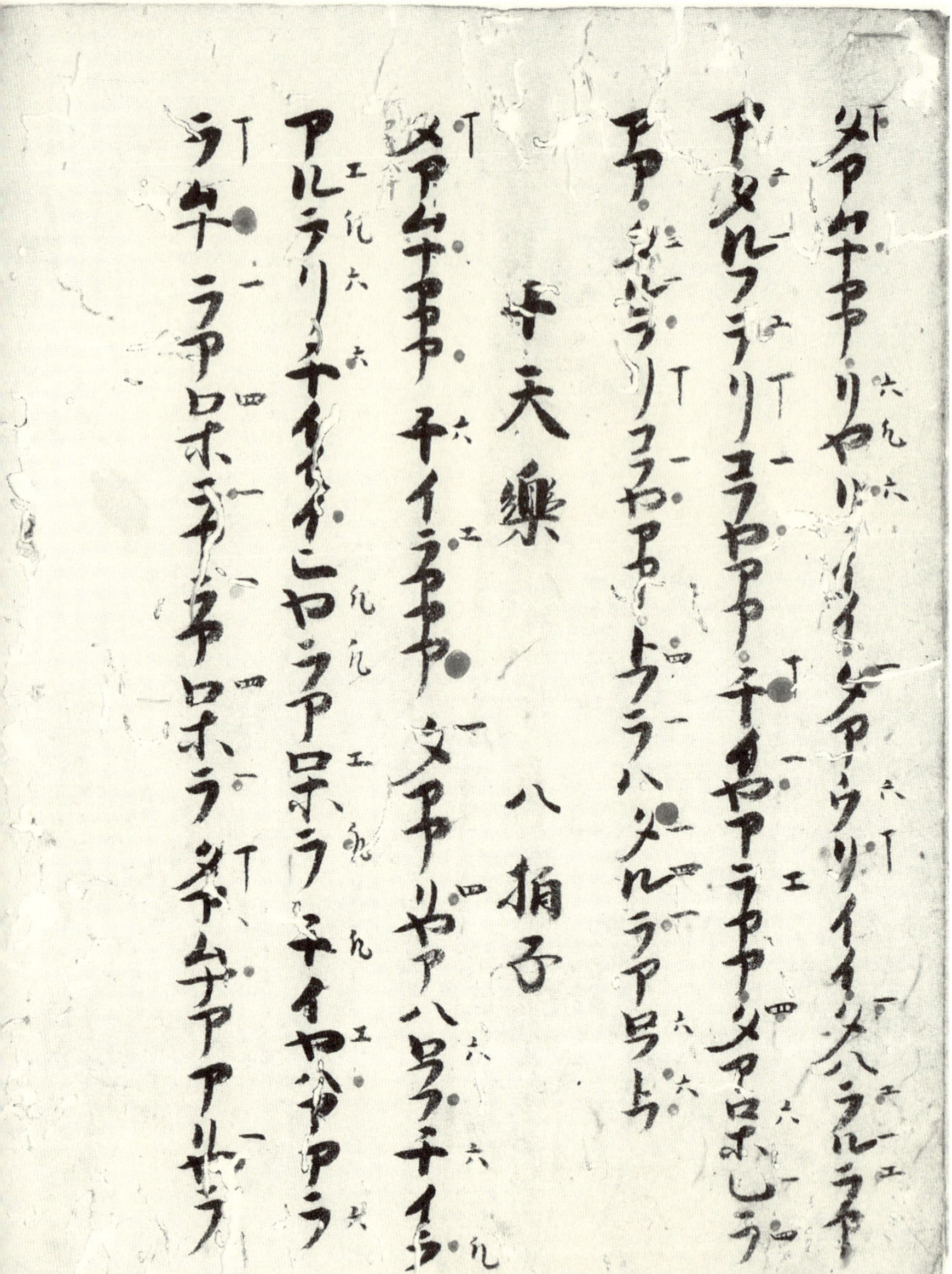

175　174　173　172　171　170　169

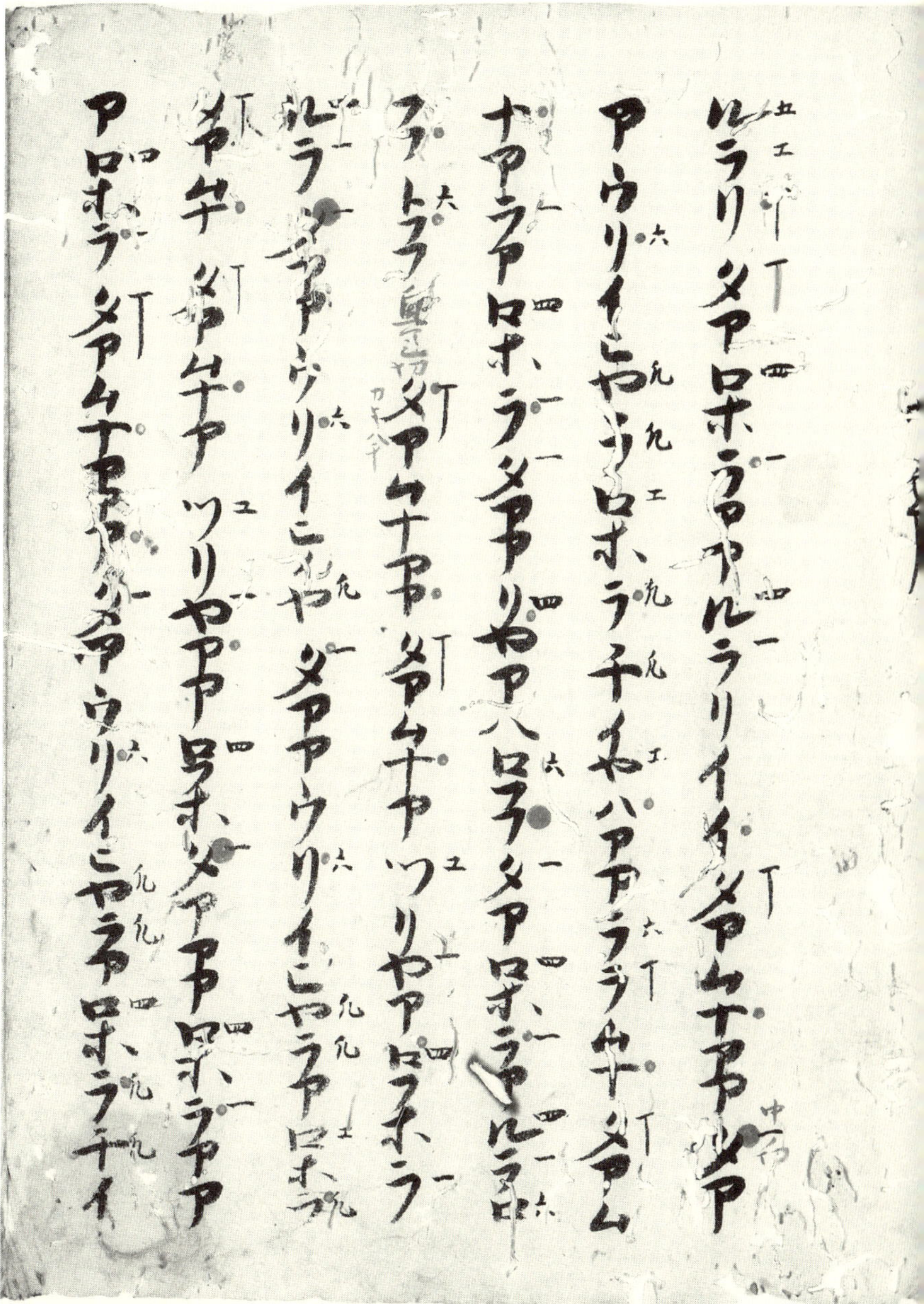

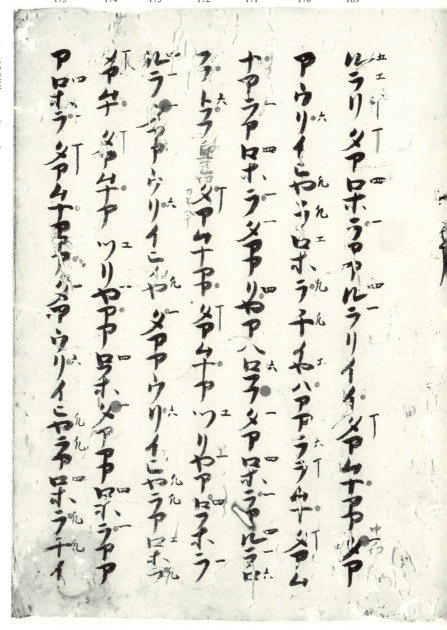

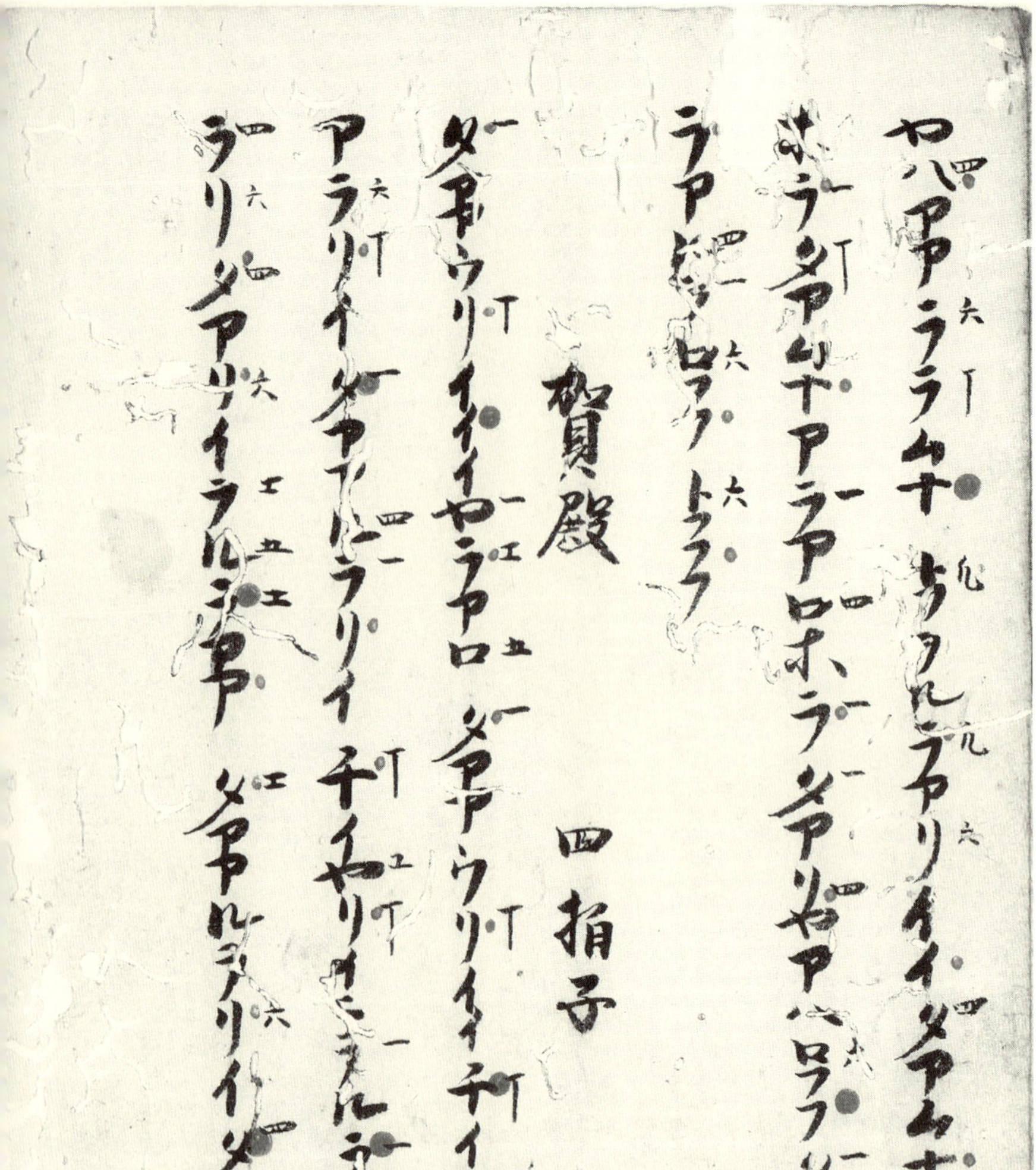
賀殿
四拍子

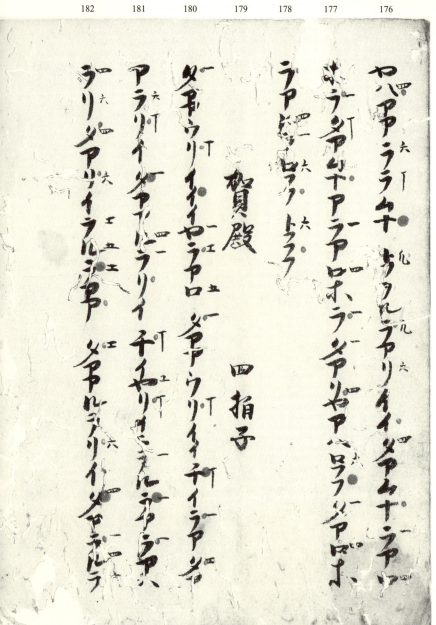

183　184　185　186　187　188　189

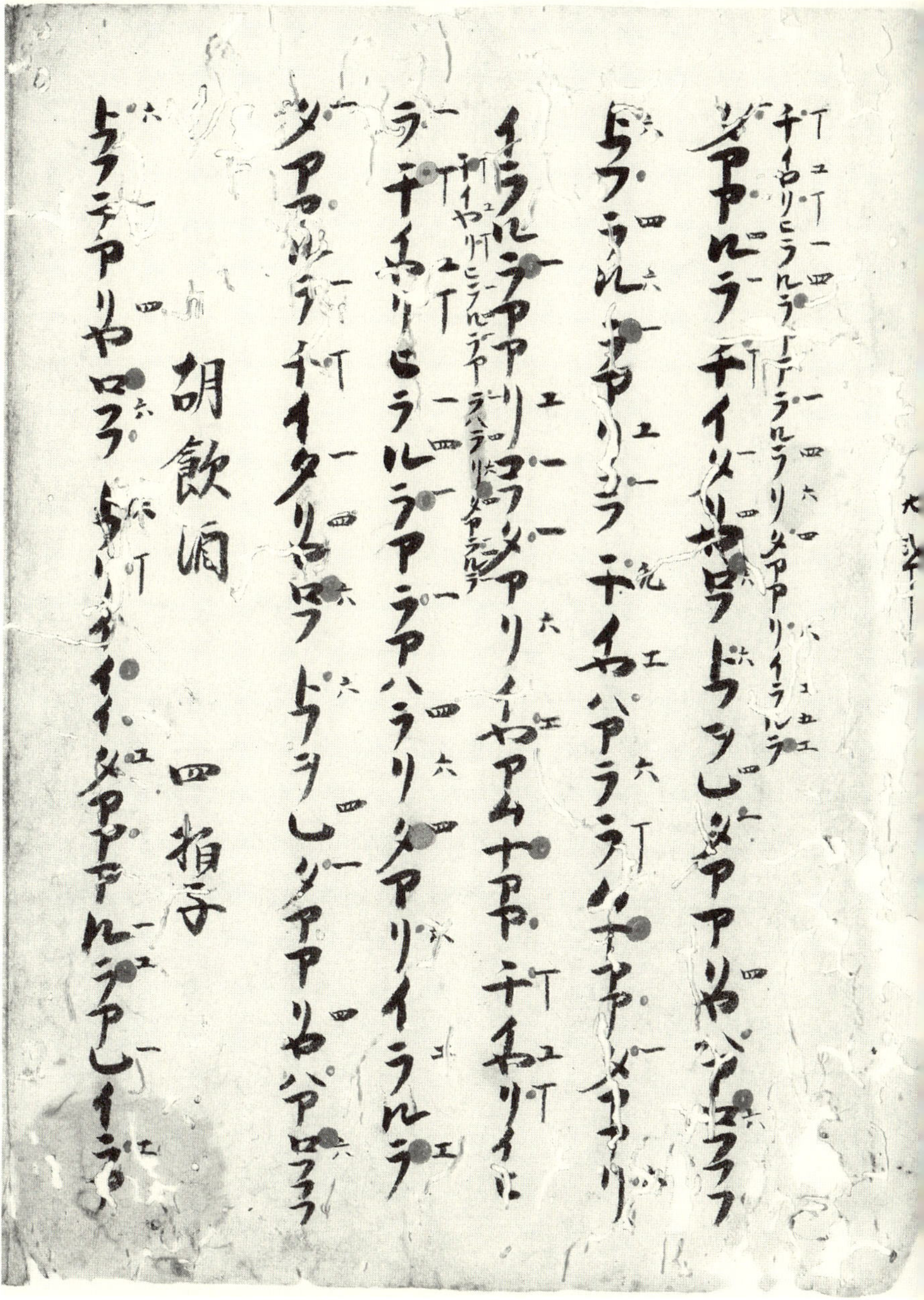

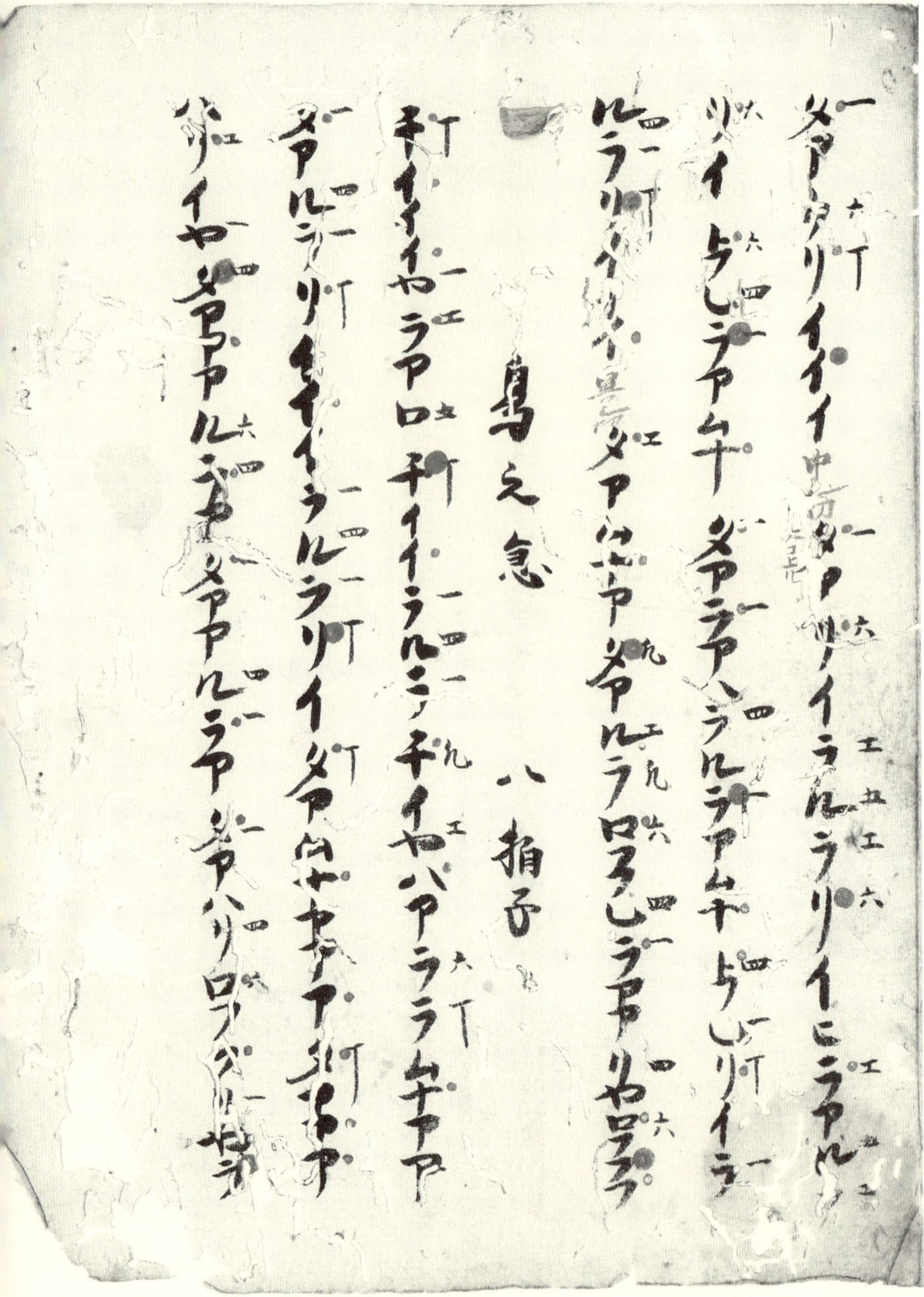
鳥之急
八拍子

203　202　201　200　199　198　197

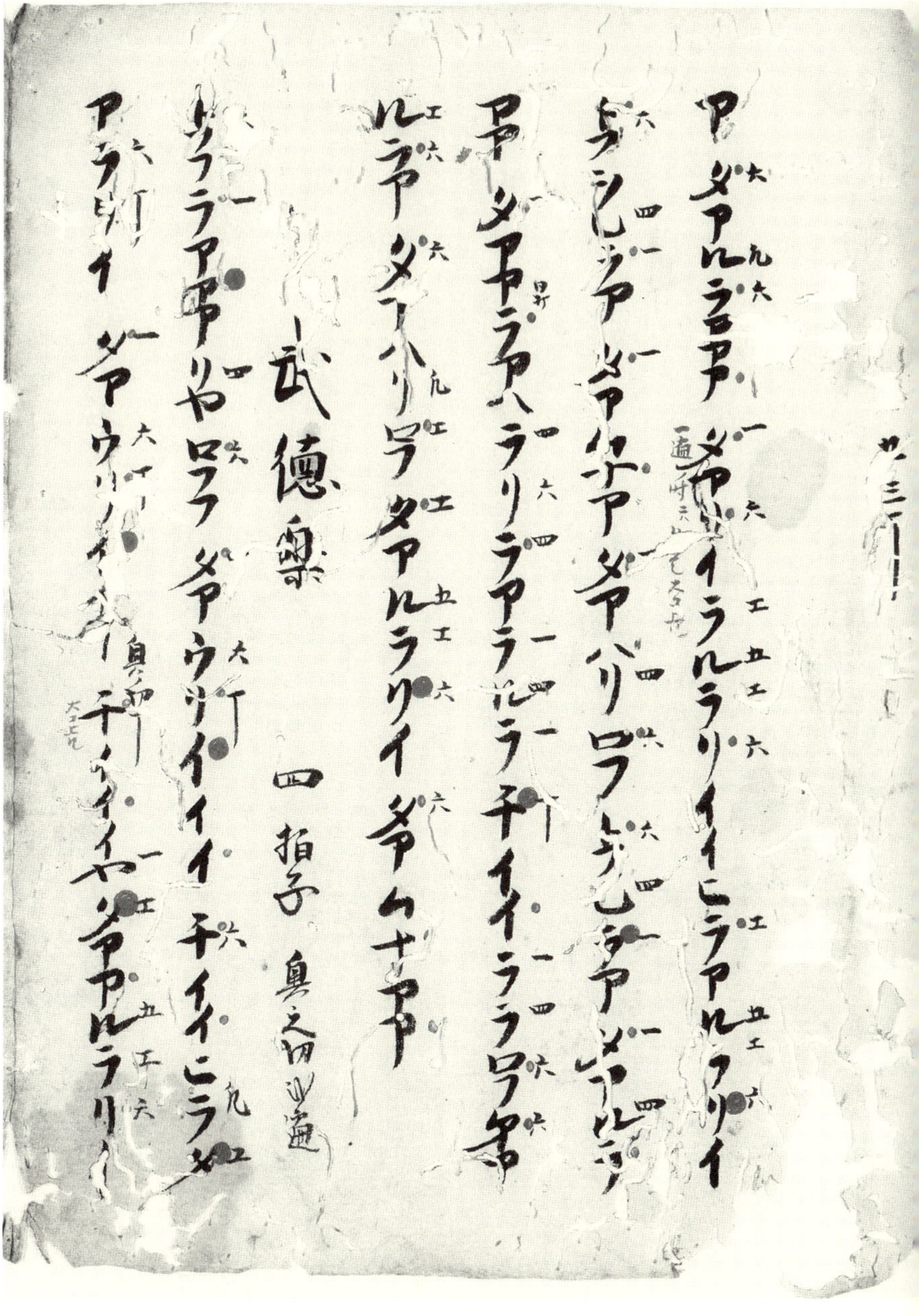

210　209　208　207　206　205　204

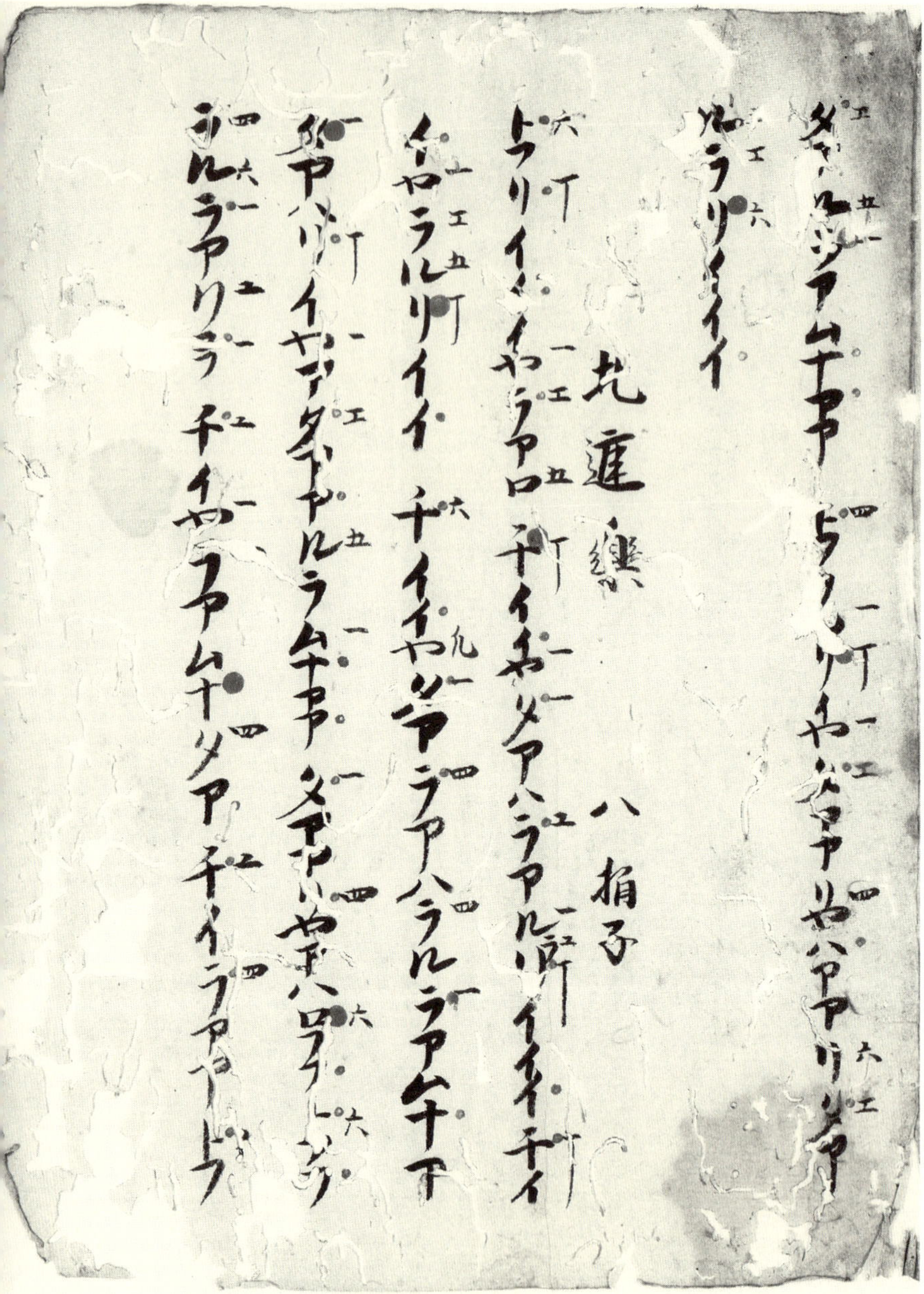

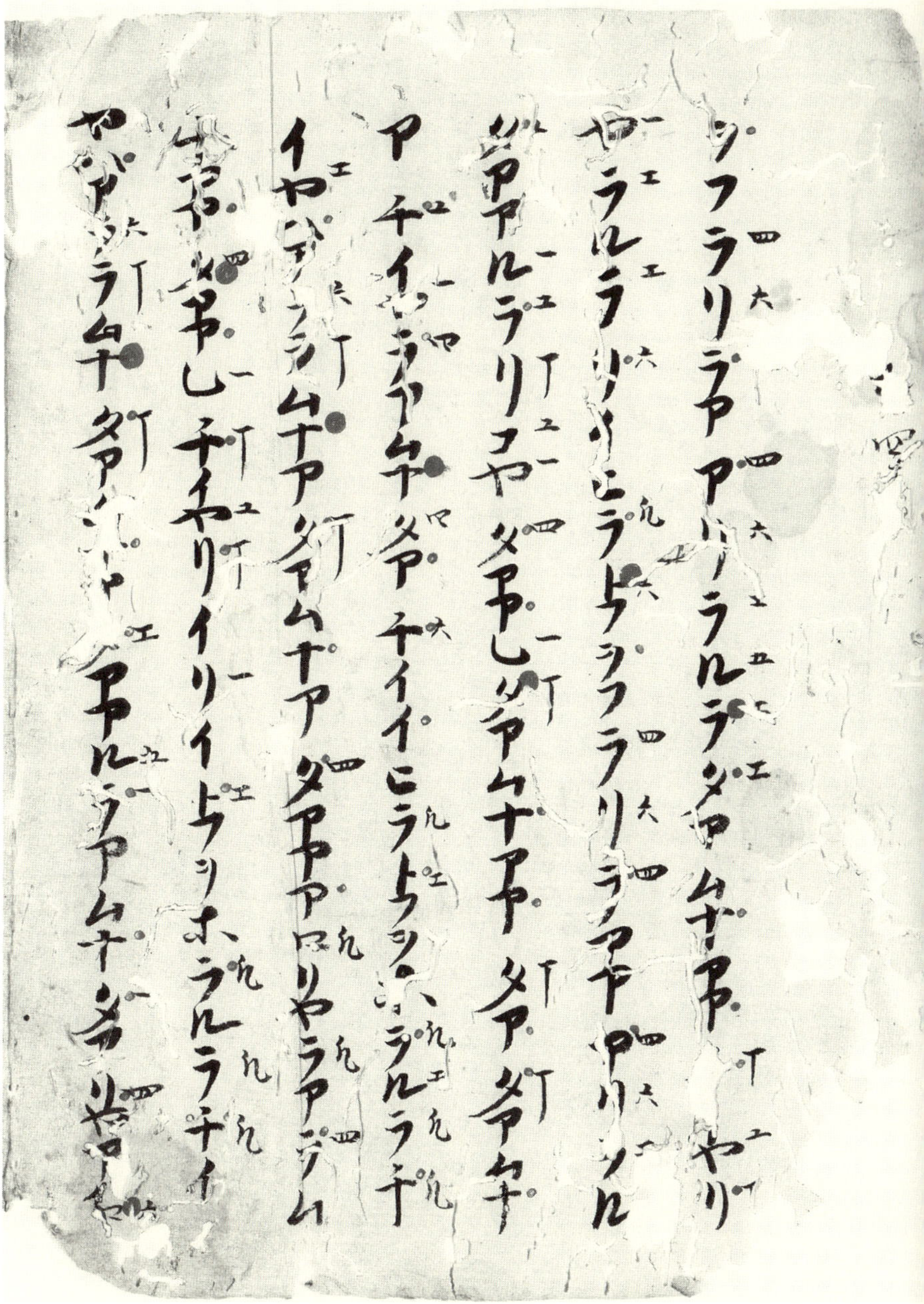
211
212
213
214
215
216
217

ラチイイニラタヲチイラトヒタアリヤハアロラ
ラタアハ

羅陵之破　八拍子

チヤハリヽヤリ　チヤアムチ　チイニタハリタアムチタア
リヤラアロ　チヤトホヽラルラ　チイリルリニチイタルラ
ハルリニ　チヤハヽイヤリ　チヤアムチ　チイリタチ
リアラアルラルラアリヤリ　イヤリイヤハアロタアムチア

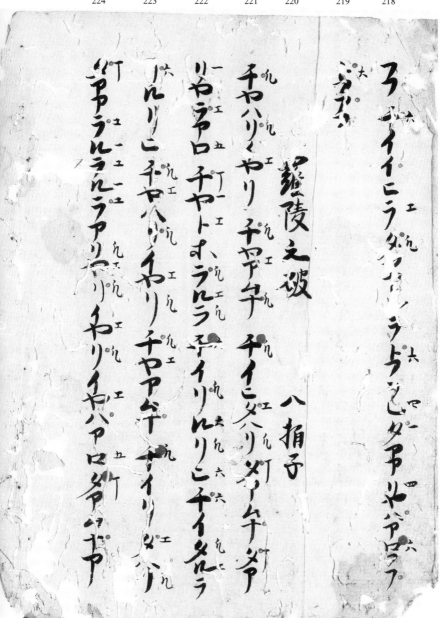

231　230　229　228　227　226　225

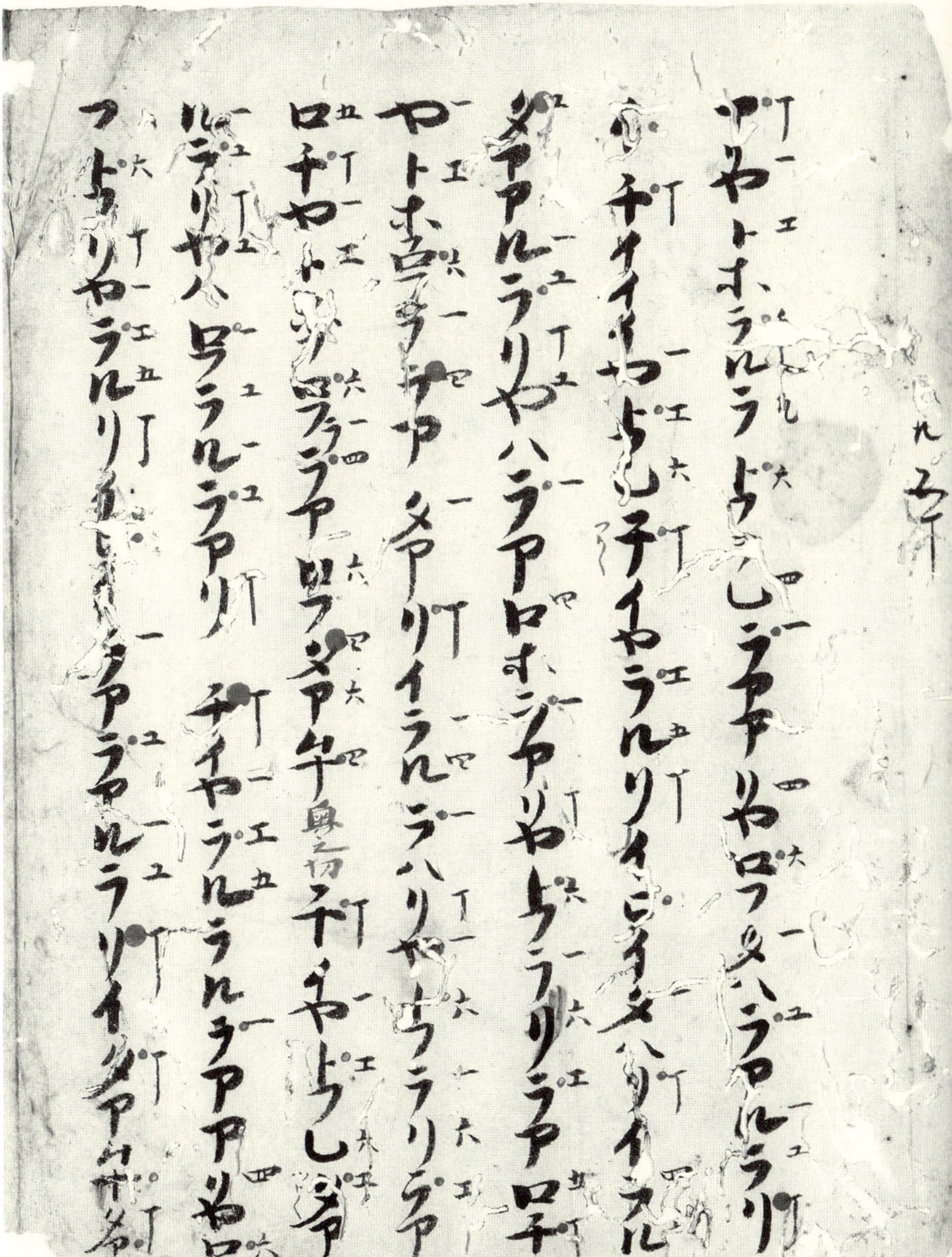

篳篥譜　（９ウ）

チイハ丁ラ丁ムナニヲアん丁ヤルラ丁イ　丁チイイリヲア

リヲアやロラルラアやハアロメムナアアやト、

ラルヲ丁ぢヲアやロメヘラルラリヲイ　チイイや

レ丁チイやルリイヒノハリイルメヲルラリヤハラ

アロホヲアリやトウラリヲアロ子やトホフロラフラ

タアリイルヂハリヤトフラリヲアロ千やトホ、ウラ

ニアロメヲナ　　愛頭　チイメルラリルや已

一アロメヲナ

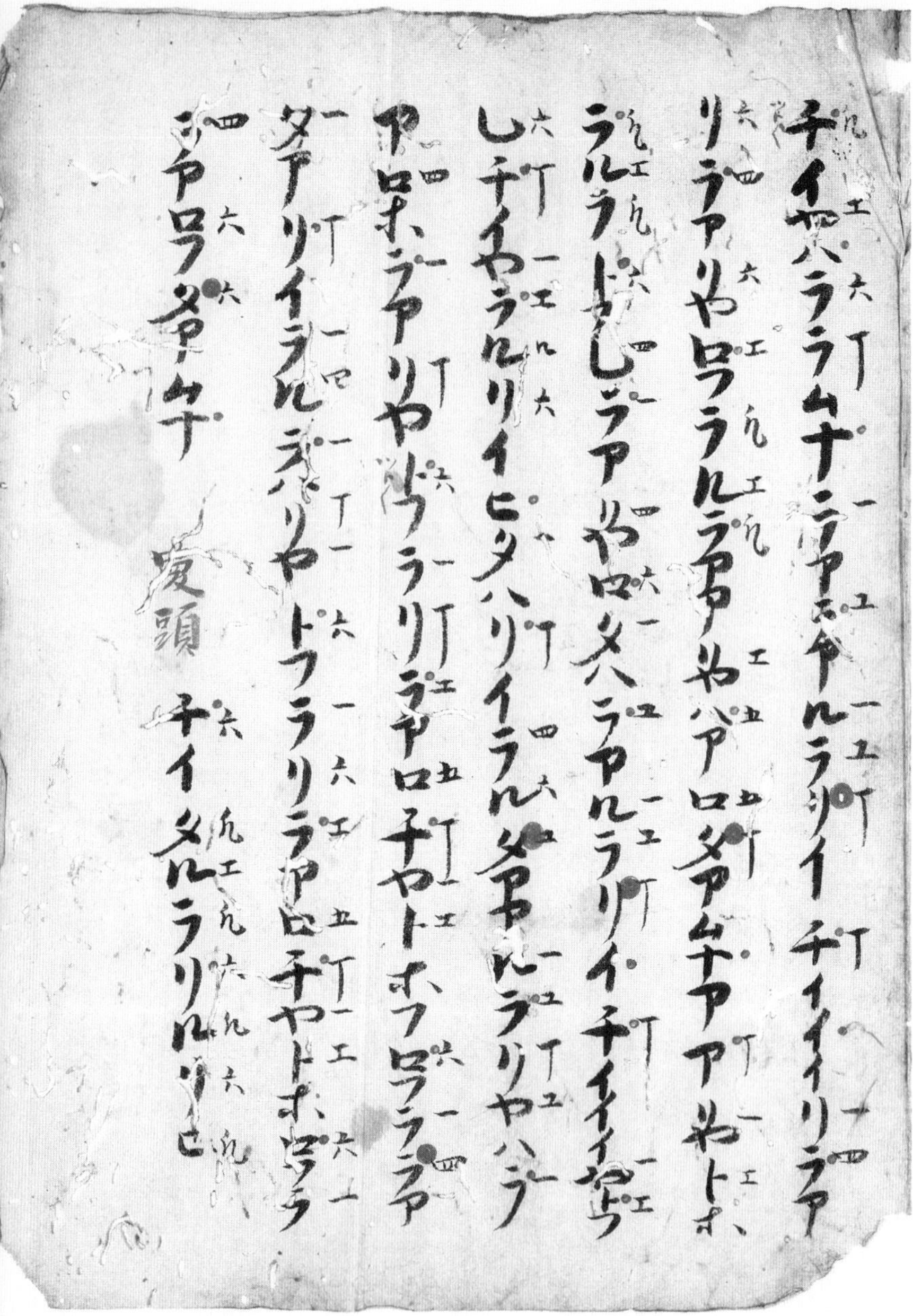

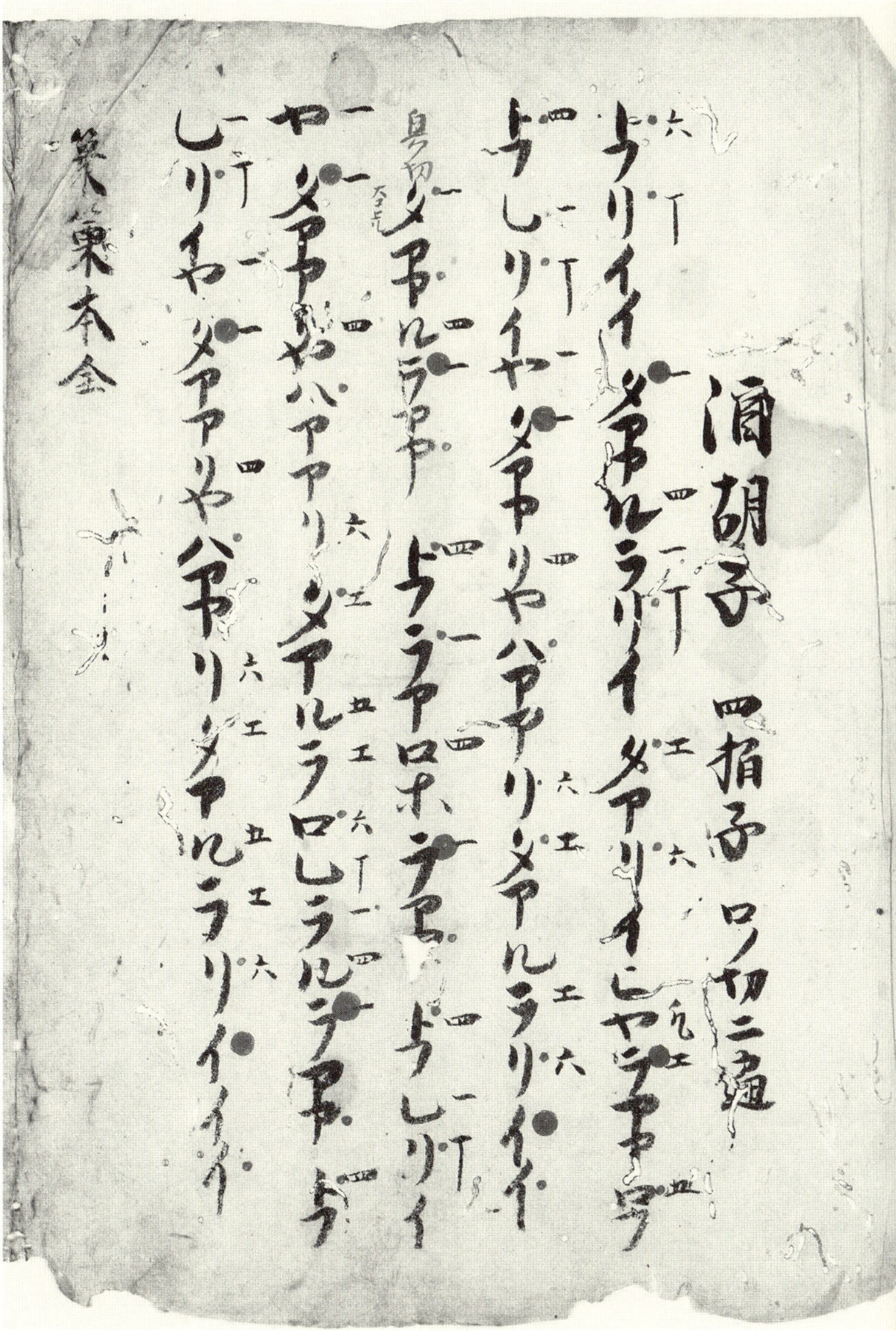
酒胡子
四拍子

（以上、三三四三一番）

翻刻

御即位印信口決

御即位大事

『御即位印信口決』（三九函一三三一―九番）

御即位印明口授私聞書也」（端裏）

御即位印信口決

元初天照太神ノ秘法也。其故ハ昔仏法未流布一時ハ近習《キム》中ノ以下有通力一者上ヲ為本尊一ト。故ニ以テ二茶祇尼一為シテ本尊一ト、成ル二三界王一ト、帝釈ハ会二狐《ケツネ》一ニ、伝法一ヲ成二三界王一ト云事、此本説也。故ニ天照太神ハ子良子《コラノコ》ト云物ヲ十五已上ノ男五人女五人仕ヘ給フ。此人毎日ノ御膳ニ此印許ヲ修ル也。受此余流一ヲ、今於二官庁一ニ奉授一給フ。但此奉ルニ授一三家ノ異儀有之一。然則、亀山院幷大覚寺（後宇多院）殿只茶祇尼ト云詞ト印トヲ授玉フ。真言無之一。是ハ昔仏法未流布一時ノ一流也。大師請来以来真言ヲ具セラレタルヲ、今官庁ニシテ授玉フ也。故知ヌ大覚寺殿ニテハ真言無之一方ヲ授玉ヘリ。是以大覚寺法皇是ヲ疑《ウタカヒ》思食間ニ道順僧正有勅問曰ク、我印様ナル物摂録授之一。真言無之事御不審也云々。僧正答申云、印真言有トテ之一、旧日記奉授時、元亦受伝玉ヘル印真言アヒタリト被思食一。道順僧正ヲハ日本一ノ真言師ト被仰ケリ。知ヌ三家ノ中ニ如昔一ノ真言無モ之一有之一、又真言ヲ具シテ授ル方モ有之一。大師御請来ヨリ相違事有之一歟。

一　子良子者、狐狼《コラウ》ヲ隠シ題ニ書テ上ヲハヲキツネト読ミ下ヲハメキツネト読也。

応永廿七年庚子四月八日於金剛寺中院書写畢。

『御即位印信口決』（三九函一三二一一一番）

御即位印明口授私聞書也。不可及他見。是ハ一人相伝シテ終ニハ焼火失也云々。可知。」（端裏）

御即位印信口決

元初天照太神ノ秘法也。其故ハ昔仏法未二流布一時ハ近《キム》習中ノ以下有二通力一者上ヲ為本尊一ト。故ニ以テ二荼祇尼一ヲ為シテ二本尊一ト、成ル三界王一ト、帝釈ハ会二狐《ケツネ》一ニ、伝法一ヲ成三界王一ト云事、此本説也。故ニ天照太神ハ子良子《コラノコ》ト云物ヲ十五已上ノ男五人女五人仕ヘ給フ。此人毎日ノ御膳ニ此印許ヲ修ル也。

受此余流ヲ一、今於二官庁ニ一奉授一給フ。但此奉ルニ授一三家ノ異儀有之一。然則、亀山院幷大覚寺殿（後宇多院）只荼祇尼ト云詞ト印トヲ授玉フ。真言無之一。是ハ昔仏法未流布一時ノ一流也。大師請来以来真言ヲ具セラレタルヲ、今官庁ニシテ授玉フ也。故知ヌ大覚寺殿ニテハ真言無之一方ヲ授玉ヘリ。是以大覚寺法皇是ヲ疑《ウタカヒ》思食間タ道順僧正有勅一問日ク、我印様ナル物摂録授之一。真言無之事御不審也云々。僧正答申云、印真言有トテ之一、旧キ日記ヲ奉授一時、元亦受伝玉ヘル印真言アヒタリト被思食。道順僧正ヲハ日本一ノ真言師ト被仰ケリ。知ヌ三家ノ中ニ如昔一ノ真言無モ之一有之一、又真言ヲ具シテ授ル方モ有之一。大師御請来ヨリ相違事有之一歟。

一 子良子者、狐狼《コラウ》ヲ隠シ題ニ書テ上ヲハヲキツネト読ミ下ヲハメキツネト読也。

永享二年庚戌六月一日於金剛寺北谷行基院

書写畢。覚祐之。

『御即位大事』（三三函二三一番）

御即位大事

智拳印

十方仏土中

唯有一乗法

無所不至印

観一切法

空如実相

塔婆印 開二大二頭 宝形

仏語実不虚

如医善方便

八葉印

具一切功徳

慈現〔眼〕視衆生

金剛仏子覚祐

『御即位大事』（三三函一八五番）

御即位大事

智拳印

十方仏土中

唯有一乗法

無所不至印

観一切法

空如実相

塔婆印 開二大二頭宝形

仏語実不虚

如医善方便

八葉印

具一切功徳

慈現〔眼〕視衆生

金剛仏子照海

（海野圭介）

日中行事関係故実書断簡（〈釈摩訶衍論科文〉紙背）

一臈判官　式*（部）丞
左兵衛尉　右近将監
源蔵人　藤太
夕頭弁　左京大夫
一臈判官　式部丞
左兵衛尉　右近将監
源蔵人　藤太
某
五日辰　相撲日御膳
朝右中将　式部丞
左兵衛尉　右近将監
藤太　某
夕同朝

*「式」と「丞」は残画のみ、「部」は欠損だが、文脈から類推。

六日巳　　　　　　神嘉殿御膳
朝
不警蹕御膳等
伊勢奉幣　当時国忌　神嘉殿御膳
南殿御膳　相撲日御膳　神今食日
不供御膳以前雖及深更不下格子又始従事之蔵人
先可取盞盤有二人之時上臈盞盤下臈取酒盞也」（1紙）
於壁立之或説簡面ニ引懸袋テ簡下ヲ五六寸許透□*
立然而猶面ヲ向壁テ可立也又御読経仁王会御仏名間対
テ可入袋又節会行幸之時還御之後対テ可入袋御物忌中
夜参籠人於殿上口立蔀辺令知参籠之由テ奏丑時之後可
昇殿上但雖入夜殿上日*給記ニハ不可入宿侍列又御物忌了夜
参人不入夕但依公事退出帰参之人給夕又勤公事
之人雖*不参籠給日又宿装束ニテ不対簡如束帯人
役也又日給様ニ上臈ナト各昇逢非勘発事給夕不入日事
斎院ノ垣下参平野祭人之中一人帰参シテ時刻相叶テ入夜
不入日也乍宿侍不入夜事自明日可有神事之時軽服之人
須退出而不知案内宿侍之人ハ不可入夕他所ノ役ヲ勤テ日夕

*□は空白。擦れがあり、抹消の可能性あり。
*「給」は補入。「日給記」となる。
*「不」には虫損があり、削れている。

給事維摩会ニ参人氏長者後*奏見参之後日九夕八ヲ
給参春日祭之氏人給日三夕ニ諸宮使同此定給之祈
両勅使ニテ下向大和国之蔵人日七夕六可給歟近代日七夕七給也不可為例但雨止
使逢大水給日数ハ不有此限又勤遠所役之人
雖不逢日給々日夕或書不字帰参日直改可依事也

放帋事

毎月一日早旦ニ引延古放帋下テ書人々官其下ニ計上
日テ書付日夕数此間上﨟各参会テ可計上日次相具上帋
三枚簡ヲ可給小舎人放帋当座下﨟之役也我所不書官
シテ可書名字

放帋様

子丑寅卯辰不不不申酉戌不　頭中将日八夕二
不不不不不不不不不不不　権弁日无夕无
子丑寅不不不不不不不不　内蔵頭日三夕无

近代用此様也

裏書様

放帋上長暦三年正月　中下同上」（2紙）

陪膳番

一番子辰申

＊文字は「彼」に近い。解題参照。

二番丑巳酉
三番寅午戌
四番卯未亥
右先触女房有障者守次可之懃仕無故三度闕怠者不可有
※（文字有り。花押か。判読不能）
昇殿者

年号　月　日

凡昼御座に御装束之時御読経仁王会最勝講御仏名等時於朝餉伝御膳取
御大盤台入自鬼間入台盤所之南御障子警蹕或ツイタテ
障子ヲ過之間警蹕御座西辺立御大盤又不奏御膳了之由
只大盤所御倚子ノ此障子許*下ニテ触其由於女房此間女房候昼御座方但御仏名最勝講
之時候夜御殿御手水間方取下盤之蔵人往還自殿上西戸近代貫首取候殿上之時六位*不可往反此戸取下盤参
之時自主殿司戸持参還之時同用此路也召御酒之時陪膳召人蔵人参候仰云御酒
召ス蔵人行上御厨子所取御酒伝陪膳々々供御器在御大盤
六位自直不供伝授陪膳五位直供而邑上御時六位供云々召御湯漬之時随陪膳仰テ居土器
於御盤持参陪膳分入御飯返給蔵人々々還路*□□□□
ヲシテ進テ持参但此事共近代絶久無之
封簡事」（3紙）

*「許」字の横に「下」と傍記。
*「位」の字は破損あり。
*「還路」は残画より判読。「退路」の可能性もあり。以下四字分ほど擦れて見えず。

（荒木　浩）

十種供養式

安居院王城北朝憲僧都遺跡也　（別筆）

十種供養式　此式尋常可用之、或用如法経文無別相違少々可、加如法由詞歟

先堂前庭可備十種供養

次導師幷請僧集会衣装可随時、　楽人同

次発楽可知随時調子次伝供　堂中僧是大旨也

堂外俗衆　四智讃　鐃鉢　合殺　音楽等

随時任意可用之、

次衆僧蹲居佛前、可頌惣礼伽陀

一　我此道場如帝珠云々　或只用此一行四句可足

一　敬礼天人大覚尊云々　佛

妙法蓮花経　是大摩訶衍云々　法　或用此二行

一　諸佛興出世　懸遠値遇難云々

修行是法者　斯人亦復難　或只可用此二句
　私云法花十種供養可用後二行歟
次導師登礼盤　三礼　法用可随時任衆心
慎敬白、久遠実成、三身一身、釈迦牟尼善逝、久
滅度多宝世尊、十方分身、諸釈迦牟尼佛、法
花経中三世諸佛、妙法蓮花真浄法門、体内体
外権実聖教、文殊弥勒等二万八万諸大」（1紙）
菩薩、浄行無辺行等、十界地涌無量菩薩、舎利
弗目揵連等、有学無学、諸声聞衆佛法住
持、十六羅漢、七万二千部類眷属、尸棄大梵等、
四禅梵衆、釈提桓因、護世四王等、六欲諸天都
霊山虚空二処三会発起、当機影向結縁、自
界他方一切聖衆四依弘経、諸大論師三国伝
灯八宗祖師、殊慈覚伝教等、法花円宗伝灯
大師等、大日本国諸大明神、焔魔法王、冥官
冥衆、乃至尽窮法界、常住三宝護世諸天
龍神八部等而言
次式文　若不堪表白人以初一段、即可用表白

夫妙法蓮花経者、諸佛出世之本壊、衆生成佛之直
道也、大師釈尊三七日思惟《シ》、四十年調ー熟《シテ》、方便久《ク》
廻《ラス》因機、適《タマ〳〵》熟《スルニ》、従一出多□(之)法撃揚驚《ヲトロカシ》耳一ヲ、四花
六動之瑞奇特当《アタル》眼一ニ、弥勒設《モウケ》疑ヲ於当時一ニ、文殊弁《ハキマウ》
瑞ヲ於往昔一ニ、身子三《タヒ》請《シ》如来四止《ヒトヽム》、五□(千)ノ枝葉ハ退座一ヲ
而去《サリ》、一円《ノチヤウ》真実合掌一ヲ而坐《サス》、五佛《ノ》開権一ニハ方便《ノ》門
始《メテ》開《ケ》三身ノ寿命一ニハ、〽真実ノ地後彰《ノチニハシ》、比二シ他経一ニ挍《クラヘルニ》之一ヲ余
教一ニ、功高《カク》理絶《セツシ》教妙《タヘニ》人尊《タトシ》矣、故ニ南岳天台
修行《シテ》斯ノ経一ヲ、或ハ入五品一ニ或証ヌ六根ヲ、末代ノ愚夫」(2紙)
有三テ志二結縁一ニ、無三シ力二修行一ニ、〽或尋《ネテ》慈覚ノ先蹤一ヲ、企《クハタツ》妙法ノ
写経一ヲ、或対シテ一乗ノ妙典一ニ、修十種ノ供養一ヲ、其儀非一一ニ、其
志区分《タリ》、所期一在《アリ》結縁一ニ、唯須不《サル》拱手一ニ、一心ノ精誠三宝
知見ハ、
今此一乗妙法ノ十種供養者、経云、若善男子善女人、
於法花経、受持読誦《シ》、解説書写《シ》、種々ニ供《セントヲモハヽ》養経巻一ヲ、花、
香、瓔珞、抹香、塗香、焼香、絵蓋、幢幡、衣服、伎
楽、合掌、妙楽大師付《テ》此ノ文一ニ、分テ為ス十種一ト、一者花、
花者万行ノ因花也、以世間ノ花ヲ、表ス出世ノ因一ヲ、其相甚似《タリ》、

其儀尤符《カナヘリ》、花者《ハ》先含《ツホウテ》後開《ヒラク》、有テ妙色一帯《セリ》妙香一ヲ、春ハ
桜《ヤウ》杏《カ》桃《タウ》李《リ》、人其ノ下付《モトニツケ》目一ヲ、秋ハ黄菊紫蘭、世《ヨ》其ノ色ニ
留《トヽム》情一ヲ、〽耎軟可愛也、厳麗奇妙也、〽花ノ後チ必有リ実一、々ノ
中ニ又有花一、展転相続シテ無シ有コト窮尽一、生シテ於一地一ヨリ受タリ一
雨一ヲ、衆生ノ妙行亦以如此一、生《ヲイテ》一実ノ大地ヨリ一、受タリ一味ノ法雨一ヲ、
春ノ雨闓《メヲシテ》始テ含《ツホメル》、如シ発心シテ企ルカ行一ヲ、暁ノ風吹テ新開《タニクルハ》、似タリ妙行ノ
成立一スルニ、壇戒忍進ノ区ニ分《タルハ》、如有《シルカ》種々ノ妙ナル色一、見聞覚知シテ
各益《アルハ》、如シ有《ルカ》種々ノ妙香一、諸佛賢聖讃嘆《スルハ》之一ヲ、如シ厳麗
可愛《ナルカ》一、修行《シテ》必得《ルハ》臣益一ヲ、如シ花散《シテ》必有《ルカ》実一、因行既成立《シヌレハ》
必教化ス他一ヲ、如シ実ノ中ニ又生花《スルカ》一ヲ、自利々他展転シテ無窮《ナルハ》、如シ三
花果相続《シテ》永不ルカ(二)断絶一、故ニ以花ヲ喩フル万行一ニ也、以花一ヲ奉ル三宝一ニ
寔ニ最上ノ善根也、仁王般若ニ三重ノ散花アリ、法花ノ序分ニ六
瑞ノ雨花《ウ》アリ、皆表《ス》菩薩ノ次位一ヲ、本門寿量了、諸天ノ大供」（3紙）
養《アリ》、〽又表スル菩薩ノ妙因斯ニ満シ極□(果)頓《チニ》円一ナルコトヲ也、加之大経云、若
於佛法僧、乃至献《スル》一花一ヲ、得生《コトヲ》不動国、大品云、於佛ノ福
田ニ殖《ツレハ》一ノ善根一ヲ、乃至菩提マテ其福不尽一、龍樹釈之一ヲ、〽一ノ善根ト
者《ハ》花香也《ナリト》云々、宜哉、十種供養ニ□(以)花一ヲ為スルコト初一ト、故伽陀曰、
若人散乱心云々、

南無恭敬供養妙法蓮花経　三反

第二香者《ト》、今香者《ト》非抹香ニ一、非塗香ニ一、非焼香ニ一、唯直ニ以香
気ヲ一為スル供養ト一也、是則表スル功徳ノ妙香ヲ一也、夫悪業ニハ必有リ臭香《キカ》一、
善根ニハ定テ有　馨《カウハシキ》香、故地獄ノ衆生ハ其ノ身甚タ臭《クサシ》、人間ニ若
聞《カハ》之ヲ一人一時ニ可シ死ヌ一、依テ出山没山ノ隔ツルニ之ヲ一、人中ニ其ノ香不ト来云々、
善人ハ其身必ス馥《カウハシ》、故ニ不退転ノ菩薩ノ所着衣ハ自然ニ馥《カウハシ》云々、
〽又聖徳太子誕生ノ後、奉抱之人衣《キモノニ》有余香一云々、況戒
定恵解皆有リ妙香一、解脱智見悉以芬馥タリ、故契経云、
花香不能逆風薫、根茎等香亦復尓、善士功徳香
芬馥、逆風流美遍諸方□□（云々）ト、又□（此）ノ経ニ説テ分身ノ諸佛ノ来
集ヲ一云、身出妙香、遍十方国、衆生蒙薫、喜不自勝ト一
又説現瑞ノ時相ヲ一云、栴檀香風、悦《エツ》可衆心云々、又浄名大士
云、入此室ニ一者《ノハ》、唯嗅《カキテ》瞻蔔ヲ不嗅《カヽ》余香ヲ一、大師釈云、若入《ヌレハ》
浄名ノ常寂光室ニ一、唯嗅《カク》諸佛ノ法界万徳ノ香ヲ一、猶不《ス》嗅
地前教道ノ香ヲ云々、香積佛ノ衆香浄刹ニハ菩薩在テ香樹ノ
下ニ一嗅《イテ》其香ヲ一、得《ウ》徳蔵三昧ヲ一、一切ノ佛法皆在ト此三昧ノ中ニ一云々、
広大国優鉢《ハ》羅《ラ》長者ハ和シテ諸ノ妙香ヲ一、治シ一切人ノ病ヲ一」（4紙）
与《タウ》一切ノ快楽ヲ一、乃至発シ菩提心ヲ一、断シヌ諸ノ煩悩ヲ一、証得シヌ菩提ヲ一、唯用《キル》

香気ヲ一、全以不《テセス》説法一、不現神通ヲ一云々、故今以妙香ヲ一用ル供養ニ一、唯須《ラク》《ヘシ》以テス離質ノ妙香ヲ一、此儀難有一、故備テ香木香草ヲ一取《トル》其ノ妙香薫香ニ一也、〽冀《ネカハクハ》以五分ノ香気ヲ一、施《コシ》三界ノ衆生ニ一自他同得テ万徳ノ妙香ヲ一、依リ正等一帰セン一実ノ妙理ニ一、伽陀曰、

須曼那闍提、多摩羅栴檀、沈水及桂香、供養法花経、

南無恭敬供養妙法蓮花経 □(三)反

第三瓔珞者、厳身之具也、凡聖通用《シテキル》、勝劣遥《ナリ》異、応身如来者、以《テ》百劫修行ノ十善ヲ一、厳《カサリ》応身丈六ノ色身ヲ一、報佛者ハ以四十二地ノ戒定恵陀羅尼ヲ一、厳□(飾)ス周遍法界ノ妙体ヲ一、今以事理不二瓔珞ヲ一献《タテマツル》一体三宝之妙経ニ一、故経ニ説テ□(本)門ノ供養ヲ云、真珠、瓔珞、摩尼珠、瓔珞、遍於九方云々、〽又無尽意菩薩、解頸ノ宝珠瓔珞ヲ一、供養スル観音大士一、是能所共無垢ノ大士也、故瓔珞ハ似《トモ》事宝ニ一、名之一為法施ト一也、〽今供養シテ一体三宝ノ妙法ニ一飾ル性得修得法身ヲ一也、伽陀曰、

種々諸瓔珞、無能議其価、我今□(皆)供養、妙法□(蓮)花経、

南無恭敬供養妙法蓮花経 三反

第四抹香者、夫抹香者、散シテ虚空ニ一供養スル佛ニ之具也、或ハ散ス佛上ニ或散ス佛前ニ一、随人随時一其儀無定、分別功

徳品説本門ノ供養一ヲ中ニ云、〽又雨細抹梅檀沈水香等云々、
偈云、〽雨栴檀沈水、繽紛而乱墜云々、蓋是為令《シメンカ》虚《シテ》空一ヲシテ
有妙香気一也、故法花三昧ノ行法者、詣シテ佛前一ニ、先散ヘシ抹」（5紙）
香一ヲ云々、其儀一同ナル歟、伽陀曰、
散花香抹香、以須曼瞻蔔、如是供養者、得無量功徳、
　南無恭□(敬)供養妙法蓮花□(経)□(三)反
第五塗香者、検大□(論)云、梅檀沈水等ヲ磨《スリテ》而塗《ヌリ》身一ニ
或以薫《シ》衣服一ニ、或又塗《ヌル》墻壁ニ、凡夫ニハ制ス之一ヲ、八斎戒ノ中ニ有二カ
塗飾香鬘ノ戒一故也、佛身ニハ用之一ヲ、人天敬重《スルカ》故也、論云、花《ナハ》
雖《モ》有ト香一非常有一ニ、焼香ハ雖《モ》薫一ト、熱《アツキ》時ニハ不宜《ヨロシカ》一、今塗香ハ寒
熱ニ通用ス、故ニ為ス勝一リト云、〽昔如来在世、鶏足山ノ東北佛陀
筏那山ノ石巌之間ニ、佛嘗降《クタリタマウニ》　迹トヲ、其ノ傍ノ盤石ニ帝釈
梵王、磨牛頭梅檀一ヲ、塗《リタテマツル》　如来ノ身一ニ、今其ノ石ノ上ニ余香郁《イク》□(烈)タリ、
〽云、塗香供養其儀如斯、伽陀曰、
梅檀及沈水、種々所塗香、尽持以供養、妙法蓮花経、
　南無恭敬供養妙法蓮花経　三反
第六焼《カル》香者、迎《ムカウル》聖衆一ヲ之使《ツカイ》、告《ツク》天人一ニ之験《シルシ》也、故金光明
経ニ云、是ノ諸ノ人王焼テ種々ノ香一ヲ、供養スルニ是経一ヲ、是ノ妙ナル香気於一念ノ

頃ニ即至《タル》我等諸天ノ宮殿、乃至百億ノ三十三天百億ノ非想非々想処一ニ云、今経ニ説本門ノ供養一ヲ云、衆宝妙香爐、焼無価之香、自然悉周遍、供養諸世尊ト云、周遍供養之儀、二経所説是同分身、若在《マシマサハ》本土一ニ、ヘ理悉可遍至一ル、ヘ今一処ニ来集《給》セリ、故云供養諸佛世尊一ト歟、焼香為用《モチキタルコト》其ノ儀如斯ノ、伽陀曰、

□(衆)宝妙香爐、焼無□(価)之香、自然悉周遍、供養一乗経、」一（6紙）

南無恭敬供養一乗妙典 三反

第七幡蓋者、或開《シテ》為《シ》両種一ト、或合シテ為ス一種一ト、文、有□(左)《トモ》右義無相違《スルコト》、若云ハ絵蓋幢幡一ト、似列ニ両種一ヲ、若唯云ハ幡蓋一ト似挙ニ一種一ヲ、今有余ノ九種一理可一種一、天蓋ト者覆ノ義也、幡ト者□(転)ノ□(義)□(也)、□(表)二スルナリ慈悲番々ニ、覆《ヲホイ》智断ノ番々転一コトヲ也、夫五百塵劫ノ慈悲番々ニ覆《ヲホウテ》無ク止一コト、四十□(二)位増道番々ニ転シテ各進、故執シテ七宝ノ幡蓋一ヲ、次第ニ至タリ梵天之雲一ニ、飛《トハシテ》万種綵幡ヲ周遍シテ及ホス高台之月一、今捧幡蓋一ヲ敬テ献ス妙経一ニ、一ハ追在世之儀式《シキ》一ヲ、一標《アラハス》久遠之利益一ヲ也、

故伽陀曰、

其大菩薩衆、執七宝幡蓋、高妙万億種、次第至梵天、

南□(無)□(恭)敬供養妙法蓮花経 三反

第八衣服者、夫衣服ヲ為用《タルコト》㆒、上自極果ノ如来㆓下至マテ底下ノ
□(凡)□(夫)ニ、□(共)ニ用《キ》之㆒ヲ同ク服ス之㆒ヲ、有重々ノ麁細㆓不一々ノ浅深、〽斎丸《セイクハン》越
綾者ハ婦人ノ所《ロ》好㆒、金章紫綬《シ□コン》者卿《ハキヤウ》相ノ所《ロ》着ル也、〽六天ニハ
有戒善之□(色)、四禅ニハ有支抹之香㆒、声聞ハ有四聖諦之
経《ケイ》緯㆒、縁覚ハ有十二縁之文綵《フ□》㆒、十地ノ菩薩ニハ有十四忍之重《□》㆒、無
上佛果ニハ有寂滅忍勝《タルコト》、今以□(衣)□(服)ヲ敬テ飾《カサリタテマツル》妙典㆒ヲ、即是以《シ》
寂滅忍ノ柔耎之上服㆒ヲ、覆《ヲ、イ奉》一実相ノ常住ノ妙体㆒ヲ也、伽陀曰、
□(応)□(以)天花散、天衣覆□(其)□(身)、頭面接□(足)礼、生心如仏想

南無恭敬□(供)養妙法蓮花経 三反

第九伎楽者、夫音楽ハ声塵至《レル》也、人中天上浄刹
花界悉ク奏シ之㆒ヲ、皆作《ナス》之㆒、能達《セル》音韻㆒ニ者《モノ》聞テ之㆒ヲ、知リ」（7紙）
人ノ性欲㆒ヲ、聞テ之㆒弁《ハキマウ》㆓国ノ治□(乱)㆒ヲ、奏スレハ之ヲ佛界㆒ニ、即為《ナリ》菩薩ノ妙
行㆒ト、用《レハ》之㆒ヲ法身㆒ト、忽恥《ハチ》声聞□(之)□(結)習㆒ヲ、故妙音大士昔
以十万種伎楽、供養シ雲雷音王佛㆒ヲ、普賢菩薩ハ今
従□(宝)威□(徳)□(浄)□(王)□(佛)国㆒、□(来)□(随)従セリ百千万億ノ伎楽㆒ヲ、既
為《タリ》菩薩勝妙之□(行)因、又為《タリ》大士随従之楽具㆒、加
大□(樹)緊那奏シ界外ノ音声㆒ヲ、四種ノ乾闥調《シラヘ》半

満法門一ヲ、驚香山之大会一ヲ、列《ツラナル》鷲嶺之梵席一ニ、況
又常在霊山ノ雲ノ上ニ□(天)人ノ伎楽無ク絶《ユルコト》一、本有金剛ノ
月ノ前ニ自性哥舞不休《ス》一、当知洞簫堯笛《トウセウキヤウチヤク》之調《ラヘ》、本
□(是)常楽我浄之法□(門)、□□(金)(石)糸竹之曲不隔ニ伎
縵哥□(舞)之供□(養)一ヲ、故奏テ一部管弦一ヲ、以□□□(苑)(十)(種)ノ
供具一ニ事□(出)聖説ヨリ儀諧《カナハン》佛心一ニ歟、伽陀曰、
簫笛云々、

南無恭敬供養妙法蓮花経 三反

第十合掌者、恭敬之至□□(専)(心)儀也、故佛初成道ノ
時、梵王帝釈請転法輪一ヲ、恭敬合掌礼請我転
□□(法)(輪)ト云々、佛説此経一ヲ□□(時)(説)万億ノ転輪聖□(王)相一ヲ云々、
合掌一敬□(心)欲□(聞)具□□(足)(道)ト□(云々)、□(況)十□□□□(指)(是)(表)(十)
波羅蜜一ヲ、万善雖多一ト無出コト十度一、今叉十指一合セ二羽ヲ
定恵和合シテ至本覚ノ理一ニ、十度具足シテ□□(帰)(法)性ノ佛一ニ
也、願十界皆為《ミナナリ》仏界一ト五乗同帰セン一乗一ニ、故伽陀曰、」（8紙）
或有人礼拝、或復但合常、乃至挙一手、皆以成仏道、

南無恭□(敬)□(供)養妙法蓮花経 三反

□□□□(一)(乗)(妙)(法)、十種供養其□□(儀)(如)斯一、願ハ以此ノ功徳□□(及)(三)際ノ所修ノ

□(善)□(根)、□(先)□(廻)□(向)□(真)如□(法)界一ニ、□(次)□(廻)□(向)□(諸)□(佛)□(菩)□(薩)、□(廻)□(向)□(梵)□(釈)□(諸)□(天)
神祇冥道一ニ、廻向三途□(八)□(難)受苦ノ□(衆)生一ニ、願生々世々ニ値
遇シ一乗一ニ、在々処々ニ不離三宝一ヲ、供養シ諸佛一ヲ聴聞シテ正法一ヲ、常遇《アハム》
善友一ニ、永離レ悪縁一ヲ、済度シ□(四)恩一ヲ、報謝□(セ)□(ン)二親一ニ、□(輪)□(廻)生死之間ハ
常生レ善趣一ニ、仏法修行之中ニハ必値ハン妙法一ニ、自他共入リ普賢ノ
願海ニ、遠近悉到ラン菩提ノ彼岸一ニ、伽陀曰、
我所有福業、□(今)□(世)若過世、及見仏々徳　尽廻向□(仏)□(道)
□(願)□(以)□(此)□(功)□(徳)
□(南)□(無)□(自)□(他)□(法)□(界)皆□(成)□(佛)□(道)　□□(三反)
此式者、無動寺大乗院座主、詣日吉社、□(被)供養自筆
如法経之時、澄憲為唱導、始作此式、毎十種供養段一
有童舞一二、仍伽陀一段有二反一、至其一反者略而不
載一、今依九条殿下仰一為恒時会一用之一、加添削一書進之一
焉、
所略伽陀曰、
□(大)□(雨)□(曼)□(陀)□(羅)□、摩迦曼□(陀)□(羅)、□(如)□(鳥)□(飛)□(空)□(下)、□(供)養法□(花)□(経)花
若於仏法僧、供養一香灯、其福無窮尽、必至無上道□(香)
真珠摩尼□(等)、微妙諸瓔珞、遍満虚空□(界)、供養一乗経瓔珞

雨栴檀沈水、繽紛而乱墜、妙香遍□(十)□(方)、□(供)養一乗経末香
以牛頭栴檀、尽珠為□(塗)香、供養法花経、一体三宝身塗香
（以下欠）」（9紙）

（恋田知子）

水分講式

水分講式　三月三日式ナリ

敬礼天人大覚尊

南无帰命頂礼大慈大悲水分大明神部類眷属三反

敬白十方法界一切三宝、殊ニハ当社水分明神部類眷属等ニ而言、夫、本覚月静ニシテ和ケ光ヲ於金剛山麓一ニ、応化花芳シ施二ス匂ヲ於石河郡衢《クキムノチマタニ》一、久ク守二テ国家一ヲ而垂二レ百王之擁《ヲウ》衛《エヲ》一、鎮ニ愍二テ郡内一ヲ而致二ス万民之快楽一ヲ、凡、国ノ為ル国一、依テ此神《シムノ》冥助ニ也、所ノ為ル所一、依此神《シンノ》加被一ニ也、然間、抽二テ、丹《タム》府一ヲ而運レフ歩一ヲ之輩《ラ》、皆成《ナ》二シ現世安穏之《ノ》悉地一ヲ、疑二シテ素意一ヲ而低《タル》頭一ヲ之族《ラ》、悉ク預二ル後生善処之《ノ》巨益一ニ、然則、家者《ハ》毎ニ家一誇二リ万春ノ栄一ニ、人者《ハ》毎ニ人一富二メリ千秋之楽《タノシミ》一ニ、是以、異説依三テ為二区《マチ》一、欲レハ尽二ト讃嘆一ヲ言語道断シ、欲オハ致二ト歌詠一ヲ思慮云《コヽニ》亡セリ、啻《タヽ》任テ愚昧之意趣一ニ、略ニ以テ為五段一、

第一明垂跡因縁　第二讃住所功徳
第三述本地功徳　第四讃勧請諸神
第五明廻向功徳」（1紙）

第一明垂跡因縁一者、夫、此神有シ二本土ニ一之日、廻シテ二善巧ヲ一而告テ傍神曰《ノ玉ハク》、依テレ有二佛法東漸之《ノ》謂一、佛法弘《ヒロマル》 東土ニ一、非スレ无キニ 示現明神之故《ユヘ》一、我レ欲フレ顕ハムト 東隅ニ一、爾ノ時キ、傍神驚キ貴テ、挙ケレ声ヲ一讃テ曰ク、誠ニ在サハ二広度衆生之《ノ》願一、速ニ赴玉ヘ二馬台国ニ一、我レ正ニ汝ニ与ヘムト二白犬、黒犬ヲ一、約諾《ヤクタク》太ニ懇《コム》切《セツナリ》也、爰ニ明神、松壖《センノ》之月ノ前《ヘ》悦ヒ芳言之明ナルコトヲ一、枌楡《フンユノ》之花ノ下《トニ》 開キ随喜之咲ヲ一、本朝神功皇帝ノ御宇辛ノ未ニ、豊葦原摂津国住吉ノ郡長《ナカ》井ノ浦ニ示シ玉ヘリ二居所ヲ一、雖レ然ト、尚《ナヲ》無二心ニ叶適《フタツ》居一、乞願ハ、我レニ教玉ヘト曰ク住所ヲ一、爾ノ時キ、住吉ノ大明神告テ曰ク、尋ルニ二汝カ住所ヲ一、河洲石河ノ郡東条紺口《コクノムラ》 村水越之《ノ》辺葛木之《ノ》麓ニ、有リ二一ツノ水便一、尤棲息《セイソクニ》 佳《カ》也、即、随テ二神言ニ一、歴《レキ》覧シ玉フニ二彼《カシコヲ》一、一千二百ノ菩薩ハ並テ肩一而誦シ二一乗無価《ケ》之《カノ》文ヲ一、三千余輩ノ仙人ハ連テレ膝ヲ一而期ス二三会得脱之《ノ》暁ヲ一、誠ニ是、殊妙之霊山、将又、无双之《ノ》勝地也、爰ニ、随《スイ》来ノ二犬守テ二瀧泉ヲ一、数刻吠之《ユ》、明神住シ二奇特之《ノ》思ニ一、屢《シハ〳〵》見玉フニ二瀧水之《ノ》底ヲ一、花顔《クワカン》春ル濃ニシテ而芙蓉之《ノ》眦リ鮮《アサヤカニ》、月皃《ハウ》秋半ハニシテ而丹菓之《ノ》唇《クチヒル》 潔《イサキヨク》、在マス二端厳優艶《イウエムノ》之美女一、于時一、明神手自《テミ》《テツカラ》抜《ヌキ》二鬢髪ヲ一、結ヒ二釣竿之《テウカンノ》緒ヲニ一、立ロニ奉リテ二釣上《ツリアケ》一、問テ曰ク、汝チ誰レ人ソ乎、爾ノ時キ、美女出シテ二微妙之《ノ》声ヲ一、答テ曰ク、天上之《ノ》雲ノ中カニハ、我ヲ名ケ二織女ト一、人間之《ノ》霞ノ下ニハ、是ヲ称ス二七夕ト一、」（2紙）開闢《ヒヤクヨリ》以降、待テ二汝カ来ルヲ一、更ニ无シ二他ノ契リ一、自リレ今以後《イマノチハ》、為《タラント》二　夫婦一、契《ケイ》約《ヤク》既ニ慇懃《インキン》也、爰ニ、有テ二往昔ノ因縁一、峯雄《ミネヲ》星ノ御子等《ミコラ》出テ来リ、始テ奉ルレ崇《イハヒ》二此ノ砌ニ一、是レ則チ、為《タテ》二当社ノ濫觴《ランシヤウ》一、加之、昔ハ震旦五台山之《ノ》鎮守、掌《ツカサトル》レ水ニ一神也、故ニ、名ケ二達水ト一、今ハ日本秋津州之《ノ》霊社、象《カタトル》雨ニ一神也、故ニ、号ス二水分ト一、国々ニ現シ応同之威ヲ一、所々ニ施ス垂跡之験ヲ一、紀州ニテハ被レ崇《イハヽ》二鳴雷《ナルカミ》ト一、和国ニテハ被敬ル二ハ雨師ト一、和光同塵之善巧、不可思議者也、就中一、世及ヒ末代ニ一、時キ当テ濁乱ニ一、炎旱《カム》累ネ二日ヲ一、年穀不登之刻ニハ、忽ニ雨ラシテ二慈悲之《ノ》甘水ヲ一、而授ケ二五穀成就之《ノ》悦ヲ一、災難競ヒレ時ニ一、土民不レ穏《ヲタシカラ》一之境《ヲリニハ》、又仰クニ二和光之威風ヲ一、与フ二一天無為之《ノ》楽ヲ一、云ヒ彼ト一云此ト一、勝利掲焉也、誰レ人カ可軽一哉、其後、経ヘ歳月一、積テ星霜ヲ一、彼ノ御子等、同ク預テ二明神之《ノ》化導ニ一、終ニ顕ル二神明ト一、是ヲ号ス二峯雄《ミネヲ》星《ホシノ》　宮ト一、無縁ノ大悲覆ヒ法界ニ一、無作ノ誓願及フ十方ニ一、縦イ信心雖イモレ浅シト一、済度何ソ疑、縦イ渇仰雖トモレ疎一、利益不シ空ラ、仍唱伽陀、次可行礼拝、頌曰、

擁衛諸国土　所作甚奇妙　示現大明神　広度諸衆生

南无帰命頂礼大慈大悲水分大明神部類眷属三反

第二讃住所功能者、夫《ソレ》水分宮ト者《イハ》、葛木山ノ守護神也、」（3紙）
山ヲ名二ケ金剛山一ト、所ヲ云二フ一乗ノ峯一ト、是以、華厳ノ経諸菩薩住所品ニ云ク、
我レ、滅度二千年ニ二千年於《シテ》二金剛山一ニ、為二五百菩薩一ノ可二シ現身
説法一ス、其ノ名ヲ者、可レシト号ス法基菩薩一ト云々、釈尊之《ノ》金言也、无虚
妄所説也《ナリ》、一毫ノ不可有二疑心一、然ハ則チ、法基菩薩説法之《ノ》庭ニハ、
智恵ノ常燈赫烁トシテ、而光明奪《ヒ》二日輪一ヲ、役《ノ》憂婆塞練《レン》
行ノ砌ニハ、馬脳ノ塔婆歴然トシテ、而舎利現二ス神通一ヲ、誠ニ是《コレ》、娑婆ニシテ
而不《ス》娑婆一ニ、穢土ノ中ノ浄土、俗境ニシテ而不《ス》二俗境一ニ、聚落之《ノ》中ノ仙
宮也《ナリ》、我等《レラ》、不レシテ改二凡身一ヲ、争カ望二マム此砌一ロ、而ヲ今、忩ニ依二テ明神ノ教誡一ニ
現身ニ詣スルコト浄土一ニ、豈ニ非二ス多生曠劫之《ノ》宿縁一ニ哉、凡ソ厥《ソノ》地形之
勝絶、以レ詞一ヲ難キ述一歟　青山四《ヨモニ》遶テ理性之《ノ》空漸ニ晴レ、碧谷《ヘキ》
傍《アタリニ》玄《ハルカナリ》定恵之《ノ》水鎮ニ泫《シタヽル》、適《タマ〱》入二レハ其境一ニ、忽ニ去二リ生死之《ノ》旧里一ヲ、纔ニ
歩二メハ其ノ地一ヲ、早ク到二ル無漏之《ノ》宝所一ニ、夫顧レハ西一ヲ、河水澄々《テウ〱》トシテ表二シ弘誓之《ノ》
深一コトヲ、望メハ東一ニ、崇《スウ》山峨々トシテ示二ス本地之高一コトヲ、此ノ故ニ、渡二ルモノハ此河一ヲ濯《スヽキ》二煩
悩之《ノ》垢一ヲ、攀《ヨツルモノ》此山一ヘ拾二フ菩提之《ノ》菓一ヲ、於戯、禅定春闌《ルタケタリ》、暁鼯《コ》
飛テ而山月曙《アケヌ》、行法秋暮《ル》、嶺猿《レイエン》叫《サケンテ》而峡《カフ》煙深シ、加之、古松
老檜《クワイ》ノ鳴枝一ヲ風《セ》、偏ニ調二ヘ緊那羅之《カ》琴一ヲ、禽獣鳥類ノ出ス
声一ヲ響《キ》、同ク韻ス憍尸迦之《カ》鼓《ツヽミニ》一、和光利物之《ノ》方便、随類応」（4紙）

同之《ノ》化用、尤モ有《アル》レ憑者哉《タノミモノヲヤ》、抑《ソモ〳〵》又《マタ》、社殿ノ為レ体一、柏城並テ甍一ヲ、
而青瓦揷ミ雲一ニ、枌邑《フムイウ》連テ軒一《ノキヲ》、朱璫《タウ》耀ク日一ニ、暮日之《ノ》暮《ヘニ》、彼ノ
見二レハ天台山之《ノ》高巌一ヲ、四十五尺ノ浪白《ミ》シ、朝陽之《ノ》朝、此ノ望二メハ水
分宮之《ノ》瀧水一ヲ、百千万茎苔《カウコケ》緑也《ナリ》、凡ソ、一々ノ本迹、凡《ホン》情難《カタシ》
測一リ、各々ノ霊瑞、言語争届《イカテカトツカン》、仍唱伽陀、次可行礼拝、頌曰、
雖住法性真如理　依大悲故現明神
済度五濁諸有情　令證究竟三身徳
　南无帰命頂礼大慈大悲水分大明神部類眷属三反
第三述本地ノ功徳一ヲ者、夫《ソレ》一ノ神殿ハ、本地西方之《ノ》教主弥陀
如来也、発二テ六八之誓願一ヲ、利二シ五道之《ノ》群類一ヲ、構二テ九品之《ノ》浄
刹一ヲ、導二ク十悪之《ノ》衆生一ヲ、三部ノ中ニハ蓮花部ノ尊、五智ノ中ニハ妙
観察智也、是ヲ以テ、昔ハ冊提嵐《サクタイラン》国之《ノ》大主、号二シ无上念王一ト、今ハ
安養世界之《ノ》導師、称二ス弥陀如来一ト、娑婆世界有縁之《ノ》
如来、濁世末代引導之《ノ》師主也、答二ヘテ清浄之《ノ》業行一ニ、雖《イヘトモ》レ設二ト
浄土ヲ他方一ニ、任二テ宿世之《ノ》悲願一ニ、専《ラシ玉ヘリ》二済度ヲ於此界一ニ、娑婆ハ是レ
生死之《ノ》間ノ故郷、閻浮ハ又《マタ》修行之《ノ》時ノ旧宅也《ナリ》、此ノ故ニ、因縁ノ
此ノ土ニ深ク、悲願我《ワレ》等ニ切也《セツナリ》、依レ之ニ、雖二土ハ是《コレ》清浄一ト、不レ択二ハ濁世一」（5紙）
穢悪之《ノ》衆生一ヲ、雖二トモ所ハ亦純善一ト、无レシ嫌二コト四重十悪之《ノ》罪人一ヲ、

纔ニ聞二其名一ヲ、除二キ无量億劫ノ生死之《ノ》重罪一ヲ、適《タマ〳〵》念二スルニ其ノ徳一ヲ、
具二ス不可説甚深之《ノ》善根一ヲ焉、是以、光明菩薩ハ毎二生所一造二リ
弥陀一ヲ、目連尊者ハ掌ノ内ニ図二絵スル尊像一ヲ、専是也《ラコレナリ》、次ニ二ノ神
殿ハ、本地観音也、此《コノ》菩薩ハ是《レ》、娑婆能化之《ノ》薩埵、安養《フ》
補《フ》処之《ノ》大士ナリ也、分テ身ヲ三十三一ニ説二キ法《リウ》（ママ）十九種一ニ、以テ廿五三昧ノ
力一ヲ化《シ玉フ》廿五有ノ衆生一ヲ、慈意妙大之雲遍覆テ、降シ甘露之
法雨一ヲ、応時得消之風《セ》早吹テ、消二サム地獄鬼畜ノ猛火一ヲ、過
去ニ已ニ成佛シキ、号シテ曰フ正法明如来一ト、未来ニ亦可シ成佛一ス、称シテ説ク
普光功徳千王如来一ト、卌一品ノ无明ノ惑已ニ尽キ、卌一品ノ中
道ノ理爰ニ顕ル、是以、或《ル時ハ》現シテ薬樹王ノ身一ヲ癒二シ衆病一ヲ、或《ル時ハ》現二シテ
如意王ノ身一ヲ雨《ラシ》二珍財《サイヲ》一、我等不レトモ入二仙窟一ニ、飽マテ嘗二メ不死ノ薬一ヲ、
不レトモ行《ユカ》二龍宮一ニ、忩ニ得《ウ》二如意珠一ヲ、云ヒ現世一ト、云ヒ後生一ト、无シ過二タル此ノ菩薩ノ
悲願一ニ、次ニ三ノ神殿ハ、本地勢至菩薩ナリ、弥陀如来右面ノ弟
子観世音ト同位同行ノ菩薩也《ナリ》、然間、授二ケテ大乗運載之《ノ》
車馬一ヲ、設二ケ往生浄刹之《ノ》資《シ》料一ヲ、誘二ヘテ三途極悪之《ノ》舎
識一ヲ、成《シ玉フ》二安養世界之《ノ》黎《レイ》民ニ、次ニ四、五ノ神殿ハ、本地々蔵」（6紙）
龍樹之変作也、夫《ソレ》地蔵薩埵ハ者、佛前佛後

能化之《ノ》菩薩、今世後世引導之《ノ》大士ナリ也、化度救ヒ无仏
世一ヲ、利益及フ濁末世一ニ、次ニ龍樹大士ト者《イハ》、開テ南天ノ鉄塔一ヲ
受《ウケ》二五部之《ノ》灌頂一ヲ、行テ二海中龍宮一ニ、極《メ玉ヘリ》二一代之《ノ》奥旨一ヲ、顕ニハ
号シ二龍樹菩薩一ト、蜜ニハ称ス二龍猛大士一ト、然ハ則チ、帰依渇仰之緇
素、却《シリソケ》二无明之《ノ》闇一ヲ、低頭合掌之《ノ》尊、早蒙ル現当之
益一ヲ者也、当ニ知一、西方ノ五尊、顕シテ神明一ト利益シ玉フコトヲ衆生一ヲ、釈迦ハ
生テ穢土一ニ而誘ヘ所被之機一ヲ、弥陀ハ構テ浄土一ヲ而迎フ有縁之
人一ヲ、憑哉、諸国雖広一ト、当国是勝タリ、救世菩薩則納テ三
骨一ヲ而表レ三尊一ト、諸郡雖多一ト、当郡又妙《タヘナリ》、水分明神同ク
顕レテ五社一ニ而象《カタトル》五尊一ニ、我等、機縁純熟ニシテ、受《ケ》生於弥陀
三尊遺身骨之善国一ニ、宿因多幸ニシテ、卜《シム》二居於法基菩薩
転法輪之霊《レイ》地一ニ、昼夜朝暮ニ所レハ仰一ク者、生身菩薩之本
誓、行住座臥ニ所レハ恃《タノム》一者、現大明神之方便也、仍唱伽
陀、次可行礼拝、頌曰、
其佛本願力　聞名欲往生　皆悉到彼国　自致不退転」（7紙）
　南无帰命頂礼大慈大悲水分大明神部類眷属三反
第四讃ト二勧請ノ諸神一ヲ者《イハ》、夫《ソレ》、金峯、熊野ノ並ヘレ棟《ムネ》一ヲ、牛頭、
平岡カ輾《キシルノキヲ》レ軒一、皆是《ミナコレ》、往古ノ如来、法身ノ大士也《ナリ》、或ル時ハ成リ主一ト、或ル時ハ

成テ伴一ト、互ニ助二ケ行化一ヲ、共ニ愍二迷《フ》徒一ヲ、次ニ瀧ノ明神ハ是《レ》、当瀧擁衛之《ノ》神也、夫、海《ミハ》毎レニ海一龍王示《シメシ》二棲《セイ》居一ヲ、瀧《タキハ》毎レニ瀧一不動垂ル応用一ヲ、金峯山ニテハ号《ナノリ》役ノ行者一ト、金剛山ニテハ顕二ル瀧ノ明神一ト、久ク守二テ胎金両部之《ノ》峯一ヲ而利二益シ斗藪《ソウノ》之行者一ヲ、遠ク鎮《シツメテ》異朝凶賊之《ノ》軍一ヲ而致二ス日域之《ノ》繁昌一ヲ、尋《ヌレハ》二本地一ヲ、明王之《ノ》応作《サ》也、提《ヒサケテ》二智恵之《ノ》利剣一ヲ而払二ヒ生死之《ノ》魔障一ヲ、把《ニキテ》二大悲之《ノ》金索一ヲ而縛《シハル》二煩悩之讎《シウ》敵一ヲ、生々加護之《ノ》利益無《ク》レ絶一ルコト、世々値遇之《ノ》引導無《シ》レ疑《ヒ》一、次ニ戎《エヒスト》者《ハ》、武《フ》夷《イ》之《ノ》姿《スカタ》也、身ニ着《キテ》二甲冑一ヲ而摧《サイ》破《ハシ》四魔一ヲ、手ニ執《トテ》二刀剣一ヲ而静二謐ス四海一ヲ、次ニ三郎殿ト者《イハ》、多聞天ノ王（ママ）垂跡也、夫《ソレ》、此《コノ》天王ハ、受二テ佛勅一ヲ而擁《ヲウ》二護シ佛法一ヲ、説二テ神咒一ヲ而利二益ス衆生一ヲ、致ス崇敬一ヲ之輩ハ早ク成《シ》二无辺之《ノ》悉地一ヲ、運《フ》二祈請一ヲ之族預《ラル》二无量之《ノ》財宝一ニ、次ニ大将軍ト者《イハ》、虚空蔵菩薩ノ化現也、夫、仮二テ武将之《ノ》形一ヲ、却《ク》二外道之《ノ》邪見一ヲ、故ニ、号二ス大将軍一ト、仰《ク》レ之一ヲ者《ノハ》除《キ》二年戹月戹之《ノ》恐怖一ヲ、崇《ル》レ之一ヲ人宥《トナタメ玉ヘリ》住方遊方之《ノ》犯過一ヲ、」（8紙）次反転《クルヘキ》ノ明神ト者《イハ》、輪二転シテ六趣一ニ、抜二済スル群生一ヲ、為《タリ》表示《シ》一、故ニ、号ス反転《クルヘキト》一、夫《ソレ》、厭《ヒ》二生死一ヲ、欣《ウ》レ菩提一ヲ人《ト》、尤《モ》可二シ帰敬一ス、或《ル時ハ》宰《ツカサトリ》呪詛一ヲ、或《ル時ハ》法《ノトル》二宇賀一ニ、仰ケハ攘《ハラヒ》凶災之《ノ》難患一ヲ、敬ヘハ与フ無数之珍財《サイヲ》一、次白《シロ》童黒《クロ》童ト者《イハ》、大唐随従ノ二犬也、雖レ受二ト畜獣之《ノ》生一ヲ、顕二レテ神道一ト而資ク明神之《ノ》化儀一ヲ、所以《ソヘニ》、灌《クハイ》南太皇求二《メ玉シ時》仙道一ヲ、犬吠《ホヘ》二一天ノ之空一ニ、弘法大師弘二《メ玉ヘシ時》密教一ヲ、犬顕二ス八葉之《ノ》峯一ヲ、神変不思議也《ナリ》、力用不可説也《ナリ》、或《ル時ハ》示シテ白法善根一ヲ而救二護シ信力強盛之人倫一ヲ、或《ル時ハ》顕二テ黒業煩悩一ト而治罰ス愚癡不善之《ノ》迷類一ヲ、

夫、黒白ノ二法ト者《イハ》、煩悩菩提之《ノ》謂也、或ハ、立二テ、黒月白月之《ノ》差別一ヲ、喩二フ等覚妙覚之《ノ》階位一ニ、雖然、煩悩即チ菩提也、二一ニシテ而不二也、覚《ルモノヲ》之一ヲ云ヒ佛陀一ト、迷《フモノヲ》之一ニ云フ凡夫一ト、佛法之要教也、諸経之真文也、仍唱テ伽陀一ヲ、次ニ可行礼拝、頌曰、

毘盧遮那遍照尊　威光猶如于日月

周遍法界無障碍　利益一切衆生界

　南无帰命頂礼大慈大悲水分大明神部類眷属三反

第五明廻向功徳者、夫、広海者消露ヲ不レ厭一ハ、等ク成二シ」（9紙）万湛《タン》巨海之《ノ》勢一ヲ、菩提者《ハ》少善ヲ不レ嫌一、同ク顕《ハス》二三身円満之《ノ》徳一ヲ、然則、以神明讃嘆之功徳一ヲ、利益シ十方之衆生一ヲ、済度セム六趣之群萠一ヲ、他功帰己之《ノ》故ニハ、今一山大衆等、現世安穏花ノ下ニハ不詳厄怗之風无ク吹一コト、後生善処之月ノ前ニハ悪業煩悩之雲无ラン靉《タナヒクコト》□、仍テ唱伽陀、

次可行礼拝、頌曰、

願以此功徳　普及於一切　我等与衆生　皆共成仏道

前書本云

于時弘安十年十二月十五日草案了　　沙門幸賢云々

今書本云

時也明徳元年庚午十二月廿八日河内国天野山金剛寺中門坊書写了　金剛佛子実秀四十五

明徳二年辛未九月一日金剛寺無量寿院東部屋書写了

佛子円爾廿六」（10紙）

（近本謙介）

龍王講式

龍王講式　惣礼　我此道場如帝珠　十方龍神影現中　我身影現龍神前　頭面接足帰命礼

敬白、毘盧遮那蔵大雲如来、性現出雲、持雲、吉祥雲、大興雲等ノ雨大法雨者、大雲請雨、宝雲宝雨等ノ法界等流、権実正教、金剛手、蓮花手等ノ諸大菩薩、身子、目連、阿難、羅云等ノ賢聖衆僧、別ヶ佛法護持、縛魯多天、難陀、跋難陀、」（1紙）輪蓋、倶利釵、善如、善住等ノ八十四倶胝、百千那由他諸龍神、爰惣テハ佛眼所照、恒沙塵数、三宝護法ノ境界一ニ而言、

夫以世及澆季一ニ、人乱ル善悪一ヲ、堅ク計シテ人我一ヲ、大ニ隔ツ自他一ヲ、是故ニ佛法失ヒ効験一ヲ、龍天無擁護一、

炎旱頻渉テ、則雨露之潤久ク絶ヘ、国郡忽亡、則
池川之流永竭《ツキヌ》、若非龍神ノ慈育一ニ者、争
休衆生ノ憂悩一ヲ哉、凡佛陀薩埵之方便、
本地垂跡之利生、彼レ此レ雖無優劣一、五濁
悪世之時候、末法万年之此ノ比、眼前之勝利
新ル者、只龍神之化行耳、仍致テ五段ノ称揚一、
祈三農《五穀ノ》ノ難月《豊稔ヲ》一ヲ、
一ニハ讃大慈三昧ノ徳一ヲ　二讃如意満願ノ徳一ヲ」（2紙）
三讃人間有縁ノ徳一ヲ　四讃甘雨普潤ノ徳一ヲ
五讃廻向発願ノ徳一ヲ矣、
第一讃大慈三昧ノ徳一ヲ者、正法念経ニ云、若多《モノハ》瞋
痴一、生ス大海ノ深サ万由旬一ニ、龍所住ノ城ヲハ、名曰戯楽一ト、
縦広正等ニシテ三千由旬ナリ、龍王満テリ中一ニ、一者《ニハ》法行、
二非法行ト云、一ツハ護リ世界一ヲ、二ハ壊ル世間一ヲ、法行ノ
龍王住処ノ宮殿ニハ、不雨熱沙一ヲ、謂ク於前世一ニ
受ケ外道ノ戒ヲ行ルニ於布施一ヲ、而不清浄一、以瞋恚ノ心一ヲ
願フ生ト龍ノ中一ニ、憶念シテ福徳一ヲ随順スレハ法行一ニ、無熱砂ノ苦一ミ、
然モ其頂上ニ有リ龍蛇ノ頭《ラ》一、其名ヲハ曰フ七頭龍王・象□（面）

龍王・婆修吉龍王・徳叉迦龍王・難陀龍王・跋難
陀龍王等一ト、以ノ善心一ヲ故ニ、依時一ニ行シ雨一ヲ、令《シテ》《シム》諸ノ世間一ヲ
五穀成就シ豊楽安穏一ナラ、不《スシテ》降災雹一ヲ、信シ佛法」(3紙)
僧一、於四天下一降澍ス甘雨一ヲ、　非法ノ龍王
所住之処ニハ、常ニ雨テ熱砂一ヲ、焚焼ス宮殿及ヒ其
眷属一ヲ、磨滅シテハ復生ス、其ノ名ヲハ曰悩乱龍王・奮迅
龍王・黒色龍王・多声龍王一ト、若シ諸ノ衆生、不行
善法一、不孝父母一ニ、不レハ敬沙門一ヲ、如是一悪龍増長□
勢力一ヲ、於四天下一ニ起悪雲一、五穀不成一能壊ル
世間一、若シ閻浮提ノ人随順レハ法行一ニ、五十七億ノ龍
注クト於衆流一ヲ文、請雨経云、佛在《イマシキ》下難陀・塢波難
陀龍王宮、吉祥摩尼宝蔵、大雲道場宝
楼閣ノ中上ニ、爾時三千大千世界ノ主、无辺荘厳
海雲威徳輪蓋龍王、従座一而起、右ノ膝ヲ
著ケ地一ニ、合掌而白佛言ク、世尊云、何能使《シテ》二諸ノ
龍王等一ヲ滅シ一切苦一ヲ、得《エ》受ルコトヲ安楽一ヲ得安楽一ヲ已、又
於此贍部州一ニ降シ甘雨ヲ、生長シ一切ノ樹木叢」(4紙)
林薬草苗稼一、皆生滋味一ヲ令《シテ》《ムト》贍部州ノ一切ノ

人等一ヲ悉受ケ快楽一ヲ、爾時世尊、即告テ无辺
荘厳海雲威徳輪蓋大龍王一ニ言ク、汝成就セハ
一法一ヲ、令《シテ》《メン》一切ノ諸龍一ヲ除滅シ諸苦一ヲ具足安《セ》楽一ヲ、
何《ニ》者カ一法ナル、謂ク行スルナリ大慈一ヲ、汝大龍王、若有
天人一行スレ大慈ヲ者、火モ不能焼一、刀モ不能害一、水
不能漂《タヽヨワスコト》一、毒モ不能中《アタルコト》一、内外怨敵モ不能侵《シム》擾一スルコト、
安楽ニ睡眠シ、安楽ニ覚寤ス、以自福一ヲ護持其身一ヲ、以
大福一ヲ而獲《ウ》威徳一ヲ、不被他ニ凌一セ、於人天ノ中一ニ、形貌
端厳シテ衆ニ所《ラル》愛敬一セ、所行之処ニハ一切無礙ニシテ、諸苦
滅除シテ心ニ得《エ》歓喜一ヲ、諸楽具足《ス》、大慈力ノ故ニ、命終
之後ニハ得生ル、コトヲ梵世一ニ、是故龍王以シ慈ノ身業一ヲ、以シ慈ノ
語業一ヲ、以シテ慈ノ意業一ヲ、応当修行一ス文、孔雀経云、
有リ諸ノ龍王ノ名号、当三ニ起シテ慈心一ヲ、称念シ其名一ヲ、隔二」（5紙）
除スヘシト諸毒一ヲ文、当知、若人入慈无量心定一ニ、以三密一ヲ致供養一ヲ者、忽降甘雨一矣［无畏三蔵釈云、此慈従如
来種姓ノ中一生シテ、能令《シテ》《ム》(1)一切世間一ヲ不レラ断二佛種一ヲ、故曰慈氏ト文］
仍若住大慈三昧之法門一ニ、除滅龍衆三熱之
苦患一ヲ、頌曰、
悲体戒雷震　慈意妙大雲　澍甘露法雨　滅除煩悩焰

南无請雨経中一切三宝龍神護法甘雨普潤三返
第二讃如意満願ノ徳一ヲ者、大海龍宮殿ノ中ニ有
如意宝蔵一、建テ、千重ノ門一ヲ、持護ス彼宝ラヲ一、所謂一
如意宝珠ニ有リ多数一、或以金翅鳥王ノ心一ヲ、名金主
如意一ト、或以遮多梨鬼ノ心一ヲ、号満主如意一ト、或在驪龍之頸ノ下一ニ、
或ハ在九重ノ渕ノ底一ニ、鬼畜之心肝尚以
爾リ、況於テ下翻《ムクキテ》僧祇之苦行一ニ成二就玉フル百福万徳一ヲ
天人龍神之所依如来金身之舎利上ニ乎、爰以
釈提桓因ノ得二タル於牙歯一ヲ、立テ塔婆於三十三天之雲ニ、」（6紙）
難頭和龍ノ敬コト於佛髭一ヲ、磨クト水精於八万余里之月一ニ云々、
凡大海龍宮殿中有リ五柱ノ宝楼閣一、々々ノ内ニ有リ
如意宝台一、々ノ上ニ安ス三反《弁》宝珠一ヲ、東門ニハ難陀・跋
難陀ノ二龍、南門ニハ娑迦羅・和修吉二龍、西門ニハ徳叉迦・
阿那婆達多ノ二龍、北門ニハ摩那斯・優鉢羅ノ二龍、持
護ス之一ヲ、[是表八葉ノ九尊一ヲ也」又東門ニハ三頭龍、南
門ニハ五頭龍、西門ニハ七頭龍、北門ニハ九頭龍、面々而出現
舌威一ヲ、各々守護ス之一ヲ、于時一此玉被テ催龍神之
威福一ニ、雨七珍万宝一ヲ、満足スト自他之衆願一ヲ云々、[是擬

五智ノ如来一ニ也」我等宿業至テ拙キカ故ニ、生レ末法五
濁之時日《トキ》一ニ、乗戒倶ニ緩ニシテ、行学ノ両門亦廃レタリ、雖然一
剃髪一ヲ染テ衣一ヲ、憖《ナマシイニ》烈リ遺法釈子之座席一ニ、擎鉢一ヲ、
数《カソヘテ》家一ヲ、恣ニ令乞食頭陀之行一ヲ、驕慢自《カラ》降シ、大
悲始テ起リ、耳ニ聞真如三宝之名字一ヲ、意ニ仰ク真」（7紙）
実如意之福田一ヲ、願ハ転シテ慳貪嫉妬之貪業一ヲ、成
就セム宝勝如来之果徳一ヲ、仍各発シテ恭敬供養之心ヲ、
可讃如意満願ノ徳一ヲ、頌曰、

此界及余界　宝山諸宝類　地中及海中　彼皆為供養

南無請雨経中一切三宝龍神護法甘雨普潤三返

第三讃人間有縁ノ徳一ヲ者、災禍之興リニ略シテ有三種一、
一者時ノ運、二者天罰、三者業ノ感也、是故炎旱
頻ニ渉《責》テ、火日焼キ物一ヲ、農夫捨鍬《スキヲ》一、植《シキ》女拱ク手一ヲ、
渇鹿死山一ニ、野馬倒ル道一ニ、魚鱗呴《(喣)アキトヒアハニ》《イキツク》沫一、亀ノ尾曳ク泥一ニ、
人畜亡《ホロホシ》命一ヲ、草木断ツ種一ヲ、臨于斯ノ時一、一人三公依経
法一ニ而持五戒十善一ヲ、百官万乗凝信心一ヲ而祈ル龍神ノ
影向一ヲ、飛行自在之徳、水月之応不空一、神通捷《セウ》

疾之力、風雲之感是新ナリ、仍一雲聳《ソヒヘ》虚《ソラニ》一、雷《ライ》イカツチナルカミ
声振ヒ地一ヲ、甘雨忽ニ下リテ、草木再ヒ生レハ、将ニ知ヌ、三草」（8紙）
二木ハ本ヨリ来一地之所生、山川渓谿ハ併是一雨之所潤也ト云コトヲ、而レハ則（チ）□
如来出現、如大雲起、以大音声、普遍世界、千万
衆生、来至佛所、是諸衆生、聞是法已、現世安穏、
後生善処之如来之金言《法花所説》、貴哉、妙哉、誠ニ是レ九界
雑類之身ハ、互ニ雖隔ト見聞一ヲ、於龍神之影向一ニ
者、眼前ノ境界ナル者乎、仍各起親愛之心一ヲ、可讃
有縁之徳一ヲ矣、頌曰、
具一切功徳　慈眼視衆生　福寿海无量　是故応頂礼
　南無請雨経中一切三宝龍神護法甘雨普潤三返
第四讃甘雨普潤ノ徳一ヲ者、龍王ノ舌頭《サキニ》有微細ノ穴一、名曰
気糸一ト、従此穴ノ中一出シテ（2）密雲一ヲ、遍覆ヒ三千世界一ヲ、従
其ノ頭頂一出シ澄水一ヲ、従其ノ尾末一生スト標嵐一ヲ云々、
雲者《ハ》必依リ風一ニ、雨者《ハ》定テ依ル雲一ニ、故ニ西北ニ雲ノ膚《ヘ》
起テ、東南ニ雨ノ足来レハ、穀菜受ケ潤一ヲ、卉菓結フ時一ニ、
芽種泡葉之因相続シテ而モ生シ、敷花結実之果受用シテ」一（9紙）
無シ絶一コト、［又花厳経、讃無熱池ノ龍一ヲ云、大地菩薩

為《ナテ》此ノ池ノ龍一ト、発シテ大悲ノ雲一ヲ、蔭覆シ一切衆生一ヲ、離苦ノ法門ヲ而モ得テ自在一ヲ、済《スクフト》　瞻部州ノ諸ノ有情一ヲ文」爰以去天長元年歳次甲辰、天下亢《カウ》旱シテ草木枯折《セッス》、大師依　勅一ニ修玉フ　請雨ノ法一ヲ、修因以テ嫉妬心一ヲ、呪シテ《シテ》海中ノ龍一ヲ籠二メテ水瓶シ給シカハ内《ツメノウチニ》一、封シテ口一ヲ不出一、大師遥ニ請シテ无熱悩池ノ善如龍王一ヲ、令ム来ラ日域平ノ京一ニ、金色ノ八寸ノ小龍、乗シテ九尺ノ大蛇ノ頂一ニ、而現ス下神泉苑ノ池ノ内石座《チシヤク》之《ノ》上一ニ、于茲慈雲遍覆ヒ一天一ニ、甘雨忽ニ激《ミナキル》　四海一ニ、爾時帝皇献シ幣帛一ヲ、門葉備フ法味一ヲ、真言遍法之厳《イツクシキコト》、始マル従此ノ時一、加之、釈尊誕生之藍薗ニハ双龍吐テ水一ヲ洗二浴シ無垢之色身一ヲ、大師旧居之高尾ニハ音《イン》雷響テ雲一ニ而護二持ス三密之恵命一ヲ、仍各発シテ」（10紙）随喜渇仰之心一ヲ、可讃甘雨普潤之徳一ヲ、頌曰、

八功徳水妙花池　諸有縁者悉同生

我今弟子付弥勒　龍花会中得解脱

阿耨達池乃遺水和　神泉苑仁曽流遺留

転軸摩尼乃風吹　一味乃雨古曽下奈礼

南無請雨経中一切三宝龍神護法三反
第五讃廻向発願徳一ヲ者、以講演所生之功徳一ヲ、上廻向シ
无上菩提一ニ、下施与セム无余ノ衆生一ニ、梵網経云、一切ノ
男子ハ是レ我カ父、一切ノ女人ハ是レ我母、一切ノ地水ハ是レ我
先身、一切ノ火風ハ是レ我カ本体ナリト文、爾則、六大之
所遍、四曼之所生、同ク依テ和光同塵ノ結縁一ニ、
倶ニ預ラム八相成道之利益一ニ、若悪業難シテ蕩《□ラケ》一、猶
輪廻セハ六趣一ニ、願ハ随テ大師下生之後《□□》一ニ、而到ラシメム」一（11紙）
龍花三会之暁一ニ、仍各住廻向発願之意一ニ、可
讃龍神和光之徳一ヲ矣、頌曰、
願以此功徳　普及於一切　我等与衆生　皆共成佛道

写本云
嘉元三年乙巳七月下旬於川(河)州金剛寺草之云々
私□(云)当寺学頭阿闍梨忍実草也

請雨経五十三佛名
南無毘盧遮那蔵大雲如来　南無性現出雲如来

々々持雲雨々々　々々吉祥雲威徳（ママ）々々　々々大興雲々々
々々大風輪雲々々　々々大雲閃《セン》電々々　々々大電（雲）勇歩々々
々々須弥善雲々々　々々大雲々々　々々大雲輪々々
々々大雲光々々　々々大雲師子座々々　々々大雲蓋々々
々々大善現雲々々　々々雲覆々々　々々光輪普遍照曜十方
雷震声起雲如来　々々大雲清涼雷声深隠奮迅如来
南无布雲々々　々々虚空雨雲々々　々々疾行雲々々
々々雲垂出声々々　々々雲示《シ》現々々　々々広出雲々々
々々撃雲々々　々々雲支分々々　々々如著雲衣々々」（12紙）
々々雲苗稼増長々々　々々垂《乗イ》上雲々々　々々飛雲々々
々々雲名々々　々々散雲々々　々々優鉢羅華雲如来
々々大香身雲々々　々々大涌雲々々　々々大自在雲々々
々々大光明雲々々　々々大雲施々々　々々大雲摩尼宝蔵々々
々々雲声蔵々々　々々雲族々々　々々雲摂《ショウ》受々々
々々散壊非時雲電（雹）々々　々々大雲空高響々々
々々大登（ママ）発声雲々々　々々大降雨雲々々　々々族色力雲々々
々々大雲幷《ヒヤウ》雨水々々　々々流水大雲々々　々々大雲満海々々
々々陽焔旱時注雨雲々々　々々无辺色雲々々

々々一切差別大雲示現贍部檀飛雲威徳月光焔雲如来
応供正遍知三藐□（三）佛陀

已上五十三佛名請雨経説　若能受持称名礼敬者《モ》ハ、
一切諸龍所有ノ苦難、皆《ナ》悉ク解脱ス、普ク獲安楽一ヲ、得安
楽一ヲ、已即チ能ク於此贍部州、降注キ甘雨一ヲ、令《シテ》一切薬
草叢林樹木苗稼一ヲ、悉皆増長一セ文

延慶（応歟）三年庚戌六月廿三日　於金剛寺書写了
此歳五月廿四日ヨリ六月廿九日ニイタルマテ天下旱魃ス当山金剛寺
請雨六月十八日ヨリ廿四日マテ昼不断理趣経尊勝タラニ廿二三四三ケ夜管絃講五六七日三ケ日夜昼夜不断理趣尊勝
同廿八日　九日　七月一日三ケ日　御殿　塔尾ニテ理趣尊勝　已上十三日　七月一日夕方ヨリ大洪水一夜大洪水二
日如此」（13紙）

注

（1）裏書あり。「若人入慈無量心定二、以三密一到供養一ヲ者、忽降甘雨一矣」。

（2）裏書あり。「龍王舌中有一ノ気糸一、甚深微□(細カ)／猶如頭髪二」。

（近本謙介）

弥勒講式

【伝供　惣礼　法用　神分　表白

敬テ白テ法報応化、三身如来、有空中道、三】時聖教、地前地上ノ菩提薩埵、有学無学賢聖衆僧、大恩教主釈迦牟尼如来、当来導師弥勒慈尊、惣シテハ佛眼所照、微塵刹土、現不現前ノ一切三宝一ニ而言ク、夫レ三界ハ無レシ安《スキコト》　久ク咽《ムセヒ》二火宅之煙《ケムリニ》一、百年不レ常《ネナライ》　幾《クカ》　結《スフ》二水上之泡一ヲ、迷《ヘル》者ハ不レ知レ迷《ヘルコトヲ》　受《ケテモ》レ苦ヲ還《カヘテ》為レス楽《シミト》、貪《ムサホル》者《ノハ》　弥《イヨ〳〵》　欲レス貪ラント臨レテ死ニ猶《ヲ》求《トム》レ生ヲ、凡」（1紙）界ノ旧習《キヒ》、厭離甚《ハタ》　難《タシ》、我等幸《ワイニ》　遇二テ大乗之《ノ》正法一ニ、雖《トモ》レ近《シト》二出離之要路《ヨウロ》一ニ、猶趨《ヲハシテ》二名利之門一ニ、徒《イタツラニ》為《タリ》二恩愛之《ノ》奴一、適《タマ〳〵》修二レトモ一善一ヲ、誠《コトノ》心未《タ》スレ調《ト丶ノハ》、比《スルニ》二之ヲ罪業一ニ、不《ス》レ可《□カラ》二譬《タトヘテ》言《フ》一、輪迴猶遥《カナリ》、不レ可レ不《スハアル》レ悲《シマ》、但《シ》恣《ナマシヒニ》顧《カエリミテ》二根機之《ノ》拙《タナキヲヲ》一、自《ラ》作《ナサハ》二懸涯之《ノ》想《ヒヲ》一、何《レノ》生何《レノ》劫ニカ、暗ニ成二佛道一ヲ、不《シ》レ如《カ》下早ク守二ツテ釈尊之《ノ》付嘱一ヲ、深ク憑中《マムニハ》慈氏之引接上ヲ、一施一称之功非三ス只《タ》恃《タノムノミニ》二龍華之朝《タノ》風一ヲ、大慈大悲ノ之誓《チカヒ》何ソ不ラン レ望《ソマ》二兜率之《ノ》秋ノ雲一ヲ、」一（2紙）仍テ志《サシノ》之所《コロ》レ之《ク》、聊《カ》励《ハケム》二浄業一ヲ、今日ノ称揚、蓋《ダシ》其ノ一也、伏シテ願ハ三宝哀愍納受シ玉ヘ焉

今《マ》此ノ講演、不レ似二常途《トニ》一、粗《ホヽ》以二五門一ヲ、欲レフ遣二ト志趣一ヲ

一ニ者懺二悔シ罪障一ヲ

二ニ者帰二依シ弥勒一ニ　三ニ者欣二求シ内院一ヲ

四ニ者正ク遂《ト》二上生一ヲ　五ニ者因円果満《スルナリ》也

第一ニ懺二悔スト罪障一ヲ者、妄業ノ力大《ラシテ》、能ク

（「譬言」一部貼り紙による後補）

障《サヽフ》二二利一ヲ、若シ求《メハ》二解脱一ヲ、須《ラク》《ヘシ》修二ス懺悔一ヲ、凡ソ衆罪之《ノ》源《モト》、妄想雖《トモ》レ深シト、正ク生二スルコトハ煩悩一ヲ、専《ハラ》依二ル我《レ》人一ニ、只《タ》宜《シク》《ヘシ》三静レ心《ニシテ》ヲ、常ニ観二ス我カ身一ヲ、夫レ、身《ミハ》如二シ朽《クチタル》家ノ危《アヤウキカ》一、命ノ柱僅支《ハシラワツカニサヽフ》、心ハ似二タリ旅客宿《リヨキヤクノヤトルニ》一、与《トモニ》レ息《イキト》欲ス」（3紙）レ去ナムト、紅粉翠黛《コウフンスイタイ》、唯綵《ダイロトリ》二白キ皮《カハヘヲ》一、男女婬楽《インケウ》、互抱《タカヒニイダク》二臭骸《クサキカハネヲ》一、身冷魂《ミヒエタマシヰ》去《ヌレハ》、棄《スツ》二之ヲ荒原一、雨《ニ》灌《キ》日ニ曝《テ》、須《シユ》臾《ユニ》爛壊《ランエシヌ》、焼《ヤケハ》即チ為《ナル》レ灰《ハイト》、焉《イツクムカ》見《ミム》二昔《シノ》質《スカタヲ》一、埋《ウツメハ》又為《タナル》レ土ト、誰思《カハン》二旧好《キヨシミヲ》一、与《メニ》レ之《レカ》惜《ヲシム》レ名《ナヲ》、其ノ名ハ冷《スサマシ》レ於《ヨリモ》二谷ノ響《ヒヽキ》一、与《メニ》レ之《レカ》求ムレ利ヲ、其ノ利ハ空《ムナシ》レ於《ヨリモ》二春ノ夢《メ》一、順《シタカヘハ》レ我《レニ》以テ為《シ》二恩愛一ト、背《ソムケハ》レ己《レニ》忽《チニ》作《ナル》二讎敵《シユテキト》一、順逆ノ二門、莫《ナシ》レ不《スト云コト》二妄縁一ニ、皆《ナ》是執《レシユシ》二無我之我一ヲ、計二無常之常一ヲ、四種ノ顛倒、眼前《マノ》ニ迷乱ス、世ノ人猶《ヲ》可レシ恥、況於釈子一ニ哉、若《シ》帰二リナハ三途之旧里一ニ、」（4紙）殆《ホトント》過《ナントス》二千佛之出世一ニモ、宝《ラノ》山ニ空クスルレ手ヲ之

誡、聞《シメキケトモシカモ》而未《タ》レ驚《ロカ》ス、但三界《シ》ハ唯一心ナリ、心ノ
外ニ無ニシ別ノ法一、虚妄ニ薫習シテ、非《サレトモ》レ有ニ
似レリ有ニ、境界本《トヨリ》不《ス》ニ善悪《ニアラ》一 唯《タ》我カ心ノ
所《ロ》ニ分別一スル也、身語不《ス》ニ自《ヲラ》 発起《キセ》一偏《ヘニ》一
心ノ所《ロ》ニ造作一スル也、一心モ亦《タ》是《レ》、衆縁ノ所《ロ》レ成ス、
縁モ亦《タ》縁ヨリ生ス、展転不可得《クナリ》、刹那々々ニ、
前滅シ後生ス、三世ニ遷流、因果共《トモニ》空《ムナシ》、
過去ハ已滅ノ故ニ空ナリ、飛鳥之《ノ》跡難《アトカタク》
(趁)レ趂《コヘ》、未来ハ未生ノ故ニ無ナリ、空花之《ノ》菓《コノミ》誰《カ》
期《セン》、現在ハ一念ノ電光不レ留《ト丶マラ》、生モ既《ステニ》不《アラス》ニ
実ノ生一ニ、不生ナレハ則チ不滅ナリ、衆相寂滅シテ体《タイ》
是レ真如ナリ、光ノ中ニハ無レシ有コトレ闇《ヤミ》、真如豈《アニ》」(5紙)
容《イレムヤモウヲ》レ妄、我カ心既《ステニ》空ナリ、罪福無レシ主《シ》、如レク此ノ
観察スルヲ、名ニク無生懺悔一ト、一ノ弾指ノ間ニ、能ク
滅ニス百万億阿僧祇劫生死ノ重罪一ヲ、
大乗ノ妙力誠ニ難ニシ思議一シ、数々《シハヽヽ》留メレハ心ヲ
盍《ナンソ》レ滅《サラン》ニセ罪障一ヲ、仍唱ニテ伽陀一ヲ曰ク、 南無弥勒大菩薩 十反ハカリ唱テ金一丁
唯願諸佛垂加護　能滅一切顚倒心

願我早悟真性源　　速証如来無上道
諸業本不生、以無定性故、諸業亦不滅、以其不生故
南無当来導師弥勒如来慚愧懺悔六根罪障三反
第二ニ帰二依スト慈尊一ニ者、已ニ懺二悔シテ罪障一ヲ身心
清浄ナリ、須《スヘカラク》ヘシ下帰二依シテ弥勒一ニ以テ期中スル引接上ヲ、所以者
何、大聖ノ利物慈悲雖《トモ》レ等《トシト》、衆生ノ受ル
レ化ヲ機感《キカン》互《ヒニ》異《トナリ》、蓋《ケタシ》多生曠劫《クワウコフノ》、繋」（6紙）
属《クノ》令《ムル》レ然カラ也、爰《コヽニ》牟尼者《ハ》一代之教主
恩徳越《ヘタリ》二于諸佛一ニ、逸《イツ》多者《ハ》世尊之《ノ》補《フ》所
宿縁厚《アツシ》二此ノ土一ニ、群生之《ノ》可レキ仰ク、誰如《カシカム》二レ斯《コノ》
二佛一ニ、彼ノ三会得脱二百八十億ノ衆生ハ、
皆是《ナレ》釈迦遺法ニ結二ハン一縁一ヲ之人也、我等
雖《フトモ》レ拙シト、何ソ漏《モレン》二其数《カズニ》一、加之《ラス》大聖慈尊
者《ハ》、中宗《シウノ》高祖也《ナリ》、従三リ日月灯明佛之《ノ》
昔称《シセシ》二求名菩薩一ト、至《マテ》三釈尊出世之
時為《キタルニ》二一生補処一、常ニ修二シテ唯識一ヲ、以テ為二ス心
要《ヨウト》一、遂《ツイニ》及二テ如来滅後九百年一ニ、降《クタリテ》二踰《ユ》
闍《シヤノ》講堂一ニ、説《トキ玉フ》二五部ノ論蔵一ヲ、法相大乗ノ

濫觴《ランシヤウ》在レリ之ニ、我《レ》等于レ朝于レ夕懸《カケ》二心ヲ
於此ノ教一ニ、一文一句開《ラク》二悟《サトリヲ》於其ノ説一ニ、機縁」一（7紙）
暗催ス、寧《ロ》疑二引接一ヲ哉、又雖《トモ》二中宗学
侶一、其ノ望《ミ》各《ヲノ〳〵》異《トナリ》、我《レ》等無二シ弐心《ロ》一、佛眼
盍《ンソ》《レラン》レ照《テラサ》、是ヲ以テ弥勒自《ミ》告二テ釈ノ詮明一ニ言《玉ハク》、
我得二タリ釈迦大師ノ要契《ヨウケイノ》附《フ》嘱《クヲ》一、不レ念《ル》セ
レ我一ヲ者尚《ヲ》不《ス》レ捨《ステ》レ之ヲ、況《ヤ》於レ有《イテアランモノニ》二念願一乎《ヤ》、云々
嗚呼、如来之寄《ヨスル》二附《フ》嘱一ヲ也本ヨリ雖《トモ》レ仰《クト》二
誠諦之詞《コトハヲ》一、補処之守二ル芳約一ヲ也弥《イヨ〳〵》知二ヌ
慇懃之志《シヲ》一、妙高山王ハ設《タトヒ》有二リ傾《ケイ》動《スルコト》一、
日月輪ハ寧《シロ》雖《トモ》レ落《ヲツト》二大地一ニ、二聖ノ金言ハ、
不《シ》二敢テ改変一セ、毎《コトニ》レ憶二此ノ事一ヲ、莫《レ》レ不《スト云コト》二悲喜一セ、
矣、仍唱伽陀曰、
我随日月灯明佛　　証得唯識三昧故」一（8紙）
今於釈迦正法中　　略説五分十七地
其後当作佛、号名曰弥勒、広度諸衆生、其数無有量
　南無当来導師弥勒如来生々世々値遇頂戴三反
第三、欣二求スト内院一ヲ者《ハ》、依テ二惣別ノ因縁一ニ、既ニ帰二

依シヌ慈尊一ニ、須《ラク》欣二求シテ兜率一ヲ、以テ期二セン値遇一ヲ、夫レ十方三世ノ補処ノ菩薩ハ、将《サニ》シテレ成二ト正覚一ヲ、先ツ住シ兜率一ニ、予《アラカシメ》薫修二シテ勝業一ヲ、厳二浄スト其ノ処一ヲ、可シレ謂穢土ノ中ノ浄土也《ナリ》、事是《レ》鄭《テイ》重《ナリ》、勿二レ輒《スク》軽哢《ケウロウスルコト》一矣、菩薩ノ所居ニ、有二リ外院一、有二リ内院一、上生経ニ云ク、若シ我《レ》住シテレ世ニ一小劫ノ中ニ広《ヒロク》説《トモ》、不《シト》レ能《ハ》二窮《キワメ》尽《スコト》一云云、我等カ拙《ナキ》詞《ハヲ以テ》何ソ足二ラン讃《サン》説《スルニ》一、但《シ》外院ト者、五百億ノ宝宮殿是也、一々ノ宝宮ニ有二リ七重ノ苑一、皆是《ナレ》七宝之《ノ》所《ナリ》レ成ス也、毎ニレ宝《ラ》皆《ナ》放二ツ百億ノ光」（9紙）明一ヲ、其ノ光化《リ》シテ出二ス五百億ノ蓮花一ヲ、其ノ花《ナ》転シテ作《ナル》二五百億ノ行樹一ト、一切ノ衆色映《エイス》二頗《ハ》梨ノ菓《コノミニ》一、光明右ニ遶テ出二ス大慈悲之《ノ》音一ヲ、天子天女住二在シテ樹ノ下一ニ、妙音楽ノ中ニ説二ク不退転地之《ノ》法一ヲ、垣墻四廻《ヨモニメクテ》高《カサ》六十二由旬、龍王鎮《シナヘニ》守テ雨二ス五百億ノ宝樹一ヲ、有テレ風触《フルレハ》レ樹ニ唱《フ》二甚深ノ法一ヲ、外院ノ一宮其ノ相猶《ヲ》爾《ナリ》、況《ヤ》復《タ》於《テヲヤ》二一生補処之内院四十

九重之《ノ》宝殿一ニ乎、一々ノ荘厳悉《ク》表二ス
内証之道徳一ヲ、見聞覚知併《ナカラ》為《タリ》二菩
提之勝縁一、臨《ム》レ彼《カシコニ》者《ノハ》忽《マチニ》入二リ正定ノ位一ニ、到《イタル》
レ此《コ、ニ》者《ノハ》必住《ス》二不退転一ニ、至下テハ下レ于如《キニ》下々彼ノ瑠璃宝」（10紙）
渠《コノ》之水涌上《ツワキアカテ》遊《ヒ》二梁棟《リヤウトウノ》之間一ニ、華徳
香音之《ノ》輩従《リ》レ身出中スカ種種之《ノ》事上ヲ、可レシ思二フ
等覚無垢之報応一、誠ニ是《レ》汎尓之
所ナリレ不《ル》レ能《タハ》歟、既而《ステニシテ》摩抳宝殿之中、師
子大座之上ニ、有二リ微妙ノ宝帳一、飾《カサルニ》レ之以二テス
五百億ノ衆宝ノ雑花一ヲ、百千ノ梵王自《リ》二
十方一来テ、以二テ梵天ノ鈴《ス、ヲ》一懸《カケ》二其ノ上一ニ、以二テ宝ノ
羅《ラ》網一ヲ覆《ヲ、フ》二其ノ上一ニ、弥勒大聖結跏趺
座シ給ヘリ、身量高大ニシテ十六由旬ナリ、頂上ノ完《ニツ》（宍）
髻紺《ケハカン》瑠璃ノ色ナリ、毘楞伽宝ヲ以テ厳《サル》二天冠一ヲ、
化佛菩薩住二在《マス》其ノ中一ニ、本師釈迦モ
来テ助《ケ給フ》二其ノ化一ヲ、三十二相一々ニ帯《ヲヒ》二五百億ノ
之宝ノ色一ヲ、八十随好各々ニ出二セリ八万四千之《ノ》」（11紙）
光雲一ヲ、見者無厭《エン》之粧《ヨソホヒ》金山耀《カヽヤキ》二朝

日一ニ、大梵深遠之《ノ》唱雷《ヘライ》音響《ヒヽク》二秋ノ虚一ニ、昼夜六時ニ、演二説ス不退転地法輪之行一ヲ、諸天聴受シテ、一時ニ得レル道ヲ者五百《ノ》億ナリ、他方ノ菩薩ハ駕《カシテ》レ雲ニ集《マリ》、上下ノ諸天ハ遂《シタカテ》レ願《ネガイ》生二(ママ)ス、一念ノ斎戒一(ママ)ヲ以テ為二シ上品之修因《イント》一、一遍ノ称名ヲ以テ感《カンス》二順次ノ往生一ヲ、其ノ因甚《タ》易ク、其ノ徳尤モ大ナリ、非《スハ》二慈尊ノ願力一ニ者、無《ナケン》二能ク致《イタルコト》レ之《コヽニ》矣、大聖モ誰《カ》不《ラン》レ欣《ネカハ》、下凡モ誰《カ》不《ラン》レ望《マ》、是ヲ以テ西天ノ道俗ハ皆《ナ》修二シ弥勒之業一ヲ、晨旦ノ前代モ多ク得一タリ彼ノ天之《ノ》報《イ》一ヲ、一宗ノ烈祖ハ、其ノ議超《エタリ》レ余《ヨニ》、是ヲ以テ無著・天親・師子覚之三聖ハ兄弟結《ヒ》レ契《チギリヲ》、」（12紙）戒賢・玄奘・慈恩・溜洲《ルジウノ》四代ハ往詣《イ》継クレ踵《クヒスヲ》、我等ハ是《レ》門人ナリ、寧《シロ》忘《レン》二先跡《セキヲ》一哉、彼ノ弥天ノ導安之欣《ヒシ》二兜率一ヲ也、同侶之志《サシ》無《シ》レ隔《ヘタツルコト》、南揚曇戒之念二セシ弥勒一ヲ也、師資ノ之好《ヨシミ》有レリ思《フコト》、賢愚雖《トモ》レ異《リト》、古今可レシ比ス、伏シテ願ハ、伝灯ノ大師ト与二慈尊一ト共ニ来迎シ給へ、仍テ唱伽陀一ヲ曰

弥勒上生都率天　四十九重摩抳殿
昼夜恒説不退行　種々方便度衆生
八功徳水妙花池　諸有縁者悉同生
我今弟子附弥勒　龍花会中得解脱
　南無弥勒如来応正等覚願与含識速奉慈願三反
第四ニ、正ク遂ト二上生ヲ一者、依テ二三国ノ風儀ニ一、既ニ欣二求ス
内院ヲ一、臨終正念ニシテ、須《ヘシ》レ遂《ラクトク》二本懐ヲ一、夫レ生涯ニ有テ
レ終《ヲハリ》、一期遂《イニ》窮《マラン》之時《キ》、願ハ少病少悩ニシテ、身心無ク」一（13紙）
レ痛《ムコト》、天神擁護シテ、速ニ離レ二魔ノ障ヲ一、予《アラカシメ》知テ二其ノ
期ヲ一、待ツコトレ死ヲ如ニシレ客ノ、善支(友)外ニ助《ステ》、一心ニ念センレ佛ヲ、于時
寂《セキ》寞《タル》　窓《マトノ》中ニ香煙細《ホソク》昇《ホリ》、碧《ヘキ》落空
外ニ笙歌風ニ聞ヘン、弥勒菩薩　放《ハナチ給ヒ》二眉間白
毫大人相之《ノ》光ヲ一、無数天子雨《ラシテ》二摩訶曼陀
微妙之花ヲ一、安詳巍々トシテ漸《ヤクニ》　近《カシ》二眼ノ前ニ一、
霊山ノ釈迦モ十方ノ諸佛モ、虚空ニ顕現シテ演二
説シ給ハン大乗ヲ一、眼ニ始テ見《ミ》二此ノ事ヲ一、耳ニ正ク聞二カン時其ノ声ヲ一、
随喜ノ雨《フラシテ》レ涙《タヲ》　不レ堪《タエ》レ反《カヘスニ》レ袂《タモトヲ》、聖衆相ヒ引テ漸《ヤク》
昇《ホリ》二雲路ニ一、速ニ到《イテ》二逍遥薗之《ノ》泉ニ一、新《タニ》　生《レン》二

宝蓮台之《ノ》上一ニ、其ノ時有二テ諸ノ天子一、散レシ花ヲ
作レテ楽ヲ咲《ホメテ》レ我《レヲ》而言《イハン》、善哉々々善男子、」一（14紙）
汝《チ》於二テ閻浮提一ニ広ク修二シ福業一ヲ、行願不《スシテムナシカラ》レ空
来二生セリ此ノ処一ニ、此ノ所ヲハ名二ク兜率陀天一ト、今此ノ天ノ主《アルシヲハ》
名テ曰二フ弥勒一ト、汝当《チ》二ニ帰《ヘシト》依一ス、我《レ》聞二テ其ノ詞一ヲ、応シテ
レ声ニ作《サン》レ礼ヲ、々シ已テ、諦《カニ》観《ミ》二テ眉《ミ》間白毫相ノ光一ヲ、
即チ得三超二越スルコトヲ九十億劫ノ生死之罪一ヲ、是ノ時
菩薩随二テ其ノ宿縁一ニ、為ニ説二カン妙法一ヲ、妙法豈ニ
他ノ教乎《ナランヤ》、可レシ知ル唯識中道之法門也、昔ハ在二テ
扶桑之《ノ》境一ニ僅《ワツカニ》悦《ヨロコヒユ》二瑜闍五分之伝来一ヲ、今ハ
跪二摩尼之《ノ》台《ウナニ》一親《タリ》聞二ク昼夜六時之法輪一ヲ、
其ノ時ノ歓喜亦須《ヘシ》二想像《ラクヲモヒヤル》一矣、仍唱伽陀曰
復有衆生発信心　暫修十善及礼誦
繫念一華一天子　亦得往生如意殿
　南無弥勒如来所居内衆願捨命王必生其中三反
第五、因円果満ト者《ハ》、依二テ宿世ノ機縁一ニ、既遂《ステニトケ》二上
生一ヲ、見佛聞法シテ、須《ヘシ》レ進《ク》二ム勝位一ニ、夫レ常ニ」（15紙）

（陪）倍《ハヘテ》二慈尊之御前《ミマ》一ニ、早ク開二キ甘露之
妙門一ヲ、時《ヨリ〳〵》 詣《ケヒシテ》二衆聖之宝閣一、各問二
菩提之《ノ》前途《トヲ》一、神通随《カヒ》レ心ニ、大悲
銘《シテ》レ肝《モニ》、或時《ルキハ》 遊二ムテ諸佛之《ノ》国一ニ忝《ナク》 交《マシハリ》二
海会之《ノ》大衆一ニ、或時ニハ廻二テ六趣之巷《チマタニ》一 泣《ナク〳〵》
尋二ネン往昔之《ノ》恩愛一ヲ、慈尊下生シ給ハ、
者、我モ共ニ下生セン、鶏頭城ノ中《チノ》 誕生出
家之次第、龍華樹ノ下《トノ》 降魔
成道之儀式、如レ影ノ随従シテ、一々ニ見《ミ》レ之ヲ、
得二テ佛覚三昧一ヲ聞二持一代之正法一ヲ、住二シテ
普賢ノ色身一ニ済二度セン無数之群類一ヲ、
賢劫星宿歴二仕《ヘ》諸佛一ニ、 住行向地
漸次ニ増進セン、遂《イニ》 昇《ボテ》二華王之宝座一ニ、
宜《シク》レヘシ「受二ク大覚之尊号一ヲ、我《レニ》 有二リ佛」（16紙）
性一、此ノ事不レ難《シ》二当ニ知一、皆是《ナレ》釈迦
弥勒、広大ノ恩徳也、各住二シテ随喜
之心一ニ、弥結《フヘシ》二 値遇之縁一ヲ矣、仍唱伽
陀曰

我等久劫修願行　得聞弥勒大悲名
親承操道在明旦　乃生怯弱絶望意
三僧祇耶大劫中　具修百千諸苦行
功徳円満遍法界　十地究竟証三身
南無弥勒如来応正等覚自他法界平等利益三反
次六種廻向　次尊勝陀羅尼　三反
次光明真言廿一反　次九條錫杖等
興国六年乙酉三月二日　瀧尾弥勒堂ノ式
従往古有之　于時延宝五年丁巳極月十九日
河州天野山虚空蔵院海応書写了
為上求菩提也　」（17紙）

「弥勒講式」校異

以下の諸伝本との校異を示す。校合諸本と略号は以下の通り。

・笠置寺本（山田昭全・清水宥聖編『貞慶講式集』所収）↓笠
・宗性『弥勒如来感応抄』（山田昭全・清水宥聖編『貞慶講式集』所収校異）↓宗
・金沢文庫本（山田昭全・清水宥聖編『貞慶講式集』所収校異）↓金
・薬師寺本（『大正新脩大蔵経』八十四巻所収）↓大

＊底本冒頭の破損部分「伝供　惣礼　法用　神分　表白　敬テ白テ法報応化、三身如来、有空中道、三二」は、『貞慶講式集』所収笠置寺本の本文によって補った。
＊「無・无」、「華・花」等の字体の異同は割愛したが、一部の異体字については校異に生かした。

5惣↓総（大）　14適↓遍（大）　16愍↓慇（大）　17想↓思（笠に「思」の異本表記あり・金）　18早↓専（大）
19憑↓（笠はこの部分補入）　20接↓摂（大）　20施↓絶（大）　20・21只恃↓只待（笠・宗・大）待只（金）
21・22悲之↓悲（金）　22何↓ナシ（金）　22兜↓都（大）　22雲↓空（金）　25焉↓矣（金、大）
26・27以五門欲遣志趣↓以五門欲述志趣（笠・宗・大）述志趣以為五門（金）　29五者↓五（笠）　29因円↓因縁（大）
31若↓故（金）　32深↓涼（大）　33人↓心（大）　35旅↓攘（大）　35欲↓共欲（金）　36白↓面（大）

38日↓白（大）　39見昔↓身入心□（大）　46猶↓尚（金）　47哉↓乎（笠・宗）　47帰↓還（金）
48過↓遇（大）　52不自↓自不（金・大）　53成↓感（大）　55共↓与（大）　57趂（趁）↓邇（笠）
59則↓ナシ（笠）　60闇↓円（大）　61我心既空罪福無主↓ナシ（笠・宗・金・大）
62懺悔↓懺（笠・宗・金）滅（大）　64数々↓数（大）　65盍↓蓋（大）　68諸業本不生↓コノ偈ナシ（宗・金）
69三反↓ナシ（宗・金）　71接↓摂（金）　71・72者何↓何者（笠・宗・大）　75之↓ナシ（金）
75所↓処（笠・宗・金・大）　76厚↓厚于（笠・宗・金・大）　76群生↓群主（大）　76可↓所（金・大）
78一↓ナシ（大）　79大聖↓ナシ（笠・宗・金・大）　80中宗高祖也↓ナシ（笠・宗・金・大）
80佛↓ナシ（笠・宗・金・大）　81至↓至于（笠に「于」の補入あり）　84大乗↓大乗之（大）　85夕↓暮（金）
87接↓摂（金）　88各↓名（金）　88心↓ナシ（笠・宗・金・大）　89盍↓蓋（大）　90嘱↓属（大）
91有↓自（金）ナシ（大）　91云云↓ナシ（宗・金・大）　92嘱↓属（金・大）　96莫不↓莫大（大）
98我随日月灯明佛↓コノ偈ナシ（金）　99地↓他（大）　101三反↓ナシ（大）　102惣↓総（大）
105兜↓都（大）　105・106可謂↓ナシ（金）所謂（大）　106也↓之（大）　107菩薩↓於菩薩（笠・宗・金・大）
108小↓少（大）　109云云↓ナシ（宗・大）　110殿（本文に見せ消ちかと思われる点あり）↓ナシ（笠・宗・金・大）
111菀↓薗（笠・宗・大）　115大慈悲之↓大慈大悲之（笠・宗・大）大慈大悲（金）　116在↓立（笠・宗・金・大）
118鎮守↓守護（笠・宗・金・大）　120復↓亦（笠・宗・金・大）　123彼↓之（笠・宗・金・大）
123・124忽入正定位到此者↓ナシ（笠・宗・金・大）　126出↓物（大）　126種種之↓種種（金）
128抳↓尼（笠・宗・金・大）　128宝↓宮（金）　128中↓内（金）　131来↓ナシ（大）　133座↓坐（笠・宗・大）
133完↓肉（笠・宗・金・大）　136億↓万億（大）　139虚↓空（大）　140演説↓説演（笠）

142遂↓逐（笠・宗・金）　143以為↓為之（笠・宗・金・大）　148是以↓□心（大）　149著↓者（笠）

150溜↓淄（大）　151是↓是誰（笠・宗・金・大）　151哉↓乎（大）　153隔↓講（大）

157弥勒上生都率天↓コノ偈ナシ（宗）　157率↓史（笠・金・大）　157抳↓尼（笠・金・大）

161三反↓ナシ（宗・大）　162儀↓俗（宗）　165速↓遠（宗・大）　166支↓友（笠・宗・金・大）

168聞↓間（宗・大）　169之↓ナシ（笠・宗・金・大）　170詳↓庠（笠・宗・金・大）　173袂↓衫（大）

176咲↓嘆（笠・宗・金・大）　176善哉々々↓（笠はこの部分補入）　178所↓処（笠・宗・金・大）　180諦↓誦（宗）

183乎↓哉（大）　184境↓堺（笠・宗・金・大）　188亦↓又（笠・宗・金）　189王↓已（笠・宗・金・大）

189三反↓ナシ（宗）　192倍↓陪（笠・宗・金・大）　198共↓与（大）　202賢↓現（笠・宗・金・大）

205之↓ナシ（笠・金）　211操↓採（笠・宗・金・大）　211怯↓法（大）　211意↓竟（大）　213竟↓意（大）

213三身↓このあと「願以此功徳　普及於一切　我等与衆生　皆共成佛道」あり（笠・宗・金・大）

214「南無弥勒如来」以下なし（大）　214三反↓ナシ（宗）　215「次六種廻向」以下なし（笠・宗・金）

（近本謙介）

涅槃講式

金剛寺本　一向クワンケン講式被ヌ流通一（表紙）

涅槃講式

先伝供　讃四智漢語 鉢三段　次合殺釈迦宝号 此時伝供物

後伽陀

願此香花雲　遍満十方界　供養釈迦尊　舎利諸大衆

南無釈迦如来一切三宝哀愍納受恭敬供養三反

勧請在別　祭文在別　惣礼

我此道場如帝珠　十方三宝影現中

我身影現三宝前　頭面接足帰命礼

南無大恩教主釈迦如来十方三世一切三宝三反 三礼

法用三礼　如来唄　表白

敬テ白《ウシテ》下、三世常住、大日如来、四智円満、広博善逝、

縁謝即滅、釈迦大師、機興即生、遺身舎利、涅槃遺教、甚深妙典、二蔵三転、半満正教、普賢文」（1紙）殊、諸大薩埵、迦葉阿難、諸賢聖衆、後世福田、十六羅漢、佛法護持、四大天王、娑羅林中、五十二類、拘尸那城、人天大会、惣シテハ尽空法界、同体別体ノ一切三宝上ニ而言《モウサク》ク、夫《ソレ》レ我カ大師釈尊者《ハ》、五百塵点実成之《ノ》佛《ケ》、雲《モ》静二四徳之《ノ》山一ニ、三千世界能化之《ノ》尊、月《キ》宿二レリ五濁之《ノ》水一ニ、乗二テ如実之《ノ》道一ニ、来二リ三有之《ノ》中一ニ、牽《ヒカレテ》二無縁之《ノ》慈一ニ、遊二フ六趣之《ノ》間一ニ、可レシ思機縁殊ニ深二ク於穢土一ニ、利益専ラ在二ト云コトヲ於濁世一ニ、我等近二キ三宝一ニ、畜二ル一善一ヲ、皆《ナ》答二ヘ世尊難思之《ノ》善巧一ニ、欣二ヒ安養一ヲ、望二ム知足一ヲ、又《タ》猶教主慇懃之《ノ》遺誡也《ナリ》、諸佛之《ノ》中ニ独リ号二ス本師一ト、発心究竟莫レシ不二ルコト彼ノ恩一ニ、嗚呼《アヽ》、聖容早ク隠ル、雖レモ隔二ト給仕於《ヲ》八十年之《ノ》昔一ニ、遺法永ク伝フ、猶《ヲ》得二タリ値遇《ヲ》於二千歳之後一ニ、実ニ思二隠顕ノ利益一ヲ、悲喜共ニ深シ、依レテ之ニ、迎二テ双林泥洹之《ノ》日一ヲ、肆フ一座追修之莚一ヲ、方ニ今《マ》知恩報恩之《ノ》志《シ》、苟《イヤシクモ》等二ク道樹枯《コ》粋《スイ》之《ノ》」（2紙）粧一ニ、一色一香之《ノ》供、忝ク同二シ純陀涕哭《テイコク》之儀一ニ、因《チナミ》ニ述二テ礼讃一ヲ、弥《イヨ〳〵》期二ス引接一ヲ、称揚ノ旨趣以テ為《ス》二六門一ト、

一述如来ノ涅槃一　二供シ十六羅漢一ヲ　三明シ中土ノ遺跡一ヲ
四仰遺身舎利一　五講涅槃ノ遺教一　六致ス廻向発願
伏シテ願ハ世尊哀愍納受シ玉ヘ矣
第一ニ述二ト如来ノ涅槃一ヲ者、夫レ八相秋過テ、無縁ノ慈雲既ニ消エ、一化春暮《ル》テ、平等ノ法雨将スレ乾《ニカハキナムト》、遂使シテ、二月涅槃之《ノ》告ケ早ク聞ヘ、一劫留住之《ノ》請無レシテ及一フコト、中春三五之《ノ》朝光《タリ》沈二ミ堅林ノ之梢《コスヘニ》一、二月十五日之《ノ》夕響《ヘキ》絶二ヘタリ提河之《ノ》波一ニ、于時《トキニ》漏尽ノ羅漢ハ忘二レ梵行已立之《ノ》歓喜一ヲ、登地ノ菩薩ハ捨二ツ諸法無生之《ノ》観智一ヲ、密迹力士ハ捨二テ金剛杵一ヲ叫《サケヒ》レ天ニ、大梵天王ハ投二テ羅網幢一ヲ倒レル地ニ、八十恒沙ノ羅刹王ハ申レヘテ舌ヲ悶絶シ、二十恒沙ノ師子王ハ投レテ身ヲ吠ヘ叫フ、鳬雁鴛鴦《フカムエンアウノ》之類《ヒモ》皆《ナ》懐レキ悲ヲ、毒蛇悪蝎《アツカツノ》之族《ラモ》悉ク含レム愁ヲ、狻虎猪鹿《シユンコチヨロクモ》交レヘテ蹄《メヲ》忘二レ噉害《タンカイヲ》一、獮猴敖犬《ミコカウ》□（モ）」（3紙）舐《ネフテ》レ項《ウナシ》ヲ訪二フ悲心一ヲ、而シテ後《チ》、人天諸類ノ炬《トモシヒハ》、尽二セトモ一切一ヲ皆《ナ》殄滅《テンメツシ》、世尊無余ノ火《ヒノミ》、経《ヘテ》二七日一ヲ焚焼《ホンセウス》、豈ニ図キヤ満月輪之容《ノカホハセ》忽ニ咽二ヒ于梅檀之《ノ》烟一ニ、紫摩金之《ノ》膚《ハタヘ》喘燋《アチキナクコカルヘシトハ》二于無余ノ之焔一ニ乎、惜以《ヲシムテモ》尚《ヲ》有レリ余《リ》、悲以《カナシムテモ》亦《タ》無レシ窮《リ》、大衆之《ノ》悲歎推テ而可レシ測ル、実ニ以レハ、恋慕渇仰之《ノ》風《セ》、頻リニ涼二ク於拘尸那城之《ノ》岸一ニ、憍恣厭怠《ケウシエンタイノ》之雲《モ》、速ニ晴《ハレヌ》二於双樹林之《ノ》空《ラニ》一、仍テ大衆

唱伽陀、可行礼拝矣　先ツ楽、次ニ伽陀

拘尸那城跋提河　在沙羅林双樹下

頭北面西右脇臥　二月十五夜半滅

南無非滅現滅釈迦如来生生世世値遇頂戴三反

第二ニ供二十六羅漢一ヲ者、夫レ自リ祇樹之息《ヤメシ》レ蔭《カケヲ》一沙羅之変セシレ葉ヲ後チ、迦葉《セウ》結集セシ《シテ》三蔵ノ法門一ヲ、隠二シ形ヲ於鶏足之《ノ》洞一ニ、阿難任二持セシ《シテ》十二部経一ヲ、分二ツ身ヲ於恒河之《ノ》岸一ニ、爰ニ十六羅漢者、遥ニ出二テ四倒之《ノ》牢獄一ヲ、遠ク離二レ九結之《ノ》纒縛《デンハクヲ》一、具二シ三」（4紙）明自在之《ノ》力一ヲ、備二フ八解洞達之《ノ》徳一ヲ、尋二レハ本地一ヲ、極位ノ大菩薩隠《カクシ》二解行之《ノ》玉ヲ於慈悲之懐《フトコロ》一ニ、謂二ヘハ垂跡一ヲ、付法ノ大羅漢翫《モテアソフ》二覚満之《ノ》月ヲ於楽《カク》樹之《ノ》下一トニ、駈《カッテ》二大身ノ師子一ヲ、送二リ于三藐三菩提之《ノ》崛《イワヤニ》一、羈《ツナイテ》二小機ノ羊鹿一ヲ、放二ツ于四諦十二因縁之《ノ》苑一ニ、依レテ之ニ、天帝捧レテ衣《エヲ》除二キ修羅之《ノ》軍《イクサヲ》一、貧女突《ツイテ》レ錫《シヤクヲ》得《ウ》二甘泉之《ノ》水一ヲ、然ハ則チ如来吐二テ誠諦ノ言一ヲ、懇ニ付二属シ当来ノ利益一ヲ、羅漢拭《ノコイテ》二涕泣ノ涙一ヲ、忝ク聴二受ス滅後ノ済度一ヲ、遂使シテ、為レニ守二カ佛法一ヲ抑《ヲサヘ》二無余之《ノ》楽一ヲ、為レニ利二カ衆生一ヲ処二ス火宅之《ノ》内一ニ、報身ハ雖レヘトモ卜二ムト十六処一ヲ、応現ハ弥《ミ》二布《フセリ》三千界一ニ、證二明シ処々ノ佛事一ヲ、接二取ス種々ノ根機一ヲ、而ルニ今マ我等生二テ于滅後二千之末一エニ、烈二ナル于辺地遺弟之ノ数スニ一、閑ニ披クニ二如来付属之ノ教文一ヲ、倩《ツラ〳〵》見ルニ二羅漢納受之ノ儀式一ヲ、梵音遺訓《キンノ》之響キ、留リ二於耳ノ底一ニ、羅漢啼泣之ノ質《スカタモ》、影《カケロウ》二於眼ノ前一ニ、是ノ故ニ、備テ二如在之ノ礼奠一ヲ、報ス二無窮之恩徳一ヲ、仍大衆唱伽陀、可行礼拝矣

報身多在十六処　随縁応現三千界」（5紙）
内秘普賢広大行　外現声聞利衆生

南無護持遺法十六羅漢生生世世値遇頂戴三反

第三ニ明ト二中土ノ遺跡一ヲ者、夫レ釈尊出テレ、世ニ一済度シ玉フ二衆生一ヲ、為シ二三界於ヲ吾カ有ト一、撫《ナツ》二四生於ヲ一子一ニ、捨ツ二身命於ヲ三千之ノ界一ニ其ノ地、無シレ空クスルコト二偏刹一ヲ、修ス二佛道於ヲ十六之ノ国一ニ其ノ跡ト、弥二満セリ中土一ニ、然レハ則チ、最初成道ノ菩提樹者ハ、神変奇特《キトクニシテ》　如シレ有ルカ二心識一、最後入滅ノ沙羅林者ハ、霊異殊絶ニシテ似リ具ルニ二覚知一ヲ、所以ニ、迎テ二涅槃之ノ日一ヲ青葉皆凋《ナシホミ》、臨テ二寂滅之夜一ニ白花尽《コト〳〵ク》落ツ、加之ス、遺《ノコス》ス二双輪一ヲ之石面、留ル二真影一ヲ之龍窟、摩耶夫人降テレ天ヨリ哭《コクセシ》二如来一ニ之処ロ、執金剛神僻《タフレテ》レ地ニ捨シ二金杵《キン》一ヲ之跡《アト》、世尊焼身ノ黄地、舎利出現ノ灰炭《クワイタン》、薩埵ノ捨シレ身一ヲ流血、達拏《タツトノ》与ヘシレ子ヲ杖捶《スイ》、布テレ髪ヲ掩《ヲヽヒシ》レ泥《エン》一ニ之砌リ、投テレ身一ヲ、求シレ偈一ヲ之地、月光斬《キリ》レ首ヘヲ一、尸毘《シヒ》飼《カフ》レ鷹《タカヲ》、如レノ此、聖跡連綿《セイセキレンメントシテ》　弥二淪セリ五天一ニ、悪獣《ジュ》作《ナシ》二衛《エ》

護《コヲ》一、天人雨二宝花一ヲ、異香匂レヒ風一ニ、音楽驚レス耳一ヲ、抑モ常
在霊山之《ノ》秋ノ虚《ソラニハ》、纔ニ望二テ微月一ヲ兮消レシ魂一ヲ、泥洹《ナイヲン》双樹之《ノ》
苔《コケノ》庭ニハ、只《タ》聞二テ遺跡一ヲ断レツ腸一ヲ、孤《コ》露之悲《ノカナシミ》肝葉増レス色一ヲ、如二キ」（6紙）
彼ノ法《ホツ》顕・智猛・智厳《コン》・法勇等一ノ者、捨二テ、身命一ヲ、尋二ヌ遺
跡一ヲ、因レ茲ニ今聊《マ》カ像《オモヒヤテ》二聖跡之《ノ》粧《ヨソウヒヲ》一、愁ニ憩《ヤスム》二悲歎之《ノ》息一ヲ、仍
大衆唱伽陀、可行礼拝矣

浄飯王宮生処塔　菩提樹下成佛塔
鹿野園中法輪塔　給孤独園名称塔
曲女城辺宝階塔　耆闍崛山般若塔
庵羅衛林維摩塔　沙羅林中円寂塔

　南無如来垂応処処遺跡生生世世値遇頂戴三反

第四ニ仰二クト遺身ノ舎利一ヲ者、夫レ紫金之《ノ》聖容ハ雖レモ隠二ルト邪
見之《ノ》雲一ニ、白玉之《ノ》舎利ハ猶ヲ朗二ス利生之《ノ》光リヲ一、観《ヲモンミレハ》夫、檀金瑩二キ
蓮体一ヲ𑖀字法佛之像《ノスカタ》、珂雪《カセツ》放二ツ月光一ヲ、𑖪𑖽文性身ノ
色ロ、雖レモ如二ナリト芥子一ノ猶シ是レ遮那周遍之《ノ》一分ナリ、雖レモ似二タリト玉ノ砕《クタケタルニ》一、無シ
レ異二コト万徳円満之《ノ》全体一ニ、戒定恵解之《ノ》所ロ二薫習一スル、慈悲
願行之《ノ》所二ナリ依止一スル、所以《コノユヘニ》、頂生如来ノ舎利ハ十二那術劫
演二説シ経典一ヲ、多宝全身ノ舎利ハ往二テ十方世界一ニ證二明ス」（7紙）

法花ヲ一、或ハ為《ナテ》二五穀ノ精粋《スイト》一利シ二凡下之《ノ》衆生ヲ一、或ハ為《ナテ》二蛤《カフ》
蚫《ハウノ》之真珠ト一益ス二海中之《ノ》魚鱗ヲ一、況ヤ復《タ》方円改シテレ形ヲ、黒
白変スレ色ヲ、出没随ヒレ機ニ、多少依ルレ時ニ、或ハ放ツテ二瑞光ヲ一明カナリ二於珠
玉之《ノ》煇《ヒカリヨリモ》一、或ハ薫テ二異香ヲ一馥《カフハシク》二於沈麝之《ノ》匂ヨリモ一、或ハ摧テ而自ラ合ヒ、或ハ去テ
而再ヒ来ル、或ハ宛《エン》転トシテ懸《カヽリ》二于虚《ソラノ》中ニ一、或ハ自然トシテ飛フ二于壺《ツホノ》外《カニ》一、凡ソ、
機宜有レハレ時《キ》精霊無シレ方《ノリ》、千変万化《ハンクワ》不レ可レ勝二計一ス、是ヲ以テ、
尸《シ》棄《キ》大梵之対《ノハカツシ》二佛身ヲ一也、猶ヲ仰キ二解脱ヲ於遺身之《ノ》化
導ニ一、無滅尊者之値《ノアヘリシ》二在世ニ一也、亦憑《タタノメリ》二接取ヲ於舎利之《ノ》慈光ニ一、
加之ス、釈提桓因之《ノ》得タル二牙《ケ》歯《シヲ》一、建テ塔婆於三十三天之《ノ》雲ニ一、
難陀龍王之恭《ノウヤマウ》二佛髭《シヲ》一、瑩ク二水精ヲ於八万余里之《ノ》月ニ一、八
国ノ諸王各《ヲノ〳〵》預リ二分布ニ一、供養恭敬殆《ホトント》超ヘタリ二在世ニ一、正法之《ノ》
初メ及テ二阿育王ニ一、閻浮提ノ内ニ広ク令ム二流布セ一、遂使シテ、摩騰《トウ》法
蘭来シ二漢土ニ一之日、舎利昇テレ虚ニ光奪《リウハヒ》二日輪ヲ一、上宮太子ノ
生セシ二倭国ニ一之時《キ》、手ニ奉《キテ》二舎利ヲ一唱《フ》二南無佛ト一、其レヨリ降《カタ》、諸宗ノ」（8紙）
高僧、異域ノ神人、知テレ時ヲ将来シ、測《ハカツテ》レ機ヲ伝受ス、日本一国
帰依尤モ盛ナリ、実ニ神変等シク二生身ニ一、利益同シ二在世ニ一、我等
既ニ値ヘリ二舎利ニ一、可シレ知ル、依テレ之ニ可トレ云コトヲ得《ウ》二解脱ヲ一、彼ノ釈種ノ同ク生レ二一姓ニ一、
闍王ノ久ク作《ナシモ》二檀越《オツト》一、猶ヲ不レ預ラ二其ノ分ニ一、成シレ恨ヲ含ムレ悲ヲ、香姓婆羅

門カ自《ミツカラ》為《タシ》二分布之《ノ》仁《シム》一、纔ニ得二テ宝瓶一ヲ立二テ塔婆一ヲ、温達《ウンタツ》梵士カ
親タリ詣二セシ荼毘之《ノ》庭一ニ、只《タ》取二テ灰《クワイ》土《ト》一ヲ成二ス供養一ヲ、感得ノ甚タ難キコト、以テ
可レ知ヌ、依レ之ニ、聊カ捧テ随分之《ノ》供具一ヲ、泣《ナク〱》設二ク一日之《ノ》斎莚一ヲ、
仍大衆唱伽陀、可行礼拝矣
如来舎利　一興供養　千遍生天　後證涅槃

　南無非生現生遺身舎利生生世世値遇頂戴三反

第五ニ講二涅槃ノ遺教一ヲ者、夫レ涅槃経ト者《イハ》、一化窮極之《ノ》
教、常住不滅之《ノ》理也、倩《ツラ〱》以ミレハ、三水湛二ヘタリ紙面一ニ、大衆涕泣ノ
体《スカタ》、口篇ハ満《ミテリ》二巻軸一ニ、一会涕《テイ》哭《コクノ》之粧《ホヒ》、解《トクニ》レ紐《ヒホヲ》哀傷易ク
レ起リ、見レルニ字ヲ悲涙難レキヲ禁シ哉、次ニ遺教経ト者《イハ》、中夜究竟之《ノ》
説、甚深無相之《ノ》法也、嗚呼《アヽ》、思二フニ之ヲ最後終尽之《ノ》法輪一ト、」（9紙）
恋慕之《ノ》心《ロ》殊ニ深シ、聞二クニ其レ中夜無声之《ノ》経文一ヲ、愁歎之《ノ》
念《ヒ》弥《イヨ〱》切ナリ、仍大衆唱伽陀、可行礼拝矣
鹿苑四諦之法輪ハ　此其施権ノ始メナリ
鶴林二部之真文ハ　此其顕実ノ終リナリ

　南無涅槃遺教両部妙典生生世世値遇頂戴三反

第六ニ致二廻向発願一ヲ者、夫レ菩薩ノ行願ハ、慈悲ヲ為レ先ト、大士ノ
用心ハ、廻向惟本《コレモトキナリ》、投二レハ微滴於《ヲ》巨海一ニ、量等クシテ無レシ異ルコト、廻二レハ一善ヲ

於法界一ニ、深広ニシテ無辺ナリ、是ヲ以テ、一会ノ所修、三際ノ善根、普ク廻二シテ衆生一ニ、共ニ成二セム佛道一ヲ、但シ三界ノ穢土ハ患累《ゲンルイ》無レク絶コト、八苦ノ愛海ハ厭離《エンリシテモ》有レリ余リ、面々ノ芳情山岳雖レモ重シト、一々ノ報謝《シャハ》有レテ志《シ》無レシ力《ラ》、欲レハ解《トカント》二其ノ一縁一ヲ、則愛結之《ノ》綺《キツナ》易レク纏《マツワレ》、欲レハ度二ト其ノ一人一ヲ、亦《タ》牢獄之《ノ》楗《トサシ》難レシ破リ、自行未《タ》スレ立一セ、化他何ソ及ハン、不レ如、早ク生二シテ浄土一ニ、永ク絶《タチ》二未来之《ノ》妄縁一ヲ、自ラ進二テ菩提一ニ、漸ク報二セムニハ往昔之《ノ》重恩一ヲ、仰キ願クハ臨終微苦ニシテ安住二シ正念一ニ、善友来会シテ開二発セム宿願一ヲ、非二ス」（10紙）佛像一ニ者、無レク見二コト他ノ色一ヲ、非二ス法音一ニ者、無《カラン》レ聞二コト他ノ音一ヲ、念佛三昧自然ニ成就シ、菩薩聖衆安祥トシテ来迎セム、孤山ノ松ノ間ニハ、徐《ヨリ〱》礼二シ白毫之《ノ》秋ノ月一ヲ、蒼海ノ浪ノ上ニハ、遥ニ引二カム紫台之《ノ》暁ノ雲一ヲ、南無大恩教主釈迦如来、哀二愍シテ誠心一ヲ、満二足セシメ玉ヘ我カ願一ヲ、南無安養化主弥陀善逝、本誓無レクシテ誤ルコト、来二迎セシメ玉ヘ我等一ヲ、仍大衆唱伽陀、

可行礼拝矣

願我命終時　往生安楽国　成満普賢行　利益諸衆生

南無四恩法界平等利益出離生死往生極楽三反

神分祈願　六種廻向　読遺教経

誦舎利礼　釈迦宝号百反　同十礼　奉送

退散

元亨元年辛酉二月十三日於東大寺東南院々主坊
書写之　　此式者助已講頼心　記集
金剛佛子禅恵春秋卌八」（11紙）

此式奥書云
文保二年二月二日於東南院々主坊為七ケ日修善任
愚昧之意楽採諸式之要処片時之間草之不用草案
不及沈思云旨趣云釣鏁外見有憚追静可審定
之歟将又可棄破之歟
願因此一巻集録七日勤行之微功必成彼先師聖霊
三覚円満之大果事業雖疎志願尤懇佛垂照
覧神加證明而已　　金剛資頼心生年卌六

永正十六年己卯二月廿九日於河内国天野山竹坊以
円爾法印御自筆写之訖

奉報釈尊大恩為法界衆生利云々

金剛佛子成範」（12紙）

（近本謙介）

神泉薗事

神泉薗事（表紙）

神泉薗

神泉苑ハ、古ハ嶮鱗閣ト号テ、
代々ノ御門ノ御泉タリシヲ、淳和ノ
御宇、天長元年ノ春、天下
大ニ旱魃シケルアヒタ、帝、我カ」（1オ）
大師ニ、請雨ノ法ヲ仰ツケラル。大
師ニ《（ママ）》応ムト勅一ニシ御ス時キ、其ノ比、西寺ニ
修敏《イム》僧都ト云テ、随分ニヤコト
ナリ《（ママ）》者アリケリ。支《サヽエ》申シケル様ハ、
吾レ忝モ、年比日比、叡念ヲ祈」（1ウ）
奉テ、其功年久。何ソ、今更ニ

御修法ヲ引替テ、海和尚ニ仰付ラルヤ。就中ニ、吾ハ上臈也。彼ノ海和尚ハ浅臈也。此事、旁以遺恨ノ次第ナルヨシ、訴申アヒタ、」（2オ）綸旨ヲ空ク返シテ、修敏ニ仰付ラル、処ニ、始行シテ三日ト云ニ、雨ニ大ニ降ルト云ヘトモ、纔ニ京中許ニシテ、城《ミ》ノ外ニ及ハサリケレハ、甘雨普潤ノ益ナシトテ、黜シテ大師ニ仰ス。修法七日ヲスクルニ、遂ニフラ」（2ウ）

（後欠）

（近本謙介）

胎内五位曼荼羅

六月目ニワ、母胎ニシテ、三摩耶形ノ如ニシテ、五体五輪ノコトシ。当来下生シテ弥勒トナツク。説法度生スヘシ。弥勒トワ、有也無也ヨムナリ。弥勒佛ト言モ我ナリ。六七日ヲ司トルナリ。

七月目ワ薬師ナリ。胎内ヲハヲハ（ママ）、浄瑠璃世界トモ、花蔵世界トモ、密厳浄土トモ言ナリ。泰山高山ノ樹ノ栄カコトシ。六根悉備也。

」（1紙）

八月目ワ十五円満ノ月ノ如、普ク平等ニ光ヲ施スナリ。

小児ノ心法モ如明月ノ。是明ト言ナリ。観音トワ観《ミツナ》音《テル》トコ《（ママ）》ムナリ。母胎ニ宿シタル処ヲ毘盧舎那佛トモ、大通知勝佛トモ、法身ノ大日トモイヘリ。

九月目ワ勢至菩薩也。勢ノ字ヲ見ニ、生　丸《ムマレンコトワマルカ》　力至《イタルト》ヨムナリ。一周忌トワ一メクリトヨメリ。母胎ニ九月キ宿スル処ヲ、五体縛日羅ト号ス。無垢袈《ク》裟ヲ着シ、両手印明結テ、於口ワ阿吽ノ二

字ヲフクミ、生身ノ佛体ナリ。是ヲ伊勢トモ言ナリ。伊勢ト言字書テ見ハ、人平ニ生ルワ」（2紙）丸力ナリト読ナリ。神道ニワ神ノ天ノ岩戸ニ籠ルトワ、孩児《カイシ》ガ母ノ胎内ニ宿ル処ナリ。哥ニ曰、

平《マサトモ》　人生《ノムマルハ》　丸《ミナモトワ》　皆《ミナ》是《レ》丸《マル》ガ

力ナリケリ。母胎ワ神ノ社ニ宿シタル、子ハ神ミナリ。母ノ開門ヲ花表トイヘリ。佛法ニワ陰ヲ諸佛出身ノ門トイヘリ。

在原業平哥ニ曰、

モトヨリモ　アマノサカホコ　ヒカリニサケル　アヲウナ原　ハチスハ、　カタマルイン　コノミヨリコソ　六根ノミ　ミニワナリケリ　ムマル、所

又ハ胎内《タイナイ》ニ宿シテ屋《イ》タル処ヲ浄土ノ阿弥陀ト道《イウ》ナリ。

十月目ワ阿弥陀ナリ。水火風ノ三ナリ。阿弥陀トワ生長死ノ三ナリ。哥曰、南無ト言ソノ二文字ニ花咲テ阿弥陀佛《ホトケ》ト身ハナリニケリ。十月目ニワ馬」（3紙）頭回カヘリトテ、マツサカサマニ目前ノ地獄ニ落ルナリ。生レ落テヨリ六道ニ沈淪ス。爰ヲ分成六和合トヘリ。六和合トハ眼ニアツテワ色ヲ見、耳ニアツテワ声ヲ聞《キヽ》、鼻ニアツテハ香ヲカキ、口ニアツテハ談論ス。手ニアツテワ物ヲトラへ、足ニアツテハ歩ム。コレヲ分処参ト言ナリ。

三世ノ諸佛歴代ノ祖師、秘
蜜ノ因縁ナリ。其衆生
生レ落ル処カ死出山ナリ。悪
血ニマホレテ、宇賀神ト
生レ落ルカ、三途大河ナリ。
牛頭ワ父ナリ。馬頭ワ母ナリ。
此二鬼カカシヤクシ、出シテ
種々ノ苦《ルミ》ヲ受サスルナリ。人々ノ
神《タマシヰ》ヲ倶生神ト言ヘリ。魂魄
トワ、三魂七魄トテ、父ノ
婬精三魂、母ノ婬精ワ七
七魄(ママ)、三魂七魄ノ精ヲ合、」(4紙)
閻魔十王ト言ヘリ。人間ノ
善悪ヲ註スルナリ。能悟リ
ヌレハ、十地ノ菩薩ナリ。生下
シタル直体力是色身大
日ナリ。一切語言皆是真
言、挙手動足皆是蜜

印ナリ。我身是阿弥陀
ナリ。全身ニ九穴アリ。頭
七ツ、下ニ二ツ、此九穴ヲ九
品浄土ト言リ。己心弥
陀唯身浄土ナリ。昔日
日太宋国大龍山祖薫
禅師ニ僧問、人死シテ何処
ニカ去。大龍曰、南無阿弥
陀佛。此話‐頭肝要ナリ。
夫念佛重々有六字。
念佛者、南無阿弥陀佛
ナリ。是愚人ノ念佛ト言、
阿弥陀佛、是四転念佛
ト言。是ハ不生不滅ナリ。阿
弥陀佛、仮名実名ワ無
量寿佛ナリ。ハカリナキ」（5紙）
命ノ佛ト誦《ヨム》ナリ。先天ヲ
不為天、先未来永々

マテモ不変易。此独尊ワ
王ナリ。有一老人トモ言。阿
弥陀佛ワ、四大色身ナリ。
四大色身モ不生不滅ナリ。
二字念佛トワ南無ナリ。
𑖀𑖮𑖳𑖽ナリ。是ヲ菩提
念佛トモ言ナリ。
弘法大師ノ哥、
此程者後世ノツトメモセサ
リケリ阿吽ノ二字ノ
有ニマカセテ。一字ノ念佛
ト言ワ𑖀。是ヲ涅槃ノ
念佛ト言。阿字本不
生不滅ナリ。我息風ワ
西方ノ王ナリ。風大西方ヲ
司、念佛ノ時、金ヲ扣ワ
西方ハ金ナリ。是ヲ金剛ノ
正体ト言ナリ。万里一

條ノ鉄ナリ。得モ銀山鉄
壁、不得モ銀山鉄壁、一人モ」（6紙）
不残、此金銀壁ノ処ニ至ル
ヘキナリ。息風ノ息《イキ》ノ字ヲ
自心トカクナリ。達磨
曰、自心是佛ヲ知ハ、佛ヲモ
礼セサレ、読誦念経セス、戒ヲモ
持サレ、婬欲ヲモ断セサレ、髪
鬚ヲモソラス。婬欲モ本来
空寂ナリ。白衣モ是佛ナリ。
自心是佛ヲ不《レ》㆑知ハ、十二部経ヲ
誦シ得タリトモ、是凡夫ナリ。
此息風一昼夜ニツク所ロ
呼《コ》吸《キウ》《ツクイキヒクイキ》　三万六千度ナリ。
此息風ヲ会得スレハ、出息入
息ニテ十二部経ナリ。一昼夜ニ
五千四十八巻ノ経ヲモ誦ナリ。
一日一夜ニ百万反ノ念佛ヲ

モ申ナリ。是ヲ大乗ノ
念佛ト言ナリ。𑖀𑖮𑖳𑖽ワ
口ノ開合ナリ。合トハ口ヲ
アハセ吸《ヒク》息ナリ。ツク息ヲハ
来迎ノ阿弥陀トイウナリ。
ヒク息ヲハ、浄土ノ阿弥陀ト」（7紙）
言ナリ。南無《アウン》阿弥陀《、アウン》佛
六度ノ出入ル息ナリ。夫阿
陀ワ常住不滅ニシテ
去来ノ相ナシ。不離
当処常湛然タリ。刹那
無シ。生相刹那モ無。滅相
此境界ニイタルヘキナリ。

」（8紙）

我等生下シテヨリ二ツ子ワ、寒熱ヲ弁知ルナリ。是ヲ七表ノ念ト言ナリ。七等覚支トモイヱリ。故七周忌ト言。阿閦ハ阿ワ生ナリ。閦ワ悟ナリ。生テ悟ト誦リ。一切ヲ分別スルヲ」（9紙）悟ト謂ナリ。是ヨリワ今生渡世ナリ。

」（10紙）

我等胎宿ノ時、九ヶ月ノ苦ヲ受サシムル、深見《ウン》難報ナリ。父母ハ日月ナリ。則金剛界、胎蔵界、両部大日ナリ。故ニ

大日ヲ本尊トスヘシ。大ワ一人、
日ハ火ナリ。心ナリ。有一老人ナリ。

人々ニワ木火土金水ノ五」(11紙)
行カ仮ニ聚テ、
ノ五佛一体ナルヲ
虚空蔵ト言、此我ト言フワ
生スル則キンハ、虚空全体《タイ》
去ル則《トキモ》、虚空ニモ去来生
滅ナシ。此故ニ虚空蔵ヲ
用ヘシ。

趙州獄話

崔郎《サイロウ》仲問趙州ニ、大善知識地獄落サン、否。州曰、呂套上ニ入。中云、既ニコレ大善知識甚麼地獄ニヲツ。州曰、我若不入、争赦得崔郎仲。大龍云、地獄ワ何クニアルソ。学云、目前カソノマヽ、地獄テ候。師云、何ト落タリ。学云、母胎内ヨリマツ」（12紙）サカサマニ宇加神ト落テ候。師云、龍之曰サテ此地獄エ落テノ苦《クルシミ》ワ、円心曰三界無安猶如火宅。龍曰此地獄ニアツテノ楽ワ、円心云常処地獄如遊園観。又曰酒《シュ》肆《シ》《サケヲノミイチニタチ》魚《キ》行《カウ》亦《ヤク》婬房《インホウ》《イヲヲクイシタイコトヲシインホンヲ、カシ》。大龍曰、此地獄ノフカサヒロサヲイヘ。円心云、竪窮三切横ニ十方ニヨコタウ。フカサハ

過去現在未来マテ深ク、広ハ
東西南北四維上下十方ノ間
テ候。龍曰、此地獄ヲハ何ト破
タリ。円心之曰、一息引キル取テ
八万四千ノ地獄ワ悉破テ候。
龍ノ曰、其コニ句ヲ付ヨ。円心云、
寂滅為楽。又云、心生種々、
法生心滅、種々法滅。龍曰、
死々タルカ楽キヲハ何トテ
我モ人モシニタウモナイソ。円心
云、熱処難忘ル。〽小笠原殿
道哥ニ、地獄ニテ犬笠カケヲ
いつくしてこくうにむまヲ」（13紙）
ノリハナチケリ

勘弁シテ曰、人間ノ諺《コトワサニ》イヘリ、
地獄熱目前ェアマリチカ
サニ、知人マレナリ。夫牛《父》頭馬《母》

頭、阿婆羅殺ト言ワ、皆是我ヲカシヤクシ、出《イタシ》タル父母ナリ。牛頭ワ陽ナリ。父ナリ。馬頭陰ナリ。母ナリ。沙婆ワ母ナリ。羅殺ワ父ナリ。琰魔十王トイウワ三魂七魄ノ魂魄ナリ。

三魂ト言ワ、父ノ婬、阿浮曇ナリ。七魄ト言フ、母ノヲ精伽羅藍ナリ。三魂ト言ワ、合光幽精爽霊《カウレイ》ナリ。七魄ト言ワ、天賊非毒ナリ。雀 陰戸垢《シヤウインシコ》除穢 臭肺《シンウハイ》失己ナリ。三魂ト七魄ト合テ十ナリ。父母両婬カ十月母ノ胎内ニ宿テ、此界ニ生ルレハ、ハヤ死人ナリ。母ノ前ナル玉門ヲマツサカサマニ生レ落レハ、死出ノ山ナリ。悪血ノ月水ニマフレテ

翻刻

ナカ一分ル処［　　］」（14紙）

（米田真理子）

諸打物譜

(外題) 諸打物譜

●楽ノ法義恐□□打物大皮、曷皮、正皮ニ皆□
打物着座有ヨリ嗔体ニ向テ、吉撥ニテ拍子不取。
大皮ナト殊ニ撥ツフリヨリ後ニコサス。吹物□吹ス
ヤ住《スム》トモ、口ヲ不離、手ヲ脇《ノケ》ス。□《ケン》ノ物不引□
手ヲ□ヨサムノ皮《ツヽミ》真直ケ、尺八吹口前□□ヨ拝
皮トヒヤク延開ヲ見セ十、笙ヲ冠ス。篳篥渡手
ナシ。方磬乱ス十各々曷皮大皮ノ拍子ヲ打ヌ、又第一□□成至云
可如為□□御神妙タル儀云々。　●一横笛●笙●篳篥
●和琴●箏●琵琶●方磬●尺八●大皮○曷皮
●□□□皮●調拔子●揩鼓」(表紙見返)

∴大鼓譜

○胡飲酒破、加拍子。

（譜）山村氏説

（譜）頼吉説

（譜）多氏説

○迦陵頻破、加拍子。○菩薩破、○喜春楽破同音。」（1オ）

（譜）只拍子倍臚ノ八拍子説、蘇莫者破。

（譜）楽拍子還城楽破、同用此ノ説。

（譜）又説只拍子歟。此不審。

○羅陵王破、加拍子。

（譜）京様

（譜）奈良様

（譜）又説」（1ウ）

○廻忽、終六拍子加拍子。

（譜）常説又氷室判官説同之。（譜）又説ツキ拍子ト云。

（譜）仁和寺説

（譜）八拍子ハ鳥ニ同シ。月氏上トイフ事アリ。八拍子ノ時アリ。初拍子当テ七ニ、喚頭中ノ穴ヨリコレヲ搔カキハシ□

○輪鼓褌脱、加拍子。

（譜）此説僻事也。不可用之由、孝道被申之由、□説有。用此説一時、第十一十二云々。拍子ヲツ、ケテカク。

（譜）鳥掻説、八拍子ノ時、四拍子ノ如ク是□ヲカク。用此説ヲ時、掻拍子十一有、延第六七拍子ヲ多カキナス事也。」（2オ）

（譜）是ヲヌスムト云、至極ノ秘事也。

（譜）一説、皆掻。（譜）又説

○抜頭、加拍子。

（譜）自初ツクネテカク。（譜）一説、三度拍子。二拍子ノ後、カキハシムヘシ。

（譜）此説、自第三拍子掻始之。

○還城楽破、加拍子。普通説ハ如鳥破只拍子ノ。

（譜）秘説」（2ウ）

○蘇莫者序

（譜）次第ニヨハク早《ハヤク》ウツヘシ。又拍子ノツホヨリ

前立《サキタチテ》笛ノ一句吹テ、ヤカテカク様アリ。

鉦鼓ハ大鼓ノ定ニ打ヘシ。掻《カク》間タハ、極メテ微音ナルヘシ。大鼓ノ坪《ツホニ》高ク打ヘシ。

○乱声

（譜）

（譜）又説」（3オ）

○乱序

（譜）

∴鉦鼓譜

（譜）延八拍子（譜）上様

（譜）早八拍子（譜）上様

（譜）延四拍子（譜）上様」（3ウ）

（譜）早四拍子（譜）上様

（譜）乱序（譜）囀

（譜）安摩

∴鞨鼓譜　左近将監狛行高云、鞨鼓ハ手ナル、ニハ如シクヘカラスト云々。

○八声

阿礼声《アレイシヤウ》　調子　塩短声《エンタンセイ》序遊声　又号塩声」（4オ）

大揭《カツ》声　延八拍子　璫《タウ》声　中八拍子

沙《シヤ》声　早八拍子　織錦《ショツキン》声　六拍子

泉郎声延四拍子又号泉郎　小揭声　早四拍子

○鞨鼓打次第　先槌ヲ右ノ手ニ取テ左ノ手ニテトルヘシ。

次音取（譜）　又説（譜）

諸調子ニハ笛之第三句ヨリ打ハシム。」（4ウ）

（譜）中程（譜）

○諸序ニハ笛之第二句ヨリ打ハシム。

（譜）○遊声之羯鼓ハ序ニ同。

（譜）延八拍子

（譜）廻忽、海青楽平蛮楽等、打之。

（譜）青海波

（譜）延四拍子甘州等、打之。

（譜）加拍子

（譜）火四拍子三台急等、打之。

（譜）蘇合、大平楽、賀殿皇麞等、道行用之。

（譜）又説

（譜）六拍子秘説

（譜）三帖初拍子

（譜）又秘説

（譜）同異説

（譜）コメ《籠》拍子

（譜）火八拍子

（譜）同曲又説

（譜）又説」（5オ）

（譜）又説

（譜）又説

（譜）加拍子

（譜）六拍子入破

（譜）急声

（譜）五拍子」（5ウ）

（譜）又説

（譜）同異説

（譜）玉手則近説

（譜）又説

（譜）又説　　　　（譜）蘇合急コメ拍子
（譜）又説　　　　（譜）又説
（譜）又説　　　　（譜）蘇合急、甘州、太平楽急、打之。号小掲声一。可秘之、云々。」（6オ）
（譜）三台、勇勝、皇麞、傾坏楽、賀殿等急、用之。口伝云、此説、雖不見日記一、氷室判官好打之。仍可用正説云々。
（譜）只拍子八拍子（譜）只拍子四拍子
（譜）秘説
（笛譜）五常楽詠初度
（笛譜）同第二度
（笛譜）同第三度」（6ウ）

∴三鼓譜

○音取（譜）次諸楽之初ニ第三ノ詞□□打ハシム但林歌、白浜等ハカワレリ。（譜）
（譜）常説（譜）一説、豊原氏ノ様トモ云。
（譜）ワリコエトナツク。皇仁、帰徳、納曾利等急、用之。可秘之。
火ノコエト云事アリ。大鼓ノ次ニハシクコエヲ云。

∴一鼓譜

（譜）普通説」（7オ）
（譜）又説（譜）秘説
新楽モ一鼓ヲ打《ウタン》時ハ、大鼓ヲカクヘシ。又諸楽

船楽ニテ有《アラム》時ハ一鼓ヲウチテ、大鼓ヲカクヘシ。此説、
在氷室判官近真説。
右、件打物等説之所及所存之、散位長隆
奉伝之。子孫一流之外、全不可相承之状、
如件。
正応二年八月日右近大夫将監久朝」(7ウ)
久忠在判
右件打物、他人相伝事、師君雖有其誡、
依専一、右近将監藤原経房、同子息
氏房於両人、蜜以令相伝之畢。努々不可
授他人之状、如件。
正応四年十月廿四日、散位長隆在判
文保二年戊午六月三日、於河州金剛寺、以住吉
菊薗修理亮本書写畢。僧禅恵在判」(8オ)
∴掲鼓譜云　幷八声
阿礼声　調子　遊声　序　阿礼短声
塩声皇帝五六帖 春鶯囀鳥声　団乱旋颯踏
沙声　団乱旋二三帖　春鶯囀颯踏　万秋楽破

泉楽声　蘇合香道行ヲハ出立ト云、秘之。　同破
大掲声蘇合序始二拍子、阿礼。後三四帖、初十拍子後十拍子、沙声　万秋楽六帖」（8ウ）
小掲声　蘇合香急
織錦声皇帝入破二三四帖。団乱旋　入破　急声春鶯囀入破
瑠声　蘇合　五帖、初十拍子。　後十拍子沙声
已上、八声鼓主壬生駅麿譜并雅楽寮譜一巻、雅楽允小子継益譜一巻、已上三説。

〽蘇合ニ三ノ波高《ナタ》アリ。第一ノナタハ自序一成楽拍子ニ処、第二ハ従楽拍子一移序一処、第三ハ自破一移ル急処等也。此ノ所々ヲ思《オモハヘテ》心ヲユルサテ可然一之様ニ可移吹一也。悪《アシク》移吹ハ極メテ危《アヤウク》聞ユルナリ。」（9オ）是ノ故ニ波高トハ云也。

〽又蘇合ハ諸薬種ヲ具シテ一トシテ不闕一也云。然者此楽ハ、序、只拍子、楽拍子、八拍子、四拍子、七拍子、五拍子、六拍子、三拍子、重拍子、諸曲ノ様、一曲ニ皆具ス。

〽十二拍子鞨鼓打存略頌可打之。

初六七五三説　十二十八十八廿四　十二十六十六十六十八

序初二拍子ハ序吹也。成楽拍子一様ハ三説。

（譜）自是成楽一時ハ六拍子百火・七拍子百ナリ。（譜）自是成楽時ハ五拍子百也但当氏常説ハ六拍子百」（9ウ）

次ハ十二八拍子 四拍子百　次十八八拍子、六拍子 四拍子百　次十八八拍子、六拍子 四拍子百

次廿四八拍子　八拍子 八拍子百　次十二八拍子 四拍子百　次十六八拍子、八拍子百一説 八拍子、四拍子、四拍子百 又説、四拍子、八拍子、四拍子百

次十六八拍子 八拍子百　次十六八拍子 八拍子百　一説六拍子、四拍子、六拍子百 又説同前。

次十八八拍子、六拍子 四拍子百　已上十二拍子

次ノ一拍子ハ序吹也。但有打説、有不打説。非拍子之員也。

〽口伝云、可打鞨鼓事

調子、遊声、序ハ、同程ニ可打之一。但、調子遊声ヲハ」（10オ）

雖何返二不可有短声打一。但吹終度、只一度

可打之一。於序一者、毎大鼓壺二可有短声打。

又塩声ヲ阿礼声ヨリモ早可打之一。是又不可有

短声打一、大鼓壺許ニ只一桴可打云也。又

諸楽ノ帖々終ノ序吹ハ皆塩声也。得其意一

可打之一。此外ノ楽共者、随拍子之員二可意

得打也。様々ノ事ヲ打事ハ、今作出タル事也。

全非本説一。只当座何拍子ノ楽ト知テ、八拍子

六拍子ナラハ、来ノ桴ヲ三ッ下《オロス》。七拍子五拍子ヲハ」（10ウ）

二ッ下ス。四拍子ヲハ一ッ下スト知テ打。是尤本説也。

但延タル四拍子ニハ二下ス説モアリ。是秘説トスルナリ。蘇合ノ三帖ノ鞨鼓ハ、出雲《イツモ》ノ已講明暹、揚鼓ノ達者ニテ、始テ打出タル事也。件説ハ桴キ丶テ鞨鼓ニ長シナハ、必三帖ニモカキルマシ。何楽ニモ可□打㆒事也。

又諸楽ノ帖々ノ終ニアル序吹ヲハ、序トイワテ有別名㆒云々。

又一説云、十二拍子之時ノ鞨鼓ヲハ八拍子ニ打テ後ハ、初ノ如ク来ヲ下《オロ》シテ打々《ウチ〱》スル也。是レハ打任テ」（11オ）人ノ知《シ》リテ打説ナリ。又カキアケ、カキサケ、カキマロハスナト云事ハ、鞨鼓打時ノ詞也。鞨鼓ノ遅速ニシタカヒテ、カキ上掻下《アケカキサケ》ヨト云事也。掻マロハストハ、カキマロハシテ臨《リン》説ヲ面白《シロク》打ト云心也。何ノ楽ニモ此ノ事ハ有ルヘキナリ。カキマロハスト云事ハ、サセル本説ナシ。拍子タニモタカワスハ、何様ニモ打ヘキ也。

∴〽鞨鼓打様秘譜（　譜　）」（11ウ）

延八拍子右左（　譜　）五常楽等用之。万歳楽准之。

早八拍子（　譜　）普通説、青海波等用之。

同又説（譜）廻忽、白柱、竹林楽等、用之。

又説（譜）五常楽急等、用之。

延四拍子（譜）普通説、甘州等用之。又説（譜）不普通説、甘州等、用之。

又説（譜）蘇合急等、用之。上説（譜）

又説（譜）普通説。早四拍子。（譜）普通説、郎君子等、用之。」（12オ）

又説（譜）三台急等、用之。

○只拍子鞨鼓打様

八拍子（譜）

○蘇合三帖七拍子所ヲハ、八拍子可打之。七拍子ハ半拍子ニテツ、カサル故也。

六拍子（譜）四拍子（譜）

○秘説四拍子

上説（譜）

千鳥懸ト云、殊秘之。」（12ウ）

輒ク不可打之一。希可打之。

又説（譜）不断ニ是許ヲ打ヲハ片千鳥云、秘事也。常不可打之。

嘉禎二年三月廿八日、以壬生駅磨説、授渡戸部政季既畢。是秘中之秘也。努々不可及披露者也耳。

沙弥上蓮在判

抑件八声記録、授進住吉式部大夫殿
既畢。倩奉見事体、云心操、云器量、尤堪」（13オ）
重道。仍所存知之事等、就八声、云打替
鞨鼓、云楽拍子只拍子之打様、不可漏《モル》事
所伝進也。然者、独任上蓮之意趣、不可全
露顕給者也。穴賢々々、云々。
　文永十一年甲戌八月廿六日、沙弥成道俗名政季在判
件八声記録幷打様口伝、授渡右近将監
藤原経房畢。任上蓮、成道等之意趣、
輙不可有披露者也耳。」（13ウ）
　弘安三年三月日　散位津守棟国在判
〽蘇合ノ十二拍子、曷皮序打如常。五七如常。十二、
十六、十八等ハ、来三下テ、大皮壺《コノツホ》マテ打合、元正
説、又十二ノ処ハ、六カコ二、十六ハ八カコ二、或ハ
八カコ、四カコ、十八ハ六カコ三、如此ナスラヘ打ヘシ。
　文保二年戊午六月三日、以住吉菊薗修理亮仲継
　　本写了。
　禅恵生年卅五」（14オ）

∴鞨鼓口伝幷大鼓鉦鼓打口伝　頼尊伝也。

一〽只拍子ノ楽ノ鞨鼓ハ、片桴《カタハチ》ニテ二ツ々ツ打也。是吉様也。然常八拍子之曷皮ノ様ニ制礼《セイライ》ヲ打ナカラ二ツ々ツ打チ分テ只拍子ニ打事ハ、秘説也。即当山ノ千日ノ毘沙門講ニ、南都ノ伶人舞人等諸縁之時、舞近房、此様ヲ打了。曷皮ハ二流也。行高流、明暹流也。此近房ハ、行高之末也。曷皮ノ家也。此事ヲ笛吹春月房ニ尋申候シカハ、此ハ高名秘事也。輙ク常ニ不可打事也云々。但近房ハ」（14ウ）曷皮ノ家ニテ、聞知人ニ打聞セムト思テ打候事、□曷皮ニハ正ク右ノ手ニテ打聞ヲハ制《セイ》ノ声ト云、左手ニテ驚《ヲトラカス》声ヲハ、雷《ライ》ノ声ト云也。又左右合テハ驚カス声、同ク雹ノ声ト云也。

一〽此曲打事（譜）

（譜）

一〽其詞云

（譜）」（15オ）

一〽古楽ニハ、不打曷皮ヲ一一鼓ヲ掻《カク》也。又大鼓ヲ上ル時ハ、大鼓ヲモ掻也。鉦鼓ヲモ如大鼓一ノ同掻様ニ打也。
一鼓ヲ掻事ハ、子細アリ。能ク可知尋事也云々。
一〽勒盧打ト云事アリ。第六、第九、第三云々。又説云、
第六、第三、第九云々。所謂一鼓六拍子之後、大鼓
一拍子、次正皮《コ》アリ。又一皮九拍子之後ニ大鼓
一拍子、次正皮アリ。又一皮三拍子後、大皮一拍子、
次正皮打也。
（譜　）」（15ウ）
（譜　）
安摩囀時之正皮ハ、大皮打テ後ニ四ツヲヒロウ也。（譜　）
陵王囀時之正皮ハ、大皮打テ後ニ三ヲヒロウ也。（譜　）
此鹿婁打事ハ、安摩之出時打也。入時、又有也。
採桑老出入之時ハ、盤渉調々子ヲ吹、鹿婁ヲ打也。
安摩陵王之囀之時、又鹿婁ヲ打也、笛ハ不吹也。
一〽大鼓ヲ上ルニハ、新楽、古楽、八拍子、四拍子之楽ニ
随ヒテ種々ノ子細アリ。能々可分別一。先ツ新
楽ニハ、八拍子之楽ヲハ三度拍子ニ可上。」（16オ）
四拍子ノ楽ヲハ一拍子ニ上ル也。又四拍子之楽中ニ

三度拍子上楽トモアリ。能々可分別。

一〽古楽大皮ヲ上事ハ、只拍子楽拍子ニ聊相違アリ。八拍子二拍子之間ニ、搔合《アワ》スル也。先ツ楽拍子之大皮上ル様ハ、一鼓五拍子之間ニ、大鼓七ヲ搔《カキテ》、次ニ一皮二拍子、又大皮二拍子、又一皮三拍子、又大皮一拍子、又一皮三拍子也。已上、十六拍子之間ヲ為一曲㆒ト也。是返打也。

（譜）是ヲ返々打也。」（16ウ）

一〽次只拍子之大皮上ル様ハ、先一皮五拍子之間大皮七ヲ搔テ、次ニ一皮三、次大皮一㆒、一皮一㆒大皮一㆒一皮一㆒大皮一㆒、一皮又三拍子。已上、十六拍子ノ間ヲ為一曲㆒ト也。是ヲ返々打ヘシ。

（譜）已上、十六拍子之間、一曲也。返々打ト也。

一〽新楽大皮上ル事、第三度拍子ト云ハ、八拍子之楽ニ打也。

（譜）八拍子ヲ為一曲㆒ト也。返打也。

一〽四拍子楽ノ中ニ、大皮ヲ三度拍子ニ上ル楽等在之㆒。正キ大皮ノ壺《ツホ》ヲハ、妻桴ヲ加打、上ノ二ノ大皮ニハ片桴ニテ打也。妻桴ヲ不打㆒。（譜）已上、如此返打也。」（17オ）

又四拍子ノ楽ハ、多分ハ一拍子ニ可シ上㆒、所謂ル大皮一、曷《カツコ》皮一、相交打也。

〽正皮打事　八《正》拍子楽ニハ、大皮拍子之所計ニ、正皮ヲハ打也。大皮ヲ上テ後モ、同ク大皮ノ壺ヲ正皮ハ打也。但早八拍子ニハ、大皮上テ後ニハ、革《カツ》皮拍子ニ同ク片桴ニテ打也。大皮ノ壺ニハ、両桴ヲモテ打也。又四延拍子楽ニハ（譜）中ノ円キハ、カコ拍子也。如此㆒正皮ハ打也。又、右楽同之。大皮上テハ（譜）如此早ク打也。古楽ハ、大皮ノ如ク搔《カク》様ニ」（17ウ）正皮ヲモ打也。大皮ノ壺ニ打也。

一〽古楽之拍子ヲ上ルニハ、大皮ヲ搔也。雖然㆒、古楽モ序之大皮搔事ハ、蘇莫者ノ序、陵王荒序之師仙云、是ハ秘事也。能々可秘蔵。外ハ、搔事ハ不知㆒也。此等ノ曲ニ大皮搔事ハ、ツトウ〳〵ト次第ニヨワクシケク大皮ノ壺マテ搔《カキ》下《クタ》シテ、大皮ノ拍子ヲ正ク大皮ノ壺ニツヨクツトウ□打也。又雖為古楽㆒ト、採桑老ハ舞之時ニハ、三度拍子ニ注之㆒。又同胡飲酒ノ破、舞之時ハ、三度拍子ニ打之。家之説也。但片桴ニテ可打之㆒歟ト云々。」（18オ）

一〽雖為古楽㆒、喜春楽ノ序、鳥ノ序、胡飲酒ノ序ニハ、大皮ヲ搔事、未聞之。

一〽只拍子ニ楽ヲスル時ハ息《□キ》ノ重《カサナリ》イタク延所ヲハ、拍子ヲ
ステ、吹也。所謂ル春庭楽、鳥向楽等ニ六息ヲ延
所ヲ、只拍子ニハ四息延テ吹也。管絃者ハ用此説一ヲ也。
楽人等ハ、此ヲ知輩少ナキ歟、仍難用之一。弾物ニハ打
物ヲ不用之間、拍子ニ違乱出来レトモ、是ヲイタマス。
但打物等可有一時ハ、又大皮曷皮其子細ヲ
存テ、無《ナクスル》二違乱一事ヲ為スル、秘事ト也。
一〽只拍子ヲ秘スル楽モアリ。楽拍子ヲ秘スル楽モアリ。」（18ウ）
所謂ル蘇莫者ノ破、輪鼓褌脱ハ、楽拍子ヲ
可秘一也。蘇合ノ三帖ノ七拍子ノ所ヲ八拍子ニ
スル説ハ、即只拍子之説也。又四帖ノ只拍子
幷ニ破急ノ只拍子等、秘事也。
又甘州ノ只拍子、最秘事也。
一〽古楽四拍子ニ、大皮ヲ掻《カイテ》スル事アリ。常ニ不用
之一。倍臚ニハ、舞時ハ必八拍子ニ大皮ヲ上ル也。
管絃遊ヒノ所ニハ、四拍子ニテ上説アリ。余ノ楽ニモ用之。
（譜）八拍子之間ヲ為一曲一ト、返々打之一。」（19オ）
是ハ只拍子之様也。又抜頭上ト云説アリ。又四

拍子之古楽ノ三度拍子ヲ上ル、多ク在之㆒。所謂
竹林楽、酒胡子等物也。
一〽甘州ヲ舞之時、三度拍子ニ上ル事アリ。即
東寺ノ一ノ長者定豪僧正、南都下向之時、
於東大寺八幡社㆒ニ八講ヲ勤仕ス。其次テニ又
興福寺金堂前ニテ有リ童舞㆒。其儀式如
常楽会㆒。嘉禎四年三月十一日也。其次ノ日、
大衆所望ニヨテ又同ク舞アリ。初日ハ大法」（19ウ）
会ノ儀式ニテ舞児等襲装束《カサネノシヤウソク》也。後日ハ
皆布衣也。大衆是レヲモテナス間、伶人等又
興ニ入ル作法アリ。左ノ一《イチ》者ハ定近曷皮、同キ
二者近真、大皮打之㆒。然間、甘州ヲ三度
三度拍子ト者、早八拍子ニ取成シテ打也。
拍子ニ上ク。近真、又蘇合ノ急ヲ三度拍子事
アリ。コミ拍子之所々違乱々事、存之㆒歟。
子細等アリ。可秘事ニハ不可用之。
一〽此会之時、青海波□恒代児三人、比巴《ヒハ》、笙ノ
笛、横笛、又彼恒代ニハ男侍ノ有。官十」（20オ）
余人立交了。　平等院一切経供養ニ、殿

下御出ノ之時ハ、侍恒代ニ交事アリ。

一〽新撰鞨鼓譜　八声

阿礼声　諸序吹弁ニ調子等之時、打之。

延八拍子打（譜）塩声

早八拍子打（譜）砂声

六拍子打　（譜）織錦声

早八拍子上打（譜）大曷声」（20ウ）

延四拍子打（譜）泉郎声

甘州拍子加時（譜）小曷声

早四拍子打（譜）瑠声　但、蘇合急、可用。加拍子時、甲普用。

一〽鉦鼓打譜

早八拍子打（譜）

延四拍子打（譜）但、楽延時、是可用。

早四拍子（譜）但、楽早時、是可用之。」（21オ）

加拍子時（譜）三台之急、加拍子時（譜）

陵王乱序（譜）又（譜）

安摩（譜）囀合打（譜）

太声（譜）

一〽笙笛家秘曲立次第但当九品。
上々品、大食調入調。　上中品、平調入調。
上下品、荒序。　中上品、皇帝。　中々品、
団乱旋。　中下品、万秋楽。　下上品、」（21ウ）
蘇合、甘州只拍子、大食調々子等。　下中品、
春揚柳、夜半楽　勇勝夢説　釼気
褌脱　最涼州等。　下々品　輪台
青海波　音取　吹渡　蘇莫者　音取
蓮花楽　小娘子八拍子説　王昭君八
拍子説等。　已上頼尊口伝。

一〽万秋楽十二異名
菩提樹下楽　見仏聞法楽　滅罪生善楽　生天得早楽」（22オ）
慈氏一寿楽　慈尊豊徳楽　真如妙理楽
妙法知《和イ》解楽　諸仏歓喜楽　神祇納受楽　聖衆遊戯楽
諸天影向楽
又説　大和万秋楽　金性万秋楽　慈尊万秋楽　曼陀々々々
玄歌々々々　元老々々々　唱歌々々々　神仙々々々　仙歌々々々
見仏聞法楽　慈尊万徳楽　菩提樹下楽　或説無下

九箇異説者　慈尊万秋楽　仙家万秋楽　金商々々々
大和万秋楽　紘歌万秋楽　神仙々々々　唱哥々々々　曼陀
々々々　元老々々々」（22ウ）

一〽鞨鼓日記

鞨鼓、笛長一尺、今一分□延□リ、播《ハチ》ノ長ハ一尺二寸也。
但、此図ニ今ノ事也。又有説、笛ノ長也。又或説ニハ、一
尺四寸也。以テ二大方一ヲ可心得一。調《シラ》メ縄ノ皮ハコトイノ牛ノ
クヒ皮三尺ヲ輪テ延テスル也。又曷鼓ノ皮ニハ鹿ノ
皮ヲスル也。

阿礼声調子、塩短声序、大揚声八延、瑠声八中
沙声八ノ早《ハヤキ》、織錦声六、泉郎声四延、小揚声四早、

〽凡鞨鼓ヲハ調子ニ張合スヘシ。但甲音ニ難叶一之時ハ、」（23オ）
乙音ニモ可調メ合ス之一。　一説ニハ必シモ不可伺《ウカヽフ》　調子ヲ
以右二取枹《ハチヲ》一張之。笙調子吹之間ニ、張合調子ノ
音一ニ。未吹出笛調子一ヲ之前ニ、可打音取一也。
（譜）伽陀ノ付物ニ用二此ノ音取ノ曷皮一ヲ、可秘々々。但終ノ段ノ廻向ノ伽陀ニ用之一也。終ノ三字付也。

〽調子之鞨鼓、自笛ノ第三之句一打諸来甲乙一。緩
急之音、可受口伝一。至テ二還付処一、加請未細打

留。〽序者、自笛ノ第三《二イ本》句一始打之一。但非可輙
存一。練習之後、故実表者歟。
凡莫披枹勿令不正。」一（23ウ）
〽調子　只拍子ノ様ニ打之。
（譜）
（譜）
〽序
（譜）
（譜）
〽八延
〽八中（譜）」一（24オ）
〽八急（譜）
〽四延　四甲　〽六（譜）
〽七（譜）
○金石糸竹匏土革木謂之八音。
〽匏
〽笙　礼記云、女媧《クワ》造笙簧。尺名云、笙者生也。象物貫

地而生。又箄《タン》也。呉都賦曰、姚テウ笙象箄。
遊方問録云、竹為簫、匏為笙云々。図云、長一尺」（24ウ）
八寸、囲七寸。十九管匏俗云、豆保、以瓢《ナリヒサコ》一為之一。
斗《ト》ト《ホ》ク者於宋朝絶了。仍除其竹一
了ヌ。亡也《ヤ》者於本朝一絶了。雖不及去
竹不立舌一ヲ。

〽笙宝物
大蛸界絵《オヽキサヱ》　小蛸界絵《コキサヱ》　雲和唐山名　法花寺
不不替《イナカヘシ》或ハ不替。本主唐人不替于千石。小笙　秋夜　交《マセ》丸
橘皮昭宣公、褐冠時、自情《セイ》和天王一給之。」（25オ）
〽笛　大水龍　小水龍天暦宝物也。　青竹葉二
柯亭《カウテイ》唐所名。　讃岐　中管　針打《ウチ》　庭筠《クチ》
〽琵琶　玄上　牧馬延喜聖主比巴也。井手延喜孫ノ五宮子愛宮《斎院》中人、ヒハ伝。今在宇治宝蔵一。
小比巴後冷泉院宝物也。謂橋三条式部卿宝物也。以謂水橋一作之。　無名上東門院宝。済政三位、三条亭□□御座之間、焼失了。
木絵
〽和琴　井《キノ》上　鈴鹿《スヽカ》　朽目《クチメ》　河霧《カハキリ》元上東門院、後在殿下。
斎院　宇多法師寛平法王御和琴也。
〽箏　大螺鈿《ラテン》　小螺鈿　秋風　塩竈」（25ウ）

○〽三鼓　黒筒《クロトウ》薬師寺宝物也。　神明寺

〽十二調子　笙笛注之。

平調律乙者甲音一者乙音　下無調、又龍吟調律丁甲工乙

鳧鐘《フシヨウ》調律美甲亡乙　黄鐘調律乞甲乙乙

盤渉調律一甲丁乙　上無調、又鳳音調工甲美乙

壹越調呂几甲乞乙　鸞鏡調呂亡甲斗乙

勝絶調呂卜甲比乙　双調呂十甲九乙」（26オ）

断金調呂斗甲卜乙　神仙調呂比甲十乙

○金世十二調子

平調　性調　道調　盤渉調　黄鐘調已上律。

一越調　一越性調　沙陀々　大食調　乞食調

水調　双調

○六律

平調　道々　性々　盤々々　黄々々　角々

六呂

一越調　沙陀々　双々　水々　大食々　乞食」（26ウ）

一順次往生楽次第可調平調。

慶雲楽拍子十大国楽也。大国ノ法ハ食事之時、奏此曲一ヲ。大国ニハ
飲鬼食鬼ト云ニモ有鬼、取用フ人食一ヲ。又悩ス人一ヲ。楽聞
此楽音曲一ヲ後、鬼神去七十里。以此楽世人於我朝一ニ慶雲
年中作之。極以垂害也。慶雲年中ニ自大国来、以号両
鬼楽一ト。我朝以名慶雲一ト。同日記、新楽無舞一。拍子十、
又説、終帖打三度拍子。
弥陀保土一介乃一知加比一多乃一毛之美奈一比土一古乃一、次惣礼。
次導師着座。次唄、散花。梵音　錫杖　次如前、可調平調。
是則法用之間、調子之音声少許違乱故也。　次読式文。
伽陀、次音楽、想夫恋拍子十急。次表白。想夫恋。」（27オ）
記云、昔唐土ニ有一女人、号無比女。本夫号有量勝。離別彼女、
相具今他妻。其時、彼土以琴弾之。本夫門辺ニテ聞之、捨他
妻、還本妻一ニ。故ニ号想夫恋一ト也。
皇鑾者、記云、大国楽也。音生公ノ所作也。国王御職位之時、奏ス
此曲一ヲ。二三四五六七帖、大国之皇章開元之時、絶了。
　第一段　伽陀。次音楽。万歳楽。次催馬楽。准青柳音。
万歳楽者、記云、我朝楽也。用明天王御職位之楽也。天皇御作云々。
賢王ノ時、鳳凰来囀声也。件鳥音者、賢王万歳ト囀也。

第二段　倍臚。　准伊勢海音。

倍臚者、記云、大国法者、清舎日、出リ陳之内ニ一、奏此楽一。死主以此楽音曲ヲ一、知之也。此楽七反、楽音ニ有リ舎毛《モノウツ》ノ音《イキ》。我陳即勝テ、怨陳即破ル。若無ハ此音、我陳即チ破テ、怨陳」（27ウ）即勝ツ。我朝日本国之上宮太子、破シ二守屋死陳ヲ一之時、奏此曲ヲ一。有テ金毛ノ音一、害守屋之ハシノ顕仏法之威験ヲ一。本是胡国楽也。八《ヤ》多羅拍子ト云拍子也。只拍子ノ少シキ早キ也。

第三段　太平楽破。　浅水音。

記云、太平楽、大国楽也。於彼土ニ一、号武性楽ト一。為害怨家ヲ一作此舞楽ヲ一。

第四段　三台急。　何為。

三台者、記云、大国楽也。三月之内薗日、帝王儲君姓女三仁三之台ニ后ノ以此ノ舞楽ヲ一始食ヲ故、為号一也。

第五段　裏頭楽。

裏頭楽ト者、記云、大国法、払蝕之時、頭ヲスキモノニテ裹、払之。仍為名。羅綾、或綿裏花、或以鉄甲裹頭。故名裹頭一也。」（28オ）大国ニハ百年ニ一度、金沙国ニ大蝕数千万来テ、害損人ヲ一也。其時奏此曲ヲ一、彼蝕皆死ト云々。

第六段　甘州。　走井。

甘州者、記云、国名也。彼国海ニ有リ竹一。名甘竹一ト。笛竹也。件竹之根ニ毒蛇多ク満テ、切事能不得、至レハ即死ス。楽ルニ奏此曲一ヲ、乗舟一ニ来者、彼毒蛇不害人一ヲ也。金翅鳥鳴声也。仍恐怖ヲ不発害一ヲ也。

第七段　郎君子。　更衣。

老君子者、記云、我朝天王之隠君子御所作楽也。故名君子一ト。隠君空以老御太子也。彼所作故以為号一ト了。

第八段　廻忽。　飛鳥井。

廻忽者、記云、昔、大国大一大臣、号四貴養成《セイ》。彼ニ有父、曰」（28ウ）大忠連一ト。忽ニ受病一ヲ死滅。経ヘテ百ケ日一ヲ、彼臣至テ昔ハ工カ墓ノ辺、以作一之楽一ヲ、以琴一ヲ弾之。至七返一ニ之時、彼死骨息生リ廻墓一ヲ。仍名廻忽一ト。

第九段　五常楽破。　道口。

五常楽者、記云、大国楽也。礼儀公作之。此楽音曲、以仁義礼智信一ヲ為宗一ト、号五常楽一ト。同記云、序拍子八、吹二反一。次詠四度、詠間吹三度。破、拍子十六、可吹六反一。急拍子八、可随舞。新楽、有舞。詠、本是三段、有六句。而依近代所用

略、注記之。序吹畢後、欲吹破一之時、舞人詠之。嘆
仏音而感。次楽人聊奏。（笛譜）
次、舞人有詠、如前。　次楽人奏楽、如前。次舞人有詠之。」（29オ）
報恩志欲申。次楽人聊奏楽。（笛譜）
（笛譜）次舞人有詠云、
願祷宝暦率儛賀　弘仁天歓五聖。次楽人奏楽、吹破六反。
　廻向段　蘇合急但可渡平調。次略神分。少祈願。
　　　　次六種回向。
　　文永二年甲午十二月十五日、延暦寺沙門真源記之。
　　於東院南塔勝陽草庵、草集之了。
一輪鼓褌脱者、記云、大国楽也。怨国武諍来時、奏此音曲ヲ一。親王
紙々御譜ニハ、三拍子説也。非三拍子一者、非輪鼓褌脱一。号春
木楽一。八多羅《ヤタラ》拍子。ヤタラ拍子ト者、只拍子ノ少シキ早也。
平拍子ハ然レハ他楽也。」（29ウ）
一大鼓口伝　惣礼、伝供等ノ楽ニハ、不加拍子ヲ一也。
又、諸楽ノ慎句ノ拍子ヲハ、壺ニ不打一、必ス楽ノ終ニ打之一。
是ヲシトネ拍子ト云也。柔《ヤワラカニ》《ヤワラ》打也。
〽又新楽モ、船楽ノ時ハ古楽ニ准テ大鼓ヲ搔《カク》ヘシ。〽又万秋

楽ノ破等ノ新楽モ、一鼓ヲ用時ハ搔ヘキ也。〽又道行、或重楽ヲモ吹テ舞ノ入時ハ、舞人向楽屋ニ之時、加拍子一。是常説也。

〽又乱声ノ大鼓ノ初ニ妻校《ハチ》三打。抜頭、林哥等ノ久乱声ニハ打切《キリテ》打改也。但二度ニハ不可過《スク》一。

又乱序ハ（譜）陵王、還城楽ノ大鼓ハ」（30オ）聊カ替《カ》ヘテ可打也。〽陵王ハ如上注、還城楽乱序ハ（譜）云々。或同様打之也云々。〽又諸ノ小楽ノ一拍子ニ上ヲ下オリ、楽、或ハ罷出音声ノ時ハ、三度拍子上ヘシ。

〽凡大鼓ヲ打法、必笛吹ニ初拍子ヲアツヘキ由ヲ約束スヘシ、設《タトイ》本ヨリ存知シタレトモ、必可有此儀一也。〽大法会等ノ時、弁広《ヒロキ》所ノ打様、講莚等ノ狭《セハキ》所ニテ打様、可替一ル。〽又大鼓ニ強《ツヨク》弱ヨハク槌《ハ》チヲアツヘキ故実等、能々存知スヘキ也。不シテハ向大鼓□一委ク難シ注一シ。所詮師伝ヲ能々」（30ウ）習極メテ、造次ニ手ナルヘキ也。

十二拍子ノ大鼓ノ三説。

〽鐺ハ五常楽急、　水際ヲ古鳥蘇等ノ延タルニ有。

荒序　四方八方口決　已上実延口伝是南都浄土院口決。

于時文保二年戊午八月十五日、　於河州天野金剛寺無量寿□

書写了。　禅恵春秋三十五才

応永廿六年八月廿八日、　於天野大門坊書写了。

長爾三十一才」（裏表紙見返）

（中原香苗）

琵琶秘抄

鞨鼓ノ音取ヲ打、篳篥三句ハカリヲ吹テ、笛調子ヲ吹。此間ニ琵琶ノ撥合ヲ弾。若笛ノ音取吹間トヲ調出トイフトモ、笛ノ調子ヲ吹サラム以前ニ撥ヲ不可弾。又調子吹ハテ、後、ナヲ撥合弾コトナシ。調子ノ間ニ可弾合モノナリ。若シ調子トクハテハ、撥合ノ中ノ詞ヲ一句略スヘシ。是最秘ノ口伝也。」（1オ）近代、篳篥モ笛モ音取終テ、ヤカテ調子ヲツヽケテ吹事、無法礼ナリ。故実ニハ、シカストイヘリ。又、比巴ヲ可調事、イタキ取テ、撥面ノ中ヲ膝ノ中心ニアテ、下ヲスコシノケテ、我身ト槽《コウ》トノアヒヲイサヽカスカシテ袖ノ中ニ落帯ノフクラミヲ入テ腹ヲ杉《本マヽ》ニ

ヌキテ其絃ヲ其音ニ合セキカセテ、ヤ、シノ」（1ウ）
ヒシノヒテ調フヘキナリ。調ヘ合スル間ニ多ノ
子細アリ。カキツクシカタシ。皆口伝ヲウケテ
練習スヘシ。吉々調合テ後ハ、七撥ヲシテ撥合ヲ
可引。比巴ヲイタク間将々ノ子細アリ。又様々
一ニアラス。袖ヲコメテ袖ヲシク事、又西桂ノ
両説同シカラス。是ニ付テ是ヲシルサハ不可
勝計ス。皆由緒子細アリトカヤ。委事ハ人ニモ」（2オ）
御尋アルヘクヤ。

一　絃付事

笛吹出テ後、大鼓ノ初拍子ノ後、付ルナリ。
笙ハ必ス初拍子ニ付ク。是モ初拍子早クアタル
楽ナムトヲハ、第二ノ拍子ヨリ付ル事モアリ。
是故実也。打物ナキ時ハ、笙ヲマチテ付ル也。
絃ハ二三句モサカル、ツネノ事ナリ。大楽ノ」（2ウ）
時ハ何レモ一度ニ止マル。管絃ナムトニハ先大鼓
止マル。次ニ鞨鼓トマル。鉦鼓ニ付ルナリ。次笙トマル。
次笛、比巴、箏。篳篥ハ後マテ残ルナリ。ト、マル物、

楽ノ終ニト、マラス、楽ノ初ニ吹モ弾モカケテ止也。
猶数返モセムト思時、楽ノ終ニ又是ヲ付ク。但シ
久シキ時スヘカラス。彼ヲ賞スルヨシ、是ハ口伝也。
但シ、絃モ人ニヨリ事ニシタカフヘシ。タ、箏一」（3オ）
ヨハ〳〵シキ人ナムトノ引時、コノ事不可有也。
又イソキタル事モ出来キテ、楽トク終ラハヤナト
満座思タル時、カヤウノ事ハ故実ナキ事也。
ヨク〳〵可存知ス。スヘテ物ヲ残ス事、其人ニ寄ヘカラス。

一　舞楽座事

調子ナニト云事ナシ。大法会ニハ、乱声ヨリ事
始テ、僧衆行道ス。法用ノ登楽ナムトニハ、絃」（3ウ）
付ル事ナシ。入調ト云ヨリ引物ヲ調ル也。大楽ナ
ムトニハ、調子ヲ吹コト有。引物調タリト云トモ、撥合ヲ
不可引。遊声ニテモ道行ニテモニハカニ吹出ス時、
撥合引カケツレハ、アシキ故ナリ。笛ノ音取ヲ
待テ、絃ヲ調ル、管絃ノ座ニ取テノ事ナリ。舞ニハ
音取ニ付ケテ楽ヲ吹ニ依テ、兼テ調ムルナリ。
但シ調子ニテ出ル舞ニハ、笛ノ後調テ、撥合ヲ可」（4オ）

引。舞台ニ昇リテ立定ヲミテ弾止。

一　舞ノ出ル度コトニ作法カハルナリ。シカリト云トモ、是ヲシルサス。

一　琵琶ニリム説ナムト云事、ユメ〳〵有ルヘカラス。箏ニハ少々スル所モアルヘシ。其モコタ《本》レテスヘキ事ニハアラス。ヨク〳〵口伝ヲウクヘシ。但伶人ウチ乱レテ、或ハ比巴ヨリ引、笛ヨリ付、箏ヨリ引テ」（4ウ）

（二丁分落丁）

タトヘハ弓箭ニタツサハル兵ノ、甲冑ヲヨロヒテ敵キノ陣ニ臨メルカコトシ。ヲロ〳〵カヤウニウケ給ハレトモ、コマカニハ覚ヘス。手ニハ大撥マツ所引ワケカキツヽケ、サマ〳〵子細アル物ナリ。譜ナムトニテ引ヘキ物ニアラス。習ヒ受ケテ後ニ必ス千反引ヘシ、トカヤ。

一　抑琵琶ノ我朝ニ弘マリケル事」（5オ）
仁明天皇ノ御宇、承和第二ノ年、美作守藤原貞敏ヲ遣唐使トシテ、是ヲ習ヒニソツカハサレケル。其サキニモ聞ニ楽十二三引人アリケレトモ、譜モナク曲モナシ。タヽ形ノ如クノアヤツリナリ。貞敏ハ刑部卿従三位、継彦ノ第六ノ子也。清陽天性ヲ承テ、ヨノ音楽ニフケル。琴ヲ弾シ、箏ヲモ学フ故ニ、ツカハシケルナリ。」（5ウ）大唐ニ琵琶ノハカセ廉承武ト云人アリ。開元寺ト云所ノ内ニ堯材館ヲシメテ、スミ給ケリ。勅使コヽニ尋ネ到リテ、承武ニ謁ス。勅答ニ及ハス、直ニ比巴ヲ授ク。又砂金三百両、承武ニアタヘツ。承武云ケレハ、往キ来テコトヲ貴。スナハチ相伝ト云テ、調二三授ク。ヤヽタシナミテ、終ヒニ数曲ヲ学フニ、骨アリ。一ノ事ヲ聞、十ノ事ヲサトル。承武」（6オ）アヤシミテ、汝カ師誰人ソ。モトヨリ妙ナル曲ヲ学ヒタリヤ、トヽヒケレハ、貞敏云、我ハ是無祖師。重代ノ家ノ風也。更ニ他ノ師ナシ、ト答フ。重云、我一人ノ女メアリ。タテマツラムト云。答云、一言是ヲ承ル、故ニ千金カヘリテ軽シ、ト云テ、即アヒテムケル。彼女メハ、琴ノコトナントモヨクヒキケレハ、曲アマタ習テムケリ。双水盤ノ三調ハ、即此時ノ秘調也。サテ」（6ウ）

明クル年ノ春、トモツナヲトキテ古郷ノ人帰ナムトス。別レノ涙タ袂ヲウルヲシテ、コレ人ノ心悲嘆ス。承武カナシミニタヘス、紫藤紫檀ノ比巴各一面ヲ与タフ。今ノ玄上牧馬、是トカヤ。貞敏帰朝ノ後、勅アリテ神仙宛ニ心ヲシメテ、文徳ノ帝、藤原ノ興風ヲ以テ、曲ヲ授ケサセラル。又清和ノ御門、儲ケノ君ニヲハシマシ、学フ。其曲トモヲ伝ヘナラハ」（7オ）セ給フ。又角宮《本マ、》ニ授ケ奉ツル。三代ノ御門ニ仕ヘテ、貞観六年ニウセ給ヒヌ。歳六十一。已上周吏ニ見タリ。又横笛ノ調子ヲ今ノ琵琶ニ合ハセタル事モ、此人ノシワサトカヤ。

一　妙音院殿、仰ニハ、比巴ハ極メテ大ツヒニ相構ヘテヒカムト心ニカクヘシ。サタニモ思ヘハ、自然ニ妙ヘナル事ナリ。声ハ大鼓ヲスハエ□テ打カコトシ。又小石ヲ」（7ウ）以テアキラカナル障子ヲ打様ニ聞ユヘシ。琵琶引ニ云、太絃ノ音ハ村雨メノコトシ。小絃ノ音ハサ、メコトニタトヘタルニ、又玉ノ盤ニ、大珠小珠ヲウチ散《チラ》スカ如シ。又銀ノ瓶子ニ水精ヲナケ入ニ鉄ヲツキイタスト云ヘリ。サレハヨク〳〵キラメキテ大ナルヘキ物ニヤ。我ソノカミ此文ヲ読シカトモ、何ト思ヒワク事ナカリキ。此道ニ入テ是ヲ思フニ、比巴ヲ引クヘキ」（8オ）肝心、タ、此事ハカリトソ覚ヘケル、トカタリ申サレケルナリ。比巴ヲハ構ヘテ〳〵ヲソハヤカニ引クヘキナリ。其道ニヨク〳〵入ナハ心ウヘシ。蘇合ノ破ヨリ急ニ移ル所、輪台ヨリ青海波ニナル所、右ニハ納蘇利ノ破ヨリ急ニ移ル所、是等スカタヨク〳〵存知スヘシ。大方ハ、時儀ニ依テ延タル楽ヲシツメ、早キ楽ヲ延ル事、々ニ随カヒ様ニ依ルヘケレトモ、是等ハ」（8ウ）カキリアル事ニテアリ。急アリ。破ニテコトニキ、ワカスト申サレケリ。

一　柱付ル事

是ハ細工ノイロハヌ事ナリ。絃カケ柱ツクル事ハ、ムネト引人ノスル事ナリ。黄鐘調ニテ付ハ先四柱ヲ付テ甲乙ニ調ヘヲシテ、コクヲ同音ニ合ス。次一柱ヲ付ル事、乙八ヲナラシテ同音ニ合ス。二三ノ柱ヲ分、」（9オ）半ハカリツ、ヲトシテ付ルナリ。四柱ト腹ノアハヒ四分ハカリ。但シ音ノ様ニ依ルヘシ。頸ノソリヲスコシタル比巴ハ、心外ニ頸ノチカフナリ、其等ハ沙汰ノ限リニ非ス。又柱ヲケツル事、カキツクシ難シ。口伝ニアリ。又木ノ目ヲムクル事、西桂両説同シカラス。皆相ヒ伝タフヘシ。」（9ウ）

琵琶袋ヲ調ニ四ノ様アリ

第一ニハ、先式ハ双六ノ調度袋ノ様ニタツ。長サ一丈ニタチテ、ヲモテシテヌフナリ。ヌイタテ五尺ニ当ル。広サハ錦ノハタハリナリ。ヌイヲハリテウスヒラ」（10オ）組《クミ》ヲシテ、ヌイメニヲシマハス。クミノ長サ一丈二尺、一方ヲワナニクミ、両方ヘヲシマハスナリ。緒二スチ付ヘシ。上ノ絃ハ大緒フトカルヘシ。長三尺、頸ネツキノ程ニ付ル緒ハ、スコシホソカルヘシ。長二尺、裏ハ唐綾シロキ或ハ黄、或ハ青シ。或ハ紫キ。面ノ色ニ随カフヘシ。此等ハ式ナリ。一説、寸法ハ是ニタカハス調様モ同クテ比巴ノ落帯ノフクラミノ□ハカリ比巴ノ様ニ□ロメテ」（10ウ）スル説アリ。是ハ経信殊ニ是ヲ好ミテ用ルトカヤ。

但シタテタル時、ミメノワロキ也。
一説、琵琶ニスコシモタカヘスタチアハセテ、頸ヲモ
細ク、半手伝手ハ一トヲモテ、ヤカテウチヲ、カヤウニ
タチテ、狩衣ノヒホノ様ニヒホヲ入テ、四ノ方ニ四所、
半手ノモトニ二所付ル様アリ。此ハフセクミスル様也。
此説、最秘説也。此ハ裏方ニヒホヲハスヘシ。常ニ此説ヲ」（11オ）
モチヰラル、事ナリ。
一説、コノ略スル袋ノ体ニタチテ、比巴ノアツサニ
カハヲタテ、調事アリ。」（11ウ）
今説ハ今出川殿ヨリ出来タルトカヤ。昔ノ説ニ非ス。
此外別子細ナシ。
琵琶ヲ袋ニ入ル様ハ、袋ノワナヲ前ニムケテ入テ、緒ヲ
内ノ方ニユフナリ。袋ノ様ニヨルヘシ。
　本云此抄随分雖令秘蔵、聊有子細、所令相伝
　也。更々不及外見。」（12オ）

撥面塗事

ヨキ日一日ニ三度ヌルヘシ。朝夕日中、サテ四五日ホスヘシ。

又先ノ如クヌルヘシ。如是百度ヌルヘシト云。サテ絵ノ時、コフノリヲ煎シ出テ、一度ヌルヘシ。又コキ□□一度ヌリテ、ウスニカハヲ其上ニヌルヘシ。サテアラム□テノ時ハ、夕立ノ雨ニチトアテ、、ヤカテ日ニツ□□ホスヘシ。ヤカテヤムヘ□□□見ヲホセテアツヘシ□モ」（12ウ）

（中原香苗）

解題

第三巻「儀礼・音楽」概要

本巻には、金剛寺聖教のうち、儀礼・音楽に関わる資料二十一点をおさめる。以下に、収載順に概観する。

なお、約半分を占める音楽資料のうちでも笙・龍笛・篳篥の楽譜については、当寺で施行された法会儀礼とそこでの奏楽の実態を考えるため、〈付説〉において検討する。

一　即位儀礼関係資料

前近代の天皇の即位に際して修された「即位法」あるいは「即位灌頂」と称される仏教儀礼には、天皇不在の場で寺家が修する「即位法」、即位式に先立ち天皇に印明（秘印と真言）が伝えられる「印明伝授」、即位の場で天皇が自ら修する「即位灌頂」がある。このうち本巻には、金剛寺に所蔵される「即位法」についての資料『御即位印信口決』二点と、「印明伝授」についての資料『御即位大事』二点を収載する。これらは、いずれも室町期の書写である。

『御即位印信口決』は、金剛寺で伝授されていた即位法に関する文書で、掲載した二点は同内容である。このうち応永二十七年（一四二〇）の奥書をもつものは、寺家に伝えられた即位法テクストの実例として知られているが[1]、全体の書影が示されるのは今回が初めてである。ここには他の真言寺院に伝わる即位法関連資料と同じく、伊勢神宮に関わる説が見え、それらの説は、『天照太神口決』『鼻帰《びき》書』といった中世に行われた両部神道の説を伝える諸書にも秘説として記されるものである。金剛寺蔵『御即位印信口決』は、こうした説々が密教寺院において実際に伝授されていった歴史を伝える貴重な遺例である。

『御即位大事』二点も同内容で、「智拳印」などの四種の印と、対応する摘句が記されている。摘句は『法華経』所収の偈によるが、天台宗の僧によって書かれた『総持抄』にも類似の内容が見える。真言宗寺院に伝わる資料でありながら、天台の言説と重なる内容を持つ点は、注目される。

二　『〔日中行事関係故実書断簡〕（〔釈摩訶衍論科文〕紙背）』

『〔日中行事関係故実書断簡〕』は、蔵人の日中行事に関わる資料である。本資料は、「釈摩訶衍論科文（科図）」（仮題）の紙背に記され、鎌倉期をさかのぼる書写とみられる。平安時代の蔵人の日中行事の故実を記した『侍中群要』、東山御文庫蔵『日中行事』等と関連の深い内容をもつ本書は、平安時代の故実の面影を伝える有職資料として価値が高い。

三　講式関係資料

講式関係資料として、『十種供養式』『水分講式』『龍王講式』『弥勒講式』『涅槃講式』と、『水分講式』『龍王講式』に関連する説草『神泉薗事』を収載する。

『十種供養式』は、末尾を欠くものの、安居院流唱導の祖である澄憲（一一二六―一二〇二）の撰述と推定される。鎌倉時代後期の書写と目され、この系統の伝本としては最古のものである。本書は、平安時代末期から鎌倉時代にかけて隆盛した『法華経』に説かれる十種の供具をもって仏に供養する如法経十種供養で用いられた式文である。説法の名手とされた澄憲作の表白や願文に通じる文体で記されており、製作状況をうかがわせる記述も見えることから、当時の貴族の信仰や文化圏を考えるのに際して重要な資料である。

『水分講式』『龍王講式』『弥勒講式』『涅槃講式』、説草『神泉薗事』の五点は、金剛寺とその周辺における信仰と結びついたものである。

『水分講式』は、多くの金剛寺聖教を書写した第二十一代学頭の円爾（一三六六―一四五五）が、明徳三年（一三九二）、二十六歳の折に書写したものである。本講式では、金剛寺に隣接する水分社に祀られた水分明神の縁起を語り、鎮座した土地や本地仏の功徳を説き、勧請諸神の徳を讃歎し、廻向の功徳を述べる。本講式によって、中世を通じて金剛寺が水分社と密接な関係を保ち、その法会儀礼を担ってきた状況がうかがわれる。

『龍王講式』は、室町時代中期書写の講式で、嘉元三年（一三〇五）に第九代学頭忍実（一二五〇―一三一九）が起草したものを、延慶三年（一三一〇）に書写したとの奥書を有する。延慶三年の旱魃時に、金剛寺において龍神を本尊とする請雨の法会が行われた際に用いられたと推定される。これにより、鎌倉時代から南北朝期における金剛寺が、河内一帯の旱魃の際に請雨の役割を担っており、学頭自らが草した講式によってその修法を行っていたことが知られる。また、講式本文中には、天長元年（八二四）の空海による神泉苑での請雨法挙行の逸話がつづられている。講式の式文中にこうした説話が詳細に記される珍しい例として、また鎌倉時代にさかのぼる空海請雨伝承の例として注目される。

『弥勒講式』は、冒頭を欠くものの、内容より貞慶（一一五五―一二一三）作と判断される、延宝五年（一六七七）書写の講式である。奥書に南朝方の年号である興国六年（一三四五）を用い、瀧尾弥勒堂にて修されたとあることから、南北朝期に河内一帯で施行された弥勒関係の法会の拠るべき講式台本であったことがうかがわれる。また、本講式は、貞慶著述講式の後世への影響と享受の様相を示唆する資料と位置づけられる。

『涅槃講式』は、よく知られている明恵（一一七三―一二三二）作『四座講式』中の「涅槃講式」との関わりを有しつつ、『四座講式』に含まれるそれ以外の講式（「十六羅漢講式」「遺跡講式」「舎利講式」）の文言をも式文中に引用するという特徴をもつ。金剛寺本の奥書から、文保二年（一三一八）に頼心（一二八一―一三三六）が東大寺東南院で書写し、それを元亨元年（一三二一）に第十三代学頭禅恵（一二八四―一三六四）が同院で書写したものが金剛寺にもたらされ、室町時代後期の永正十六年（一五一九）に、第二十七代学頭の成範（一四七七―一五四一）が書写したことが知られる。禅恵は、頼心記集の聖教を多く書写しているが、本講式は東大寺東南院における禅恵の書写活動と軌を一にするとともに、禅恵書写本の金剛寺への伝来の具体相を示すものでもある。これを金剛寺で書写した成範は、禅恵自筆本の書写や根来寺由来の聖教を書写するなど、室町時代後期の金剛寺聖教形成の一翼を担っていたが、本講式は成範のそうした書写活動に連なるものと評価される。

禅恵が書写に関わった資料として、『往生講式』『舎利講式』の断簡がある。両者の奥書には、当時の学頭であった禅恵が、正平十八年（一三六三）九月六日に『往生講式』、翌七日に『舎利講式』を書写したとある。禅恵による両講式の書写は、九月八日の禅恵母の命日に向けての追善法要に供するためであったと推察される。

　これら本巻収載の講式類の奥書を検討することで、講式類の書写が金剛寺学頭と寺僧の書写活動の一環としてあったことが理解される。ただし、そうした書写活動の中には、禅恵の『往生講式』『舎利講式』書写に見られるように、私的な仏事等に供する目的でなされたものもあった。

『神泉薗事』は、室町時代中期書写の、二折が残存する折本の断簡である。神泉苑における空海の請雨と修敏（守敏）との験くらべの逸話を記した、唱導の台本として用いられる説草とみなされる。右の説話は、前述の『龍王講式』に記される空海伝承の類話である。本資料により、神泉苑での空海の請雨が、請雨法の濫觴として金剛寺において単独で説草として語られていたことが示唆される。金剛寺には、説草がほとんど見出されていないことから、本説草の伝存は貴重である。

四　『〔胎内五位曼荼羅〕』

『〔胎内五位曼荼羅〕』は江戸時代初期の書写と推測され、首尾を欠くため全容は不明ながら、前半に胎児の成長と出生後の様子を死後の中陰と重ねて説明する話を載せ、後半には「趙州獄話」と題する話が記されている。前半部は、京都大学蔵『生下未分之話』に一致する。『生下未分之話』の内容は、胎児の成長過程を示す十月に、出生後の忌日を合わせた十三の段階に、本地としての十三仏を配置して説明を加える胎生論であり、金剛寺本は『生下未分之話』の冒頭から「五月目」の本文を欠く。後半の「趙州獄話」は、中国の僧・趙州従諗の語録に採録された問答や地獄と人間誕生の関係についての説など、前半部と密接に関連する記事を有する。すなわち本書の内容は、密教を基盤とする胎内十月図と、禅の語録が結びついたものと解され、本書は真言寺院である金剛寺での禅の受容を示す資料といえる。また本書は、全体を通して仮名法語的な文体で記されており、古浄瑠璃『熊野之御本地』などに見られる胎内十月図への展開も見通せるなど、文学史的にみても興味深い資料である。

五　音楽資料

本巻には、金剛寺聖教のうち音楽に関連する資料として、楽器の奏法や演奏についての故実などを記した楽書二点と、楽譜類など七点のあわせて九点を収めている。ここでいう音楽とは、いわゆる雅楽に属するものをいう。こうした資料が金剛寺に伝来する背景としては、当寺にとって音楽が大きな意味をもっていたことが考えられる。

金剛寺と音楽との関わりは、南北朝期に見出せる。南北朝の動乱の時代、当寺は南朝の拠点の一つとされ、正平年間には南北両朝の天皇・上皇の行在所となった。南朝の後村上天皇と北朝の崇光上皇は、ともに金剛寺寓居中に琵琶の秘曲伝授を受けていることが知られる。[2] また後村上天皇は、毎年三月に行われる御影供の舞楽料所として備中国草壁荘西方地頭職を正平九年（一三五四）十二月に寄進している。[3]

明治期の金剛寺の宝物目録には、琵琶・笙・高麗笛などが記されているが、このうち琵琶三面（銘雷神・松蔭・竜門）、笙一管（銘鈴丸）には、「正平年中後村上帝御寄附伝来」と注されている。[4] 金剛寺には、後村上天皇よりたまわったと伝える楽器が所蔵されていたのである。現在も当寺には、「鈴丸」の銘がある笙一管のほか、琵琶三面・箏一張・笙一管・鞨鼓一基などの楽器が残されている。[5] こうしたことからすれば、金剛寺と音楽との関わりは深いといえ、当寺に音楽についての資料が伝来したのには、十分な理由の存したことが知られる。

　本巻収載の音楽資料のうち、先に楽書二点について述べる。

『諸打物譜』は、禅恵が文保二年（一三一八）に書写したものを、長尓が応永二十六年（一四一九）に書写したとの奥書を有する。禅恵は、正和三年（一三一四）三月十六日に行われた金剛寺大門供養にともなう舞楽曼荼羅供において、「笙笛随一勤仕」したと自ら記している。[6]「随一」が笙の第一奏者であったことを意味するならば、舞楽曼荼羅供という大規模な法会において、禅恵は筆頭奏者を務められるほどの技量の持ち主であったと推察される。

『諸打物譜』は、禅恵がそうした音楽的素養を有していたことから書写されたものであろう。本書には、雅楽演奏に用いられる打物、すなわち打楽器である太鼓・鞨鼓・鉦鼓についての故実や口伝、楽譜等が記され、加えて住吉社周辺で伝えられた楽の秘伝や、音楽と声明の融合した儀式である『順次往生講式』に関連する「順次往生楽次第」、また南都興福寺の楽説などが見られる。このことからすれば、『諸打物譜』は、禅恵及び金剛寺と住吉社、南都などの寺社との音楽方面での交流を示す資料といえる。とりわけ、住吉社周辺での口伝や楽書の存在はこれまで知られておらず、本書によってその存在が明らかになった点は、意義深い。

『〔琵琶秘抄〕』は、琵琶に関する故実や口伝などを記したもので、室町時代前期頃の書写である。前述した金剛寺と琵琶との関わりから伝来したかと推測される。本書に記される遣唐使藤原貞敏の本朝への琵琶伝来説話は、鎌倉時代後期成立の『文机談』の説話と同内容であり、本書によって『文机談』所収話の類話が初めて見出されたことになる。両話の比較により、本書所収の説話が、琵琶の教習の場で師から弟子へと伝えられる「口伝」の世界をうかがわせるものであることが知られる。[7]音楽伝習の場において、「口伝」がどのような形で伝えられたのかがほとんど不明である現在、「口伝」の内実を垣間見せる説話を載せる『〔琵琶秘抄〕』の価値は高い。

表1　笙譜・笛譜・篳篥譜の収録曲

笙譜･金剛寺楽次第	笛譜	篳篥譜
平調		
慶雲楽登礼用之。只拍子	慶雲楽　登礼　〈只拍子／八拍子物〉大鼓五	
甘州由利拍子	甘州　脇楽　四拍子物〈間拍子大鼓／ヒキハチ十四〉	
五常楽八拍子物	五常楽　八拍子物　大鼓四	
三台急	三台急　四拍子　大鼓十七	
林歌右物ヨリ渡物。大鼓上テハ三度拍子。	琳歌　八拍子　大鼓十一	
皇麞急四拍子物	皇麞急　四拍子物大鼓二十	
鶏徳四拍子物、用下礼	鶏徳　下礼　四拍子　大鼓十	
陪臚只拍子、古楽〈大懺悔、五反目初切終ニテ吹留ル〉		
五常楽破〈八拍子物、由利拍子〉		
盤渉	盤渉調子	
採桑老只拍子、用登礼	採桑老　登礼　八拍子大鼓四	
白柱新楽、拍子九、或十。秘説	白住　脇楽　八拍子大鼓九	
三条拍子廿六、由利拍子	三枯　大鼓十三　／此外コメ拍子有	三之帖　八拍子
蘇合急拍子二十、由利拍子	蘇香急　四拍子〈間拍子大鼓九／此外コメ拍子〉	蘇香　四拍子
越殿楽拍子十二、新楽	越殿楽　四拍子　大鼓六	五之帖
青海波拍子十二、新楽、退出	青海波　八拍子大鼓十二	越殿楽大コ六ツ　四拍子
千秋楽八拍子、下礼用之	千秋楽　下礼　八拍子大鼓八	千秋楽　八拍子　下礼
五条拍子廿三		清海波　八拍子　退出
黄鐘調	黄鐘調子	黄鐘
		音取
		同調子
央宮楽只拍子、登礼用之	央宮楽　登礼　大鼓四	央空楽　登礼
海青楽脇楽	海青楽　脇楽　八拍子大コ十	海青楽　八拍子
蘇合急拍子廿、由利拍子	蘇香急　四拍子　大鼓八	蘇合　四拍子
鳥急三十二相讃歎ニハ二反用之	鳥急　八拍子　（三十二相讃歎ニハ初メフキ出ス時ハ／ロノ拍子十六ノケテフキ出ス）　大鼓ハ八	鳥之急　八拍子讃歎ニハ二遍用之
散金打毬楽三十二相ニ六反用之	打毬楽　八拍子　大鼓十二	打毬楽三十二相ニハ六遍用之八拍子物
拾翠楽急	拾翠楽　四拍子　大鼓十	拾翠　　四拍子
千秋楽下礼用之	千秋楽　八拍子　大コ八	千秋楽　八拍子　下礼
壹越	壹越調子	壹越
		調子
廻坏楽只拍子、登礼用之	廻坏楽　登礼　大鼓四	廻坏楽　登礼
十天楽由利拍子	十天楽　脇楽　八拍子大コ八	十天楽　八拍子
胡飲酒四拍子物	胡飲酒　四拍子　大コ十	賀殿　四拍子
迦陵賓急常ニハ鳥急ト云	鳥急　八拍子　大鼓八	胡飲酒　四拍子
武徳楽	武徳楽　四拍子大コ十一	鳥之急　八拍子
陵王破	羅陵王破　八拍子　大コ十六	武徳楽　四拍子奥之切二遍
酒胡子下礼用之	酒胡子　下礼　四拍子　大鼓十	北庭楽　八拍子
北庭楽八拍子物		羅陵之破　八拍子
賀殿急四拍子物		酒胡子　四拍子　ロノ切二遍

＊楽曲は、各楽譜の掲載順に載せている。

次に、楽譜について述べる。本巻に収録する楽譜は、雅楽に用いる管楽器である龍笛の楽譜が四点、笙の楽譜が二点、篳篥の楽譜が一点である。

これらのうち、構成が同じで、ほぼ同じ楽曲を収録する笙譜『〔笙譜・金剛寺楽次第〕』（三七函八四番、以下『〔笙譜〕』と略称）・龍笛譜『〔笛譜〕』（二九函一四五番）・篳篥の楽譜『〔篳篥譜〕』（三七函七一番、二〇一函九九番）の三点は、後述するように、金剛寺における音楽をともなう法会儀礼の施行と、音楽演奏への寺僧の関与の実態をうかがわせる興味深い資料である。

『〔笙譜〕』は、後に第五十四代学頭となる海琳（一六八〇―一七四五）が元禄十二年（一六九九）に書写したものである。前半に笙の楽譜、後半には「金剛寺楽次第」として、正月から十二月にいたる音楽をともなう法会などの行事と、それぞれの行事で演奏される曲目が記されている。『〔笛譜〕』は冒頭を欠き、天正十六年（一五八八）に右筆良快が書写し、そこに第三十五代学頭の海専（?―一六二六）による朱筆注記が付されている。また、天明七年（一七八七）と文政九年（一八二六）の奥書も存することから、それぞれの時期に追記がなされたことが知られる。『〔篳篥譜〕』は前半を欠き、書写者も不明だが、室町時代前期頃の書写と思われる。

表1にこれら三者を比較したものをあげたように、この三つの楽譜は、平調《ひょうじょう》・盤渉調《ばんしきちょう》・黄鐘調《おうしきちょう》・壹越調《いちこつちょう》の各曲が属する調子ごとに分類したうえで、各楽曲の楽譜を収載している。

なお、この龍笛と篳篥の楽譜は、楽曲のメロディーを歌う「唱歌《しょうが》」によって記された「唱歌譜（仮名譜）」である。現行譜も唱歌譜であるが、古い時代の楽譜は、各楽器の指使いを示す指孔名（たとえば龍笛の場合、「六・中・夕・上・五・テ」など）を記した「孔名譜（本譜《ほんぷ》）」である。現存する唱歌譜でもっとも古いものとしては、後陽成天皇（一五七一―一六一七）宸筆の龍笛の楽譜『越殿楽』（伏見稲荷大社蔵）[8]がある。金剛寺所蔵の『〔笛譜〕』『〔篳篥譜〕』も、これとほぼ同時期か、ややさかのぼる頃の書写とみられるので、両者は、もっとも早い時期の唱歌譜として日本音楽史上高い価値を有する。

『〔笛譜断簡〕』（一〇函八三番、三三函二三二番、五三函四〇〇番）は、室町時代中期～後期頃の書写の折本の断簡である。表面には界線を有し、一〇函八三番、三三函二三二番の両面と五三函四〇〇番の表に龍笛の楽譜、五三函四〇〇番の裏には篳篥の楽譜を記している。篳篥の楽譜は、表面の龍笛譜より下る江戸時代中期以降の書写である。『〔笛譜断簡〕』（一七函三七四番）は、鎌倉時代後期頃の書写とみられる龍笛の楽譜の断簡である。『〔笛譜断簡〕』（三一函一八一番）は、南北朝時代の書写と推される舞楽曲「太平楽」の龍笛楽譜の断簡である。

『打毬楽』（二〇一函一〇一番）は、江戸時代前期頃書写の笙の楽譜である。『〔笙譜〕』「黄鐘調」所載の「散金（吟）打毬楽　三十二相ニ六反用之」（7ウ）の楽譜とほぼ一致することから、声明の「三十二相」とともに奏される「散吟打毬楽《さんぎんちょうぎゅうらく》」の楽譜であることが判明する。

現存する雅楽譜で、室町期以前に書写されたものはさほど多くはない。そうした状況で、本巻に収載する金剛寺所蔵楽譜の書写年代は鎌倉期一点、南北朝期一点、室町期三点、江戸期二点である。すると、断簡が多いながら、鎌倉期にさかのぼるものも含め、室町期以前に書写された楽譜が金剛寺に複数伝存しているのは貴重なことといえる。

以上、本巻に収録する資料について概観した。金剛寺聖教には、平安時代から江戸時代にいたるまでの多種多様な聖教が含まれる。本巻におさめた資料は、即位法、蔵人の日中行事、講式、仏教の胎生論に関わる資料、音楽に関わる資料など多岐にわたり、金剛寺聖教の豊かさを示している。各資料は、それぞれ高い価値を有するものであり、今後の各方面での研究に活用されることを願うものである。

注

（1）上川通夫『日本中世仏教形成史論』（校倉書房、二〇〇七年）。

（2）村田正志「後村上天皇の琵琶秘曲相伝の史実」（『村田正志著作集　第二巻　続南北朝史論』思文閣出版、一九八三年）、相馬万里子「琵琶の時代から笙の時代へ――中世の天皇と音楽――」（『書陵部紀要』四九、一九九七年）。なお、後村上天皇は、正平十年（一三五五）四月に楊真操、石上流泉、上原石上流泉、将律音、啄木調を伝授されており、崇光上皇は、同年十月に楊真操、延文元年（一三五六）五月に石上流泉、上原石上流泉、正平十一年十月に啄木を伝授されている。

（3）『大日本古文書　家わけ第七　金剛寺文書』（一九七九年）、『河内長野市史　五』（一九七五年）。

（4）『宝物古器物古文書目録』明治二十年五月（三九函一三一番四号）など。

（5）もう一管の笙には「嵐丸」の銘がある。撥面に松の描かれた琵琶もあるが、銘の存否は不明である。

（6）『釈論第三抄出　花園院記　四』（四一函七八号）。

（7）中原香苗「金剛寺聖教中の音楽資料について」（『真言密教寺院に伝わる典籍の学際的調査・研究――金剛寺本を中心に――』二〇一一年）。

（8）別冊太陽『雅楽』（平凡社、二〇〇四年）に写真が掲載されている。

〈付説〉

金剛寺の法会儀礼と楽譜

本巻収載の笙・龍笛・篳篥の楽譜（『〔笙譜〕』『〔笛譜〕』『〔篳篥譜〕』）により、金剛寺での音楽を伴う法会儀礼の施行と、音楽演奏への寺僧の関与の実態などが知られる。

三者のうち、『〔笙譜〕』が内容に欠脱のない完本であるので、これによって検討を進める。『〔笙譜〕』後半の正月から十二月にいたる音楽を伴う法会などの行事を記した「金剛寺楽次第」により、本書が記された時点での金剛寺においては、年間を通じて音楽を伴う法会が行われていたことが知られる。本書前半には三十三曲の楽譜が記されるが、このすべてが後半に掲出の法会で演奏される曲目と対応している。また、「金剛寺楽次第」には、次のように、

一正月堂七日ノ間、打毬楽六反吹。（中略）初夜導師ノ登礼ハ慶雲楽、同下礼鶏徳楽。（12ウ）

と、法会のどの場面でどういった曲を奏するかの注記がなされる。『〔笙譜〕』前半の「慶雲楽」「鶏徳」の楽譜にも、次に傍線を付したように、「金剛寺楽次第」の注記と一致する記述が見える。

慶雲楽　登礼用之。（1オ）　鶏徳　四拍子物、用下礼。（2ウ）

このことから、本書は金剛寺で一年間に行われていた音楽を伴う法会の次第と、そこで用いられる楽譜とからなっており、金剛寺で行われる法会での実用に備える目的で編まれたと推察される。

龍笛と篳篥の楽譜も、『〔笙譜〕』の楽譜部分とほぼ同じ曲を収録している。前掲の表1に示したように、三者は曲の分類方法、掲載順序までがおおよそ一致する。それぞれの楽譜の内容を具体的に示すと、『〔笙譜〕』には、平調・盤渉調・黄鐘調・壹越調に分かって三十三曲が収録される。『〔笛譜〕』は、『〔笙譜〕』よりも五曲少ない二

十八曲を収載する。冒頭を欠き、楽曲の表記が異なるものも存するものの、曲の掲載順序は、『〔笙譜〕』と完全に一致している。『〔篳篥譜〕』は、もとの楽譜では二〇一函九九番、三七函七一番の順で連続するので[1]、表1には本来の順序にもどして掲載した。現状では二十五曲が残存し、『〔笙譜〕』『〔笛譜〕』にはない、楽曲演奏の前に奏される「音取」（黄鐘調）「調子」（黄鐘調・壹越調）という小曲を載せるという特徴がある。二者とは掲載順が相違している曲もあるが、欠脱のない黄鐘調、壹越調の収録曲は『〔笙譜〕』と一致している。

さらに、たとえば盤渉調の「千秋楽」で、これら三者の曲目に付された注記を確認すると、次のように、ほぼ同じであることがわかる。

・『〔笙譜〕』　千秋楽八拍子、下礼用之。（5ウ）
・『〔笛譜〕』　千秋楽　下礼　八拍子大鼓八（12ウ）
・『〔篳篥譜〕』　千秋楽　八拍子　下礼（二〇一函九九番、4ウ）

こうしたことからすれば、これら三者は金剛寺における音楽を伴う法会において実際に用いるための楽譜だと推定される。すると、金剛寺では法会での音楽演奏に必要な笙・笛・篳篥の管楽器の楽譜がすべて現存していることになる。これら金剛寺で施行される法会にあわせて編成された楽譜は、金剛寺で作られたものと考えてよいだろう。

ところで、こうした楽器の演奏はだれが担っていたのであろうか。たとえば興福寺・春日大社における狛氏、石清水八幡宮における大神氏など、付属の楽人を抱えた寺社では、楽人たちが法会での奏楽を行っていたが、金剛寺では、寺内の僧がそうした役割を担っていたと推定される。

当寺には、江戸時代中期〜後期の修正会と御影供での管絃の請定状が現存している。[2] そのうちもっとも古い年紀をもつ、正徳五年（一七一五）の修正会のために前年十二月に出された請定状を掲出する。

修正月会管絃用僧請定之事（一三函二五番）

琴

笙　　仙如房

笛　　春勝房　観栄房

篳篥　仙練房

大鼓　春戒房　仙請房

羯鼓　真源房　仙誓房

右請定之状　如件

正徳四年十二月吉日　　改之

この請定状では、笙・笛・篳篥の管楽器と、太鼓・羯鼓の打物、及び琴を担当すべき者が招集されている。「琴」すなわち絃楽器奏者の名前はないが、少なくとも修正会ならびに御影供では、実際に金剛寺僧によって楽器の演奏が担われていたであろうことが知られる。「金剛寺楽次第」に見られる毎年恒例の他の法会においても、金剛寺僧によって音楽演奏がなされていたのであろう。

これら楽器の演奏を担当した僧を、現存する宝暦～文化年間の御影供・修正会の請定状によって確認すると、笙・笛・篳篥の管楽器の担当者はほぼ固定していることがわかる。(3) そして、数年間管楽器を担当した後に、管楽器の演奏より高い技量を要する鞨鼓や太鼓といった打物を担当するようになる、といったシステムのあったことが察せられる。(4)

また、臨時の大法会には「楽衆」とよばれる楽器奏者の集団が招集されている。次に宝暦七年（一七五七）三月二日に行われた法会に先だって、時の学頭海浄より出された請定状を掲出する。

請定（一九函二一―五番）
大曼荼羅供習来
千手観音講職衆之事
式　法眼大和尚位海連
伽陀　法眼大和尚位海宜
舎利礼　権律師　寂性
管絃　黄鐘　楽衆
右来三月二日、於金堂、三十三度落成／供養御法事可被参勤之状、／如件。
宝暦七年二月吉日　改之
大阿闍梨法印権大僧都海浄

ここでは、式・伽陀・舎利礼などの諸役が定められ、管絃に関しては、黄鐘調の楽を奏すべきことを記した後に「楽衆」とある。個人名がなく「楽衆」とあることから、右の法会で管絃を担当する人々は、「楽衆」という一種の集団として把握されていたと思われる。

「楽衆」が、毎年恒例の法会で楽器を担当する人々で構成されていたことは想像に難くない。彼らは、金剛寺にあって学侶として研鑽を積みつつ楽器の技量を磨き、毎年の法会や臨時に行われる大法会などで各自の担当楽器を演奏していたのであろう。

「楽衆」は、寺の立場からすれば、寺僧による法会での音楽演奏に欠かせない存在であった。他所に頼ることなく金剛寺の僧のみで法会の奏楽を維持するには、演奏者の育成も必要であったろう。「楽衆」とは、そうした目的で育成された僧の集まりであったとの推測も可能ではないか。つまり、金剛寺では寺僧による法会での音楽演奏を継続的に行うために、寺内で組織的に楽器奏者を育成していたのではないか、と推察するのである。『〔笛譜〕』には第三十五代学頭海専による注記がなされ、『〔笙譜〕』には就任以前ではあるものの第五十四代学頭海琳の名前が見えることも、楽器演奏への寺側の関与をうかがわせる。

先述のように、寺社の法会などでの音楽演奏は、その寺社に属する専門の楽人たちが担っていた。しかしながら、寺僧が奏楽にどのように関わっていたかは必ずしも明らかでない。そうしたなかで、金剛寺では、法会での演奏に備えるために笛・笙・篳篥三管の楽譜が作られ、少なくとも音楽演奏に必要な管楽器（龍笛・笙・篳篥）と打楽器（太鼓・鞨鼓）の演奏を「楽衆」ともよばれる寺僧が務めていたことが知られるのである。管見の限り、寺社の年中行事としての法会での奏楽を、常時寺僧が担っていた事例は見出せない。金剛寺において、寺内で楽器奏者を育成する教習機関が存したかどうかは知り得ないながら、法会で用いるために楽譜が作られ、また寺僧が法会での音楽演奏を継続的に担っていたことが明確になったのは、寺院法会のあり方を考えるうえで重要である。前掲の三点の楽譜のうち、笛の楽譜に天正十六年（一五八八）に書写したとの奥書が見られることからすれば、金剛寺において遅くとも室町時代末期頃までには一年間に行われる法会が固定しており、寺僧による楽器演奏も行われていたと推測される。

注

（1）『〔篳篥譜〕』解題参照。

（2）正徳四年（一七一四）、宝暦十年（一七六〇）、同十三年、享和元年（一八〇一）―文化四年（一八〇七）の修正会請定状、宝暦十四年（一七六四）、享和元年（一八〇一）―三年、文化二年（一八〇五）―四年の御影供請定状。

（3）中原香苗「金剛寺聖教中の音楽資料について」（後藤昭雄編『真言密教寺院に伝わる典籍の学際的調査・研究――金剛寺本を中心に――』二〇一一年）。

（4）前掲注3参照。

（中原香苗）

御即位印信口決
御即位大事

一　即位法・即位灌頂とその研究史

　前近代の天皇の即位に際して修された「即位法」あるいは「即位灌頂」と称される仏教儀礼については、中世王権を考えるための一要素として、主として日本史学の方面から関心が払われてきた。[1]中世天皇の権威の内実としての儀礼の実態を解明する過程において、天皇即位の仏事儀礼には、天皇不在の場で寺家が修する「即位法」と即位式に先立ち天皇に印明（秘印と真言）が伝えられる「印明伝授」[2]、即位の場で天皇が自ら修する「即位灌頂」の別のあること、「即位法」には天台、真言の寺家が、「印明伝授」と「即位灌頂」には九条家、二条家といった摂家が関与していたことなどが上川通夫[3]、橋本政宣、小川剛生らによって明らかにされてきた。

　一方、その権威の由来を説くテクストに却って見れば、それらには多くの説話的言説が含まれていた。天台宗に伝えられた「即位法」に、その起源として記された周の穆《ぼく》王とその寵愛を受けた慈童の説話（所謂「慈童説話」）が、能《菊慈童》の本説であることが伊藤正義によって指摘されたことを契機に[4]、阿部泰郎、松本郁代、松田宣

史といった日本文学研究、文化史学の分野からの検討が進められてきている。(5)

寺家の修した「即位法」を伝える書物・文書類については、伊藤・阿部の検討対象となった天台宗寺院に伝領された資料の調査と検討が先行し、①周の穆王が釈尊に出会い法華経の偈を授かる穆王受偈説話、②穆王とその寵童であった慈童の因縁を描く慈童説話を中心に構成されることが指摘されている。

真言宗寺院に伝領された資料については、やはり伊藤・阿部により、①伊勢神宮と関わる説話、②大織冠・藤原鎌足の因縁説話を含むことが指摘されており、幸若舞曲「入鹿」「大織冠」との関係が問われている。(6)その後、松本により、東寺観智院金剛蔵に収蔵される関連資料が整理され、大覚寺等の京都周辺の寺院に伝領された資料を加えて、記載内容の分類と分析が行われている。

二　金剛寺蔵本とその伝来

金剛寺には次の五点の即位法に関わる文書が伝わる。

①『御《ご》即《そく》位《い》印《いん》信《じん》口《く》決《けつ》』（三九函一三二―九番）　応永二十七年（一四二〇）写

竪紙一紙（縦三二・一cm、横三九・七cm）。外題「御即位印明口授私用書也」（端裏書）。

料紙、楮紙。奥書は次の通り。

応永廿七年庚子四月八日於金剛寺中院書写畢。

印記「天野山金剛寺」。用字、漢字、片仮名。

②
『御《ご》即《そく》位《い》印《いん》信《じん》口《く》決《けつ》』（三九函一三二―一一番）永享二年（一四三〇）写（覚祐筆）
竪紙一紙（縦二九・一cm、横五九・七cm）。外題「御即位印明口授私聞書也。不可及他見是ハ一人相伝シテ終ニハ焼火失云々可知。」（端裏書）。料紙、楮紙。奥書は次の通り。

永享二年庚戌六月一日於金剛寺北谷行基院
書写畢。覚祐之

印記「天野山金剛寺」。用字、漢字、片仮名。

③
『御《ご》即《そく》位《い》印《いん》信《じん》口《く》決《けつ》』断簡（一七函二番）〔室町時代中期〕写
竪紙一紙（縦二五・〇cm、横二一・〇cm）。外題「[欠損]印明口授私聞書也」（端裏書）。料紙、楮紙。奥書なし。印記なし。用字、漢字、片仮名。

④
『御《ご》即《そく》位《い》大《だい》事《じ》』（三三函二三一番）〔室町時代中期〕写
竪紙一紙（縦二七・五cm、横四四・八cm）。外題（端裏書）なし。料紙、楮紙。巻尾に「金剛仏子覚祐」と記す。印記なし。用字、漢字、片仮名。

⑤
『御《ご》即《そく》位《い》大《だい》事《じ》』（三三函一八五番）〔室町時代中期〕写
竪紙一紙（縦二八・八cm、横四三・二cm）。外題（端裏書）なし。料紙、楮紙。巻尾に「金剛仏子照海」と記す。印記なし。用字、漢字、片仮名。

これらのうち、①②③（御即位印信口決）、④⑤（御即位大事）が同内容を記している。
①は、応永二十七年（一四二〇）の奥書を記す。紙質、筆致等から判断してその時期の書写と推定される。書

写者は明記されないが、「金剛寺中院」において写されたことが記されており、同時期の金剛寺においてこの種の修法の伝授が行われていたことを伝える。『河内長野市史 第五巻 史料編二』（河内長野市役所、一九七五年）二二一頁に全文の翻刻があり、その内容についても上川通夫「中世の即位儀礼と仏教」（上川通夫『日本中世仏教形成史論』校倉書房、二〇〇七年）に寺家に伝えられた即位法テクストの実例として触れられるが、全体の書影が示されるのは今回がはじめてである。

②は、永享二年（一四三〇）に「金剛寺北谷行基院」において「覚祐」によって書写されたことを記している。禅長房覚祐（一三九四―一四六八）は第二十二代金剛寺学頭。その活動の全容は未だ把握できていないが、他にも『麗気灌頂印信』（三三函八二番、第二十代学頭・覚暁（一三六五―一四三二）からの伝授を記す）など神道関係の伝授に関わる資料を遺している。金剛寺北谷行基院を居所としたことが知られ、本書も同所における伝授を伝える。

③は、①②と同内容を記し、①②より幾分書写は遡るように見えるが、前半三分の一ほどを残す断簡で後半部分を欠損している（図参照）。

④は②と同じく「覚祐」の名を巻尾に記すが、②とは筆跡が異なり、その転写の蓋然性が高い（但し、書写年代は覚祐の時代とさほど異ならないように見える）。

⑤は、「照海」の奥書を附す。照海の伝は未詳ながら、金剛寺聖教の中にその名が見え、十四世紀後半の活動が確認される。[7] ⑤自体の書写は更に降るように見え、照海本の転写の蓋然性が高い。

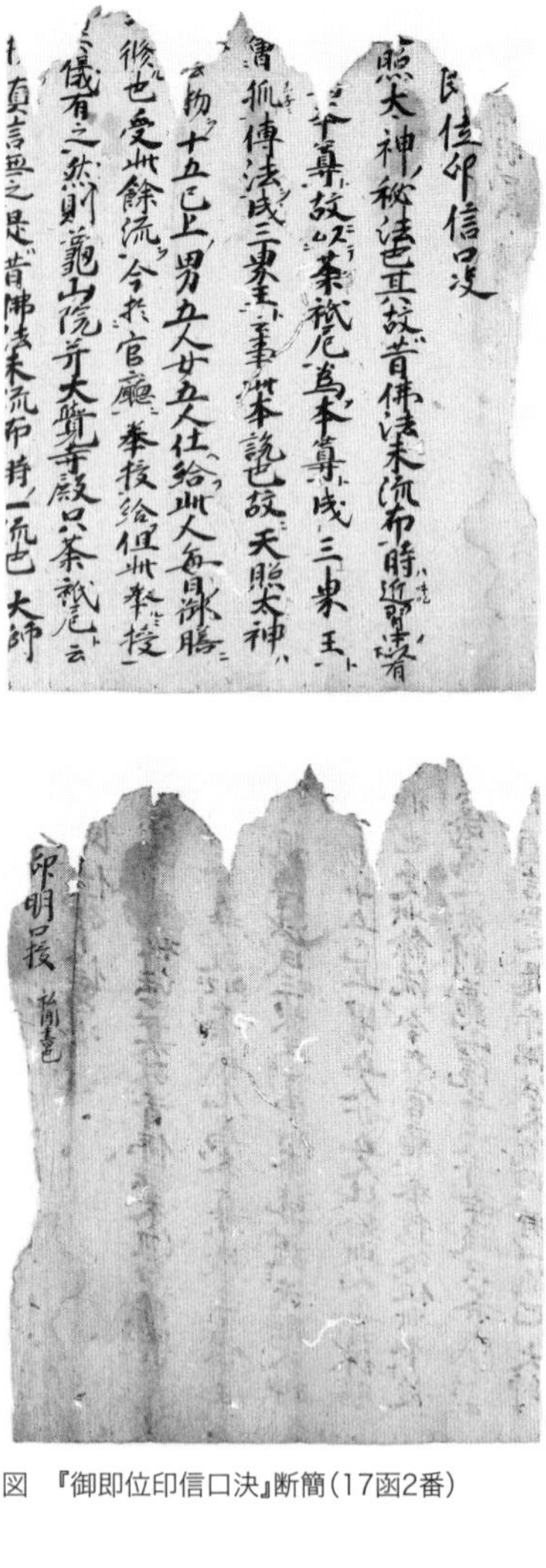
位印信口決
照大神秘法也其故昔佛法未流布時
本尊故以茶祇尼為本尊成三果王
傳法成三果王事此本説也故天照太神
物十五已上男五人女五人仕給此人毎日供膳
後也受此餘流今於官廳奉授給但此奉授
儀有之然則龜山院并大覺寺殿只茶祇尼云
真言無之是昔佛法未流布時一流也　大師
印明口授

図　『御即位印信口決』断簡（17函2番）

三　御即位印信口決

金剛寺蔵『御即位印信口決』（前節に記した①②）には次のような内容を記している。

a即位法が「天照大神ノ秘法」であり、仏法がいまだ流布しないときには通力のあるものを本尊とした。この法においては「荼祇尼」を本尊とする。

bそれゆえに天照大神は、十五以上の男女各五人を「子良《こら》」として神饌の調進などで奉仕させ、毎日の御前にこの印を修す。

cこの流を受け、今官庁に伝授されている。

d但し、この伝授には三家の異法がある。

e亀山天皇（一二四九—一三〇五）、後宇多天皇（一二六七—一三二四）には「荼祇尼」という詞と印とのみが伝えられ、真言は伴わなかった。これは仏法がいまだ流布しなかったときの一流の作法である。弘法大師の請来の後は真言が併せて用いられて、今の官庁には伝授されている。

fそれ故に不審に思った後宇多天皇は、醍醐寺の道順僧正[8]にこの印は摂家の伝授するものであるが、真言を伴わないのは不審であると問い尋ねた。

gすると、道順は、（この法には）印と真言があり、弘法大師将来の時以来、真言を伴うようになったことを説いた。

h（これを聞いた）後宇多天皇は道順を日本一の真言の師と仰せられた。

i三家の伝授の中に、真言を伴わないものもあり、真言を伴って伝授されるものもある。これは弘法大師の請来以降に相違が生じたことか。

j「子《こ》良《ら》」の語は、「狐《コ》狼《ラウ》」の語を隠し持っており、雄狐、雌狐と読む。

真言方の即位法の特質として、伊勢神宮に関わる説が記されることは、前記の通りの指摘があり、『天照太神口決』『鼻《び》帰《き》書』といった中世に行われた両部神道の説を伝える諸書にも秘説として記されていることが知られている。とくに、狐を本尊とする修法が後宇多院へと伝えられたが、印のみの伝授で真言が伝えられなかったことを不審として道順にその故を尋ねるとする説は、『鼻帰書』に同じ内容が見える。[9]

依之、当宮辰狐法以御饌、次子良脩行、意上代約束不忘因縁也。依之、法脩威勢得人中王、故今人中王為此法授給也。但於此法二説アルベシ、太神御相伝辰狐法、印様物計授真言ナシ。是大覚寺殿摂録此法授。其時不審ナクシテ、遙年経テ真光院僧正禅助ニ奉逢。真言極メテ後此法ヲ不審ヲ成シ給。御即位トテ云二官庁マンドコロ一授ル事ハ、大師真言奉ヲ授トコソ存スル、今我摂録ノ授ケタレバ、印ノ様ナル物ヲバ授テ明ヲ不レル授事、真言ノ中三密ノ中、一密ノカケタル法ナリト不審ヲナシ給フ時、真光院殿自余ノ広沢方ノ高僧ニ尋給ニ、此不審ヲ知レル者ナシ、于レ時小野方三宝院嫡〃道順僧正ニ此事ヲ尋給。

（『鼻帰書』）

金剛寺蔵『御即位印信口決』は、こうした説々が密教寺院において実際に伝えられていった歴史の一面を伝える資料として貴重な遺例といえる。

四　御即位大事

金剛寺蔵『御即位大事』（第二節に記した④⑤）は、次の四種の印と対応する摘句を記す。

智拳印　十方仏土中唯有一乗法（序品第一、T0262_.09.0008a17）

無所不至印　観一切法 空如実相（安楽行品第十四、T0262_.09.0037b12）

塔婆印　仏語実不虚 如医善方便（如来寿量品第十六、T0262_.09.0043c23～24）

八葉印　具一切功徳 慈眼視衆生（観世音菩薩普門品第二十五、T0262_.09.0058b01）

これらは、右の（　）内に記した『法華経』所収の偈によるが、(10) 同様の例は、天台僧・澄豪（一二五九―一三五〇）による『総持抄』にも次のように記されている

次四海領掌印。外五古印　自淡路国西海道。次南海道。次東海道。次山陽道。次山陰道。是名四海印身三不殺盗婬口四不妄語綺語悪口両舌意三不貪嗔癡持此十善也。是ヲ法華四要品ニ習合

方便品　智拳印　十方佛土中　唯有一乗法
安楽品　無所不至印　観一切法　空如実相
寿量品　塔婆印　佛語実不虚　如伻善方便
普門品　引導印　慈眼視衆生　福寿海無量

帝王御即位時。令即大極殿高御蔵。御摂録臣。令授帝王。給フ印明也。持十善治天下也。仍以十指懸肩之心。持物荷背負懸肩也。持十善重位。四海七道領掌心也。高御蔵即位。摂録臣右遶一匝。王向南。臣向北。奉授此印明等作法。王臣共持念珠給。密密念誦。其念誦。人不見也。以此等法。法性寺殿下。令伝授白川院及知足院殿。法性寺殿下。宇治僧正覚恵。如此法若伝受ヤト有御尋。不知之由申乎。

（『総持抄』、T2412_77.0089c29〜77.0090a22）

「四海領掌印」とは、同じ標目で真言宗にも伝えられた秘法であったことが、松本によって確認されているが、この「御即位大事」に記されるものはそれらとは異なる。

注

（1）歴史学の立場からの研究史については、上川通夫「中世の即位儀礼と仏教」（上川通夫『日本中世仏教形成史論』校倉書房、二〇〇七年）に先行する諸論が整理されている。

（2）この場合、摂家から天皇へと印明が伝えられた。小川剛生『二条良基研究』（笠間書院、二〇〇五年）第二篇第一章「即位灌頂と摂関家」（一四五―一九六頁）、橋本政宣『近世公家社会の研究』（吉川弘文館、二〇〇二年）第五部第二章「即位灌頂と二条家」（六六五―七四九頁）参照。

（3）前掲注1掲出の上川著書四〇八頁。

（4）伊藤正義「慈童説話考」（『国語国文』四九―一一、一九八〇年十一月）。

（5）阿部泰郎「慈童説話の形成――天台即位法の成立をめぐりて（上・下）――」（『国語国文』五三―八・九、一九八四年八～九月）、松本郁代『中世王権と即位灌頂 聖教のなかの歴史叙述』（森話社、二〇〇五年）、松田宣史「慈童説話の成立」（『国語国文』八〇―一〇、二〇一一年十月）。

（6）阿部泰郎「「入鹿」の成立」（『芸能史研究』六九、一九八〇年四月）、同「『大織冠』の成立」（『幸若舞曲研究』四、一九八六年）。

（7）現時点までの調査において、金剛寺経蔵の聖教の中で当該資料以外に下記の四点の奥書にその名が確認できている。

①『調支具〈大納言阿闍梨灌頂時記之／康永二年十一月二十八日〉』（三函三二番）＊建徳二年（一三七一）の年紀のある本奥書

②未詳聖教断簡（二六函五九八番）

③同（三三函一八五番）＊建徳二年（一三七一）の年紀のある本奥書

④汲水作法（三七函三三番）＊建徳二年（一三七一）の年紀のある本奥書

（8）道順は、醍醐報恩院憲深の流。憲深の法流は実深、覚雅、憲淳、道順と相承された。

（9）神道大系編纂会編（村山修一校注）『神道大系 論説編2 真言神道（下）』（神道大系編纂会、一九九二年）五一一頁。この点については前掲注5掲載の松本著書四二―四四頁に指摘がある。

（10）法華経の品題とSAT大正新脩大藏經テキストデータベース（http://21dzk.l.u-tokyo.ac.jp/SAT/）による番号を附した。

（海野圭介）

日中行事関係故実書断簡（〔釈摩訶衍論科文〕紙背）

一　本資料の概要と意義

ここに影印・翻刻を収載する『〔日中行事《にっちゅうぎょうじ》関係《かんけい》故実書《こじつしょ》断簡《だんかん》〕』（仮題）は、金剛寺聖教四二函四六番「釈摩訶衍《しゃくまかえん》論科文《ろんかもん》（科図）」（仮題）の紙背に写された、故実書の古写断簡である。識語等は残存しないが、筆遣いや内容から、鎌倉期に遡るかとおぼしい古写で、蔵人に関する日中行事等の故実が誌されている。本資料が金剛寺に伝来した由来は明らかではないが、現在は、科文の紙背となっているように本寺で活用された資料ではなく、何らかのかたちで伝来した反古であったようだ。内容は、本解題後半で註釈的に概観するように、平安時代の故実の面影を伝える内容となっており、有職資料としての価値も高い。

なお荒木旧稿「古写日中行事関係故実書断簡（釈摩訶衍論科文紙背）――紹介と翻刻・影印――」（後藤昭雄編『真言密教寺院に伝わる典籍の学際的調査・研究――金剛寺本を中心に――研究成果報告書（平成二十二年度）』成城大学、二〇一一年三月）において、本資料の紹介を試みたことがある。本解題は、その補訂・短縮版である。

二　書誌事項など

本資料の現態は『釈摩訶衍論』の科文を一枚の図に仕立てたものである。巻子状に巻かれているが、表装や表紙、軸、紐などはない。

料紙の紙質は、豆汁で染め出した茶地の楮紙打紙で、三紙からなる。法量は、第一紙縦三一・一cm、横三五・八cm、第二紙、縦三一・一cm、五〇・二cm、第三紙、縦三一・一cm、三五・九cmである。第一紙右下に、「天野山金剛寺」の朱印（縦七・二cm、横五・八cm）がある。

科文面に比して、紙背・故実書面の書写はより古く、同筆の同一資料をつないだものである。だが現状では、紙の継ぎ目ごとに内容は断絶しており連続しない。断片的な資料である。その史料性の把握と位置づけのためには、精読と対比的な分析を要する。

三　内容と翻刻注記

形態は断片的だが、本資料に記された蔵人の日中行事に関する故実は古態を伝え、重要な内容を有する。以下『古事類苑』、『侍中群要』[1]、後醍醐天皇『日中行事』（及び和田英松『日中行事註解』）などの他に、所功による関連故実書の発掘と研究[2]、さらに近年発見された、東山御文庫蔵『日中行事』とその関連研究[3]など参照しつつ、各紙ごとで分割して内容を確認しておく。原文の様態は影印と翻刻を参照されたい。

第一紙

日次の御膳の次第を示す。『侍中群要』第三に集成される記事内容に相当する。

（一）冒頭部は欠損しており、第一行目も欠落が甚だしい。内容は「六日巳　神嘉殿御膳」でいったん切れる。『侍中群要』第三（目崎校訂本五五ページ以下）に「陪膳記」（延久三（一本「二」）年の記載もある）ほか、「式」と朱注された、「正月」関連の史料が引用される。同「式」には、一日から五日までの次第が掲出されている。これを参考にすれば、冒頭に欠けている日付は「四日朝」が想定される。六日の次第が「朝」で終わっているのは唐突の印象があるが、『侍中群要』もまた「五日／朝」（「／」は改行を示す。以下同）で区切られている。

（二）「不警蹕御膳等……神今食日」は「御膳不称警蹕事」に関するもので、『侍中群要』第三（目崎校訂本五四ページ以下）に関連の史料がある。

（三）「不供御膳以前……下臈取酒盞也」については、『侍中群要』第一「下格子事」（目崎校訂本一六ページ）に「…不供膳時、不下格子」と見え、東山御文庫本『日中行事』「酉剋、供夕膳…」の項にも、小書割注で「雖入夜、不下格子、供之、但台盤所者下之」とある。後半は『侍中群要』に続いて記される（同上一七ページ）「新蔵人不従事間」を参照して「始めて従事する蔵人」と訓む。陪膳の故実については、『侍中群要』第三「供御膳事」に、「●役供事／初供御膳人、先取蓋 上臈始供之 盤…」（目崎校訂本四四ページ。丹鶴本により「盤」字を補入）、「●供御膳次第〈初勤役供之人、有二人時、上臈／取蓋盤、下臈居御酒盞、不居盤〉」（同四七ページ）とある通りである。

第二紙

以下第二紙は、概ね「日給簡」に関する故実である。

（一）「於壁立之……〈…可依事也〉」

『侍中群要』第一「日給事」（目崎校訂本一一ページ以下）、東山御文庫『日中行事』に関連記述がある。志村佳名子「平安時代日給制度の基礎的考察」（『日本歴史』二〇〇九年十二月号）に東山御文庫本『日中行事』を軸にした分析があり、『侍中群要』が細目を立て、「〜事」とする整理も理解に資する。それらを参照して、何点か内容の確認と翻刻上の疑念を記しておこう。

「然而猶面ヲ向壁テ可立也…対テ可入袋…対テ可入袋」の「向」と「対」は、「不入袋、以面対壁立之」（『侍中群要』目崎校訂本九ページ、一〇ページ）、「不入袋、只打返立之、以面向壁立」（同一三ページ）との対比に見るように、通用する変字《かえじ》である。

「簡」は、「日給の事あり。袋に入たる簡《ふだ》をとり出て、もとのままに唐櫃のそばにたつ。袋はたゝみて簡のしたにしく」と次第される（後醍醐『日中行事』講談社学術文庫）。

「氏長者後奏見参之後」の「後」の字は「彼」もしくは「侍」とも紛れる文字であるが、維摩会関連史料の文脈から「後奏」と理解して翻字した。(4)

末尾「帰参日直改事」の「直改」は、『侍中群要』第一「日給事」にも、小書割註で「但供朝膳人、随触封後可直改不字歟、但竟上日蔵人不直改」（目崎校訂本九ページ。一〇ページにも）などと見える表現である。同第一「●依公役向遠所」（目崎校訂本一一ページ〜）には、「…又御物忌為御使退出、帰参候直廬、雖給夕、不記宿侍云々」などとみえる。

（二）「放帋事……中下同上」

以上は、日給簡に貼られる放紙《はなちがみ》の書きようが、具体例とともに叙述される。放紙については、後醍醐『日中行

事』及び同書の注解である和田英松『日中行事註解』にも詳しいが、志村佳名子前掲論文には、

…簡には放紙《はなちがみ》という紙が貼られ、参入・不参入はこの紙に墨で記された。東山御文庫本『日中行事』の「毎月事」に、

　一日早旦、蔵人取レ簡放二去月日給之紙一、各毎レ人之下注二姓官一、其下又注二日若干・夕若干給一。於二蔵人所一令レ勘レ之。次召二小舎人一令レ押二新紙於簡一給二今日々一。三日奏二去月々奏一事（以下略）

とあり、毎月一日に蔵人が前月分の放紙をはがして上日・上夜を人ごとに集計し、小舎人に新しい紙を貼らせ、集計結果は三日に天皇に奏上される。『侍中群要』第六・放紙事によると、放紙は「上中下三枚」あるという。すなわち簡は上中下の三段に分かれており…

と説明される。第二紙の記述の理解に資するものである。なお志村論文は、「上日・上夜の記録方法」について、『権記』長保二年（一〇〇〇）二月冒頭の記載をもとに、平安期の様相を分析している。

『侍中群要』第六の「月奏〈付放紙〉」には放紙の書き様と同裏書の書き方が集成される（目崎校訂本一一一ページ以下）。同項に見える本書との類似記述は、「〇放紙」として、「書體、／々々々々々頭中将 日若干夕若干」とあるのみ。本資料の挙例は、より具体的である。一方「裏書」云々の部分については、『侍中群要』に、「裏書體／ 放紙上長暦三年二月、／ 有中下／ 又説、放紙 長暦三年二月、上、／ 中下同前」とある。『侍中群要』の「裏書」という本文には、目崎校訂本が指摘するように、金剛寺資料と同じ「裏書」の異文がある（丹鶴叢書本）。「近代」という表現とともに、先例の「長暦三年正月」（一〇三九年）という記述に、長暦三年の正月か二月かとい

う、『侍中群要』との重なりと違いにも注意される。

第三紙

第三紙は、陪膳に関する記述である。

（一）「陪膳番……年号　月　日」

以上は「陪膳番」の記事である。『侍中群要』第三（目崎校訂本五六ページ以下）に「寛弘二年六月廿三日」の先例が引用されるが、そこには各番の人名が記される。干支の十二支の配当も重なり、類似文を含んでおり、参照に便がある。たとえば、金剛寺資料末尾の小字の「年号　月　日」は、現本文の形態上は小書きで、次行の傍注のようにも見えるが、『侍中群要』所引の先例にも、四番までを記した後、「右依仰所定如件、但先触女房、若有闕怠、守次勤仕、無故障三度闕、不可令昇殿者、／寛弘二年六月廿三日」と注記と年時が記される。[5] 本資料も同様に解され、実際にはここに、具体的な年時が記されることになる。

※で示した判読不能の花押もしくは文字は、陪膳番記録の書式として何らかの意味があると思われる（たとえば承認印など）が、まだ理解できていない。後考に待つ。

（二）「凡昼御座ニ……但此事共近代絶久無之」

以下は、『侍中群要』第三に「供御膳〈付次第〉」（目崎校訂本四三ページ「供朝夕御膳事」以下）などとして挙例される故実に関するものである。小字の〈六位自直不供、伝授陪膳五位直供、而邑上御時六位供云々〉は、『侍中群要』第三「供御酒事」（目崎校訂本五一ページ）、同「御膳次召御酒事」（五三ページ）に「邑上御時」の例を含めて同趣が注記される。邑上御時＝村上天皇の時代とは、「天暦蔵人式」が撰定された、蔵人故実についての重要な先蹤（所功前掲書など参照）である。

（三）「封簡事」

第三紙はここで終わり。この文字も切れている。内容は推測の他ないが、『侍中群要』第一「日給事」のうち、「式抄」と朱注された引用に「●未三點封之（中略）凡簡封了天ハ、入袋、倚立壁」（目崎校訂本一〇ページ）とある。『侍中群要』第一「●簡事」（同上一二ページ以下）なども参照される。

以上、本資料は『侍中群要』や『日中行事』と内容を重ねつつも、記述には増減と相違を含む。注目すべきものだが、故実の時代設定を初めとして、検討すべき点が多い。広い視野での批正を仰ぎ、今後の分析を継続したい。

注

（1）目崎徳衛校訂解説『侍中群要』（吉川弘文館、一九八五年）に旧金沢文庫本（現名古屋市蓬左文庫蔵）の翻刻と研究がある。以下目崎校訂本と呼ぶ。

（2）所功『平安朝儀式書成立史の研究』（国書刊行会、一九八五年）第四篇第二章「『蔵人式』の復原」、同『宮廷儀式書成立史の再検討』（国書刊行会、二〇〇一年）第三章「天暦「蔵人式」の逸文集成」など。研究史も両書に詳細である。

（3）西本昌弘「東山御文庫本『日中行事』について」（『日本歴史』二〇〇八年一月号）、芳之内圭「東山御文庫本『日中行事』にみえる平安時代宮中時刻制度の考察——「内豎奏時事」・「近衛陣夜行事」の検討を中心に——（含翻刻）」（『史学雑誌』第一一七編第八号、二〇〇八年七月）、志村佳名子「平安時代日給制度の基礎的考察」（『日本歴史』二〇〇九年十二月号）などが直接的研究である。佐藤全敏「古代天皇の食事と贄」（同著『平安時代の天皇と官僚制』東京大学出版会、二〇〇八年、初出二〇〇四年）には同書が分析に用いられる。翻刻は芳之内論に付載される。

（4）『権記』長保元年十月十六日条、『中右記』承徳二年十月十七日条など参照。特に『中右記』の例は、勅使の記主宗忠の一連の行動が詳細である。高山有紀『中世興福寺維摩会の研究』補論（勉誠社、一九九七年）参照。興福寺から帰洛した「維摩会の勅使にとって最後の職務は、長者への報告であ」り、「次参長者殿、内覧文七通」の筆頭が「後奏」で、それらは「付識事盛実進之」（『中右記』同上）。なお維摩会の歴史的考察については、土橋誠「維摩会に関する基礎的考察」（直木孝次郎先生古稀記念会編『古代史論集』下、塙書房、一九八九年）など参照。

（5）『侍中群要』第二「●午一剋供朝膳事」にも「定男陪膳番次云、先触女房、若有闕怠、守次供奉者」（目崎校訂本二一～二ページ）とある。

（荒木　浩）

十種供養式

本書『十種供養式《じっしゅくようしき》』（一七函五〇六番）は、法華経法師品に説かれる十種（花・香・瓔珞・抹香・塗香・焼香・幡蓋・衣服・伎楽・合掌）[1]をもって諸仏に供養する法要の式文である。安居院流唱導の祖である澄憲（一一二六―一二〇三）の撰述と伝えられ、その制作状況をうかがわせる記述も見えることから、当時の貴族の信仰や文化圏を考える上でも、極めて重要な資料である。

一　書誌と現存諸本

本書の書誌は以下のとおりである。

巻子本。表紙なし（欠損）。内題「十種供養式」。尾欠。法量縦二八・五cm、全長四四七・一cm。紙数九紙（紙幅四九・五cm前後、字高約二四cm）。料紙、楮紙。巻首下に「天野山／金剛寺」の朱方印あり。筆致や紙質により、鎌倉時代後期の書写と推定される。

次に、現存する『十種供養式』の諸本を挙げると、以下のとおり二つの系統に大別される。

1　『如法経十種供養式』

・高野山金剛三昧院蔵一巻。〔鎌倉時代〕写。外題・内題「如法経十種供養式」。奥書等なし。　＊高野山大学高野山図書館所蔵『高野山講式集』DVD-ROM参照。

2　澄憲撰『十種供養式』

①金剛寺蔵一巻。〔鎌倉時代後期〕写。前掲。

②弥谷寺蔵一巻。応永六年（一三九九）写。外題・内題「十種供養式」。奥書「于時応永六年己巳七月十六日書写了／河内国大交野郡釈尊寺三宝坊」。

③大原勝林院蔵一巻。天保十一年（一八四〇）写。魚山叢書身之筥巻二十五所収。　＊上野学園大学日本音楽史研究所蔵写真本参照。(2)

④長谷寺豊山蔵端本。二条良基『僻連抄』（康永四年（一三四五）写一軸）の裏書。　＊国文学研究資料館マイクロフィルム参照。

『如法経現修作法』（宗快著）や『如法経手記』（塔阿弥陀仏著）をはじめ、如法経十種供養の次第や法則、伽陀などを記した関連資料は多数伝存するものの、澄憲撰述の『十種供養式』は、現在のところ右の四本のみである。この系統の本文については、勝林院蔵魚山叢書のうちに収められていたが、天保十一年（一八四〇）の書写であることからか、従来ほとんど顧みられることがなかった。二〇〇九年の金剛寺聖教の調査において、鎌倉時代後期の写しと思しい本式文が発見され、本書の紹介を中心とした考察を報告した。(3)

これに加えて近時、元興寺文化財研究所の調査により、真言宗善通寺派の大本山である弥谷寺にも同系統の式文が伝来していたことが明らかとなった。(4)このたび、弥谷寺住職の建林良剛師のご厚意により、阿部泰郎氏、落合俊典氏の調査に随行し、実見の機会をいただいた。応永の奥書を持つ弥谷寺本は状態も良く、金剛寺同様、真言宗の寺院に伝存している点でも、本式文の受容の様相をうかがわせ、貴重な伝本である。

金剛寺本は残念なことに虫損甚だしく、末尾も失われてしまっているのだが、弥谷寺本、勝林院本の本文と対照することで欠損部分を補うことができる。本書の翻刻では、両伝本によりながら虫損箇所の推定をおこなった。

二　十種供養の概要

十種供養の儀礼は、天長年間（八二四―三三）に、比叡山横川の円仁が法華経書写とともにおこなった如法経十種供養を嚆矢とする。如法経とは一定のさだめによって経文を書写することで、法華経または法華三部経などの経を書写供養し、これを名山または墓のほとりなどに埋める行事を指し、転じてその法会や書写された経巻をいうものである。天台の法華経信仰の拡大とともに、平安末期から鎌倉期にかけて、洛中の貴族社会において盛んに行われるようになった。とりわけ文治四年（一一八八）の後白河法皇による如法経会は盛大なものであり、知恩院蔵『法然上人絵伝』（四十八巻伝）巻九にもその様子が詳しく描かれ、後の如法経会の規範となった。

古記録や日記類から、如法経十種供養に関連する記事を抽出すると、おおよそ十一世紀後半から十三世紀前半にかけて、上皇や親王・内親王、関白や大臣、将軍家といった当時の貴顕によって、私的な仏事供養として、あるいは公的な法要として、盛んにおこなわれていたことがわかり、この時期に儀礼として確立したものと考えられる。比叡山横川に起源を持つが、仁和寺でおこなわれた例なども散見し、天台・真言に限らず、広くなされていたようである。

また、長寛二年（一一六四）の「平家納経」法師品の見返には、十種のうちの絵蓋・幢・伎楽の三種が図示され、「平基親願経」には法華経開結十巻の見返に、舞童によって十種の供具が伝具される様子がそれぞれ描かれており、十種供養の儀礼がいかに普及していたかを物語っている。

こうした儀礼の内容や展開については、これまで多くの先学により、如法経会の信仰や思想史的研究、音楽や講式など法会儀礼の復元的考察、壁画や装飾経見返等の図像との関連など、さまざまな観点から言及されてきた[5]。しかしながら、式文それ自体の成立や伝本については検討されてこなかった。現存最古写本である本書の発見により、これまで等閑視されてきた澄憲撰『十種供養式』の存在が明確となり、諸本と比較・検討することで、その全貌も知りうることとなったのである。

三　澄憲撰『十種供養式』の特徴と金剛寺本の意義

現存諸本を確認すると、両系統の式文とも、法華経を中心にさまざまな経典を引用し、対句表現を駆使しながら、十種の供具について説く点は共通している。しかしながら、その内容を細かく比較すると、高野山本が法華経や無量義経などの経典本文をほぼ忠実に引用しているのに対し、澄憲撰の金剛寺本系統では、各種の経典内容を咀嚼しながら取り込み、最終的に一乗妙法の優位性を説いてゆく様相がうかがえる。また、経典にとどまらず、たとえば『往生要集』や『聖徳太子伝記』の記事を踏まえた箇所（第二「香」）なども見え、内典・外典の典故・故例を多用しつつ、対句の修辞によって美文を仕立て上げる様は、澄憲作とされる表白・願文類に認められるものであり、安居院流の得意とするところである。そのような意味でも金剛寺系統の式文には、「説法優美」と称される澄憲の文体を想定させるものがあり、澄憲撰述の蓋然性は高い。

加えて、本式文の末尾からは、その制作状況をもうかがい知れる。

此式者、無動寺大乗院座主、詣日吉社、□（被）供養自筆如法経之時、澄憲為唱導、始作此式、毎十種供養段一有童舞一、仍伽陀一段有二反一、至其一反者略而不載一、今依九条殿下仰一為恒時会一用之一、加添削一書進之一焉、

この記事は金剛寺本だけでなく、弥谷寺本・勝林院本にも見え、本式文が「無動寺大乗院主」（慈円）による「日吉社」での如法経供養の際に澄憲が撰述したものであり、「九条殿下」（兼実）の命で書写されたことを伝える。試みに、澄憲存命期の「十種供養」関連の記事[6]を挙げると、以下のとおりである。

久寿二年（一一五五）四月五日　左大臣頼長、十種供養を東北院に行ふ。**導師澄憲**。（台記・兵範記）

養和二年（一一八二）四月十六日　九条兼実、皇嘉門院の追善供養の為に十種供養、導師智詮。（玉葉）

寿永元年（一一八二）九月五日　入道藤原頼輔、如法経十種供養を行ふ。**導師澄憲**。（玉葉）

寿永元年（一一八二）九月十四日　兼実、自写経十種供養を西山に於て行ふ。願主慈円。（玉葉）

寿永二年（一一八三）七月十五日　安居院房、十種供養。（相蓮房円智記）

文治元年（一一八五）三月十八日　仁和寺円成房成俊、十種供養を修す。（醍醐寺雑事記）

文治元年（一一八五）八月二十二日　兼実、如法経十種供養を修す。翌日無動寺法印（慈円）自筆如法経を笠置寺埋納。（玉葉）

文治三年（一一八七）九月十六日　観性法橋勧進の如法経十種供養。願主慈円。（吉記）

文治四年（一一八八）八月三十日　後白河院、白河殿にて如法経十種供養。**導師澄憲**。慈円自筆如法経供養。（玉葉）

文治四年（一一八八）九月十六日　後白河院、四天王寺にて如法経十種供養。**導師澄憲**。（玉葉・吉記・門葉記等）

文治五年（一一八九）五月十八日　兼実、嵯峨堂にて如法経十種供養。**啓白澄憲**。（玉葉）

建久元年（一一九〇）五月六日　慈円、十種供養を行ふ。**導師澄憲**。（門葉記・華頂要略）

建久元年（一一九〇）六月十一日　女房三位局、日吉社五部大乗経供養。**導師澄憲**。（華頂要略）

建久五年（一一九四）三月二十五日　幕府、伊豆国願成就院に如法十種供養を修す。（吾妻鏡）

建久五年（一一九四）十月二十五日　鎌田正清の女、旧主義朝及び正清の為、如法経十種供養を勝長寿院に修す。（吾妻鏡）

建久五年（一一九四）八月十六日　兼実、皇嘉門院の為に比叡山無動寺に大乗院を建て供養す。**導師澄憲**。（玉葉・華頂要略・門葉記抄・叡岳雑記・壬生文書・拾玉集・近江名跡案内記）

建久五年（一一九四）九月二十三日　慈円、大乗院に勧学講を始修す。（大日本史料）

建久六年（一一九五）九月十六日　兼実、粟田口道場にて如法経十種供養。導師隆憲。（玉葉）
建久六年（一一九五）九月十八日　慈円、如法経会。**導師澄憲**。（三長記）
建久六年（一一九五）九月十九日　慈円、日吉十禅師にて十種供養。童舞。**導師澄憲**。（門葉記・華頂要略）
建久八年（一一九七）八月十日　西山にて十種供養。（門葉記）
建久八年（一一九七）八月十三日　双林寺に於て、十種供養。（門葉記）
建仁元年（一二〇一）九月二十五日　慈円、山王大宮拝殿にて十種供養。**導師澄憲**。（天台座主記・門葉記）

澄憲の存命期における如法経十種供養の隆盛や、慈円と如法経会との密接なかかわりなど[7]を勘案すると、本式文は、建久六年（一一九五）九月（門葉記）、あるいは建仁元年（一二〇一）九月（天台座主記）の十種供養を指した可能性が浮上する。ただし、澄憲の表白は八幡や熊野など多岐に及ぶが、なかでも天台宗との関連から日吉山王関連のものは少なくなく、『転法輪抄』等には古記録類に見られない日吉社関連の儀礼も散見しており[8]、現在のところ特定しがたい。

如法経十種供養は、文治四年の法会を契機とし、童舞を伴うようになるなど、儀礼化の様相を強めてゆく[9]。それは、発起者である九条兼実や慈円らの勢力の拡大と軌を一にしており[10]、九条家のいわば私的な仏事から公的な法会事業へと変容を遂げていったことによるものと考えられる。そのような変容にともない、一回性の要素が強く、記し留められることのなかった式文についても、汎用性のある規範となるテキストが求められるようになったのであろう。当代の説法の名手澄憲による式文を「為恒時会一」に「用之一、加添削一書進之一」とする記事からは、儀礼化にともなうテキストの固定化の様相をうかがい知ることができる。それは、伽陀を省略し、式文を重視しようとする本式文の内容自体にもあらわれている。

加えて、高野山本が現在のところ一本しか伝来していないのに対し、道家の寄進などから九条家の祈願所であったことがうかがえる金剛寺に鎌倉時代の式文が伝来し、それと同系統の式文が声明の聖地である大原の勝林院、そして九条家末流である二条良基の連歌書の裏書に残っているという伝本状況からも、九条殿の意図した儀礼の固定化のあらわれとして、本式文をとらえることができよう。

注

（1）十種については、幢蓋を絵蓋と幢幡に分け、合掌を加えない場合もある。

（2）勝林院本については、福島和夫氏より格別のご高配を賜り、貴重なご教示を得た。

（3）恋田知子「新出金剛寺蔵『十種供養式』をめぐって——法華経の唱導と儀礼——」（学術フロンティア平成二十一年度公開研究会、口頭発表、二〇〇九年十月、於、国際仏教学大学院大学）。発表に際し、落合俊典氏、赤尾栄慶氏より多くのご教示を賜った。

（4）香川県政策部文化振興課編『弥谷寺調査報告書——四国八十八ヶ所霊場第七十一番札所——』（香川県「四国八十八箇所霊場と遍路道」調査報告書六、香川県教育委員会、二〇一五年）参照。三宅徹誠氏のご教示による。

（5）林文理「中世如法経信仰の展開と構造」（『中世寺院史の研究』上、法藏館、一九八八年）、菊地大樹「「文治四年後白河院如法経供養記」について」（『中世仏教の原形と展開』吉川弘文館、二〇〇七年）、近藤静乃「中世如法経十種供養における奏楽と伽陀——妙音院流伽陀の復曲をめぐって——」（『楽劇学』一五、二〇〇八年三月）、竹田和夫「鎌倉時代の経供養行為について——十種供養を中心に——」（『鎌倉遺文研究』二三、二〇〇九年四月）など多数。

（6）山崎誠「唱導と学問・注釈——澄憲の晩年と「雑念集」——」（『仏教文学講座』八、勉誠社、一九九五年）、及び『門葉記』『玉葉』など参照。

（7）清水真澄「慈円の軌跡——九条家における仏法興隆をめぐって——」（『聖徳大学言語文化研究所論叢』一四、二〇〇七年七月）など参照。

（8）曾根原理「安居院澄憲の山王信仰」（『東北大学附属図書館研究年報』三〇、一九九七年十二月）、小峯和明「安居院の法会唱導世界」（『中世法会文芸論』笠間書院、二〇〇九年）など参照。

（9）土谷恵「舞楽の中世――童舞の空間――」（『中世寺院の社会と芸能』吉川弘文館、二〇〇一年）など参照。

（10）多賀宗隼「兼実の執政と信仰」（『慈圓の研究』吉川弘文館、一九八〇年）など参照。

（恋田知子）

金剛寺蔵講式類

一　寺院聖教としての金剛寺蔵講式類

金剛寺聖教中には、多くの講式を見いだすことができるが、首尾完結したものは数点で、一部のみが伝存する断簡も少なくない。一部の断簡類は、連れである可能性があるものの、現存状況における断簡類を一点と見なした際の総数は、七十点あまりに及んでいる。

寺院において、法会儀礼としての講式の場が存したことを想定することは容易であり、そこに用いられる講式のテクストの集成もまた、寺院における必然であったと思われる。講式の場が、繰り返し施行される儀礼の場であったことから、著名な講式テクストは、諸寺院で書写・所蔵されることとなる。講式作者として著名な慈円・明恵・貞慶等の講式が諸処に伝存する実態からも、そうしたテクストの動態を見通すことができるであろう。実際、金剛寺蔵講式類にもそのような伝存の実態を示す聖教が見いだされる。

寺院における講式の所蔵とその寺院における法会儀礼の実態を直接的に結びつけることができる場合もある一方、講式の集成そのものを意図した書写活動も各寺院には想定されるので、その伝存と具体的な法会儀礼の施行状況との関係については、慎重に定位していく必要があるように思われる。

金剛寺においても、たとえば『弥勒講式《みろくこうしき》』・『涅槃講式《ねはんこうしき》』・『舎利講式《しゃりこうしき》』等の伝存は、各々の法会の際に用いられた可能性を示唆するものであるが、講式本文が繰り返し用いられることを想定して作成されている以上、その内容から金剛寺における法会の特色を導き出すことは容易ではない。

その一方で、金剛寺における信仰と深く結びついた『水分講式《みくまりこうしき》』・『龍王講式《りゅうおうこうしき》』等の講式の伝存や、それらの唱導と結びついて記されたと思われる説草『神泉薗事《しんせんえんのこと》』の伝存は、講式に基づく法会と説法唱導が、金剛寺における重要な儀礼として施行されていたことを窺わせるものであり、その場の復元的研究を進めるうえに資するところ大であろう。

金剛寺には、本書にも所収されるように、多くの音楽資料も伝存しており、それらの系譜や内容との連関をたどることで、さらに法会儀礼と音楽・芸能との結びつきの様相を具体的・立体的に探る方法も見いだされるものと思われる。特に、南北朝時代の南朝方の皇統と関わる法会儀礼や、その時期に禅恵によって書写された一連の聖教類との結びつきを考えることは、金剛寺聖教形成の重要な時期のひとつと、法会儀礼・音楽関係聖教・資料の書写活動とがどのように連動していたかを知らしめることにつながるであろう。

本稿では、以下、金剛寺に蔵される主要な数点の講式およびそれらのうちの数点とかかわる説草について、書誌的事項とその意義を概観する。

二　金剛寺蔵主要講式類概説

ア『水分講式』

明徳二年（一三九一）、円爾書写。五段式。

整理番号三三函一〇九番および一九函二八番。調査においては、それぞれ三三函一〇九番（後欠）および一九函二八番（前欠）の断簡として目録作成を進めたが、調査の過程で、両聖教は元来一具のものであり、両者のあいだに欠損部分はなく、完本として復元できることが判明した。

原態に復元したかたちでの書誌事項は以下の通り。

巻子本一巻、十紙（三三―一〇九：六紙　一九―二八：四紙）、楮紙。

外題なし、内題「水分講式」。内題下に「三月三日式ナリ」の注記があり、この日に法会が恒例化していた痕跡を窺うことができる。

法量は、縦二八・九cm～二九・二cm。各紙横の法量は以下の通り。

（第一紙）三九・七cm	（第二紙）三九・八cm	（第三紙）四〇・〇cm
（第四紙）四〇・一cm	（第五紙）三九・八cm	（第六紙）四〇・一cm
（第七紙）四〇・九cm	（第八紙）四〇・二cm	（第九紙）四〇・三cm
（第一〇紙）三九・三cm		

本講式は、金剛寺に伝わる講式類の中にあって、完存するものとしては、確認できる限りもっとも書写年代がさかのぼるものである。本書には、以下の奥書が記されている。

前書本云
于時弘安十年十二月十五日草案了　　沙門幸賢云々
今書本云
時也明徳元年庚午十二月廿八日河内国天野山金剛寺中門坊書写了　金剛佛子実秀四十五
明徳二年辛未九月一日金剛寺無量寿院東部屋書写了
佛子円爾廿六

すなわち、本書は、弘安十年（一二八七）、幸賢の草案に成り、明徳元年（一三九〇）、天野山金剛寺中門坊において実秀によって書写されたものを、翌明徳二年（一三九一）、金剛寺無量寿院東部屋において、円爾が書写した写本である。

書写者円爾は、第二十一代金剛寺学頭（『河内天野学頭次第』〈三七函四番〉および『金剛寺歴代』〈三七函一二三番〉による）。金剛寺無量寿院の僧で、『教児伝』（金剛寺善本叢刊第一期第二巻『因縁・教化』所収）をはじめ、多くの金剛寺聖教を書写・伝授しており、師資相承関係も確認することができる（詳細については、前掲書所収荒木浩執筆『教児伝』解題参照）。金剛寺聖教に見られる円爾の書写・伝授活動の下限は文安二年（一四四五）であり、上限は本講式奥書に見える明徳二年である。奥書に記す年齢からすると、円爾の生年は貞治五年（一三六六）、金剛寺聖教における下限文安二年には八十歳であり、長期にわたる書写・伝授活動を確認することができる。

円爾の相承関係を示すものとして、中院流・金剛王院流の印信・灌頂にかかわるものが数多く見られる。これらのうち、現在判明する円爾の活動の下限を示す『金剛王院灌頂印信　伝法許可灌頂印信』（三七函一〇七番）には、永享四年（一四三二）の「快賢↓円爾↓舜恵」の相承が記されており、金剛寺聖教奥書・識語に多数その名が見える快賢・円爾・舜恵が、血脈相承の点においても結節することが確認できる。また、文明十二年（一四八〇）興誉写『後夜念誦作法』（三九函一一六番）には、「良殿↓禅恵↓円爾↓舜恵↓頼乗↓興誉」の相承が記されており、禅恵から円爾への直接の相承も確認される。禅恵に相承した良殿は、東大寺東南院における書写活動を通じて真福寺宝生院大須文庫所蔵の典籍とも結びつく経路として重要であり、根来寺や東大寺東南院における聖教書写・伝授活動が、血脈相承とも併行してあったことが明確に知られる。

真言関係の多数の書物の書写と相承関係資料の伝存のなかで、「『教児伝』という書物の書写は目を引いて特異である」（前掲荒木解題）のに比して、『水分講式』の書写は、円爾の金剛寺僧としての重要かつ必然的な書写活動として定位できるように思われる。

以下、『水分講式』の内容を概観しつつ、上記の点についても言及する。

『水分講式』は、「第一　明垂跡因縁」・「第二　讃住所功徳」・「第三　述本地功徳」・「第四　讃勧請諸神」・「第五　明廻向功徳」の五段から成る。全編にわたって対句を張りめぐらした美文によって構成されている。

第一段では、水分明神が仏教東漸のため、白犬・黒犬を伴い、神功皇帝の御宇に住吉に現れた後、住吉明神の告によって、葛木の麓の水便佳きところに居を占めたことをかたる。その地の瀧泉の底から現れた端厳優艶の美女は自らを織女と名乗り、明神と夫婦の契りを結ぶため、此の地で待っていたと言う。こうして夫婦神として祀られることとなった水分明神の縁起をかたると同時に、水を司り、慈雨を降らし、五穀成就を授ける和光同塵の利益を讃歎する。そのなかで、峯雄星御子の往昔の因縁を水分社の濫觴とし、震旦五台山では水を掌る神として達水と名付け、日本では雨を象る神として水分と称することを説き、紀州では鳴雷《なるかみ》、和国では雨師と崇われることにも言及する。

第二段では、水分宮を葛木山の守護神、葛木山を金剛山、所の名を一乗の峯と称することを説く。『華厳経』に説かれる、如来滅後二千年に金剛山に現れる法基菩薩の故事に準え、また天台山の景を引きつつ、水分宮の所の功徳を讃歎する。

第三段では、本地の功徳を述べる。そこでの本地仏は次のように比定されている。

一ノ神殿　阿弥陀如来
二ノ神殿　観音菩薩
三ノ神殿　勢至菩薩
四ノ御殿　地蔵菩薩
五ノ神殿　龍樹菩薩

これら五社の本地仏を語ったのち、水分社は西方の五尊が神明として現れた場であるとする。さらに第二段で言及した法基菩薩の霊地たることをふたたび説いて、大明神の方便を恃むべきことを称揚する。

本段の叙述から、鎌倉時代から南北朝期にかけての水分社が、五所を祀る形式であり、西方浄土の信仰と深く結びつくものであったことが知られる。

第四段では、勧請の諸神を讃歎する。

まず、金峯・熊野、牛頭・平岡を往古の如来、法身の大士と位置づける。次に、瀧の明神を当瀧擁衛の神、本地仏を不動明王とする。注目すべきは、「金峯山ニテハ号《ナノリ》役ノ行者一ト、金剛山ニテハ顕二ル瀧ノ明神一ト、久ク守二テ胎金両部之《ノ》嶺一ヲ而利二益シ斗藪《ソウノ》之行者一ヲ、遠ク鎮《シツメテ》二異朝凶賊之《ノ》軍一ヲ而致二ス日域之《ノ》繁昌一ヲ」とするように、金峯山の役行者、金剛山の瀧の明神を一対として、金峯山・金剛山を密教の胎金両部と見なしたうえで、斗藪の行者を守護し、また異朝の凶賊の軍を鎮めて日本に繁昌をもたらすとする点である。これは、中世における金峯山・金剛山の密教的世界観が投影されると共に、瀧の明神の本地仏を不動明王として、水分社が水を掌る神たることを勧請神のうえにも表象した上で、戦神としての性格をも付与するものである。

以下、勧請諸神について、以下のように記す。

戎　武夷之姿

三郎殿　多聞天王の垂迹

大将軍　虚空蔵菩薩の化現

反転《クルヘキ》ノ明神　輪二転シテ六趣一ニ、抜二済スル群生一ヲ

白《シロ》童・黒《クロ》童　大唐随従の二犬

これらによって、水分社の勧請諸神が知られる。また、白童《シロ》・黒童《クロ》を大唐随従の二犬とした後に、犬とかかわる灌《クハイ》南太皇と弘法大師の故事に言及する点は、水分社の縁起と弘法大師金剛峯寺開山縁起との相関を窺わせる。さらに本段末尾は、これら二犬の縁起を白黒の二法の問題へと展開し、煩悩即菩提を説く主題へと帰結させて仏教の要諦として提示する。

第五段では、廻向の功徳を明かしつつ、神明讃歎の功徳、十方衆生の利益、六趣群同朋の済度等に言及して結ばれる。

金剛寺に隣接する山上に鎮座する水分明神は、金剛寺境内図（金剛寺本坊蔵）にも描かれており、現在も社が祀られている。この水分社に鎮座する水分明神讃歎の講式が金剛寺に伝わり、それが鎌倉時代の制作にまで遡ることを考えると、中世を通じて金剛寺が水分社と密接な関係を有しつつ、その法会儀礼を執り行ってきた状況が窺われる。それが、水を掌る神としての性格と深く結びつく点は、後述する『龍王講式』や説草『神泉薗事』が金剛寺に伝わることと連関しているであろう。水神を祀る水分神社との関係は、『龍王講式』から窺われる金剛寺における請雨法をめぐる環境と同じ地平にあるものである。

また、中世における金剛寺と水分神社との密接な関係が、後世まで継承されたことは、たとえば、金剛寺聖教中に、『水分大明神講式』（一一函四一番・近世書写・書写者海応）のような本講式の転写本を見いだすことができる点からも窺える。ここに、南北朝期の聖教が、近世の金剛寺に継承され、書写される経緯を知ることができる。

こうした金剛寺の歴史と密接にかかわる聖教の書写過程や伝来の経緯を確認することにより、金剛寺聖教群の一端を再構築することができるように思われる。

イ『龍王講式』

室町時代中期書写。五段式。

整理番号二三函四番。

書誌事項は以下の通り。

巻子本一巻、十四紙、楮紙。外題なし、内題「龍王講式」。

法量は、縦二六・六cm。各紙横の法量は以下の通り。

(第一紙) 二四・四cm　(第二紙) 三四・八cm　(第三紙) 三五・三cm

(第四紙) 三五・二cm　(第五紙) 三五・一cm　(第六紙) 三五・四cm

(第七紙) 三五・三cm　(第八紙) 三五・二cm　(第九紙) 三五・二cm

(第一〇紙) 三五・一cm　(第一一紙) 三四・八cm　(第一二紙) 三五・五cm

(第一三紙) 三五・一cm　(第一四紙) 一三・八cm

奥書(第一三紙)は、以下のように記されている。

延慶応歟三年庚戌六月廿三日　於金剛寺書写了

此歳五月廿四日ヨリ六月廿九日ニイタルマテ天下旱魃ス当山金剛寺

請雨六月十八日ヨリ廿四日マテ昼不断理趣経尊勝タラニ廿二三四三ケ夜管絃講五六七日三ケ日夜昼夜不断理趣尊勝

同廿八日　九日　七月一日三ヶ日　御殿 塔尾ニテ理趣尊勝　已上十三日七月一日夕方ヨリ大洪水一夜大洪水
二日如此

この書写奥書には、延慶三年（一三一〇）、金剛寺において書写された由を記すが、本書の書写時期は、室町時代中期頃まで下るものと思われる。奥書「延慶三年庚戌」の「慶」の文字には「応歟」の傍記があるが、延応二年七月に仁治に改元された結果、延応三年は存在せず、また仮にその年があったとしても干支が合わないため、この傍記は信じることができない。一方、延慶三年の干支は庚戌で、奥書の記す情報に齟齬はきたしていない。

奥書の記述から、この年五月二十四日から六月二十九日に至るまで天下の旱魃が起こったため、金剛寺においての請雨の法会が行われ、本講式はその際に用いられたものであることが知られる。講式の内容からして、龍神を本尊とする請雨の修法が行われたことがわかる。この間の修法として、昼の不断の理趣経講読、尊勝陀羅尼読誦、夜の管絃講、昼夜不断の理趣経講読、尊勝陀羅尼読誦が行われた結果、七月一日夕刻より二日まで、大洪水の如く雨が降ったという。

本書第一二紙には、以下のような本奥書が記されている。

写本云
嘉元三年乙巳七月下旬於川(河)州金剛寺草之云々
私□(云)当寺学頭阿闍梨忍実草也

これによれば、本講式は、嘉元三年（一三〇五）七月下旬に金剛寺第九代学頭忍実によって草されたものである。それから五年後の延慶三年、旱魃に当たって、請雨のためにこの講式を用いた一連の法会が執り行われたことを、ふたつの奥書を併せ読むことによって知ることができる。両奥書のあいだには、「請雨経五十三佛名」として水雨を掌る佛名が列挙されており、実際の法会の場では、これらの佛名が唱えられたものと推測される。

嘉元三年における起草時も、龍王を讃歎する請雨の修法が必要とされていた蓋然性は高く、この講式を金剛寺学頭が草していることは、金剛寺が鎌倉時代より深く請雨法との結びつきを有していたことを示しており、また学頭自ら起草した講式によってその修法を挙行していたことが知られる。このことは、さきに触れた『水分講式』の伝存とも軌を一にするものと見なされる。

『龍王講式』は、「第一　讃大慈三昧ノ徳㆒ヲ」・「第二　讃如意満願ノ徳㆒ヲ」・「第三　讃人間有縁ノ徳㆒ヲ」・「第四　讃甘雨普潤ノ徳㆒ヲ」・「第五　讃廻向発願ノ徳㆒ヲ」の五段から成る。

第一段では、瞋痴の者が生じるという大海の底の戯楽と称される龍王たちの住処について語られた後、外道の道に堕した龍王たちが時として善心によって雨を降らし、五穀成就・豊楽安穏ならしめることを讃歎する。

第二段では、大海龍宮殿にある如意宝珠の功徳と、詳細な龍宮の描写が展開され、第三段では、三種の災禍の因（時の運・天罰・業の感）を示しつつ、それらに基いて旱魃が頻りに生じることを語り、信心を致して龍神の影向を祈ることによって、雷電と共に雨が降ることを説く。

第四段では、龍王の舌頭に気糸と称する微細の穴があり、その穴から密雲を出だし、その頭頂から澄水を出だし、尾末から標嵐を生じるとする。また、本段後半は、天長元年（八二四）神泉苑で行われた、空海による著名な請雨法の説話が、以下のように詳細に記される。

去天長元年歳次甲辰、天下亢旱《カウ》シテ草木枯折《セッス》、大師依　勅一ニ修《シ給シカハ》玉フ請雨ノ法一ヲ、修因以テ嫉妬心一ヲ、呪《シテ》シテ海中ノ龍《ヲ》一ヲ、籠二メテ水瓶《ツ》　内《メノウチニ》一、封シテ口一ヲ不出一、大師遥ニ請シテ无熱悩池ノ善如龍王一ヲ、令ム来一ラ日域平ノ京一ニ、金色ノ八寸ノ小龍、乗シテ九尺ノ大蛇ノ頂一ニ、而現下ス神泉苑ノ池ノ内チ石《シャク》座之《ノ》上一ニ、于茲慈雲遍覆ヒ一天一ニ、甘雨忽ニ激《ミナキル》四海一ニ、爾時帝皇献シ幣帛一ヲ、門葉備フ法味一ヲ、真言遍法之厳《イツクシキコト》、始マル従此ノ時一、

まずもって、講式の式文に、こうした説話伝承が詳細に語られる珍しい事例として、本話は貴重である。空海請雨伝承は、寛平七年（八九五）成立の『贈大僧正空海和上伝記』を嚆矢とすると考えられているが、当初の伝承は天長年中の旱魃時に、空海による神泉苑での請雨が行われ、その功により小僧都に補任されたことが記される程度で、守敏との験比べの要素等は後世に付加されたものである（空海の祈雨伝承に関する従来の説については、中谷征充氏「空海漢詩文研究　喜雨歌の制作時期と解釈」（『高野山大学密教文化研究所紀要』第二十五号〈二〇一二年二月〉）にまとめられている）。

『龍王講式』の記す空海請雨伝承は、西寺の修因（通常の表記は「守敏」）との験くらべの要素や善如龍王のことなどが詳細に語られており、鎌倉時代に遡る時代での本話のすがたをとどめる事例として重要である。

さらに、金剛寺聖教全体に目を配るならば、金剛寺聖教中に室町時代中期書写と考えられる『神泉薗事』（一九函一二一番）と題されるやや縦長の枡形本（内題は「神泉薗」）の断簡が見えており、その内容は、空海と修敏（修因）との験くらべを中心とする天長元年の請雨法の逸話であって、本講式が記す内容と類話関係にある。金剛寺

における請雨法の施行をめぐる関連資料として重視される（本書所収影印・翻刻参照）。『神泉薗事』は、漢字片仮名交じり文であり、その体裁からも、いわゆる唱導のための台本たる説草と見なされる。神泉苑における空海の請雨譚が、請雨法の濫觴として、金剛寺において単独で唱導としてもかたられていたことが示唆される。金剛寺においては、同種の説草の伝存はほとんど見いだされていないので、本資料の存在意義は大きい。

第五段では、『梵網経』の所説を引いた上で、和光同塵の結縁によって、八相成道の利益に預ることを期す。もしも悪業によって、なお六趣に輪廻するようであれば、弘法大師下生の後に龍花三会之暁に到らしめんことを願いつつ、廻向発願之意に住し、龍神和光之徳を讃歎して結ばれる。

本講式によって、鎌倉時代から南北朝期における金剛寺が、河内一帯の旱魃の際の請雨を担う役割を担っていたことが知られる点は重要であり、金剛寺とその信仰をめぐる環境を知る上で好個の素材である。

上記五段の式文作成に当たっては、諸経典・釈論等が直接・間接的に用いられているが、それら『龍王講式』の特色については、解題末に付した有賀夏紀氏による概説を参照されたい。

ウ　『弥勒講式』

延宝五年（一六七七）書写。五段式。

整理番号三四函二番。巻頭第一紙冒頭に二行分程度の破損があるが、後述するように貞慶『弥勒講式』の他の伝本によって、この破損を補うことができる。巻頭の破損を除けば、末尾まで欠損無く伝存しており、完本として復元できる。

書誌事項は以下の通り。

巻子本一巻、十六紙、楮紙。押界あり（界高二四・七cm、界幅四・〇cm）。外題・内題なし。

法量は、縦三〇・〇cm。各紙横の法量は以下の通り。

（第一紙）四〇・〇cm　（第二紙）五〇・〇cm　（第三紙）五〇・〇cm
（第四紙）五〇・二cm　（第五紙）五〇・一cm　（第六紙）五〇・四cm
（第七紙）五〇・二cm　（第八紙）五〇・三cm　（第九紙）五〇・三cm
（第一〇紙）五〇・二cm　（第一一紙）五〇・二cm　（第一二紙）五〇・二cm
（第一三紙）五〇・二cm　（第一四紙）五〇・〇cm　（第一五紙）四九・五cm
（第一六紙）四九・六cm

本資料は、巻首の二行ほど（「伝供　惣礼　法用　神分　表白　敬テ白テ法報応化、三身如来、有空中道、三」の文字列。笠置寺蔵・奈良国立博物館保管本により補った。）を欠いているが、内容から貞慶作「弥勒講式」（五段式）と判断される。延宝五年（一六七七）天野山虚空蔵院海応写。近世の金剛寺における書写活動の所産になる講式である。

奥書は以下のように記される。

興国六年乙酉三月二日　瀧尾弥勒堂ノ式
従往古有之　于時延宝五年丁巳極月十九日

河州天野山虚空蔵院海応書写了
為上求菩提也

天野山虚空蔵院海応の奥書によれば、本講式は元来、興国六年（一三四五）に瀧尾弥勒堂における式として用いられたものである。興国の元号を用いることからも、南朝方に立つものであり、当時の金剛寺の置かれた状況を勘案すると、南北朝期に河内一帯で施行された弥勒関係の法会の拠るべき講式台本として、本資料のあったことが窺われると共に、貞慶著述講式の後世への広範な影響と享受の様相を知ることができる。

同時に、そうした資料が近世前期まで金剛寺に伝存し、寺僧の書写するところとなっていた実態が窺える。海応は、先述したように『水分大明神講式』（一一函四一番・近世書写）の書写者としても知られる。金剛寺に伝存する講式には、近世書写と見なされるものも多く、それらの書写の背景には、こうした南北朝期以来の金剛寺を取り巻く信仰環境と深く結びついたものも多いことが推測される。『龍王講式』がそうであったように、金剛寺の学頭や寺僧は、中世・近世を通じて極めて精力的に聖教の書写と法会の施行に携わっていたようである。そうした営みの代表的存在として、南北朝期の金剛寺聖教形成に大きな意義を有した禅恵（後掲『涅槃講式』書写の事蹟も確認される）のいることは言を俟たない。

『弥勒講式』は、「一　懺悔罪障」・「二　帰依弥勒」・「三　欣求内院」・「四　正遂上生」「五　因円果満」の五段から成る。

貞慶『弥勒講式』には多くの伝本が確認され、内容もすでに紹介されているので（『貞慶講式集』〈山喜房佛書林〉

等）、ここで繰り返すことは避けるが、諸本との校合作業によって金剛寺本の伝本としての性格を明らかにし、かつ貞慶の講式作成における諸経典等引用・利用の方法について確認する作業がさらに進められるべきである。前者については翻刻末尾の校異表を、後者の『弥勒講式』における出典・類似表現等の特色については、解題末に付した黄昱氏による概説を参照されたい。

エ『涅槃講式』

永正十六年（一五一九）、成範書写。六段式。

整理番号三三函二三一番。

書誌事項は以下の通り。

巻子本一巻、表紙および十二紙、楮紙。押界あり（界高二三・七㎝、界幅三・八㎝）。外題なし、内題「涅槃講式」。

法量は、縦二七・二㎝。各紙横の法量は以下の通り。

（表紙）一一・〇㎝
（第一紙）三六・二㎝　（第二紙）三六・七㎝　（第三紙）三六・七㎝
（第四紙）三七・〇㎝　（第五紙）三六・七㎝　（第六紙）三六・九㎝
（第七紙）三六・七㎝　（第八紙）三六・七㎝　（第九紙）三六・七㎝
（第一〇紙）三六・七㎝　（第一一紙）三六・六㎝　（第一二紙）三六・六㎝

『涅槃講式』は、「一　述如来涅槃」・「二　供十六羅漢」・「三　明中土遺跡」・「四　仰遺身舎利」・「五　講涅槃遺教」・「六　致廻向発願」の六段から成る。

『涅槃講式』としては、明恵『四座講式』中の『涅槃講式』がひろく知られているが、本講式は明恵『涅槃講式』とかかわりを有しつつも、そのままの書写ではなく、むしろ『四座講式』の他の講式からの引用が見られる点等に特色がある。また、第四段には金剛寺本『龍王講式』と同文を見いだすことができ、明恵の講式叙述が他の講式本文へと展開していく様相が確認される。

上述のような特色を含む『涅槃講式』における出典・類似表現等の特色については、解題末に付した有賀夏紀氏による概説を参照されたい。

以下、本講式の奥書の検討に移る。

本講式末尾には、以下のような一連の奥書が記されている。

元亨元年辛酉二月十三日於東大寺東南院々主坊
書写之　此式者助已講頼心　記集
金剛佛子禅恵春秋卅八

此式奥書云
文保二年二月二日於東南院々主坊為七ケ日修善任

愚昧之意楽採諸式之要処片時之間草之不用草案
不及沈思云旨趣云鈞鏁外見有憚追静可審定
之歟将又可棄破之歟
願因此一巻集録七日勤行之微功必成彼先師聖霊
三覚円満之大果事業雖疎志願尤懇佛垂照
覧神加護証明而已　　金剛資頼心生年卅六

永正十六年己卯二月廿九日於河内国天野山竹坊以
円爾法印御自筆写之訖
奉報釈尊大恩為法界衆生利云々
　　　　金剛佛子成範

元亨元年（一三二一）の禅恵奥書に記されるように、本講式は、禅恵聖教に頻出する頼心の記集したものを禅恵が書写したものであるが、禅恵奥書に続いて記される本奥書から、文保二年（一三一八）二月二日、東大寺東南院々主坊において、頼心によって記されたことが判明する。書写された場が共通すること、またその書写時期の隔たりが三年間と短いことから、東大寺東南院々主坊に伝えられた頼心書写本を、禅恵が同所にて書写したものと見なして誤らないであろう。

また、奥書末尾には、永正十六年（一五一九）二月二十九日に、天野山竹坊において、成範によって書写されたことが記されており、その基にしたのは円爾法印自筆本であったという。この円爾は、先述の『水分講式』書写者であり、円爾自筆本の書写年次は不明ながら、本講式も金剛寺における書写活動、就中講式類の一連の書写の動きの中に定位される一書であることが確認できる。

東大寺東南院における頼心書写聖教の禅恵による書写活動およびその金剛寺への伝来を知る上でも重要な資料である。

金剛寺聖教中には、本講式の書写者成範が、禅恵書写本の重要な書写過程に連なるものであることを窺わせる資料が伝存している。いま、参考のため、いくつかの聖教の奥書を掲出する。

・阿閦法〈薄〉（二八函一一三番）

大永三年〈癸未〉七月二十四日／於天野山竹坊、以／禅恵法印御自筆本書写之了／成範

・金剛界 私日記〈西谷〉（二九函一三四番）

本奥書云／本ハ常喜院御記也　清書月上院／本云／正中二年己丑八月一日　於河州天野寺北谷／文殊院賜根来寺五坊大進律師御房／本書写了〈金剛仏子禅恵春四十二夏二五臈〉本云／自栄乗房請此記之申者也雖為／悪筆闕如之間書写了／永正六年己巳正月廿五日〈於竹坊長弘〉／右此記金胎両巻則当寺之流両界／相応云々　末学守此旨　不可違背／者哉／永正十八年辛巳五月廿二日／於天野山竹坊　為亀鏡書写了／法印成範

これらから窺えるように、成範は、禅恵自筆本の書写や、根来寺由来の貴重な典籍を書写し、永正年間を中心

とする室町期に、金剛寺聖教形成を担った僧のひとりであった。

『涅槃講式』は、禅恵書写になる講式という点からも注目されるが、金剛寺には他にも禅恵が書写にかかわったことが知られる講式が、断簡ながら伝わっている。『往生講式』（三七函六六番六―一。尾題を「往生講私記」とする）および『舎利講式』（三七函六六番六―二）である。両者は断簡の紙背に記されるものであるが、筆跡・法量等からツレと見なされる。また、両断簡は表本文から元来連続した資料であったと思われ、表本文には、「一　讃如来恩徳」・「二　明舎利分布」・「三　嘆末世神変」・「四　述事理供養」・「五　致廻向発願」との叙述が見えるから、『舎利講式』の断簡であることが知られる。これら断簡二紙については、後掲（597・598頁）の影印を参照されたい。

これら二紙の法量は、共に縦二九・八㎝、横四〇・五㎝、楮紙。

以下、禅恵奥書の分析を試みる。

まず、『往生講式』（三七函六六番六―一）の奥書は、以下のように記されている。

正平十八年〈癸卯〉九月六日、於河州天野寺無量寿院書写之、先年雖書写此遇／（右傍「庚子才三月十七日
令焼亡了（薄墨）」）／畠山乱入放火（補入「令」）焼失之間、今又重写之、命緒只今時也、為往生極楽凌老／眼
老屈書見之而已〈持病十余年喘息不断病苦〉当寺学頭法印禅恵〈行年八十才〉／持仏堂幷坊同時令焼失之間、
同辛丑才、堂坊造営了〈行年七十八才〉／

本講式は、禅恵の亡くなる前年の正平十八年（一三六三）九月六日に、天野寺無量寿院で書写されたものであるが、これは、畠山乱入により焼失したため、重ねて書写に及んだものとの経緯を知ることができる。

続いて、いま一紙の紙背に記される『舎利講式』奥書について検討する。

正平十八年〈癸卯〉九月七日於河州天野寺無量寿院、凌現病老屈（補入「眼」）苦痛／為往生浄刹書写也、
同八日交点了、今日悲母命日往生浄土一切衆（補入「生」）同共成仏矣／南無梅多利耶仏、同成大師御伴而已、
学頭法印禅恵〈春秋八十〉

この奥書は、尾題と考えられる「舎利講式　密厳院上人御作」に続いて記されており、「密厳院上人御作」との識語からは、この舎利講式が覚鑁作になるものと推定される。実際、断簡一紙め（三七函六六番六―一）に「舎利供養式」として記される本文は、覚鑁作『舎利供養式』（五段式と六段式が伝存する）冒頭近くの表白と一致する。また断簡二紙め（三七函六六番六―二）に記される本文は、同じく覚鑁作『舎利供養式』末尾に一致している。『舎利講式』奥書の書写年次が九月七日であることを考えると、これは先の『往生講式』書写の翌日ということになる。すなわち、『往生講式』・『舎利講式』が禅恵によって、天野寺無量寿院で引き続いて書写されたことが知られるわけである。

正平十八年九月六日・七日の禅恵による一連の『往生講式』・『舎利講式』書写は、『舎利講式』奥書から判断するに、九月八日の禅恵母の命日に向けた追善法要に用いるためであったとおぼしい。

これら二つの聖教の書写が天野寺でなされている点も、禅恵母の追善を意図した書写活動と認識される。

さらに、上述の講式の書写は、実際、九月八日の禅恵母の命日に書写された以下の題未詳聖教（一七函二七四番）とも連関するものである。虫損による判読不明箇所も多いが、いま、その奥書を記すと、以下のようになる。

今年七月呪□義□□／正平□□年〈癸卯〉九月八日、往生講式舎利講書写之欲為只命／臨終悪心者也、

禅恵〈八十才〉

禅恵が年齢を八十歳としている点は、上述の『往生講式』・『舎利講式』奥書の記すところと一致しており、干支癸卯が一致している点も加味して、本奥書の虫損部分を正平十八年と見なして誤らないであろう。これらの聖教奥書を併せ考えるに、この年九月、禅恵が母の命日を期して追善供養のために行った書写活動と仏事の営みの輪郭が知られるのである。

金剛寺学頭と寺僧の重要な書写活動の一環として講式類の書写があったことを、金剛寺に伝存するいくつかの講式から明らかにしてきたが、そうした講式書写の背景には、禅恵の例に見えるように、私的な追善等に供する事例もあったことが了解され、伝存聖教の伝えるところの幅広さが窺える。

オ　説草『神泉薗事』断簡

室町時代中期書写。

整理番号三三函二三一番。

書誌事項は以下の通り。

折本、尾欠（二折存）の断簡。楮紙。外題「神泉薗事」、内題「神泉薗」。

法量は、縦一五・二㎝、横一二・〇㎝。二紙それぞれの横の法量は以下の通り。

（第一紙）一七・三cm　（第二紙）四三・五cm

本資料は、やや縦長の枡形本で、一丁あたり数行の比較的大きな文字で説話伝承を綴る体裁からも、懐中本等として唱導に用いられる説草と考えられる。神奈川県立金沢文庫には、鎌倉時代や南北朝期に遡る説草が体系的に残されているが、金剛寺聖教には説草がほとんど見当たらないので、本資料の伝存は貴重と言える。

折本二折を残すのみの断簡であることが惜しまれるが、内容は神泉薗における空海の請雨と修敏（守敏）との験くらべの伝承であり、後欠部分の内容は、上述『龍王講式』第四段に記される類話からもほぼ推定することができる。

金剛寺に本説草が伝存することの意義については、解題の『龍王講式』の項にふれたので、そちらを参照されたい。

『水分講式』・『龍王講式』と共に本説草が金剛寺に伝存することは、中世における金剛寺の環境と信仰を聖教の点から見通す上で極めて重要な情報を提供するものである。

謝辞

本巻収載の『龍王講式』『弥勒講式』『涅槃講式』については、翻刻作成の過程で、有賀夏紀氏・黄昱氏の協力を得た。深く感謝申し上げる。

本解題の後に、上記の講式について、両氏執筆による出典を中心とする特色の概説を掲出した。それらの研究成果の詳細については、両氏による別稿が近時刊行される予定である。

（近本謙介）

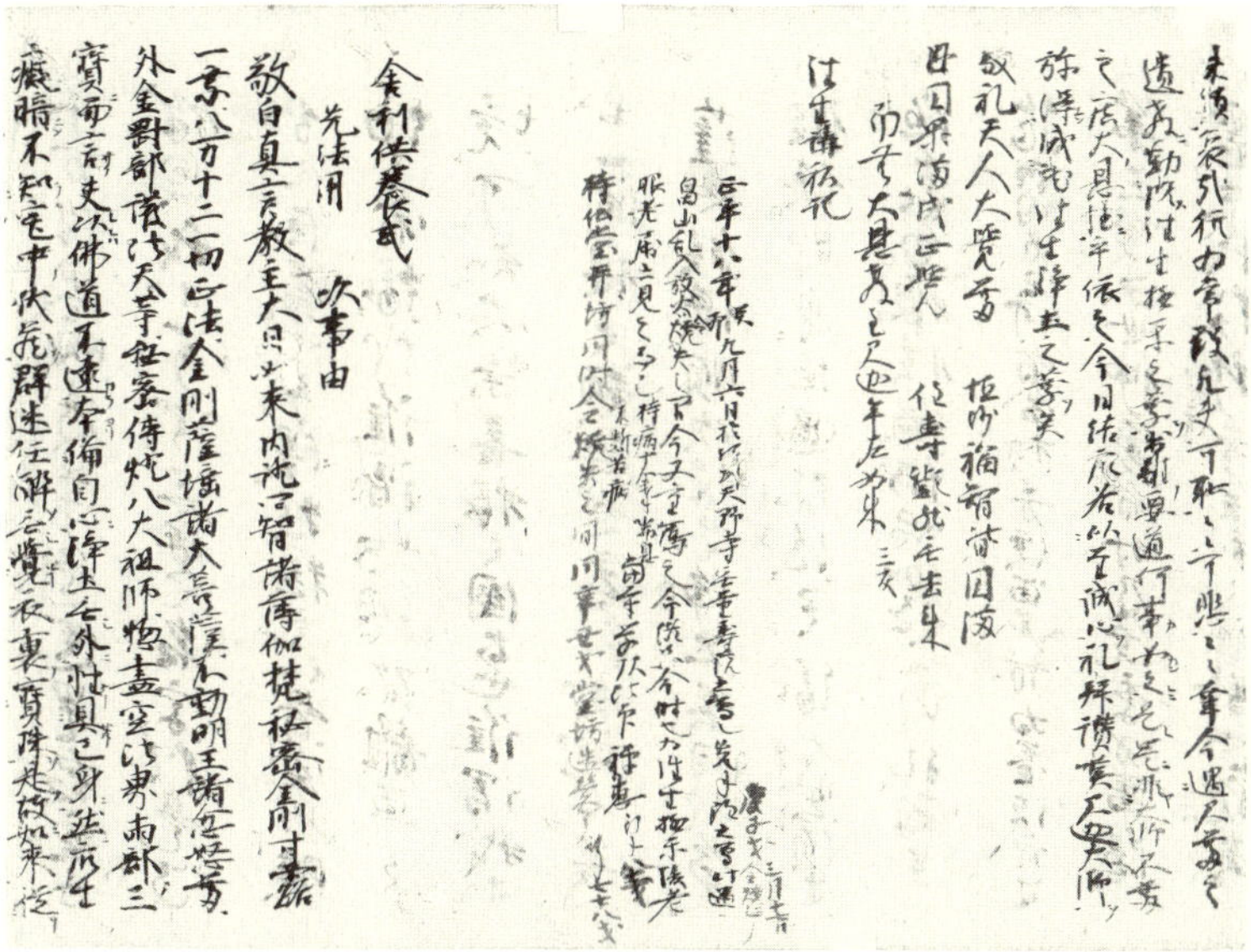

三七函六六番六一一(裏)

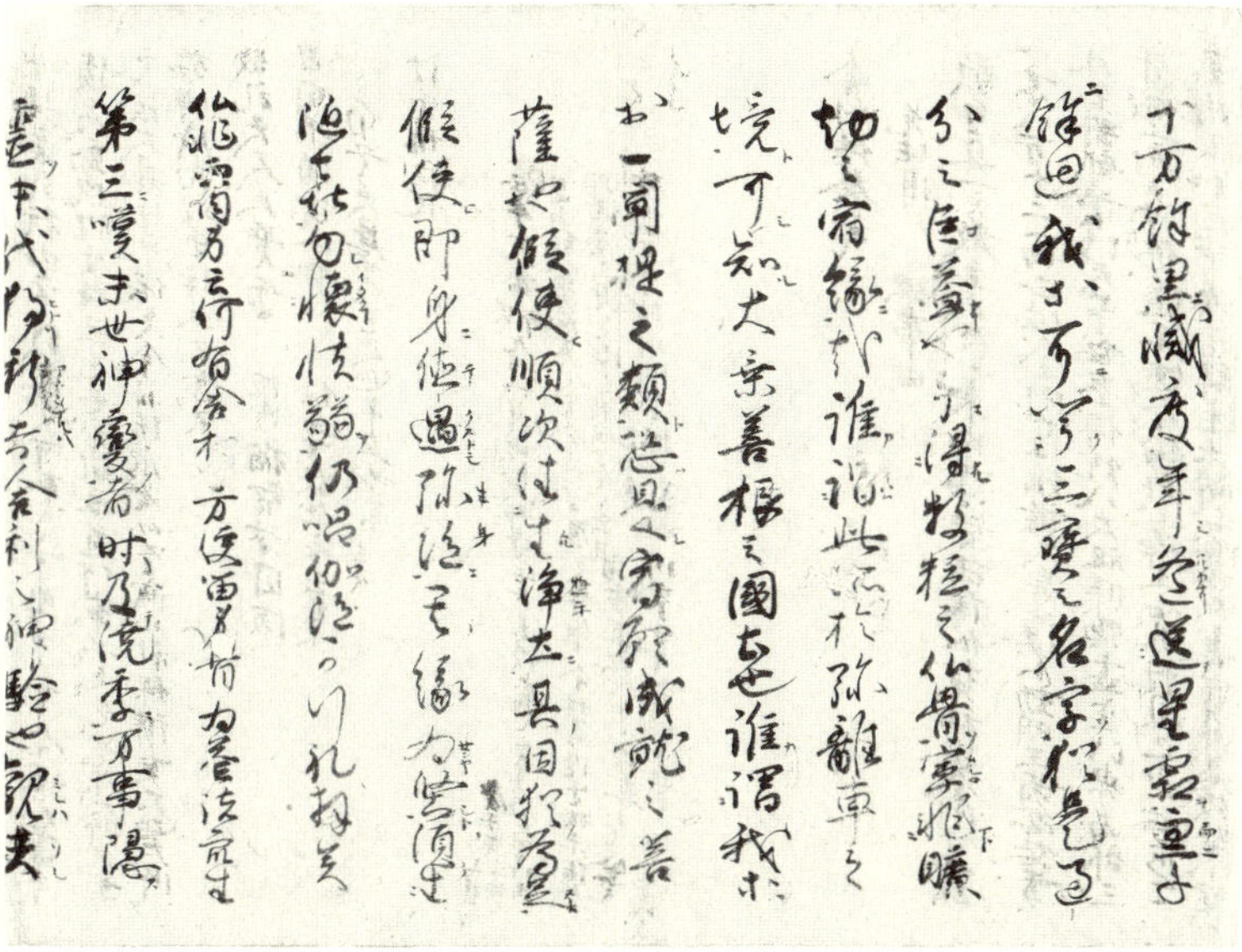

同上(表)

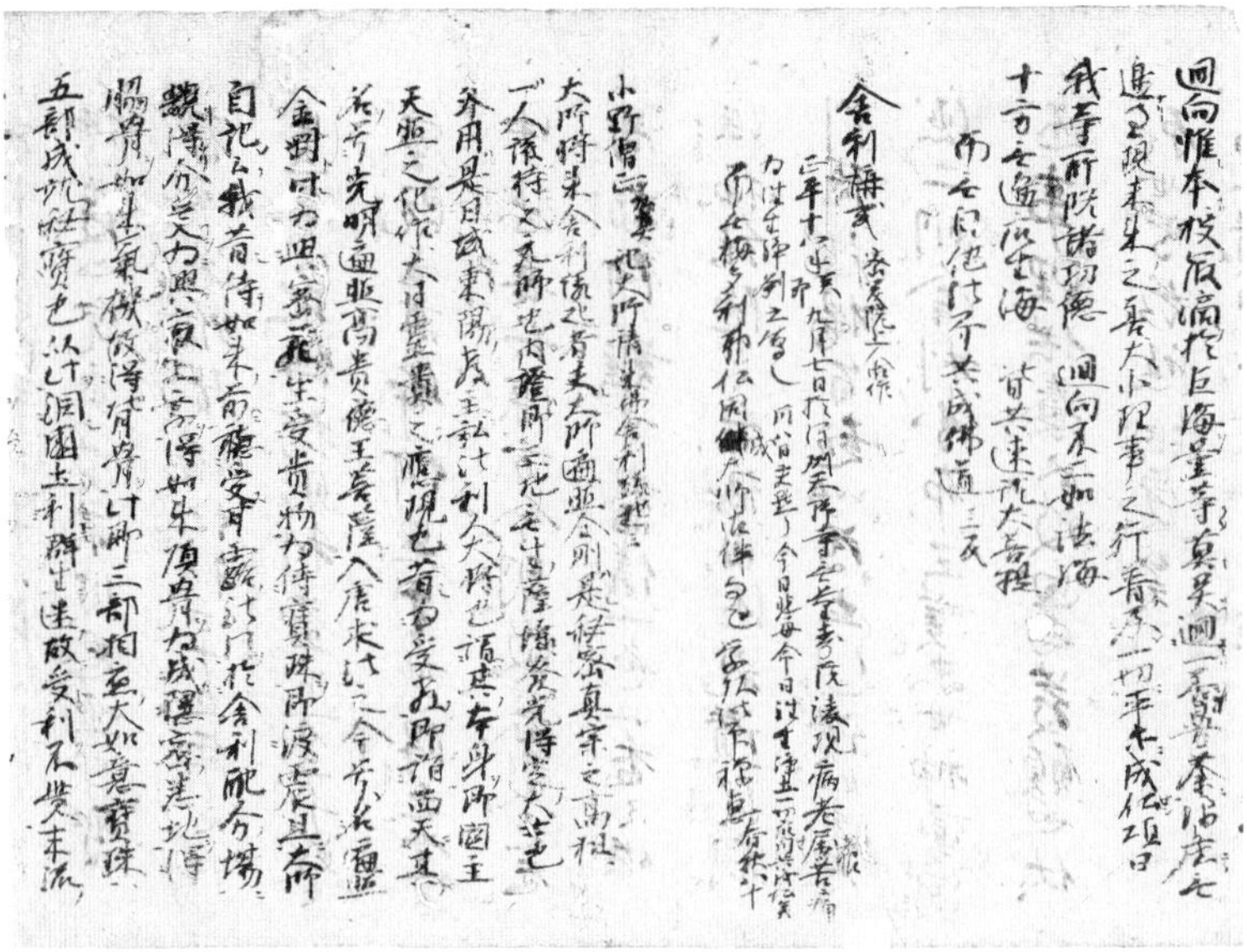

三七函六六番六－二（裏）

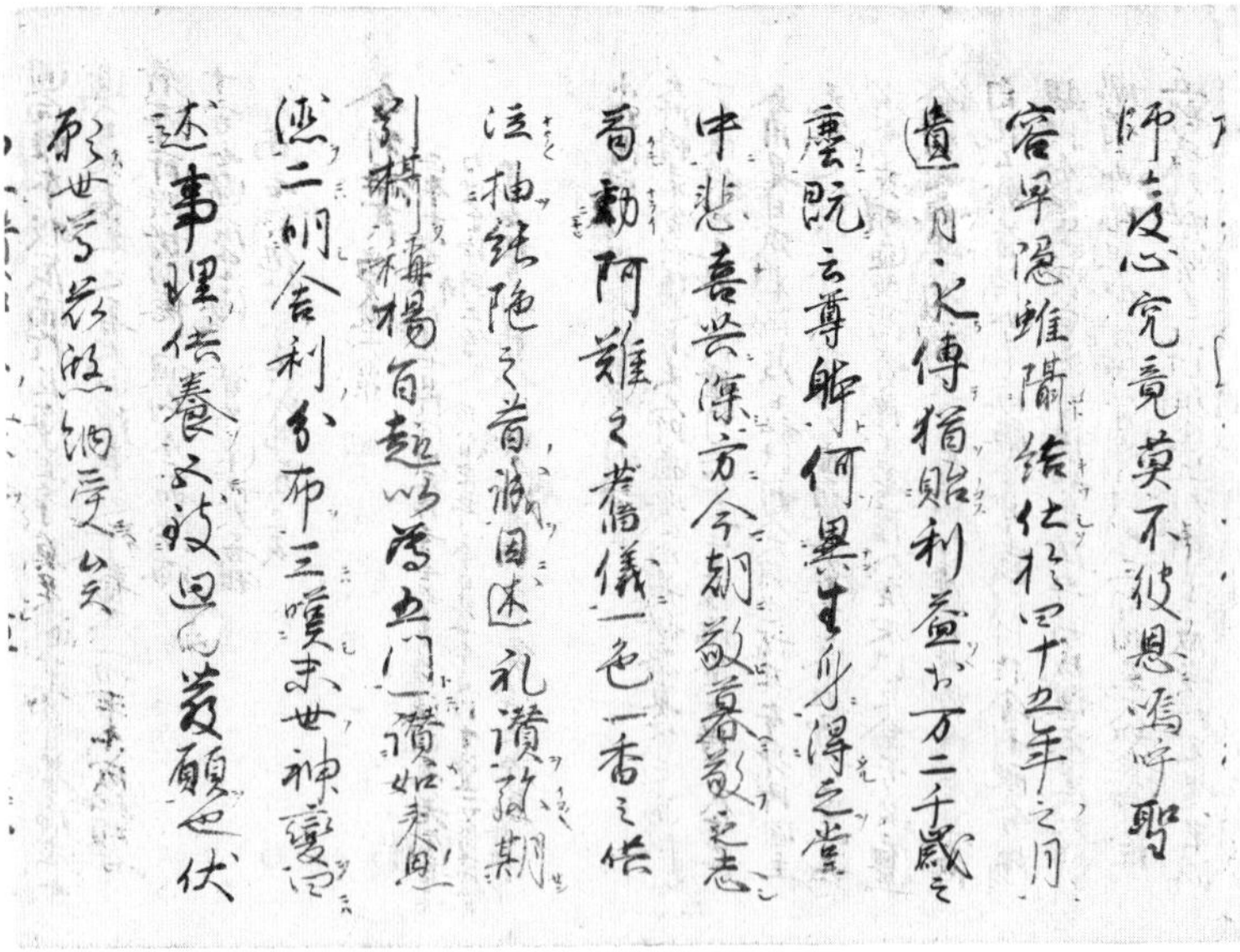

同上（表）

『龍王講式』特色

本講式の式文には、他典籍からの引用や要約、類似表現等が多く見いだせる。一部を掲げれば、たとえば『大雲輪請雨経』『孔雀経音義』『陀羅尼集経』といった真言系祈雨法（請雨経法）に関連する経典や典籍、『釈摩訶衍論』『釈摩訶衍論勘注』などの釈論関係の資料、『法華経』とその注釈類のほか、『行林鈔』『薄草子口決』のような事相書の類におよぶまで幅広い。

経典を典拠として示していても、必ずしもそこから直接引いたわけではなく、経典の内容を要約・抄出した他の典籍から転載している場合があることも留意すべきである。具体例をあげれば、本文23行目「正法念経」の引用は、実際には『正法念処経』の経文を要約した『孔雀経音義』の文章に近く、当該部分が孫引きであることを示している。

対句表現には『白氏文集』や李嶠『雑詠百二十首』といった漢籍からの転用も見られ、金剛寺に漢籍が集積されている状況との関連性もうかがえる。さらに伽陀には『元亨釈書』や『塵添壒嚢抄』の祈雨説話で童子の歌とされる歌謡を用いた箇所もあり、これは講式の芸能的側面が垣間見られる事例ともいえよう。

東密の祈雨法は、空海が神泉苑で修したとされる祈禱がよく知られるが、本講式も空海の祈雨伝承を収載し、『秘蔵宝鑰』からの引用や類似表現が随所に散見される。

『龍王講式』の奥書には、延慶三年（一三一〇）に行われた祈雨法の次第も記録されるなど、金剛寺の祈雨儀礼の具体的な様相を知ることができる点でも資料的価値は大きい。

（有賀夏紀）

『弥勒講式』特色

現存する貞慶作『弥勒講式』四種のうち、本講式は著述時期が判明するものの中で最も早いものである。笠置寺所蔵本の奥書によると、この講式は菩提山（専心上人）の依頼を受け、建久七年（一一九六）二月十日に笠置寺般若台にて執筆された。本講式の伝本については、ニールス・グュルベルク氏が詳述している。[1]金剛寺本は延宝五年（一六七七）に書写されたものであるが、その底本は興国六年（一三四五）に瀧尾弥勒堂における法会で用いられたものである。金剛寺本は江戸時代書写の薬師寺蔵本に比して、誤写が少ない善本である。また、本書のみに見られる文言があり（例えば、本文61行目「我心既空罪福無主」など）、注目すべき所である（「校異」参照）。

本講式における経典の直接引用は、第三段「欣求内院」と第四段「正遂上生」で用いられる『佛説観弥勒菩薩上生兜率天経』のみである。本経典は兜率天の美麗荘厳を描いた箇所に引用されたものである。それに対して、ほかの段落は経文のまとまった引用は見られず、貞慶独自の文章表現が展開されており、後の作品に影響を与えた文辞も少なくない。中でも注目されるのは「紅粉翠黛《コウフンスイタイ》、唯《タ》綵《イロトリ》二白キ皮《カハヘヲ》一」から始まる第一段「懺悔罪障」の一部である。この部分は人間の生死愛欲の無常を描いた文章であるが、蘇東坡に仮託された「九相詩序」とほぼ同文である。[2]「九相詩序」は『九相詩絵巻』の詞書きの一部であり、『九相詩絵巻』は室町時代の成立で、近世期には刊本が出版されるほど流行した。このように、『弥勒講式』の文章が後に「九相詩序」に受容されるなど、貞慶の無常表現の受容と展開の視点からも分析を深める必要がある。

注

（1）ニールス・グュルベルク「『弥勒講式』」（解題）（『貞慶講式集』所収、山喜房佛書林、二〇〇〇年）。

（2）『九相詩』及び『九相詩絵巻』についての先行研究は青木清彦「九相観の文学」（『武蔵野女子大学紀要』一一、一九七六年）、同「版本「九相詩」成立考」（『仏教文学』二、一九七八年）、小松茂美編『日本絵巻大成七　餓鬼草紙・地獄草紙・病草紙・九相詩絵巻』（中央公論社、一九八七年）、山本聡美・西山美香『九相図資料集成――死体の美術と文学――』（岩田書院、二〇〇九年）、山本聡美『九相図をよむ　朽ちてゆく死体の美術史』（角川学芸出版、二〇一五年）、今西祐一郎『死を想え『九相詩』と『一休骸骨』』（平凡社、二〇一六年）等がある。山本聡美氏は青木清彦氏の説を踏まえて『九相詩』の成立は十四世紀後半頃と推定するが、詩序が『弥勒講式』の文章を用いていることから、詩序と九相詩本文の成立は、一旦切り離して考えるべきである。

（黄　昱）

『涅槃講式』特色

『涅槃講式』と称されるものとしては、明恵『四座講式』（涅槃講式・十六羅漢講式・遺跡講式・舎利講式）の「涅槃講式」が著名であるが、本講式はこれとは異なり、『四座講式』の四つの講式の内容を一つの講式としてまとめた、いわばダイジェスト版ともいうべき形をとる。

具体的には、本講式の第一段が『四座講式』の「涅槃講式」に該当し、第二段が「十六羅漢講式」、第三段が「遺跡講式」、第四段が「舎利講式」に対応している。第五段は「涅槃ノ遺教」を講じた段で、「涅槃経」と「遺教経」を称揚するものである。「涅槃経」に関する叙述は、『四座講式』の「涅槃講式」に類似の表現が存し、

「遺教経」は本文154行目の次第部分に「読遺教経」と見えるように、一連の儀礼のなかで読誦される経典を取り入れたものと推測される。つづく第六段は廻向段であり、臨終の安寧と極楽往生を祈念して結ばれている。

このほかにも、本講式には『心地観経』や『法華経文句』、『天台法華宗義集』、『秘鈔問答』などとの類似表現が認められ、対句表現を多用しながら、仏伝に登場する人物や逸話をちりばめるようにして綴られることに特色がある。

（有賀夏紀）

胎内五位曼荼羅

一　概要と書誌

金剛寺蔵『〔胎《たい》内《ない》五《ご》位《い》曼《まん》荼《だ》羅《ら》〕』（仮題・五三函二三七番、五三函二三八番）は、首尾を欠く残簡で、糊離れの箇所もあり、五三函にバラバラの状態で保管されていた。後藤昭雄編『金剛寺経蔵聖教目録』（科学研究費補助金基盤研究（B）23320054研究成果報告書、二〇一五年）では、目録番号二三七番と二三八番に分けて採録したが、内容の検討によりツレであることが判明したことから、ここに一書として紹介する。本書の前半は、胎児の成長過程と出生後の様子を死後の中陰と重ねて説明する話を載せ、後半には、「趙州獄話」と題する話を記す。なお、名称『〔胎内五位曼荼羅〕』は目録作成時の仮称である。外題や尾題などは現存部分には確認できず、全体を統一する名称があったかはわからない。

書誌は以下のとおりである。

巻子。一巻。紙数は全十四紙。状態は大きく二つに分かれており、それぞれにも糊離れの箇所がある。法量は、縦一五・二cm、横は復原した形で前から順に、第一紙三八・二cm、第二紙三八・一cm、第三紙三八・二cm、第四紙三八・四cm、第五紙三八・二cm、第六紙三八・四cm、第七紙三八・二cm、第八紙一七・七cm、第九紙一一・五cm、第十紙一二・六cm、第十一紙二〇・一cm、第十二紙三八・七cm、第十三紙三八・一cm、第十四紙三八・二cmである。目録番号・五三函二三七番は第一紙から第八紙まで、それ以降が五三函二三八番である。現存部分に本書の成立を示す記載はない。江戸時代初期の書写と推測される。楮打紙。図あり。図には彩色がある。印記なし。

二　内容

本書『〈胎内五位曼荼羅〉』の全十四紙を、本文の接続や紙の継ぎ目から復原して並べると、首尾を欠くが、途中には脱落がないことが確認される。その第十二紙は、七行の本文のあとに五行程度の空白があり、そこにやや大きめの文字で「趙州獄話」と記し、さらに半行程度の空白を空けて、本文が続いていく。この「趙州獄話」は、それ以降の話の標題と見なされることから、本書の内容はここで前後に分かれるものと判断される。

本書前半の本文は、巻首を欠き、「六月目」から始まる。以下「十月目」まで続き、出生に関わる説を記して、出生後の「七周忌」へと繋がる。かかる本文は、京都大学蔵『生下未分之話』[1]（以下、京大本）にほぼ一致し、挿図の絵柄もよく似ていることから、金剛寺蔵『〈胎内五位曼荼羅〉』の前半部分は『生下未分之話』であると見なすことができる。京大本は、冒頭に天地開闢と父母和合に関する記事があり、そのあとに胎児が成長する十月の内の「初月」の図と本文が続く。一方、金剛寺本の冒頭部分は、本文の前に図があり、それは京大本の「五月目」の本文のあとに付された図に一致する（京大本ではこの図は「六月目」の図である）[2]。また、金剛寺本の冒頭から末尾までの本文および図の、京大本との一致も確認できる。したがって、金剛寺本前半部の欠損は、京大本の冒頭から「五月目」の本文までと推定される。なお、京大本の巻末には、他見を禁じる旨の識語と、「写本云」として、慶長五年（一六〇〇）四月の延春と同年五月の快興の奥書があるが、金剛寺本にはその記載はない。京大本の「写本云」以下の二つの奥書は本奥書と見られ、仮にそうであるなら、京大本には成立年次を示す奥書はないことになる。京大本の状態からは本奥書の慶長五年をさほど降らない時期の書写と見受けられ、金剛寺本も江戸初期の書写と推測されることから、両者は近い時期の成立であると考えられる。『生下未分之話』の内容は、胎児の成長過程を示す十月に、出生後の三つの忌日（七年・十三年・三十三年）を合わせた十三の段階に、本地としての十三仏をそれぞれ配置して説明を加える胎生論である。神道の説や和歌を含み、懐胎から出生までの過程を生死一体のものとして説いており、「十月目ニワ」「マツサカサマニ目前ノ地獄ニ落ルナリ。生レ落テヨリ六道ニ沈淪ス」（3紙）と、誕生と同時に地獄に堕ちるとする点に特色がある。(3)

本書の後半には、「趙州獄話」の題を付す地獄に関する説を載せる。「趙州獄話」は、中国の僧・趙州従諗の語録に採録された問答であり、後半の本文の冒頭五行がそれに相当する。続いて「大龍」(4)や「円心」なる人物の問答を載せ、さらに「小笠原殿」の道歌を引用し、地獄と人間誕生の関係を勘案して、「父母両婬カ十月母ノ胎内ニ宿テ、此界ニ生ルレハ、ハヤ死人ナリ」（14紙）と説き進める。これ以降は脱落のため確認できないが、後半部のこれら一連の記述は、本書前半の内容と密接に関わるといえよう。また、最初に公案の本文を載せ、次に問答による解説や勘注を加えるスタイルは、大徳寺系の密参録などのそれに近い。(5)かかる公案集には、著名な「庭前柏樹子」などとともに、「趙州獄話」の問答も採られることがある。(6)たとえば松ヶ岡文庫蔵『古則公案』では、この地獄の話に対して、「師云、下語セヨ、学云、三界無安、猶如火宅、師云、末上ニ入ヲ、弁セヨ、学云、母ノ胎ヲ出テ、此界エ生来ハ、末上ニ入テ候」(7)と説いており、金剛寺本の内容と近似することが指摘できる。また、漢文体である原典「趙州獄話」を漢字片仮名交じり文で記すのは、漢文で書かれた公案に仮名で注を付す古則[8]などの文体とも相通ずる。さらに、本書後半のこのような文体は、前半部とも共通することから、本書は全体を通して仮名法語の如き体裁を持つといえよう。

三　特色

金剛寺蔵『〔胎内五位曼荼羅〕』の本来の姿を窺うには、さらなるツレの発見が俟たれるが、前半が京大本『生下未分之話』と一致することから、後半はその話に関連する説を記したものではないかと推察する。すなわち密教を基盤とする胎内十月の説に、禅の語録が結びついたものである。こうした金剛寺本の性質は、例えば、禅宗にかかわる説を多分に含み、「真言密教的世界に禅宗的色彩りを添えたもの」[9]と評される『三賢一致書』の在り方と軌を一にする。また、胎内十月説の禅宗での受容を示すものに、近世初期頃の書写とされる曹洞宗の切紙で、石川県永光寺所蔵「体中サガシノ切カミ」（一名「入胎出生」）に、胎内で成長する十月に十三仏を配当する記事が見出せる。[10]これらは本書の成立を考える際の参考になるであろう。さらに、版本『生下未分語』や古浄瑠璃『熊野之御本地』などに見られる胎内十月図への展開[11]を視野に入れることで、本書の文学史への位置づけも可能になると考える。

金剛寺には禅に関わる文献が伝来している。中世後期の禅籍では、正長二年（一四二九）書写の『信心銘』が所蔵されており、それには『永嘉真覚大師証道歌』も付されている。さらに、五山僧・九淵龍琛の詩文集『九淵詩稿』や『憂喜餘ノ友』（千代野物語）の写本も伝わる。かかる中、密教と禅の双方の説を有する本書は、その内容において両者の接点を示すことに特色があるといえ、また真言寺院である金剛寺における禅の受容について考える手がかりにもなるであろう。

注

（1）京都大学図書館「京都大学蔵書検索」における書誌詳細によると、「一般貴重書（和）」、請求記号「1―05／シ／1貴」、冊数は一冊である。注記には、「表紙に「順円」、末に「右此一巻者極秘々密也他見不有者也／写本云／慶長五年〈庚子〉卯月下旬　延春／慶長五年〈庚子〉五月下旬廿六日書之　快興」」とある。画像も公開されている。

（2）京大本は、図は、例えば「六七日」のような小見出しの下に描かれており、そのあとに「六月目」の本文が続く。金剛寺本にはかかる小見出しはなく、図は本文と本文の間に描かれているため、図がどちらの本文に属するかは判断しづらい。

（3）山下琢巳「胎内十月の由来――仏書『生下未分之話』『生下未分語』をめぐって――」（『東京成徳短期大学紀要』二六号、一九九三年三月）は、『生下未分之話』における胎内十月の本文を、版本『生下未分語』と比較して解説を施している。

（4）大龍は、本書前半部の第五紙に「日太宋国大龍山祖薫禅師」「大龍曰」として出る僧か。また『三賢一致書』の編者も大龍なる人物で、近世前期に活動した臨済宗の僧とされる。

（5）飯塚大展「大徳寺派系密参録について（1）――『雲門録百則』を中心に――」（『宗学研究』第三六号、一九九四年三月）を参考にした。

（6）石川力山氏が紹介された「居士一透之参禅目録」に「趙州地獄之話」と見え、「代表的な公案」とされる（「第二篇第一章　中世曹洞宗における受戒儀礼　三　受戒儀礼関係切紙の種々相」『禅宗相伝資料の研究　下巻』法藏館、二〇〇一年）。

（7）引用は、飯塚大展「大徳寺派系密参録について（七）――『百五十則』の公案集をめぐって――」（『駒澤大学佛教学部研究紀要』第六〇号、二〇〇二年三月）による。

（8）飯塚大展「一休宗純研究ノート（二）――『自戒集』校註（上）――」（『駒澤大学佛教学部論集』第三二号、二〇〇一年十月）で紹介された「無住榜序本文」に「カナツケノ古則」が見える。その「註」（8）には、「漢文で書かれた公案に読みや注釈カナでつけたもの」と注記されている。

（9）山下琢巳「大阪府立中之島図書館石崎文庫蔵写本『三賢一致之書』について　附翻刻」（『東京成徳短期大学紀要』第二七号、一九九四年三月）。この論文にとりあげられている写本『三賢一致之書』は、「書写時は、江戸末期ヵ」とされている。また、後半には、「生下未分ノ話」が付載されており、その本文は、金剛寺本・京大本に非常に近い。

（10）石川力山「第二篇第五章　葬送・追善供養関係切紙　四　死という観念をめぐって」（『禅宗相伝資料の研究上巻』（法藏館、二〇〇一年）による。ただし、この切紙は、胎内の十月に、「不動」から「阿彌陀」までの十の諸仏諸菩薩を配当するものである。

（11）胎内十月図の展開については、前掲注3の山下氏の論文および、中村一基「「胎内十月の図」の思想史的展開」（『岩手大学教育学部研究年報』第五〇巻第一号、一九九〇年十月）、大谷正幸「『生下未分語』翻刻――冨士講研究に関連して――」（『仏教文化学会紀要』第一二号、二〇〇三年十一月）を参照した。

（米田真理子）

諸打物譜

一　概要と書誌

『諸打物譜《しょうちものふ》』（四一函九四番）は、南北朝期の金剛寺の聖教形成に寄与した第十三代学頭の禅恵（一二八四―一三六四）が書写した楽書で、雅楽演奏で用いられる打楽器である太鼓・鉦鼓・三鼓・一鼓といった打物の楽譜や口伝、楽器の名器に関する記述、「順次往生楽次第」と題される『順次往生講式』に関わるものなど種々の記述がなされている。

以下に、書誌を記す。

列帖装一冊。仮綴。法量、縦二〇・七cm、横一五・六cm。料紙、楮紙。五括よりなり、墨付三〇丁。裏表紙見返まで本文が記されている。外題左肩打付書「諸打物譜」。表紙右下に「長爾」とある。内題、尾題なし。印記なし。漢字片仮名交じり文。墨書の傍注、合点、声点が付される。現状では、表紙と見返が半分ほど剝がれ、表紙の裏に、一つ書きで四行分の記事の存在が確認できる。反故紙を利用して表紙とし、そこに見返を貼ったものと思われる。

奥書は、以下の箇所に記されている。

①八丁表

文保二年戊午六月三日、於河州金剛寺、以住吉／菊薗修理亮本書写畢。／僧禅恵在判

②一四丁表

文保二年戊午六月三日、以住吉菊薗修理亮仲継／本写了。／禅恵〈生年／卅五〉

③裏表紙見返

于時文保二年戊午八月十五日、於河州天野金剛寺無量寿□／書写了。　禅恵〈春秋／三十五〉

応永廿六年　八月廿八日　於天野大門坊書写了。／長爾三十一才

これにより、本書は禅恵が文保二年（一三一八）、三十五歳の折に書写し、それを応永二十六年（一四一九）に長爾が書写したものであることが知られる。長爾については未詳。禅恵の書写奥書が三箇所に見られるように、本書はそれぞれの奥書部分までがまとまった内容をもつ。全体として奥書①まで（Ⅰ）、奥書②まで（Ⅱ）、奥書③まで（Ⅲ）の三つに分けられる。これらの部分がまとまって伝来したものか、あるいは本来別々に存在したものを長爾が一書にまとめて書写したのかは明らかではないが、後述するようにⅠⅡは住吉社よりもたらされたと思われ、しかも書写奥書の日付が同じであるので、もともと一具であったとも考えられる。

『諸打物譜』という題名は、Ｉに、太鼓・鉦鼓・羯鼓といった打物の楽譜が記されていることから、この部分に付されていたと推測される。

①②の奥書によれば、禅恵は文保二年六月三日に「住吉菊薗修理亮仲継」所持の本から書写を行っている。この仲継は、住吉社の神主を務めた津守氏一族の津守基継の子で、修理亮を務め、従五位下に至った津守仲継であると思われる。(1)

住吉社と金剛寺との間に交流のあったことは、正和三年（一三一四）三月十六日に行われた金剛寺大門供養に、住吉社神主が見物に来ていたことより知られる。(2)この大門供養では舞楽曼荼羅供が行われ、(3)禅恵も笙の奏者として参加し、自ら「笙笛随一勤仕」したと述べている。(4)禅恵がこうした音楽的素養を有し、大門供養において津守氏との交流もあったことから、楽書の借覧が可能であったと推測される。

津守氏は、歌人を輩出した家として知られているが、箏・笙・笛・和琴・方磬などの楽器演奏に堪能な人物も多く出ている。(5)また、津守氏では秘曲「師子」の笛や太鼓の奏法を伝えていた。しかしながら、津守氏において実際にどのような口伝が伝えられていたのかは、これまで具体的には知られず、住吉社周辺の楽書の存在も知られていなかったが、本書により、津守氏での口伝や楽書の存在が明らかになるのである。

本書のＩⅡの部分が住吉社と関わる部分である。Ｉ末尾の奥書①の直前には伝授関係を示す奥書が記されている。(6)しかし、そこには右方の舞楽を伝えた多氏などの名前は見えるものの津守氏は見えず、第四十七代神主国平の子の津守棟国（一二四九―？）の弟子であったと思われる藤原経房という人物がいるのみである。そうすると、Ｉは津守氏に代々伝えられたものではなかったが、津守棟国の段階で弟子の経房から得られたと推察される。つまり、Ｉに記される太鼓などの打物の楽譜とそれに関わる楽説は、他家より住吉社にもたらされたことが知られる。

Ⅱの末尾（13オ〜14オ）にも、次に掲出したような伝授関係をあらわす奥書が記されている。

・嘉禎二年（一二三六）三月二十八日　沙弥上蓮　↓　戸部政季
・文永十一年（一二七四）八月二十六日　沙弥成道〈俗名／政季〉　↓　住吉式部大夫
・弘安三年（一二八〇）三月　津守棟国　↓　藤原経房

ここに見える人物のうち、「沙弥上蓮」が「琵琶上手」とされる津守定遠（?―一二二五出家）[7]、「住吉式部大夫」が前出の津守棟国である[8]。これによると、Ⅱは、沙弥上蓮から笛の家である戸部氏の戸部政季、その戸部政季（法名成道）から住吉式部大夫（津守棟国）、そして棟国からこれもⅠの奥書に見られた藤原経房へと伝えられたことがわかる。

このような経緯をたどって伝えられたⅡには、打物のうちでも鞨鼓に関わる口伝が一つ書きなどの形式で記されており、これは口伝をまとめたいわゆる「楽書」とみなせよう。住吉社周辺での伝授が繰り返されていることからすれば、この箇所は、住吉社周辺で編まれたと考えてよいのではないか。つまり、Ⅱの部分は住吉社周辺で作られた楽書と推察されるのである。

右のような経緯で伝えられたⅠⅡが、「住吉菊薗修理亮」津守仲継のもとにあり、それを禅恵が借覧、書写したと思われる。ⅠⅡは、住吉社周辺にどのような口伝や楽書が存在し、それらが住吉社神主の津守氏一族周辺でどのように伝えられていたのかを示す貴重なものといえる。

Ⅲには、鞨鼓に関わる口伝や、笙に関するもの、楽器の名物に関するものなど種々の記述が見られるが、その

うち、「順次往生楽次第」（27オ〜29ウ）と題する項目が注目される。項目の末尾には、

文永二年甲午十二月十五日　延暦寺沙門真源記之。／於東院南塔勝陽草庵草集之了。

との奥書が記されている。

「順次往生楽次第」は、その題目から知られるように、『順次往生講式』と関わるものである。本講式は、鎌倉期の『浄土依憑経論章疏目録』[9]に、

同（筆者注：順次往生）講式　一巻〈永久二年甲午／十二月十五日〉真源日本天台

と掲出されているように、永久二年（一一一四）に真源によって編まれたものである。真源は、康平七年（一〇六四）に生まれ、保延二年（一一三六）に没しており、[10]「順次往生楽次第」奥書の文永二年（一二六五）には生存していないが、内容から真源撰述の可能性を考えてみよう。『順次往生講式』は、講式の式文とともに、雅楽曲の旋律にあわせた歌詠をおこなうのが特徴である。[11]本書所載の「順次往生楽次第」には、『順次往生講式』の次第が記されるとともに、講式の一部である「楽」すなわち雅楽曲の由来などが記されている。「文永」という年時に不審があるものの、「順次往生楽次第」が真源その人の手になる可能性は高く、両者の内容がほぼ対応していることからしても、両者の関係が注目される。

また「荒序　四方八方口決／已上実延口伝〈是南都／浄土院口決〉」（裏表紙見返）という記述も見出せる。「荒

序」は舞楽曲「羅陵王」の一部で、秘曲として著名である。「四方八方口決」は、それにまつわる口伝かと思われる。実延は正応三年（一二九〇）に興福寺維摩会の竪者を務め、[12]法華会や慈恩会にも出仕している興福寺僧で、[13]「浄土院」は興福寺の子院の一つである。[14]「荒序　四方八方口決」の内実は不明だが、舞楽曲の秘伝が南都興福寺から禅恵のもとにもたらされていたことが知られる。

注

（1）津守本『津守系図』（加地宏江「津守氏古系図について」『（関西学院大学）人文論究』三七―一、一九八七年）。ただし、津守本では仲継の任官を「延応六年七月七日」とするが、延応は二年で改元されたので、藤井本にある「正応六年」をとるべきであろう。藤井本『津守系図』については、加地宏江「藤井本津守系図について」（『関西学院史学』二八、二〇〇一年）参照。

（2）『釈論第三抄出　花園院記　四』（四一函七八番）。

（3）『釈摩訶衍論眼精抄　巻第五　論巻五六』（四一函五七番二号）。

（4）前掲注2参照。

（5）津守氏と音楽との関係については、保坂都『津守家の歌人群』（武蔵野書院、一九八四年）、加地宏江「王朝文化と津守氏」（『関西の文化と歴史』松籟社、一九八七年）、「南北朝期の住吉社と津守氏」（『大阪の歴史と文化』、和泉書院、一九九四年）に言及があるほか、南谷美保に詳細な論考がある（「住吉大社と雅楽――その演奏環境に関する歴史的考察――」『四天王寺国際仏教大学紀要』四四、二〇〇七年）。

（6）奥書には、正応二年（一二八九）に多氏の多久朝・久忠から（藤原）長隆へ、正応四年にその長隆から藤原経房・氏房への伝授のなされたことが記されている。中原香苗「金剛寺聖教中の音楽資料について」（後藤昭雄編『真言密教寺院に伝わる典籍の学際的調査・研究――金剛寺本を中心に――』二〇一一年）参照。

（7）津守本『津守系図』。

（8）津守本『津守系図』。

（9）『大日本仏教全書』第九六巻。

（10）『僧綱補任』。彰考館本によれば、真源の生没年は、康平元年―保延三年（一〇五八―一一三七）、あるいは康平四年―保延三年（一〇六一―一一三七）。

（11）講式研究会「順次往生講式」（『大正大学綜合仏教研究所年報』一二、一九九〇年）など参照。

（12）『三会定一記』。

（13）永仁三年（一二九五）から正和元年（一三一二）。林文子「鎌倉期における興福寺学衆の法会出仕――『故廻請之写』をめぐって――」（佐藤道子『中世寺院と法会』法藏館、一九九四年）による。

（14）『山丞記』治承四年十二月二十八日条（『警固中節会部類記』所収、小川剛生「『警固中節会部類記』研究　附、翻刻」『明月記研究』五、二〇〇〇年）。

（中原香苗）

琵琶秘抄

一　概要と書誌

『〔琵琶《びわ》秘抄《ひしょう》〕』（仮題・三七函六番）は、琵琶に関する口伝や故実、秘伝などを記した楽書である。書風などにより、室町時代前期頃の書写と推測される。

以下に書誌を記す。

粘葉装一帖。法量、縦二四・五cm、横一六・〇cm。料紙、楮紙。首尾欠。紙数六枚、墨付一二丁。毎半葉七行。印記なし。漢字片仮名交じり文。奥書等はないが、一二丁表に「本云此抄随分雖令秘蔵、聊有子細、所令相伝也。更々不及外見」という注記が見られる。

各葉の折り目外側のノド部分に「覚　三丁（四丁、六丁、七丁、八丁、九丁）」との紙数を示す丁付がある。これにより、本書は冒頭の二紙分と、第五紙が欠けていることが知られる。五紙めは、現状の四丁裏と五丁表の間の一紙分、丁数にして二丁分に相当し、その箇所の本文が脱落していると推定される。

首尾を欠くため本来の書名は不明である。「是最秘ノ口伝也」（1オ）「此説、最秘説也」（11オ）などの記述が見え、前掲の一二丁表の注記に「秘蔵」していたものをいささかの「子細」によって「相伝」したとあることと併せ考えれば、本書は琵琶伝習の際の秘伝を伝えたものと判断されるので、仮に『〔琵琶秘抄〕』と称する。

二　内容と特徴

本書には、楽器の奏法や演奏の場での故実、絃を付ける方法や琵琶を収める袋など、琵琶という楽器に関する故実、琵琶の伝来に関する説話などが項目を立てて記されている。琵琶の実用的な口伝を記した楽書としては、鎌倉時代初期に編まれた『胡琴教録』、同じく鎌倉時代前期の琵琶の名手藤原孝道による『木師抄』『教訓抄』[1]などがあり、本書の項目もそれらと重なるものが多い。

そうしたなかで注目すべきは、「一　抑琵琶ノ我朝ニ弘マリケル事」という項目に記される、本朝への琵琶伝来の経緯を記した説話である。遣唐使の藤原貞敏が唐より本朝へ琵琶をもたらしたことは多くの文献に記されるが、[2]『〔琵琶秘抄〕』所収の説話は貞敏の琵琶教習を詳述する、鎌倉時代後期成立の音楽説話集『文机談』の話と類似し、[3]これまで類話の報告されていなかった『文机談』所収説話の類話が初めて見出されたことになる。また、両書の記述を比較することにより、この説話は、琵琶の教習の場で師から弟子へと伝えられる「口伝」の世界をうかがわせるものであることが知られる。[4]

音楽伝習の場において、「口伝」がどのような形で伝えられたのかがほとんど不明である現在、「口伝」の内実を垣間見せる本話の存在は貴重である。

注

（1）狛近真『教訓抄』とは別書。

（2）貞敏の琵琶楽伝習に関しては、佐藤辰雄「貞敏の琵琶学伝習をめぐって」（『日本文学誌要』三二、一九八五年七月）、「廉承武伝承の考察」（『日本文学誌要』三四、一九八六年六月）、磯水絵『院政期音楽説話の研究』（和泉書院、二〇〇三年）等参照。

（3）中原香苗「金剛寺聖教中の音楽資料について」（後藤昭雄編『真言密教寺院に伝わる典籍の学際的調査・研究——金剛寺本を中心に——』二〇一一年）、「『文机談』藤原貞敏の秘曲伝授説話をめぐって——国史には二百両、口伝には三百両——」（『日本文学』六四巻一〇号、二〇一五年十月）参照。

（4）前掲注3「金剛寺聖教中の音楽資料について」参照。

（中原香苗）

笛譜

一　概要と書誌

本書（二九函一四五番）は、雅楽の演奏に用いる龍笛の楽譜である。冒頭を欠くため書名は不明だが、龍笛の楽譜が記されていることにより、『〔笛譜《ふえふ》〕』と仮称する。本巻の概要〈付説〉でふれたとおり、『〔笙譜・金剛寺楽次第〕』（三三七函八四番、以下『〔笙譜〕』と略称）や『〔篳篥譜〕』（三七函七一番、二〇一函九九番）と同じく、金剛寺での法会で演奏される曲目を収載した楽譜であり、実際の法会での演奏に備えて編まれた可能性が高い。

以下に書誌を記す。

列帖装一冊。法量、縦一九・〇cm、横一六・三cm。料紙、楮紙。三括よりなり、墨付三二丁。首欠。(1) 毎半葉七行。押界あり。界高一六・五cm、界幅一・八～一・九cm。三二丁表に「中／院」の単郭長方朱印が押される。朱注、朱点、朱合点あり。

以下の三ヶ所に書写の経緯を示す奥書類が見られる。

①二八丁裏

天正十六年戊子閏五月廿六日、於／河州金剛寺天野山満願院／書写之畢。右筆良快浄書分。

持主海秀／右京公

②三一丁裏

（朱）持主海秀／（朱）落庄作云、御見合可有候。　海専

③三二丁裏

ア　文政九戌年、中院／菩提海雄付之。

持主中院海秀／右京公

イ　天明七四月廿四日、書之。

①は、室町最末期の天正十六年（一五八八）に、当寺の満願院で「右筆良快」が書写したことを示している。右筆「良快」は、天正十八年に阿闍梨空範に「臨終印明」を伝授した「阿闍梨権大僧都法印大和尚良快」[2]であろう。本書書写の三年前にも右筆として書写を行っている。[3]本書の「持主」の「海秀」は、文禄五年（一五九六）に本書が書写された「満願院」で第三十代学頭信誉（一五三八―一六〇一）より印可を授けられている人物で[4]、「右京公」は、海秀の公名と推察される。

②に見える「海専」は、第三十五代金剛寺学頭で、江戸時代初期の寛永三年（一六二六）に没している。[5]

③は、本書末尾に記される。アは、幕末の文政九年（一八二六）に海雄によって記されたもので、イは、その四十年前の天明七年（一七八七）に記されたものである。イの書写者名が記されていたと目される箇所は、白墨で塗り消されているため、書写者は不明である。これらの奥書より、本書が二〇〇年以上にわたり金剛寺で伝えられていたことが知られる。

二　内容

本書の内容は、奥書①まで（Ⅰ）、奥書②まで（Ⅱ）、末尾まで（Ⅲ）の三つに分けられる。

まず、Ⅰには、「盤渉調《ばんしきちょう》」や「黄鐘調《おうしきちょう》」など、その曲の属する調子ごとに楽曲とその楽譜が記されている。Ⅱには、「倍《ばい》臚《ろ》　只拍子物」の楽譜、ついで「平調付物《つけもの》」「盤渉付物」など、一般には催馬楽や朗詠といった声楽曲の伴奏をあらわす「付物」、加えて曲の始まる前に奏される小曲である「ネトリ」（音取）の楽譜が記されている。Ⅲには、「一越調《いちこつちょう》　賀《か》殿急《てんのきゅう》」の楽譜と、「真達羅房付之」という注記があり、末尾にアとイの奥書が記されている。

Ⅰの部分は、構成や収録曲順が『〔笙譜〕』とほぼ一致している。また曲に付された注記を両者で確認すると、たとえば平調の「五常楽」では次のようになる。

・『〔笛譜〕』　五常楽　八拍子物　大鼓四（2ウ）
・『〔笙譜〕』　五常楽　八拍子物　（1ウ）

『〔笛譜〕』に「大鼓四」との注記が存するほかは、両者で記述が一致している。『〔笙譜〕』には三十三曲、本楽譜はそれより五曲少ない二十八曲を収載する。概要に付した本楽譜と『〔笙譜〕』『〔篳篥譜〕』を比較した表1を参照すると、曲目や構成が同じで、曲に対する注記も似通っている本楽譜は、『〔笙譜〕』『〔篳篥譜〕』と同じく、金剛寺で行われる法会での演奏に備える目的で編まれたと考えてよいだろう。

本楽譜では、ⅡⅢの奥書が記された段階で、それぞれ追記されたものがある。まず、Ⅱの箇所から検討する。Ⅱの最初には、「倍臚　只拍子物」の楽譜が記される。これは、『〔笙譜〕』の平調の項に存するものの、『〔笛譜〕』のⅠにはない曲である。この曲は、法会での演奏に備える目的で『〔笙譜〕』収載曲と比較した際に、『〔笛譜〕』Ⅰで不足している曲を補うために追加されたと推測される。また楽曲の前に奏される「音取」は、Ⅰの調子別分類と同じく、平調・盤渉調・黄鐘調・壹越調の順で載せられている。『〔篳篥譜〕』の「黄鐘調」にも「音取」が記されているが、これらはⅠ所収の楽曲の演奏に際して用いるために付されたと推察される。「付物」も、音取と同様の順で調子別に記されている。Ⅰの楽曲との関連は見出しがたいが、何らかの必要性によって記されたものであろう。

さらには、Ⅰ～Ⅱの全体にわたって付されている朱筆注記もⅡの段階で付されたと推定される。これらの注記は、笛を強く吹いて一オクターブ上の音を示す「セメ」や、弱く吹いてオクターブ下の音を出す「フクラ」、「打」といった太鼓を打つ位置を示しており、実際の演奏の際に有益なものである。この朱筆注記の墨色は、Ⅱの末尾に朱筆で記された「海専」と同一と認められる。したがって、これらの朱筆注記は、Ⅱが記された段階での楽譜全体、すなわちⅠⅡの全体にわたって付されたと推察される。

Ⅲの冒頭に記される「一（壹）越調　賀殿急」は、『〔笙譜〕』にあるものの、『〔笛譜〕』Ⅰには見えない。Ⅱに

「倍臚」が追記されたのと同様、本楽譜Ⅰの不備を補うために付されたと推察される。

　また、Ⅲのアイのそれぞれの奥書の段階で付された注記も存する。「伝直秘伝大鼓同手」（20ウ）、「真達羅房付之」（32オ）の墨書の注記は、Ⅲの奥書アと同筆と判断される。[6]「秘伝大鼓」の注記に着目し、前掲した「五常楽」の箇所をいま一度確認すると、『〔笙譜〕』にはなかった注記「大鼓四」の墨色が、他の部分とは異なっていることに気づく。「大鼓四」とは、曲を演奏する際に一曲の中で太鼓を四回打つことを意味する注記である。この太鼓を打つ数に関する注記は、『〔笙譜〕』だけでなく、本楽譜や『〔笙譜〕』と同じ性格をもつ『〔篳篥譜〕』にもないのに対し、本楽譜ではⅠの楽曲すべてに付されている。すると、Ⅰの楽曲中の「太鼓」に関する注記は、Ⅰが記された時点では存在せず、追記されたと思われる。すなわち、奥書アの文政九年の時点で、「大鼓」の「秘伝」として加えられた注記だと推測される。一方、Ⅲ冒頭の「一越調　賀殿急」の楽譜は、アの奥書やそれと同筆の注記とは異筆と思われるので、奥書イの天明七年の時点で記されたものと判断される。

　以上をまとめると、本書の成立の経緯は、次のように考えられる。

天正十六年に、法会での演奏に備えるためのものとして、右筆良快が中院海秀の所持本を書写し、Ⅰと奥書①を記した。

　おそらく奥書①が記された際に、料紙に相応の余白があったため、ⅡⅢが付け加えられたのであろう。Ⅰが記されてからそれほど時間を経ない、奥書②の筆者である海専が存命であった江戸時代初期の寛永初年頃までに、Ⅱの、法会での演奏に必要と思われ、『〔笙譜〕』には見えてⅠにはない「倍臚　只拍子物」や、楽曲の演奏前に記される「音取」と、歌曲の伴奏に用いられる「付物」の楽譜などが追記され、その際にⅠⅡ全体にわたる朱筆注記も付加された。

ついで天明七年には、Ⅲ冒頭の、Ⅰにはなかった「一越調　賀殿急」の楽譜が追記されて、奥書③イが記された。そして文政九年に至って、Ⅰに載せられる楽曲に、太鼓に関する注記や余白部分に追記がなされ、奥書③アが記された。

なお、本楽譜は、楽曲の旋律やリズムを「トラロルロ」など、楽曲の旋律を口で唱える「唱歌《しょうが》」によって記したいわゆる「唱歌譜（仮名譜）」である。古い時代の楽譜は、楽器の指使いをあらわす指孔名を記す「孔名譜（本譜《ほんぷ》）」が主体で、本楽譜のように唱歌を記す楽譜は江戸時代になって多く現れる。すると、本楽譜が奥書の示すとおり、天正十六年（一五八八）の書写であるならば、「唱歌譜」としてはもっとも古いものに属するとみなせよう。その意味で金剛寺蔵『〈笛譜〉』は、日本音楽史上高い価値を有する。

以下に、『〈笛譜〉』の楽譜を除いた部分を翻刻する。なお、記載場所の目安となるよう、行頭に「1オ」のように、その曲がどの場所に記されているかを示した。楽譜の記されている箇所は、（　笛譜　）とした。なお、点等はすべて朱である。

1オ　∵慶雲楽　・登礼　［・只拍子／・八拍子物］大鼓五　（笛譜）

1ウ　・甘州　膓楽　四拍子物［間拍子大鼓／ヒキハチ十四］　（笛譜）

2ウ　・五常楽　八拍子物　大鼓四　（笛譜）

3オ　・三台急　四拍子　大鼓十七　（笛譜）

4オ　・琳歌　八拍子　大鼓十一　（笛譜）

5オ　・皇麞急　・四拍子物大鼓二十　（笛譜）

6オ　・鶏徳　下礼　・四拍子　大鼓十　（笛譜）

6ウ　∴盤渉調子

7オ　・採桑老　・登礼　八拍子　大鼓四　（笛譜）

7ウ　・白住　膓楽　八拍子大鼓九　（笛譜）

8オ　・三枯　大鼓十三

四三八二七一四二八二七一八四四一コメ 八四四一コメ　此外コメ拍子有　（笛譜）

10オ　・蘇香急　・四拍子 間拍子大鼓九 此外コメ拍子　（笛譜）

11オ　・越殿楽　四拍子　大鼓六　（笛譜）

・青海破　八拍子大鼓十二　（笛譜）

12ウ　・千秋楽　下礼　八拍子大鼓八　（笛譜）

13ウ　・黄鐘調子

14オ　・央宮楽　登礼　大鼓四　（笛譜）

14ウ　・海青楽　膓楽　八拍子大コ十　（笛譜）

15ウ　・蘇香急　四拍子　大鼓八　（笛譜）

16ウ　・鳥急　八拍子 三十二相讃歎ニハ初メフキ出ス時ハ ロノ拍子十六ノケテフキ出ス。大鼓ハ八　（笛譜）

17ウ　・打毬楽　八拍子　大鼓十二　（笛譜）

18ウ　・拾翠楽　四拍子　大鼓十　（笛譜）

19オ ・千秋楽　八拍子　大コ八　（笛譜）

20オ 次壹越調子

次壹越調子

20ウ 伝直秘伝大鼓同手

・壹越調子

21オ ・廻坏楽　登礼　大鼓四　（笛譜）

21ウ ・十天楽　脇楽　八拍子大コ八　（笛譜）

23オ ・胡飲酒　四拍子　大コ十　（笛譜）

24オ ・鳥急　八拍子　大鼓八　（笛譜）

24ウ ・武徳楽　四拍子　大コ十一　（笛譜）

25ウ ・羅陵王破　八拍子　大コ十六　（笛譜）

27ウ ・酒胡子　下礼　四拍子　大鼓十　（笛譜）

28ウ ・天正十六年戊子閏五月廿六日、於

河州金剛寺天野山・満願院

書写之畢。　右筆・良快浄書分。

∴持主海秀

・右京公

29オ ∴倍臚　・只拍子物　（笛譜）

（笛譜）中切　（笛譜）

（笛譜）奥切　（笛譜）

29ウ　（笛譜）奐頭　（笛譜）

30オ　・平調付物　（笛譜）

・盤渉付物　（笛譜）

30ウ　・黄鐘調付物　（笛譜）

・壹越調付物　（笛譜）

31オ　・平調ネトリ　（笛譜）

・盤渉調ネトリ　（笛譜）

・黄鐘調ネトリ　（笛譜）

31ウ　・壹越調ネトリ　（笛譜）

（朱）持主海秀

（朱）落庄作云、御見合可有候。　海専

32オ　一越調賀殿急　四拍子　（笛譜）

真達羅房付之。

32ウ　文政九戊年、中院

菩提*海雄付之。

持主中院海秀

＊「菩提」と「海」の間の「院」字を墨消し

右京公
天明七四月廿四日、書之。

注

（1）概要の表1を参照すると、本楽譜は内容に欠脱のない『〔笙譜〕』と同じく、「慶雲楽」から始まっている。したがって、本楽譜に欠けているのは、表紙と「平調」という曲の分類を示す部分のみと推測される。ただし、「慶雲楽」には、「盤渉調子」（6ウ）などの調子の分類等の大きな区切れを示すのと同じ点が付されている。これが楽譜の始まりを示すものであるならば、『〔笛譜〕』はもともと現在の冒頭部分から始まっていた可能性も考えられる。

（2）『臨終印明』（五三函四番）。

（3）金剛寺聖教二八函一一四番奥書。

（4）金剛寺聖教三三函一五三番奥書。

（5）赤塚祐道「学頭の書写活動から見た金剛寺教学の変遷」（後藤昭雄編『真言密教寺院に伝わる典籍の学際的調査・研究——金剛寺本を中心に——』二〇〇九年）。

（6）二〇丁表の二箇所に記される「次壹越調子」も同筆。

（中原香苗）

笛譜断簡（室町時代中期〜後期写）

『〔笛《ふえ》譜《ふ》断《だん》簡《かん》〕』（仮題）は、雅楽で用いる龍笛の楽譜である。一〇函八三番（①）、三三函二三二番（②）、五三函四〇〇番（③）は、薄墨界の引かれた折本の断簡であり、料紙の縦の寸法と折幅、界高がおおよそ一致することから、ツレと認められる。三者の関係については、後述するように①と②は連続し、③はそれとは異なる箇所のものと思われる。

これらは、片面のみに薄墨界が引かれている。①②の両面と③の界線のある面には龍笛の楽譜が記され、③の界線のない面には篳篥譜が記されている。書風などにより、①②の両面および③の界線のある面は、室町時代中期〜後期頃の書写、③の篳篥譜は、それより時代の降る江戸時代中期以降の書写と見られる。

以下に書誌を記す。

① 一〇函八三番

折本一紙。法量、縦一六・八㎝、横四八・三㎝。折幅は約一三・五㎝、片面の天地に薄墨界、界高一三・一㎝。料紙、楮紙。首尾欠。朱点、朱注あり。印記なし。

② 三三函二三二番

折本一紙。法量、縦一六・七cm、横五三・二cm。折幅は一三・五cm内外、片面の天地に薄墨界、界高一三・三cm。料紙、楮紙。首尾欠。朱点、朱注あり。印記なし。

③ 五三函四〇〇番

折本一紙。法量、縦一六・八cm、横五二・九cm。折幅は約一三・五cm、片面の天地に薄墨界、界高一三・三cm。料紙、楮紙。首尾欠。朱点、朱注あり。印記なし。

以下、界線の引かれた面を表とし、書写時期の降る篳篥譜の記された界線のない面を裏とみなし、検討を進める。①②③の表には、龍笛の指使いをあらわす指孔名を記した孔名譜（本譜《ほんぷ》）が記されている。③の裏の篳篥譜には、中央に唱歌《しょうが》を記した唱歌譜（仮名譜）、右に指使いを示す篳篥の孔名譜が記されている。現行楽譜では唱歌譜の左に孔名譜が配されているので、本断簡の篳篥譜は現行楽譜とは逆の位置に孔名譜を記していることになる。。

三者を比較すると、①の裏面末尾に大食調《たいしきちょう》の楽曲「賀王恩《かおうのおん》」「太平楽」の曲が見えるが、その楽譜が②に存在するので、裏面は①から②へと続くと推定される。加えて、①裏の末尾三行分の寸法（七・四cm）と②裏の冒頭二行分の寸法（六・三cm）を合わせると一三・七cmとなり、折幅の寸法とほぼ一致する。したがって、①②の裏面は、①から②に直接つながっていると判断される。裏面が①から②へと続くのであれば、表は②から①へと続くことになる。

ここで、①②からもとの楽譜の状態を考えると、②の表に盤渉調《ばんしきちょう》の二曲（「鳥向楽《ちょうこうらく》」「鶏鳴楽《けいめいらく》」）の楽譜が存し、それに続く①は、②の末尾からの「鶏鳴楽」の楽譜の後に黄鐘調《おうしきちょう》の六曲分の目録と「桃李花《とうりか》」の楽譜、となる。裏側は①末尾の大食調の楽曲目録から②冒頭の目録へ続き、その後に「賀王恩」「太平楽」の楽譜が配される。したがって、①②によって知られる限りでは、もとの楽譜には、表に盤渉調・黄鐘調、裏に大食調の楽譜が記されていたと推測される。

一方の③には、表に平調の曲である「裹頭楽《かとうらく》」「想夫恋《そうふれん》」の楽譜が記され、裏には篳篥の楽譜が記されている。紙の両面に龍笛の楽譜を記す①②とは形態が異なるので、③は①②とは別の帖であった可能性がある。

以下に、楽譜部分を除いた部分を翻刻する。連続する①②は本来の順序にしたがい、表は②三三函二三二番、①一〇函三八番の順で、裏はその逆の順序で記した。楽譜の記されている部分は、（　笛譜　）などとした。なお、ほとんどの点が朱で記されているため、墨の場合のみ（墨）と注した。

表

・一〇函八三番、三三函二三二番

（　笛譜　）

・二帖換頭

（　笛譜　）

・三帖換頭

（　笛譜　）

・鳥向楽　　拍子八

（笛譜）

（笛譜）半帖（笛譜）

換頭（笛譜）

・鶏鳴楽

（笛譜）」（以上、三三函二三二番表）

（笛譜）

換頭（笛譜）

∴黄鐘調曲 （墨）・只拍子

・楽

・桃李花 ・喜春楽

・安城楽 ・央宮楽

・河南浦 ・散今打毬楽

桃李花 新楽 或古楽 拍子各八

（笛譜）

・二帖

（笛譜）」（以上、一〇函八三番表）

笛譜断簡（室町時代中期～後期写）

裏

（笛譜）

∴大食調曲

・楽

・賀王恩　・太平楽」（以上、一〇函八三番裏）

・傾坏楽　・散手破陣楽

・打毬楽　・天人楽

・賀王恩　拍子十六

（笛譜）

・大平楽　拍子廿

（笛譜）」（以上、三三函二三二番裏）

・五三函四〇〇番

表

（笛譜）

（笛譜）・喚頭（笛譜）

・裏頭楽　拍子十二

（笛譜）

・想夫恋　拍子十

裏

（篳篥譜）

序　拍子十二

（篳篥譜）

（中原香苗）

笛譜断簡（鎌倉時代後期写）

『笛《ふえ》譜《ふ》断簡《だんかん》』（仮題・一七函三七四番）は、断簡二葉（①②と文字の有無の不明な断片）が残存している。紙の状態や書風などから鎌倉時代後期頃の書写かと推定される。

各葉の書誌を記す。

①は、縦八・〇cm、横四・四cmの断片で、上部数文字分の二行が残存。②は、縦二四・八cm、横二三・五cm。上部の破損が甚だしいが、十行分残存。ともに料紙は楮紙、朱点あり。②には、天に四条、地に一条の界線を引く。界高二〇・八cm、界幅二・三〜二・四cm。①にも界線が確認できる。①②とも、紙背に文字が記されるが、判読不能。

①と②が一具のものかどうかは断定できないが、両者に見える界線や、書風、紙の状態などにより、便宜上あわせて掲載する。

②の四行目に「品玄《ぼんげん》」「入調《にゅうじょう》」「上調子《かんちょう》」とあることから、本断簡は、雅楽演奏に用いる龍笛に関わるものと判断される。舞楽を奏する際、舞人の入退場時に「調子」と呼ばれる小曲が演奏されるが、その折に龍笛では、入場時に「品玄」を、退場時に「入調」「上調子」「臨調子《あがちょう》」のいずれかを奏する。(1) すると、本断簡の「品玄」「入調」「上調子」は、舞楽演奏で舞人の入退場時に龍笛が奏する「調子」四曲のうちの三曲であることが知られる。そのように考えれば、この三曲の次行上部の破損部分には、「調子」の残る一曲の「臨調子」が記されていたのではないかと推測される。

本断簡②には、多くの楽曲名が列挙されているため、「楽曲目録」の類かとも推されるが、一行目に「□□譜」とあることから、楽譜の断簡とみなしておく。ここには、「壹《いち》(壱)越調《こつちょう》曲」およびその枝調子(2)である「沙陀調《さだちょう》」と見えるので、もとの楽譜には、少なくとも「壱越調」と「沙陀調」の楽曲が収載されていたと推測される。本断簡は、残存部分がわずかとはいえ、楽譜として、また音楽資料として、鎌倉期にさかのぼるものとして貴重といえる。

①②の残存部分を以下に翻刻する。なお、（　）は、残画により推定した文字、［　］は字数不明分の破損箇所を表し、「・」はすべて朱である。

①

・春鶯（囀）

・廻□(骨カ)（以下破損）

②

□□譜（呂）

壹越調曲

調子

品玄　・入調　・上調子

（一行分、上部破損により文字の存否不明）

□　□　賀殿　・玉樹後庭花・胡飲酒

□□□楽　・韶応楽　・河水楽　・壹弄楽

・承和楽　・溢金楽　・河曲子　・北庭楽

・酒清司　・壹団嬌　・酒胡子　・武徳楽

・沙陀調

注

（1）演奏される楽曲が壱越調・双調《そうじょう》・黄鐘調《おうしきちょう》・盤渉調《ばんしきちょう》の場合の退場楽は「入調」、大食調《たいしきちょう》の場合は「上調子」、平《ひょう》調《じょう》の場合は「臨調子」となる。

（2）「枝調子」とは、主音が同じで音階が若干異なるものをいう。

（中原香苗）

笛譜断簡（南北朝時代写）

『笛譜《ふえふ》断簡《だんかん》』（仮題・三一函一八一番）は、雅楽演奏に用いる横笛である龍笛の楽譜断簡である。書風や紙質により、南北朝時代の書写とみられる。以下に書誌を記す。

巻子装一紙。法量、縦二四・九cm、横二八・六cm。天に四条、地に一条の界線を引く。界高は二〇・八cm、界幅は二・三〜二・四cm。朱点あり。首尾欠。紙背に「奉施入金剛寺御影堂也」とある。印記なし。

本断簡には、「太平楽」という曲名と簡単な説明の後に、「朝小子《ちょうこし》」「破」「合歓塩《がっかんえん》」と記されている。「太平楽」は左方唐楽の舞楽曲であり、道行・破・急とから構成される。「朝小子」は、本楽譜に「道行歟」と注されるように、舞人が舞を舞うために舞台へ向かう際に演奏される「道行」であり、「合歓塩」は「太平楽」の「急」に相当する。本断簡は、最初に「太平楽」の曲名及び「太平楽」を構成する道行（「朝小子」）、破、急（「合歓塩」）の各楽章名とそれぞれの拍子（一曲の間に打たれる太鼓の数）を記し、ついで各楽章の楽譜を記す、という体裁であったと推定される。

楽譜部分は、道行である「朝小子」と、「破」の冒頭部分のみ残存している。曲名の前に五行分の空白があるが、この前にも別の曲の楽譜が存したものか、もともと「太平楽」のみの楽譜であったかは不明である。

楽譜は、龍笛の指使いを示す指孔名を記した孔名譜（本譜）である。譜字の右の小さな朱点は小節を示し、大きな朱点は太鼓を打つ位置を示しており、区切れを示す横線が墨で記されている。

紙背に「奉施入金剛寺御影堂也」とあることから、金剛寺の御影堂に奉納されたものであることがわかる。

楽譜部分を除いた箇所を以下に翻刻する。楽譜の記されている部分は、（　笛譜　）とした。翻刻本文中の「・」は、すべて朱である。

・太平楽・新楽　・有舞

　・朝小子・拍子十二　・破・拍子廿　・合歓塩 初帖拍子廿四 次帖々拍子廿

・朝小子道行歟

（　笛譜　）

・破＊

＊「破」の上部に「□ニ反々付白モ加三ト白子」との注記。

（中原香苗）

笙譜・金剛寺楽次第

一　概要と書誌

本書『〔笙譜《しょうふ》・金剛寺楽次第《こんごうじがくしだい》〕』（仮題・三七函八四番）は、前半に笙の楽譜、後半に「金剛寺楽次第」として、江戸期の金剛寺での音楽を伴う法会で用いるべき楽曲等を記しており、前半の楽譜と後半の楽譜の内容は密接に関連している。前半と後半の内容をあわせ、『〔笙譜・金剛寺楽次第〕』と仮称する。

以下に書誌を記す。

仮綴一冊。本文共紙表紙。法量、縦二五・三㎝、横一八・三㎝。料紙、斐交じり楮紙。墨付一四丁。毎半葉八行。押界、界高二一・七㎝、界幅二㎝。外題・内題ともになし。朱点・朱の書き入れ、合点あり。印記なし。裏表紙見返しに「本尊加持根本印火界呪」「剣印慈救呪」の不動明王の二種の真言を記した紙が貼られている。

一四丁表に、次の奥書がある。

元禄十二年四月十日、書写之畢。　弥勒院／海琳

右の奥書は、弥勒院に住し、金剛寺第五十四代学頭となった真景房海琳によって記されたものである。彼は延宝八年（一六八〇）に生まれ、延享二年（一七四五）に没していることが知られる。[1] 本書は、海琳が二十歳の折に書写したものである。

二　内容

前半には、平調《ひょうじょう》・盤渉調《ばんしきちょう》・壹越調《いちこつちょう》に分類したうえで三十三曲の笙の楽譜が記されている。笙は、普通には五－六の音を同時に鳴らす「合竹《あいたけ》」という奏法で演奏されるが、本楽譜は、現行楽譜と同じくこの笙の合竹の名を用いて記されている。

後半の一二丁裏から一四丁表にかけて、正月から十二月までの一年間の音楽を伴う法会と、法会のどの場面でどういう楽を用いるべきか、などを記した「金剛寺楽次第」が記されている。この「次第」は、江戸期に金剛寺で行われていた法会について知ることのできる貴重なものである。法会の名称は書かれていないが、法会の日付により、修正会、涅槃会、弘法大師の御影供や弁才天講、往生講、鎮守社の丹生高野明神社神前での法会、あるいは近隣の下里村での明神講なども行われ、年末には、新年の法会で演奏する楽曲の稽古が行われていたことが知られる。

このように、江戸期の金剛寺では、一年間を通じて音楽を伴う法会が行われていたのであるが、[2] 前半に記され

る曲のすべてが、後半の「金剛寺楽次第」中に見える。つまり、楽譜に収載される楽曲は、法会で実際に演奏されるものなのである。したがって本資料は、当時金剛寺で行われていた音楽を伴う法会と、それに用いる楽曲の楽譜とからなった、金剛寺での法会の実用に備えたものといえよう。

本巻の概要〈付説〉で述べたように、金剛寺の法会での音楽演奏は、寺僧が行っていた。本楽譜は、『〈笛譜〉』（二九函一四五番）『〈篳篥譜〉』（三七函七一番、二〇一函九九番）とともに、そうした寺僧たちによって用いられていたと推察される。

以下に、楽譜を除いた部分を翻刻する。なお、記載場所の目安となるよう、行頭に「1オ」のように、その曲がどの場所に記されているかを示し、楽譜の記されている箇所は、（　笙譜　）とした。なお、合点や点の類はすべて朱である。

1オ　∴平調
　慶雲楽登礼用之。只拍子。　（笙譜）
　甘州由利拍子。　（笙譜）
1ウ　五常楽八拍子物。　（笙譜）
　三台急　（笙譜）
2オ　林歌右物ヨリ渡物。大鼓上テハ三度拍子。　（笙譜）
　皇麞急四拍子物。　（笙譜）
2ウ　鶏徳四拍子物、用下礼。　（笙譜）

陪臚　只拍子、古楽。（朱）大懺悔、五反目初切終ニテ吹留ル　（笙譜）

3オ　五常楽破八拍子物由利拍子　（笙譜）

3ウ　∴盤渉

採桑老只拍子、用登礼。　（笙譜）

白柱新楽、拍子九、或十。秘説。　（笙譜）

4オ　三条拍子廿六、由利拍子。　（笙譜）

4ウ　蘇合急拍子二十、由利拍子。　（笙譜）

5オ　越殿楽拍子十二、新楽。　（笙譜）

青海波拍子十二、新楽。退出。　（笙譜）

5ウ　千秋楽八拍子、下礼用之。　（笙譜）

6オ　五条拍子廿三。　（笙譜）

6ウ　∴黄鐘調

央宮楽只拍子、登礼用之。　（笙譜）

7オ　海青楽脇楽。　（笙譜）

蘇合急拍子廿、由利拍子。　（笙譜）

7ウ　鳥急三十二相讃歎ニハ二反用之。　（笙譜）

散金打毬楽三十二相ニ六反用之。　（笙譜）

8オ　拾翠楽急

8ウ 千秋楽下礼用之。（笙譜）

∴壹越

廻坏楽只拍子、登礼用之。（笙譜）

9オ 十天楽由利拍子。（笙譜）

9ウ 胡飲酒四拍子物。（笙譜）

迦陵賓急常ニハ鳥急ト云。（笙譜）

武徳楽（笙譜）

10オ 陵王破（笙譜）

10ウ 酒胡子下礼用之。（笙譜）

11オ 北庭楽八拍子物。（笙譜）

11ウ 賀殿急四拍子物。（笙譜）

12オ ●平調々律　（朱）壹（笙譜）

●盤渉調律　（朱）黄（笙譜）

一正月堂音取後夜導師ノ三力ノ金ノ後（笙譜）

12ウ 次、散念誦、数珠摺テニ笙笛音取

乙九打乞乙四菩薩ノ音取ト云

金剛寺楽次第

一正月堂七日ノ間、打毬楽六反吹。五反目ヨリカツコ上ル。

同大コ上ル。カケハチ口伝アリ。初一反ハノベ習アリ。〽調律。
初夜導師ノ登礼ハ〽慶雲楽、同下礼〽鶏徳楽。後
夜導師登礼ハ〽央宮楽。同下礼、〽千秋楽。次ノ日ハ
〽海青楽ト打カヘニ吹。讃歎ニハ、初中後、〽鳥急二
13オ
反吹。牛玉加持ニハ〽拾翠楽二反吹。中後ニ〽陪臚アリ。
一同三日、御社拝殿ニテ・黄鐘。〽央宮楽、〽海青楽、
〽蘇香急、〽鳥急、〽打毬楽、〽拾翠楽、〽千秋楽。
一二月十五日、・盤渉。〽採桑老、〽白柱、〽三条、〽蘇香急、
〽五条、〽越殿楽、〽青海波、〽千秋楽。
一三月三日、拝殿ニテ・黄鐘。次第前ニ同。
一同廿一日、三宝院ニテ伝供ノ楽ニハ〽十天楽吹。反吹。両導
師登礼、〽廻坏楽。三礼導師登礼、〽胡飲酒。同
13ウ
下礼、〽北庭楽。両導師下礼、〽鳥急。退出、〽羅陵破。
一四月十六日、下里明神講、・盤渉。次第前ニ同。
一六月七日、金堂ニテ弁才天講、・盤渉。次第前ニ同。
一七月七日、御社拝殿ニテ・平調。〽慶雲楽、〽甘州、〽五常
楽破、〽五常楽、〽三台急、〽林歌、〽倍臚、〽皇麞、〽鶏徳楽
一同十四日、三宝院ニテ往生講、・壹越。〽廻坏楽、〽十天楽、

〽加殿、〽胡飲酒、〽鳥急、〽武徳楽、〽北庭楽、〽羅陵破、
〽酒胡子。

14オ

一十二月廿五日ニ金堂ニテケイコアリ。〽海青楽、〽打毬楽。
讃歎ニハ〽鳥急二反、〽陪臚。
弥勒院
元禄十二年四月十日、書写之畢。　海琳

笙笛竹別名
千十下乙工美一八也言七行上几乞毛比

14ウ

笙合竹
十ニハ下八上七行　下ニハ千美上七行
乙ニハ千八上七行　工ニハ乙美几七行
美ニハ千上比七行　一ニハ千乙几七行
行ニハ千八上比七　几ニハ千乙八七行
乞ニハ千乙上七行　比ニハ千八上七行
言ニハ千下七行

裏見返（貼紙）本尊加持根本印火界呪　（省略）

剣印慈救呪　　（　省略　）別本改之

注

（1）赤塚祐道「学頭の書写活動から見た金剛寺教学の変遷」（後藤昭雄編『真言密教寺院に伝わる典籍の学際的調査・研究——金剛寺本を中心に——』二〇〇九年）。

（2）本巻の概要〈付説〉で述べたように、天正十六年（一五八八）の年紀をもつ、本楽譜と同内容の『〔笛譜〕』が存在することから、これらの行事は、すでに室町末期から行われていたと推測される。

（中原香苗）

打毬楽

『打毬楽《たぎゅうらく》』（二〇一函一〇一番）[1]は、雅楽曲「打毬楽」の笙の楽譜である。「打毬楽」と呼ばれる楽には、舞楽曲の「打毬楽」と、声明の「三十二相」とともに奏される「散吟打毬楽《さんぎんちょうぎゅうらく》」とがあるが、本楽譜は、本巻収載の『〔笙譜・金剛寺楽次第〕』「黄鐘調」に「散金(吟)打毬楽　三十二相ニ六反用之」として収載される譜とほぼ一致するので、後者の「散吟打毬楽」であることが判明する。紙質や書風などにより、江戸時代前期の書写とみられる。

書誌を以下に記す。

笙譜一葉。法量、縦二四・三㎝、横三〇・五㎝。料紙、楮紙。内題「打毬楽」。印記なし。

本楽譜の末尾には、「さんと拍子御付可給也」とある。「さんと拍子」は「三度拍子」を指すと思われる。この指示が実際にどういった演奏法を示すかは明確ではないが、次に掲げる『教訓抄』巻六「卅二相ノ様」の記述が参考になろう。

是ハ諸ノ修正、修二月ノ行ニ、仏ノ御相ヲホメタテマツル頌也。トコロ〳〵ニミナソノナラヒカハリ侍也。卅二相一返ニ散吟《サムキム》打毬楽《チヤウキウラク》三返合。是楽拍子。終帖、加三度拍子。又楽六返ニ作合《ツクリアハス》（下略）。(2)

これによれば、「三十二相」一曲の演奏に合わせて「散吟打毬楽」を「三返」（三回）繰り返して演奏し、その際の「終帖」、おそらくは三回目の演奏の際に「三度拍子」を加えるという。すると、本楽譜末尾の「さんと拍子」に関する注記は、実際に「散吟打毬楽」を「三十二相」に合わせて演奏する際の「拍子」つまり太鼓の打ち方に関するものと推察される。

本楽譜は、現行楽譜と同様、笙の「合竹《あいたけ》」（五—六音を同時に鳴らす奏法）で示されている。譜字の右側には、小節の切れ目や太鼓を打つ位置を示す点が付されている。

注

（1）資料番号は、「金剛寺米倉聖教目録稿　第二〇一函・第二〇二函」（後藤昭雄編『真言密教寺院に伝わる典籍の学際的調査・研究——金剛寺本を中心に——』二〇〇九年）による。

（2）引用は、教訓抄研究会「宮内庁書陵部蔵『教訓抄』翻刻（二）　自巻四至巻七」（二松学舎大学21世紀COEプログラム　中世漢文班『雅楽資料集　第三輯』二〇〇八年）により、点等を除き、句読点を付すなどした。

（中原香苗）

篳篥譜

一　書誌と概要

『〔篳篥譜《ひちりきふ》〕』（仮題・三七函七一番、二〇一函九九番）は、雅楽の演奏に用いる縦笛である篳篥の楽譜である。『〔篳篥譜〕』（三七函七一番）と、米倉収蔵の「篳篥楽譜残簡」（二〇一函九九番）(1)は別々に保管されていたが、両紙の寸法と筆跡、内容からツレと判断される。前半を欠くため書名は不明だが、紙面に篳篥の楽譜が記されているので、両者をあわせて『〔篳篥譜〕』として扱う。書風などから、室町時代中期頃の書写と推測される。

それぞれの書誌は、以下の通りである。

・三七函七一番

袋綴一冊。法量、縦二八・四㎝、横二一・五㎝。墨付一〇丁。料紙、楮紙。毎半葉七行。朱点、朱注あり。

印記なし。

ノドに「篳篥　拾□丁（拾八丁、拾九丁）、巻　廿丁、廿壱丁、廿弐丁、廿三丁、□四□、廿五丁」との丁付がある。一〇丁表の最終行に「篳篥本　全」と記される。もとは紙縒で仮綴じされていたと思われるが、現在は紙縒は失われている。

・二〇一函九九番

袋綴一冊。法量、縦二八・二㎝、横二一・三㎝。墨付八丁。料紙、楮紙。毎半葉七行。朱点、朱注あり。印記なし。ノドに、「篳篥　九丁（十丁、拾壱丁、拾弐丁、拾三丁、拾四丁、拾五丁、拾六丁）」とある。もとは紙縒で仮綴じされていたと思われるが、現在は切れた紙縒が本書とともに残存している。

両者とも、譜字の右に小節を示す小拍子が朱の小さな点で、太鼓を打つ位置を示す拍子が大きな朱点で付されている。

丁付により、二〇一函九九番がもとの楽譜の九丁から一六丁、三七函七一番が一七丁から二六丁表までに相当し、両者は二〇一函九九番、三七函七一番の順で連続していると考えられる。そうすると、もとの楽譜は二六丁と推定され、現在はその前半八丁分を欠いていることになる。影印でも、本来の順序にしたがって、二〇一函九九番、三七函七一番の順に掲載している。

二　内容と特色

本楽譜には、二十五曲の楽譜が、「黄鐘調《おうしきちょう》」・「壹越調《いちこつちょう》」など楽曲の属する調子ごとに分類したうえで記されている。各曲には、「廻坏楽　登礼」（20オ）などのように、曲名のあとに法会のどの場面で奏するべきかの注記が施されている。この注記は、「廻坏楽」という楽曲が、法会において導師が登壇する「登礼」の際に演奏される曲であることを表しているが、同様の注記は、本巻収載の『〔笙譜・金剛寺楽次第〕』（三七函八四番、以下『〔笙譜〕』と略称）に「廻杯楽只拍子、登礼用之」（8ウ）、『〔笛譜〕』（二九函一四五番）に「廻杯楽　登礼　大鼓四」（21オ）などと見える。これらの注記は、次に引用する『〔笙譜〕』「金剛寺楽次第」の三月二十一日条に載せる弘法大師の御影供での傍線部の記述と対応する。

一同（三月）廿一日、三宝院ニテ伝供ノ楽ニハ〽十天楽吹。反吹。両導師登礼、廻坏楽。（下略）（13オ）

したがって、本巻の概要〈付説〉で述べたごとく、三者は金剛寺の法会での音楽演奏に用いるための実用に備えた一具のものとみなされる。

概要に掲出した本楽譜と『〔笙譜〕』『〔笛譜〕』の収録曲を比較した表1によると、本楽譜は他の二者にはない、楽曲演奏の前に奏される「音取」（黄鐘調）・「調子」（黄鐘調・壹越調）という小曲を載せるという特徴がある。また、他の二者とは表記が異なる曲があり、掲載順が相違している曲もあるが、欠脱のない黄鐘調、壹越調の収録曲は『〔笙譜〕』と一致している。

表1によると、『〔篳篥譜〕』は、平調の全曲と盤渉調前半の二曲を欠き、盤渉調の後半六曲と黄鐘調、壹越調の楽曲が記されていることがわかる。すると、現在欠けている前半八丁分には、平調の曲と盤渉調前半の二曲が記載されていたと推定される。

本楽譜は、楽曲の旋律やリズムを「チラロルロ」などのように口で唱える唱歌《しょうが》を仮名で行の中央に記した「唱歌譜（仮名譜）」である。それに対して、「丅・丄・一・四・六・九・工・五」などの篳篥の指孔名を用いて記す楽譜を「孔名譜（本譜）」という。本楽譜では、唱歌譜の右に孔名譜が書き込まれている。現行楽譜では、中央に唱歌譜、左に孔名譜が記されているので、本楽譜と現行楽譜とでは、孔名譜の位置が逆になっている。古い時期の篳篥の楽譜としては、鎌倉時代の『蘆声抄』（貞和二年（一三四六）伝受譜）、興福寺蔵『篳篥譜』（国宝）、室町時代の『篳篥譜』（応永九年（一四〇二）、徳川美術館蔵）、〔篳篥譜盤渉調〕（応永二十八年（一四二一）、上野学園日本音楽史研究所蔵）、江戸初期のものとして〔篳篥譜〕（慶長七年（一六〇二）、上野学園大学日本音楽史研究所蔵）などがあるが、すべて孔名譜である。

現存する唱歌譜としては、後陽成天皇宸筆の龍笛の楽譜『越殿楽』（伏見稲荷大社蔵）[2]がもっとも古く、『安倍篳篥譜』（享和二年（一八〇二）以前成立、上野学園大学日本音楽史研究所蔵）などの唱歌譜は近世以降のものが多いという。[3]金剛寺蔵『〔篳篥譜〕』が室町時代中期頃の書写と認められるならば、孔名譜を併記しているものの、早い時期の唱歌譜として高い価値を有する。

以下に、楽譜を除いた部分を翻刻する。翻刻にあたり、本来の順序にしたがって二〇一函九九番、三七函七一番の順に記した。丁数は、本書のノドに記されるものにしたがって付し、（　）内に現在の丁数を記した。なお、記載場所の目安となるよう、行頭に「9オ」のように、その曲がどの場所に記されているかを示し、楽譜の記されている箇所は、（　篳篥譜　）とした。点は、すべて朱である。

9オ（1オ）　三之帖　（朱）四三八二□一四二八二七一 八三四一コメ拍子八三四一コメ拍子　八拍子　（　篳篥譜　）

9ウ（1ウ）　（　篳篥譜　）　喚頭　（　篳篥譜　）　奥之切　（　篳篥譜　）

10ウ（2ウ）蘇香　四拍子　（篳篥譜）
11オ（3オ）喚頭　（篳篥譜）
11ウ（3ウ）五之帖　（朱）四三八三四二八三　（篳篥譜）
12オ（4オ）奥ノ切　（篳篥譜）
12ウ（4ウ）越殿楽大コ六ツ　四拍子　（篳篥譜）
千秋楽　八拍子　下礼　（篳篥譜）
13ウ（5ウ）清海波　八拍子　退出　（篳篥譜）
14ウ（6ウ）∴黄鐘　音取　（篳篥譜）
同調子　（篳篥譜）
15オ（7オ）央空楽　登礼　（篳篥譜）
15ウ（7ウ）海青楽　八拍子　（篳篥譜）
16オ（8オ）蘇合　四拍子　（篳篥譜）」　（以上、二〇一函九九番）
17オ（1オ）鳥之急　八拍子讃歎ニハ二遍用之。　（篳篥譜）
17ウ（1ウ）打毬楽三十二相ニハ六遍用之。　八拍子物　（篳篥譜）
18オ（2オ）（朱）奥之切　（篳篥譜）
18ウ（2ウ）拾翠　四拍子　（篳篥譜）
19オ（3オ）千秋楽　八拍子　下礼　（篳篥譜）
19ウ（3ウ）∴壹越　調子　（篳篥譜）

20オ（4オ）廻坏楽　登礼　（篳篥譜）
20ウ（4ウ）十天楽　八拍子　（篳篥譜）
21オ（5オ）（篳篥譜）（朱）奥之切　（篳篥譜）
21ウ（5ウ）賀殿　四拍子　（篳篥譜）
22オ（6オ）胡飲酒　四拍子　（篳篥譜）
22ウ（6ウ）（篳篥譜）（朱）中之切　（篳篥譜）
（篳篥譜）（朱）奥之切　（篳篥譜）
鳥之急　八拍子　（篳篥譜）
23オ（7オ）武徳楽　四拍子　奥之切二遍　（篳篥譜）
23ウ（7ウ）北庭楽　八拍子　（篳篥譜）
24ウ（8ウ）羅陵之破　八拍子　（篳篥譜）
25オ（9オ）（篳篥譜）（朱）奥之切　（篳篥譜）
25ウ（9ウ）（篳篥譜）（朱）喚頭　（篳篥譜）
26オ（10オ）酒胡子　四拍子　口ノ切二遍　（篳篥譜）
（朱）奥ノ切　（篳篥譜）
篳篥本　全」

（以上、三七函七一番）

注

（1）資料番号は、「金剛寺米倉聖教目録稿　第二〇一函・第二〇二函」（後藤昭雄編『真言密教寺院に伝わる典籍の学際的調査・研究――金剛寺本を中心に――』二〇〇九年）による。

（2）別冊太陽『雅楽』（平凡社、二〇〇四年）に写真が掲載されている。

（3）千葉潤之介「「唱歌」という語に関する諸問題――とくに歴史的用語法の観点から――」（『日本の音楽・アジアの音楽　4』岩波書店、一九八八年）。

（中原香苗）

執筆者

後藤昭雄(ごとう・あきお)
大阪大学・名誉教授、成城大学・元教授

中原香苗(なかはら・かなえ)
神戸学院大学・元准教授

米田真理子(よねだ・まりこ)
神戸学院大学・准教授

荒木　浩(あらき・ひろし)
国際日本文化研究センター・教授、総合研究大学院大学・教授

海野圭介(うんの・けいすけ)
国文学研究資料館・准教授、総合研究大学院大学・准教授

恋田知子(こいだ・ともこ)
国文学研究資料館・助教

近本謙介(ちかもと・けんすけ)
名古屋大学大学院・准教授

翻刻・解題協力

有賀夏紀(ありが・なつき)
学習院大学・非常勤講師、国文学研究資料館・プロジェクト研究員

黄　昱(こう・いく)
国文学研究資料館・機関研究員

天《あま》野《の》山《さん》金《こん》剛《ごう》寺《じ》善《ぜん》本《ぽん》叢《そう》刊《かん》　第二期
第三巻　儀礼・音楽
(平成二十九年度日本学術振興会科学研究費補助金「研究成果公開促進費」助成出版)

監修　後藤昭雄
編者　中原香苗　米田真理子
発行者　池嶋洋次
発行所　勉誠出版(株)
〒101-0051 東京都千代田区神田神保町三―一〇―二
電話　〇三―五二一五―九〇二一(代)

二〇一八年二月二十日　初版発行

印刷製本　太平印刷社

© GOTO Akio, NAKAHARA Kanae, YONEDA Mariko 2018, Printed in Japan

【三冊揃】 ISBN978-4-585-21212-6　C3015

天野山金剛寺善本叢刊 第一期 〔二冊揃〕

【監修】……後藤昭雄

本体三二〇〇〇円（+税）・二〇一七年二月刊行

収録典籍

一巻◎漢学

〔編集〕…後藤昭雄・仁木夏実・中川真弓

全経大意（鎌倉時代写）
文集抄 上（建治二年〔一二七六〕写）
楽府注少々（室町時代末期写）
本朝文粋 巻第八（南北朝時代写）
本朝文粋 巻第十三（鎌倉時代写）
円珍和尚伝（寛喜二年〔一二三〇〕写）
明句肝要（鎌倉時代写）

二巻◎因縁・教化

〔編集〕…荒木浩・近本謙介

教児伝（応永二十八年〔一四二一〕写）
天台伝南岳心要（正安元年〔一二九九〕写）
聖徳太子伝記（南北朝時代写）
〔佚名孝養説話集〕（室町時代初期写）
〔左近兵衛子女高野往生物語〕（室町時代後期写）
〔無名仏教摘句抄〕（宝治元年〔一二四七〕写）
花鳥集（永和二年〔一三七六〕写）

◎第一巻…七八四頁◎第二巻…五七六頁（口絵各八頁）

金剛寺本『三宝感応要略録』の研究

最も古い写本である金剛寺所蔵『三宝感応要略録』。その古鈔本を影印・翻刻、代表的なテキスト二本との校異を附し、関係論考などと合わせて紹介する。

後藤昭雄 監修・本体一六〇〇〇円（＋税）

守覚法親王と仁和寺御流の文献学的研究
仁和寺蔵御流聖教（全2冊）

後白河皇子守覚は密教法流「御流」を大成、当代の文芸にも関心を抱き、多面的な活動を行い膨大な著作を残した。論文篇・資料篇に加え、カラー図版を付載。

阿部泰郎・山崎誠 編・本体四二〇〇〇円（＋税）

改訂版 守覚法親王と仁和寺御流の文献学的研究
金沢文庫蔵御流聖教

仁和寺において守覚法親王が生涯を費やして創り上げた「御流」の一大体系が鎌倉時代末期には関東に移転している様相とその背景を、金沢文庫古文書を通じ解明。

阿部泰郎・山崎誠・福島金治 編・本体一七六〇〇円（＋税）

守覚法親王の儀礼世界
仁和寺蔵紺表紙小双紙の研究

後白河院皇子守覚法親王編纂の仏事法会の全記録、仁和寺蔵「紺表紙小双紙」の資料集。広く真言宗学史、仏教史学、国史学、国文学等に利用されるべき基本的資料。

仁和寺紺表紙小双紙研究会 編・本体八五〇〇〇円（＋税）

歴史のなかの根来寺
教学継承と聖俗連環の場

寺院史・政治史における最新の研究成果、また、遺構調査および文化財調査の新知見より、新義真言宗の総本山である根来寺の実像を明らかにする。

山岸常人 編・本体三八〇〇円（＋税）

根来寺と延慶本『平家物語』
紀州地域の寺院空間と書物・言説

根来寺において著述・編纂された延慶本『平家物語』と紀州地域との関わり、その書物としての成り立ちを再検討し、延慶本が持つ説話論的な多様性を明らかにする。

大橋直義 編・本体二四〇〇円（＋税）

中世東大寺の国衙経営と寺院社会
造営料国周防国の変遷

造営料国から寺領化を進める東大寺による国衙経営の実態と、その動向に対応していった寺院内部の組織のあり方に着目し、通史的に描き出す。

畠山聡 著・本体一〇〇〇〇円（＋税）

ひと・もの・知の往来
シルクロードの文化学

西域の文物は、シルクロードをたどり日本にもたらされた。東西の文化の融合と展開のありようについて、それを媒介する道＝シルクロードの意義とともに確認する。

荒木浩・近本謙介・李銘敬 編・本体二四〇〇円（＋税）

徒然草への途
中世びとの心とことば

中世びとの「心」をめぐる意識を和歌そして仏教の世界にたどり、『源氏物語』『枕草子』などの古典散文との照応から、〈やまとことば〉による表現史を描きだす。

荒木浩 著・本体七〇〇〇円（＋税）

説話集の構想と意匠
今昔物語集の成立と前後

〈今は昔〉の文学史――〈いま〉と〈むかし〉が交錯し、物語世界の連環が揺れ動く。〈和語〉による伝承物語（＝説話）文学の起源と達成を解明する。

荒木浩 著・本体一二〇〇〇円（＋税）

夢と表象
眠りとこころの比較文化史

「夢」に関することばや解釈の歴史を包括的に分析、文学や美術さらには脳科学等の多角的な視点から、夢をめぐる豊饒な文化体系を明らかにする。

荒木浩 編・本体八〇〇〇円（＋税）

夢の日本史

日本人と夢との関わり、夢を語り合う社会のあり方を、さまざまな文書や記録、物語や絵画などの記事に探り、もう一つの日本史を描き出す。

酒井紀美 著・本体二八〇〇円（＋税）

古文書料紙論叢

古代から近世における古文書料紙とその機能の変遷を明らかにし、日本史学・文化財学の基盤となる新たな史料学を提示する。

湯山賢一 編・本体一七〇〇〇円（＋税）

紙の日本史
古典と絵巻物が伝える文化遺産

長年の現場での知見を活かし、さまざまな古典作品や絵巻物をひもときながら、文化の源泉としての紙の実像、そして、それに向き合ってきた人びとの営みを探る。

池田寿 著・本体二四〇〇円（＋税）

鳥獣戯画 修理から見えてきた世界
国宝 鳥獣人物戯画修理報告書

近時完了した大修理では、同絵巻に関する新知見がさまざまに見出されることとなった。『鳥獣人物戯画』の謎を修理の足跡をたどることで明らかにする画期的成果。

高山寺 監修／京都国立博物館 編・本体一〇〇〇〇円（＋税）

文化財としてのガラス乾板
写真が紡ぎなおす歴史像

写真史および人文学研究のなかにガラス乾板を位置付ける総論、諸機関の手法を提示する各論を通じて、総合的なガラス乾板の史料学を構築する。

久留島典子・高橋則英・山家浩樹 編
本体三八〇〇円（＋税）